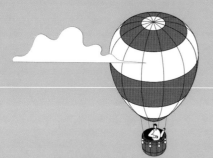

Trade In the 21st Century

21세기 무역학개론

4판

정재완 · 이경한

三 英 社

머리말(4판)

세계 교역의 전반적인 성장에 있어 가장 중요한 흐름 중 하나는 무역자유화(trade liberalization)이다. 세계무역기구(WTO)는 출범 이후 무역자유화 달성을 위해 회원국 간 활발한 양·다자간 무역협정 정책을 추진해 왔다. 그 과정에서 세계 각국은 적극적인 무역 확대를 추구해 왔다. 실제 우리나라는 지난 반세기 동안 다양한 국가들과의 활발한 무역협정 체결을 통해 지정학적 악조건과 수많은 난제를 극복하고 선진국의 일원으로 성장하게 되었다. 그 결과 최근 우리나라의 무역의존도는 100% 가까이에 이르렀다. 이처럼 무역이 일국의 경제발전과 국민의 후생 증진에 유효한 것은 자명한 사실이다.

그러나 국제무역환경은 빠르게 변한다. 최근 WTO는 회원국 간 원활한 무역을 달성하는 과정 속에 다양한 대·내외적 환경변화에 직면해 있다. 대표적으로 코로나19 사태의 장기화는 국가별 보호무역주의 확산을 야기하였고 글로벌 수출입 불일치의 여파로 공급망 중단 현상이 심화되었다. 또한 디지털 플랫폼 기술의 급격한 발전 및 무역거래 형태의 변화로 글로벌 전자상거래 시장이 빠르게 성장하여 자본 및 인력 면에서 상대적 열세에 놓인 중소기업들의 국제무역에 새로운 기회의 장이 열렸다. 무역은 이처럼 예기치 않게 다양하게 발생하는 환경변화에 적응하며 진화해 나가고 있다. 이번 개정판에서는 그동안 발생한 국제규범의 개정이나 법령의 개정에 따른 내용 수정 외에 이처럼 최근 발생한 국제무역과 물류 환경변화와 관련된 사례를 최대한 자세히 담고자 하였다. 또한 기존의 틀은 그대로 유지하면서 국·내외 최신 통계자료를 활용하여 표와 그림 및 본문 내용 등을 업데이트하였고 어색한 표현과 오자 등을 수정하였다.

21세기 무역학개론 초판이 출간된 지 벌써 9년이 되었다. 그동안 총 두 차례의 개정판이 발간되었으며 이번에 다시 개정판을 내게 되었다. 무역학 입문서인 본 서(書)의 주류 독자층인 저학년 학생들은 필요시 각 장의 주제와 관련된 국내·외 언론보도와 문헌 등을 참고하여 학습한다면 더욱 체계적인 이해가 가능하지 않을까 한다. 끝으로 본 서를 읽다가 오류나 미흡한 부분 혹은 의문이 있는 독자는 언제든 주저 말고 지적하고 문의해 주시기 바란다.

2023년 1월
저자 일동

머리말(3판)

    자유로운 무역을 이념으로 하는 세계무역기구(WTO) 체제가 출범한지 어언 25년이 경과하였다. 어느 모로 보나 자유무역을 범세계적으로 실현하는데 WTO가 기여한 바는 실로 크다. 그러나 최근 들어 WTO는 많은 도전을 받고 있다. 특히 2017년 미국에서 트럼프 행정부가 출범한 이후 미국이 자국 우선주의(America First)를 내세워 주요 교역상대국에 막강한 파워를 행사하면서 그 여파로 이런 현상이 부쩍 심해졌다. 영국의 유럽연합(EU) 탈퇴 또한 지역경제통합을 통한 장벽의 완화라는 범세계적 추세와는 어긋난다. 무역은 이와 같이 다양하게 발생하는 환경변화에 적응하며 이루어진다. 이번 개정판은 그동안 일어난 법령이나 국제규범의 개정에 따른 내용의 수정 외에 이와 같은 최근의 무역환경변화상을 최대한 담고자 하였다.

    무릇 학문은 인류보편적인 측면에서 탐구해야 하는 면도 있지만, 동시에 그 학문이 소용되는 국가 또는 사회의 특수성을 반영하여 이를 이해하고 문제를 해결하는 데도 도움이 되어야 한다. 실용학문인 무역학의 경우 더 말할 나위가 없다. 무역학에는 이론부분과 정책부분, 실무부분이 모두 망라되고 있는데 어느 영역에서나 마찬가지다. 무역을 경제개발의 핵심 축으로 삼아 최빈국에서 선진국으로 압축 성장을 한 우리나라의 경우 다른 나라보다 특수성이 한결 강하다. 무역학 입문서인 무역학개론으로 이 책은 당초 이런 점에 유의해 집필되었고, 이번 개정작업에서도 이에 유의하였음을 밝혀 둔다. 이러한 집필 의도는 책을 학습할 때 참고할 필요가 있겠다. 또한 가능하다면 각장에서 다루는 주제와 관련한 국내외 언론보도 등을 그때그때 살펴가며 학습한다면 훨씬 더 생동감 있는 이해가 가능하지 않을까 한다.

2020년 2월
한남대학교 연구실에서
저자

머리말(2판)

　무역과 무역학을 폭 넓게 이해하는데 조금이나마 도움이 되었으면 하는 마음에서 초판을 낸 이후 어느 듯 4년여가 경과되었다. 변변치 못한 책이었음에도 그동안 학계와 독자들로부터 기대 이상 좋은 반응을 받은 데 대해 감사할 따름이다.

　초판을 내고 짧은 기간이 경과했지만 급변하는 국내외 통상환경은 그간에도 적지 않은 변화가 있었다. 이러한 변화는 특히 이 책의 제2장에서 다루는 국제무역 환경 부분과 제3장에서 다루는 국제금융 부분, 그리고 제9장 이하의 무역실무에 적용되는 법규와 관련된 영역에서 자주 목격되었다. 이번 개정판에는 이와 같이 최근에 변화한 통상환경을 반영하고자 하였다.

　아울러 초판에서 이론적으로 다소 깊게 설명된 부분이 대학 저학년 학생들이 주류인 독자들에게 너무 이해하기 어렵다는 평가가 있어 이러한 부분은 가급적 배제하였다. 또한 문장의 표현이 난해하고 매끄럽지 못한 부분이 있다는 의견도 있어 전체적으로 표현을 쉽게 바꾸려 노력하였다. 이러한 노력이 제2판의 쓸모를 더 높였기를 기대한다.

2018년 1월
한남대학교 연구실에서
저자

머리말

　21세기 들어 무역환경은 20세기와는 다르게 조성되고 있다. 무엇보다 지역경제 통합체가 증가하면서, 이와 관련된 여러 문제들이 무역에서 중요한 비중을 차지하게 되었다.

　최근 우리나라의 무역의존도는 100% 가까이에 이르렀다. 이는 사실상 모든 경제영역이 무역과 연관돼 있음을 뜻한다. 무역이라는 출구를 통해 식민지배와 분단, 전쟁폐허로 인한 세계 최빈국이라는 악조건과 빈약한 자원, 과밀한 인구, 과도한 군비지출 등 수많은 난제가 있었음에도, 이를 극복하고 이제 우리나라는 당당한 선진국의 일원으로 세계사에 참여하게 되었다.

　국제무역환경은 빠르게 변한다. 살펴보면 20세기 말부터 세계는 빠른 속도로 하나의 시장으로 통합되어 왔고, 그 과정에서 각국은 적극적인 무역확대를 추구해 왔다. 우리나라를 비롯하여 대만, 홍콩, 싱가포르 등에서, 현실적으로 무역이 경제개발과 국민의 후생 증진에 유효하다는 것을 인식하게 된 결과다. 이에 따라 어느 나라의 기업이나 원하든 원하지 않든 글로벌 경쟁 환경에 노출될 수밖에 없게 되었다. 이러한 경쟁 환경에서 기업이 소극적으로 방어하는 것으로는 생존을 보장받기 어렵다. 보다 적극적으로 그 경쟁에 뛰어들어야 하고, 그 결과는 해외진출로 이어지기 마련이다. 기업들의 적극적인 해외진출은 다시 국제무역환경을 더 빠른 속도로 변화시킨다.

　이 책은 무역에 대한 이해를 돕기 위한 입문서다. 이를 위해 21세기 들어 더욱 빠르게 변화하고 있는 국제무역환경과, 우리나라에서 발생하고 있는 무역의 특수현상을 가능한 한 충실하게 고려하여 무역에 대한 문제들을 다루고자 하였다. 그러나 이 책이 무역과 관련된 각종 이론 또는 실무를 심층적으로 다루기보다는 개론서라는 점을 충분히 감안하였다.

　따라서 가급적 무역을 처음으로 접하는 이들이 쉽게 무역을 이해할 수 있도록 한다는 데 주안점을 두었다. 각종 이론은 가볍게 소개하는 정도로 그쳤고, 실무 또한 개략적인 줄거리, 즉 대강(大綱)을 파악할 수 있게 설명하는 정도로 그치고자 하였다. 그러나 최근 무역현안으로 등장하고 있는 사안에 대해서는 좀 더 깊숙한 내용을 이해할 수 있도록 구성하고자 하였다. 아울러 매 장마다 무역현상과 관련된 언론보도를 소개하여 현실을 좀 더 올바로 이해하고, 제기되는 다양한 문제를 효과적으로 해결할 수 있는 전문가로서 역량을 갖추는 기초학문이 될 수 있도록 유의하였다. 이 책이 무역과 무역학을 폭 넓게 이해하는데 조금이나마 도움이 되기를 기대한다.

2014년 1월
한남대학교 연구실에서
저자

Contents

Contents

Contents

제 3 부　국제금융과 국제경영론

제 6 장　외환과 국제금융 / 217

Contents

제 4 부　무역실무론

제 9 장　무역거래와 무역관리제도 / 329

Contents

Contents

1

국제무역 이론과 정책

1

무역과 국민경제

제1장의 주요 내용

제1장에서는 무역을 전반적으로 이해하는데 필요한 기초적인 내용들을 다룬다. 이 장에서 학습할 주요내용은 다음과 같다.

1. 무역의 개념
2. 무역학의 연구분야
3. 무역의 특성과, 무역과 국내 상거래의 차이점
4. 무역의존도와 경제성장

제1장 학습 키 워드(key word)

무역, 내국무역, 외국무역, 국제무역, 세계무역, 무역로, 무역학, 관세영역, 재화, 서비스, 지식재산권, 무역3법, 국제상업회의소(ICC), 브레튼우즈 체제, 규모의 경제, 범위의 경제, GNP, GDP, 무역의존도, GNI

제1장 무역과 국민경제

제1절 무역과 무역학

1 무역의 의미

무역(貿易)이란 용어에서 한문의 貿(바꿀 무)나 易(바꿀 역)은 모두 재화(財貨)를 매매 또는 교환하는 '거래'를 의미한다. 거래는 대부분 이윤 획득을 목적으로 하는 상거래로 행해지는 것이지만 이윤 획득과 무관한 거래도 있다. 이때 거래되는 재화란 넓은 의미에서는 상품이나 용역(service) 또는 온 라인(On Line)으로 거래되는 디지털 재화, 지식재산권 등 경제적 가치가 있고 거래의 대상이 되는 일체의 것을 뜻한다. 좁은 의미에서는 이동이 가능한 동산(動産)[1]으로서의 물품만을 의미한다. 영어로 표기되는 trade 역시 '재화의 거래'란 의미를 가진다.

그러나 재화의 국내거래에서는 무역이란 용어를 사용하지 않고 외국과의 거래에서만 사용한다. 다만, 내국무역(domestic trade)이란 용어를 쓸 때는 국내에 있는 외국인에게 재화를 제공하고 국내통화가 아닌 외화를 획득한다는 점에서 국내상업과 구분해 사용하는 경우다. 일반적으로 무역이라 할 때는 외국무역(foreign trade)을 의미한다. 이것은 한 나라와 또 다른 나라에 소재하는 당사자 간 거래를 뜻한다. 그러나 국내거래와 무역은 같은 재화가 단지 국경을 통과하는지 여부에서만 다른 것이 아니다. 거래의 여건이나 거래를 규율하는 제도 또한 크게 다른 경우가 많다.

같은 무역을 두고 국제무역(international trade)이란 용어를 쓸 때는 재화가 국가와 국가간에 거래되는 현상을 객관적 입장에서 표현하는 것이다. 세계무역(world trade)이란 용어를 쓸 때는 국제무역이 전 세계적으로 행해지는 현상을 추상적으로 표현하는 것이다. 그러나 이러한 용어들이 항상 명확하게 구분되어

---

1) 동산(動産)은 부동산(不動産)에 대립되는 개념으로 형상이나 성질 따위를 바꾸지 아니하고 옮길 수 있는 재산을 말한다. 토지, 건축물, 수목(樹木) 등은 부동산에 해당한다.

사용되는 것은 아니다. 결국 무역이란 거래의 당사자가 서로 다른 나라에 소재
하면서 국경을 통과하여 이동되는 재화의 거래를 의미하는 것으로 요약된다.

2 무역의 역사

무역이 서로 다른 국가간의 거래라는 특성이 있지만 재화의 거래라는 점에서
는 국내에서의 상거래와 같다. 인간 역사에서 어느 때부터 사람들이 서로 재화
를 거래하게 되었는지는 알 수 없다. 그러나 나라가 생기기 훨씬 전인 아득한
옛날부터 사람들은 거래를 통해 서로 이익을 얻을 수 있다는 사실을 알았음에
틀림없다. 인류역사에서 왕조(王朝)가 처음 등장한 것은 기원전 3천년전쯤 이집
트에서로 알려진다. 불과 5천여년 전이다. 중국의 전설적인 최초의 왕국인 하
(夏)나라는 이보다 늦은 기원전 2200년경에 출현한 것으로 추정된다.[2] 우리나라
는 단군조선의 시작을 기원전 2333년으로 보아 단기를 정하였고, 기록에는 신
라가 기원전 57년, 고구려가 기원전 37년, 백제가 기원전 18년에 건국된 것으로
나타난다.

상업 목적의 거래거나, 아니면 직접 소비할 물품의 거래거나를 막론하고 한
나라와 다른 나라에 소재하는 경제주체 간 거래를 무역이라 한다면 왕조가 출현
한 시기가 곧 그 나라에서 무역이 시작된 시기라 볼 수 있겠다. 왕조가 나타나
기 훨씬 이전부터 사람들 간 재화거래가 있었던 것이 왕조로 인해 단절되었을
리가 없기 때문이다. 그러나 왕국과 왕국 간에 경계선이 생기고, 이를 국경으로
삼아 왕권이 인원과 물자의 국경출입을 통제하면서부터 무역에 대해서도 크고
작은 개입이 시작되었다. 오늘날에도 여러 가지 이유에서 무역거래에 대한 국가
의 개입은 국내거래에 대한 것보다 훨씬 많고 다양하기 마련이다.

왕조시대 외국과의 무역에 관한 기록은 동서양 모두 많이 남아 있다. 가장 잘
알려진 것이 동양과 서양간의 무역로(貿易路)로서 비단길(silk road)이다. 비단길은
중국 한(漢)나라(BC 202~AD 220) 시대에 타림분지 연변의 오아시스 도시를 지나
고, 파미르고원을 넘어 중국과 서방을 연결하던 길을 가리킨다. 중국과 서방의
교역로는 사서(史書)에 정식으로 기록되기 이전부터 통하고 있었다. 비단길이 생
기기 200여년 앞서 중국 서남부에서 티베트를 넘어 네팔, 인도로 이어지는 차마

---

2) 중국의 주요 왕조가 유지된 기간은 대개 한 왕조가 3백년 정도로, 다음과 같다. 주(周) : BC 11세기~BC
771, 진(辰) : BC 221~BC 207, 한(漢) : BC 202~AD 220, 수(隋) : 581~618, 당(唐) : 618~907, 송(宋) :
960~1279, 금(金) : 1115~1234, 원(元) : 1271~1368, 명(明) 1368~1616, 청(淸) : 1616~1912

고도(茶馬古道)가 형성되어 차와 소금, 약재, 향료 등이 운반된 것이다.

동양과 서양이 공식적으로 교통하기 시작한 것은 한나라 무제(武帝)의 명(命)으로 장건(張騫)이 중앙아시아에 파견된 뒤부터다. 동서를 잇는 무역로인 비단길로 중국에서는 특산물인 비단 등이, 서쪽에서는 옥이나 보석, 유리제품 등이 운반되었다. 또 포도·석류·호두·완두·참깨·오이·거여목·잇꽃 등의 식물류, 비파·공후 등의 악기, 음악과 무용, 요술·곡예를 비롯하여 중앙아시아·서아시아의 각종 산물과 풍속이 중국에 전해졌다. 또한 인도의 불교, 이란의 조로아스터교와 마니교, 네스토리우스파의 그리스도교(景敎), 이슬람교(회교) 등의 종교도 전해졌고, 중국에서는 주철기술과 양잠, 제지법과 나침판, 인쇄술 등을 서방에 전했다. 비단길은 동서문화의 전달로(傳達路)로서도 큰 의의를 갖고 있었다.

그러나 동양과 서양간 본격적인 무역은 유럽에 의한 지리상의 발견[3]이 잇달은 15세기말 이후부터다. 지리상 발견의 주역은 포르투갈과 에스파니아(영어명 spain)였다. 포르투갈은 동방에서 향신료, 에스파니아는 신대륙에서 금·은·담배 등을 수입하고 모직물을 수출하였다. 1588년 에스파니아의 무적함대가 영국 해군에 패한 뒤 제해권은 영국이 쥐게 되었다. 18~19세기 영국은 산업혁명으로 면방공업이 기계화되고 면직물이 대량생산되기 시작하였다. 그 결과 19세기 중엽에 이르면 영국의 수출량이 전 세계 무역량의 1/4 내지 1/3에 달할 정도로 영국이 세계무역을 주도하였다.

우리나라도 삼국시대와 통일신라시대 중국과의 무역에 관한 기록은 여러 곳에 남아 있다. 대표적인 것으로 서기 828년(신라 흥덕왕 3년) 남해안 해상교통의 요지인 완도(莞島)에 1만명의 민군(民軍)을 조직하여 청해진(淸海鎭)이란 일종의 해군기지를 건설하여 무역로를 보호하였던 장보고의 사례다. 장보고는 신라 왕실로부터 청해진대사(淸海鎭大使)라는 벼슬을 받고, 독자적 세력으로 당시 이 지역에 성행하던 해적을 완전 소탕하였다. 나아가 동북아시아 일대의 해상무역권을

---

[3] 지리적으로 미지영역에 대한 탐색항해(探索航海)를 시도한 것은 고대로부터 적지 않았지만, 일찍이 이 시기와 같이 대규모 개척시기는 없었다. 이를 '대항해시대'라 하는데, 1434년 포르투갈의 엔히크 왕자의 아프리카 항로 개척을 시작으로, 1492년 콜럼버스의 아메리카 대륙 발견을 거쳐 16세기부터 17세기 초에 이르는 유럽 각국민의 탐험 및 항해시대를 가리킨다. 포르투갈의 바스코 다가마는 1497~99년, 1502~03년, 1524년 3차례에 걸친 시도로 유럽과 인도간 항로를 처음 개척하였고, 마젤란은 1519년부터 1522년 사이 포르투갈을 출발하여 남미의 리우데자네이루에 닿고 태평양을 횡단하여 동남아시아를 경유한 다음 아프리카 남단을 돌아 포르투갈에 도착하는 세계일주 항해에 성공하였다. 중국의 정화(鄭和)는 이보다 앞서 1405년부터 1433년 사이 대규모 선단과 인원을 데리고 인도양을 건너 아프리카까지 수차례 오간 적이 있다.

장악하고, 그것을 토대로 당나라·신라·일본을 잇는 국제무역을 주도하였던 것으로 알려져 있다. 그러나 역대 왕조에서의 외국과의 교역은 대체로 인근 국가들과의 조공(朝貢) 무역수준을 벗어나지 않았다. 17세기에 이르면 조선 조정의 단속에도 불구하고 청국상인과 조선국 상인간 사무역(私貿易)이 성행하여 영조 30년(1754년)에 이르러 책문후시(柵門後市)를 공인하고, 상인들이 후시(後市)에 가져 오는 물품에 대해 일종의 세금을 부과한 기록이 있다.

3 무역학과 연구분야

우리나라 대학에서 무역학과가 처음 설치된 것은 1952년으로 알려져 있다. 그후 정부가 수출지향적 경제정책을 취하면서 1960년대 중반부터 여러 대학에 무역을 전공으로 하는 학과가 설치되었다. 무역학은 초기에는 경영학의 특수 연구분야 또는 경제학의 국제경제학 분야로 취급되던 것이 점차 독자적인 학문영역으로 자리잡게 되었다. 무역학은 무역현상에 대한 제반 문제를 연구하는 이론적이고 실천적인 학문이다. 그 연구대상은 상당히 광범하지만, [그림 1-1]과 같이 크게 국민경제적 연구분야와 개별경제적 연구분야로 나누어질 수 있다.

[그림 1-1] **무역학의 연구분야**

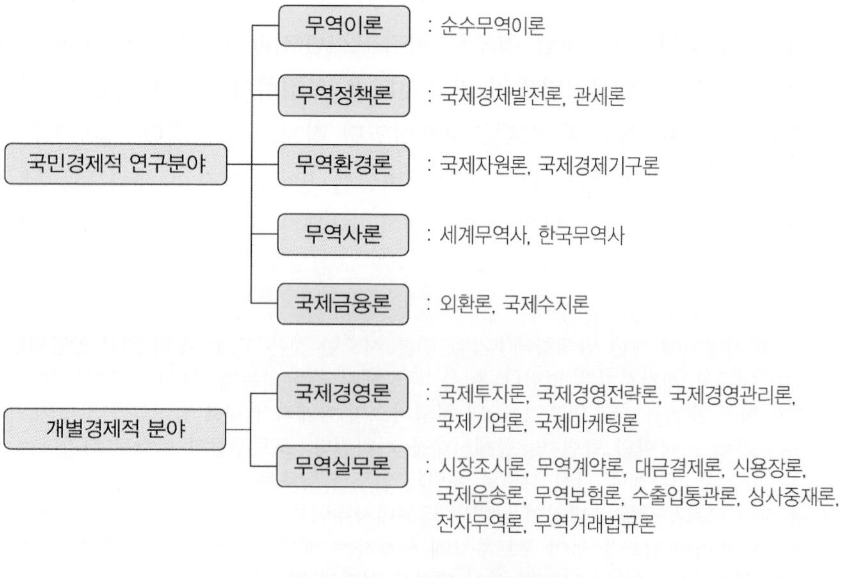

```
                              ┌─ 무역이론    : 순수무역이론
                              │
                              ├─ 무역정책론  : 국제경제발전론, 관세론
                              │
            국민경제적 연구분야 ─┼─ 무역환경론  : 국제자원론, 국제경제기구론
                              │
                              ├─ 무역사론    : 세계무역사, 한국무역사
                              │
                              └─ 국제금융론  : 외환론, 국제수지론


                              ┌─ 국제경영론  : 국제투자론, 국제경영전략론, 국제경영관리론,
                              │              국제기업론, 국제마케팅론
            개별경제적 분야 ────┤
                              └─ 무역실무론  : 시장조사론, 무역계약론, 대금결제론, 신용장론,
                                             국제운송론, 무역보험론, 수출입통관론, 상사중재론,
                                             전자무역론, 무역거래법규론
```

국민경제적 연구분야에서는 무역학을 거시적·경제학적으로 접근한다. 연구의 초점은 무역이론 부분에서는 무역의 발생원인과 무역의 방향, 무역 이익의 발생원인과 귀속처 등을 다룬다. 무역정책 부분에서는 관세와 비관세로 구분되는 무역정책의 수단과 그에 따른 경제적 효과 등을 다룬다. 무역환경 부분에서는 국제무역에 영향을 미치는 여러 국제경제기구와 FTA로 대표되는 지역경제통합체, 주요국의 무역동향, 국제자원의 개발 그 밖에 무역에 영향을 미치는 요소에 초점을 둔다. 무역사 부분에서는 주로 우리나라 무역의 전개과정과 경제성장의 관계, 무역의 현황 등을, 국제금융 부분에서는 외환과 환율, 환리스크, 국제금융시장과 국제수지 등에 연구의 초점을 둔다.

개별경제적 연구분야에서는 무역학을 국제경영 측면과 무역실무(무역상무) 측면에서 접근한다. 먼저 국제경영 부분에서는 기업의 관점에서 무역을 설명한다. 일국이 아니라 글로벌한 시각에서 무역을 국제사업과 관련시켜 그 형태와 활동상, 전략적 측면을 연구하는 것이다. 이때 기업의 국제화나 해외직접투자 전략, 해외 생산과 마케팅전략 등이 주된 관심사로 무역과 연계되어 연구된다. 무역실무 부분은 개별 무역거래 과정 자체에 초점을 누고 실무적으로 접근하는 것이다. 무역 실무자의 입장에서 시장조사에서부터 신용조사, 상담, 계약체결, 운송과 보험, 수출입통관, 대금결제, 분쟁 해결 등 무역과정의 각 단계마다 업무를 어떻게 수행할 것인가에 관한 구체적 방법을 연구하는 것이다.

무역학의 연구 분야는 각 영역이 각각 하나의 교과목으로서 대학의 학부과정 또는 대학원과정에 설치되고 있다. 무역학개론은 이와 같은 무역학의 전반적인 연구 분야에 대해 균형적 이해가 가능하도록 소개하고, 나아가 학문심화의 기초적인 틀을 형성시키는 것을 주요 과제로 한다. 대체로 무역학개론은 학부과정의 저학년 과정에서 학습하게 되는데, 무역학의 각 분야에 대해 지나치게 깊은 논의는 삼가는 대신 전체적인 이해를 돕는데 중점을 둔다. 그러므로 무역에 대한 학습은 무역학개론으로서 무역과 무역학에 대해 개략적인 이해를 한 다음 각 분야별로 심층 학습을 해 나가는 것이 바람직하다. 무역학의 학습에서 중요한 것은 현실감이다. 이론적이고 학문적인 학습뿐 아니라 평소 무역과 관련된 언론보도나 인터넷 정보를 주의 깊게 살펴 볼 필요가 있다. 무역이 어떻게 이루어지고 있고, 그 과정에서 어떤 문제들이 발생하는지 파악하려는 노력을 한다면 보다 생동감 있고 유용한 학습이 가능할 것이다. 이 책의 여러 곳에 '무역현장'란을 두어 해당 장의 내용과 관련된 언론보도 내용을 소개하고 있는 것도 그 때문이다.

제2절 무역의 특성과 국민경제적 중요성

1 무역의 특성

(1) 국제간의 거래

무역은 본질적으로 국제간에 이루어지는 거래다. 거래는 영리(營利)를 목적으로 하지 않는 경우도 있지만 이윤의 획득을 목적으로 하는 상거래가 대부분이다. 무역의 경우도 마찬가지다. 세계에는 240여개에 이르는 크고 작은 나라들이 있다. 이들은 모두 주권을 가지고 있으며 영토와 영해, 영공으로 이루어지는 불가침의 영역을 갖는다. 무역에서 국제간이라 함은 주권국가와 주권국가간을 의미하기도 하나 그렇지 않은 경우도 있다. 세계무역기구(WTO)와 같은 국제기구에서는 정치적 주권보다는 경제적 독립체 또는 독자적 관세영역을 중시한다.

관세영역이란 특정한 경제영역을 지칭하는 것으로, 원칙적으로 출입하는 물품에 관세를 부과하는 영역을 뜻한다. 이는 특정국가의 영역과 일치하는 경우도 있고, 일치하지 않는 경우도 있다. WTO 설립협정은 회원국의 요건을 '국가 또는 자신의 대외무역관계 및 이 협정과 다자간 무역협정에 규정된 그 밖의 사항을 수행하는 데 있어서 완전한 자치권을 보유하는 독자적 관세영역은 자신과 WTO 사이에 합의되는 조건에 따라 이 협정에 가입할 수 있다.'고 규정하고 있다.

예를 들어 홍콩과 마카오는 중국의 주권이 미치는 영역이지만 독자적인 관세영역으로서 각각 WTO 회원국이다. 따라서 중국의 상해에 있는 업체와 인근의 홍콩에 있는 업체간의 상거래도 무역거래에 해당한다.[4] 그러나 하와이나 알래스카에 소재하는 업체와 미국 뉴욕에 소재하는 업체간 거래는 원거리 거래지만 미국이라는 한 국가 내에서의 상거래이므로 무역이라 보지 않는다.

오늘날 기업이 생산하는 재화는 대부분 자신이 사용·소비하기 위해서가 아니라 불특정 다수인에게 판매함을 목적으로 한다. 국내 거래와 무역은 거래라는 측면에서는 공통점이 있지만 그 환경이나 절차, 규율 등 여러 면에서 많은 차이가 있다. 이 차이가 곧 무역의 특징으로, 정리하면 〈표 1-1〉과 같다.

---

4) 중국은 홍콩 및 마카오와 각각 자유무역협정을 체결하여 이들 지역과의 무역에서 특혜를 부여하고 있다.

<표 1-1> **국내 상거래와 무역의 차이점**

구 분	국내 상거래	무역거래
사용언어	한국어	영어(모든 무역서류[5])
적용법률	상법, 민법, 형법 등 자동으로 국내법 적용	CISG 또는 거래당사자가 약정한 법률(이를 '준거법'이라 한다) 적용
지리적 여건, 기후, 상관습, 문화, 기호, 사회제도, 종교, 정치체제, 계량단위	거래당사자의 여건이 완전히 같거나 유사	거래당사자의 여건이 다른 경우가 대부분
결제통화	원화	외화(주로 달러). 따라서 환율이 적용되고, 환위험이 발생
결제방법	현금, 신용카드, 체크(직불)카드, 어음, 전자화폐 등	송금방식, 추심(推尋)방식, 신용장 등을 활용
거래형태	상인과 소비자간 거래가 중심	생산자간 또는 생산자와 상인간 거래가 주종
운송형태와 거리	육상운송. 단거리 운송	해상운송이 중심이고 항공과 육상도 병행. 장거리 운송
거래규모와 빈도	상대적으로 소규모이며, 거래상대는 불특정한 다수 소비자	상대적으로 대규모이며, 지속적이고 반복적 거래. 거래 상대는 소수의 특정 업체
이익의 발생	대개 낮은 이익	높은 이익 가능성이 있으나, 경우에 따라서는 큰 손실 가능성
거래비용[6] (transaction cost)	거래비용이 적고 거래가격에 차지하는 비율도 낮음	운임, 보험료, 각종 수수료, 관세 등 거래비용이 거래가격에 높은 비율 차지
거래의 위험가능성	낮음	운송위험, 가격변동 위험, 환위험, 신용위험, 국가위험 등 많은 위험 가능성[7]
국제규범의 적용	적용하지 않음	WTO협정, WCO협정, CISG, Incoterms, UCP, URC 등 다양한 국제규범 적용
국가의 관세부과 및 비관세 조치로 인한 거래차질 또는 비용증가 가능성	없음	수출 또는 수입통관 단계에서 관세부과 및 비관세 조치[8]로 인한 거래차질 또는 비용증가 가능성
분쟁발생시 해결	국내법 체계에 따라 사법절차로 결정	거래당사자가 약정한 바에 따라 중재 등으로 해결
거래와 관련한 국가간 통상마찰 발생가능성	없음	거래내용에 따라 마찰발생 가능성
국제 정치·경제환경 변화의 영향	간접적 영향	직접적 영향

무역학은 이와 같은 차이를 기본 바탕으로 생성되었다. 따라서 무역학은 국내 상거래를 바탕으로 하는 다른 학문과 많은 차이를 보는 점에 유의할 필요가 있다.

(2) 다양한 재화(財貨)의 거래

무역은 재화(財貨)의 거래다. 거래대상이 재화라는 점에서는 국내거래와 무역에서 차이가 없다. 재화를 좁게 해석할 때는 상품만을 의미하나, 대외무역법에서는 좀 더 넓은 의미로 규정하여 [그림 1-2]와 같이 물품 외에 서비스, 전자적 형태의 무체물, 지식재산권의 거래도 포함하는 것으로 규정하였다. 일반적으로 무역학에서 다루는 것은 이 가운데 상품의 거래와 관련해서이다. 이런 재화가 국내거래에서와 마찬가지로 무역거래의 대상이 될 수 있는 것이다.

[그림 1-2] **무역거래의 대상**

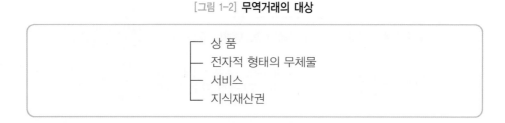

무역거래 대상인 상품은 여러 방법으로 분류될 수 있다. 먼저 용도에 따라 시설·기계와 같은 자본재, 부품이나 원유와 같은 원자재, 자동차나 의류와 같은 소비재로 분류할 수 있다. 또 제품을 생산한 산업에 따라 1차 산품, 경공업제품, 중화학공업제품으로 분류할 수도 있다. 전자적 형태의 무체물은 온라인(On Line)

---

5) 무역에서 사용되는 서류를 무역서류라 한다. 무역서류에는 무역계약서, 주문서(offer sheet), 신용장(L/C : Letter of Credit), 송품장(invoice), 선하증권(B/L : Bill of Lading), 항공화물운송장(AWB : Air Way Bill), 보험증권(I/P : Insurance Policy), 환어음(bill of exchange), 포장명세서(P/L : Packing List), 원산지증명서(C/O : Certificate of Origin) 등이 있다.

6) 거래비용이란 거래에 수반되는 비용을 말한다. 무역에서는 운임, 운송관련 비용, 운송에 따른 보험료, 수출입과정에서 필요한 각종 인·허가비용, 관세를 비롯한 제세 및 공과금 등이 거래비용이 된다.

7) 운송위험은 운송과정에서 물품이 멸실되거나 파손, 도난, 화재, 변질 등이 발생할 위험을 말하고, 환위험이란 대금결제에 사용하는 통화의 환율변동에 따른 손해발생 가능성을 말한다. 신용위험은 거래상대방이 계약을 준수하지 않음에 따라 발생하는 손해발생 가능성을, 국가위험은 금융/외환위기 등으로 물품을 수출하고도 해당국 정부의 조치로 인해 대금을 받지 못할 위험을 말한다.

8) 비관세조치란 관세부과 외에 직접적인 수출입금지 또는 각종 인·허가나 검사의 요구, 까다롭고 복잡한 절차 등으로 수출입이 어렵도록 하는 조치를 말한다. 비관세장벽이라고도 한다.

을 통해 모든 거래가 이루어지는 것이다. 소프트웨어나 디지털방식으로 제작 또는 처리한 영상, 음향, 문자, 부호, 이미지 등의 정보나 자료가 주로 그 대상이 된다.

서비스에는 운송, 보험, 금융, 통신, 관광, 교육, 법무, 회계, 물류, 의료, 엔지니어링, 디자인, 경영상담 등이 망라된다. 이러한 서비스는 운송과 같이 서비스 자체가 국제적으로 이동하는 것도 있고, 관광이나 교육 등과 같이 소비자가 서비스제공자를 찾아 외국으로 이동하여 거래되는 것도 있다. 또한 법무나 회계 등과 같이 서비스를 제공하는 자가 소비자를 따라 외국으로 이동하는 경우도 있다.

지식재산권거래는 라이선싱(Licensing), 프랜차이징(Franchising), 턴키 계약(Turn-Key contract), 경영관리계약 등의 방법으로 특허권, 상표권, 저작권, 노하우 등을 제공하고 그 대가를 받는 거래를 말한다. 대가의 지급과 영수는 1회일 수도 있고, 생산량이나 매출액 등을 기초로 주기적으로 산출하는 것으로 할 수도 있다. 이와 같이 무역의 대상이 광범위한 까닭에 법령이나 국제규범으로 무역과 관련한 사항에 대해 정해 둘 때는 먼저 그 규율 대상이 무엇인지를 정하게 된다.

(3) 다중(多重)경제적 성격의 거래

무역을 기능적으로 보면 개별경제적 측면과 국민경제적 측면, 세계경제적 측면이 중첩된다. 개인이나 기업이 이윤을 추구하여 국경을 넘어 상거래를 할 때 이를 무역이라 한다는 점에서 무역은 개별경제적 성격을 갖는다. 시장경제국가에서 경제활동은 자유롭게 허용되므로 누구든지 간략한 등록절차를 통해 재화를 외국과 거래하는 무역업에 종사할 수 있다. 정부도 무역에 참여하는 경우가 있지만 시장경제제도를 채택한 국가에서는 대부분 기업이라는 개별 경제단위가 무역거래의 주종이 된다는 점에서 무역은 개별경제적 성격을 지닌다.

한편 기업은 개별적으로 무역을 하지만 이를 거시적(巨視的)으로 보면 국가간의 거래로서 나타난다. 무역의 효과도 국민경제 전체와 밀접한 관련을 맺는다. 무역의 국민경제적 성격을 잘 보여주는 것이 한 나라의 대외 거래관계를 요약해 보여주는 국제수지표다. 개별기업의 수출입은 그 나라의 국민경제를 이루는 생산과 고용, 소득, 국제수지와 밀접한 관계를 맺는다는 점에서 국민경제적 성격을 갖는다.

무역은 한 국가를 중심으로 하여 다른 나라와 거래가 이루어지는 것이지만 물품의 생산과 판매에는 항시 여러 나라가 동시에 관련되기 마련이다. 오늘날 어떤 물품을 생산하는데 필요한 원자재를 자국산만 사용하는 경우는 드물다. 품질과 가격 등을 고려하여 가장 유리한 나라에서 수입하여 생산에 사용하는 것이다. 그렇게 생산된 물품을 판매할 때도 특정한 나라와만 거래하기보다 세계 여러 나라에 판매하는 것이 일반적이다. 뿐만 아니라 상품을 생산하는 장소나 연구개발, 서비스의 제공 장소도 특정국에 국한되기보다 해외직접투자를 통해 세계 여러 나라에서 동시에 이루어지는 것이 일반화되고 있다. 기업 경영활동의 글로벌화가 빠르게 확산되고 있는 것이다. 즉, 무역의 세계경제적인 성격도 더욱 강화되고 있다.

(4) 국가와 국제기구가 규율하는 거래

무역은 국민경제적 성격이 강하기 때문에 각국은 그들 국민경제가 처한 상황에 따라 무역을 촉진하거나 제한하는 관리를 하기 마련이다. 무역을 촉진하는 방법은 다양하다. 무역관련 정보와 자료의 제공, 교육과 훈련의 실시, 관세감면이나 환급과 같은 세제상의 지원, 무역금융이나 무역보험제도와 같은 금융상의 지원, 대규모 프로젝트 계약지원이나 통상마찰의 해결 또는 교역상대국의 관세 및 비관세 장벽의 완화와 같은 외교활동을 통한 지원 등이 모두 망라될 수 있다.

무역을 제한하는 관리는 고율(高率)의 관세부과나, 수출입의 금지 또는 제한과 같은 비관세조치가 활용된다. 이러한 관리는 법률을 통해 이루어진다. 우리나라의 경우 무역과 직접 관련되는 법률은 약 70여개다. 이 가운데 가장 빈번하게 적용되는 것이 대외무역법과 외국환거래법, 관세법이다. 그래서 이를 무역3법이라고도 한다. 일반적으로 무역을 촉진하는 법의 적용은 원하는 자의 신청에 의하는 임의사항이다. 그러나 제한하는 법의 적용은 강행규정으로 되어 있다. 만일 제한사항을 위반하는 경우 해당 물품의 수출입은 차단되고, 위반자에게는 징역, 벌금, 과태료 등의 제재가 따른다.

오늘날 세계경제는 교통과 통신의 발달, 외국투자의 확대로 국제적 분업화가 촉진되어 각국이 밀접하게 상호영향을 미친다. 어느 한 나라에서 지진과 같은 재해가 발생하거나, 외환위기 상황 혹은 경제적 혼란이 발생하면 이는 곧바로 다른 나라의 경제에 파급효과를 미치게 된다. 관세의 인상이나 수출입의 제한과 같은 비관세조치를 통한 새로운 무역정책의 시행 또한 마찬가지다. 파급효과는 시장규모가 큰 나라의 조치일수록 다른 나라에 미치는 파장이 크고 깊다.

무역의 세계경제적 성격은 세계적 수준에서의 합리적 규율을 필요로 한다. 제2차 세계대전이 끝난 다음 미국의 주도로 출범한 브래튼우즈(Bretton Woods) 체제가 대표적인 시도다. 여기에서 국제통화기금(IMF : International Monetary Fund), 국제부흥개발은행(IBRD : International Bank for Reconstruction and Development), 관세와 무역에 관한 일반협정(GATT : General Agreement on Tariffs and Trade)이 마련되어 무역과 금융에 대한 국제적 규율을 의도하였다. IMF와 IBRD(IBRD를 오늘날엔 WORLD BANK, 즉 세계은행이라 부른다)는 현재도 활발하게 활동하고 있으며, GATT는 우루과이 라운드(UR)에 따라 1995년 세계무역기구(WTO)에 흡수되어 보다 강력한 규범으로 무역을 규율하고 있다.

WTO는 세계무역기구의 설립협정과 여기에 부속되는 여러 개의 다자간협정을 기초로 한다. WTO의 핵심적인 역할은 국제무역과 관련한 장벽을 제거 내지 완화하고 무역과 관련한 국제분쟁을 해결하는 것이다. WTO 협정은 각 회원국의 국내법이 동 협정에 위배될 수 없도록 의무화하여 각국 국내법에도 직접적인 효력을 미친다. 무역을 규율하는 국제규범으로서 특징적인 것은 WTO나 UN과 같은 정부기구가 제정한 협정뿐 아니라 국제상업회의소(ICC : International Chamber of Commerce)와 같은 비정부기구(NGO : Non-Governmental Organization)가 제정한 규칙도 매우 중요한 역할을 한다는 점이다.

Incoterms나 신용장통일규칙(UCP), 추심에 관한 통일규칙(URC) 등은 민간단체인 국제상업회의소가 제정한 규칙이지만 무역거래에서 필수적인 규범으로 자리잡고 있다. 정부기구가 제정한 협정이 법률로서 법적 효력을 발생하는 것이라면 비정부기구가 제정한 규칙은 무역거래 당사자간의 합의에 따라 법적 효력이 발생한다. 또 협정은 그 협정을 체결한 국가의 모든 국민들에게 자동으로 적용되지만 비정부기구의 규칙은 해당 규칙 적용을 동의한 거래 당사자들의 해당 거래에만 적용되는 특징이 있다.

② 무역의 국민경제적 의미

(1) 수출과 국민경제

1) 생산 및 고용과 소득증대 효과

수출이 증가하면 수출과 직접 또는 간접으로 연관된 산업의 생산이 확대되고 고용도 증가하게 된다. 수출은 물품 생산에 소요되는 원자재 산업으로 제2차, 제3차의 파급효과를 불러오기 마련이어서 확대폭도 그만큼 크게 된다. 생산의 확대는 필연적으로 고용을 확대시킨다. 이러한 고용증대 효과는 중화학공업과 같은 자본집약적인 산업에서보다 섬유산업이나 전자산업, 조선업과 같은 노동집약적인 산업에서 현저하게 나타난다. 고용의 증대는 소득증대로 이어지며, 늘어난 소득을 소비에 지출함에 따라 여러 산업에 파급효과를 가져와 국가의 경제를 전반적으로 활성화시키고 성장시킨다.

2) 경기조절 효과

시장경제는 경기가 순환하는 특징을 보인다. 그런데 국내시장만 유지할 경우보다 수출입이라는 변수가 있게 되면 경기 순환에서 급격한 변화를 조절하는 효과가 발생된다. 즉, 국내에서 수요가 급격히 감퇴하고 경기가 위축될 경우에는 수출을 확대하는 것으로 경기침체를 완화시킬 수 있다. 반대로 국내 경기 활성화로 수요가 급증할 때는 수출보다는 국내 공급을 확대하는 것으로 수요에 대응할 수 있다. 따라서 경기의 급속한 변화에 따른 피해를 줄일 수 있다.

3) 가격경쟁력 상승효과

수출은 국내시장에서 발생하는 수요보다 더욱 큰 수요를 충족시키는 방향으로 움직인다. 당연히 국내시장만을 목표로 할 때보다 대량생산을 하게 된다. 이러한 대량생산은 '규모의 경제' 효과를 불러와 기업의 가격경쟁력을 더욱 높인다. 규모의 경제란 생산량을 늘릴수록 단위 생산품당 차지하는 고정비용의 비중이 낮아지기 때문에, 제품의 단위당 생산비가 하락하는 현상을 말한다. 고정비용은 생산량에 비례하여 증가하는 변동비용과 달리 비록 제품의 생산이 없더라도 지속적으로 발생하는 비용이다. 원자재비용이나 전기료 등이 변동비용에 해당한다면 기계설비나 공장의 부지비용 등은 고정비용에 해당한다. 고정비용은 생산량이 늘수록 전체 비용에서 차지하는 비중이 낮아진다. 무역은 전 세계를 대상으로 하기 때문에 생산제품의 판매시장도 그만큼 확대된다. 국내시장에 판매할 때 생산할 수 있는 양보다 세계시장을 대상으로 판매할 때 생산할 수 있는 양은 비교할 수 없을 정도로 크므로 규모의 경제효과를 얻기가 쉽다. 이윤 획득의 크기도 그만큼 커진다. 결국 내수로 판매되는 부분의 물품가격도 낮아지게 되어 국민들은 더 싼 가격으로 소비할 수 있게 된다.

4) 산업구조 고도화 효과

수출이 확대될 경우 대규모의 중화학공업을 가능하게 하여 산업구조를 고도화시킨다. 우리나라와 같이 국내시장 규모가 작은 나라에서는 사실상 자국 시장을 대상으로 대규모의 중화학공업은 불가능하다. 그러나 세계시장 수출을 목표로 할 경우 대규모의 중화학공업이 가능하다. 그로 인해 전반적인 산업이 단순가공이나 경공업중심에서 복잡한 단계의 가공산업으로 고도화하는 효과가 발생한다.

5) 범위의 경제 효과

수출은 '범위의 경제' 효과도 가능하게 한다. 범위의 경제란 기업이 핵심역량을 중심으로 사업을 다각화하여 경쟁력을 얻는 것을 말한다. 자동차 엔진을 생산하는 기업이 선박 엔진을 생산하거나 원동기 엔진을 생산하는 것과 같은 것이다. 무역은 국내시장과는 다른 다양한 시장을 상대로 하므로 생산제품의 범위를 다양한 수요에 맞게 확대하는 범위의 경제 추진도 국내시장을 대상으로 할 때보다 훨씬 용이하다. 국내시장만을 대상으로 할 때는 시장규모가 적어 생산이 불가능하던 것도 수출을 고려하면 수지를 맞출 수 있는 생산이 가능하기 때문에 범위의 경제가 가능해지는 것이다.

6) 외화조달 효과

국민들의 삶의 질을 높이기 위해서는 국내에서 생산되지 않는 재화나, 국내에서 생산되는 재화가 있다 하더라도 품질이 더 좋거나 가격이 더 싼 외국제품이 있다면 이를 수입해야 한다. 이러한 수입이 가능하려면 그 대가로 외화를 지급할 수 있어야 한다. 외화의 조달은 그 대부분이 수출이 있을 때 가능해 진다. 수출이 없다면 수입도 불가능한 것이다.

7) 고품질 제품 생산효과

수출을 위해 기업은 세계 최고기업의 최고제품 또는 현지사정에 정통한 강력한 현지기업과 경쟁을 해야 한다. 이러한 경쟁에서 승리하기 위해서는 품질과 가격 또는 서비스측면에서 적어도 하나 이상의 우위가 있어야 한다. 따라서 수출기업은 기술개발과 품질향상에 힘을 쏟게 되어 보다 낮은 가격으로 고품질 제품을 생산하게 된다.

8) 수입유발 효과

수출이 증가하면 수출물품을 생산하는데 필요한 원자재와 생산기계 등 시설재의 수입 수요도 증가한다. 어떤 물품을 생산함에 있어 순수한 국내산 원자재만을 사용하는 경우는 거의 없다. 특히 우리나라와 같이 가공무역구조를 가진 국가에서 수출증가는 곧 원자재와 시설재의 수입증가라는 부수적인 효과를 초래한다.

(2) 수입과 국민경제

1) 부족자원의 보완효과

자원이 풍부한 국가일지라도 현대 생활에 필요한 모든 자원을 다 갖추고 있기는 불가능하다. 부족한 자원은 수입으로 보완될 수밖에 없다. 특히 우리나라와 같이 자원이 빈약한 국가는 수입을 통한 보완 비중이 높기 마련이다. 따라서 기초원자재인 원유(原油), 원목(原木), 원면(原綿), 원모(原毛), 원당(原糖), 원광(原鑛) 등을 대부분 수입에 의존한다. 이는 국내에서 전혀 생산되지 않거나, 생산된다 하더라도 경제적 채산성이 거의 없어졌기 때문이다.

국내에서 생산되지 않는 재화로는 원유나 천연고무처럼 부존되지 않는 천연자원일 경우도 있고, 열대과일이나 열대어처럼 지리적 여건상 생산이 불가능한 경우도 있다. 원유는 생산과 소비 활동에서 없어서는 안 될 필수 기초원자재다. 그러나 우리나라에는 경제적으로 개발 가능한 유전이 전혀 없다. 결국 수입에 의존할 수밖에 없는 것이다. 또 특정 첨단기술 제품이나 서비스처럼 국내의 기술수준이 미흡하여 생산이 불가능한 경우도 있다. 일부 고급 의료장비나 의약품 등이 이런 경우에 해당한다. 국내에서 생산이 가능하지만 국산품의 가격경쟁력이 낮기 때문에 수입되는 것으로는 농수산물이 대표적이다. 아주 일부 농수산물을 제외하고는 대부분 농수산물의 국내 생산이 가능하지만 해마다 우리나라는 막대한 규모의 농수산물을 수입하고 있다.

2) 국민후생의 증대효과

보다 질 좋은 물품을 보다 저렴하게 소비할 수 있다면 국민들의 삶의 질은 향상될 수 있다. 또한 국내에서 입수 불가능한 좋은 상품을 소비할 수 있다면 소비자들의 만족도도 높아진다. 수입은 이를 가능하게 한다. 열대과일인 바나나의 수입이 제한되었을 때보다 수입이 자유로워진 후 소비자들이 훨씬 싼 값에 바나나를 소비할 수 있게 된 사례가 단적인 예다. 또한 자동차나 가전제품과 같이 비록 우리나라 제품이 세계 최고 수준이라 하더라도, 다양한 자동차나 가전제품이 수입되면 소비자들의 기호나 취미에 따라 선택의 폭도 그만큼 넓어진다. 세계 여러 나라에서 자동차가 수입되어 높은 가격에 팔리는 것은 국내 자동차가 갖지 못한 매력과 이점(利點)을 외국산 자동차가 가지고 있다고 소비자들이 생각하기 때문이다. 이와 같이 국산보다 외국산 제품을 수입하여 소비함으로써 국민의 후생수준이 향상될 수 있다.

3) 경쟁촉진효과와 국내산업의 위축효과

수입은 경쟁관계에 있는 제품을 생산하는 국내 산업에 가격과 품질, 서비스 측면에서 치열한 경쟁을 촉발한다. 이러한 경쟁은 가격을 낮추고 품질을 향상시켜 국제경쟁력을 높이는 측면도 있지만, 경쟁에서 밀려날 경우 산업의 위축으로 이어진다. 중국산 물수건이나 대나무 젓가락 수입으로 그 전에 이런 물품을 생산하던 국내 산업이 괴멸한 것이 대표적인 사례다. 산업의 위축은 필연적으로 해당 산업에 종사하던 인력의 실업과 소득의 감소라는 부작용을 초래한다.

제3절 경제성장과 무역

1 GNP와 GDP

경제성장은 국가에서 일정한 기간 동안 생산을 얼마나 많이 했느냐 하는 생산의 시각과, 국민소득이 얼마나 변화하였느냐 하는 소득의 시각에서 평가될 수 있다. 생산이 있으면 그 생산에 투입한 생산요소의 소유자에게 반드시 그 생산액과 똑같은 금액의 소득이 발생한다. 대외 무역거래가 없는 폐쇄경제에서는 생산 = 소득이라는 등식이 성립되고, 나아가 국민총생산 = 국민총소득이 된다. 무역거래가 있는 개방경제하에서는 소득창출은 해외부문까지를 포함하게 된다.

경제성장을 언급할 때 흔히 GNP나 GDP를 거론한다. 국민총생산(GNP : Gross National Product)이란 일정한 기간 동안에 한 나라의 국민이나 그 나라 국민이 소유하는 생산요소에 의해서 생산된 모든 최종생산물의 시장가치를 말한다. GNP에는 비록 국내에서 생산된 것이라 하더라도 외국인이나 외국인 소유의 생산요소에 의해서 생산된 것은 포함되지 않는다. 그러나 해외에서 생산된 것이라도 내국민 소유의 생산요소에 의해서 생산된 것은 GNP에 포함된다. 국내에서든 해외에서든 우리나라 국민이 생산한 것만 계산한다는 것이다.

GNP는 최종생산물의 가치를 나타낸다. 이 말은 중간생산물의 가격은 포함하지 않고 최종생산물의 가격만 계산한다는 뜻이다. 왜냐하면 최종생산물의 가격에는 원자재, 부품 등과 같은 중간생산물의 가격이 이미 포함되어 있기 때문이다. GNP는 한 나라의 경제수준을 나타내는 지표로 많이 이용된다. 국민이 얼마나 잘 사는지, 생활수준이 어느 정도인지 등과 같이 국가 사이의 개인소득수준을 비교할 때 1인당 GNP를 사용한다. 그러나 GNP는 국가의 물질적인 것을 중심으로 한 개념이기 때문에 환경오염과 같이 국민의 실질적인 복지와 관련된 여러 요인들을 반영하지 못한다는 비판을 받기도 한다.

한편 국내총생산(GDP : Gross Domestic Product)이란 한 나라의 국경 안에서 일정한 기간 동안(보통 1년)에 새로 생산된 최종 재화와 용역의 가치를 합한 총액이나 부가가치 또는 모든 최종재의 시장가치를 화폐 단위로 합산한 것을 말한다. 오늘날 GDP는 국민소득을 나타내는 지표로 국제사회에서 널리 쓰인다. 국제간 투자와 경제 교류가 활발해지면서 경제 주체의 국적보다는 한나라 안의 총생산 수준을 파악하는 것이 해당 국가의 경제사정을 좀 더 정확하게 반영해 주기 때문이다.

GDP는 경제활동 주체에게 소득으로 분배되므로 폐쇄경제에서는 민간의 소비나 투자, 정부의 지출로 국민경제 순환과정에서 유입되고 소비, 저축과 세금으로 유출되므로 GNP는 GDP와 같다. 그러나 개방경제에서는 국내에서 사용하지 않는 재화나 용역을 해외로 수출하고 국내에서 생산할 수 없는 재화나 용역은 해외로부터 수입하게 되므로 달라진다. 외국에 광산이나 유전개발에 투자를 많이 하거나 공업소유권을 많이 확보하고 있는 나라, 해외직접투자로 다국적기업 활동을 통한 글로벌 경영활동이 활발한 나라는 당연히 GNP가 GDP보다 많다. 결국 선진국일수록 GDP보다 GNP가 크게 나타나고, 개발도상국은 그 반대인 경우가 많다.

2 무역의존도와 경제성장

(1) 무역의존도

한 나라 경제에서 무역이 갖는 중요성은 무역의존도를 보면 쉽게 이해할 수 있다. 무역의존도란 한 나라 경제가 어느 정도 무역에 의존하고 있는가를 나타내는 지표다. 즉, 무역이 그 나라의 경제적 부(富) 창출에 어느 정도 기여하고 있는지를 보여주는 지표라 할 수 있다. 일반적으로 무역의존도는 다음과 같이 계산한다.

$$무역의존도 = \frac{수출입총액}{국내총생산액(GDP)} \times 100$$

위의 식에서 수출입총액을 수출과 수입으로 구분하여 국내총생산액으로 나누면 각각 수입의존도와 수출의존도가 된다. 무역의존도는 〈표 1-2〉와 같이 나라마다 차이가 크고, 같은 국가일지라도 시기에 따라 달라지기도 한다. 무역의존도가 이와 같이 나라마다 차이가 나는 것은 그 나라의 경제개발전략, 산업정책 내지 통상정책 등과 밀접한 관련이 있다.

〈표 1-2〉 **각국의 무역의존도 추이**

(단위 : %)

	미 국	일 본	영 국	중 국	독 일	네덜란드	베트남	싱가포르	한 국
2000	20.8	18.4	41.7	39.6	55.0	107.0	96.6	293.4	62.3
2005	21.2	24.4	38.1	61.8	63.0	104.3	118.34	368.2	68.9
2010	22.5	26.7	43.2	50.2	71.1	120.4	106.7	310.8	87.8
2015	21.3	30.9	38.2	36.5	70.9	118.3	137.0	219.8	69.9
2020	18.3	25.3	37.6	31.7	66.4	138.9	158.9	203.7	59.6

자료 : 통계청

무역의존도는 그 나라가 중점을 둔 경제정책과 국내시장의 크기, 경제발전 단계 등 여러 요소가 복합적으로 작용한 결과다. 〈표 1-2〉를 살펴보면 2000년대 초반 나라마다 속도의 차이는 있지만, 대체로 대부분 국가의 무역의존도가 해마다 높아졌다는 점은 일치하는 현상으로 나타남을 알 수 있다.[9] 다만 2008년말의 금융위기와 같은 예외적 변수가 작용할 때는 달라진다. 미국과 일본은 상대적으로 무역의존도가 낮지만 그 수준은 꾸준히 증가하는 추세를 보인다. 경제규모가 큰 선진국이면서 무역의존도가 낮다는 것은 내수시장이 그만큼 발달했다는 의미다.

---

9) 세계 전체의 무역규모는 2000년 12조9,597억 달러에서 2015년 33조2,731억 달러로 257% 증가하였다.

영국은 인구 규모면이나 국민소득 측면에서 보아 미국이나 일본보다는 내수시장 규모가 작지만 무역의존도는 그렇게 높지 않다. 영국은 상품무역보다는 서비스 무역이 매우 발달해 있다. 반면 독일의 경우는 내수시장 규모가 상당히 큼에도 불구하고 무역의존도가 지속적으로 상승하여 보다 대외지향적 시장경제를 추구하고 있음을 알 수 있다. 중국은 인구규모면에서 보아 내수시장 규모가 크지만 2000년대 들어 큰 폭으로 무역의존도가 높아졌다가 다시 낮아지는 추세다. 이는 중국당국이 무역을 경제개발의 중요한 정책수단으로 활용해왔음을 의미한다.

네덜란드와 싱가포르, 베트남 등은 모두 내수시장이 협소한 나라들이다. 이들 국가의 무역의존도가 매우 높다는 것은 경제가 거의 전적으로 무역에 의존해 왔다는 의미다. 다른 말로 하자면 경제개발과 성장을 무역을 통해 해결해 왔다는 것이다. 2010년대 들어 우리나라를 비롯 싱가포르 등의 무역의존도는 낮아지는 양상을 보이고 있다. 일반적으로 무역의존도가 높을 경우 그 나라 경제가 대외 환경변화에 취약하게 된다고 알려져 있다. 그러나 글로벌화의 진전에 따라 어느 나라 경제도 글로벌 환경변화로부터 영향을 받지 않는 나라는 없게 되었다는 점에서 무역의존도만으로 경제취약성 여부를 판단하기는 어려운 면이 있다. 특히 대규모 해외직접투자를 통해 글로벌 네트워크를 형성하고 경영활동을 하는 다국적기업들이 증가하고 있기 때문에 지구촌 곳곳에서 발생하는 자연재해나 사건·사고, 각국 정부의 정책변화 등도 국내경제에 영향을 미치는 요소로 작용하게 되었다.

(2) 경제성장과 국민소득

무역은 경제성장과 밀접한 관련이 있다. 그렇다면 경제성장 여부는 어떻게 파악될까? 각국의 정부와 연구소들은 수시로 경제성장률을 발표한다. 경제성장률은 전년도 또는 전분기에 비해 금년이나 이번 분기에 얼마나 물질적으로 풍부해졌는지 그 정도를 비율로 측정한 것(지표)을 말한다. 국가가 물질적으로나 정신적으로 여유를 가지려면 국민들이 사용할 수 있는 GDP를 증가시켜 경제성장률을 플러스로 유지하여야 한다.

GDP는 총량 개념이기 때문에 GDP가 커도 인도와 같이 인구가 많은 나라는 비록 국력은 강할지언정 1인당 GDP는 낮아 평균적인 국민들의 삶 수준이 높다고 보기 어렵다. 그래서 1인당 GDP가 인간의 삶을 평가하는 유용한 개념이 된다. 1인당 GDP는 GDP를 총인구로 나눈 개념이므로, GDP 증가를 의미하는 경제 성장률도 중요하지만, 인구증가율도 중요하다. 경제성장률이 플러스라고 하여 반드시 경제성장을 이루었다고 말할 수는 없다. 그 이유는, 경제성장률이 인구증가율보다 낮으면 오히려 1인당 국내총생산은 감소하기 때문이다. 일반적으로 한 국가가 경제성장을 하려면 투자와 무역이 활성화되어야 한다. 세계 각국의 경제성장 상황을 살펴보면 대체로 각국 경제가 무역에 의존하는 비율이 높아진 것과 비례하여 국민소득 수준 또한 꾸준히 증가하였음이 통계수치로 확인된다.

〈표 1-3〉은 G7이라 통칭되는 주요 선진 7개국과 우리나라를 비롯하여 20세기 후반에 수출지향적 경제성장 전략을 추구한 대만, 싱가포르 등 아시아 3개국의 1인당 국민소득 변화추이를 비교한 것이다.

G7국가들은 일찍이 공업화를 달성하여 고도의 기술력과 자본축적이 이루어진 나라들이다. 반면 〈표 1-3〉의 아시아 신흥3개국은 뒤늦게 공업화를 시도하였고, 빈약한 기술수준과 자본부족을 외국인 직접투자를 적극 유치하여 해결하고자 한 공통적인 특징을 갖는다.

〈표 1-3〉 **주요국의 1인당 GNI[10] 변화추이**

(단위 : US달러)

국 가	1985년 (기준년)	2000년	증가율(%)	2010년	증가율(%)	2020년	증가율(%)
미 국	17,736	35,960	203	49,150	277	64,140	362
일 본	11,275	36,810	326	43,910	389	40,810	362
영 국	7,976	29,280	367	41,940	526	39,970	501
프랑스	9,343	24,990	267	43,970	471	39,500	423
독 일	8,929	26,180	293	44,680	500	47,520	532
이탈리아	7,623	21,910	287	37,960	498	32,380	425
캐나다	13,337	22,620	170	44,490	334	43,540	326
대 만	3,297	15,105	458	19,765	599	29,202	886
싱가포르	6,670	23,680	355	44,930	674	55,010	825
한 국	2,229	11,030	495	22,290	1,000	32,930	1,477

자료 : 통계청 자료를 기초로 저자가 구성

---

10) 국민총소득을 의미하는 GNI(Gross National Income)는 GDP에 교역조건 변화에 따른 실질무역 손실과 국외로부터의 실질적인 순 수취소득을 더해 산출한다. 즉, 한 나라의 국민이 생산활동에 참여한 대가로 받은 소득의 합계로서, 해외로부터 국민이 받은 소득은 포함되고 국내 총생산 중에서 외국인에게 지급한 소득은 제외된다.

〈표 1-3〉에는 최근 4반세기 동안 아시아 개발도상 국가들의 국민소득 증가율이 상대적으로 빨랐음과[11], 그 중에서도 우리나라의 국민소득 증가율이 가장 빨랐던 것이 나타난다.[12] 특히 우리나라와 대만은 높은 국방비 지출을 감내해야 하고, 국방의무로 인해 상당수의 젊은이들이 경제활동에 참여하지 못한다는 점을 감안하면 매우 높은 경제성장이 있었음을 알 수 있다. 좀 더 긴 시간대를 두고 세계 각국의 1인당 국민소득변화 추이를 보면 각국의 변화상은 상당히 극명하게 나타난다. 한 예로 1990년 당시 가난한 국가에 속했던 일부 국가의 30년간의 국민소득 변화추이를 〈표 1-4〉를 통해 보기로 한다.

〈표 1-4〉 **가난한 나라들의 최근 30년간 1인당 국민소득 변화(예시)**

(단위 : US $)

국 가	중 국	필리핀	콜롬비아	에콰도르	카메룬	부룬디
1990년	312	703	1,114	1,373	884	199
2020년	10,530	3,430	5,830	5,540	1,520	230
증가율(배)	33.8	4.9	5.2	4.0	1.7	1.2

자료 : 통계청 자료를 기초로 저자가 구성

〈표 1-4〉를 보면 중국의 경우 분석대상 기간인 30년 동안 매우 빠른 속도로 국민소득이 증가하였지만 같은 기간 동안 카메룬이나 부룬디의 경우는 약간의 증가에 그쳤다. 〈표 1-3〉과 〈표 1-4〉를 보면 모든 나라의 국민소득이 늘 증가하는 것만은 아니다. 또 증가한다 하더라도 그 속도에 큰 차이가 있음을 알 수 있다. 아프리카나 남미 그리고 동남아시아의 많은 나라들의 국민소득도 대체로 증가하고 있지만 그 증가속도는 느려서 선진국과의 소득격차가 확대되는 현상을 보인다.

---

11) 제2차 세계대전후 가난한 나라에서 경제개발국으로 도약한 대표적 국가로 꼽히는 싱가포르, 한국, 대만, 홍콩 4개국은 수출지향적 경제정책을 추진한 것은 같았지만 이 배경이 되는 산업정책에는 차이가 있었다. 싱가포르는 경제전반에 대한 정부의 세부적인 관리정책을, 한국은 대기업 육성정책을, 대만은 중소기업 육성정책을, 홍콩은 자유무역정책을 중심으로 하였던 것이다. 미국과 유럽의 경제학자들은 다른 국가들에 비해 매우 빠른 성장을 보인 이들 4개국을 1970년대와 1980년대에 '아시아의 네 마리 용'이라 불렀다.

12) 2019년을 기준으로 할 때 세계 전체의 평균적인 1인당 GNI는 US$ 10,300인 것으로 추정된다.

[무역현장]

"미·중 무역갈등, 세계경제 분열 위험"…IMF 경고 나왔다

크리스탈리나 게오르기에바 국제통화기금(IMF) 총재가 미국과 중국의 무역 갈등이 심화하면 세계 경제를 분열시킬 위험이 있다고 경고했다. 게오르기에바 총재는 12일(현지시간) 워싱턴포스트(WP)와의 인터뷰에서 두 강대국이 지정학적 경쟁에서 우위를 점하기 위해 새 무역 장벽을 세운다면 부유층을 제외한 중산층과 저소득층이 타격을 받을 것이라고 밝혔다.

IMF에 따르면 세계 경제가 미·중 상호 대립 체제로 재편될 경우 그렇지 않을 때보다 전 세계 국가들의 국내총생산(GDP)이 매년 1.5%, 1조4000억달러(약 1840조원) 가량 감소할 것으로 추산됐다. 게다가 세계 전자·의류·산업 중간재 공급망의 중심인 아시아 지역은 피해가 두 배 더 클 것이라고 게오르기에바 총재는 우려했다.

특히 미국과 중국 간의 무역 규모는 연간 6000억달러(약 789조원) 이상이며, 서로 너무 밀접하게 연관돼있어 미·중 간 완전한 단절은 불가능하다고 게오르기에바 총재는 진단했다. 그러나 도널드 트럼프 전 미국 대통령이 2018년 중국산 수입품에 대거 고율 관세를 부과하기 시작한 이후 미국과 중국의 탈동조화(디커플링) 논의가 계속되고 있다. 시진핑 중국 국가 주석이 이끄는 중국 정부는 자국 내 반도체산업 등에 막대한 보조금을 지급하고 무역 장벽을 높이는 등 국가 주도 첨단산업 육성 전략을 추진해왔다. 이에 조 바이든 행정부도 중국에 대한 반도체 관련 수출 금지 조치 등 세계 첨단기술 공급망에서 중국을 사실상 퇴출하려는 전략에 속도를 내고 있다.

재닛 옐런 미 재무장관은 최근 인도에서 연설을 통해 바이든 행정부의 '프렌드쇼어링'(동맹국들을 중심으로 한 공급망 재구축) 정책을 홍보하고 인도 등 동맹국들에 중국에서 벗어나 공급망을 다각화하라고 촉구했다. 특히 2020년 이후 코로나19 대확산(팬데믹)과 기상 이변, 우크라이나 전쟁 등으로 인해 세계 공급망이 큰 타격을 받았다. 마스크 같은 개인보호장비·반도체·천연가스 등 부족 사태를 겪으면서 미국·유럽 등지 각국은 공급망 투자를 늘려야 한다고 생각하게 됐다. 게오르기에바 총재는 팬데믹 이후 공급망 다각화가 일리가 있다고 말하면서도 "경제 논리를 넘어서면 미국과 전 세계에 해가 될 것"이라고 말했다. 그러면서 트럼프 행정부 시절 중국산 제품에 부과된 고율 관세가 바이든 행정부에서도 유지되고 있다는 점을 예로 들었다. 이 고율 관세는 미국의 대중국 무역 적자를 줄여주지는 못했으면서 미국 소비자들이 중국산 제품에 더 비싼 가격을 지불하도록 했다는 것이다. 그는 어느 정도 '재세계화'가 필요하다고 보면서도 이런 움직임이 정치적 지지를 받으려면 자유무역에 따른 노동자들의 손해를 보상하는 조치가 더 많아져야 한다고 강조했다.

(한국경제, 2022.11.14.)

2

국제무역이론

제2장의 주요 내용

제2장에서는 국제무역이론에 대해 살펴본다. 이 장에서 학습할 주요내용은 다음과 같다.

1. 국제무역이론의 흐름
2. 절대생산비와 비교생산비의 개념
3. 헥셔-오린정리와, 이 정리가 무역이론에서 갖는 의의
4. 현대무역이론의 내용과 그 이론의 배경
5. 기술진보와 무역의 관계

제2장 학습 키 워드(key word)

정태적무역이론, 동태적무역이론, 국부론, 고전무역이론, 리카도 모형, 노동가치설, 분업, 중상주의, 자유무역론, 절대생산비설, 절대우위, 무역이익, 비교우위, 비교생산비설, 완전특화모형, 상호수요균등의 법칙, 한계효용이론, 기회비용, 생산가능곡선, 헥셔-오린정리, 요소부존이론, 요소부존도, 요소가격균등화의 정리, 산업연관표, 레온티에프의 역설, 무역승수효과, 대표수요, 기술격차이론, 제품수명주기이론, 제품차별화, 요소특정성이론, 스톨퍼-사뮤엘슨 정리, 립진스키정리, 교역조건, 무역무차별곡선, 기술진보

제2장 국제무역이론

제1절 중상주의와 고전무역이론

1 무역이론의 전개과정

사람들이 국제무역에 대해 일련의 체계적인 생각과 논리, 의지를 갖기 시작한 것은 15세기 지리상의 발견이 있고 난 이후부터이다. 1492년 콜럼버스에 의한 신대륙의 발견과 바스코 다가마(Vasco da Gama)에 의한 인도항로의 발견으로 유럽과 아프리카, 유럽과 미주, 유럽과 동양의 무역량이 획기적으로 늘어나게 되었다. 그에 따라 유럽의 일부 연안에서 이루어졌던 무역이 원양 무역의 시대로 진입하고, 세계무역으로 발전하게 되었다. 이 시기는 역사적으로 르네상스와 종교개혁을 거쳐 근대국가로 발돋움하던 때로, 국민국가의 건설 움직임이 서서히 일어나고 있었다. 국민국가 건설 움직임과 결부되어 각국은 국력 신장과 경제적 번영을 위해 대내적으로는 상비군을 두어 왕권을 강화하였다. 또 대외적으로는 금·은을 중시하여 수출무역을 촉진시키는 정책을 취하였다. 이러한 이 배경에는 중상주의적 사상이 자리 잡고 있었다. 국제무역에 대한 학문적 논의가 있은 것은 18세기 후반 아담 스미스에 이르러서이다.

국제무역에 대한 이론[1]은 순수이론과 정책이론으로 나누어지고, 순수이론은 다시 정태적 무역이론과 동태적 무역이론으로 대별된다. 정태적 무역이론은 고전 무역이론의 주류를 이루는 것이다. 이는 무역이 왜 발생하며 그 이익이 누구에게 귀착되는가 하는 점을 주로 다룬다. 무역의 발생원인에 대해서는 스미스의 절대생산비설에서 처음 거론된 다음 리카도의 비교생산비설을 거쳐 헥셔-오린의 요소부존이론에 의해 더욱 정밀하게 가다듬어졌다. 헥셔-오린에 의해 무역의 실증적 측면이 강조되기 시작하여 무역의 발생원인과 무역이 생산, 분배 및

---

1) 이론(理論)이란 사물에 관한 지식을 논리적으로 연관시켜 하나의 체계로 이루어 놓은 것을 말한다. 이론을 통해 아직 알려지지 않은 미지(未知) 영역에 대해서도 어느 정도 예상이 가능해진다.

소비에 어떤 효과를 발생시키는가 하는 점이 본격적으로 연구되기 시작한 것이다. 물론 이들 고전적 정태무역모형들은 그 후 '다국·다재·다요소모형'(多國·多材·多要所模型)으로 확장되고 일반화되었지만 순수 무역이론의 두 가지 명제, 즉 무역이 왜 발생하며 누구에게 이익을 주는가에 대한 연구는 정태무역이론의 과제로 남아 있다.

동태적 무역이론에 대한 연구는 정태적 무역이론에 대한 연구보다 훨씬 늦게 시작되었다. 본격적인 연구는 1950년대 이후에 이루어졌다. 초기의 연구는 인구의 성장이나 기술진보 등 외생적(外生的) 요인에 의한 경제성장이 한 나라의 무역에 어떤 영향을 미칠 것인가 하는 문제에 초점이 두어졌다. 그러나 1960년대에 와서는 당시 활발히 연구되던 성장이론에 힘입어 무역과 성장을 동시에 고려한 내생적(內生的) 성장모형에 대한 연구가 진행되었다. 1980년대 이후는 내생적 성장 모형의 실증적 측면 외에 규범적 측면, 즉 무역과 성장의 상호작용이 어떠한 후생효과를 유발할 것인가에 대한 분석이 활발히 이루어져 왔다.

2 중상주의와 고전무역이론

국제무역에 대한 이론의 시작은 경제이론의 발전과 그 시기를 같이 한다. 즉, 1776년에 발표된 아담 스미스(A. Smith, 1723~1790)[2]의 국부론(The Wealth of Nations)을 출발점으로 하는 것이다. 국부론에서 아담 스미스가 갈파한 내용 중 현대까지 인용되고 있는 것이 '보이지 않는 손'이라는 자유경쟁의 원리와 분업에 의한 협업의 원리다. 일반적으로 아담 스미스가 이 자유경쟁의 원리와 분업의 원리를 국제경제 현상에도 확대하여 적용하려한 시도를 체계적인 국제무역이론의 시발점으로 본다.

---

[2] Adam Smith는 스코틀랜드에서 태어나 옥스퍼드 대학에서 수학하였고, 글라스고 대학에서 논리학과 도덕철학을 강의하였다. 그때 강의내용을 모은 것이 '도덕감정론'(1759)이다. 이 책이 스미스를 유명하게 하였다. 그 후 파리에서 2년간 체재하면서 많은 인사들과 교유하였다. 이때 케네(Quesnay)와의 만남으로 그가 이미 가지고 있던 경제학에 대한 관심을 확고하게 하였다고 한다. 영국으로 귀국후 10년간에 걸쳐 저술한 것이 그의 이름을 불멸로 만든 국부론이다. 1776년 출간된 국부론은 초판이 다 팔리는 데 6개월이 걸렸고, 이는 당시로서는 대단한 성공이었다고 한다. 국부론은 오늘날 거시경제학의 밑바탕에 깔려 있는 다음과 같은 명제로 시작된다. "한 나라 국민의 연간 노동은 그들이 연간 소비하는 생활필수품과 편의품 전부를 공급하는 원천이며, 이 생활필수품과 편의품은 언제나 이 연간 노동의 직접 생산물로 구성되고 있거나, 이 생산물과의 교환으로 다른 나라로부터 구입해 온 생산물로 구성되고 있다."

　　그러나 오늘날 고전무역이론이라 지칭할 때는 19세기 초반 영국의 리카도(D. Ricardo), 밀(J. S. Mill) 등에 의해 완성된 무역이론을 의미한다. 이들의 무역이론체계 또는 이들이 만들어 낸 무역모형을 흔히 리카도 모형이라고도 한다. 이들 이론의 특징은 경제를 사회계급의 관점에서 관찰하는 것이다. 스미스와 리카도는 부의 원천은 생산물을 생산하는 노동이라는 노동가치설[3]에 입각하여 경제현상을 설명하였다. 국부(國富)로서의 노동은 노동의 질(노동의 생산력)과 노동의 수(노동량)에 의존하고 있으므로 이를 높여줌으로써 국부가 증진될 수 있다고 보았던 것이다. 이러한 수단으로 파악된 것이 분업이다. 분업이란 하나의 생산과정을 세분화시키는 것으로, 세분화된 생산부문은 특화를 의미한다. 아담 스미스는 이 특화에 의해 노동의 생산력도 높아지고 생산물의 증대도 가능하다고 보았다.

　　중상주의란 15세기 이후 약 3세기에 걸쳐 유럽에서 통용되었던 일련의 사상으로, 국부의 축적은 귀금속, 특히 금과 은을 획득하는 것으로 가능하다고 믿었던 것이다. 따라서 무역도 이를 위한 하나의 수단으로 보았다. 경제정책으로서의 중상주의의 핵심은 초기에는 해외에서의 금과 은의 획득에 주로 관심을 보였다. 그러나 곧 산업자본을 위해 국내시장을 확보하고 국외시장을 개척할 목적으로 수행되는 보호주의적 정책에 관심이 집중되었다. 외국에서 생산된 완제품의 수입금지와 제한, 외국산 원료의 수입장려, 국산품의 수출장려, 국내원료의 수출금지 등의 조치를 정책으로 실행한 것이다.

　　경제이론으로서의 중상주의를 보면 근대자본주의는 아직 생산부문까지를 완전히 지배하지는 못하였다. 중상주의자들은 이윤이 기본적으로 생산과정이 아닌 유통과정에서 발생된다고 생각하였다. 따라서 일반적 등가(等價)로서의 귀금속이야말로 부(富)의 본원적 형태라고 보았다. 귀금속은 산지 이외의 지역에서는 외국무역만이 그 획득수단이었으므로 무역차액이 순(順 : 플러스)이 되게 하는 것이 정책의 중심목표로 추구되었다.

　　중상주의가 성행했던 시기는 수많은 지리적 발견에 따른 왕성한 해외진출과 국민국가 건설의 초기단계였다. 따라서 중앙집권적 국가제도를 확립하고 유지하기 위해 많은 상비군을 유지하여야 했고, 그에 따른 경비지출을 위한 화폐의 수요가 급속히 증대했기 때문에 이러한 사상은 상당한 지지를 받았다.

---

3) 노동가치설은 상품의 가치는 그 상품을 생산한 노동이 형성하고, 가치의 크기는 특정 사회의 평균 생산조건하에서 그 상품을 생산하는 데 필요한 노동시간(사회적 필요노동시간)이 결정한다는 학설을 말한다. 17세기 전반 W.페티, J.로크 등이 처음으로 제창했고, A.스미스, D.리카도가 계승했으며, K.마르크스가 주로 리카도의 가치설을 비판적으로 받아들여 자기 경제학의 설명원리로 삼았다.

▣3 스미스의 절대생산비설

(1) 절대생산비설과 무역이익

　　중상주의는 장기적으로 모든 국가에 유리하게 작용할 수 없다는 점에서 18세기 후반 강한 비판을 받았다. 특히 아담 스미스는 국부론을 통해 국제분업론과 이에 기초한 자유무역론으로서 중상주의와는 달리 보호무역보다는 자유무역이 국부를 증대시키는 데 훨씬 효과적이라는 점을 강조하였다. 아담 스미스는 절대생산비설을 통해 자유무역이 교역당사국 모두에 이익이 된다는 점을 이론적으로 설명하였다. 그는 국부의 원천이 금, 은과 같은 귀금속의 보유량에 있는 것이 아니라 각국에 주어진 자원의 제약하에서 재화의 생산가능성이나 소비가능성이 증대하는데 있다고 보았다.

　　절대생산비설은 모든 상품은 각기 그것을 가장 저렴한 비용으로 생산할 수 있는 생산자, 즉 생산에 있어 절대우위(absolute advantage)를 갖고 있는 생산자들에 의해 생산될 때 자원이 가장 효율적으로 활용되는 것이라 본다. 나아가 이렇게 생산된 재화를 교환하는 것이 모두에게 이익이 된다는 주장이다. 아담 스미스는 국제무역도 이러한 절대우위의 원리에 의해 발생한다고 보았다. 예컨대 〈표 2-1〉에서 영국이 포르투갈에 비해 어떤 재화의 생산에 소요되는 노동의 투입이 더 적은 경우 영국은 그 재화생산에 있어 절대우위를 갖는다.

〈표 2-1〉 **단위생산에 필요한 노동 투입량과 절대우위**

	영 국	포르투갈
직물 1야드[4]	5인	10인
포도주 1갤런	10인	5인

---

4) 무역, 특히 해운과 물류에서는 아직도 길이나 무게, 부피를 표시할 때 미터법이 아니라 영국이 전통적으로 사용해 온 야드-파운드법(yard-pound system)을 사용하는데, 컨테이너 규격표시가 대표적이다. 야드-파운드법에서 길이 단위는 야드(yd), 무게는 파운드(lb), 부피는 갤런(gal), 온도는 화씨(℉)다. yard로 길이를 표시할 때 1yard(91.438cm)는 3feet(1피트는 30.48cm) 또는 35inch(1인치는 2.54cm)이고, 1,760야드가 1mile(1마일은 1,609m)이다. 부피를 나타내는 갤런은 영국식과 미국식이 다른데, 영국식으로 할 경우 4.54ℓ, 미국식으로 할 경우 3.785ℓ다. 1ℓ는 1000㎖인데, 시판(市販)되는 작은 막걸리 통이 대개 750㎖이므로 영국식 1갤런의 포도주라면 막걸리 작은 통으로 약 6통 분량이다. 야드-파운드법은 영국, 미국 등 앵글로 색슨계 국가에서 도량형으로 사용된다.

〈표 2-1〉에서 영국이 직물 1야드를 생산하는데는 5인의 노동이 필요하고, 포르투갈은 10인의 노동이 필요하다. 포도주를 1갤런 생산하는 데는 영국은 10인, 포르투갈은 5인의 노동이 필요하다. 이때 영국은 직물에, 포르투갈은 포도주에 절대우위가 있다고 한다. 반면 영국은 포도주에, 포르투갈은 직물생산에 절대열위가 있다. 그러므로 일국의 절대우위의 상품이란 자국의 노동소요량을 외국의 노동소요량으로 나누었을 때 1 이하가 되는 상품을 말하는 것이다.

각국은 외국보다 낮은 생산비를 가진 절대우위 상품에 특화하여 생산하고, 외국에서 국내생산비보다 저렴하게 생산된 절대열위의 상품을 수입하면 이익을 얻을 수 있기 때문에 무역이 발생하게 된다. 따라서 〈표 2-1〉과 같은 상황에서 영국은 직물에, 포르투갈은 포도주 생산에 특화하는 것이 유리하므로 이를 중심으로 국제분업이 이루어질 수 있다. 또 이와 같이 생산된 상품을 교환할 경우 양국 모두에게 유리하게 무역이익이 발생한다. 양국의 특화생산과 그에 따른 교역결과 얻을 수 있는 무역이익을 정리하면 〈표 2-2〉와 같다.

〈표 2-2〉 **절대생산비론에 의한 분업과 무역이익**

구 분	상 품	국 가		양국 전체
		영 국	**포르투갈**	
무역 이전	직물	5인 노동=1야드	10인 노동=1야드	2야드
	포도주	10인 노동=1갤런	5인 노동=1갤런	2갤런
무역 이후	직물	15인 노동=3야드	–	3야드
	포도주	–	15인 노동=3갤런	3갤런

〈표 2-2〉를 보면 영국은 직물에, 포르투갈이 포도주에 각각 특화하여 생산한 다음 이를 교환할 경우 양국은 직물 1야드와 포도주 1갤런을 더 소비할 수 있는 무역이익을 얻는다.

(2) 절대생산비설의 한계

절대생산비설에 따르면 무역은 양국 모두에게 이익이 된다고 본다. 아담 스미스는 절대우위의 원천을 특정국이 보유한 독특한 천연자원들의 집합으로 보았다. 그러나 절대우위의 개념만으로는 국가간의 무역을 충분히 설명할 수가 없다는 문제가 있다. 만일 〈표 2-1〉에서 포도주 생산에 영국이 5인, 포르투갈은 8인의 노동력 투입이 필요하다면 영국은 직물은 물론 포도주에 대해서도 절대우위를 가진다. 이 경우 절대우위론에 따른다면 영국은 직물과 포도주를 모두 생산해야 하고 포르투갈은 아무 것도 생산하지 말아야 한다는 논리가 성립한다. 실제로 현실에서도 아무 재화도 생산하지 않는 나라는 거의 없기 때문에 절대우위 개념만으로는 충분하게 무역의 원인을 설명하기가 어렵게 된다.

▨ 4 리카도의 비교생산비설

(1) 비교생산비설의 의의

리카도(1772~1823)[5]는 '정치경제 및 과세의 원리'(The Principle of Political Economy and Taxation, 1817년)에서 절대생산비설의 문제점을 지적하고, 한 나라 안에서와 같이 산업간 노동의 이동이 자유롭게 허용되는 경우 분업 및 생산전문화는 절대생산비설에 의해서 그 설명이 가능하지만, 노동의 이동이 전혀 허용되지 않는 국가간에 발생하는 분업 및 무역은 절대우위의 여부와 관계없이 비교우위(comparative advantage)에 의해서 결정된다고 주장하였다. 비교우위론을 요약하면 "각국은 자국이 갖고 있는 비교우위 상품의 생산에 특화하여 이를 수출하고, 그 대가로 다른 상품을 수입함으로써 이익을 얻을 수 있다"는 것이다. 무역이론을 비교생산비설(theory of comparative cost) 또는 비교우위론이라 한다. 당초 리카도의 비교생산비설은 절대생산비설과 마찬가지로 노동가치설을 기초로 했기 때문에 비현실적이란 비판을 받았다. 그러나 후에 하벌러(G. Haberler)가 국제무역이론(The Theory of International Trade, 1936년)에서 노동가치설 대신 기회비용설을 기초로 비교우위의 법칙을 설명하여 이 문제를 해결함에 따라 오늘날에도 유효한 개념으로 평가받고 있다. 이 이론은 자유무역을 옹호하는 근거로 활용된다.

(2) 비교생산비설의 가정

리카도의 비교생산비설은 다음과 같은 가정을 전제로 한다. 이론을 전개함에

---

5) David Ricardo는 1772년 런던에서 출생했다. 그의 아버지는 암스테르담에서 이주해 온 유태인이었다. 리카도의 집안은 매우 부유하여 어렸을 때부터 각 분야의 대가들로부터 개인교습을 받을 수 있었다고 한다. 14세 때부터 아버지를 도와 증권중개인으로 일하다 21세에 독립하였고 사업적으로 대단히 성공하였다. 27세에 아담 스미스의 국부론을 접한 뒤 경제학에 매료되어 본격적인 연구를 시작하였고, 그의 관심은 주로 분배문제에 집중되었다.

있어 이러한 가정은 비현실적인 면이 있지만 논의를 단순화시키는 효과가 있다.
  ① 생산비는 노동비용으로만 구성된다.
  ② 생산은 불변비용의 조건아래 이루어진다. 즉, 각국은 고정된 양의 부존자
    원을 보유하고 각 자원들의 단위는 모든 국가에서 동일하다.
  ③ 생산요소는 한 국가 내에서 완전이동이 가능하다. 기술수준은 각국이 다르
    지만 각 국가 내에서는 일정하다.
  ④ 국가간에는 생산요소가 전혀 이동할 수 없고, 각국은 완전고용 상태다.
  ⑤ 금만이 모든 나라의 화폐다.
  ⑥ 각국에는 완전경쟁시장 조건이 마련되어 있다.
  ⑦ 상품무역만이 고려되고 무역외거래나 자본거래는 없다.
  ⑧ 운송비는 무시된다.
  ⑨ 무역은 관세와 비관세를 비롯한 일체의 자의적 제한을 받지 않는다.
  ⑩ 2국 2재화만이 무역의 대상이 된다.

(3) 비교우위의 법칙

리카도는 한 나라가 다른 나라에 비해 a재와 b재 생산 모두에서 절대우위나
절대열위에 있다 하더라도 각국은 비교우위를 가진 상품에 특화하는 것으로 국
가간의 분업과 무역이 발생할 수 있으며, 이때 두 나라 모두 경제적 이득을 얻
을 수 있다는 점을 밝혔다. 〈표 2-3〉에서 살펴보자.

〈표 2-3〉 **단위생산에 필요한 노동투입량과 비교우위**

	영 국	포르투갈
직물 1야드	10인	9인
포도주 1갤런	12인	8인

〈표 2-3〉에서 무역이 발생하기 전에 각국의 직물과 포도주의 생산가격 혹은
국내가격은 각 재화를 1단위 생산하는데 투입된 노동의 양에 의해 결정될 것이
다. 두 재화의 국내가격 비율은 영국에서는 10/12, 포르투갈에서는 9/8가 된다.
이 경우 영국은 포르투갈에 비해 직물과 포도주 생산 모두에서 절대 열위에 있
다. 그러나 각국은 서로 상대적으로 더 저렴하게 생산할 수 있는 재화, 즉 비교
우위를 가진 재화가 있다. 영국과 포르투갈을 상호 비교할 때 포르투갈의 경우

포도주 생산에서 더 우위가 높다. 그 이유는 생산비면에서 단위당 투입노동량 비율이 포르투갈의 경우는 직물이 9/10(인)으로 영국의 90%에 해당하고, 포도주는 8/12(인)으로 66.7%에 해당하기 때문이다. 영국은 직물과 포도주 두 상품의 생산비가 모두 포르투갈에 비해 절대 열위에 있지만 직물은 10/9(인)으로 111% 고, 포도주는 12/8(인)으로 150%이므로 직물의 생산이 상대적으로 유리하다. 따라서 영국은 직물 생산에 특화하고, 포르투갈은 포도주 생산에 특화하면 생산량이 증대된다. 그리고 이를 교역할 경우 두 나라는 모두 이익을 얻을 수 있다. 정리하면 〈표 2-4〉와 같다.

〈표 2-4〉 비교생산비설에 의한 분업과 무역이익

구 분	상 품	국 가		양국 전체
		영 국	포르투갈	
무역 이전	직물	10인 노동=1야드	9인 노동=1야드	2야드
	포도주	12인 노동=1갤런	8인 노동=1갤런	2갤런
무역 이후	직물	22인 노동=2.2야드	−	2.2야드
	포도주	−	17인 노동=2.125갤런	2.125갤런

〈표 2-4〉를 보면 무역 이전에는 영국과 포르투갈 두 나라 모두를 합해 직물은 2야드, 포도주는 2갤런을 생산하였다. 그런데 무역 이후 직물은 영국이 특화하여 0.2야드를, 포도주는 포르투갈이 특화하여 0.125갤런을 더 생산할 수 있게 된다. 이것이 바로 두 나라의 무역이익이다. 양국은 비교우위에 있는 상품을 생산해서 수출하고, 비교열위에 있는 상품은 수입한다. 그 결과 무역을 하기 전보다 더 많은 양의 직물과 포도주를 소비할 수 있게 되는 것이다. 리카도는 또한 각국이 비교우위를 갖는 재화생산에만 주력함으로써, 즉 모든 생산요소를 비교우위제품의 생산에만 완전 특화하여 무역을 함으로써 자국의 후생은 물론 세계 전체의 후생도 극대화한다고 보았다. 따라서 리카도의 이론체계를 흔히 완전특화모형이라고도 한다.

(4) 리카도 이론의 검증

1950년대 이후 리카도의 비교우위론에 대한 실증적 검증이 시도되었다. 1951년 맥두걸(G. D. A. MacDougall)은 1937년도 미국과 영국의 25개 산업에 대한 자료를 사용하여 검증한 결과 리카도의 무역이론이 현실에서 타당함을 확인하였다. 그 후 스턴(R. Stern, 1962), 발라사(B. Balassa, 1963) 등도 다른 자료로 검증을 실시하였는데 그 결과는 대체로 맥두걸의 결과와 일치하였다. 결국 맥두걸의 실증분석은 리카도의 무역이론이 현실세계의 무역패턴을 설명하는 데 상당한 설득력을 갖고 있다는 점을 입증한 것이라 볼 수 있다. 그러나 리카도의 이론이 현실의 무역패턴을 설명하는 가장 좋은 모형이라는 것은 아니다. 비록 노동생산성의 상대적 비율이 무역패턴을 설명하는 데 중요한 역할을 한다고 하더라도 그것이 곧 무역패턴을 결정하는 유일한 요인인 것은 아니기 때문이다.

5 밀의 상호수요설

(1) 상호수요의 개념

스미스의 절대생산비설과 리카도의 비교생산비설에서는 두 재화의 교환이라는 무역을 통해 양국에 이익이 발생할 수 있다는 것을 보여주었다. 그러나 두 재화의 국가간 교환비율, 즉 국제교역조건이 구체적으로 어떻게 결정되는지에 대해서는 설명하지 않았다. 이 문제를 해결한 것이 J.S Mill(1772~1823)[6]이다. 그는 '정치경제의 원리'(Principles of Political Economy)라는 저서에서 교역조건은 자국 물품에 대한 외국의 수요와 외국 물품에 대한 자국의 수요가 일치되는 점에서 결정된다고 주장하였다. 따라서 무역이 균형을 이루는 교역조건은 두 국가의 상호수요가 같아지는 점에서 결정된다고 보았다. 이를 상호수요균등의 법칙(law of equation of reciprocal demand)이라 한다.

---

[6] John Stuart Mill은 영국 런던에서 철학자이자 역사학자인 James Mill의 장남으로 태어났다. 어려서부터 아버지에게 특별한 교육을 받았다. 세 살 때에 그리스어를 배워 여덟 살 이전에 이솝 우화와 플라톤의 대화편 등을 그리스어로 읽었고, 열세 살에는 아담 스미스와 리카도 등의 정치경제학을 공부하였다고 한다. 밀은 철학뿐 아니라 정치학, 경제학, 논리학, 윤리학 등의 분야에서 방대한 저술을 남겼으며, 폭넓은 영향을 끼쳤다. 그는 아담 스미스의 〈국부론〉을 비판하며 사유재산을 보장해 주면서도 자본주의의 모순을 시정하기 위한 제한적인 정부개입을 옹호하는 경제학 사상을 주장하였다. 그가 저술한 '정치경제학 원리'는 고전경제학의 완결판이라는 평가를 받는다. 이 책은 고전경제학을 계승하면서도 사회주의의 주장을 일부 수용하여 분배의 개선과 사회의 점진적 개혁을 주장하는 이론을 담고 있다. 그는 현실 정치에도 직접 참여하였다. 특히 노동입법이나 단결권의 보호, 지대(地代) 공유 주장 등을 통해 민주주의적 정치 제도와 사유재산 보호의 틀 안에서 점진적인 분배의 평등을 강조하는 영국 사회주의 사상의 발달에 크게 기여하였다는 평을 받는다. 그가 1848년에 펴낸 '정치경제학의 원리(Principle of Political Economy)'는 마샬의 '경제학원리'가 출판될 때까지 거의 반세기 동안 표준적인 경제학교과서 위치를 차지하였다고 한다.

밀의 이론은 교역조건이 한 나라의 수입품에 대한 수요와 그 나라의 수출품에 대한 외국의 수요가 일치되는 데서 결정된다고 보았기 때문에 이를 국제가치론(theory of international value)이라고도 한다. 밀의 이론은 리카도가 국제무역의 공급부문만을 중시한 취약점을 극복하고 수요부문을 도입하여 교역조건과 무역이익의 분배문제를 해명하였다는 데 의미가 있다.

(2) 상호수요에 의한 교역조건의 결정

상호수요설에 의해 무역이 성립하는 국가와 국가사이의 교역조건 결정과정을 보기로 한다. 영국과 포르투갈이 동일한 노동을 투입하여 포도주와 직물을 생산하는데 그 생산량은 〈표 2-5〉와 같다.

〈표 2-5〉 **동일한 노동을 투입하였을 때의 생산량**

국 가	포도주 생산량	직물생산량
포르투갈	20갤런	30야드
영 국	20갤런	40야드

〈표 2-5〉에서 유의할 점은 밀이 노동 1단위가 생산할 수 있는 재화의 생산량을 보여주고 있다는 점이다. 이는 리카도가 예시를 함에 있어 재화 1단위의 생산에 투입된 노동량을 생산비로 나타낸 것과 다른 것이다. 무역이 있기 전 양국에서 포도주와 직물의 교환비율은 포르투갈에서 20갤런 : 30야드가 되고, 영국은 20갤런 : 40야드이다. 양국의 비교우위를 살펴보면 포르투갈이 포도주 생산에서 영국보다 우위성이 있다. 왜냐하면 포도주 생산과 직물 생산 가운데 하나를 선택한다면 포르투갈은 포도주 20갤런을 생산할 때 직물 30야드를 포기하여야 한다. 반면 영국은 포도주 20갤런을 생산할 때 직물 40야드를 포기해야 하기 때문이다.

이제 양국간 무역이 이루어지면 양국은 적어도 무역을 하기 이전보다 무엇인가 이익이 많기를 기대하고 거래에 임하게 될 것이다. 따라서 포르투갈은 포도주 20갤런의 수출대가로 자국에서 생산 가능한 직물 30야드보다 더 많은 양을 기대할 것이다. 반면에 영국은 포도주 20갤런을 수입하는 대가로 자국에서 생산한 직물을 제공할 때 생산 가능한 40야드보다 적게 제공하려 할 것이다. 이 조건이 받아들여지지 않는다면 이익이 없다는 것을 의미하므로 포르투갈과 영국은 무역을 할 이유가 없다.

결국 포르투갈은 20갤런의 포도주 수출로 30야드 이상의 직물을 받는 조건일 때, 영국은 20갤런의 포도주 수입으로 40야드 이하의 직물을 대가로 지급하는 조건일 때 교역이 성립될 수 있다. 따라서 국제교역조건은 포르투갈의 국내 교환비율인 20갤런 : 30야드와 영국의 국내교환비율인 20갤런 : 40야드 사이에서 결정된다. 두 국가의 이해상관 관계에 의해 두 국가의 수요가 일치하는 점에서 교역조건과 교역규모가 결정되는 것이다.

(3) 상호수요설의 공헌과 한계

상호수요설은 국제무역에 있어 균형교역조건, 즉 두 상품간의 교환비율이 실제 어떻게 결정되는가를 설명해 주고자 하였다. 나아가 그에 따라 각국에 귀속되는 무역이익이 얼마인지 그 배분비율을 밝히고자 하였다는 데 의미가 있다. 밀은 그의 저서 경제원론(Principles of Political Economy)에서 "주어진 조건하에서 부유한 국가일수록 국제무역으로부터 얻는 이익이 감소할 것이다. 그것은 부유한 국가일수록 외국상품에 대한 수요가 증가하여 국제교역조건이 자국에 불리해 질 것이기 때문이다"라고 주장하였다. 이러한 주장에 대해 후에 에지워스(Edgeworth : 1899)는 '밀의 패러독스'라 불렀다. 밀의 패러독스는 20세기에 와서 취프만(Chipman : 1965)에 의해 "무역은 경제규모가 큰 국가보다 경제규모가 적은 국가에 유리하게 작용한다"라고 설명되었다.

밀이 제시한 상호수요설도 상품의 가치는 그 상품을 생산한 노동이 형성하고, 가치의 크기는 특정 사회의 평균 생산조건하에서 그 상품을 생산하는 데 필요한 노동시간(사회적 필요노동시간)이 결정한다는 노동가치설을 기초로 하고 있다는 점에서 한계가 있다는 지적을 받았다. 또한 국제가치가 생산비와는 무관하다고 하였으나 봉쇄경제하에서는 가격을 생산비에 의해 설명함으로써 모순된 모습을 보였고, 수요의 탄력성이 교역조건을 결정한다고 하였지만 어떤 영향을 주는지는 규명하지 못하였다는 한계가 있었다.

제2절 근대 무역이론

13세기경 이탈리아에서 시작된 산업자본주의는 이후 네덜란드, 영국 등으로 파급되었다. 18세기 후반 영국에서 일어난 산업혁명을 계기로 완전한 자본주의, 즉 산업자본주의 시대가 열리게 되었다. 19세기 후반에 이르러 기업간 격심한 경쟁과 반복되는 경기변동 과정에서 약육강식과 적자생존의 원칙에 따라 약한 기업은 도태되고 강한 기업만이 살아남게 되었다. 이 과정에서 많은 자본과 고도의 기술을 가진 대기업은 더 많은 이윤을 축적하며 확대재생산을 해 나갔다. 다른 한편으로 취약한 중소기업을 병합하는 자본의 축적과 집중 현상도 뚜렷하게 나타났다. 축적과 집중의 생리를 가진 자본은 국민경제의 테두리를 벗어나 해외로 뻗어나갔다. 그 결과가 식민지 확보를 위한 제국주의적 각축전이다.

이런 환경에서 경제학의 이론도 큰 변모를 겪었다. 1870년대에 이르러 북유럽의 제본스(W. S. Jevons), 왈라스(L. Walras), 멩거(C. Menger) 등은 한계효용이론을 내세웠다. 이들은 고전학파의 계급 대신 개인을 중심으로 경제를 생각하였다. 노동대신에 물리학이나 수학에서 사용하는 균형, 한계, 탄력성, 효용 등의 개념을 사용해 재화가격의 결정 문제를 다루었다. 신고전학파라 불리는 이 이론체계는 오늘날까지 경제이론의 주류를 형성한다. 경제이론의 일부로 전개된 무역이론도 당연히 그 영향을 받았다. 비교생산비설과 국제가치론으로 대표되는 고전 무역이론의 한계점을 극복하는 과정에서 신고전파 무역이론이 전개된 것이다.

신고전파 무역이론은 고전무역이론이 갖는 제약요인을 제거하고 근대무역의 실체와 원리에 더욱 접근할 수 있도록 정교화되었다. 이는 크게 두 가지 흐름으로 구분된다. 첫째는, 고전적인 비교생산비설에 근거를 그대로 두고 고전이론의 노동가치설을 기회비용으로 바꾸어 무역현상을 보다 정교하게 설명하고자 한 하벌러(G. Haberler)[7]의 기회비용설이다. 둘째는, 가격현상과 국제적인 요소부존의 차이에 의거한 일반균형이론을 사용하여 무역현상을 설명하는 헥셔-오린(E. Hecksche-B. Ohlin)의 정리이다.[8]

---

7) Gottfried Haberler(1900~1995)는 오스트리아 출생의 미국 이론경제학자다. 빈대학에서 학위를 얻고 런던, 하버드대학 등에서 연구하였다. 1936년 나치의 위협을 피해 도미하여 하버드대 경제학교수로 재직하였다. 하벌러는 경제정책에 있어서 철저한 자유주의 입장을 취하였다. 제2차 세계대전 중에는 미국 정부의 경제정책 입안에 많이 관여하였으며 연방준비은행과도 밀접한 관계를 가졌다. 국제무역의 이론과 경기변동에 많은 관심을 가져 이 분야에 관한 명저를 저술하였다.

1 기회비용설

고전적 무역이론은 한 재화의 가치는 그 재화 생산에 투입된 노동량에 의해 결정된다는 노동가치설을 전제로 한다. 노동만이 유일한 생산요소이고 투입된 노동량은 동질적이라는 가정에 입각해 있는 것이다. 그러나 이 가정은 비현실적이다. 하벌러는 1936년 발간한 '국제무역론'(The Theory of International Trade with its Application to Commercial Policy)이란 저서에서 노동가치설 대신 기회비용(opportunity cost)이란 개념을 사용하여 이것을 생산가능곡선으로 구체화시켜 무역을 설명하였다.[9] 생산가능곡선은 기회비용곡선(opportunity cost curve) 또는 전환곡선(transformation curve)이라고도 부른다. 이는 '주어진 생산요소와 기술수준을 사용하여 두 상품을 생산할 수 있는 모든 조합의 궤적'을 나타낸다. 달리 말하면 하나의 상품을 추가적으로 더 생산하고자 할 때 포기해야 하는 다른 상품의 양을 나타내는 궤적이다. 이는 생산가능곡선의 기울기와 같다.

한 국가의 총생산비용이 일정하다고 가정할 때 두 물품 사이의 생산가능한 결합관계는 대체적 조합관계를 나타낸다. 즉, 생산요소의 부존량이 한정된 경우 한 물품의 생산을 증가시키기 위해서는 다른 물품의 생산을 감소시켜야 한다. 그래서 한 재화의 비교우위는 생산물의 기회비용에 의해 결정되기 때문에 무역 상대국에 비해 기회비용이 상대적으로 낮은 재화에 그 국가는 비교우위를 갖게 된다. 하벌러는 이와 같이 대체적 측면에서 무역의 방향과 무역이익의 발생근거를 설명하였다.

하벌러의 기회비용설은 비교우위이론을 유지하면서도 고전적 무역이론이 가정한 단일·동질의 생산요소, 불변생산비라는 비현실적인 가정을 벗어난다. 현실에 보다 적합한 생산요소를 전제로 상품간의 교환비율 및 무역의 흐름과 그 귀속이익처를 설명한 것이다. 그러나 국가간의 기회비용의 차이가 어떤 경로를 통해 발생하는지 그리고 무역의 방향과 국제교환비율에 있어 수요부문의 영향

---

8) 그 외의 신고전파 무역이론으로는 밀의 이론을 수정·보완하여 상호수요설을 기하학적 도형으로 나타낸 마샬-에지워스의 공급곡선이론, 비교생산비를 국내가격과 외국가격을 상호비교한 후 외국가격이 국내가격보다 높을 경우에는 수출하고 낮을 경우에는 수입한다고 설명한 타우식(F. W. Taussig)의 비교가격설 등이 있다.

9) 기회비용이란 일정한 생산 때문에 단념된 생산기회의 이익을 평가한 비용이다. 여러 용도를 가진 경제재 또는 용역은 가장 효율이 높은 용도로 이용됨에 따라 그만큼 다른 용도의 비용을 포기해야 한다. 이때 포기된 용도로 이용되었을 때의 이익을 실제로 이용된 용도의 비용으로 간주할 수 있다. 이를 기회비용이라 한다.

을 고려하지 못했다는 한계가 있다. 이는 헥셔-오린의 정리에서 해결되므로, 국제무역이론은 헥셔-오린정리에 이르러 완성된 이론적 틀을 갖추게 된다.

2 헥셔-오린정리

(1) 헥셔-오린정리의 명제와 전제된 가정

비교우위가 발생하는 원인에 대한 규명은 일반균형적인 경제분석 영향을 헥셔(E. F. Heckscher : 1879~1952)[10]가 1919년 발표한 '무역이 소득분배에 미치는 영향(The effect of foreign trade on the distribution of income)이라는 논문과 이를 보완 발전시켜 1933년 오린(B. G. Ohlin : 1899~1979)이 발표한 '지역 및 국제무역'(Interregional and International trade)이란 저서에 의해 명확해지게 되었다. 두 학자의 이러한 비교우위의 발생 원인에 대한 연구결과를 헥셔-오린정리(Heckscher-Ohlin theorem)라 한다. 헥셔-오린정리는 두 개의 명제로 구성된다. 제1명제는 요소부존이론(要素賦存理論) 또는 요소비율이론이라 불린다. 이는 '한 나라가 다른 나라에 비해 상대적으로 더 풍부하게 부존된 생산요소를 보다 집약적으로 사용하여 생산한 상품에 비교우위를 갖는 경향이 있다'는 것이다. 제2명제는 요소가격균등화이론이라 불리는 것이다. 이는 '무역이 교역당사국의 요소가격을 균등화 시킨다'는 것이다. 헥셔-오린정리의 특징은 무역전 국가간에 가격비율의 차이가 발생하는 원인을 고전무역이론이 주장한 생산함수차이가 아니라 국가간에 존재하는 요소부존비율의 차이로 바꾸어 놓은 데 있다.

헥셔-오린정리는 다음과 같은 가정을 전제로 한다.

① 2개국 2개 생산요소(노동과 자본)의 개방경제이다. 소득은 항상 모두 지출되며 양국 국민의 기호는 동일하다.

② 양국의 기술수준은 동일하며 동일한 재화의 생산함수는 양국간에 동일하다.

③ 생산함수는 규모에 대해 수확불변이다. 생산량을 증가시키면 생산비용도 생산량에 따라 일정하게 증가한다. 즉, 생산량증가에 따라 한계생산성은 체감된다.

---

10) E. F. Heckscher는 스톡홀름의 유태인 가정에서 태어났다. 그는 경제사를 전공한 경제학자였는데 1931년 발표한 '중상주의'(Mercantilism)는 그의 가장 잘 알려진 경제사의 업적이다. B. G. Ohlin은 헥셔의 제자로 헥셔의 후임으로 스웨덴의 스톡홀름 대학 교수가 되어 그의 이론을 계승 발전시켰다. 오린은 요소부존이론을 개발하고 정밀화함으로써 명성을 얻었다. 이들은 국제무역이론의 현대화에 기여한 공로를 인정받아 1979년 영국인 경제학자 Meade와 공동으로 노벨경제학상을 수상하였다.

④ 각국의 재화시장은 완전경쟁하에 있고 노동과 자본, 즉 요소시장도 완전고용상태이다.

⑤ 한 국가내에서는 산업간 생산요소의 이동이 완전히 자유로우나 양국간에는 생산요소의 이동이 없다.

⑥ 제도적인 측면에서 운송비, 관세 및 비관세장벽은 존재하지 않는다.

(2) 요소부존이론(제1명제)

요소부존도에는 물리적 개념과 가격개념이 사용된다. 물리적 개념에 의한 요소부존도는 한 국가내의 단위노동당 자본의 부존량을 말한다. 따라서 A와 B 두 나라간에 A국의 단위노동당 자본부존량이 B국보다 적으면, A국을 노동풍부국이라 하고 B국을 자본풍부국이라 한다. 가격개념에 의한 요소부존도는 물리적 양보다는 경제적 희소성에 기초를 둔다. A국과 B국에서 A국에서의 노동과 자본의 단위가격비율이 B국의 그것보다 작으면 A국을 노동풍부국으로 정의하는 것이다.

물리적 개념에 의한 요소부존도는 요소의 공급조건에 의해서만 결정되지만 가격개념에 의한 요소부존도는 요소의 물리적 공급조건 외에 각 요소의 수요조건에도 영향을 받는다. 그러므로 만일 두 나라 간에 생산요소에 대한 수요조건이 동일하다고 한다면 어떤 개념으로 요소부존도를 측정하거나 그 순위는 같게 나타날 것이다. 이러한 가정에서 일반적으로 무역이론에서는 좀 더 단순한 물리적 개념에 의한 요소부존비율을 요소부존도의 측정기준으로 사용한다.

요소부존이론은 한 나라가 다른 나라에 비해 상대적으로 풍부하게 부존된 생산요소를 보다 집약적으로 사용하여 생산한 상품에 비교우위를 갖는 경향이 있다고 본다. 즉, 노동이 풍부한 국가에서는 노동집약적 상품의 생산에 비교우위가 있고, 자본이 풍부한 국가에서는 자본집약적 상품의 생산에 비교우위가 있게 된다. 그러므로 어느 나라나 그 나라에서 풍부한 생산요소를 많이 사용하는 제품을 수출하고, 희소한 생산요소를 많이 사용하는 상품은 수입하게 된다는 것이다.

(3) 요소가격균등화의 정리(제2명제)

국가간에 생산요소의 이동이 불가능하더라도 자유무역을 하게 되면 국가간에 생산요소의 상대가격 및 절대가격이 같아지는 경향이 나타난다는 것이 요소가격균등화의 정리이다. 이 이론은 무역이 국내의 생산구조에 변화를 가져오고 이러한 변화가 국가간 생산요소의 이동과 동일한 효과를 가져와 결과적으로 생산요소의 가격에까지 영향을 미친다는 것을 의미한다.

예를 들어 중국이 노동풍부국이고 미국이 자본풍부국이라면 중국과 미국의 교역에서 중국의 노동집약재 수출증가는 노동량의 증가를 필요로 하게 된다. 이는 국내 생산요소가 제약되어 있는 상황에서 중국내에서의 노동의 부족과 자본의 과다라는 상황을 초래하여 노동의 가격이 상승하고 자본의 가격이 하락하는 현상을 가져온다. 같은 이치로 미국내에서는 자본의 가격은 상승하고 노동의 가격은 하락한다. 결국 무역으로 인해 시간이 지남에 따라 중국과 미국간 생산요소의 가격이 같아지는 결과가 초래된다는 것이다.

(4) 레온티에프 역설

헥셔-오린정리에 대해 처음으로 깊이 있는 실증적 분석을 시도한 사람이 미국의 레온티에프(W. W. Leontief : 1905~1999)다. 그는 1947년도 미국의 산업연관표[11]와 무역통계자료를 사용하여 미국이 1백만 달러어치의 경쟁수입상품을 생산하는 데 직·간접으로 소요되는 자본액과 노동량을 추정하여 그것을 역시 1백만 달러어치의 수출상품을 생산하는 데 소요되는 자본액과 노동량을 비교하는 방법을 시도하였다. 그 결과 헥셔-오린의 정리와는 달리 자본풍부국이라 할 수 있는 미국이 오히려 노동집약적 상품을 수출하고, 자본집약적 상품은 수입하고 있는 것을 확인하였다. 이를 레온티에프의 역설이라 한다.

1950년대에 레온티에프 역설이 알려진 후 많은 논란과 학문적 연구의 필요성을 가중시켰으며, 여러 경제학자들이 이론적 혹은 실증적 분석차원에서 그 원인을 규명해 보려 노력하였다. 이 과정에서 새로운 무역이론이 제시되기도 하였다.

---

11) 산업연관표(産業聯關表, inter-industry relations table)는 국민경제 내에서 일어난 재화와 서비스의 모든 거래를 나타낸 표다. 산업부문간의 상호의존관계 등 국민경제구조를 총체적으로 나타내고 있어 경제구조 분석은 물론 경제정책의 파급효과 측정 등에 이용된다. 산업연관표는 1930년대 초 레온티에프(W. W. Leontief) 교수에 의하여 시작된 이후 현재 선진국으로부터 대부분의 개발도상국에 이르기까지 많은 나라에서 작성되어 경제구조 분석 및 각종 경제정책의 파급효과 측정 등에 이용되고 있다. 우리나라의 경우 한국은행이 1960년 최초로 작성한 이래 5년마다 한번씩 발표한다.

제**3**절 현대의 무역이론

1 케인즈의 무역이론

헥셔-오린의 이론체계가 완성되고 있던 시기와 거의 때를 같이 하여 고전파 무역이론을 벗어나는 획기적인 시도가 이루어졌다. 바로 1936년 케인즈(J. M. Keynes : 1883~1946)[12]의 '일반이론'에서 제기된 무역이론이다. 신고전파의 무역이론에서 가장 중요한 가정은 완전고용의 가정이다. 그러나 케인즈는 실업을 오히려 통상적인 경제현상으로 보고 이론을 전개하였다. 케인즈는 어떤 이유에서 실업이 존재하면 생산요소가 희소한 것이 아니라 과잉상태에 있게 되므로 가격기구에 의한 요소배분의 문제보다 어떻게 유효수요를 창출하여 완전고용을 도모할 것인가 하는 점이 문제가 된다고 보아 이를 주된 관심사로 삼았다.

케인즈는 그의 거시이론체계에서 무역에 대해 유효수요의 증대효과, 즉 무역승수효과를 설명하였다. 케인즈는 비자발적 실업이 존재할 수 있는 주된 이유로 명목임금과 이자율의 하방경직성을 들고 있다. 그는 순수출의 증대가 총생산의 증대를 야기하는 효과를 무역승수효과라 불렀다. 그리고 이 무역승수효과의 크기는 한계저축성향[13]과 한계수입성향[14]에 의존한다고 주장하였다. 케인즈의 무

---

12) 케인즈는 영국 캠브리지에서 태어났으며, 이튼을 거쳐 캠브리지의 킹스 칼리지에서 수학하였다. 졸업 후 한때 인도성에 근무하다가 대학에 돌아와 금융론을 강의했다. 제1차 세계대전 중 재무성에 근무하여 평화회의에 재무성 수석대표 및 재무상대리로서 출석했다. 그는 강화조약, 특히 배상안의 모순을 통찰하여 그 수정완화를 주장하였으나 용납되지 않아 사직하고 '평화에의 경제적 귀결'(The Economic Consequences of the Peace, 1919)을 공동 집필하여 세상에 호소했다. 이 책은 전 세계에 큰 반향을 일으켜 그를 일시에 세계적인 인물로 만들었다. 이 책에 쓴 '자유방임의 자본주의(laissez-faire cap-italism)는 1914년 8월에 끝났다'는 사상이 케인즈이론의 출발점이다. 경제학자로서의 케인즈의 큰 업적은 역시 1936년에 출간한 '고용·이자 및 화폐의 일반이론'에 있다. 1936년 이래 경제학이 일변했다고 하여 케인즈혁명이라든가 케인즈학파라는 표현도 나온다. 케인즈가 비상한 성공을 하게 된 가장 큰 원인은 그의 이론이 세계공황을 설명하고 그것을 극복할 방법을 제시할 수 있던 유일한 이론경제학이었기 때문이며 그것은 수정자본주의의 이론을 제공했다는 것이다. 그는 제2차 세계대전 말 전후 국제질서의 확립과 관련해 영국을 대표하여 적극적으로 활동하였으며, 비록 그의 의견이 모두 수용된 것은 아니지만 브레튼우즈 체제 탄생에 중요한 역할을 하였다.

13) 한계저축성향(MPS : marginal propensity to save)이란 추가적 소득에 의하여 이루어지는 추가적 저축을 말하는 것으로, 소득을 Y, 저축을 S로 표시하면 $\triangle S/\triangle Y$로 나타내어진다.

14) 한계수입성향(MPI : marginal propensity to import)이란 국민소득의 증가에 따라 발생되는 외국상품에 대한 수입수요 증가의 현상을 말한다. 국민소득을 Y, 수입을 M으로 표시하면 한계수입성향은

역이론은 완전고용이라는 신고전파적 가정에서 벗어남으로써 무역이론을 거시경제이론 속에 체계적으로 수용하였다는 점에 의의가 있다.

2 대표수요이론

린더(S. B. Linder)는 1961년 1차상품의 무역을 결정하는 주요 원인은 각국에 부존된 천연자원의 양과 같은 공급조건이 될 수 있지만, 공산품의 경우에는 공급조건보다는 수요조건이 무역패턴을 결정하는 주요 요인이 된다고 주장하였다. 즉, 각국은 국내 수요가 상대적으로 큰 상품, 다시 말해 대표수요가 있는 상품에 비교우위를 갖게 되고, 그것을 생산해서 수출하게 된다는 것이다. 그 이유는 국내수요가 있어야 생산이 시작되고 또 국내시장 규모가 클수록 생산규모를 증가시키는 과정에서 기술습득효과를 촉진시키고 규모의 경제를 실현하여 생산비를 절감할 수 있게 된다는 것이다.

린더는 1인당 소득수준이 비슷한 국가들간에는 수요조건이 비슷하여 무역량도 많아질 것이라 주장하였다. 린더의 이론은 규모의 경제와 차별화된 상품을 수요구조에 연결하여 제시하고 있다. 이러한 주장은 헥셔-오린의 이론과는 상치되는 것이다. 왜냐하면 헥셔-오린의 이론에 의하면 1인당 국민소득이 비슷하다는 것은 요소부존도가 비슷하다는 것을 의미하기 때문이다. 따라서 이들 국가간에는 무역의 가능성도 적어진다. 반면 린더는 소득수준이 비슷한 국가들간에는 수요조건이 비슷하여 서로 필요로 하는 제품의 수출가능성이 높고 소득 수준의 차이가 큰 경우에는 수출가능성도 낮아진다고 보았다.

대표수요이론은 무역의 방향은 설명할 수 있으나 대표수요라는 것이 실증되기 어렵다는 문제가 있다. 덧붙여 소득수준 차이가 큰 중국이 미국이나 EU시장에 수출하는 비중이 높은 현상을 잘 설명할 수 없는 단점도 있다. 또한 수요가 비슷한 국가들은 생산도 비슷할 것이란 점이 간과되고 있다. 생산측면을 무시하였다는 비판을 면하기 어려운 것이다.

3 기술격차이론 · R&D이론 · 제품수명주기이론

기술격차이론은 1961년 포스너(M. V. Posner)에 의해 제시되었다. 그는 새로운

$\triangle M / \triangle Y$, 즉 소득증가의 결과 이루어지는 수입증가의 비율로서 표시된다.

상품이 연속적으로 개발되고 또 상품들을 생산하는 방식에도 끊임없이 기술혁신이 일어난다는 것을 관찰하였다. 이를 기초로 그는 이러한 기술혁신을 주도하고 있는 나라는 무역상대국에 비해 특정상품에 대한 기술우위를 유지하게 되어 당해 상품을 수출하게 된다고 주장하였다. 즉, 기술을 개발한 선진국은 기술후진국이 그 기술을 모방할 때까지 일정한 기간이 필요하기 때문에 그때까지 비교우위를 가지고 기술이 바탕이 된 제품을 수출할 수 있다는 것이다. 포스너의 기술격차이론은 기본적으로 일반화된 리카아도 모형과 별 차이가 없다. 결국 국가 간 무역이 기술상의 격차, 즉 기술의 비교우위에 의해서 발생한다는 것이기 때문이다. 다만 기술혁신과 그에 대한 모방을 동태적인 과정으로 설명하고 있다는 점에서 의미가 있다.

R&D이론은 무역의 원인을 연구·개발이란 요소(Research and Development factor)에서 찾는 이론이다. 신제품의 발명, 기존상품의 생산방법 개선을 통한 생산비 절감과 품질의 개선은 모든 나라에서 가능한 것이 아니다. 과학발달 수준이 높을 뿐만 아니라 그 과학의 연구결과를 응용할만한 조건을 갖춘 나라에서만 가능하다. 이러한 상품이 용이하게 무역대상이 될 수 있다. 그런데 전통적인 국제분업 이론으로는 이러한 현상을 설명할 수 없다.

R&D이론은 기술혁신의 영속적 흐름이 발생하는 이유를 연구·개발이란 요소에서 구하였다. 이 이론은 그루버(W. Gruber), 메타(D. Mehta), 버논(R. Vernon) 등의 공동연구와 키싱(D. B. Keesing)에 의해 각각 독자적으로 주장되었다. 기술격차이론에서 제기된 가장 중요한 문제점의 하나는, 왜 어느 나라에서 신상품이 개발되면 그 상품을 가장 싸게 생산할 수 있는 곳이 생산지로 선택되지 않고 그 신상품이 개발된 나라에서 생산이 이루어지는가 하는 것이었다.

이러한 문제점에 착안하여 버논(R. Vernon)은 1966년 제품수명주기이론(PLC이론 : product life cycle theory)을 제시하였다. 버논은 새로운 상품이 개발되면 그것은 신상품, 성숙상품, 표준상품 단계를 거치게 되는데, 각 단계마다 그 상품의 요소투입에 변화가 일어나고 또 생산지에도 변화가 일어난다고 주장하였다. 마치 생명을 가진 동식물이 탄생에서 성장, 사멸의 과정을 거치듯 제품 또한 단계를 거치며 생산현상이 변화한다는 것이다. 버논은 무역 및 해외직접투자의 발생, 성장, 유지 및 쇠퇴의 과정을 종전의 비교우위의 관점이 아니라 기술혁신의 시간성, 규모의 경제, 시장의 불확실성 및 경쟁변수의 변화 등에 초점을 두고 설명하였다. 이를 그림으로 나타내면 [그림 2-1]과 같다.

[그림 2-1] **제품수명주기의 단계**

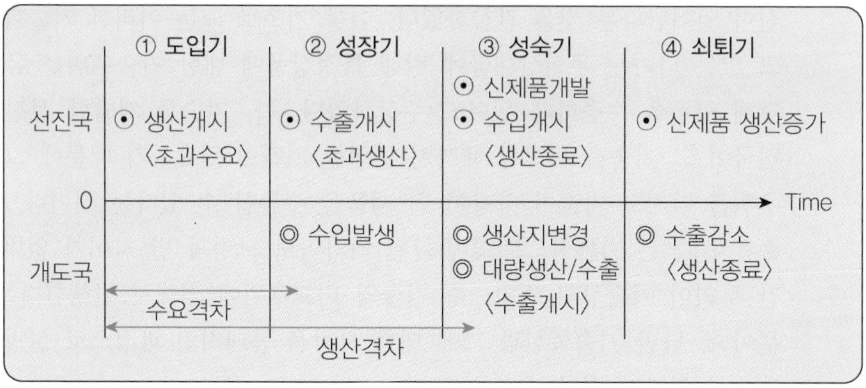

	① 도입기	② 성장기	③ 성숙기	④ 쇠퇴기
선진국	⊙ 생산개시 〈초과수요〉	⊙ 수출개시 〈초과생산〉	⊙ 신제품개발 ⊙ 수입개시 〈생산종료〉	⊙ 신제품 생산증가
개도국		◎ 수입발생	◎ 생산지변경 ◎ 대량생산/수출 〈수출개시〉	◎ 수출감소 〈생산종료〉

0 ─────────────────────────────────────→ Time

수요격차 ←──────→
생산격차 ←──────────────────→

버논에 의하면 어떤 새로운 상품의 개발이나 기술혁신은 린더의 대표수요이론에서와 같이 그것을 필요로 하는 수요자가 존재하는 곳에서 촉진될 가능성이 매우 높다. 일단 신기술에 의한 상품이 개발되면 처음에는 도입기로서 소규모로 생산이 시작되면서 기술의 개선이 지속적으로 이루어진다. 제품이 시장에서 성공하면 공급기업은 독점적 입장에서 사업을 운영할 수 있게 된다. 이 시기는 가격탄력성[15]이 낮기 때문에 독점가격 전략에 따라 높은 가격으로 판매된다. 판매시장은 소득수준이 높은 선진국시장이 중심이 된다.

제품에 대한 수요가 증가하면 이 신상품에 대한 높은 수익성에 자극을 받은 후발 진입기업이 나타나고, 생산도 증가하는 성장기에 진입하게 된다. 생산량은 증가하며, 이에 따라 시장에서 거래되는 제품의 가격도 점진적으로 낮아진다. 제품에 대한 정보가 외국소비자들에게도 확산되어 제품의 수출이 시작된다. 그러나 개발도상국에 대한 본격적인 투자 및 생산기지 이전은 일어나지 않는다.

제품의 생산이 확대되고 시간이 경과함에 따라 제품은 성숙기를 맞는다. 이 단계에서는 제품의 생산기술이 완전히 안정단계에 진입하고 상품은 대량생산이 이루어진다. 시장에서 기업들간 가격경쟁은 격화되어 가격수준은 낮아지며 기업들은 제품차별화를 통해 경쟁을 가속화한다. 하지만 국내시장에서의 사업기회는 점차 사라지게 된다. 반면 개발도상국에서 본격적인 생산이 개시되고 시장규모도 급격하게 성장한다. 이에 따라 선진국 기업들은 기존 제품은 해외직접투자를

---

15) 상품에 대한 수요량은 그 상품의 가격이 상승하면 감소하고, 하락하면 증가한다. 가격탄력성은 가격이 1% 변화했을 때 수요량이 몇 % 변화하는가를 절대치로 나타낸 크기이다. 탄력성이 1보다 큰 상품의 수요는 탄력적(elastic)이라 하고, 1보다 작은 상품의 수요는 비탄력적(inelastic)이라고 한다.

통해 개발도상국에서 생산하면서 새로운 제품의 개발에 주력하게 된다. 이 시기에는 제품의 표준화가 완전히 이루어지며 시간이 경과하면 가격경쟁이 더욱 치열해지면서 생산지는 선진국보다 노동비용이 더 싼 개발도상국이 유리해진다. 선진국에서는 해당 제품이 사양화되어 생산이 중단되고, 개발도상국에서 생산된 제품들이 선진국으로 역수출되어 수요를 충족시킨다. 이때 경쟁력은 어느 나라의 기업이 싸고 효율적인 생산능력을 갖추고 있는가에 따라 결정되기 때문에 비교우위가 결정변수가 된다.

버논은 제품수명주기이론을 이용하여 레온티에프 역설을 설명하였다. 그는 미국이 표준상품을 수입하는 단계에서는 생산방식이 자본집약적인 대량생산체제로 전환되어 있다고 보았다. 따라서 미국은 자본집약국이지만 노동집약적 상품을 수출하고, 자본집약적 상품은 수입하는 것으로 나타난다는 것이다. 버논의 제품수명주기이론은 리카도나 헥셔-오린 모델에 비해 훨씬 미시적이고 동태적이라는 점에서 많은 경제학자들의 관심을 불러일으켰다. 그러나 현실을 보면 선진국들의 많은 수출상품이 표준화단계에 있는 상품이라는 점에서 제품수명주기이론은 전통적 무역이론을 대체하는 이론이라기보다 그것을 보완하는 이론으로 간주된다.

◢ 제품차별화이론(산업내 무역이론)

발라사(B. Balassa)는 1967년 그의 연구에서 세계의 무역량이 급격하게 증가하고 있지만, 그 증가의 대부분이 헥셔-오린의 정리에서 언급된 바와 같은 산업간의 무역이 아니라 제품차별화에 의한 상호교환이라 밝혔다. 글루벨(H. G. Grubel)과 로이드(P. J. Lloyd)도 공업국가간의 무역에서 약 50%는 동일산업 내의 제품차별화에 의해서 이루어졌다고 주장하였다. 그들의 조사에 의하면 제품차별화에 의한 교역량의 비중은 생산의 이질화가 보편적으로 이루어지지 않은 개발도상국, 즉 제품의 차별화 정도가 낮은 국가에서 더 낮게 나타났다. 반면 제품의 차별성이 존재하고 교역국간의 소비구조나 소득수준이 유사한 경제국일수록 교역량이 증가하는 현상을 보였다.

선진국들간에 이와 같이 제품차별화에 의한 무역이 성행하는 이유는 일반적으로 각국 내의 생산자들이 다양해진 국내소비자의 기호를 충족시키지 못하기 때문이다. 따라서 제품차별화에 의한 국제무역은 각국 소비자들에게 상품의 선택범위를 넓혀준다. 이는 여러 국가에 위치한 동종의 상품을 생산하는 자들의 경쟁심을 자극하여 제품의 품질을 향상시키는 역할도 한다. 오늘날 자동차나 휴대전화 등에서 흔히 보이는 현상이다. 이러한 내용들은 헥셔–오린의 무역모델에서는 고려되지 않았던 중요한 문제점들이다.

5 요소특정성 이론

헥셔–오린의 이론에서는 생산요소들이 한 나라 안에서 자유롭게 이동할 수 있다고 가정하였다. 그러나 현실을 보면 노동과 같이 비교적 이동이 자유로운 생산요소가 있는가 하면 장치자본이나 토지와 같이 산업간 이동이 어려운 생산요소가 있기 마련이다. 예를 들어 자동차 생산을 위해 설치된 자본시설은 자동차 생산에만 유용할 뿐 의류생산에도 유용한 것은 아니다. 이러한 문제점을 효과적으로 다루기 위해 산업간 이동이 가능한 생산요소와 불가능한 생산요소를 동시에 포함하고 있는 모형이 존스(R. Jones) 등에 의해 1971년 제시되었다. 이를 요소특정성이론이라 한다. 요소특정성이론에서는 특정된 생산요소의 상대적 풍부성에 의해 비교우위가 결정된다. 따라서 자본이 상대적으로 풍부한 나라는 자본집약적 상품을 수출한다. 반면 토지가 상대적으로 풍부한 나라는 토지집약적 상품을 수출하게 된다.

요소특정성 모형에서는 자유무역 하에서도 두 나라간 요소가격균등화가 일어날 가능성은 매우 적다고 본다. 또 무역자유화는 각국의 수출부문에 특화된 생산요소의 실질소득을 증대시키고 수입부문에 특화된 생산요소의 실질소득을 하락시킨다고 본다. 무역을 하게 되면 두 재화의 상대가격은 무역전 각국의 상대가격 사이에서 결정되므로 일반적으로 한 산업에 특화된 요소의 국가간의 가격차는 감소하게 된다. 결국 무역자유화가 사회 전체적으로 볼 때는 생산가능곡선 밖에서 소비할 수 있는 기회를 부여하는 것은 분명하다. 그러나 소득분배에 대한 적절한 정부의 개입이 없을 경우 국민들의 사회후생을 자동적으로 향상시키는 것은 아니게 된다.

6 스톨퍼–사뮤엘슨 정리

1941년 스톨퍼(W. F. Stolper)와 사뮤엘슨(P. A. Samuelson)이 '보호무역과 실질임금'이란 논문을 통해 주장한 핵심내용을 스톨퍼–사뮤엘슨정리(Stolper-Samuelson Theorem)라 한다. 이들은 논문에서 헥셔–오린정리의 제2명제, 즉 요소가격의 국제적 균등화 명제에 입각하여 높은 임금을 지불하는 미국이 낮은 임금밖에 지불하지 못하는 나라와 자유무역을 실시함에 따라, 미국 노동자의 실질 임금수준이 저하되는 경향을 파악하였다. 그리고 이를 방지하기 위해 그 나라로부터 수입되는 상품에 대해 보호관세를 부과해야 할 필요가 있다고 주장하였다.

예를 들어 고임금국가인 미국과 저임금 국가인 중국이 교역을 할 경우 미국은 자본집약재에 집중하게 됨으로써 자본의 수요는 증가하고 노동의 수요는 감소하게 된다. 반대로 중국은 노동집약적인 재화의 생산이 증가하는 반면 자본집약재의 생산은 감소하게 되어 양국의 노동 가격이 시간이 지나면서 마침내 균형상태에 이르게 된다는 것이다. 이 경우 미국은 무역으로 소득분배 악화가 초래되는데, 피해를 보는 노동자 집단의 손실을 방지하기 위해 관세부과가 필요하다는 것이다. 스톨퍼–사뮤엘슨 정리는 자유무역이 소득배분에 미치는 영향을 명확하게 밝힘으로써 헥셔–오린 무역이론을 더욱 발전시키는 데 상당한 공헌을 하였다는 평가를 받는다. 그러나 이 정리는 헥셔–오린정리를 기초로 2국, 2재, 2생산요소 등 비현실적 가정 위에 정립되고 있으므로 현실 세계에 적용되기 어려운 점도 없지 않다는 지적을 받는다.

7 립진스키정리

립진스키(T. M. Rybczynski)는 1953년 논문에서 헥셔–오린정리에서 더 나아가 어떤 한 나라에서 주어진 생산요소의 부존량이 변화할 때 그것이 그 나라의 생산구조에 어떤 영향을 미치는가를 논증하였다. 그는 '만일 상품 또는 요소가격이 고정되어 있을 때 어느 나라의 한 생산요소가 증가하고 다른 요소는 정체상태에 있으면 증가된 생산요소를 보다 집약적으로 사용하는 재화의 생산량은 증가하고 반대로 그 요소를 덜 집약적으로 사용하는 재화의 생산량은 감소하게 된다'고 주장하였다. 이를 립진스키정리(Rybczynski theorem)라 한다.

예를 들어 노동 풍부국인 중국에서 저축을 통해 자본의 양이 증가하게 되면 자본집약적인 상품의 생산은 확대되고 노동집약적인 상품의 생산은 축소된다는 것이다. 이 정리는 요소부존이론(要素賦存理論)을 보완하는 이론명제로 나라마다 각각 완전경쟁이 행하여짐으로써 완전고용이 이루어진다고 보고, 복수(複數)의 생산요소(노동과 자본)에 의해서 두 나라가 같은 기술수준하에서 복수 종류의 재(財)가 생산될 경우를 가정한다. 이때 한 나라는 어떠한 산업에 비교우위(比較優位)를 가지게 되는가를 각국 생산요소의 부존비율에 관련시켜 해명하였다.

무역을 통해서 여러 재의 가격이나 생산요소의 보수율(생산요소가격)이 어떻게 변화하는가를 제시한 무역이론이 헥셔-오린의 정리이다. 립진스키정리는 그와 같은 이론하에서 각 재의 가격이나 생산요소의 가격이 일정하게 유지될 때, 한 나라에서 어떤 한 종류의 생산요소에 대한 부존(賦存)의 증가가 그 나라 여러 재의 생산에 어떠한 영향을 미치는가를 밝힌 이론명제다.

립진스키정리는 한 나라의 경제성장과 산업구조 변화와의 관계를 파악하는데 중요한 단서를 제공해 주었다는 평가를 받는다. 립진스키정리에 따르면 세계 대부분의 국가가 그러하지만 특히 한국과 같이 노동증가율보다 자본증가율이 훨씬 빠른 나라에서는 자본집약적 상품의 생산은 계속 확대될 것이다. 그러나 노동집약적 상품의 생산은 어느 시점이 되면 오히려 감소하게 될 가능성이 높다는 것을 시사한다. 선진국일수록 제조업보다 서비스업의 생산비중이 시간이 갈수록 증가한다. 서비스업에 종사하는 사람들의 비율이 크게 증가하는 것도 이와 관련이 깊다. 다양한 서비스의 창출로 이 분야에서 부가가치가 높아지는 탓도 있지만 제조업에서 노동수요가 현저하게 감소하는 것도 한 원인으로 작용한다.

8 국제무역의 일반균형[16)

앞에서 설명한 무역이론들은 주로 국제무역의 방향이 어떻게 결정될 것인가를 다루고 있다. 여기서는 이러한 이론들을 기초로 하여 국제무역이 어떻게 균형에 이르게 되는가를 살펴보기로 한다. 이를 위해 먼저 국제시장에서 재화의 상대가격을 의미하는 교역조건(交易條件)을 이해하고, 나아가 오퍼곡선의 개념을 통해 무역이 균형을 이루는 과정을 살펴보기로 한다.

---

16) 상품의 수요·공급 등 여러 요인이 균형을 유지하고 있을 경우, 그 상태를 균형이라 하며, 이것이 성립하기 위한 조건을 균형조건, 균형을 가져다주는 가격을 균형가격이라고 한다. 일반적으로 모든 상품의 가격이나 그 수요·공급은 서로 관련성이 있다. 예를 들어 쌀의 수요·공급은 단순히 쌀의 가격만이 아니라 그 대체품인 빵이나 면류의 가격이라든가, 나아가서는 식료품 일반의 가격에 의해서도 영향을 받는다. 이와 같이 상호간에 관련되는 모든 요인을 고려하여 이들 사이의 균형을 고찰할 경우, 이것을 일반균형이라고 한다. 이에 비하여 어떤 특정 상품만을 골라내어 다른 사정에 변화가 없다고 가정하고 그 수요·공급 등의 균형을 고찰할 경우, 이것을 부분균형이라고 한다. 일반균형은 상호간에 관련되어 있는 여러 요인을 고려에 넣어 고찰을 하므로 이론적으로는 우수하나, 여러 요인이 여러 갈래에 걸쳐 있기 때문에 구체적인 결론을 얻기가 힘들다. 부분균형은 고찰의 대상으로 하는 요인과, 그에 영향을 주는 주된 요인만을 밝혀내기 때문에 다소 소홀하기는 하나, 상당히 구체적인 결론을 얻어낼 수 있다는 점에서 편리하며 실제로 많이 쓰인다.

(1) 교역조건

두 재화가 양국간에 교환되는 비율을 교역조건(terms of trade)이라 한다. 이 교역조건은 밀(J.S. Mill)에 의해 처음 규명되었는데, 후에 에지워스(F. Y. Edgeworth)와 마샬(A. Marshall) 등에 의해 오퍼곡선 개념이 도입되면서 더욱 발전하였다. 한 나라의 교역조건은 그 나라 수입상품에 대한 수출상품의 교환비율로 산출된다. 두 나라간의 무역에서 한 나라의 수출은 무역상대국의 수입이 되므로 A국의 교역조건은 결국 B국 교역조건의 역수로 표시된다. 어떤 나라의 교역조건이 개선된다고 그 나라의 후생수준이 반드시 나아지는 것은 아니고, 반대로 교역조건이 악화한다 하여 또 그 나라 후생수준이 반드시 나빠지는 것도 아니다. 한 나라의 후생수준 변동에는 그 밖에도 다른 많은 요인들이 작용하기 때문이다. 교역조건 변화가 갖는 의미는 수출가격지수와 수입가격지수의 변화원인이 무엇인지를 분석해 보아야 찾을 수 있다.

교역조건에는 순교역조건과 총교역조건 등이 있다. 순교역조건은 수입상품의 가격지수에 대한 수출상품 가격지수의 비율에 100을 곱힌 것이다. 상품교역조건이라고도 한다. 순교역조건의 수치가 100보다 높으면 해당되는 기간 동안 순교역조건이 개선된 것이고, 100보다 낮으면 악화된 것이다.

$$\text{순교역조건(N)} = \frac{\text{수출가격지수(Px)}}{\text{수입가격지수(Py)}} \times 100$$

Px = 비교시점의 수출가격 ÷ 기준시점의 수출가격
Py = 비교시점의 수입가격 ÷ 기준시점의 수입가격

총교역조건은 한 나라 전체의 수출수량에 대한 수입수량의 비율이다. 즉, 총교역조건은 수입상품의 수량지수에 대한 수출상품의 수량지수 비율에 100을 곱한 것이다. 계산방법은 순교역조건과 마찬가지로 수출수량지수를 수입수량지수로 나누어 여기에 100을 곱한 것으로 한다. 만일 총교역조건이 100보다 크다면 수출량 1단위와 교환되는 수입량이 증가된 것을 의미한다. 따라서 이 국가의 대외거래조건은 개선된 것으로 볼 수 있다.

$$총교역조건(G) = \frac{수출수량지수(Qx)}{수입수량지수(Qy)} \times 100$$

Qx = 비교시점의 수출수량 ÷ 기준시점의 수출수량

Qy = 비교시점의 수입수량 ÷ 기준시점의 수입수량

(2) 개방경제하의 일반균형

폐쇄경제하에서는 양국의 상대가격이 서로 상이할 때 경제가 개방되면, 비교우위에 따라 무역이 이루어지고 양국은 무역이익을 얻게 된다. 개방경제하의 균형 교역조건은 양국간의 무역이 균형될 때, 즉 양국간의 수요와 공급이 일치될 때의 상대가격을 의미한다. 이를 잘 표시할 수 있는 것이 오퍼곡선이다. 오퍼곡선은 밀의 상호수요설을 20세기 들어 마샬(A. Marshall)과 에지워스(F. Y. Edgeworth)가 도식화함으로써 알려진 것이다.

한 나라의 오퍼곡선은 그 나라가 수요하는 수입상품의 양에 대하여 얼마만큼의 수출상품을 제공할 의사가 있는가를 나타낸다. 따라서 오퍼곡선은 한 나라의 수요와 공급 두 측면을 결합한 것이다. 이는 각각의 상대가격에 대한 그 나라의 수출량과 수입량을 동시에 나타낸다. 오퍼곡선은 그 나라의 생산가능곡선[17], 무역무차별곡선[18] 그리고 교역이 일어날 수 있는 여러 가지 가설적인 상대가격으로부터 도출될 수 있다. 균형교역조건은 두 나라 오퍼곡선이 서로 교차하는 점과 원점을 연결한 상대가격선으로 얻어진다. 양국의 상대가격이 상이한 경우는 무역량이 계속 변하여 결국 균형교역조건에 도달하게 된다. 이를 그림으로 표시하면 [그림 2-2]와 같다.

[그림 2-2]에서 상대가격선은 OP로 나타난다. A국과 B국의 오퍼곡선이 서로 교차하는 점 E가 균형교역조건을 달성하는 무역균형점이다. 이 점에서 A국은 OY_0만큼의 Y재를 수출하고 OX_0만큼의 X재를 수입한다. 반대로 B국은 OX_0만큼의 X재를 수출하고 OY_0만큼의 Y재를 수입한다. 이때 X재와 Y재에 대한 양국의 상대가격은 1:1로 동일하다. 만일 상대가격이 상이하다면 자유무역을 상정하는 한 무역량이 지속적으로 변하여 결국은 균형교역조건에 도달하게 된다.

---

17) 생산가능곡선은 일정한 생산요소를 완전히 사용하여 생산활동을 할 때 기술적으로 가능한 여러 가지 생산물 조합을 그래프로 나타낸 것을 말한다.

18) 무역무차별곡선은 한 나라의 국민에게 동일한 수준의 만족을 보장해 주는 두 상품의 수출량과 수입량의 여러 조합의 궤적을 나타내는 곡선이다.

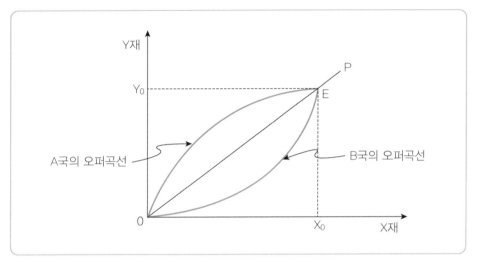

[그림 2-2] 오퍼곡선과 균형교역조건의 결정

제4절 자본의 축적 및 기술진보와 무역

1 자본축적과 립진스키정리의 효과

립진스키정리에 따르면 어떤 나라에서 하나의 생산요소 부존량이 증가하게 되면 그 생산요소를 집약적으로 사용하는 재화의 생산량은 증가하고 다른 재화의 생산량은 감소한다. 이 정리에 의하면 만일 자본만이 증대되었다면 증가된 모든 자본은 자본집약적인 산업에 투입되어야 한다. 그러나 자본증대가 있기 전의 요소집약도를 유지하기 위해서는 노동집약적인 산업으로부터 노동을 끌어들여 증가된 자본과 함께 자본집약적인 산업에 재투입되어야 한다. 즉, 자본이 증가하면 노동집약적인 산업에서 생산요소를 끌어들여 자본집약적인 산업에 재투입하여야 한다는 것이다.

따라서 자본집약적인 재화의 생산은 증대되어야 하고, 반대로 노동집약적인 재화의 생산은 감소될 수밖에 없다. 과연 립진스키정리가 우리나라에서도 그대로 시현된 것일까? 우리나라의 경우 1960년대와 1970년대를 통해 수출주도형 경제성장을 도모하였다. 이 과정에서 〈표 2-6〉에서와 같이 상당히 빠른 속도로 자본을 축적하였다.

〈표 2-6〉 **우리나라의 자본축적과 립진스키 효과**

연 도	전산업 K/L	임금지수	제조업 K/L	농업 K/L	수출상품 K/L	비경쟁수입 K/L	총수출 (백만불)
1966	0.7	100	1.8	0.3	1.0	6.5	250
1975	1.5	193	3.0	0.7	3.1	16.7	5,081

자료 : W. Ethier, Modern International Economics(New York : Norton & Co., 1983), p. 114

〈표 2-6〉에서 1966~1975년의 기간 동안 우리나라의 전체 산업자본/노동 (K/L)비율, 즉 1인당 자본장비도는 2배 이상 증가하였다. 이와 같은 자본축적은 급격한 노임상승과 정책금융, 외자도입을 통한 자본에 대한 이자보조 등으로 노동의 상대가격이 상승되어 노동으로부터 자본으로의 요소대체가 이루어진 결과라 볼 수 있다.[19] 립진스키정리가 의미하는 대로 우리나라는 이 기간 동안 급속한 자본축적이 이루어졌고, 그 결과 자본집약재인 공산품생산이 더욱 증대되어 수출의 주종을 이루게 되면서 불과 10년 동안 20배 이상의 수출신장이 달성된 것이다.

2 기술진보와 무역

수출은 고용을 창출하고, 기술진보를 촉진시킨다. 기술진보는 경제성장을 이끄는 또 하나의 중요한 요인이다. 기술을 개발하여 실시하는 국가는 물론 이를 도입한 국가의 경제성장을 촉진시키는 것이다. 기술진보는 동일한 양의 생산요소투입으로 더 많은 양의 재화를 생산하거나 적은 양의 생산요소투입으로 동일한 양의 재화를 생산하는 것을 뜻한다. 즉, 기술진보는 생산요소 단위당 생산량을 증가시키게 되어 규모의 경제에서 생산성을 향상시킨다. 수출에 따른 기술진보는 치열한 경쟁속에 얻어진다. 물품이거나 서비스거나를 막론하고 재화 공급자들 간의 경쟁이 가격을 낮추고 품질과 서비스의 질을 향상시킨다는 것은 널리 알려진 바다.

수입은 국내시장에서의 경쟁을, 수출은 해외시장에서의 경쟁을 불러온다. 수출을 위해 기업은 세계시장에서 세계 최고기업의 최고 제품과 치열하게 경쟁을

---

19) 표학길, 국제무역론(무역경영사, 2009), pp. 206~213 참조.

해야 한다. 국내시장을 대상으로 하는 제조업자들도 수입물품과의 경쟁에서 살아남기 위해 역시 세계 최고기업의 최고 제품과 치열한 경쟁에 휘말리게 된다. 이러한 경쟁은 효율성을 증가시켜 보다 더욱 저렴한 가격으로 높은 품질의 제품을 생산하고, 소비할 수 있게 한다. 그러나 경쟁에서 밀리는 국내산업 또는 개별기업은 시장에서 퇴출되어 도산과 실업이라는 문제가 발생하기도 한다. 즉, 수입으로 인한 국내시장에서의 경쟁상황은 경쟁 제품의 생산자에게는 불리함을, 소비자에게는 유리함을 가져오는 상반된 효과를 초래한다.

노동이나 자본이라는 생산요소의 추가공급이 없어도 기술진보는 경제성장을 가능하게 한다. 영국의 경제학자 힉스(J. R. Hicks)는 기술진보를 중립적 · 노동절약적 · 자본절약적 기술진보의 세 가지 형태로 구분하여 정의하였다. 여기에서 노동절약적 기술진보와 자본절약적 기술진보는 편향적 기술진보(biased technical progress)에 해당한다.

기술진보의 형태 ┬ 중립적 기술진보
               ├ 노동절약적 기술진보
               └ 자본절약적 기술진보

중립적 기술진보란 자본과 노동 두 생산요소의 상대가격이 일정할 때, 재화 한 단위 생산에 투입되는 자본과 노동의 양이 동일한 비율로 감소하는 것이다. 즉, 기술진보 후에도 자본-노동투입비율이 변하지 않는 경우를 말한다. 노동과 자본의 한계생산성이 같은 비율로 증가하는 것이다. 이제 2국 2재화 모형에서 재화를 공산품과 농산물로 구분하고, 공산품이 농산물보다 자본집약적 제품이라 가정하자. 여기서 중립적 기술진보가 공산품의 생산공정에서 이루어진 경우를 보자. 이 경우 만일 두 재화의 가격이 변화하지 않는다면 요소의 상대가격이 변화하지 않을 수 없다. 결국 중립적 기술진보가 공산품 생산공정에서 이루어졌으므로 제조업부문에서 자본의 상대가격이 더욱 상승하는 것으로 나타난다.

제조업부문에서 기술진보가 일어나면 제조업부문의 생산자들은 더 많은 생산을 위해 요소를 필요로 하게 된다. 그런데 제조업은 자본집약적이므로 자본에 대한 수요가 노동에 대한 수요보다 상대적으로 강하게 나타난다. 그 결과 자본의 가격이 노동의 가격보다 상대적으로 높아지는 현상이 나타나게 된다. 한편 기술진보는 생산량에도 변화를 초래한다. 자본집약적 산업에 중립적 기술진보가 이루어졌을 때는 보다 많은 공산품이 생산되는 결과로 나타난다.

자본집약재인 공산품은 기술진보의 결과 증산이 이루어지나, 농산물은 증산이 이루어지지 않았기 때문에 농산물가격이 상대적으로 앙등하는 결과를 가져온다. 만일 이 나라가 공산품을 수출하고 있었다면 공산품생산에서의 기술진보는 교역조건의 악화를 가져올 수 있다. 이를 일반화시켜 요약하면 중립적 기술진보가 수출산업에서 일어나면 교역조건의 악화를 초래한다. 수입산업에서 일어나면 교역조건을 개선시킨다. 중립적 기술진보가 교역조건에 어떤 방향으로 효과를 미치는가 하는 점은 비교적 명료하나, 그 영향의 폭은 수입수요의 탄력성이나 자국과 교역상대국의 공급탄력성 등에 따라 달라진다.

노동절약적 기술진보는 자본의 한계생산성이 노동의 한계생산성보다 더 많이 증가하는 경우의 기술진보를 말한다. 따라서 노동절약적 기술진보가 일어나면 생산과정에서 노동이 자본으로 대체된다. 즉, 노동에 대한 자본의 상대가격이 불변이더라도 노동의 투입비율이 상대적으로 감소하는 것이다.

자본절약적 기술진보는 노동의 한계생산성이 자본의 한계생산성보다 더 크게 증가하는 기술진보를 말한다. 자본절약적 기술진보가 일어나면 생산과정에서 자본이 노동으로 대체되고, 노동에 대한 자본의 투입비율은 생산요소의 상대가격이 불변일지라도 감소한다. 자본절약적 기술진보는 노동의 한계생산성을 더 크게 증가시킨다. 만일 자본집약적 제품이 수출되고 있는 상황에서 자본집약재 산업에 자본절약적 기술진보가 일어난다면 중립적 기술진보의 경우처럼 교역조건이 불리하게 된다. 그러나 자본집약적 산업에서 노동절약적 기술진보가 일어난다면 그러한 기술진보가 교역조건에 미치는 영향을 일률적으로 판가름하기 어렵게 된다.

[무역현장]

"세계화의 종말, 논쟁에서 현실로"

지난 3월 노벨 경제학상을 수상한 폴 크루그먼 뉴욕시립대 교수는 뉴욕타임스에 "푸틴이 세계화를 죽일 것인가?"란 칼럼을 게재했다. 많은 경제학자들이 스태그플레이션에 대한 공포가 높아지는 현재의 상황을 1979~1980년 무렵과 비교하곤 한다. 크루그먼 교수가 보기에 지금의 상황은 1914년과 닮아 있다. 1914년은 이른바 '첫째 세계화(세계화 1.0)'가 끝난 때다. 당시 영국의 산업혁명으로 철도와 증기선, 전기 케이블 등이 발명되면서 세계 무역이 크게 증가했다. 런던에 거주하던 시민들은 전 세계의 다양한 제품을 자신이 원하는 만큼 쉽게 주문할 수 있었고 비교적 이른 시간 안에 자신의 집 문 앞까지 배달받을 수 있던 시대였다. 하지만 1914년 1차 세계대전이 벌어지며 '번영의 시대'는 막을 내렸고 이후 글로벌 경제는 1920년대 후반부터 1930년대까지 길고 긴 대공황의 터널을 지나야 했다. 그때와 마찬가지로 지금 우리가 목격하는 것 또한 '세계화로 번영을 누렸던 한 시대의 종언'이라는 것이 크루그먼 교수의 주장이다.

세계경제포럼(WEF)에 따르면 세계화는 상품·서비스·기술·투자·사람·정보가 자유롭게 국경을 넘나들며 세계의 경제·문화 및 개인들 간에도 상호 의존성이 높아지는 현상이다. WEF는 역사적으로 세계화를 크게 세 단계로 구분했다. '첫째 세계화(세계화1.0)'가 1차 세계대전이 일어났던 1914년 이전이고 '둘째 세계화(세계화2.0)'는 2차 세계대전 직후 미국 주도의 세계화를 말한다. 그리고 1991년 소련의 해체로 시작된 지금의 세계화가 '셋째 세계화(세계화3.0)'다. 1972년 리처드 닉슨 미국 대통령의 중국 방문을 시작으로 싹트기 시작한 이 '셋째 세계화'는 1989년 베를린 장벽 붕괴와 1991년 소련의 해체를 거치며 본격화됐다. '냉전 시대의 종언'으로부터 싹을 틔운 만큼 인류 역사상 처음으로 전 세계의 모든 나라가 연결되는 세계화가 가능해진 것이다. 인터넷과 같은 기술의 발전도 세계화 물결의 강력한 촉매제가 됐다. 토대도 마련됐다. 1995년 세계무역기구(WTO)가 설립됐다. 관세 및 무역에 관한 일반협정(GATT)을 대체한 WTO 체제의 출범은 세계의 무역 질서가 WTO라는 하나의 규범 아래 움직이게 됐다는 것을 의미했다. 2001년 중국이 WTO에 가입하며 세계화는 정점을 향해 달려간다.

이 과정에서 19세기 영국의 경제학자인 데이비드 리카도가 주장한 '비교 우위 이론'이 학문적 근거를 제공했다. 한 국가에서 모든 상품을 생산하는 것보다 다른 국가와 비교해 상대적으로 유리한 상품을 상호 교역하게 되면 상호 이익을 얻을 수 있게 될 것이라는 이론이다. '기술'과 '정보'에 우위를 지닌 선진국들과 '인건비'와 같은 생산비에서 강점을 지닌 신흥국들의 무역은 양국 모두의 소득을 향상시킬 수 있다는 얘기다.

(매거진한경, 2022.05.28.)

[무역현장]

"'대중무역' 한국은 적자, 대만은 흑자…원인은 이것"

대만이 중국과의 관계 악화에도 불구하고 무역수지는 흑자를 이어가고 있다. 한국의 대중국 무역수지가 4개월 연속 적자를 기록하고 있는 것과는 대조적이다. 그 배경에는 대만의 '반도체'가 있다는 분석 결과가 나왔다. 28일 한국무역협회가 발표한 '한국과 대만의 대중 무역구조 분석 및 시사점' 보고서에 따르면 대만은 최근 양안 관계의 악화에도 불구하고 시스템 반도체 위주의 수출 호조를 바탕으로 견조한 대중국 흑자 기조를 유지하고 있다. 반면 한국의 대중국 무역수지는 지난 5월 이후 4개월 연속 적자다.

한국은 디스플레이, 석유제품, 반도체 제조용 장비 등의 수출이 부진한 가운데 리튬이온 배터리 및 원료, 액정표시장치(LCD) 등 중간재를 중심으로 수입이 큰 폭으로 늘었다. 중국 반도체 장비의 자급률이 상승하고, 중국에 진출한 한국 기업의 현지생산도 확대되면서 반도체 및 장비 수출 증감률은 지난 5월 11.9%에서 지난 8월 −3.6%로 감소세로 돌아선 상황이다. 대중국 무역수지는 올해 1~8월 누계 기준으로는 32억달러의 흑자를 나타내고 있으나 그 규모는 지난해 같은 기간(158억달러)보다 79.8% 감소했다.

반면 대만의 중국에 대한 무역수지는 안정적인 흑자 기조를 유지하고 있다. 중국은 지난 달 낸시 펠로시 미국 하원의장의 대만 방문에 대한 보복조치로 경제제재와 군사적 위협을 가했지만 오히려 교역 부문에서는 대만 의존도가 높아지고 있는 상황이다. 올해 1~8월 기준, 반도체가 대만의 대중국 수출 물량의 절반(51.8%)을 차지하고 있다. 이 가운데 시스템반도체(24.0%)와 메모리반도체(17.8%) 수출이 고르게 호조세를 보인다. 같은 기간 대만의 대중국 반도체 무역수지는 223억달러 흑자를 기록해 전년 같은 기간(183억달러)보다 21.7% 증가했다. 대만의 대중국 수출에서 반도체 등 중간재가 차지하는 비중은 83.4%에 달하고 중국은 전자 및 기계제품 등 중간재를 대만에 크게 의존하는 구조다.

보고서는 "대만의 대중국 무역수지 흑자는 대만이 보유한 세계 최고 수준의 파운드리 기술력 및 위탁수요의 증가와 함께 시스템반도체 위주의 대중국 수출 때문"이라고 분석했다. TSMC·UMC·PSMC·VIS 등 대만 파운드리 4개사의 세계 시장 점유율은 올해 1분기 기준 64.0%를 차지했으며 올해 1~8월 대만의 대중국 반도체 수출에서 시스템반도체가 차지하는 비중은 73.8%에 달한다. 보고서는 "삼성전자 등 한국 기업이 시장을 독점하고 있는 메모리반도체는 글로벌 경기에 크게 영향을 받는 반면, 대만이 강점을 가진 시스템반도체는 다품종 주문생산 위주로 경기 방어적 특성이 있다"고 짚었다.

(경향신문, 2022.05.28.)

3

국제통상정책의 수단과 그 효과

제3장의 주요 내용

제3장에서는 국제통상정책의 이론과 그 정책적 수단에 대해 살펴본다.
이 장에서 학습할 주요내용은 다음과 같다.

1. 보호주의 통상정책의 이론적 배경
2. 유치산업보호론의 의의
3. 관세의 종류와 관세부과의 효과
4. 비관세조치의 특성과 조치의 내용
5. 우리나라 경제개발정책의 전개과정과 무역의 관계
6. 우리나라의 무역현황

제3장 학습 키 워드(key word)

공업보호론, 유치산업보호론, 관세, 생산자잉여, 소비자잉여, 생산비용, 소비비용, 생산효과, 소비효과, 재정수입효과, 재분배효과, 고용효과, 소득효과, 국제수지효과, 교역조건효과, 경쟁효과, 국정관세, 협정관세, 기본관세, 탄력관세, 종가세, 종량세, 혼합세, 경사관세구조, 균등관세구조, 보복관세, 긴급관세, 국제협력관세, 일반특혜관세, 덤핑방지관세, 상계관세, 협정관세, 특별긴급관세, 조정관세, 할당관세, 계절관세, 편익관세, 평균관세율, 실효관세율, 실효보호율, 수입할당제도, 관세할당제도, 수출입허가제도, 수입과징금제도, 수입예치금제도, 수출입링크제도, 차별적 정부구매, 외환관리제도

제3장 국제통상정책의 수단과 그 효과

제1절 국제통상정책의 이론

1 국제통상정책의 의의

국제통상정책은 기본적으로 자유로운 무역을 추구할 것인가, 아니면 정부가 무역활동에 개입하여 어떤 의도적인 정책목적 달성을 시도할 것인가의 문제다. 역사적으로 보아 소규모의 자유무역항 국가가 아닌 한 세계 어느 나라도 아담 스미스나 리카도의 이론대로 완전히 자유로운 무역을 정부정책으로 한 경우는 찾아보기 어렵다.

19세기의 영국이나 20세기 중반의 미국과 같이 강한 국제경쟁력을 갖출 경우 그 나라는 일반적으로 자유무역을 선호하고 다른 국가도 이에 동조하길 요구한다. 반대로 상대적으로 경쟁력이 낮은 국가는 자유무역보다는 정부가 일정하게 개입하는 보호무역 또는 관리무역을 선호한다. 어느 나라나 늘 강한 국제경쟁력을 갖는 것은 사실상 불가능하다. 그래서 같은 국가일지라도 시기에 따라 그 주장하는 바가 달라지기도 한다.

미국의 경우를 보면 18세기 후반 건국초기에는 주 교역대상국인 영국보다 공업생산력이 현저하게 낮았다. 따라서 공업보호론이라 하여 보호무역을 정책으로 채택하였다. 공업화가 이루어진 이후지만 경기가 심하게 침체된 1930년대에도 무역이 불가능할 정도로 고율의 관세를 부과하여 자국 산업을 보호하는 정책을 채택하였다. 뿐만 아니라 제2차 세계대전 후 명실상부하게 세계 최강의 강대국이 된 다음에는 국제적으로 자유무역을 강력하게 옹호하면서도, 막상 1970년대 들어 세계경제가 불황에 처하고 일본 및 일부 신흥공업국들의 수출증대로 노동집약적인 섬유산업 등에 실업자가 증가하자, 이 분야에 쿼터제의 시행 등 비관세적 제한을 강화하는 신보호주의 정책을 채택한 바 있다.

19세기 초반과 중반의 독일이나 프랑스, 19세기 후반부터 20세기 초의 일본도

초기 공업화 단계에서 강력한 보호주의적 정책을 채택하였다. 국제통상정책은 관세에 의하는 경우와 비관세적 조치에 의하는 두 가지 방법을 중심으로 한다.

오늘날 대부분의 국가는 무역이 자국에 이익이 된다는 사실을 잘 알고 있다. 정책적으로도 자유로운 무역을 지지한다. 대부분의 국가가 자유롭고 공정한 무역을 그 이념으로 하는 WTO 회원국이라는 사실이 이를 잘 말해준다. WTO 회원국은 국제통상정책에서 WTO 협정의 직접적인 제약을 받는다. WTO는 국제소약으로서 '시장접근 보장의 원칙' 적용을 통해 무역에 제한이 되는 비관세는 철폐하되 관세는 점진적으로 철폐해 나가도록 하였다. 또 불공정한 무역행위를 시정하기 위한 여러 제도적 장치들도 마련해 두었다. 이러한 장치와 함께 어느 회원국이 협약을 불이행할 경우, 그로 인해 피해를 본 다른 회원국이 분쟁해결절차를 통해 피해를 보상받을 수 있도록 하여 실효성을 확보하였다. 그러나 WTO 협정도 일정한 경우 무역에 대한 제한을 인정한다. 불공정무역행위에 대한 제재나 국가안보, 국민의 생명과 건강, 환경보호 등을 위해 수출입에 일정한 제한을 할 수 있게 한 것이다. 따라서 이러한 한도 내에서 각국은 무역제한적 조치를 취할 수 있다.

2 통상정책의 주요 논거

(1) 해밀턴의 공업보호론

18세기 중엽 이미 산업혁명이 완료된 영국은 자국의 강한 산업경쟁력을 바탕으로 자유무역을 주장하였다. 하지만 이보다 산업혁명이 늦었던 독일이나 미국 등은 입장이 달랐다. 당시 후진국의 입장을 대변하여 가장 먼저 보호무역을 주장한 사람이 미국 건국초기의 재무부장관이었던 해밀턴(A. Hamilton)[1]이다. 해밀턴은 미국은 영국 등 유럽 여러 나라에 비해 아직 공업이 부진한 단계에 있는 농업국임을 지적하면서, 공업이 농업에 비해 생산력에서 유리하고 이익도 크므로 먼저 연방정부의 일관된 보호정책을 통해 공업을 진흥시켜야 한다고 주장하였다. 그가 주장하였고 실제 미국정부의 정책으로 채택된 공업보호정책의 수단은 관세의 부과, 수출입의 금지, 보조금 또는 장려금의 지급, 면세, 발명 장려, 상품검사제도의 실시 등이었다. 해밀턴은 당시 농업국 수준을 못 벗어난 미국경제가 공업화에 힘을 기울여 산업을 분화시킴으로써, 분업의 이익을 얻어야 한다고 주장하였기 때문에 이를 산업분화론이라고도 한다. 해밀턴의 정치경제사상, 특히 경제사상은 미국의 산업발전에 큰 영향을 미쳤다고 알려진다.

(2) 유치산업보호론

유치산업에 대한 보호를 처음으로 주장한 사람은 독일의 리스트(F. List)[2]다. 리스트는 1841년 '정치경제학의 국민적 체계'라는 책에서 각국의 경제발전단계를 ① 야생상태, ② 목축상태, ③ 농업상태, ④ 농공상태, ⑤ 농공상상태의 다섯 단계로 나누어 설명하였다. 그는 다섯 단계 중 ④단계인 농공상태에서 ⑤단계인 농공상상태의 국가로 이행하는 단계에 있는 국가, 즉 독일과 미국에게는 선진국인 영국의 싸고 우수한 공산품으로부터 국내의 유치(幼稚)산업을 보호할 필요가 있다고 주장하였다. 리스트가 말한 유치산업이란 경제발전 단계에서 낙후되어 있는 나라의 산업으로서, 장차 성장할 가능성이 있는 산업을 말한다. 리스트는 유치산업의 보호로 국민소득과 후생은 일시적으로 감소하지만, 장래에 있어서는 그 산업이 성장하여 전체적으로 국민소득과 후생은 증가한다고 보았다. 말하자

---

1) 해밀턴(1755~1804)은 영국령 서인도제도에서 태어났다. 킹스 칼리지(지금의 컬럼비아대학교)를 중도에서 그만두고 미국독립전쟁 중 G.워싱턴의 부관으로 활약하였다. 독립 후 아나폴리스회의, 헌법제정회의에서 뉴욕대표로 참가, 강력한 연방정부 조직을 주장하였다. 대통령 워싱턴 밑에서 1789~1795년 재무장관이 되었고, 국채액면상환(國債額面償還), 주채(州債)의 연방정부 인수, 국립은행의 창설, 보호관세의 설립 등 상공업의 발달을 중시한 재무정책을 취하였다. 이는 그가 주장한 현명한 소수자에 의한 정치라는 정치철학과 함께 제퍼슨 등의 반대를 받았지만 그의 정치경제사상, 특히 경제사상은 미국의 발전에 지대한 영향을 미쳤다.

2) List(1789~1846)는 독일의 경제학자, 정책론자다. 역사학파 경제학의 선구자로서 독학으로 튀빙겐대학의 국가행정학교수가 되었으며, 이때부터 독일 관세동맹의 실현을 위해 노력하였다. 그는 스미스(Smith, A.)의 경제학을 부(富)의 분석이론이라고 규정하고 영국과 같은 세계제국(리스트가 말하는 최종발전단계)에 있어서는 자유주의적 경제정책이 가능하며 또 필요한 것이지만, 독일과 같은 후진국에서는 역사적 발전단계를 달리하므로 경제학도 그에 따라서 국민성을 가져야 하며 부의 분석보다는 부의 창조, 산업육성을 위한 국민생산력의 이론과 보호관세론이 주가 되어야 한다고 주장하였다.

면 규모의 경제와 외부경제효과3)가 리스트의 유치산업보호론의 핵심이다.

리스트의 유치산업보호론은 산업화가 늦은 국가들에게 환영받는 이론이었고, 오늘날까지도 특정산업의 지원과 육성의 필요성을 거론할 때 종종 인용되는 논리적 근거가 되고 있다. 유치산업보호론은 ① 어떤 산업을 유치산업으로 볼 것인가 하는 선정의 문제, ② 일단 유치산업을 선정하였다 하더라도 과연 어느 기간 동안 보호하는 것이 적정한 것인가 하는 보호기간의 결정 문제, ③ 산업보호를 위해 취할 수 있는 보호수단을 어떤 것으로 할 것인가 하는 정책수단 선택의 문제 등이 과제가 된다. 이와 관련하여 밀(J. S. Mill), 바스테이블(C. F. Bast-able), 캠프(M. C. Kemp) 등의 학자들이 그 선정기준을 제시한 바 있다.4)

(3) 공정무역론

영국은 일찍이 가장 먼저 산업혁명을 이룩하고, 자국의 시장을 일방적으로 개방하는 자유무역체제를 기반으로 하여 '세계의 공장'으로 자리잡았다. 그러나 당시 후발국이었던 미국, 독일 등이 보호무역을 통해 산업경쟁력을 갖추고, 더욱이 외국제품이 영국시장이나 영연방시상에 덤핑을 통해 진출하고 영국제품의 이름을 도용하여 판매되는 사례가 늘어났다. 1870년대 이후 영국에서는 이러한 상황에 대한 비판과 불만이 고조되었다. 그 결과 1880년대에는 외국의 '불공정무역관행'에 대응하여 자신들도 스스로를 보호해야 한다고 주장하는 제조업자들

---

3) 외부경제효과란 시장거래를 통하지 않은 생산자나 소비자의 경제활동이 직·간접적으로 제3자의 경제활동 및 생활에 긍정적 영향을 미치는 것을 말한다. 외부경제로는 기업 밖의 요인인 비용의 절약을 통한 관련 산업의 발달, 입지조건의 변화, 산업의 집중으로 인한 수송비 인하 등을 들 수 있다. 반면, 산업발전과 더불어 증가하는 대기오염과 소음 등의 공해가 사회에 입히는 불이익이 커지면서 외부불경제의 주요 요인으로 부각되고 있다. 외부경제효과가 발생하는 경우 시장기구가 완벽하게 작용한다 해도 이상적인 자원의 배분을 실현할 수 없다. 외부경제의 예로는 과수원과 양봉업자 간의 관계를 들 수 있으며, 외부불경제의 예로는 공해를 배출하는 공장 옆에서 농사를 짓는 경우와 같은 대기오염이나 지구온난화로 인한 피해, 공공장소에서의 흡연 등을 들 수 있다.

4) Mill은 일정 기간의 보호에 의해 기술습득과 생산성이 향상됨으로써 비교우위가 되어야 한다는 것을 기준으로 제시하였다. Bastable은 이를 더욱 엄밀하게 하여 일정 기간의 보호에 의해 자립(비교우위에 놓임)할 수 있을 뿐만 아니라, 성숙한 산업으로부터 발생할 미래이득의 현재가치가 그 산업의 육성을 위하여 투하된 사회적 비용을 메우고도 남음이 있어야 된다고 하였다. Kemp는 여기에 외부경제효과라는 개념을 추가하여 밀이나 바스테이블의 기준이 충족되면 습득한 기술·경험이 다른 기업으로 유출되지 않고 그 기업 내부에서만 이용되는 한 보호가 없더라도 채산이 맞으므로 그 기업은 자주적인 발전을 기대할 수 있으나, 힘들게 터득한 선발기업의 기술이 다른 기업에 의해 모방된다면 보호가 필요하다고 보았다. 즉, 선발기업이 투자를 계속할 수 있게 정부가 기업의 현재적 손실을 부담하는 보호정책이 필요하다고 주장하였다.

에 의해, '공정무역 전국동맹'(The National Fair Trade League)이 결성되고 관세개혁운동이 활발히 전개되었다.

이러한 주장은 종전까지 영국이 취해온 일방적 자유무역정책을 공정무역으로 전환하여 상대국이 제공하는 양허수준에 상응하는 양허를 상대국에 제공하고, 상대국의 보호무역에 대해서는 자신도 보호무역으로 대응함으로써 쌍방간에 균형을 이루도록 하는 상호주의(reciprocity)를 채택해야 한다는 것이었다. 제2차 세계대전 후의 GATT체제와 뒤이은 1995년 이후의 WTO체제에는 이와 같은 공정무역론과 상호주의의 이념이 반영되어 있다. 2018년 이후 격화된 미국과 중국간 무역분쟁에서 미국 트럼프 대통령이 중국을 향한 비난에서도 공정무역이 등장한다. 미국은 시장을 개방했으나 중국은 시장개방에 소극적이란 이유에서다. WTO협정으로 덤핑방지관세나 상계관세를 부과할 수 있게 허용하고, 지식재산권침해물품에 대해 교역금지를 규정한 것도 바로 불공정무역행위에 대한 제재를 위해서다.

제2절 　관세정책

1 관세의 특성

무역에서 정부와 무역업자 모두에게 큰 관심대상이 되는 것이 관세의 부과와 징수이다. 관세에는 다음과 같은 여러 가지 특성이 있다.

첫째, 관세에는 강제성이 있다. 관세는 이를 납부하는 무역상과 협의에 의해 부과 징수되는 것이 아니라 국가 권력에 의해 일방적으로 납부가 강제된다. 이것은 무역의 다른 과정이 민사상의 계약에 의해 이루어지는 것과 크게 다른 것이다.

둘째, 관세는 국제성이 강하다. 오늘날 관세의 부과와 징수는 WTO협정 등 다수의 국제규범으로부터 직접적인 제약을 받는다. 아울러 수시로 변화하는 국제동향도 면밀히 파악되어 정책에 반영된다.

셋째, 관세는 수출 또는 수입하는 재화에 부과된다. 이는 관세가 무역장벽으로서의 기능을 하게 됨을 의미한다. 일반적으로 관세는 수입되는 물품에 부과되지만 일부 개발도상국에서는 수출물품에 관세를 부과하기도 한다.

넷째, 관세는 물품세이고 수시세다. 관세는 용역, 즉 서비스나 전자적무체물이 아닌 물품에 부과된다. 그러므로 물품의 구별이 먼저 이루어져야 하며, 물품의 품목분류가 중요하게 된다. 관세는 수입 통관될 때마다 각 물품별로 부과되는 수시세다. 이는 통상 일정기간별로 부과되는 법인세, 소득세, 부가가치세 등과 다른 것이다.

다섯째, 관세는 소비세다. 따라서 관세를 국가에 납부하는 납세자와 실제 이를 부담하는 담세자(擔稅者)는 대부분 다르다. 수입물품에 부과되는 관세의 납세자는 수입자이나 실제 관세 부담자는 그 수입물품을 소비하는 소비자다.

여섯째, 관세는 재정수입 또는 산업정책을 이유로 부과된다. 관세의 재정수입적 의의는 개발도상국일수록 높고 선진국일수록 낮다. 관세가 산업정책 목적으로 부과되는 이유는 관세부과에 따라 생산자원의 이동이 일어나기 때문이다. 어떤 상품에 관세가 부과되면 통상 수입상품의 국내 판매가격이 높아지기 때문에 유사한 상품이나 경쟁관계에 있는 상품을 국내에서 생산하여 판매하는 업자에게 유리해진다. 따라서 이러한 상품을 생산하는 곳으로 자원이 이동된다.

■2 관세부과의 경제적 효과

국제경제이론에서 소국(小國)이란 세계시장에서 차지하는 비중이 낮아 세계시장가격을 수용해야 하는 국가(price-taker)를, 대국(大國)이란 시장가격을 임의로 조정할 정도로 시장지배력을 가진 규모가 큰 국가(price-setter)를 의미한다. 여기서는 소국(小國)을 전제로 부분균형 분석도구를 이용하여 관세부과의 효과를 보기로 한다. 분석은 국제무역의 일반적 가정(假定), 즉 ① 부과되는 조세는 종가세이고, ② 조세는 국내소비자로부터 징수되며 전가(轉嫁)되지 않고, ③ 수입금지적 조세(prohibitive tax)가 아니며, ④ 재정수입이 된 조세는 지출되지 않고, ⑤ 조세가 징수되는 상품은 독립재로 다른 상품에 대한 파급효과는 없으며, ⑥ 완제품 생산에 소요되는 수입원재료의 투입계수는 일정하며, ⑦ 경제규모는 변함이 없다는 여러 가정을 전제로 한다.

관세의 경제적 효과를 살펴보기 전에 먼저 관세부과와 관련하여 변화하는 생산자잉여(productions' surplus)와 소비자잉여(consumer's surplus)를 보기로 한다. 생산자잉여란 이윤으로, 생산자가 시장에서 실제로 받는 수입(收入)과 생산비와의 차이를 말한다. 소비자잉여란 순이득으로, 구매한 재화에 대해 소비자가 느끼는 가치와 그 재화에 대해 시장이 소비자에게 요구하는 가격간의 차이를 말한다. 그림으로 나타내면 [그림 3-1]과 같다.

[그림 3-1] **생산자잉여와 소비자잉여의 개념**

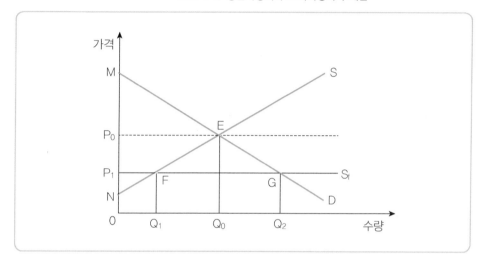

[그림 3-1]에서 D는 어느 상품의 수요곡선, S는 국내 공급곡선, S_f는 외국의 공급곡선이다. 외국공급곡선이 국내공급곡선보다 낮고 수평으로 표시된 것은 보다 낮은 가격으로 무한 공급이 가능하다고 가정하였기 때문이다. 외국과 무역을 전혀 하지 않는 폐쇄경제하에서라면 수요와 공급의 균형점은 E이기 때문에, 이 상품의 국내거래량은 $0Q_0$, 거래가격은 $0P_0$로 결정된다. 그러므로 이 상품의 생산자는 P_0EN의 면적으로 표시되는 생산자잉여를, 소비자는 MEP_0 면적으로 표시되는 소비자잉여를 각각 얻을 수 있다. 생산자잉여와 소비자잉여를 합한 것을 총잉여(total surplus)라 한다.

이제 시장을 완전 개방하여 아무런 관세 또는 비관세적 제약없이 자유로운 무역을 한다고 가정한다. 이 경우 이 상품은 [그림 3-2]의 P_1 수준으로 거래되고 국제시장 가격이 낮기 때문에 수입이 일어난다. 그리하여 국내에서 생산된 상품과 외국으로부터 수입한 상품을 합한 새로운 수요와 공급의 균형점은 G가 될 것이다. 이것은 소비량이 $0Q_0$에서 $0Q_2$로 증가하는 한편 국내생산은 $0Q_0$에서 $0Q_1$로 감소된다는 것을 의미한다. 이에 따라 소비자잉여는 MGP_1의 면적으로 증가하고, 생산자잉여는 P_1FN 면적으로 감소한다. 이를 시장이 개방되기 전과 비교하면 소비자잉여(MEP_0)에다 생산자잉여(P_0EN)를 더한 면적에서 EFG 면적만큼 총잉여가 증가한 것이 된다. 이것은 국제가격이 국내가격보다 낮은 상품의 경우에 시장개방 혹은 무역개시가 총체적으로 보아 이익이 된다는 것을 말해주는 것이다. 반대로 국제가격이 국내가격보다 높은 상품의 경우에는 그 상품이 수출된다는 점만 다를 뿐 무역에 따른 이익은 마찬가지로 표시된다.

이제 자유로운 무역상태에서 수입물품에 관세를 부과할 경우의 효과를 보기로 한다. 관세부과의 효과를 그림으로 나타내면 [그림 3-2]와 같다.

[그림 3-2] **관세부과의 효과**

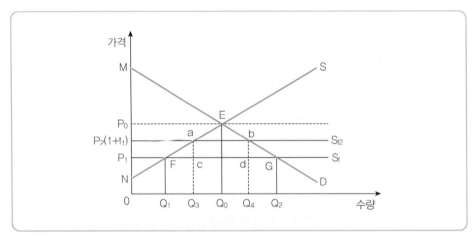

[그림 3-2]에서 관세가 P_1P_2만큼 부과되면 자유로운 무역의 경우에 비해 소비가 감소되어 P_2bGP_1의 면적만큼 소비자잉여를 감소시킨다. 반면 국내거래가격 상승에 따라 생산이 증가하여 P_2aFP_1만큼 생산자잉여가 증가하게 된다. 전체적으로 총잉여는 abFG만큼 감소하는 것으로 나타난다. 감소된 소비자잉여 중 abcd는 정부의 관세수입이 된다. 그러나 acF와 bdG는 완전히 사라지는 잉여부분이다. 여기서 acF를 생산비용(production cost), bdG를 소비비용(consumption cost)이라 한다.[5]

관세를 부과함에 따른 이러한 경제적 효과는 수요와 공급의 탄력성과 관세율의 크기에 따라 다르게 나타난다. 예컨대 국내공급의 탄력성이 크다면 공급곡선

---

5) 생산비용을 관세비용 혹은 관세정책 비용이라고도 하는데, 생산비용과 소비비용을 합하여 효율비용(efficiency cost)이라 한다. Bowen, Harry P., Abraham Hollander, & Jean M. Viaene, Applied International Trade Analysis, (London : Macmillan Press Ltd., 1998), p. 163

의 기울기가 완만하여 비록 관세율이 낮더라도 보호효과가 크다. 반대로 탄력성이 적다면 공급곡선의 기울기가 가파르므로 관세율이 높더라도 그 보호효과는 그다지 크지 않게 된다. 관세부과에 따른 경제적 효과를 세부적으로 나누어 설명하면 다음과 같다.

(1) 생산효과

t_1만큼 관세를 부과하여 국내가격이 $P_2(1+t_1)$이 됨에 따라 동일상품 또는 이와 경쟁관계에 있는 국내상품의 생산은 $0Q_1$에서 $0Q_3$로 증가하는 정(+)의 효과를 말한다. 이를 생산효과(production effect)라 한다. 생산효과의 크기는 국내의 수요 및 공급곡선의 기울기와 탄력성, 즉 가격변화에 따른 수요와 공급변화의 정도에 따라 달라진다. 그림으로 표시할 때 국내 공급곡선의 기울기가 완만하면 공급의 가격탄력성이 큰 것이다. 이 경우 약간의 관세에도 생산효과가 크게 나타난다.

현실에서는 국내에 유휴의 생산능력이 있을 때 가격탄력성이 높게 나타난다. 생산효과가 나타난다는 것은 국내의 관련 자원이 관세가 부과된 상품생산으로 상당부분 이동되었다는 것을 의미한다. 이것은 국민경제 전체로 보면 비교열위에 있는 부문에 보다 많은 자원의 배분이 일어났다고 볼 수 있다. 이러한 비효율적인 자원배분에 따라 손실이 발생한다. 이 손실부분이 바로 생산비용으로, [그림 3-2]의 acF로 나타난 삼각형이다.

(2) 소비효과

소비효과(consumption effect)는 [그림 3-2]에서 상품가격이 P_1에서 P_2로 인상됨에 따라 소비자의 수요가 Q_4Q_2만큼 감소하는 부(-)의 효과를 말한다. 가격인상에 따른 소비자의 후생감소라는 손실은 P_2bGP_1의 면적이 된다. 소비량은 전체적으로 $0Q_2$에서 $0Q_4$로 줄어든다. 그러므로 bGQ_4Q_2에서 dGQ_4Q_2를 뺀 bdG 부분이 소비비용으로, 사실상 국제교환이 어렵게 됨으로써 발생하는 손실이 된다.

(3) 재정수입효과

관세부과로 정부는 재정수입을 얻는다. 이를 재정수입효과(revenue effect)라 한다. 재정수입은 [그림 3-2]에서 abcd로 표시된 면적이다. 이것은 관세부과후의 수입량 Q_3Q_4에 관세 P_1P_2를 곱한 것이다.

(4) 재분배효과

관세의 부과는 생산자에게는 잉여의 증가를, 소비자에게는 잉여의 감소를 가져옴과 동시에 정부의 재정수입을 증가시킨다. [그림 3-2]를 살펴보면 관세부과로 인해 소비자잉여가 감소한 대신 이 감소분의 일부는 생산자와 정부로 전환되었음을 알 수 있다. 이를 재분배효과(redistribution effect)라 한다. 그러나 생산비용 acF와 소비비용 bdG부분은 효율비용으로서, 누구에게도 전환되지 않는 순손실로 나타난다.

(5) 고용효과

관세부과에 의한 생산효과로서 생산자는 국내생산을 증가시킬 수 있다. 이러한 생산증가는 필연적으로 노동과 자본, 기타 생산요소의 추가적 투입을 필요로 한다. 고용효과(employment effect)란 관세부과로 국내 생산량이 증가될 때 국내에 실업(불완전고용상태)이 있을 경우 고용이 늘어나는 효과를 말한다.

(6) 소득효과

완전고용 상태하에서 생산증가는 생산요소인 근로자 보수의 증가로 나타난다. 이를 소득효과(income effect)라 한다. 완전고용이 가정된 상태에서 관세를 부과하게 되면 생산요소의 전환 내지 재배분이 일어난다. 관세부과는 관세를 부과한 상품의 생산에서 생산자잉여를 증가시켜, 다른 분야의 생산요소를 관세부과 상품 생산으로 이동시키는 효과를 초래할 것이기 때문이다.[6] 한편, 생산의 증가는 자본가에게도 매출 및 이익 증가에 따른 소득 증대효과를 가져온다. 결국 소득효과는 산업에 종사하는 근로자와 투자를 한 자본가 모두에게 발생한다.

---

[6] 관세부과 또는 수입제한에 따른 효과를 연구한 스톨퍼-사뮤엘슨 명제(Stolper-Samuelson theorem)에 따르면 재분배효과는 산업간 또는 생산요소 간에도 발생한다.

(7) 국제수지효과

국제수지효과(balance of payment effect)는 관세의 부과로 Q_1Q_3의 생산이 증가하고 소비에서 수요감소로 Q_4Q_2의 수입이 감소함에 따라 $OP_1 \times (Q_1Q_3 + Q_4Q_2)$의 외화유출이 감소하는 효과를 말한다. 이는 결국 국제수지면에서 정(+)의 효과로 나타나게 된다.

(8) 교역조건효과

관세의 부과는 그 상품의 상대가격을 낮추어 다른 조건에 변화가 없다면 관세부과국의 교역조건을 개선시킨다. 이를 교역조건효과라 한다. 관세부과가 국제가격 내지 교역조건에 미치는 효과는 국제시장 수출공급의 가격탄력성에 따라 달라진다. 일반적으로 외국 수출공급의 탄력성이 크면 클수록 교역조건 개선효과는 적게 나타난다. 만일 관세부과국이 소국(小國)이어서 관세부과에 의한 수입수요량의 변화가 국제시장의 수요공급량의 변동에 전혀 영향을 미치지 못한다면 관세부과로 수입수요가 감소하더라도 수입재의 국제시장가격은 불변이므로 교역조건도 변동하지 않게 된다.

(9) 경쟁효과

관세의 부과는 해당상품을 생산하는 국내산업을 보호하여 시장에서의 가격경쟁을 완화하는 효과를 발생시킨다. 반면 관세의 경감은 시장에서의 가격경쟁을 격화시켜 국내산업으로 하여금 경쟁력 향상을 위한 노력을 촉발시킨다. 이를 관세의 경쟁효과라 한다.

❸ 관세의 구분

(1) 상품의 이동방향에 따른 구분[7]

수입관세는 외국물품이 수입될 때 부과하는 관세다. 대부분의 국가들이 수입물품에 관세를 부과하므로 일반적으로 관세라 할 때는 수입관세를 의미한다. 우

---

[7] 상품이 운송과정에서 어떤 나라를 통과하기만 할 경우는, 비록 해당국에 물품이 반입/반출되기는 하지만 어느 나라에서도 관세를 부과하지 않는다. WTO 협정에서도 이를 금지하고 있다.

리나라도 수입관세만 부과한다. 반면에 수출관세는 국내물품을 수출할 때 부과
하는 관세다. 수출관세는 주로 재정수입의 확보, 수출의 조정 등을 위해 러시아,
아르헨티나, 중국, 북한 등 일부 개발도상국에서 재정수입을 목적으로 부과하고
있다. 대개 수출관세를 부과해도 수출이 감소하지 아니할 수요의 탄력성이 낮은
1차산품이 그 대상이 된다.

(2) 세율의 결정방법에 따른 구분

1) 국정관세와 협정관세

국정관세는 관세주권에 따라 자국법령으로 관세율을 정하는 것을 말한다. 반
면 협정관세는 다른 국가와 양자간 또는 다른 다수의 국가들과 다자간협정을 통
해 관세율을 정하는 것을 말한다. 국정관세로는 기본관세, 잠정관세, 조정관세,
할당관세, 일반특혜관세, 덤핑방지관세, 상계관세, 보복관세, 긴급관세, 농림축
산물에 대한 특별긴급관세 등이 있다.[8] 협정관세로는 WTO 양허관세, FTA 협
정관세, 개발도상국간 협정관세(APTA, GSTP, TNDC) 등이 있다. 국정관세는 관
세율 인상이나 인하가 국내법에 의해 가능하다. 그러나 협정관세에서 관세율 인
하는 국내법으로 가능하지만, 관세율 인상은 무역장벽이 되는 것이므로 해당 협
정의 개정이 있어야 가능하다.

2) 기본관세와 탄력관세

기본관세는 국민의 대표기관인 국회에서 제정한 관세법 별표로 규정된 관세율
을 의미한다. 탄력관세는 관세법에서 규정한 국회의 위임에 의해, 행정부가 불
공정무역행위의 시정, 산업보호, 물가안정 등 여러 가지 정책목적을 위해 기본
관세율을 인상하거나 인하하여 정하는 관세율을 말한다. 조정관세, 덤핑방지관
세, 상계관세, 보복관세, 긴급관세, 계절관세, 농림축산물에 대한 특별긴급관세
는 주로 인상하는 것으로, 할당관세, 일반특혜관세, 양허관세 등은 인하하는 것
으로, 계절관세는 계절에 따라 국내산업보호가 필요할 때는 인상하는 것으로,
그렇지 아니할 때는 인하하는 것으로 운영된다.

---

8) 덤핑방지관세, 상계관세, 보복관세, 긴급관세, 농림축산물에 대한 특별긴급관세는 국정관세이기는 하
지만 관세 부과 요건과 부과방법 등은 WTO 협정을 관세법에 수용하여 이에 따른다.

(3) 세액의 계산방법에 따른 구분

1) 종가세(ad valorem duty)

종가세는 물품의 가격을 과세표준으로 하는 관세를 말한다. 가격의 일정률을 관세율로 표시한다. WTO 회원국들의 종가세 과세가격 결정방법은 WTO 관세평가협정에 따르게 되어 있다.

2) 종량세(specific duty)

종량세는 물품의 수량을 과세표준으로 하는 관세를 말한다. 수량이나 중량 등의 단위를 기초로 정액의 관세액을 정해두는 형태다.

3) 혼합세(mixed duty)

혼합세는 종가세와 종량세를 혼합하여 규정한 형태의 관세다. 혼합세는 적용방법에 따라 둘 가운데 높은 쪽 또는 낮은 쪽을 적용하는 선택관세와 두 가지 모두를 동시에 적용하는 복합관세로 나누어진다. 우리나라는 대부분의 물품에 종가세가 적용되지만 일부 농산물 등에서는 종량세와 혼합세도 적용된다.

(4) 관세의 적용방법에 따른 구분

1) 납세의무자의 신청에 의해 적용되는 관세

납세의무자가 해당 관세를 적용할 수 있는 요건을 갖추었음을 증명하는 서류를 갖추고[9], 세관장에게 신청한 경우에 한해 적용되는 관세다. 예외적으로 관세율이 경감되는 특혜부여가 가능한 경우다. 아시아태평양무역협정(APTA)에 의한 관세율 등 개발도상국과 다자간협정으로 체결된 양허관세, 일반특혜관세(GSP), FTA에 의한 협정관세, 기본관세율을 인하하여 적용하는 할당관세 등이 여기에 해당한다.

2) 자동으로 적용되는 관세

납세의무자의 신청을 필요로 하지 않고 해당 물품이 수입될 때 관세율 적용순

---

9) 갖추어야 하는 증명서류는 양허관세나 협정관세는 원산지증명서, 할당관세는 할당관세적용추천서 등이다.

서에 따라 자동으로 적용되는 관세다. 덤핑방지관세, 상계관세, 보복관세, 긴급관세, 조정관세, 농림축산물에 대한 특별긴급관세, 국내외가격차로 양허한 농림축산물에 대한 양허관세, 기본관세율을 인상하여 적용하는 할당관세, 계절관세, 국제협력관세의 하나인 WTO 양허관세, 편익관세 등이 여기에 해당한다.

◢4 관세의 종류

관세의 종류는 다양하지만, 수입물품에 적용되는 관세율은 그 가운데 어느 하나다. 우리나라 관세율의 구체적인 적용방법은 관세법 제50조에 규정되어 있다. 여러 관세율 가운데 실제 적용되는 관세율을 실행관세율이라 한다.[10]

(1) 기본관세와 잠정관세

어느 나라나 기본관세율 체계를 가지고 있다. 우리나라의 기본관세율은 관세법 제50조 별표[11]의 관세율표로서 정해져 있다. 즉, 관세율표는 관세법의 일부이다. 기본관세율은 모든 품목에 각각 한 개씩 설정되어 있다. 관세율표에 규정된 기본관세율의 특징은 특히 공산품의 경우 시장기능에 의한 자율적인 자원배분의 존중을 원칙으로 하고 있다는 점이다.

물품을 농산물과 공산품으로 대별한 다음 공산품은 다시 동일 산업 내에서 기초원자재와 중간재, 최종재로 구분하여 가공단계별로는 경사관세구조(TES : Tariff Escalation System)를 택하되 중간재와 최종재의 차이를 없애거나 최대한으로 좁혔다. 같은 가공단계에서는 원칙적으로 품목별로 관세율수준에 차이를 두지 않고 있다. 아울러 산업간에도 가공단계별로 동일한 관세율을 설정하는 균등관세구조(UTS : Uniform Tariff System)를 채택하고 있다. 예를 들어 다 같은 완제품일 경우 생필품이거나 사치품이거나를 구분하지 않고 8%의 균등관세율을 적용하는

---

10) 관세율의 적용방법을 보면 순서가 정해져 있다. 가장 우선적으로 적용해야 하는 것은 산업보호 목적으로 부과되는 긴급관세나 덤핑방지관세, 상계관세, 보복관세이고, 다음으로 국제통상협력을 위해 조약으로 규정한 각종 양허관세를 적용하며, 그 다음으로 탄력적인 정책목적 달성을 위해 운용하는 계절관세나 조정관세, 할당관세 등을 적용하고, 맨 마지막으로 기본관세를 적용한다. 산업보호 목적으로 부과되는 관세는 그 품목이 많지 않지만 기본관세율보다 낮게 설정된 양허관세는 대부분의 수입품목이 이에 해당되므로 상당수의 품목에 기본관세율보다 낮은 이 양허관세율이 실행관세율로서 적용되고 있다.

11) 여기서 말하는 별표(別表)란 '따로 붙인 표'라는 의미다. 관세율표가 7천여개에 이르는 품목에 대해 각각의 관세율을 정해둔 표이기 때문에 관세법에 따로 붙인 표로서 관세율표를 두고 있다.

것이다. 잠정관세는 국회가 제정하여 기본세율과 함께 관세율표에 표시되어 있다. 이는 모든 품목이 아니라 특정품목에 대하여 기본세율과는 다른 세율을 잠정적으로 적용하기 위해 운용될 수 있는 것이다. 대통령령으로 그 세율의 적용을 정지하거나 기본세율과의 차이를 좁히도록 인상 또는 인하할 수 있다.

(2) 보복관세

보복관세란 문자 그대로 보복을 위한 관세이다. 이는 교역상대국이 우리나라 수출물품 등에 대하여 관세 또는 무역에 관한 국제협정이나 양자간의 협정 등에 규정된 일국의 권익을 부인하거나 제한하는 행위, 기타 우리나라에 대하여 부당 또는 차별적인 조치를 취하는 행위를 함으로써 무역이익이 침해된 때 부과될 수 있다. 부과방법은 대상국가로부터 수입되는 물품에 대하여 피해 상당액의 범위 안에서 관세를 부과한다. 그러나 보복관세는 또 다른 보복을 초래하여 결과적으로 국제무역질서를 붕괴시킬 우려가 있으므로 이를 부과하는 데는 신중을 기할 필요가 있다. 아직까지 우리나라는 보복관세를 부과한 실적이 없다. WTO의 '긴급수입제한조치에 관한 협정'에도 보복관세 규정이 있다. 우리나라의 보복관세 규정은 이를 국내법에 수용한 것이다.

(3) 긴급관세

긴급관세는 수입증가로 인한 피해를 이유로 부과될 수 있는 관세이다. 이는 특정물품의 수입증가로 인하여 동종물품 또는 직접적인 경쟁관계에 있는 물품을 생산하는 국내산업이 심각한 피해를 받거나 받을 우려가 있고, 당해 국내산업을 보호할 필요가 있다고 인정될 때 부과될 수 있다. 대상물품·세율·적용기간·수량·수입관리 방안, 기타 필요한 사항은 무역위원회의 건의를 받아 기획재정부령으로 정한다. 긴급관세의 부과여부를 결정하기 위한 조사기간 중에 발생하는 심각한 피해 등을 방지하지 아니하는 경우 회복하기 어려운 피해가 초래되거나 초래될 우려가 있다고 판단되는 때에는 조사가 종결되기 전에도 피해의 구제 등을 위하여 필요한 범위안에서 잠정긴급관세를 부과할 수 있다. 긴급관세의 부과는 4년(연장하는 경우에는 8년)을 초과하여 부과할 수 없고, 잠정긴급관세는 200일을 초과하여 부과할 수 없다.

긴급관세는 피해의 구제 등을 위해 필요한 범위 안에서 관세를 실행세율에 추가하여 부과한다. 긴급관세는 WTO의 긴급수입제한조치에 관한 협정(Agreement on Safeguards)의 내용을 수용한 것이다. 이것은 덤핑방지관세나 상계관세와 달리 '불공정무역행위'의 존재를 요건으로 하지 않는다. 긴급관세를 부과한 경우 즉시 WTO의 긴급수입제한조치위원회에 통보하고, 이러한 조치로 부정적 효과를 받게 되는 이해당사국과 적절한 무역보상 방법에 대해 협의하여야 한다.

(4) 국제협력관세

국제협력관세란 대외무역의 증진을 위하여 필요하다고 인정되는 때 국제기구를 통한 다자간협상 또는 특정국가와 양자간협상을 하여 관세율을 양허함으로써 설정되는 관세율이다. 이를 양허세율이라고도 한다. 우리나라의 관세법은 국제기구와의 협상에서는 양허 수준에 제한을 두지 않았다. 그러나 특정국가와의 협상에서는 기본세율의 100분의 50 범위 내에서만 양허가 가능하도록 규정하였다. 양허된 관세율은 대통령령으로 대상물품, 세율, 적용기간 등을 공포한다.

국제기구에서 다자간협상에 의한 양허관세로는 WTO 양허관세, 아시아태평양무역협정(APTA) 양허관세, UNCTAD 개발도상국간 양허관세(GSTP), WTO 개발도상국간 양허관세(TNDC) 등이 있다. WTO 양허세율은 기본세율보다 낮게 양허된 것(Binding with Reductions)도 있고, 기본세율과 같게 양허된 것(Binding without Reductions)도 있으며, 기본세율보다 더 높게 양허된 것(Up Binding)도 있다. 우루과이라운드로 시장을 개방한 농림축산물가운데는 국내외의 가격차에 상당하는 율로 양허(TE : Tariff Equivalent)한 것도 있다. 이 경우 관세율이 매우 높다.[12] 이러한 농림축산물에는 시장접근물량(MMA : Minimum Market Access)[13] 이 설정되어 매년 일정물량에 대해 의무적으로 낮은 세율을 적용하고 수입한다. 기본세율보다 양허세율이 낮은 경우는 당해 양허세율이 우선 적용되므로 수입장벽을 낮추는 효과가 발생한다. 기본세율과 같거나 그보다 높게 양허된 경우 이와 같은 수입장벽완화 효과는 없을지라도, 국내정책 목적으로 관세율을 인상

---

[12] 예를 들어 압착 플레이크 상태의 호밀(HS 1104)은 800.3%이고, 참깨(HS 1207)는 630% 또는 6,660원/kg 중 고액(율)이며, 신선 또는 냉동한 감자(HS 0701)는 304%다.

[13] 우루과이 라운드에서 합의한 농산물협정상 시장접근방식 중 하나다. 수입이 금지됐던 상품의 시장을 개방할 때 일정기간 동안 최소한의 개방폭을 규정한 것이다. 즉, 시장개방으로 인한 국내시장 충격완화를 위해 개방정도의 하향폭을 정해 두었는데, 그에 해당하는 물량이 시장접근물량이다. WTO 농산물협정에 따르면 특정품목의 수입이 국내소비량의 3% 미만일 경우 UR이행기간 내에 시장접근기회를 초기연도 3%에서 최종연도 5%까지 확대하는 것으로 되어 있다. 최소시장접근 물량에 대해서는 현행세율을 적용하도록 하였다. 시장접근물량에 대한 수입권한은 농림축산식품부가 지정한 기관에서 수입권 공매 등의 방법으로 배정한다.

할 경우에는 WTO 회원국 3/4의 동의를 얻어야 하기 때문에 양허된 세율 이상 인상하는 것이 사실상 불가능하다. 따라서 임의적인 수입장벽의 강화를 막는다는 면에서 국제무역상 중요한 의미를 갖는다. 양자간 협상에 의한 양허세율로 대표적인 것은 자유무역협정(FTA)에 의해 규정되는 협정관세다.

(5) 일반특혜관세

일반특혜관세(GSP : Generalized System of Preferences)란 특정 개발도상국을 원산지로 하는 물품 가운데 특정 물품에 대하여 기본세율보다 낮은 특혜세율의 관세를 부과하는 것을 말한다. 이는 통상 선진국들이 개발도상국의 수출증대와 공업화를 촉진하기 위해 아무런 보상 없이 적용하는 것이다. 즉, 어떤 협정에 의한 의무에 의하지 않고 무관세 또는 낮은 율의 관세를 해당국으로부터 수입되는 상품에 한해 차별적으로 적용하는 제도이다. 국제적으로 일반특혜관세는 UN 등에서 개발도상국이 적극적으로 요구함에 따라 1970년대 초부터 유럽 등 일부 선진국에서 적용하기 시작하였다. 이는 1970년대와 1980년대 우리나라 경공업 물품의 수출에 큰 도움이 되었다.

그러나 우리나라 경제가 성장한 1990년대 들어 대부분 선진국에서 우리나라 수출물품을 일반특혜관세 적용대상에서 배제하였다. 더 이상 이런 혜택을 받아야 할 가난한 나라가 아니라고 보았기 때문이다. 반면 우리나라는 2000년부터는 최빈개발도상국에서 우리나라로 수입상품에 이를 적용하는 규정을 신설하여 이들 국가의 수출물품에 혜택을 부여하기 시작하였다. 일반특혜관세는 협정에 의한 의무로서 공여되는 것이 아니다. 따라서 특혜의 철회에 있어서도 제한을 받지 않는다. 현재 우리나라에서 이 규정에 의해 특혜관세가 적용될 수 있는 품목은 UN이 해마다 정해 발표하는 최빈개발도상국들로부터 수입하는 특정 품목들이다.

(6) 덤핑방지관세

덤핑방지관세는 외국업체의 덤핑행위로 인한 국내산업의 피해를 막기 위해 부과하는 관세다. 덤핑(dumping)이란 외국상품이 해당 물품의 공급국에서 소비되는 동종물품의 통상적인 거래가격을 의미하는 정상가격 이하로 수입되는 것을 말한다. 수출자가 덤핑을 하는 이유는 주로 대상 시장의 약탈을 위해서다. 덤핑이 있을 경우 단기적으로 보아 소비자는 싼 가격에 물품을 소비할 수 있으므로 유리하게 보일 수 있다. 하지만 해당 상품과 경쟁관계에 있는 국내산업은 매출 감소 등으로 피해를 입게 된다. 나아가 그러한 산업피해는 궁극적으로 소비자피해로 귀착될 수 있다는 점에서 WTO의 반덤핑협정은 덤핑행위를 불공정한 무역 행위로 보아 이를 규제하도록 하였다.

덤핑방지관세를 부과하기 위해서는 ① 덤핑사실이 있고, ② 국내산업에 실질 적인 피해 등이 있으며, ③ 덤핑과 국내산업에 대한 실질적 피해 등이 인과관계 가 있고, ④ 국내산업을 보호할 필요가 있다는 4가지 요건이 충족되어야 한다. 이러한 요건은 WTO 협정 내용을 그대로 국내법에 수용한 것이다.

(7) 상계관세

상계관세는 보조금을 받은 물품의 수입으로 인한 산업피해를 방지하기 위한 관세다. 이는 외국에서 제조·생산 또는 수출과 관련하여 직·간접으로 보조금 등을 받은 물품이 수입될 때 부과될 수 있다. 여기에서 보조금 등이란 정부·공공 기관 등이 제공하는 세제, 금융, 직접적인 보조금 지급 등의 혜택 중 특정성이 있는 것을 말한다. 이와 같이 보조금 등을 받은 물품의 수입으로 인해 국내산업 이 실질적인 피해를 받거나, 받을 우려가 있거나, 국내산업의 발전이 실질적으로 지연되는 경우에 해당 산업을 관장하는 주무부장관 또는 이해관계자가 무역위원 회에 상계관세의 부과에 필요한 조사신청으로 그 부과를 요청할 수 있다.

상계관세는 기획재정부령으로 그 물품과 수출자 또는 수출국을 정한다. 부과 방법은 지급받은 보조금 또는 장려금액 이하의 금액을 정상적으로 부과되는 관세에 추가하는 것으로 한다. 부과절차는 덤핑방지관세의 경우와 유사하다. 상계 관세도 덤핑방지관세와 마찬가지로 불공정무역행위를 시정하기 위한 것이다. 입 법근거는 WTO의 '보조금 및 상계조치에 관한 협정'에 있다.

(8) FTA에 의한 협정관세

FTA에 의한 협정관세는 기본세율을 인하하는 것으로, 특히 WTO 협정관세보 다 더 낮은 것으로 규정한다. 이 특혜관세에 대해서는 WTO 협정상 최혜국대우 원칙이 요구되지 않는다. FTA 체결국가가 선진국간이거나, 선진국과 개발도상 국간, 혹은 개발도상국간이거나를 막론한다. FTA는 궁극적으로 협정 체결국가 간 관세 및 비관세의 완전한 철폐를 이상으로 하는 것이다. 그러나 현실적으로 FTA가 발효된다 하여 일시에 모든 관세가 철폐되는 것은 아니다. FTA 상대국의 산업별(혹은 품목별) 경쟁력, 체결당사국의 산업별(혹은 품목별) 경쟁력, 양국의 무역구조 등 여러 상황을 고려하여 개별 품목별로 그리고 점진적으로 상당기간에 걸쳐 무관세화 되는 것이다.

어느 FTA에서나 양허대상에서 아예 제외되는 품목도 적지 않다. 우리나라의 경우 대표적인 제외품목이 쌀이다. 장기간에 걸쳐 관세가 인하되는 것도 주로 국제경쟁력이 취약한 농수산물과 관련된 것들이다. 반면 FTA 발효와 동시에 관세가 완전 폐지되는 것들은 국제경쟁력이 높은, 다시 말하자면 수출비중이 높은 품목들이 중심이 된다. 각 FTA에 의한 양허대상 품목과 양허관세율은 해당 FTA의 양허표에 실려 있다. FTA 체결을 위한 협상에서 협상국들이 많은 노력을 기울이는 것 중 하나가 원산지와 관련된 규정이다. 원산지결정 기준에 따라 관세양허의 효과가 상당히 다르게 나타날 수 있기 때문이다.

(9) 농림축산물에 대한 특별긴급관세

농림축산물에 대한 특별긴급관세(SSG : Special Safeguard)는 우루과이라운드로 시장이 개방된 농림축산물에 대해 적용된다. 기본관세율보다 크게 높은 국내외의 가격 차이에 상당하는 율로 양허하면서, 시장을 개방한 농림축산물에 대해 그 수입량이 급증하거나 수입가격이 하락할 때 당초 양허한 세율을 초과하여 부과하는 관세다. 특별긴급관세를 부과하는 대상물품·세율·적용시한·수량 등은 통상 매년 말에 기획재정부령인 '관세법 제68조의 규정에 의한 특별긴급관세 부과에 관한 규칙'을 개정하는 것으로 시행한다. 이 규칙에 부과기간도 정해진다. 관세법의 특별긴급관세에 관한 규정은 WTO의 '농업에 관한 협정' 제5조(특별긴급수입제한 규정)를 구체화 한 것이다.

특별긴급관세는 국내외 가격차로 양허한 118개 농림축산물 중 수입물량이 급증하거나 수입가격이 급락한 품목을 대상으로 한다. 구체적으로는 최근 3년간의 평균수입량에 수입물품의 국내시장 점유율 등을 고려하여 산출한 물량인 기준물량을 초과하여 수입되거나(물량기준), 기준가격(1988~1990년의 평균수입가격)보다 낮게 수입되는 물품(가격기준)이다. 물량기준으로 부과되는 특별긴급관세는 해당 양허세율에 그 양허세율의 3분의 1까지를 추가한 세율로 부과할 수 있다.

(10) 조정관세

조정관세는 ① 산업구조의 변동 등으로 물품간의 세율이 현저히 불균형하여 이를 시정할 필요가 있는 경우, ② 공중도덕 보호, 인간·동물·식물의 생명 및 건강보호, 환경보전, 유한(有限)천연자원보존 및 국제평화와 안전보장 등을 위하여 필요한 경우, ③ 국내에서 개발된 물품에 대하여 일정기간 보호가 필요한 경우, ④ 농림축수산물 등 국제경쟁력이 취약한 물품의 수입증가로 인하여 국내시장이 교란되거나 산업기반을 붕괴시킬 우려가 있어 이를 시정 또는 방지할 필요가 있는 경우 기본관세율을 인상하는 것으로 운용된다. 이 관세율은 WTO 협정에 근거한 것이 아니라 우리나라의 관세법이 자율적으로 정한 것이다.

조정관세는 기본관세를 100%p까지 인상(농림축수산물 또는 이를 원재료로 하여 제조된 물품의 국내외 가격차가 당해 물품의 과세가격을 초과하는 때에는 국내외 가격차에 상당하는 율만큼 인상)하여 관세를 부과할 수 있다. 다만, 당해 품목의 관세가 양허된 것일 때에는 WTO 협정 등의 제약으로 인해 그 양허세율의 범위 내에서만 관세율의 인상이 가능하다. 구체적인 대상물품·세율·적용시한 등은 대통령령으로 정한다. 현재 농수산물을 주 대상으로 하여 매년 말 '관세법 제69조의 규정에 의한 조정관세의 적용에 관한 규정'을 개정하는 것으로 운용하고 있다. 1990년대 후반부터는 조정관세 부과대상 품목의 주된 수출국인 중국과의 교역관계를 고려하여 조정관세의 운용 품목수를 지속적으로 줄이고, 관세율 수준도 낮추고 있다.

(11) 할당관세

할당관세란 ① 원활한 물자수급 또는 산업의 경쟁력 강화를 위해 특정물품의 수입을 촉진시킬 필요가 있는 경우, ② 수입가격이 급등한 물품 또는 이를 원재료로 한 제품의 국내가격의 안정을 위하여 필요한 경우, ③ 유사물품간의 세율이 현저히 불균형하여 이를 시정할 필요가 있는 경우에 일정 세율을 기본세율에서 감하거나 기본세율에 추가하는 것으로 부과하는 관세다.

구체적인 대상물품·수량·세율·적용기간 등은 수시로 대통령령으로서 '관세법 제71조의 규정에 의한 할당관세의 적용에 관한 규정'을 개정하는 것으로 운용한다. 할당관세가 적용되고 있는 품목 가운데 많은 품목에 할당관세를 적용할 수 있는 수량 제한(Quota)을 두고 있다. 할당관세율을 적용할 수 있는 물품의 수량을 제한하는 경우 수입업자들에게 적정하게 분배하는 것이 필요하다. 이 경우 농림수산식품부 등 주무부장관 등의 추천 절차에 의하여 공정하게 할당수량을 정하도록 하고 있다. 할당관세율의 적용을 받을 물품에 수량제한을 하지 아니할 경우에는 주무부장관 등의 추천 여부와 상관없이 할당관세율이 적용된다. 그렇지 아니할 경우 수입신고를 할 때 할당관세추천서를 제출하여야 할당관세 적용이 가능하다.

한편, 특정물품의 수입을 억제할 필요가 있는 때에는 일정한 수량을 초과하여 수입되는 분에 대해 부과할 수 있다. 이때는 100분의 40의 범위안의 율(농림수산물의 경우는 국내외가격차에 상당한 율)을 기본세율에 가산하여 부과한다. 지금까지 할당관세가 운용된 것을 보면 관세율을 인상하여 적용하는 경우는 드물다. 대개 원활한 물자수급이나 물가안정, 중소기업과 농축산업지원, 첨단산업지원, 세율불균형의 시정 등을 이유로 관세를 인하하는 것으로 적용하고 있다.

(12) 계절관세와 편익관세

계절관세란 계절별로 차등적인 관세율을 적용하는 것이다. 즉, 계절에 따라 현저하게 가격 차이가 발생하는 물품으로서 동종물품, 유사물품 또는 대체물량의 수입으로 국내시장이 교란되거나 생산기반이 붕괴될 우려가 있는 때에 부과될 수 있다. 기획재정부령으로 계절구분에 따라 당해 물품의 국내외가격차에 상당한 율의 범위안에서 기본세율보다 높게 부과하거나 감하여 부과한다. 이는 생산자와 소비자를 다함께 고려하는 결과이다. 현재 칠레, EU, 미국, 페루 등과의 FTA에 의해 해당국에서 수입되는 포도와 한-미 FTA에 의한 미국산 감자, 오렌지 등에 적용된다.

편익관세란 관세에 관한 조약에 의한 편익을 받지 아니하는 나라의 생산물로서 우리나라에 수입되는 물품에 대하여 이미 체결된 양허세율 한도 안에서 편익을 부여하는 관세이다. 즉, WTO 회원국이 아님에도 불구하고 대통령령으로서 WTO 양허표의 양허관세를 적용하는 것이다. 이들 국가들은 WTO 회원국이 아니므로 회원국의 권리로서 이의 적용을 요구할 수 있는 것이 아니다. 우리나라와의 무역관계 상황을 고려해 통상협력 강화 등을 위해 필요하다고 인정될 경우 저세율(低稅率) 적용의 편익을 제공하고 있는 것이다. 편익관세 부과 대상국가·물품·적용세율·적용방법 등은 대통령령으로 정한다.

📕5 적용된 관세율의 산출

(1) 평균관세율

평균관세율(average rate)은 과세표준에 적용되는 세액의 평균적인 비율을 말한다. 평균관세율은 수입물품에 대해 어느 정도의 관세가 부과되는지를 파악하는 데 유용하다. 평균관세율은 이를 계산하는 모집단(母集團)을 어떻게 구성하느냐에 따라 그 율이 달라진다. 모집단을 기본관세율만으로 하는 경우와 기타 관세율을 포함하는 경우 그 평균관세율이 달라지는 것이다. 기본관세율만으로 할 때도 6단위 HS[14]의 관세품목을 기준으로 하는 경우와 HS 10단위의 품목을 기준으로 하는 경우가 다르다. 또한 여기에 수입수량 또는 금액을 감안해 가중평균을 하는 경우 평균관세율은 또 달라진다.

우리나라의 기본관세율의 평균관세율은 관세품목을 기준으로 할 때 8.6% 수준이다. 그러나 이 관세율이 곧 수입물품에 적용된 관세율의 수준을 의미하는 것은 아니다. 앞서 설명한 바와 같이 관세율의 종류가 많고, 실행관세율이 기본관세율이 아닌 경우도 많기 때문이다.

(2) 실효관세율

실효관세율(effective rate)은 실적관세율이라고도 한다. 이는 탄력관세율의 적용, 감면세, 환급 등에 의한 관세의 경감이 이루어진 다음의 관세율이다. 즉, 수입물품에 실제로 부과 징수된 관세의 비율을 의미한다. 뒤에 설명하는 실효보호율과는 다른 개념이다. 같은 세번일지라도 실효관세율은 수시로 달라지는 특성을 보인다. 탄력관세율의 운용, 감면세 적용 등에서 변동이 있기 때문이다.

환급의 경우 수입된 원재료를 사용해 생산한 물품이 수출된 다음 별도의 신청에 의해 이루어진다. 따라서 환급액까지 감안하여 실효관세율을 정확히 산출하기 위해서는 세번별로 징수액 외에 환급액도 파악해 이를 통계로서 처리해야 하는 것이다. 그러나 일반적으로는 간단하게 총징수액을 총수입액으로 나누는 것

---

14) HS는 1988년 국제협약으로 채택된 국제통일상품분류체계(Harmonized Commodity Description and Coding System)의 약칭으로 현재 세계 182개 WCO 회원국들이 이를 사용하고 있다. 조화제도라고 한다. HS는 무역거래 상품을 숫자 코드로 분류하여 상품분류 체계를 통일함으로써 국제무역을 원활하게 하고 관세율 적용에 일관성을 유지하기 위한 것이다. 관세부과나 무역통계, 원산지결정, 운임이나 보험료의 산정 등 다양한 목적으로 사용된다. HS 코드를 세번(稅番)이라고도 한다.

으로 실효관세율을 산출하여 사용한다. 실효관세율은 법정세율(表見稅率)과 대비해 수입물품에 실제로 적용된 관세율의 수준을 파악해, 이로 인한 산업보호 또는 무역장벽의 수준을 파악하는 도구로서 의미가 있다.[15]

(3) 실효보호율

　관세부과를 통한 보호의 효과는 피보호(被保護)산업을 제외한 다른 국내산업에 부정적 영향을 준다. 보호의 효과를 피보호상품을 사용하는 입장에서 보면 상품한 단위마다 국내 가격이 상승한 만큼의 소비자 잉여를 피보호 상품의 생산자에게 재분배하는 것인데, 여기에서의 소비자란 대개 다른 산업의 생산자이기 때문이다. 그러므로 특정 상품 또는 산업에 대해 관세징수로 보호조치가 취해지고 있을 때 이 보호체계로 인해 특정산업은 혜택을 받기도 혹은 피해를 입기도 한다. 따라서 어느 국산품이 관세징수로 보호받는다는 사실만 가지고는 그것을 생산하는 산업이 보호체계로부터 순개념으로 보호를 받는지 또는 피해를 받는지 불분명하다. 실효보호율이론은 이와 같은 상황을 고려해 수입물품에 과해지는 하나의 보호체계, 즉 관세 혹은 비관세장벽으로 수입을 제한하는 보호의 체계가 각 산업에 미치는 순효과가 무엇인가를 밝히는 관세이론이다.

　실효보호율은 그 상품을 생산하는데 소요되는 원재료에 대한 명목보호율을 감안해 그 상품의 생산활동에 대해 부여된 보호율, 즉 국내 가격기준의 부가가치와 국제가격 기준에 의한 부가가치의 차이를 후자의 비율로 표시한다. 여기에서 수입 경쟁산업의 실효보호율의 값이 상대적으로 크다는 것은 관세 등의 징수에 의한 부가가치의 증가 비율이 상대적으로 크다는 것을 의미한다. 따라서 관세를 징수하면 그 산업의 생산규모가 확대되어 노동, 자본 등의 자원 사용도 증가할 것으로 예측할 수 있다. 반대로 수출산업에서의 자원 사용이 상대적으로 적어지든가 또는 그 규모가 축소됨을 의미한다. 결과적으로 실효보호율은 자원이동의 방향을 예측시키는 것이라 할 수 있다.

　실효보호율 이론에는 다음과 같은 몇 가지 특징이 있다.

　첫째, 전통적인 무역이론이 도외시해 온 중간재에 대한 관세부과의 효과를 이론적으로 고찰하고 있다는 점이다. 전통적 순수 국제무역이론에서는 생산요소가

---

[15] 우리나라의 실효관세율은 1987년 기준으로 7.97% 정도였으나 1997년 말의 외환위기 이후 21세기 초에는 3.7% 정도를 유지하였다. 그러나 한-칠레 FTA가 발효된 2004년부터 낮아져 2010년에는 2.2%로, 2022년에는 1.2% 수준으로 하락하였다. 이는 FTA 확대와 관련이 깊다.

국제적으로 이동하지 않는다는 가정하에 생산과정에 노동, 자본과 같은 본원적 생산요소의 투입만을 고려하고 있다. 생산되는 산출물에 대해서는 관심을 두지만 생산을 위해 투입되는 자재에 대해서는 관심을 두지 않은 것이다. 그러나 실효보호율이론에서는 중간재의 투입에 대하여도 관심을 두었다.

둘째, 실효보호율 이론은 소비측면보다 생산측면을 다룬 이론이다. 실효보호율 이론에서는 보호의 정도가 부가가치의 변화율로 나타나는데, 실효보호율의 크기가 해당 상품의 순생산을 결정한다고 본다. 이는 자원의 이동방향을 예측 가능하게 한다.

셋째, 실효보호율 이론은 주로 수입되는 특정물품 또는 특정산업에 대한 개개의 관세를 설정하는 것보다 관세율을 통한 전체적인 보호의 구조(Structure)를 강조한다. 보호의 구조가 어떠한가에 따라 결과적으로 개별품목에 설정된 관세율의 효과가 다르게 나타난다고 보기 때문이다. 이 점은 관세를 산업정책의 주요 수단으로 하는 국가에 있어 특히 의의가 있다.

[무역현장]

美·中 통상장관 대화 재개 대중 고율관세 완화될까

조 바이든 미국 대통령과 시진핑 중국 국가주석의 정상회담을 계기로 미·중 통상 협상이 재개됐다. 양국 간 치열한 무역전쟁 속에서 중국산 수입품에 대한 미국 측 고율관세 인하 같은 긴장 완화 후속 조치가 시행될지 주목된다.

캐서린 타이 미국 무역대표부(USTR) 대표와 왕원타오 중국 상무부장은 지난 18일 아시아 태평양경제협력체(APEC) 정상회의가 열린 태국 방콕에서 만나 통상 문제를 논의했다. 미국 통상정책을 총괄하는 타이 대표는 작년에 취임한 이후 처음 중국 고위 관리와 대면 회담을 했다. 미국 측에 따르면 타이 대표는 이 자리에서 아시아·태평양 지역에 대한 미국의 비전을 공유했다. 타이 대표는 공정한 국제질서에 기반한 자유로운 무역을 중시하면서 중국의 비시장적인 경제 관행에 우려를 표명한 것으로 보인다. 또 타이 대표와 왕 부장은 양국 무역에 관해 논의했고 미·중 소통창구 유지의 중요성을 강조했다.

중국 상무부는 "양국 통상장관이 상호 관심사인 경제와 무역 분야에서 솔직하고 전문적이면서 건설적인 대화를 나눴다"며 "소통라인을 유지하기로 했다"고 전했다. 이전 도널드 트럼프 행정부는 중국의 불공정 통상 관행을 지적하면서 무역법 301조를 근거로 2018~2019년 연간 3500억달러 규모의 중국 수입품에 25% 수준의 고율관세를 부과했다. 이로 인한 분쟁을 봉합하려고 2020년 1월 미·중은 1단계 무역합의에서 중국의 미국 제품 2000억달러어치 수입 확대 및 미국의 추가 고율관세 자제를 약속했다.

그러나 이러한 무역합의는 제대로 이행되지 않았고 바이든 행정부 들어서도 통상갈등은 지속되고 있다. 타이 대표는 작년 10월 류허 중국 부총리와 영상 통화를 하며 양국 1단계 무역합의 이행을 놓고 날 선 신경전을 펼쳤지만 소득을 얻지 못했다. 당시 타이 대표는 중국을 향해 2000억달러 규모 미국 제품·서비스 구매 약속 준수를, 류 부총리는 고율관세·제재 철폐를 요구하며 맞섰다. 그러나 이번에 통상 분야 최고위급 협상이 다시 시작되면서 미국의 대중 고율관세 인하 여부에 관심이 쏠린다.

카멀라 해리스 미국 부통령이 시 주석과 APEC 정상회의장에서 만나 짧은 대화도 나눴다. 해리스 부통령은 "미국은 중국과의 대립이나 충돌을 추구하지 않는다"면서 양국 경쟁을 책임 있게 관리하기 위해 열린 소통 채널을 유지해야 한다고 했다.

(매일경제, 2022.11.20.)

제3절　비관세조치

1 비관세조치의 개념과 성격

비관세조치(Non-tariff Measures)란 무역을 제약하는 관세 이외의 모든 조치를 의미하는 말이다. 비관세장벽이라고도 한다. 비관세조치는 매우 다양하다. 1970년대 동경라운드에서 처음으로 비관세조치에 대해서도 협상이 이루어졌는데, 이 과정에서 GATT가 정리한 주요 비관세조치는 〈표 3-1〉과 같았다.

〈표 3-1〉 GATT의 주요 비관세조치 분류

1. 정부의 관여	① 정부의 원조 ③ 정부조달	② 국가무역 ④ 정부 독점업무
2. 수출입의 제한	① 수량제한 ③ 수입허가제도 ⑤ 양국간 협정에 의한 규제 ⑦ 수출자율규제 ⑨ 관세할당제	② 수입금지 ④ 외환관리제도 ⑥ 반출지에 따른 규제 ⑧ 최저·최고가격 규제
3. 수입물품에 대한 제한	① 제조기준 ③ 계량표준 ⑤ 함량규정 ⑦ 가공규정 ⑨ 포장에 관한 규정	② 보건 및 안전기준 ④ 제약기준 ⑥ 상품 및 용기규정 ⑧ 원산지표시 규정
4. 통관절차상의 제한	① 상계/덤핑방지관세 부과 절차 ② 복잡한 구비서류 요구 ③ 관세평가 절차 ⑤ 영사수속 ⑦ 견본요구	④ 품목분류 ⑥ 원산지증명과 검증 ⑧ 재수입 및 재수출 제한
5. 가격 메커니즘에 의한 수출입 규제	① 수입담보금 ③ 차별적 내국소비세 ⑤ 영사수수료 ⑦ 가변과징금	② 과징금, 항만세 등 ④ 차별적 차관규제 ⑥ 인지세
6. 기타 규제	① 광고선전 및 운송규제 ③ 제한적 영업관행	② 상영시간규제

비관세조치의 특성은 다음과 같다.

첫째, 비관세조치가 매우 복잡하다는 점이다. 어떤 유형은 법률로 제정되기도 하지만, 대개는 무역과 관련되는 여러 행정기관에서 필요에 따라 도입하기 때문에 그 유형이 복잡하고 성격도 다양하다. 또 의도를 가지고 있다면 형태를 변형시켜 적용할 수도 있기 때문에 일정한 형태로서 파악하기가 어렵다.

둘째, 비관세조치의 효과를 측정하기가 어렵다는 점이다. 비관세조치는 흔히 여러 가지가 동시에 발동된다. 따라서 각각의 조치가 어떤 효과를 갖는지 구분하여 파악하기가 어렵다. 또 많은 비관세조치는 외부에 모습을 드러내지 않고 은밀히 적용되기 때문에 이의 존재를 파악하기도 어렵다.

셋째, 비관세조치는 차별적으로 적용될 수 있다는 점이다. 외형상 국가에 따른 차별을 하지 않는 것처럼 보이나, 실제로는 특정국에만 불리하게 비관세조치를 실행할 수 있다.

넷째, 협상의 곤란성이다. 비관세조치는 앞서 설명한 여러 특성 때문에 협상국 상호간 비교가 어렵다. 또 협상에 성공한다 하더라도 성격이 다른 비관세조치를 할 수 있다는 점에서 국가간 협상이 쉽지 않다. 다만 우호적 입장에서 협상한다면 관세보다 더 쉬운 결과를 얻을 수도 있다.

2 주요 비관세조치의 내용

(1) 수입할당제도(Import Quota System)

수입할당제도란 외국으로부터 상품의 수입은 원칙적으로 인정하되, 이를 양적으로나 금액상으로 할당하여 일정한 부분만 수입을 허용하는 수입제한 조치이다. 수입할당제도는 수량을 기준으로 하는 수도 있고, 금액을 기준으로 하는 수도 있다. 수량을 기준으로 하는 경우에는 정책 당국이 어떤 상품의 총 수입량을 미리 정하여 놓고, 이 범위 내에서만 수입을 허용한다. 금액을 기준으로 하는 경우에는 그 상품의 총 수입액을 미리 정해 놓고, 이 금액의 범위 내에서 상품의 종류에는 구애됨이 없이 수입을 허용한다.

통상 수입할당제를 적용할 때 이러한 수입물량 또는 수입금액의 할당은 국내의 수요 상황과는 별개로 정해진다. 그리고 수량이나 금액상으로 수입을 일정한 범위 이내로 제한하기 때문에 수입을 억제시키는 효과가 강력하고 확실하다. 관세부과의 경우에는 비록 수입가격은 인상되더라도 수입 자체는 가능하다. 하지만 수입할당제를 실시할 경우 수입자체가 불가능하기 때문에 조치의 효과도 더욱 강하게 나타난다.

(2) 관세할당제도(Tariff Quota System)

관세할당제도는 관세와 보통의 수입할당제도를 합친 제도이다. 이는 특정한 수입상품의 일정량에 대해서는 낮은 관세율을 적용하고, 이를 초과한 양에 대해서는 보다 높은 고율의 관세를 부과하는 것이다. 일정 수량을 초과하는 분에 대해서는 보다 강력한 수입억제를 취할 의도에서 적용된다.

(3) 수출입허가(승인)제도(Export/Import License System)

수출입허가(승인)제도는 일정한 상품을 수출입할 때 정부의 허가를 받도록 하는 제도이다. 정부는 일정기간의 수출입계획을 세워두고 이에 맞추어 수출입을 허가(승인)한다. 수입허가(승인)제도의 논리적 배경은 보통 원래 수입이 금지되는 것을 일정한 요건을 갖춘 경우, 예외적으로 허가함으로써 수출입이 가능하다는 데 있다. 수출입의 허가(승인)의 방법으로는 포괄적으로 수출입을 허가(승인)하는 일반적 포괄허가(승인)제도와 개별 건별로 허가(승인)하는 개별적 허가(승인)제도가 있다. 일반적 포괄허가(승인)제도는 모든 경우에 신청에 대한 승인이 이루어지는 것을 말하는 것으로 AA제도(automatic approval system : 자동승인제도)라고도 한다.

우리나라도 1996년까지 특정 품목에 대해서는 개별적 허가(승인) 제도를, 그 외의 품목에 대하여는 자동승인제도를 운영한 바 있다. 현재도 우리나라에는 수출입승인제도가 존재하지만 과거 제도와는 다르다. 수출입이 금지된다는 것을 전제하고 일부 품목에 대해서는 수출입승인을, 기타 품목에 대해서는 자동 승인하는 시스템이 아니라 수출입승인이 필요한 일부 품목 외에는 자동 또는 비자동을 떠나 승인 자체를 요하지 않기 때문이다.

수출입허가(승인)제도의 극단적인 형태는 수출입금지다. 수출입금지제도는 국내산업의 보호, 국제수지의 개선 등 경제적인 목적을 달성하기 위하여 실시되는 무역억제수단이라기보다 주로 전시나 비상시에 비경제적 이유로 실시되는 비정상적인 긴급조치수단이다.

(4) 수입과징금제도(Import Surtax System)

수입과징금이란 수입 억제, 소비 억제, 국내산업 보호, 국제수지 개선 등 다양한 정책목표를 달성하기 위하여 수입물품에 부과되는 일종의 준조세를 말한다.[16] 수입물품에 과징금을 부과하는 직접적인 목적은 이로 인해 수입물품의 가격을 상승시키고 그에 따라 수입량을 감소시키자는 데 있다. 이는 가격을 통해 수입을 억제시킨다는 측면에서는 관세와 유사하다. 그러나 수입과징금은 대개 탄력적인 정책목표 달성을 위해, 행정권에 허용되어 있는 권한의 범위 내에서 임시적으로 부과된다는 면에서 조세법률주의에 의하는 관세와 다른 것이다.

수입과징금의 수입억제효과는 수입수요의 가격탄력성[17], 수입가격에 대한 수입과징금의 비율, 당해 제품의 국내 공급가능성, 수입물품의 공급탄력성, 수입과징금 부과의 기간, 관련 이해당사자의 심리적 반응 등 여러 가지 요인에 따라 결정된다. 가장 지배적인 역할을 하는 것은 수입수요의 가격탄력성이다. 만일 수입물품에 대한 가격탄력성이 높은 경우에는 수입과징금의 소비 감소효과도 크게 나타날 것이다. 그러나 가격탄력성이 낮다면 수입억제효과는 높지 않아 수입과징금 부과의 의미도 축소된다.

(5) 수입예치금제도

수입예치금제도란 수입업자가 외국상품을 수입하는 경우에 수입대금의 전부 또는 일부를 사전에 관계 금융기관에 예치토록 하는 제도로 수입담보금제도 또는 수입적립금제도라고도 한다.

수입예치금제도의 주요 목적은 수입수요를 억제하고, 이에 따라 국제수지를 개선시키는 데 있다. 이 제도하에서 수입업자는 수입할 때 자금상의 압박을 받게 되고 금융비용, 즉 이자를 부담해야 하므로 수입이 현저하게 억제되는 경향

---

16) 수입과징금과는 좀 다른 개념으로 우리나라 정부가 부과하는 수입부과금이 있다. 폐기물부담금, 안전관리부담금, 수질개선부담금, 국민건강증진부담금 등이 그것이다. 이러한 부담금은 모두 법률 규정에 의해 부과되는데, 특정한 정책목적 수행을 위한 비용을 충당하기 위해 수입물품 중 일정한 물품이나 국내에서 생산된 일정한 물품에 부과한다.

17) 경제변수 A가 1% 변화할 때 B가 몇 % 변화하는가를 나타내는 수치를 B의 A에 대한 탄력성이라 한다. 예를 들면 가격변동에 따른 수요량의 변화를 수요의 가격탄력성, 공급량의 변화를 공급의 가격탄력성이라 부른다. 또한 소득에 대한 탄력성도 많이 사용되는데 국민소득이 1% 변동할 때의 고용량의 변화를 고용의 소득탄력성, 수입량의 변화를 수입의 소득탄력성이라 말한다. 탄력성은 마이너스(−)의 수치를 나타낼 수도 있는데 일반적으로 절대치가 클수록 시장 메커니즘의 기능이 활발하다고 말할 수 있다. 또한 수요의 가격탄력성의 경우 탄력성이 크면 사치재, 작으면 필수재로 분류하기도 한다.

이 나타난다. 수입예치금제도는 주로 저개발국가에서 투기성이 있는 물품의 수입이나 불요불급한 물품의 수입을 억제하기 위하여 실시된다. 수입예치금제도의 수입억제효과는 예치율, 예치기간, 적용대상품목, 금융시장의 상태, 정부신용정책, 대외신용상태, 수입수요의 가격탄력성, 국내제품의 공급가능성 등에 따라 달라진다.

(6) 수출입링크제도(Export/Import Link System)

수출입링크제도는 수출과 수입을 연계(link)시켜서 일정한 수출(또는 수입)과 교환할 것을 조건으로 하여 수입(또는 수출)을 정부가 인정하는 제도이다. 따라서 수출입링크제도는 수출입균형정책의 한 수단이라 할 수 있다. 수출입링크제도는 수출입의 연결방식에 따라 수출의무제와 수입권리제로 구분된다.

수출의무제는 먼저 원료 등의 수입을 허가한 후, 일정한 기간 안에 그 원료를 사용하여 만든 제품의 수출을 의무화시키는 방식이다. 수입권리제는 상품수출실적에 따라 수입할 수 있는 권리를 부여하는 방식이다. 이때 수입권리가 부여되는 상품은 국내 시장에서 인기 있는 품목을 허용함으로써 적극적인 수출을 유도하는 것이다. 대외무역법에서 규정하고 있는 외화획득용원료에 대한 수입제한 품목의 예외적 수입인정과 이에 대한 수출이행 의무의 부여도 수출입링크제의 한 예라 할 수 있다.

수출입링크제도는 지역별로 수출입이 링크되기도 하고, 상품별로 수출입이 링크되기도 한다. 지역별 수출입링크는 특정국가 또는 특정 지역과의 수출입을 균형시키기 위한 것이다. 상품별 수출입링크는 특정상품의 수출을 증대시키기 위한 수단으로 활용된다. 수출입링크제도는 대외결제수단인 외화가 부족한 국가에서 수출입 균형을 달성할 수 있는 효과적인 방법이 될 수 있다. 우리나라도 1960년대에 수출실적에 따라 특정물품의 수입을 허용하는 수입권리제를 시행한 바가 있다.

(7) 차별적 정부구매(Discriminatory Government procurement)

차별적 정부구매란 어느 나라의 정부가 필요한 물자를 구입하거나 공공사업을 추진하는 데 필요한 물자의 구매에 있어 국내생산품을 우선함으로써 외국의 생산품에 대하여 차별조치를 취하는 것을 의미한다.[18]

차별적 정부구매는 외국생산물 공급자에 비해 국내생산물 공급자에게 특혜를 부여하는 차별조치를 취함으로써 국내산업보호와 수입억제 효과가 동시에 발생한다.

오늘날에도 선·후진국을 막론하고 각국 정부는 공공재를 제공하기 위해 막대한 재화를 구매한다. 따라서 차별적 정부구매는 국제무역에 상당한 영향을 미친다. 차별적 정부구매가 초래하는 무역왜곡 현상을 제거하기 위한 노력의 결과가 동경라운드에서 체결된 '정부 조달에 관한 협정'이다. 그러나 이 협정의 일반적인 수용에는 난관이 많아 WTO 협정에서도 이를 수락한 회원국에 국한하여 효력을 갖는 복수국간 협정으로 포함되어 있다. 우리나라는 이 정부 조달에 관한 협정을 수락하고 있다. 따라서 차별적 정부구매를 하지 아니할 의무를 지고 있다.

(8) 외환관리제도(Exchange Control System)

외환관리란 국가가 외환매매, 보유, 사용 등에 대하여 직접적인 제한을 가하는 조치를 취하는 것을 의미한다. 외환관리는 자본도피의 방지, 외환투기의 억제, 외환시세의 안정, 외환사용의 억제, 수입의 제한, 대외지급준비자산의 보호 등 여러 가지 목적으로 실시된다. 이러한 외환관리는 여러 가지 무역정책의 수단처럼 직접적으로 수출과 수입에 영향을 미친다. 외환에 대한 관리와 관련하여 WTO회원국은 GATT 1994의 규정에 따라 IMF 협정에 가입하여야 하고, IMF 협정의 취지를 어긋나게 할 수 없도록 의무가 부여되어 있다.

(9) 보조금의 지급

정부 또는 지방자치단체가 생산 또는 수출에 대해 일정한 보조금을 지급하는 것이다. 주로 수출촉진을 위해 활용된다. 보조금을 지급하는 형태로는 조세의 감면, 직접적인 재정지원, 저리의 금융지원 등이 있다. 이러한 보조금의 지급이 특정성이 있고, 보조금을 지급받은 물품을 수입한 국가에서 산업피해가 발생한 경우 WTO 보조금 및 상계조치에 관한 협정이 규정한 바에 따라 상계관세가 부과될 수 있다.

---

18) 차별적 정부구매의 가장 대표적인 법률로서 흔히 1933년에 제정된 미국의 '바이 아메리칸법'(Buy American Act)이 꼽힌다. 이 법에는 미국 정부기관이 군수물자를 구입하는 경우에 국내기업에 대하여는 50%의 특혜마진을 제공하고, 비(非)군수물자를 구입하는 경우에는 14%의 특혜마진을 제공하도록 하는 강제규정이 포함되어 있었다.

[무역현장]

코로나 장기화로 무역기술장벽 등 비관세장벽 증가

지난해 무역기술장벽(TBT) 건수가 역대 최대치를 기록하고, 2020년 글로벌 외국인직접투자(FDI) 규제정책이 2배 이상 증가한 것으로 나타났다. 코로나19 이후 자국 산업 보호 강화와 핵심기술을 둘러싼 경쟁이 더욱 치열해지고 있는 가운데, 관련 대응책 마련이 필요하다는 지적이 나왔다.

대한상공회의소(회장 최태원)는 12일 최근 국제무역환경 분석을 통해 지난해 세계무역기구(WTO)에 통보된 TBT 건수는 3천966건으로 역대 최대치를 기록했다고 밝혔다. 기존에 가장 높은 통보 건수를 기록한 2020년 3천352건보다 18.3% 증가했다. TBT는 국가 간 서로 다른 기술규정, 표준, 시험인증절차 등을 적용해 상품의 자유로운 이동을 저해하는 무역 장애요소를 말한다. 관세부과와 같이 명시적으로 나타나지 않지만 기업에는 수출을 지연시키는 비관세장벽이다.

상의는 이 같은 원인이 코로나로 침체된 자국 경제를 회복하고, 첨단산업 주도권 확보를 위한 기술·표준 경쟁에서 우위를 점하기 위해 세계 각국이 기술규제를 전략적 도구로 활용하기 때문으로 분석했다. 개도국이 에너지효율등급 규제 등 선진국 기술제도를 차용하는 사례가 늘고 있는 것도 TBT 급증의 원인으로 꼽혔다. 지난해 신규 TBT 통보 건수는 2천584건으로 이전에 가장 많았던 2018년 2천85건과 비교해 23.9%가 증가했다. 개도국과 저개발국의 TBT 통보 증가 추세는 지난해에도 지속됐다. 주요 국가별로는 미국이 391건으로 가장 많았고 중국 126건, 한국 117건, EU 104건 등의 순으로 나타났다.

(ZDNET Korea, 2022.04.13.)

| | 제**4**절 | 우리나라의 통상정책과 무역 |

1 경제개발정책과 무역의 발전과정

(1) 해방과 남북분단

 1945년 8월, 제2차 세계대전이 종전됨에 따라 36년간의 일제 식민지배에서 해방된 한반도는 미국과 소련에 의해 북위 38도선을 경계로 남북으로 분단되었다. 북한은 1946년 3월 5일을 기해 신속하게 '북조선토지개혁법'을 제정·공포하고 3월 말에 토지분배사업을 완료하였다. 그러나 남한은 토지분배의 정당성을 확보해야 한다는 명분으로 1948년 7월 17일 공포된 헌법에 의거, 우여곡절 끝에 1950년 3월 10일에야 농지개혁법이 국회에서 통과되어 6월 23일에야 농지개혁이 완료되었다. 농지개혁 방법은 식민지 시절 일본인이 소유했던 적산농지와 소유자가 분명하지 않은 토지는 흡수하고 비농가의 농지, 자경(自耕)하지 않는 자의 농지, 3정보를 초과하는 농지는 국가에서 수매하여 이를 직접 경작하는 영세농민에게 3정보를 한도로 분배하는 형식이었다.

 남과 북이 각각 새로운 체제로서 성장을 도모하기 시작한 것은 토지개혁을 단행한 이후라고 할 수 있다. 그러나 곧 이어 3년간 계속된 전쟁으로 남과 북은 다 같이 초토화되었으며, 수년간에 걸친 복구가 완료된 다음에야 비로소 경제개발이 본격화 되었다. 일제치하에서 식민지 조선의 공업화가 크게 진전되었다 보기는 어려우나, 그나마 건설되었던 공업 시설은 대부분 북쪽에 배치되어 있었다. 〈표 3-2〉는 해방직후인 1948년의 남북한 사회실태를 보여주는 자료다.

〈표 3-2〉 **1948년 당시의 남북한 사회실태 비교**

	발전설비 용량(kwh)	쌀 파종 면적(정보)	전화 가입자	철도선로 총연장(km)	대학교 (학생수)
남 한	20만	1,123,000	37,000	2,257	24(18,835)
북 한	152만	453,200	20,252	5,707	8(10,593)

자료 : 조선은행(한국은행 전시)발간 경제연감, 북한 조선연감, 북한경제 통계자료집(한림대학교 아시아문화연구소).

이후 70여년간 남과 북의 명암은 세계에서 유례를 찾아보기 어렵게 극명하게 엇갈렸다. 결국 같은 민족으로 동일한 문화를 소유한 경우라 하더라도 한 국가가 어떤 경제체제를 선택하는가에 따라 그 결과가 어떻게 달라지는가를 살아있는 예로서 보여주는 것이라 하겠다. 6.25 전쟁 후부터 1970년대 초반까지는 북한 경제가 남한 경제보다 더 빠른 성장을 보였다. 1인당 국민소득 수준도 1959년의 경우 남한이 81달러 수준이었던데 비해 북한은 100달러를 웃돌았다.[19]

이 시기 남한의 경제수준은 필리핀에도 훨씬 못 미치는 수준이었다. 그러나 그 후 남한이 수출주도형의 경제개발 전략 채택으로 계속하여 고도성장 가도를 달린 반면, 수입대체형의 자립적 경제개발 전략을 채택한 북한은 거꾸로 정체 내지 쇠락의 길로 접어들어 1970년대 중반부터는 남한 우위로 격차가 벌어지게 되었다. 2021년 말을 기준으로 한 남북한의 주요 경제지표는 〈표 3-3〉과 같다. 무엇보다 북한이 아직 세계 최빈국 수준이라는 것과, 남북한의 1인당 소득이 28배 이상 차이난다는 것이 그 실상이 어떠한가를 말해 준다.

〈표 3-3〉 **남북한의 주요 경제지표(2021년 기준)**

구 분	인 구 (만명)	GNI (남한조원)	1인당GNI (남한만원)	인구만명당 대학생 수	발전량 (억kwh)	철도총연장 (km)	선박보유톤 (만G/T톤)
남한(A)	5,175	2,095	4,048	576	5,768	4,093	1,439
북한(B)	2,548	36	142	202	255	5,311	99
비율(A/B)	203	5,819	2,851	285	2,262	77	1,454

주 : 1. 인구만명당 대학생 수(남북한)는 2019년 기준 2. 철도총연장(남한)은 2020년 기준
자료 : 통계청 자료를 기초로 저자가 작성

(2) 건국 초기의 무역과 경제개발 전략

해방 직후 국토가 분단됨에 따라 남한은 심한 혼란을 겪게 되었다. 1948년 남

---

19) 1960년대 초의 북한에 대해서는 영국의 여성경제학자인 조앤 로빈슨 캠브리지대 교수가 1965년 1월 발표한 "Korean Miracle"이란 논문에 잘 나타난다. 여기서 Korea란 북한을 뜻하는데, 이 논문에서는 북한과 평양시를 다음과 같이 묘사하였다. "100만명이 거주하는 도시는 넓은 강 양쪽에 펼쳐져 있다. 5층짜리 건물들이 있는 넓은 가로수 길과 공공건물, 운동장, 극장과 함께 초호화 호텔도 하나 있다. 빈민가가 없는 도시다. (중략) 1,200만명의 인구를 넉넉히 먹일 수 있는 500만t의 곡식을 생산한다. 노동자와 종업원들을 위한 완벽한 사회보장 시스템도 있다. 빈곤이 없는 국가다."(2010년 6월 23일 동아일보 A6면 참조). 1970년에도 남한은 1인당 소득이 286달러로 전 세계 160개국 중 100위였는데, 북한은 384달러로 82위였다.

한에 헌법이 제정 공포되고 정부가 구성되기까지 3년 동안 남한지역의 경제활동은 사실상 마비상태 그것이었다. 해방전 남한의 경공업과 북한의 중공업체제로 구축되었던 경제적 보완성이 단절되었다. 북쪽에서 내려온 국민 및 해외동포들의 유입으로 식량난이 가중되었기 때문이다. 더구나 북한은 남한정부가 수립되기 전날인 1945년 8월 14일 정오를 기해 남한에 공급하던 전기를 일방적으로 중단하였다. 당시에 남한 전력수요량의 70%를 공급하던 전기가 단절되자 서울 시내를 달리던 전차는 길가에 멈추고 공장가동도 중단되어 남한의 경제활동은 더욱 혼란에 빠지게 되었다. 이에 비해 북한은 남한 전력에너지의 7.5배(152만 kW)에 달하는 발전설비를 기반으로 1946년 제1차 인민경제계획에 의해 조직적인 경제활동을 시작하였다. 해방 직후의 극한적인 이념대립과 혼란 속에서도 남한은 1949년에 9.7%의 GNP성장률을 기록하였으나 전쟁으로 또다시 극심한 경제혼란에 빠지게 되었다.

전쟁기간인 1950년부터 1953년까지 총통화는 12배가 늘어나 심각한 인플레이션(도매물가 17배, 소비자 물가 13배)을 유발하였다. 1957년에 무역법을 제정·공포하고 수출 5개년계획(1957-1961년)을 세워 시행에 들어갔으나, 국내산업의 기반이 너무 미약하여 수출은 증가되지 않았다. 이에 따라 1958년에는 수출이 1,700만 달러, 수입은 3억 8,000만 달러로 수입이 수출의 약 23배에 달하는 무역역조를 보였다. 이렇게 큰 무역수지 적자는 거의 미국의 원조 자금에 의한 소비재 수입 때문이었다.[20]

1953년 휴전 이후에도 1961년까지 우리나라 경제는 사실상 UN과 미국의 원조로 유지되었다. 유엔한국부흥위원단의 지원으로 문경 시멘트공장, 인천 유리공장, 충주 비료공장 등이 건설되었을 뿐 산업시설은 거의 구축되지 않았다. 산업의 대부분도 의식주 해결에 필요한 농업과 경공업 위주로 되어 있어 거의 연명수준이었다. 정부는 전후복구와 경제 안정을 이룩하고자 하였으나, 산업시설이 전무하여 수출은 마른오징어, 한천, 김 등 수산물과 중석과 흑연, 철광석 등 광산물이 중심이었다. 이와 같이 유엔과 미국의 원조로 생활을 유지하던 임시적인 수입의존형 경제체제와, 심각하게 대립한 정치싸움으로 야기된 암살행위와 선거부정행위는 사회불안으로 이어져 1960년 4.19 학생혁명과 1961년 5.16 군사

---

20) 이 무렵 2천 1백만여 명의 남한인구는 주로 1차 산업에 종사하였고, 무역에 관한 법과 제도의 미비와 무역거래에 관한 지식 및 경험부족으로 일시적으로 화교들에 의해 수출과 수입이 주도되기도 하였다. 그 후 정부의 주도로 미국으로부터 밀, 종이류, 화공약품, 의료품, 금속제품, 비료, 전기기기, 운반기기 등을 수입하고 광물, 인삼, 잠사(누에고치에서 뽑아낸 실) 등을 수출하였다.

혁명을 발생시키는 주요 요인으로 작용하였다.

(3) 수출주도형 경제개발 전략의 채택과 무역

가. 1960년대의 경제개발 전략과 무역

부정선거와 이에 반대하는 시위로 계속해서 혼란이 계속되자 1961년 5월 16일 군부가 군사혁명을 일으켜 정권이 교체된 뒤 새로 출범한 정부는 경제개발을 국정의 최우선 목표로 천명하였다. 주요 조치로는 환율을 인상(평가절하)하고 단일변동환율 체제를 채택하여 기업인들에게 수출의욕을 유발하는 조치를 취하였다. 한편, 적극적으로 외국자본을 도입하기 위하여 세제개혁을 단행하는 등 수출주도형 정책을 확립하고, 1962년부터 1966년까지 제1차 경제개발 5개년계획[21]을 실시하였다.

1차 경제개발은 주로 사회간접시설의 확충과 화학·철강·기계 등 기간산업 건설에 집중되었다. 이때 정부는 수출목표를 정하고 수출목표를 달성하기 위해 수출금융을 지원하는 등 수출 분위기를 조성하는 공업화전략도 본격 추진하였다. 1961년 이후 제정된 수출조합법, 수출진흥법, 수출검사법, 국제관광공사법, 군납촉진을 위한 임시조치법 등은 수출산업과 수입대체산업을 육성하는 기초규범으로서 수입을 억제하여 무역수지를 개선하는데 기여하였다. 1945년부터 1960년까지 16년 동안 매년 2천만 내지 3천만 달러 수준에 머물렀던 수출규모는 경제개발을 시작했던 1962년에 5천4백만 달러로 늘었다. 1차 경제개발계획기간 동안[22] 매년 40% 내지 50%의 수출증가율을 보여 마지막 해인 1966년에는 2억 5천만 달러에 이르렀다.

제1차 경제개발계획에 성공하자 정부는 연이어 1967년부터 1971년까지 제2차 5개년 경제개발에 착수하였다. 1967년에는 GATT에 가입하는 동시에 수출입기별공고를 Positive List System에서 Negative List System으로 하는[23] 무역거래

---

21) 경제개발계획은 1990년대까지 6차례에 걸친 5개년 계획으로 수립·시행되었다. 이 기간 동안의 높은 경제성장은 이러한 경제개발계획에 힘입은 바가 크다. 그러나 세계은행은 한국, 홍콩, 대만, 싱가포르 등 아시아 국가에서의 산업정책이 경제성장의 성공에 미친 영향은 크지 않았다고 보았다. 대신 이들 국가들이 공통적으로 대외무역에 적극적이고, 저축률과 투자율이 높고, 공교육의 비중이 높았는데 이러한 요인이 복합적으로 작용하여 높은 경제성장을 달성한 것으로 진단한 바 있다.

22) 동경에서 올림픽이 개최되었던 1964년에 처음으로 우리나라의 수출실적이 1억 달러를 돌파하였다.

23) 수출입금지품목과 수출입제한승인품목만을 명시하여 수출입할 수 있도록 공고하고 공고되지 않은 품목은 원칙적으로 정부의 허가 없이 자동적으로 수출입을 허용하는 제도다. 상공부고시 제3189호로

법을 제정하였다. Negative List는 수입자유화의 기틀을 마련하여 개방경제체제를 지향하도록 한 것이다. 이는 그 동안 관세 및 비관세장벽의 보호아래 비정상적으로 성장해온 산업의 체질을 개선하는 계기가 되었다.

1968년부터는 수출상품의 품질향상과 국제경쟁력의 배양, 국산수출용원자재 생산업체에 대한 금융지원의 확대 등에 치중하였다. 그 결과 1969년에 수출실적이 6억 달러를 넘어섰고, 1970년에는 10억 달러를 넘게 되었다. 이 시기 평균 경제성장률도 9.7%를 유지하면서 합섬 및 섬유산업이 크게 발전되었다.

나. 1970년대의 경제개발 전략과 무역

제3차 경제개발 5개년 계획(1972~1976년)의 목표는 1·2차 경제개발 5개년계획을 수행하는 가운데 파생된 여러 가지 문제를 보완·해결하면서 성장·안정·균형의 조화를 추구하며 안정된 기반 위에 산업구조의 고도화를 통한 성장을 이룩하는 것이었다. 1972년 수출실적은 전년도보다 52% 증가된 16억 달러였으며, 1973년에는 98%가 증가된 32억 달러를 기록하였다. 이러한 결과는 세계적인 인플레이션과 주요선진국의 자국통화 가치평가 절상에 따른 국내수출상품의 국제경쟁력강화에 힘입은 바 크다.

그러나 1973년의 제1차 석유파동으로 1974년에는 수출은 정체된 반면 수입증가율은 62%에 이르렀다. 제4차 경제개발 5개년계획(1977~1981년)은 목표연도인 1981년 1인당 국민소득을 1,000달러로 삼는 한편 1980년의 수출목표를 100억 달러로 하였다. 하지만 제4차 경제개발 첫 해인 1977년에 100억 달러를 수출함으로써 당초 계획했던 1980년보다 3년이나 앞당겨 그 목표가 달성되었다. 제1차 석유파동으로 인한 위기가 수습되면서 수출이 빠르게 성장한 결과이다.

1970년대 후반의 수출은 적극적인 시장개척활동과 수출상품의 고급화, 중화학공업의 육성이 뒷받침된 것이다. 그러나 제2차 석유파동의 여파로 선진국의 신보호무역주의가 강화되고, 대통령이 암살되는 10.26사태로 기존 정치체제인 유신체제가 급작스레 와해되어 사회혼란이 발생하면서 1979년에는 수출이 전년 대비 18%의 증가에 그치고 무역수지적자도 크게 확대되었다. 무역수지 적자의 확대는 주로 원유가격 상승에 기인하였다.

시행하였다.

다. 1980년대의 경제개발 전략과 무역

제5차 경제개발 5개년계획(1982~1986년)은 안정, 능률, 균형을 이념으로 삼아 비교우위 산업을 육성하고 물가를 10% 이내로 안정시키는 데 있었다. 이 시기는 선진국의 수입규제가 강화되고 중남미 국가의 외채누증으로 세계경기가 위축되었던 때이다. 그 결과 제5차 경제개발이 시작된 1982년의 수출증가율은 1962년 경제개발을 시작한 이래 가장 낮은 2.8%에 그쳤다. 그러나 1986년에는 달러화의 약세, 유가 및 국제금리의 하락 등 소위 3저 현상으로 국제무역환경이 개선되어 수출이 크게 늘면서, 역사상 처음으로 무역흑자를 시현하게 되었다. 또한, 수출상품의 구조도 변모하였다.

1970년부터 1983년까지 총수출에서 차지하는 비중이 가장 높았던 공업용 원료의 수출은 1980년을 고비로 점차 낮아진 반면 1970년대 이후 산업구조의 고도화에 따른 전기, 기계, 선박, 반도체 등 중화학공업 부문의 투자가 수출로 이어져 1970년만 하더라도 수출비중이 7.3%에 불과하던 자본재 수출이 매년 꾸준한 증가세를 보여 1985년에는 가장 높은 32.1%를 보인 것이다.

제6차 경제개발 5개년계획(1987~1991년)이 수행되는 동안 1988년의 올림픽경기를 성공적으로 개최하여 대한민국이란 나라가 전 세계에 널리 알려지는 계기가 되었다. 이는 우리나라의 위상을 크게 격상시켰고, 무역에 긍정적 영향을 미쳤다. 이 시기에 독일이 통일되고, 소련은 붕괴하여 15개 독립국가로 바뀌었으며, 동유럽국가들의 시장경제화, 중국의 개혁 개방 등이 연이어 발생하며 국제무역환경도 크게 변화하였다.

(4) 성숙 경제국가로의 진입과 무역

20세기 말, 사회주의 체제가 붕괴되고 GATT체제 대신에 WTO체제가 구축되는 등 새로운 국제무역환경이 조성되자 정부는 이에 부응하고자 자율화·개방화라는 목표아래 제7차 경제개발 5개년계획(1992~1996년)을 추진하였다. 1996년 10월에는 선진국그룹 모임이라 불려지는 경제협력개발기구(OECD)[24]에 가입하였다.

---

[24] 경제협력개발기구(OECD)는 미국의 마셜플랜에 따라 1948년에 결성된 유럽경제협력기구(OEEC)를 모태로 1961년 9월 30일 발족했다. 2017년 현재 회원국은 총 34개국이다. 회원국 전체 인구가 전세계 인구의 18%에 불과하나 GNP는 전세계의 85%, 수출입액은 70% 이상을 차지하는 고소득국들로 구성되어 있다. 이 기구는 1960년대 비관세장벽 철폐 및 반덤핑 과세 인정, 1970년대 일반특혜관세, 서비스·금융부문 자유화 등의 개념을 주창하는 등 자본주의 시장경제체제를 위한 국제규약 제정을 선도해 왔다.

　　OECD가입은 한국이 정치적으로 자유민주국가이며, 경제적으로는 소득수준이 높고 시장경제원리를 존중하는 국가임을 의미하는 것이었다. 그러나 1980년대 후반의 급속한 임금 상승과 노사분규 과격화로 산업경쟁력이 급격히 떨어지면서 수출이 침체되고 외국인투자도 감소하면서 급기야 1997년말에는 외환위기와 함께 IMF로부터 긴급지원을 받는 사태가 발생하였다. OECD 가입 1년만에 국가 부도위기에 처하는 상황이 된 것이다. 다행히 위기를 극복하기는 하였지만 기업은 뼈아픈 구조조정을 해야만 했고, 이 과정에서 실업자도 양산되었다. 그러나 1990년대 말의 이와 같은 고강도의 구조조정은 이후 2000년대 들어 우리 기업들이 강한 경쟁력을 가진 세계 일류상품들을 다수 생산하는 바탕이 되었다.

　　2000년대 중반 이후 우리나라 수출상품의 시장점유율이 세계 1위이거나 상위에 속하며 빠른 성장세를 보인 것이 여럿 나타났다. 이러한 상품들은 저가 상품의 대량수출이 아니라 고가상품의 대량수출이라는 특징을 보였다. 그 결과 2000년대 들어 무역수지 또한 안정적인 흑자를 보였다. 1980년대 낮은 국제금리, 낮은 유가, 저평가된 환율 등 이른바 3저 호기를 맞아 수년간 무역수지가 흑자를 보인 적이 있으나, 당시 무역흑자는 외부상황에 힘입은 것이었다. 21세기 들어 시현해 온 무역수지 흑자는 외부 환경에 의해서가 아니라, 수출상품의 강한 경쟁력에 기초하고 있다는 점에서 다르다. 우리나라는 2011년에 수출 5,552억 달러, 수입 5,244억 달러로 처음으로 무역규모가 1조 달러를 넘게 되었다.

2 우리나라의 무역현황

(1) 연도별 수출입규모

　　우리나라에서 본격적으로 무역을 시작한 이래 무역규모는 수출과 수입이 다 같이 확대되는 형태로 진행되어 왔다. 외환위기나 금융위기와 같은 충격적인 사태가 발생한 때가 아닌 한 무역액은 해마다 증가하였다. 시기에 따라 다소의 차이는 있으나 1960년대부터 1990년대까지는 일부시기를 제외하고는 수입규모가 수출보다 커서 국제수지가 적자였으나, 2000년대 들어서는 매년 흑자를 유지하는 형태를 보였다. 1960년대부터 일정 주기로 수출입규모를 정리하면 〈표 3-4〉와 같다.

〈표 3-4〉 **우리나라의 연도별 수출입규모**

(단위 : 백만 US$)

연 도	수 출	수 입	합 계	국제수지
1960	33	344	377	−311
1970	835	1,984	2,819	−1,149
1980	17,505	22,292	39,797	−4,787
1990	65,016	69,844	134,860	−4,828
2000	172,268	160,481	332,749	11,786
2005	284,419	261,238	545,657	23,180
2010	466,384	425,212	891,596	41,172
2015	526,757	436,499	963,255	90,258
2019	542,333	503,259	1,045,592	39,074
2021	644,400	615,093	1,259,494	29,307

자료 : 한국무역협회

〈표 3-4〉의 수출입규모를 증가율이란 측면에서 보면 1960년대부터 1970년대가 가장 컸다. 빠른 속도로 성장한 것이다. 그러나 무역규모의 절대액은 그때보다 해가 갈수록 더 큰 규모로 증가함을 알 수 있는데, 마치 '눈 굴리기'와 같은 효과가 발생한 것이다. 그러나 수출입의 규모가 매년 성장만 한 것은 아니다. 예를 들어 2010년대 들어 2012년과 2015년, 2016년, 2019년은 오히려 수출규모가 전년보다 감소하는 결과를 보였다. 수입규모 또한 2012년~2016년, 그리고 2019년에는 감소하였다. 우리나라의 수출이 세계무역에서 차지하는 비중은 1986년까지는 1%대에 머물렀으나, 그 이후 계속 확대되어 2009년 이후 현재까지 3% 정도를 보여주고 있다.

(2) 주요 교역상대국

우리나라의 급속한 수출증가는 수출품목의 다양화와 함께 수출시장의 다변화가 크게 작용하였다. 1965년의 경우 수출대상국은 40여개 국가에 불과하였다. 현재는 240여개의 세계 모든 나라로 수출되고 있다. 그러나 특정국으로의 집중도가 높다. 〈표 3-5〉를 보면 상위 5개국이 일부 바뀌기는 하였지만 이들 상위 무역상대국에 대한 수출실적이 2000년대 이전에는 전체 수출의 약 60% 이상을 차지하였던 것이다. 그 후 집중도가 다소 낮아지기는 하였지만 아직도 수출의 절반 이상이 소수의 국가들에 대해 이루어진다.

〈표 3-5〉 **우리나라의 상위 5대 수출국**

(단위 : %)

순위	1980년		1990년		2000년		2010년		2021년	
	국명	비중	국명	비중	국명	비중	국명	비중	국명	비중
1	미국	26.3	미국	29.8	미국	21.8	중국	25.1	중국	25.3
2	일본	17.4	일본	19.4	일본	11.9	미국	10.7	미국	14.9
3	사우디	5.4	홍콩	5.8	중국	10.7	일본	6.0	베트남	8.8
4	독일	5.0	독일	4.4	홍콩	6.2	홍콩	5.4	홍콩	5.8
5	홍콩	4.7	싱가포르	2.8	대만	4.7	싱가포르	3.3	일본	4.7
합계	–	58.8	–	62.2	–	55.3	–	50.5	–	59.5

자료 : 한국무역협회

　전통적인 수출대상국은 미국, 일본, 홍콩, 싱가포르 등이었으나, 1990년대 초 중국과의 수교 이후 중국에 대한 수출이 급격히 증가하여 과거 미국에 대한 수출비중과 비슷한 25% 내외에 이르게 되었다. 반면 미국과 일본으로의 수출은 지속적으로 감소하고 있다. 이러한 변화는 수출기업들이 지리적으로 가깝고, 시장규모가 큰 중국으로 수출하는 것에 많은 관심을 기울였다는 의미다. 미국과 일본으로의 수출비중이 감소하기는 하였으나 이들 국가로 수출한 금액 자체가 감소한 것은 아니다. 즉, 중국에 대한 수출비중이 상대적으로 미국, 일본 등에 대한 수출비중보다 빠르게 증가함에 따라 전체적인 비중에서 중국이 가장 높게 된 특징을 보인다. 일본에 대한 수출은 일본 경제가 단일 국가경제로는 세계적으로 큰 규모이고 인접국이라는 사실에 비추어 보면 세계 다른 나라와 비교해 볼 때 이례적으로 그 비중이 낮다.

　2010년대 들어 수출에 있어 특징적인 것은 베트남으로의 수출이 크게 증가하였다는 사실이다. 이는 베트남 경제의 빠른 성장과도 관련이 있으나 우리나라 기업들이 베트남을 비롯한 인도네시아 등 동남아시아 국가에 대한 투자가 급증한 상황과도 밀접한 관련이 있는 것이다.

　수입의 경우는 수출과 차이가 있다. 주요 수입국가는 선진공업국과 자원보유국으로 구분된다. 그 이유는 우리나라가 주로 수입하는 물품이 수출물품 생산을 위한 전자부품, 기계부품 등의 원자재와 생산설비인 시설재, 원유와 같은 국내 생산이 불가능한 필수 원자재이기 때문이다. 우리나라의 상위 5대 수입국은 〈표 3-6〉과 같다.

〈표 3-6〉 **우리나라의 상위 5대 수입국**

(단위 : %)

순위	1980년		1990년		2000년		2010년		2021년	
	국명	비중	국명	비중	국명	비중	국명	비중	국명	비중
1	일본	26.3	일본	26.6	일본	19.8	중국	16.8	중국	22.5
2	미국	22.3	미국	24.3	미국	18.2	일본	15.1	미국	11.9
3	사우디	14.7	독일	4.7	중국	8.0	미국	9.5	일본	8.9
4	쿠웨이트	7.9	호주	3.7	사우디	6.0	사우디	6.3	호주	5.4
5	이란	2.9	중국	3.2	호주	3.7	호주	4.8	사우디	3.9
합계	–	74.1	–	62.5	–	55.7	–	52.5	–	52.6

자료 : 한국무역협회

〈표 3-6〉을 보면 상위 5대 수입국으로부터 수입되는 금액의 전체적인 비중은 시간이 경과할수록 점점 감소하여 수입선이 다변화되고 있음을 알 수 있다. 수출과는 달리 에너지 원료나 원자재 공급처인 사우디아라비아 등 산유국과 호주가 주요 수입국으로 자리를 차지하고 있다. 미국과 일본으로부터의 수입비중은 1990년대 이후 점차 감소한 것이 나타나는데, 이는 부품의 국산화와 상당한 관련이 있다. 이들 국가에서의 수입은 그 금액 자체까지 감소한 것은 아니지만 증가율은 미미하다. 결과적으로 전체 수입에서 이 국가들이 차지하는 비중이 낮아지게 되었다. 중국으로부터의 수입은 수출과 마찬가지로 1990년대 이후 해마다 급증하여 2010년경부터는 일본을 제치고 최대 수입대상국이 되었다. 중국에서의 수입은 저가의 공산품 등 생활용품, 농수산물과 다양한 원자재가 포함된다.

(3) 수출입의 구조와 성격

수출입물품을 산업별로 구분해 보면 1960년대와 1970년대 중반까지는 거의 모든 수출물품이 저임금을 바탕으로 한 경공업제품이었다. 그러나 1970년대의 집중적인 중화학공업 육성책에 따라 1970년대 후반 이후 중화학제품 수출비중이 높아지기 시작해 2010년대에 이르면 거의 대부분이 이들 제품이 차지하게 되었다. 경공업제품의 비중은 특히 중국이 세계시장에 진출하기 시작한 1990년대 이후 급속하게 수출이 감소하였다.

구조별로 보면 〈표 3-7〉과 같이 수출의 경우 중간재의 비중이 높은데, 이 비중은 지속적으로 상승하였음을 알 수 있다. 이로서 중국에 대한 중간재 수출이 확대되었다는 것을 추정할 수 있다. 다음으로 높은 것이 자본재로, 이 비중 또한 높아지는 현상을 보였다. 반면 소비재 수출은 그 비중이 낮아지고, 1차산품의 경우는 비중이 낮기는 하지만 시간이 지날수록 더욱 낮아지는 현상을 보여 수출물품으로서는 거의 의미를 상실할 정도가 되었다. 수입의 경우도 중간재의 비중이 크게 높다. 2019년을 기준으로 보더라도 수입의 절반 가량을 원자재가 차지하였다. 특징적인 것은 1차산품의 비중이 높은데 이는 주로 원유나 원면, 원광 등과 같은 기초원자재 수입이 많기 때문이다. 육류나 콩과 같은 농축산물의 수입규모도 큰 비중을 차지한다.

〈표 3-7〉 **우리나라 수출입의 구조**

(단위 : %)

구 분	1990년		2000년		2010년		2019년	
	수 출	수 입	수 출	수 입	수 출	수 입	수 출	수 입
1차산품	1.0	22.7	0.3	22.9	0.4	26.5	0.3	14.6
소비재	36.3	4.2	18.2	6.5	11.2	8.1	13.1	9.7
자본재	13.9	18.1	21.6	15.7	29.2	13.8	55.4	27.5
원자재	34.4	47.1	59.8	54.7	59.2	48.4	31.0	48.5
기 타	14.4	7.9	0.1	0.2	0.0	0.1	0.2	0.1

자료 : 한국무역협회

〈표 3-8〉은 10대 수출상품을 정리한 것이다. 〈표 3-8〉을 보면 1980년대까지 수출에서는 섬유류가 압도적인 비중을 차지하였고, 1990년까지만 해도 수출 1위 품목은 의류로 전체 수출의 10% 이상을 차지하였다. 그러나 2000년 이후 의류의 수출비중은 급속하게 감소하여 2021년에는 10대 상품에서 제외되었음을 알 수 있다. 그럼에도 불구하고 의류는 아직 10대 주요 수출상품 가운데 하나임이 분명하다. 같은 경공업제품인 신발도 1990년까지 전체 수출의 6% 이상을 차지하였지만 그 이후 수출대상에서 거의 제외되었다. 이는 주문자상표부착방식 (OEM)으로 국내에서 생산하던 신발생산이 인건비가 낮은 동남아시아 등에서 생산하는 것으로 바뀐 결과다. 주문자 상표부착 방식과 같이 임가공으로 생산하는 것 외에 공장 자체를 동남아시아로 이전하여 그곳에서 생산한 의류 등을 국내로 수입하거나, 제3국으로 수출하는 기업도 상당하다. 반면 반도체와 선박, 자동차, 석유화학 제품 등이 주요 수출물품으로 그 비중이 크게 확대되었다.

〈표 3-8〉 우리나라의 10대 수출상품

(단위 : %)

	1980년대		1990년대		2000년대		2015년		2021년	
	품목명	비중	품목명	비중	품목명	비중	품목명	비중	품목명	비중
1	섬유류	28.6	의 류	11.7	반도체칩	15.1	반도체칩	10.9	반도체	19.9
2	전자제품	11.5	반도체칩	7.0	컴퓨터	8.5	석유제품	8.9	자동차	7.2
3	철강판	10.6	신 발	6.6	승용차	7.7	승용차	8.5	석유제품	5.9
4	신 발	5.2	영상기기	5.6	석유제품	5.3	선 박	7.0	합성수지	4.5
5	선 박	3.5	선 박	4.4	선 박	4.9	휴대폰	5.2	선 박	3.6
6	합성수지	3.0	컴퓨터	3.9	휴대폰	4.6	합성수지	3.8	승용차	3.5
7	금속제품	2.5	음향기기	3.8	합성수지	2.9	철강판	3.3	철강판	3.5
8	합 판	2.0	철강판	3.7	철강판	2.8	컴퓨터	1.3	전자부품	3.3
9	수산물	2.0	인조장직물	3.6	의 류	2.7	영상기기	1.1	휴대폰	3.0
10	전기기기	1.9	승용차	3.0	영상기기	2.1	의 류	0.4	컴퓨터	2.6
10대품목 합계	70.8		-	53.3	-	56.6		50.4		57.0

자료 : 한국무역협회

〈표 3-8〉을 보면 10대 수출상품의 비중은 1990년대 이후 낮아지기는 했지만 아직 50%대를 차지하고 있어 그 비중이 높다. 그만큼 특정품목 중심의 수출구조임을 의미한다. 개별 품목에서는 상당한 변화를 보였다. 지난 40여년간 섬유 및 의류와 신발 등의 비중은 크게 낮아진 반면 반도체와 석유제품, 승용차, 선박, 휴대폰 등의 비중확대가 현저하다. 특히 석유제품, IT제품과 승용차의 수출비중이 크게 증가하였음을 알 수 있다. 석유제품은 원유를 수입하여 이를 정제한 유류와 공업용원재료인 나프타 등을 생산하여 수출하는 것이다. 결국 우리나라가 현재 세계적인 경쟁력을 강하게 갖춘 산업은 전자와 승용차, 조선, 철강 그리고 석유화학 산업임을 알 수 있다.

[무역현장]

"세계화는 끝나지 않았다. 모습을 달리할 뿐이다."

지난 2월 우크라이나 전쟁이 터진 뒤 냉전 종식으로 30여 년간 이어진 세계화가 마침표를 찍을 것이란 관측이 많았다. 코로나19에 뒤이은 전쟁으로 글로벌 공급망 붕괴가 가속화했기 때문이다. 하지만 글로벌 교역 형태가 바뀌는 것일 뿐 '세계화의 종말'이나 '탈세계화(deglobalization)'는 아니라는 분석이 나왔다.

블룸버그통신은 다국적 기업들이 새로운 지정학적 도전에 적응하기 위해 글로벌 무역 시스템을 조정하는 이른바 '재세계화(reglobalization)'가 일어나고 있다고 4일(현지시간) 보도했다. 미국 컨설팅 업체 맥킨지도 지난달 보고서에서 "경제적, 정치적 혼란이 세계화를 해체시키고 있다는 추측을 불러일으켰지만 어떤 나라도 자급자족할 수는 없다"며 세계화가 여전히 진행되고 있다고 분석했다. 이날 블룸버그는 미국, 중국 등 주요 국가에서 나타나는 재세계화의 특징을 일곱 가지로 정리해 소개했다.

코로나19 이후 미국은 유럽산 제품 수입을 늘리고 있는 것으로 나타났다. '세계의 공장'인 중국이 '제로 코로나' 정책을 고수해 생산 활동에 차질이 빚어지자 대중 의존도를 줄이고 있는 것이다. 미 통계국에 따르면 지난 9월 미국이 유럽연합(EU)과 영국에서 수입한 상품(507억달러)은 중국산 수입품(492억달러)보다 많은 것으로 집계됐다. 블룸버그는 "조 바이든 행정부가 '프렌드쇼어링(friend-shoring·우방국으로 생산기지 이전)'을 추진하면서 미국과 전통적인 동맹 관계인 유럽과의 교역이 꾸준히 증가했다"고 전했다.

글로벌 반도체업계의 탈(脫)중국 행렬도 두드러진 흐름이 되고 있다. 중국 견제에 사활을 건 미국이 자국에 반도체 공장을 설립하는 기업에 세액공제 혜택 등을 주는 '반도체 및 과학법'을 시행하고 있기 때문이다. 미 투자은행(IB) 코웬은 향후 5년간 반도체 회사들이 중국 밖에서 새로운 반도체 공장을 짓는 데 총 1100억달러 이상을 투자할 것이라고 내다봤다.

중국은 미국이 세운 '관세장벽'에 가로막혀 수출시장을 다변화하고 있다. 특히 중국 주도로 한국, 일본, 호주, 뉴질랜드, 아세안(동남아국가연합) 10개국 등 15개국이 참여하는 역내포괄적경제동반자협정(RCEP) 국가에 대한 수출이 늘어날 것으로 전망된다.

대만과 밀착하는 국가에 중국이 경제적 보복을 가하는 것도 눈에 띄는 현상이다. 지난해 리투아니아가 수도 빌뉴스에 대만 대표처를 열자 중국은 리투아니아산 제품 수입을 의도적으로 줄이며 압박에 나섰다. EU 통계기구인 유로스타트에 따르면 리투아니아의 대중 수출액은 지난해 8월 2760만달러에서 올해 9월 1070만달러로 약 60% 감소했다.

(한국경제, 2022.12.05.)

[무역현장]

獨 전기차 보조금 카드 만지작… 美-EU 무역갈등 첨예

미국 인플레이션감축법(IRA)의 전기차 보조금 차별에 맞서 유럽연합(EU) 회원국들도 자국산 차에 보조금을 지급하거나 미국을 세계무역기구(WTO)에 제소할 것을 검토하는 등 미국과 EU 간 무역 갈등이 첨예해지고 있다.

20일(현지 시간) 미국 정치전문매체 폴리티코에 따르면 올라프 숄츠 독일 총리는 미국의 IRA 시행을 앞두고 자국 산업 보호를 위해 그간 금기로 여겨졌던 보조금 지급을 검토하고 있다. 미국이 미국산 전기차에만 보조금을 지급하면 독일산의 경쟁력이 저해된다고 판단하기 때문이다.

IRA는 급등한 물가를 완화하기 위해 미국에서 지난 8월 발효된 법이다. 이 법은 미국에서 조립되지 않은 전기차의 보조금 지급을 중단하는 내용을 담고 있다. 또 미국에 공장을 세우는 기업에 최대 약 8억 달러(약 1조860억 원)의 보조금을 지급한다.

독일은 미국과 보조금 지급 경쟁을 통한 무역 분쟁을 막기 위해 보조금을 사실상 금기로 여기며 지양했다. 하지만 이제 미국의 IRA로 자국산 전기차 무역 피해가 우려되고 보조금을 받기 위해 미국으로 생산시설을 이동하는 기업들이 나타날 조짐이 생기자 그 기조가 바뀌고 있다는 것이다. 숄츠 총리와 에마뉘엘 마크롱 프랑스 대통령은 지난달 26일 파리에서 만나 IRA의 전기차 보조금이 시장을 왜곡한다는 데 공감하고 강경하게 대응하기로 한 것으로 알려졌다.

베른트 랑게 유럽의회 무역위원회 위원장은 미국과 EU가 합의하지 못하면 미국을 WTO에 제소하고 보복 관세로 맞설 수 있다고 최근 밝힌 바 있다. 하지만 미국과 EU가 무역전쟁을 벌이게 되면 우크라이나를 침공 중인 러시아나 대만을 위협 중인 중국에 대항한 연대 체제가 흔들릴 수 있다. 이 때문에 유럽 내에선 관세 전쟁보다는 보조금 지급으로 대응하자는 목소리가 나온다. 티에리 브르통 EU 내부 시장 담당 집행위원은 유럽이 배터리, 반도체, 수소 등 핵심 산업에서 자립 기반을 강화하는 데 필요한 자금을 마련하도록 '유럽 연대 펀드'를 조성하자고 주장하고 있고, 독일도 이런 방안을 고려하는 것으로 전해졌다.

(동아일보, 2022.11.21.)

2

국제무역환경론

4

국제무역환경 – 다자주의와 WTO

제4장의 주요 내용

제4장에서는 국제무역환경의 변화과정과 현황, 그에 따라 발생하는 문제점 그리고 오늘날 무역에 대한 핵심 국제규범으로 작용하는 WTO 협정 등에 대해 살펴본다. 이 장에서 학습할 주요내용은 다음과 같다.

1. GATT의 성과와 한계
2. 국제무역에서 개발도상국이 직면하고 있는 문제
3. 세계화와 그에 따른 문제점
4. WTO 체제의 특징과 원칙
5. WTO 협정의 개요

제4장 학습 키 워드(key word)

공업화, 산업혁명, 독점자본주의, 다자주의, ITO, GATT, 신보호무역주의, 남북문제, 개발도상국, 궁핍화성장, 일반특혜관세제도(GSP), 세계화, 신자유주의, WTO, 최혜국대우, 내국민대우, 시장접근보장의 원칙, 도피조항, 물류보안, DDA, 관세양허, 무역관련 투자조치, 선적전검사, 원산지규정, 보조금, 회색지대조치, 일몰조항, 분쟁해결기구, 무역정책검토기구

제4장 국제무역환경–다자주의와 WTO

제1절 국제무역환경의 변화와 GATT

1 세계의 공업화와 무역

약 1만년 전 '동물의 가축화' 및 '식물의 작물화'로 시작된 농업문명사회로부터 공업문명사회로의 이행을 '공업화'라 부른다. 공업화는 무역과 밀접한 연관이 있다. 1540~1640년의 초기 산업혁명은 영국에서 석탄을 대체에너지로 가정용과 공업용 연료로 이용하는 데서 촉발되었다. 석탄 생산의 증가로 관련 기술개발의 필요성이 증대되었고, 마침내 1781년 제임스 와트(James Watt, 1736~1819)가 동력기계인 증기기관을 발명하면서 급속하게 산업혁명이 진행되었다.

영국의 공업화는 이후 전 세계로 파급되어 19세기 들어 먼저 프랑스, 독일 등 유럽이, 뒤이어 미국이 각각 공업화 되었다. 19세기 후반부터 20세기 초반에는 일본과 러시아가, 그리고 20세기 중반과 후반에 이르러 대부분의 개발도상국들까지 연쇄적으로 공업화 되었다. 특징적인 것은 공업화가 자생적으로 이루어진 나라는 사실상 영국뿐이고, 후발 여러 나라의 공업화는 국가의 적극적인 산업정책 내지 무역정책에 힘입은 바가 크다는 점이다.

산업혁명은 국제관계에도 큰 변화를 가져 왔다. 유럽 여러 나라는 16세기부터 다른 지역을 정복하여 식민지로 삼아 18세기 중엽까지 금·은의 강탈과 노예무역을 중심으로 식민지를 수탈하였다. 그러나 산업혁명에 따라 식민지를 원료의 공급지 및 공업생산품의 시장으로 삼게 되었다. 영국의 산업혁명은 영국의 경제적 측면뿐 아니라 사회적·정치적으로도 큰 변화를 초래하였다. 정치적 변화로 주목할 만한 것이 산업 부르주아의 발흥이다. 이들은 고전경제학파의 자유방임주의를 이데올로기로 삼아 중상주의적 각종 규제의 철폐를 강력하게 요구하였다. 그 결과 19세기 전반부터 각종 규제가 차례로 폐지되었다. 그 중 무역과 관련하여 중요한 것이 동인도회사의 무역특권 폐지(1833), 곡물법폐지(1846), 항해

조례[1])폐지(1849) 등이다.

다른 한편 자유무역의 실현은 1824~1825년의 허스키슨(W. Huskisson) 개혁에 의해 시작되었다. 1840년 필(R. Peel) 개혁에서 원료에 대한 관세의 최고 한도를 5%, 반가공제품은 12%, 가공제품은 20%로 하였고, 1845년에는 원면의 수입관세를 전면 폐지하였다. 뒤이어 1850년대의 관세인하를 거쳐 1860년에는 보호관세와 차별관세 등이 거의 전면 폐지되었다. 나아가 영국은 다른 나라의 무역자유화도 적극 요구하여 1860년의 영국–프랑스통상조약을 비롯한 유럽 여러 나라와 자유무역협정을 체결하여 자유주의 경제체제가 국제적으로 확산되었다. 이와 같이 한 나라가 공업화 하고, 산업이 발전하게 되면 국제통상에서 보다 자유로운 무역을 추구하는 것은 다른 나라의 사정에서도 비슷하다.

2 독점자본주의의 등장과 식민지쟁탈전

1860년대의 무역자유화 기운도 잠시에 그치고 19세기말 장기적 불황이 일어나자 카르텔(cartel)[2]), 트러스트(trust)[3]) 등의 독점적 기업결합과 기업의 흡수합병이 확대되어 소수의 거대기업에 생산과 자본이 집중되는 현상이 나타났다. 산업혁명 이후 널리 사회에 축적되어온 유휴자금을 동원하여 내부이윤의 한계를 넘어선 기업규모의 확대를 가능하게 한 주식회사 제도가 이러한 집중의 주요 수단이었으며, 융자업무와 함께 주식발행을 담당한 은행이 주요 기관이었다. 생산부문과 금융부문의 자본적 결합에 임원 등 상호 인적결합이 가세하여 거대산업자본과 거대 은행자본의 융합이 진행됨으로써 독점자본주의가 큰 위력을 발휘하였다. 독점자본주의는 해외로 영토를 확장하고 이를 식민지화 하는 제국주의[4])와

---

1) 항해조례(Navigation Act)는 1651년 영국 공화제 정부에 의하여 제정된 해운·무역의 보호입법이다. 유럽 이외 지방의 산물을 영국 및 그 식민지로 수입하는 경우에는, 영국이나 그 식민지 선박으로 수송할 것, 유럽의 산물을 영국 및 그 식민지로 수입하는 경우에는, 영국 선박이나 산지국 또는 최초의 선적국의 선박으로 수송할 것, 외국품의 선적은 산지국 또는 최초의 선적국 항구에 한한다는 것 등을 규정하였다. 당시 유럽의 해운계에 커다란 힘을 가지고 있던 네덜란드를 배제하고 자국의 해운·무역의 증대를 도모한 것이며, 제1차·제2차의 영국–네덜란드전쟁의 한 원인이 되었다. 1849년 폐지되었다.
2) 기업 상호간의 경쟁의 제한이나 완화를 목적으로, 동종 또는 유사산업 분야의 기업간에 결성되는 기업결합형태다. 경제의 비효율화 등 폐해가 크기 때문에 오늘날 각국은 이를 금지한다.
3) 동일산업 부문에서의 자본의 결합을 축(軸)으로 한 독점적 기업결합을 말한다.
4) 제국주의(imperialism, 帝國主義)란 자국의 정치적·경제적 지배권을 다른 민족·국가의 영토로 확대시키려는 국가의 충동이나 정책을 말한다. 일반적으로는 1870년부터 20세기 초에 걸쳐 나타난 독점자본주의(獨占資本主義)에 대응하는 정치적·경제적 구조를 총칭하는 말로 쓰인다. 대개 이 용어는 침략

결합되어 유럽 열강은 다투어 해외영토 획득에 나섰다. 뒤따라 미국과 일본도 이에 참가하여 전 세계에서 경쟁하게 되었다.

19세기 말부터 20세기 초에 걸쳐 세계 각국의 자본주의 경제가 독점단계에 들어서자 제국주의 열강들은 자국 상품의 판로와 원료공급지 획득을 위해 치열한 식민지 쟁탈전을 전개한 것이다. 세계시장에서 이미 우월한 지위를 차지한 선진제국주의 국가들과 뒤늦게 영토분할에 뛰어든 후발제국주의 국가들간의 대립은 세계 곳곳에서 격화되었으며 국지전도 빈발하였다.

결국 1914년 6월 발칸지방에서 시작된 전쟁은 불과 일주일만에 유럽 전역을 전쟁에 휩싸이게 하였다. 처음으로 전 세계를 전쟁으로 몰아넣은 제1차 세계대전이 4년만인 1918년 종결되면서 승전국인 영국이 주도하여 구축한 베르사유 체제는 패전국 독일에 가혹한 것이었다. 영국의 식민지는 제외하고 독일의 식민지에는 민족자결이 인정되어 독립을 보장한 것이다. 이와 같이 제1차 세계대전 후 형성된 국제질서에 대해 독일과 이탈리아, 일본이, 말하자면 지구상 자원의 재배분을 요구하며 일으킨 것이 제2차 세계대전이다.

제2차 세계대전 역시 식민지의 쟁탈을 의도한 침략적인 성격의 제국주의 전쟁이다. 다만, 제1차 세계대전이 우연한 요소에 의해 촉발된 우발적 성격을 지닌 반면, 제2차 세계대전은 일본과 독일, 이탈리아가 각각 치밀하게 준비하고 계획하여 도발한 전쟁이라는 점이 다르다. 1939년 9월 1일 독일의 폴란드 침공으로 시작되어 6년만인 1945년 8월 15일 일본의 무조건 항복으로 종료된 제2차 세계대전은 전사(戰死) 및 민간인 희생자 약 5,000만명이라는 인명피해와 직접 전비(戰費)만도 당시 환율기준으로 미화 약 1조1천억 달러 이상이 소요되었다.

3 전후 국제무역환경의 변화

(1) 다자주의에 기초한 국제경제질서의 구축

수많은 희생 끝에 1945년 종결된 제2차 세계대전은 국제질서에 큰 변화를 가져왔다. 가장 큰 변화는 미국과 소련이 정치적으로나 경제적으로 초강대국으로 등장한 것과 그 동안 식민지로 있던 수많은 아시아와 아프리카의 국가들이 독립한 것이었다. 반면 영국은 승전국이었지만 막대한 전비부담으로 종전의 위세를 잃고 유럽의 한 개 강국 수준으로 자리잡게 되었다. 제2차 세계대전이 끝난 뒤

에 의하여 영토를 확장한다는 점에서 팽창주의 또는 식민주의와 거의 동일 의미로 사용되어 왔다.

높아진 소련의 위상과 동유럽제국의 공산화, 1949년 중국대륙의 공산화, 1950~
1953년의 한국전쟁, 1946~1975년의 베트남 전쟁[5] 등으로 동서냉전이 오랫동안
계속되었다. 세계시장은 1980년대 말 소련이 와해되고 동유럽제국 및 중국이 시
장경제체제를 도입할 때까지 자유주의 시장경제국들과 사회주의국들로 양분되
어 사실상 독자적 경제영역으로 구분되었다.

자유주의 시장경제국들의 주도권은 전후 초기단계에서는 〈표 4-1〉이 보여주
는 바와 같이 압도적으로 미국에 있었다. 승전국이나 패전국을 막론하고 다른
나라는 미국 제품을 수입하는 입장에 있었던 것이다.

〈표 4-1〉 **제2차 세계대전 직후 주요국가의 무역현황**

(단위 : 백만달러)

	1947년				1948년			
	수 출		수 입		수 출		수 입	
		비중(%)		비중(%)		비중(%)		비중(%)
전세계	50,815	100	56,341	100	57,090	100	64,446	100
미 국	15,371	30.2	6,548	11.6	12,666	22.2	8,058	12.5
영 국	4,859	9.6	7,337	13.0	6,647	11.6	8,449	13.1
프랑스	1,875	3.7	3,335	5.9	2,010	3.5	3,441	5.3
독 일	447	0.9	1,065	1.9	791	1.4	1,765	2.7
일 본	174	0.3	524	0.9	258	0.5	683	1.1

자료 : International Financial Statistics(1951.2.)로 재구성.

전후의 국제경제질서는 제2차 세계대전이 종결되기 이전인 1944년 7월 미국
의 주도[6]로 44개 연합국이 미국 뉴 햄프셔주의 브래튼우즈(Bretton Woods)에서
공동선언 형식으로 발표한 브래튼우즈 협정의 성립으로 마련되었다.[7] 이 협정은

---

5) 베트남 전쟁은 공산주의와 민족주의를 이념으로 내세운 북베트남이 독립을 쟁취하기 위해 프랑스와 벌
인 제1차 전쟁(1946~1954년)과 미국 및 남베트남과 치른 제2차 전쟁(1960~1975년)으로 구분된다. 제2
차 전쟁부터 라오스와 캄보디아까지 전장이 되어 인도차이나 전쟁이라고도 불린다.

6) 제2차 세계대전까지만 하더라도 영국은 수많은 해외식민지를 가진 대영제국이었다. 통계에 따르면 제2
차 세계대전이 종료될 무렵 영국이 통치하고 있던 외국인의 수는 7억명이 넘었다고 한다. 그러나 영국
은 제2차 세계대전에서 승전국이 되었지만 막대한 전비 소요 등으로 그 주도권을 확실하게 미국에게
잃게 되었다. 1947년 인도와 파키스탄의 독립을 비롯해 1957년의 말레이시아 독립, 1965년 싱가포르
독립으로 이어지는 일련의 독립 사태로 1965년경에 이르면 영국의 통치를 받는 외국인들은 500만명
정도에 지나지 않아 더 이상 대영제국은 존재하지 않게 되었다. 그뿐 아니라 1957년까지만 하더라도
전 세계교역량의 약 40%가 결제수단으로 영국 파운드화를 사용하였다.

제2차 세계대전 이전 만연하였던 보호무역주의에 대한 반성에서 출발한 것으로 다자주의(多者主義, multilateralism)를 기본으로 한다. 무역문제에서 다자주의는 국가 간 협력 촉진을 위해 범세계적 협의체를 두고 규범·절차를 만들어 이를 준수하도록 하자는 접근방식을 말한다.

전후 국제경제질서는 브레튼우즈 협정에서 확약한 IMF(국제금융질서), IBRD(국제부흥과 개발), GATT(국제무역)라는 3개의 기둥 위에 세워지게 되었다. 그 중 IMF와 GATT가 특히 중요한 역할을 하였으므로, 전후 시장경제국가들의 세계경제체제는 IMF-GATT 체제라 불리게 되었다. 무역과 관련하여 브래튼우즈 체제 발족당시 참여하였던 50개국에 의해 구상되었던 보다 구체적인 계획은 국제연합(UN)의 특화된 기구로서 국제무역기구(ITO : International Trade Organization)를 창설하는 것이었다. ITO초안은 매우 야심찬 것으로 단순한 세계교역의 규율차원을 넘어 고용, 상품협정, 제한적 기업관행, 국제투자 및 서비스 등에 관한 규범까지 포함하는 것이었다. 1948년에는 ITO를 구체화하는 국제무역기구헌장(Charter for the International Trade Organization)[8]까지 조인했으나, 그 내용이 지나치게 자유무역주의 이상을 반영했다는 이유로 이 헌장은 제안국인 미국을 비롯 영국 등 주요국의 의회비준을 얻지 못함에 따라 폐기되었다.

ITO 헌장이 조인되기 전인 1946년, 50개 참여국 중 23개국이 관세를 인하하고 양허하기 위한 다자간무역협상을 진행하였다. 그 결과 당시 전체 세계무역의 약 1/5에 해당하는 100억달러 규모의 교역에 영향을 미치는 45,000개의 관세양허라는 결과를 얻었다. 이때 23개 협상참여국들은 '임시적으로' ITO 헌장 초안 상의 일부 무역규범을 수용할 것에 합의하여 그와 같은 무역규범과 관세양허가 결합된 묶음이 '관세 및 무역에 관한 일반협정'(GATT : General Agreement on Tariffs and Trade)[9]으로 알려지게 되었다. GATT는 1948년 1월 효력을 발생하였으며, 당시 협상에 참여했던 23개국이 GATT 창설회원국[10]이 되었다. 임시적 성격을 가졌던 GATT는 ITO가 무산됨에 따라 결국 1995년 세계무역기구(WTO)가 출범하기까지 국제무역을 관장하는 유일한 다자간 협력수단으로 남게 되었다. WTO가 출범하기 전까지 전 세계 120여개 나라들이 GATT에 가입하였으며,

---

7) 브래튼우즈 체제는 20여년간 유지되다가 1971년 8월 15일 당시 미국 대통령인 닉슨의 금태환 중지 선언후 사실상 붕괴되었다.
8) 이를 통칭 ITO 헌장 또는 쿠바의 하바나(Havana)에서 조인되었다 하여 하바나 헌장이라고도 한다.
9) GATT는 제네바관세협정이라고도 하고, 1947년 제네바에서 조인되었다.
10) GATT에서는 이들을 '체약국'이라 불렀다.

우리나라는 1967년 4월 1일부터 정회원국이 되었다.

(2) GATT의 성과

GATT가 발족한 이래 1995년 WTO가 출범하기까지 국제무역환경은 GATT가 주기적으로 추진한 관세인하 및 비관세장벽의 완화를 위한 다자간협상에 의해 자유무역이 크게 확산되었다. GATT가 출범한 후 WTO가 출범하기까지 8차례에 걸친 다자간 협상의 내용을 요약하면 〈표 4-2〉와 같다.

〈표 4-2〉 **GATT가 주관한 다자간협상의 내용**

	명 칭	협상기간	개최장소	참가국수	주요 내용
1차	–	1947	스위스	23	참가국간 45,000개 품목 관세양허
2차	–	1949	프랑스	32	기존 체약국과 신규가입국간 교섭으로 5,000개 품목 관세양허
3차	–	1950~1951	영 국	34	8,000여개 품목의 관세양허
4차	–	1956	스위스	22	3,000여개 품목의 관세양허
5차	Dillon Round	1961~1962	스위스	23	4,400여개 품목의 관세율을 평균 7% 인하
6차	Kennedy Round	1964~1967	스위스	56	30,000여개 품목의 관세율을 평균 35% 인하. 우리나라 참여
7차	Tokyo Round	1973~1979	일 본	99	33,000여개 품목의 관세율을 평균 33% 인하. 비관세장벽 제거를 위한 별도의 협정 제정[11]
8차	Uruguay Round	1986~1993	우루과이	119	농산물 및 섬유류를 GATT에 편입. 무역관련 투자, 지식재산권, 서비스 등에 대해서도 협정 체결, 분쟁해결 규칙 신설, WTO 설립

자료 : 외교부

〈표 4-2〉에서 제1차부터 제6차까지의 다자간 협상은 상품무역과 관련한 관세 인하가 중심이었으나, 제7차 다자간 협상에서는 상품무역에서 장애요인인 관세 장벽뿐 아니라 비관세장벽의 제거도 주요 관심사로 다루어졌다. 나아가 제8차 다자간 협상에서는 무역관련 투자분야, 지식재산권분야, 서비스분야 등 상품무역 이외의 영역까지가 협상의 대상이 되어 국제적인 규범이 제정되었다. 이와

---

11) 이때 제정된 협정은 GATT에 간략하게 규정된 것을 별도의 협정으로 자세하게 규정하는 형태를 취하였다. 이때 제정된 것이 관세평가협정, 보조금 및 상계조치에 관한 협정, 반덤핑협정, 무역에 대한 기술장벽협정, 정부조달협정, 국제낙농협정, 국제쇠고기협정, 민간항공기협정 등이다.

같이 제2차 세계대전후 반세기에 걸쳐 지속된 무역장벽의 완화 내지 국제규범의 제정은 무역의 자유화와 국제교류의 촉진, 국제무역질서의 투명화에 큰 기여를 한 것으로 평가된다.

(3) GATT의 한계

GATT가 국제무역의 자유화에 기여한 바는 매우 크지만, 애초 GATT가 출범한 것이 국제무역기구(ITO) 설립이 무산됨에 따른 잠정적 성격을 지닌 협정이었고, 체약국이 동 협정을 위반한다 하더라도 규정준수를 강제할 수 있는 수단이 결여되어 있었다. 또한 규정의 해석에 있어서도 모호한 점이 많아 논란이 적지 않았다. 또한 개발도상국의 이해와 밀접한 관련이 있는 농산물이나 섬유류는 아예 GATT 테두리를 벗어나 있었다. 그에 따라 1970년대 이후 미국을 중심으로 섬유산업 등에서부터 신(新)보호주의가 점차 확산되면서 GATT도 그 한계가 뚜렷하게 보이기 시작하였다.

신보호주의의 발단은 베트남 전쟁으로 약화된 미국의 국력도 한 요인이지만 결정적인 것은 제4차 중동전[12]에서 촉발된 석유파동(oil shock)이다. 1973년 아

---

12) 중동전쟁은 1948년 이스라엘의 성립 이후, 1948~1973년 4차례에 걸쳐 이스라엘과 아랍국가간에 벌어진 전쟁을 말한다. 제2차 세계대전이 끝난 후 팔레스타인에서의 아랍인과 유대인 사이의 대립분쟁을 조절할 수 없게 된 영국은 문제 해결을 UN에 위임하고, UN은 1947년에 팔레스타인을 아랍과 유대인의 2개 국가로 독립시키는 결의를 채택하였다. 1948년에 이루어진 이스라엘의 독립선포는 아랍국가들의 즉각적인 반발을 사게 되고, 아랍국가들의 대 이스라엘 선전포고가 일어나게 된다. 제1차 중동전쟁은 이집트, 요르단, 이라크, 레바논, 시리아 등의 군대가 동원되어 대규모 전쟁으로 확대되었다. 전쟁 초기에는 아랍제국의 연합에 의한 이스라엘의 협공이었기에 전세가 아랍 측에 유리하게 전개되었다. 그러나 전쟁이 지속되면서 아랍진영 내에 불화가 발생하기 시작하였고, 미국이 이스라엘을 적극 지원하여 전세는 이스라엘에 유리하게 전개되었고, 1949년 이스라엘 대표와 이집트 대표의 휴전협정으로 전쟁이 종결되었다. 제1차 중동전쟁으로 이스라엘의 영토는 전쟁전보다 더 확장되었다. 과거 UN 분할안에 의한 이스라엘의 영토 크기는 팔레스타인 지역의 56%이었으나, 휴전 후 이스라엘-아랍간의 국경 재조정은 전쟁에서 승리한 이스라엘에 유리하게 적용되어 팔레스타인 영토의 80%를 확보하게 되었다. 제2차 중동전쟁(수에즈전쟁, 시나이전쟁)은 1956년에 발발하였다. 이집트의 나세르가 대통령으로 취임하면서 수에즈 운하의 국유화를 선언하자 경영권을 소유한 영국, 프랑스와 이스라엘이 이집트에 공격을 감행하였기 때문이다. 1956년 10월 29일 이스라엘은 시나이 반도의 요충지를 점령하였고, 영-프 양국은 이집트 공군기지를 폭격하여 이집트 공군을 지상에서 거의 파괴하였으며 수에즈 운하를 점령하였다. 그러나 미국은 영국과 프랑스의 중동에서의 세력 신장을 견제하기 위하여 영-프의 군사행동을 비난하게 되고 엄정중립을 선언하였다. 소련도 영-프 양국의 군사개입에 강력한 비난 성명을 냄과 동시에 평화에 대한 도전으로 간주한다고 비난하였다. 결국 미국과 소련의 압력으로 1956년 11월 정전이 이루어졌으며, 이집트의 수에즈 운하 국유화가 인정되었다. 제3차 중동전은 시리아와 이스라엘간의 빈번한 충돌이 계기가 되어 발발하였다. 당시 시리아-이스라엘간에

랍 여러 국가와 이스라엘 사이에 전쟁이 일어나자 아랍지역의 산유국들이 석유수출국기구(OPEC)를 중심으로 석유생산을 줄이고 가격을 인상하여 서방국가, 특히 이스라엘을 지원하는 미국을 압박하면서 석유파동이 전 세계적인 문제로 등장하게 되었다. 이로 인해 석유를 수입에 의존하는 국가들은 심한 인플레이션과 불황을 맞이하게 되었다. 이후 1976년 이란의 석유생산 축소와 수출 중단으로 세계는 또 한 차례 석유파동을 겪게 되었다. 이러한 상황에서 미국을 비롯한 선진국들은 실업구제 및 자국 경제 회생을 위해 보호주의적 무역제한조치들을 늘려나가는 것으로 대응하였다. 이를 신보호무역주의라 한다. 신보호무역주의의 특징은 선진국들이 사양산업으로 분류되던 1차산업이나 경공업제품에 대한 보호를 강화하였다는 점과, 수출자율규제13)나 시장질서협정14)과 같은 GATT의 규율범위를 교묘하게 비껴가는 비관세장벽 수단을 적극 활용하였다는 점, 개발도상국 가운데 특히 신흥개발도상국들에 대해 시장개방 등에서 상호주의를 요구하였다는

는 골란고원을 둘러싸고 긴장이 고조되고 있었는데, 1967년 4월 제1차 중동전쟁의 정전협정에서 비무장지대로 설정된 골란고원 일대에 이스라엘이 농작물을 경작한다는 일방적인 조치를 발표하여 대시리아 감정을 격발시키게 되었다. 이집트가 아카바 만의 입구인 티란 해협을 봉쇄한 것을 계기로 이집트, 시리아, 요르단과 이스라엘이 전쟁을 하게 되었다. 그러나 미국과 유럽 여러 나라의 원조를 받는 이스라엘의 일방적인 승리로 끝나게 되었고, 이스라엘은 가자지역, 구 예루살렘지역, 요르단강 서안지역, 골란고원, 시나이 반도의 8,600㎢를 새로 점령하였다. 이스라엘의 지배하에 들어간 영토 면적은 이스라엘 독립 초기의 8배가 넘는 102,400㎢로 확대되었으며, 이로 인한 팔레스타인 난민의 확대는 팔레스타인 해방기구(PLO)의 활동을 더욱 활성화시키게 되었다. 제4차 중동전쟁은 이집트와 시리아가 과거 3차례 중동전쟁에서 잃었던 영토 회복을 위해 1973년 10월 6일 수에즈 전선과 골란고원의 두 전선에서 이스라엘을 기습 공격함으로써 시작되었다. 전쟁 초기 이스라엘의 피해가 막심했으나 개전 6일만에 반격을 시작하여 초기 열세에서 벗어나기 시작했다. 이스라엘의 용의주도한 작전에 따라 시나이 반도의 이집트 주력부대가 포위됨으로써 아랍국들은 또 다시 패배하게 되었으며, UN에서의 미-소 결의로 휴전이 성립되었다. 이스라엘은 제4차 중동전쟁에서 점령한 골란고원을 1981년 합병하였다. 한편 전쟁 중에 아랍석유수출국기구(OPEC)가 감행한 '석유의 무기화'는 산유국의 발언권 강화를 가져왔으며, 이때 석유 유가가 4배나 뛰면서 고유가시대가 도래하게 되었다. 유대인들은 전세계에서 모두 1600만명 정도다. 이 가운데 약 46%가 미국에 거주하면서 금융계와 언론계에 막강한 영향력을 행사하고 있다. 이는 미국이 이스라엘과 특수관계를 유지하는 중요한 이유 가운데 하나다.

13) 수출자율규제(輸出自律規制, VER : voluntary export restraint)란 수입국의 일방적인 수입제한조치가 예견될 때 수출국이 이를 회피하기 위하여 자율적으로 수출의 수량·가격·품질·의장(意匠) 등을 규제하는 것이다. 1970년대 들어 여러 선진국들은 수출국에 대해 자율적 규제를 요구하여 이를 관철시키는 형태로 보호주의를 시행하였다.

14) 시장질서유지협정(市場秩序維持協定, OMA : orderly marketing agreement)이란 수입량을 조정하여 시장질서를 유지하기 위한 협정이다. 관세나 수량규제처럼 분명한 형태의 수입규제 수단이 아니라는 의미에서 회색지대조치(gray area measure)라고 부르기도 한다. 1974년 미국통상법 제201조에 의거하여 마련된 협정으로, 1970년대 중반부터는 유럽 선진국들도 많이 활용하였다.

점과 불공정무역을 이유로 한 차별적인 보복조치도 불사했다는 점 등이다. 우루과이라운드는 이러한 환경에서 시작되었다.

(4) 개발도상국 문제와 국제무역

제2차 세계대전 이후 식민지 상태에서 독립한 저개발국들은 경제구조가 근본적으로 취약하였다. 뿐만 아니라 인적·물적 자원의 결핍이라는 제약요소로 인해 경제발전은 매우 느리게 진행되었다. 반면에 주로 식민지를 지배하였던 선진공업국들은 짧은 기간에 전쟁의 피해를 복구하고, 끊임없이 경제성장을 계속하였다. 이에 따라 선진국과 저개발국간 경제적 격차는 시간이 지날수록 더욱 확대되었으며, 국가 간 경제적 빈부문제는 정치적인 면에서 심각한 갈등으로 비화되었다. 선진국과 개발도상국15)간의 경제발전 수준차이와 관련된 제반 문제를 통틀어 '남북문제'라 한다. 이 호칭은 대부분의 개발도상국이 지구의 남반부에, 선진국들은 북반부에 위치하고 있음을 고려한 것이다. 개발도상국은 현재 다음과 같이 경제적 빈곤과 과다한 외채부담이라는 근본적 문제에 직면하고 있다.

1) 경제적 빈곤

개발도상국들의 가장 큰 특징은 선진국들에 비해 경제수준이 현저히 낮다는 점이다. 2017년을 기준으로 선진국이라 일컬어지는 소수의 국가들은 1인당 국민소득이 적어도 미화 3만 달러를 넘고 있지만 개발도상국들은 1만 달러에도 미치지 못한다. 전세계 평균은 1만 달러 수준인데, 전세계 240여 국가중 국민소득이 1만 달러를 넘는 국가는 선진국을 포함해 60개국에 지나지 않는다. 극빈상태라 불리는 국민소득 1천 달러 이하인 국가도 50여개 국가에 달한다. 일부 개발도상국을 제외하고는 경제성장률도 낮다.

이와 같은 개발도상국의 빈곤과 저성장의 문제는 1950년대에 이미 비교우위론에 입각한 자유무역체제가 과연 적정한가에 대한 심각한 의문을 제기하게 하였다. 세계무역의 자유화로 선진국의 교역량은 크게 증가하지만, 개발도상국들의

---

15) 개발도상국이란 일반적으로 선진국에서 채택되고 있는 기술·지식 및 제도가 아직 충분히 보급되지 않아서 산업의 근대화와 경제개발이 뒤지고 있는 나라를 말한다. 종래는 후진국(backward country)이라 하였는데, 1960년대 초기부터 저개발국(低開發國)·개발도상국 등으로 일컫게 되었다. 경제협력개발기구(OECD)의 개발원조위원회(DAC)와 국제연합 등의 분류에 의하면, 공업을 중심으로 고도의 발전을 이루고 있는 소수의 국가를 제외한 다수의 국가가 여기에 포함된다. 이들은 대부분이 아시아·아프리카·중근동 및 중남미를 중심으로 한 남반구(南半球)에 위치하고 있다.

주요 수출품목인 1차산품의 경우는 오히려 교역조건 악화로 이른바 궁핍화성장[16]을 면할 수 없으며, 시간이 지날수록 경제적 격차는 더욱 확대될 것이란 주장이 제기된 것이다. 이러한 주장이 설득력을 얻어 1960년대에 들어 UN의 저개발국가들은 집단적으로 당시 세계무역을 지배하고 있던 GATT 체제가 경제선진국들의 이해에만 초점이 맞춰 있다고 주장하며 이의 시정을 요구하였다.

1962년 7월에는 아시아, 아프리카, 중남미의 국가대표가 모여 새로운 무역기구의 설립을 요구하는 카이로선언을 발표하였다. 1964년에는 제네바에서 UN 주최하에 사상 최대의 국제경제회의가 개최되었다. 여기에는 121개국이 참가하여 선진국시장에 대한 후진국의 접근문제, 저개발국 수출품에 대한 특혜관세 부여문제, 교역조건의 개선문제 등이 논의되었다. 이러한 활동을 바탕으로 1964년 12월 UN총회는 남북문제 해결을 위하여 UNCTAD(United Nations Conference on Trade and Development)[17]를 UN 직속기구로 설치하게 되었다.

한편 GATT에서도 협정문에 제4부를 신설하여 개발도상국에 대한 광범위한 예외조항을 두어 우대가 가능하도록 하였다. UNCTAD는 1960~70년대를 통해 개발도상국이 선진국에 수출하는 물품에 대한 일반특혜관세제도(GSP)의 도입 등 관세장벽 철폐와 무역 조건 악화를 완화시키는데 많은 역할을 한 것으로 평가받는다. 우리나라 또한 이 시기 선진국에 대한 경공업제품의 수출에서 GSP 혜택을 많이 본 바가 있다. 그러나 1990년대 이후 자유무역협정과 같은 지역경제통합화의 가속으로 UNCTAD의 역할이 크게 감소되었으며, 개발도상국과 선진국간의 경제적 격차 또한 더욱 확대되는 양상이 계속되고 있다.[18]

2) 과다한 외채부담

개발도상국들의 성장을 저해하고, 궁극적으로 국제무역질서를 불안정하게 하

---

16) 저개발국에서 수요가 비탄력적인 상품의 생산량을 증가시켜 수출을 증대시킬 때 교역조건이 악화되는 경우가 생긴다. 이때 교역조건의 악화정도가 상당히 크다면, 국민후생수준을 증대시키지 못하고 오히려 저하시키고 마는 결과를 초래할 수도 있다. 바그와티(Bhagwati, J.)는 이러한 과정을 궁핍화성장이라 하였다

17) UNCTAD의 주요 기능은 회원국의 경제개발 및 무역촉진, 다자간 무역규범의 협상 및 채택을 위한 논의이다. 최고 의사결정 기구인 총회는 4년마다 개최되며, 총회 개최 주기 사이에 매 4년마다 총회결과 이행을 점검하는 중간검토회의를 개최한다. 또 산하에 무역개발이사회(TDB)와 3개 위원회, 사무국 등이 있다. 우리나라는 1964년에 가입했으며, 2017년 현재 회원국은 192개국이다.

18) 선진국들은 OECD 산하기구로 개발원조위원회(DAC : Development Assistance Committee)를 설치하고 이를 통해 개발도상국을 지원하고 있다. 이러한 지원을 공적개발원조(ODA : official development assistance)라 한다. 우리나라도 2010년에 가입하여 개도국에 원조를 하고 있다.

는 또 다른 문제는 개발도상국들이 직면하고 있는 심각한 외채상환 부담이다. 개발도상국들이 경제발전 전략을 수립하여 추진하고자 할 때는 국내에 축적된 자본이 부족하므로 필연적으로 외자(外資)를 도입할 수밖에 없다. 이때 외자는 외국정부의 원조도 있을 수 있지만 대개 선진국의 상업은행을 통해서 도입하는 차관(借款)인 외채(外債)다. 그러나 일부 개발도상국들은 경제상황이 순조롭지 않게 되어 이를 상환할 수 없는 채무불이행 상태에 빠지기도 하였다. 1982년에 있었던 멕시코의 채무불이행 사태는 국제적으로 큰 파장을 일으켰는데, 멕시코뿐 아니라 상당수 중남미 국가들이 채무불이행 사태를 경험하였다. 개발도상국들의 외채상환 부담은 국제경제질서를 불안정하게 만드는 요인이 된다.

3) 빈번한 외환위기

개발도상국들이 자주 직면하게 되는 것이 외환위기다. 국제금리의 변동 등에 가장 취약한 것이 바로 개발도상국이다. 글로벌 경제화가 강화되면서 국제적인 경제이슈가 곧바로 여러 개발도상국에 외환위기를 초래하는 경우가 빈번해지고 있다. 여기에는 보다 높은 이익을 쫓아 메뚜기 떼처럼 빠르게 국제시장을 이동하는 거대한 규모의 부동자금(hot money)도 상당한 역할을 한다.

1990년대 후반에 발생한 태국, 인도네시아 등 아시아 국가의 외환위기는 곧바로 우리나라에 큰 영향을 미쳤다. 국내외 큰 손들이 원화를 매도하고 달러를 매입하는 투기적 현상이 일어나고, 외국 금융기관들은 한국기업에 대한 단기대출에 대해 상환연장을 거부함에 따라 이른바 외환위기 상황이 초래된 것이다. 개발도상국들의 외환위기에 대처하기 위해 세계은행과 IMF는 외채 구조프로그램을 만들어 시행하고 있으나 외환위기를 사전에 방지하는 기능은 상당히 취약하다.

[무역현장]

옐런 "강달러 세계적 여파 인정…개도국 부채 우려"

재닛 옐런 미국 재무장관이 미 달러화 강세의 전 세계 여파를 인정하며 개발도상국의 부채 문제를 우려하고 있다고 밝혔다. 13일(현지 시간) 블룸버그통신에 따르면 주요 20개국(G20) 정상회의가 열리는 인도네시아 발리를 방문 중인 옐런 장관은 이날 기자들과 만나 "우리의 정책에는 부정적인 여파(스필오버)가 있으며 당연히 많은 국가가 미국 정책의 부정적 여파에 따른 강달러와 자국 환율 문제에 관심이 있다"고 말했다. 이어 "우리는 (저소득 국가들의) 부채에 대해 매우 우려하고 있다"고 밝혔다. 미국 연방준비제도(Fed·연준)의 가파른 금리 인상과 그에 따른 달러화 강세로 세계 각국은 달러화 표시 수입품 가격 상승과 달러화 부채 상환 문제에 직면해 있다.

블룸버그는 연준의 물가 대응에 지지 의사를 표명해온 옐런 장관의 이 같은 발언은 미국 경제정책의 세계적 여파에 대해 인지하고 있음을 밝혔다는 데 의의가 있다고 평했다. 옐런 장관은 지난달 "시장에서 결정되는 달러 가치는 미국의 이익에 부합한다"면서 "달러 강세는 (미국의) 적절한 정책을 반영하는 것"이라고 말한 바 있다. 지난달 개최된 국제통화기금(IMF)·세계은행(WB) 연차총회에서도 강달러의 여파를 인정하면서도 미 행정부의 최우선 정책 과제가 물가 잡기에 있다고 못 박았다. 옐런 장관은 또 한국·유럽연합(EU)산 전기차를 보조금 혜택에서 제외한 인플레이션감축법(IRA)과 관련해서도 법의 테두리 안에서 각국의 우려에 대해 다룰 것이라고 밝혔다. 그러면서 "IRA로 그들이 혜택을 얻을 방안을 설명할 준비도 돼 있다"고 말했다.

한편 크리스토퍼 윌러 연준 이사는 14일 호주에서 진행한 한 연설에서 "기준금리가 계속 오르고, 인플레이션이 목표치(2%)에 가깝게 내려갈 때까지 당분간 높은 수준에 머무를 것"이라면서 "아직 갈 길이 남았고 향후 1~2회 회의 만에 끝나지 않을 것"이라고 말했다. '매파'로 분류되는 윌러 이사는 앞으로 인플레이션 둔화 신호가 지속적으로 관찰돼야 하며 중요한 것은 금리 인상 속도보다 최종적인 금리 수준으로, 이는 순전히 인플레이션의 진행 상황에 달려 있다고 덧붙였다.

'비둘기파'인 메리 데일리 샌프란시스코 연방준비은행 총재도 "금리 인상의 속도가 아니라 수준에 대해 생각해야 한다"면서 연준의 속도 조절이 이뤄져도 금리의 정점 수준은 예상보다 높을 수 있다고 경고했다. 그는 "(기준금리가) 최소 5%는 넘을 것이라고 본다"고 예상했다.

(서울경제, 2022.11.14.)

(5) 세계화와 그 문제점

1) 세계화의 개념

1990년대 이후 세계경제질서를 주도하고 있는 여러 특징 가운데 가장 두드러진 것이 세계화(Globalization)[19]현상이다. 세계화란 일반적으로 재화·서비스·자본·노동 및 아이디어 등의 국제적 이동 증가로 인한 각국 경제의 통합화 현상을 지칭한다. 이는 세계를 하나의 시장으로 보고 전 세계적인 차원에서 분업을 이루어 생산 및 소비에서 최고의 효율을 추구하는 결과로 빚어진다.

세계화의 이념적 배경은 신자유주의(Neoliberalism)다. 본래 신자유주의는 20세기 초 케인즈의 경제이론에 영향을 받아 등장한 사상으로, 아담 스미스류의 자유방임적 자유주의와는 달리 자유로운 시장경제체제가 이루어지도록 필요한 부분에 정부가 적극 개입해야 한다는 논리를 주축으로 한다. 시장의 질서를 세우고, 자유로운 경쟁체제가 유지되도록 독점기업을 규제해야 한다는 것도 이러한 시각에서 나오는 것이다.

그러나 오늘날의 신자유주의는 이와는 좀 다르다. 오늘날의 신자유주의 사조는 1970년대 들어 세계경제가 침체되고 신보호무역주의가 성행함에 따라 이를 극복하기 위한 과정에서 신보호무역주의와 반대되는 개념을 활용하기 위해 나타났기 때문이다. 여기에서는 기존의 신보호무역주의적 정책을 비판하고 자유로운 경쟁, 특히 국제 수준에서의 경쟁을 통해 효율성을 확보해야 한다는 주장이 주류를 이룬다. 이는 세계화의 경향과 병행해 나타난 사상의 흐름이다.

세계화의 흐름과 함께 공정한 자유경쟁, 정부역할의 축소, 규제완화, 국영기업의 민영화, 금융자유화 등이 신자유주의자들의 주요 주장들이다. 이는 효율성을 최대의 덕목으로 무한경쟁을 보장해야 한다는 논리와 맞닿아 있다. 신자유주의자들은 자유무역과 국제적 분업이라는 말로 시장개방을 주장하는데, 이른바 '세계화'나 '자유화'라는 용어도 신자유주의의 산물이라 할 수 있다. 이는 세계무역기구(WTO)의 다자간 협상을 통한 시장개방의 압력으로 나타나기도 한다.

---

19) Globalization은 1983년 미국 하버드 비즈니스 스쿨의 데오도르 레빗 교수가 '하버드 비즈니스 리뷰' 5월호에 기고한 'Globalization of Markets'란 글을 통해 처음 등장했다는 것이 정설이다. 레빗 교수는 기고문에서 "지역 소비자의 기호에 맞게 제품을 생산·공급하는 '다국적(multinational) 기업' 시대는 가고, 생산 분배마케팅 등에서 '규모의 경제(economics of scale)'를 실현한 글로벌 기업들이 활약하는 세상이 올 것"이라고 예측했으며, 이후 '세계화'는 경제, 정치, 사회 등에서 널리 사용되는 용어가 되었다.

2) 세계화와 관련해 제기되는 문제점

일각에서는 세계화에 따른 무한경쟁의 결과는 결국 몇몇의 글로벌 강자만이 살아남는 부작용이 초래된다고 보고 세계화는 저지되거나 혹은 천천히 이루어져야 한다고 주장한다. 세계화에 따른 문제점으로 지적되는 것들은 다음과 같다.

① 빈부격차의 확대

급속한 세계화의 진전에 따라 거대한 자본을 가진 다국적기업들은 세계 도처에서 가장 저렴한 비용으로 생산하면서도 가장 유리한 시장에서 비싸게 판매함으로써 부를 보다 용이하게 축적해 가고 있다. 이러한 다국적 기업들이 소재한 선진국들도 계속하여 부유해진다. 그러나 세계화에 편입된 개발도상국들은 저렴한 가격으로 자원과 노동력을 제공하는 대신 작은 부(富)만을 나눠받음으로써, 결국 선진국과 개발도상국간 빈부격차는 더욱 확대되는 경향을 보인다.

② 정부역할의 축소에 따른 사회적 약자보호의 미흡

신자유주의는 작은 정부를 요구한다. 즉, 국영기업은 민영화시키고, 각종 규제는 철폐 또는 완화하여 정부는 최소한의 역할만 하면 된다는 것이다. 작은 정부는 경쟁을 촉진시켜 시장기능을 활성화하는 측면이 있다. 대신 약자가 적정하게 보호받지 못하는 문제가 발생한다. 특히 정부의 역할과 힘이 감소되는 반면 다국적기업들의 힘은 더욱 강화되면서 이들은 자신들에게 유리하도록 각종 정부정책을 변경시키는 시도를 하기도 한다. 정부의 역할이 축소되면 그만큼 사회복지 등을 통해 약자를 보호하는 정부의 전통적 역할도 어려워진다.

③ 주권행사의 지나친 제약

세계화는 국제조약에 의해 진행된다. 국제조약은 각국 정부가 의회의 동의를 받아 해당국에서 발효되는 것이지만, 개별 국가의 특수한 사정을 충분히 고려하지는 못하기 마련이다. 예를 들면 WTO협정은 보조금의 지급과 같은 산업정책을 불공정무역행위로 보아 이를 금지하고 있다. 따라서 특정산업을 육성시키고자 하더라도 정책수단 선택에 제약이 따르게 된다. 또 특정산업의 보호를 위해 관세율을 인상하고 싶다 하더라도 해당 품목에 양허관세가 설정되어 있을 경우, 그 양허관세 이상 관세율을 인상하는 것은 사실상 불가능하다.

제2절 세계무역기구(WTO)

1 WTO의 출범

(1) WTO 출범의 배경

GATT가 1940년대부터 주관한 다자간협상을 통해 국제무역의 장벽이 대폭 완화되고 범세계적으로 무역이 증가하였다는 데는 논란의 여지가 없다. 1950년대와 1960년대에 걸쳐 연평균 8%에 달하는 고도의 세계교역 성장률은 이런 자유화에 힘입은 것이었다. 그러나 1970년대 들어 신보호주의가 만연하면서 사정이 달라졌다. 한편으로 1980년대 세계무역환경은 GATT가 출범한 1940년대와는 다른 양상이 많이 나타나게 되었다.

우선 세계 각국에서 무역의 중요성이 1940년대와는 비교할 수 없을 정도로 중요하게 되었다. 뿐만 아니라, 훨씬 복잡하고 다양한 형태로 이루어진다는 점이었다. 서비스교역의 확대와 지식재산권에 대한 보호가 선진국들의 주요 관심사가 되었으며, 국제투자도 국내 투자 못지않게 활발해 짐에 따라 국제투자에 대한 적정한 규율이 필요하다는 목소리도 높았다.

결국 신보호주의적 경향에 대한 우려와 GATT체제를 벗어나 운용되고 있던 농산물분야와 섬유 및 의류분야에 대한 규율의 필요성, GATT의 제도적 구조와 분쟁해결체제의 개선 필요성 등에 대한 공감대 위에서 이루어진 우루과이 라운드에서 세계무역기구(WTO : World Trade Organization)라는 새로운 국제기구가 출범하게 되었다.

(2) GATT와 WTO

1995년 WTO가 출범하면서 GATT가 사라진 것은 아니다. GATT가 WTO 협정의 하나로 흡수되었기 때문이다. 따라서 무차별, 투명성, 예측가능성 등 GATT의 핵심원칙들은 그대로 유지되고 있다. 이들 원칙들은 WTO 협정으로 처음 등장한 서비스협정 및 지적재산권협정에서도 수용되었다. 분명 WTO와 GATT는 다르다. WTO는 단순한 GATT의 확대가 아니라 훨씬 많은 의미를 갖고 있는 것이다. 주요 차이점을 정리하면 다음과 같다.

첫째, GATT는 임시적이며 잠정적으로 존재했다. GATT는 체약국들의 의회에서 비준되는 것이 아니었으며 기구 창설에 관한 규정도 없었다. 그러나 WTO 및 그 협정문들은 영구적인 것으로서 모든 회원국들이 그들의 의회에서 WTO 협정을 비준하였다. 아울러 그 협정문들이 WTO의 기능을 규정하고 있다는 점에서 WTO는 국제기구로서 매우 튼튼한 법적 근거를 가지고 있다.

둘째, GATT는 공식적으로 법률문서라는 사실을 강조하기 위해 구성원들을 '체약국단'이라 칭하였으나 WTO는 구성원들을 '회원국'이라 부른다.

셋째, GATT는 상품교역을 관장하는 것이었지만 WTO는 상품교역뿐 아니라 서비스와 지적재산권, 무역과 관련한 투자까지 관장한다.

넷째, WTO 분쟁해결절차는 과거의 GATT 체제에 비해 신속하고, 보다 자동적이며, 그 판정결과는 저지될 수 없다.

WTO체제의 가장 중요한 목표는 바람직하지 못한, 부작용이 없는 범위 내에서 가능한 한 자유롭게 무역을 하는 것이다. 이는 부분적으로 무역장벽을 제거하는 것을 의미한다. 또 한편으로는 개인, 기업 및 정부가 세계무역규범이 무엇인지를 이해할 수 있도록 하는 동시에, 그들에게 갑작스런 정책변화가 없을 것이라는 확신을 부여하는 것을 의미한다. 즉, 그와 같은 규범은 투명하고 예측가능해야 하는 것이다.

다자간협상에서 WTO 협정문들은 대부분 상당한 토론과 논란을 거쳐 교역국가들의 공동체에 의해 제정되고 조인된다. WTO의 가장 중요한 기능 중 하나는 무역협상을 위한 토론의 장을 제공하는 것이다. 또 하나 중요한 WTO의 활동은 분쟁해결이다. 교역관계는 흔히 상충되는 이해관계를 수반하기 때문에 WTO 체제 내에서 합의된 약속 및 협정은 해석을 필요로 하는 경우가 많다. 국가간의 의견 차이를 해결하는 가장 조화로운 방법은 합의된 법적기초에 근거한 중립적 절차에 의존하는 것이다. 분쟁해결절차가 WTO 협정으로 마련된 목적도 여기에 있다.

■2 WTO의 조직

WTO는 회원국 정부에 의해 운영된다. WTO 회원국들은 그들이 참여하는 각종 이사회와 위원회를 통해 의사를 결정한다. 이 중 최고의 권위를 갖는 것은 최소한 2년마다 한번씩 개최되는 각료회의(Ministerial Conference)다. WTO 조직은 [그림 4-1]과 같다.

[그림 4-1] **WTO 조직**

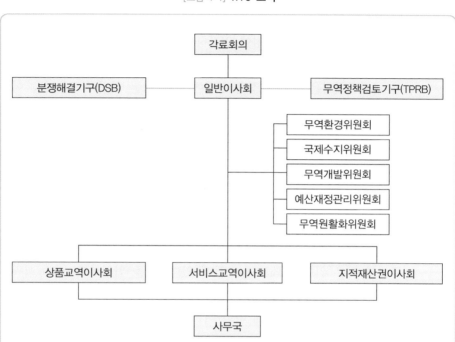

[그림 4-1]에서 각료회의는 다자간무역협정하에 있는 모든 분야에 대한 결정권을 갖는다. 의사결정은 일반적으로 합의(consensus)에 의해 이루어진다. 각료회의 개최기간 사이의 일상 업무는 일반이사회(General Council)와 분쟁해결기구(Dispute Settlement Body), 무역정책검토기구(Trade Policy Review Body)에 의해 운영되고, 각 기구는 각료회의에 그들의 활동을 보고한다. WTO는 이사회에 권한이 위임되어 있지 않으며, WTO 관료제도가 개별회원국 정책에 영향을 미치지도 않는다.[20]

WTO 규정이 회원국 정책에 규율을 가할 때는 WTO 회원국간의 협상 결과가 도출된 경우다. WTO 규정은 회원국들이 협상한 합의절차에 따라 회원국들에 의해 집행된다. 때로는 무역제재 위협을 포함하지만, 이러한 제재는 WTO가 아닌 회원국들이 가하는 것이다. WTO 각료회의나 일반이사회에서의 의사결정은 각국이 한 표를 행사하며 통상적인 사항은 과반수로 결정된다. 그러나 WTO협정은 투표와 관련해 다음과 같은 네 가지 특별사항을 규정하고 있다.[21]

---

20) 그러나 정기적인 무역정책검토에서 분석적인 비평이 이루어지기도 한다.

① 다자간 무역협정문의 해석에 대한 결정은 WTO회원국의 3/4 이상으로 채택 될 수 있다.

② 각료회의는 다자간협정에 입각하여 특정회원국에 부과된 의무를 회원국 3/4 이상의 찬성으로 철회할 수 있다.

③ 다자간협정은 관련 규정의 성격에 따라 모든 회원국 또는 2/3 이상의 찬성으로 규정을 개정할 수 있다. 그러나 개정된 규정은 이 규정을 승인한 WTO 회원국에게만 적용된다.

④ 새로운 회원국 가입에 관한 결정은 각료회의 또는 일반이사회의 2/3 다수결로 승인된다.

일반이사회의 부속기구인 상품교역이사회와 서비스교역이사회, 지적재산권이사회는 각각의 무역분야 업무를 담당하면서 일반이사회에 보고한다. 이들 이사회(Council)는 모두 WTO 회원국으로 구성된다. 이들 3개의 이사회 외에 그보다 규모가 작은 위원회(Committee)들이 있다. 이들 위원회도 WTO 회원국으로 구성되며 일반이사회에 보고한다. 상품교역이사회와 서비스교역이사회, 지적재산권이사회 소속으로도 필요에 따라 여러 위원회가 구성된다. 각각의 위원회도 모두 WTO 회원국으로 구성되며, 그들의 활동을 소속 위원회에 보고한다.

일반이사회와 동급인 분쟁해결기구도 그 산하에 2개의 부속기구를 두고 있다. 즉, 분쟁에 대해 판결하는 분쟁해결 패널과 상소(appeals)를 다루는 상소기구(Appellate Body)가 그것이다. WTO 체제에서 분쟁해결기구와 무역정책검토기구는 다자체제의 기능강화와 관련이 깊다. 이는 공정한 무역과 연계된다. 반면 상품교역이사회와 서비스교역이사회, 지적재산권이사회는 시장개방의 확대 및 자유로운 무역의 보장이란 측면과 관련이 깊다. 이들 조직체는 모두 도하개발아젠다(DDA)에서 해당 영역에 대한 국제협상에 중요한 역할을 하고 있다.

WTO 사무국은 1인의 사무총장과 4인의 사무차장에 의해 관리된다. 사무국의 임무는 WTO 부속기구(이사회, 위원회, 작업반 등)에 대한 행정 및 기술지원, 개발도상국가 특히 최빈개발도상국에 대한 기술지원, WTO 경제학자와 통계학자들

---

21) WTO에서 중요한 타결은 공식기구에서 이루어지지 않는다. WTO 안팎에서 이루어지는 비공식적 협의가 매우 다양한 회원국들을 합의점으로 이끄는 데 중요한 역할을 한다. 공식회의 이외에 모든 WTO 회원국이 참여하는 대표단장회의(Heads of Delegations : HOD)같은 비공식회의가 있다. 해결하기 어려운 이슈는 보다 작은 그룹의 비공식회의를 통해 다루어진다. 우루과이 라운드 동안 그린룸회의(Green Room meeting)라는 것이 운영되었는데, 이는 특정한 주제에 대해 가장 관심이 있는 약 40여개 국가가 모여 논의한 것이었다. 때로는 2~4개국으로 구성된 소그룹 회의에서 교착상태에 빠진 문제가 해결되기도 한다.

에 의한 무역현황과 무역정책 분석, WTO 규정과 판례의 해석 및 무역분쟁 해결에 있어서 법률전문가를 통한 지원, 신규 회원국을 위한 가입협상업무 및 가입을 고려하는 국가에 대한 상담 제공 등이다.

WTO 예산은 회원국의 기부로 충당한다. 각 회원국은 전 세계 무역량에서 자국의 무역량이 차지하는 비중에 따라 기부를 하게 된다. 예산의 일부는 국제무역센터(ITC : International Trade Center)에 기부된다. ITC는 수출을 향상하고자 하는 개발도상국의 요청에 부응하여 1964년 GATT에 의해 설립되었다. 이 기구는 현재 WTO와 UN(UNCTAD)에 의해 공동으로 운영되며 수출입기술에 대한 정보와 조언의 제공, 수출증진과 마케팅 서비스 구상, 이러한 서비스에 필요한 직원의 훈련을 지원한다. 이와 같은 지원은 최빈개발도상국에게 무상으로 제공된다.

３ WTO 체제의 특징과 기본원칙

(1) WTO 체제의 특징과 WTO의 법적지위

WTO체제의 특징은 네 가지로 요약된다.

첫째, 규범성이다. GATT 제체와는 달리 회원국의 협약 불이행에 대해 분쟁해결절차를 통해 강력한 제재를 할 수 있게 함으로써, 국제경제사회에서 '법의 지배'를 강화하고 있다는 점이다.

둘째, 포괄성이다. 과거 GATT체제에서 배제되었던 서비스교역, 지식재산권분야를 포함하고 있을 뿐 아니라, 물품교역분야에서 사각지대였던 농업, 섬유분야를 체제에 편입시키는 등 교역에 관한 거의 모든 분야와 문제들을 망라하고 있다는 점이다.

셋째, 진보성이다. 관세를 포함한 모든 무역장벽을 획기적으로 축소 또는 철폐하고, 무역정책검토기구에서 각국의 교역정책과 관행을 주기적으로 감시하게 함으로써, 국경없는 교역을 향한 획기적인 전진을 이룩하였다는 점이다.

넷째, 발전단계별 고려다. 발전단계가 낮은 국가들의 협정시행상의 어려움을 고려하여 개발도상국, 저개발국에 대해 상응하는 협정 시행 유예기간을 부여함으로써 모든 개발도상국들의 참여를 유도하고 있다는 점이다.

WTO는 법인격을 가지며, 각 회원국은 WTO에 대해 이 기구가 자신의 기능을 수행하는데 필요한 법적 능력을 부여하였다. 아울러 각 회원국은 WTO가 자신의 기능을 수행하는 데 필요한 특권과 의무의 면제를 인정하였다. 이 기구의 조직원과 회원국 대표에 대하여도 이들이 WTO와 관련하여 자신의 기능을 독자적으로 수행하는데 필요한 특권과 의무의 면제를 부여하였다. 회원국이 WTO, WTO의 조직원 및 이 기구의 회원국 대표에게 부여하는 특권과 면제는 UN에서 승인된 전문기구의 특권과 면제에 관한 협약에 규정된 특권 및 면제와 유사하다.

(2) WTO 체제의 기본원칙

GATT에서 적용되었고, WTO에서도 그대로 수용되어 여러 협정에 반영되어 있는 원칙 또는 이념에는 몇 가지 기본적인 원칙이 있다. 그와 같은 원칙들이 다자간 교역체제의 기초를 이루고 있는 것이다. 이 원칙을 정리하면 ① 차별없는 교역의 원칙, ② 보다 자유로운 교역의 원칙, ③ 예측가능성 보장의 원칙, ④ 공정경쟁 촉진의 원칙, ⑤ 개발도상국에 대한 예외인정의 원칙 등이다.

1) 차별없는 교역의 원칙

차별없는 교역의 원칙은 최혜국대우의 원칙과 내국민 대우의 원칙을 통해 구체화 된다. 최혜국대우(MFN : Most Favoured Nation Treatment)[22] 원칙은 특정국가에 대해 다른 국가보다 불리한 교역조건을 부여해서는 아니 된다는 원칙을 말한다. 이 원칙은 WTO협정의 모든 분야에서 요구되는 핵심원칙으로, GATT 제1조에 명시되어 있다. WTO 하에서 최혜국대우는 각 회원국은 모든 여타 회원국들을 가장 좋은 혜택을 받는 교역상대국(최혜국)과 동등하게 대우한다는 것이다. 어느 국가가 특정국가에게 특혜를 베풀 경우에는 다른 국가에도 똑같은 최상의 대우를 함으로써 모든 국가들이 가장 좋은 혜택을 누릴 수 있게 하는 것이다.[23]

다만 서비스교역에 관한 일반협정은 각국이 이 원칙에 대한 예외를 최혜국대우 일탈목록에 기재하도록 함으로써 예외를 인정하였다. 또한 자유무역협정과 같이 경제통합체를 구성할 경우에도 예외를 인정한다. 내국민대우(NT : National Treatment) 원칙은 국내에서 외국상품과 내국상품을 취급함에 있어 차별을 하지

---

22) MFN이라는 용어는 17세기에 이르러 나타난 것이지만 그 개념의 기원은 12세기까지 거슬러 올라간다. 이 원칙의 중대한 예외가 바로 FTA이다.

23) 예를 들어 관세율이 10%인 품목에 대해 A국 상품에 5%의 특혜관세율을 적용하기로 합의한 다음, 그 후 B국 상품에 3%의 특혜관세율을 적용하기로 하였다면, A국 상품에 대해서도 자동으로 3%의 특혜관세율을 적용하는 원칙이다.

않고 똑같이 대우해야 한다는 원칙이다. 이러한 대우를 규정하는 조약의 규정을 내국민대우조항이라고 한다. 이것은 특정한 사항에 대한 내·외국인 또는 내·외국물품의 차별대우를 배제하는 것을 목적으로 한다. 19세기의 자유무역주의를 반영하여 규정되었다.

일반 국제법에서는 국가가 그 영역 내에 있는 외국인의 법적 지위를 원칙적으로 자유롭게 결정할 수 있다는 점에 내국민대우조항을 조약 속에 규정하는 의의가 있다. 내국민대우는 주로 과세(課稅)·재판·계약·재산권, 법인에의 참가, 기타 사업활동에 대하여 적용된다. WTO협정에서 GATT와 TRIPS는 무조건 적용이 요구된다. 그러나 서비스를 규율하는 GATS에서는 내국민대우원칙 적용에 대한 구체적인 약속을 국별양허표에 기재하도록 하여 제한적으로 적용되도록 하였다.

2) 보다 자유로운 교역의 원칙

보다 자유로운 교역의 원칙은 GATT 초기에는 관세인하에 초점이 두어졌다. 그러나 1980년대에는 상품에 대한 비관세조치뿐 아니라 서비스 및 지식재산권과 같은 분야까지 협상의 대상이 되었다. 이 원칙과 관련해 우루과이 라운드에서 적용된 것이 시장접근(MA : Market Access)보장의 원칙이다. 이는 관세나 조세를 제외한 재화와 용역의 공급에 대한 일체의 제한을 철폐해야 한다는 원칙이다. 이 원칙은 내국민대우원칙과 함께 시장개방의 양대 요소를 이룬다. 이 원칙에 따라 농산물, 섬유류 등의 수입제한이 철폐되었다. 이러한 시장개방과 함께 내외가격차이만큼의 관세를 부과하는 농산물에 대해서는 최소시장접근(MMA : Minimum Market Access)[24] 제도를 두어 일정한 물량은 의무적으로 낮은 관세율을 적용하여 수입을 허용하도록 하였다. 서비스와 관련해서는 GATS에서 국별양허표에 분야별로 구체적인 시장접근범위를 정하도록 하였다.

3) 예측가능성 보장의 원칙

예측가능성 보장은 구속력 있는 약속의 제시와 무역규범 운영에 있어 투명성을 제고하는 것으로 구체화된다. WTO에서는 상품이나 서비스 시장을 개방할 것에 합의할 때 그들의 약속을 제시(양허)한다. 상품의 경우 그와 같은 양허는

---

24) 비슷한 제도로 관세할당제(TRQ : Tariff Quota System)가 있다. 이들은 일정 수입량 이내에서는 저율 또는 무세의 관세율을 적용하고 초과량에 대해 고율의 관세를 적용하여 수입을 억제한다는 공통점을 지닌다. 그러나 최소시장접근은 최소시장접근물량에 대해서 의무적으로 수입해야 하지만, 관세할당제는 할당량에 수입량이 미치지 못하더라도 추가 수입의무가 없다는 점에서 다르다.

관세율의 상한선을 설정하는 것이다.[25] 어느 국가나 그와 같은 양허를 변경할 수는 있지만, 이를 위해서는 반드시 교역상대국들과 보상협상을 해야 한다. 이러한 구속력 있는 약속의 존재는 무역업자 및 투자자들에게 높은 시장안정성을 의미하는 것이다.[26]

무역규범 운영에 있어 투명성(Transparency)의 원칙은 각국의 행정이나 사법기관의 의사결정과 법령적용, 제도 운용이 합리적이며 예측 가능하여야 한다는 것이다. 또한 결정에 관한 이유가 고지(告知)되어야 하며, 그러한 결정의 기초가 되는 모든 법령 및 자료들이 공개돼야 한다는 원칙이다. 이는 시장개방의 실질적인 요소라 할 수 있다. 다수의 WTO협정들은 각국 정부로 하여금 그들의 정책과 관행을 국내에서 공개적으로 발표하거나 WTO에 통보하도록 요구하고 있다. '무역정책검토제도'를 통해 각국의 무역정책을 정기적으로 검토하는 것은 국내적으로나 다자 차원에서 더욱 투명성을 장려하는 수단이 되고 있다. 투명성의 원칙은 WTO 체제의 일관된 원칙이나 국가안전보장에 관계되는 내용, 법집행에 위해가 되는 사항, 영업상의 비밀 등 특정한 경우에는 예외가 인정된다.

4) 공정경쟁 촉진의 원칙

WTO는 개방되고 공정하며, 비왜곡적인 경쟁을 위한 규범체제라 할 수 있다. 살펴보면 최혜국대우나 내국민대우와 같은 무차별에 관한 규정은 교역의 공정한 조건을 보장하기 위한 것이다. 덤핑과 보조금에 대한 규율도 마찬가지다. 이러한 이슈들은 매우 복잡하기 때문에 규범들은 무엇이 공정하고 또 무엇이 불공정한지의 기준을 설정하고, 이와 관련된 물품의 무역거래로 인해 피해를 입은 국가의 정부가 어떻게 대응할 수 있는지 등에 대해 자세하게 규정하였다. 농산물이나 지식재산권 또는 서비스와 관련된 분야에서도 이와 같은 공정경쟁의 원칙들이 반영되어 있다. 정부조달협정의 경우 경쟁규범을 정부기관 구매에까지 적용하도록 하였다.

---

25) 개발도상국의 경우 수입물품에 대해 양허세율보다 낮은 세율을 부과하는 경우가 많지만, 선진국들은 실행세율과 양허세율이 동일한 것이 일반적이다.

26) 우루과이 라운드에서 관세양허 상황을 보면 관세품목을 기준으로 할 때 선진국은 종전 78% 수준의 양허를 99%까지로 확대하였고 개발도상국들도 종전 21% 수준의 양허를 73%로 확대하였다. 우리나라가 우루과이 라운드에서 양허한 비율은 93% 수준이다. 현재는 모든 품목이 양허되었다.

5) 개발도상국에 대한 예외인정의 원칙

WTO의 회원국 중 3/4 이상이 개발도상국이거나 사회주의 국가에서 시장경제 국가로 전환한 국가들이다. 이들 국가들은 우루과이 협상에 적극 참여하였고, 협상기간 중에 60개국 이상이 무역자유화 프로그램을 자발적으로 이행하였다. 그와 같은 경향은 다자간 교역체제가 오직 선진국만 위해서만 존재한다는 관념을 효과적으로 제거하는데 기여한 것으로 평가된다. 이는 또한 개발도상국에 대한 특정 GATT규정 및 협정으로부터의 의무면제의 혜택을 중요시했던 과거 정책에 변화를 야기시키기도 하였다.

그러나 WTO협정은 개발도상국, 특히 최빈개발도상국들에게 아직 익숙하지 않거나 이행이 어려운 WTO 규범의 이행을 위한 과도기간을 부여하는 등 여러 가지 예외를 인정하고, 선진국들이 이들에게 기술지원을 강화하도록 하였다. 개발도상국에 대한 예외인정은 2014년 11월 WTO 체제하에서 처음으로 체결된 무역원활화협정에서 더욱 분명하고 확대된 것으로 규정되었다. 무역원활화협정에서는 개발도상국과 최빈개발도상국들이 A, B, C 세 개의 유형 중 하나를 선택할 수 있는 권리를 인정하였다. 여기에서 A유형은 협정의 즉각 이행을, B유형은 일정기간 유예 후 이행을, C유형은 선진국들의 일정한 지원을 받아 이행을 하되 지원을 받지 못할 경우 협정의 이행의무가 면제될 수 있는 국가를 의미한다.

(3) WTO 체제의 예외인정

WTO협정에 반영되어 있는 주요 원칙에 대한 예외의 인정은 대개 종전의 GATT 규정(GATT 1947)에서부터 허용되고 있는 것들이다. 각 회원국은 이러한 예외가 인정되는 범위내에서 무역을 관리할 수 있다. 이와 같이 예외가 인정되는 조항들을 도피조항(escape clause) 또는 면책조항이라고도 한다.

GATT 1947에 포함되어 있는 예외적인 무역제한의 주요 내용은 다음과 같다. 이러한 예외 규정은 회원국들이 남용하지 않도록 다자간 통제의 틀을 강화하기 위해 WTO에서 독립된 협정으로 자세하게 그 한계를 규정한 것도 있다. 예를 들면 제19조의 국내산업보호를 위한 긴급수입제한 규정이 '긴급수입제한조치에 관한 협정'으로 체결된 것이 그러하다.

① 식료품 또는 수출국에 불가결한 상품의 위급한 부족을 방지하거나 완화하기 위한 일시적 수출금지 또는 제한(제11조 제2항 a호)

② 상품의 분류, 등급 또는 판매에 관한 기준 또는 규칙의 적용상 필요한 수출

입의 금지 또는 제한(제11조 제2항 b호)

③ 국제수지 악화 방지를 위한 제한(제12조)

④ 개발도상국의 특정산업 확립을 위한 수입제한(제18조)

⑤ 국내산업보호를 위한 긴급수입제한(제19조)

⑥ 공중도덕의 보호, 인간·동식물의 생명과 건강의 보호, 금 또는 은의 수출입에 관한 조치, 재소자 노동상품에 대한 제한, 문화재 보호를 위한 조치, 유한 천연자원의 보존을 위한 조치, 정부간상품협정상의 의무를 위한 조치, 국내원료가격 안정계획에 의한 국내원료의 수입제한, 공급부족을 이유로 한 수출규제 등 일반적인 예외조치(제20조)

⑦ 국가의 안전보장을 위한 제한(제21조)[27]

⑧ 다른 회원국의 의무불이행에 대한 보복조치로서 수입제한(제23조)

⑨ Waiver[28]에 의한 수입제한(제25조 제5항)

이들 예외조항 중 오늘날 선진국들이 적극 활용하고 있는 것이 제20조의 일반적 예외규정에 의한 인간·동식물의 생명과 건강의 보호 등을 위한 일반적인 예외조치와 제21조의 안전보장을 위한 제한조치이다. 안전보장을 위한 제한조치는 특히 미국에서 2001년 발생한 9.11테러 이후 물류보안[29]이란 이름으로 무역과정에서의 안전을 강화하는 조치로 나타났다. 물류보안에 대한 세계적 관심증가에 따라 세계관세기구(WCO)는 2005년 물류보안과 무역간소화에 관한 국제기준(SAFE Framework)을 도입한 바 있다. 이 기준은 오늘날 WCO회원국들에게 규범으로 채택되고 있다. WTO가 인정하는 예외조치는 무역을 자유화함으로 인해

---

27) 미국은 중국과의 무역으로 해마다 대규모 무역적자를 보고 있다. 2018년 7월 트럼프 행정부는 특정국가가 지속적으로 다른 국가에서 대규모 무역흑자를 창출한다면 그 국가가 무역적자를 보는 국가를 경제적 수단을 통해 침략하는 것이라는 무역안보론을 제기하면서 WTO의 이 예외규정에 따라 중국에서 수입되는 물품에 관세를 부과한다고 발표한 바 있다.

28) GATT 1947의 Waiver는 GATT에 규정되어 있지 않은 예외적 상황하에서 GATT체약국단 2/3 이상의 찬성(단, 전체 체약국의 과반수 이상)을 얻으면, 특정 GATT 규정의 준수의무가 면제되는 것을 말한다. 그러나 WTO협정에서는 다자간무역협정상의 의무 면제를 WTO 회원국 3/4의 다수결에 의해 결정하도록 하고 있다. WTO설립협정 제9조.

29) 물류보안은 물품이 국제간 이동하면서 국가와 사회의 안전을 위협하는 물품이 포함되지 않도록 방지하기 위한 제반 활동과 조치를 의미한다. 이를 위해서는 수출국에서의 컨테이너 검색을 포함한 물품검사의 강화가 필수적이다. 이로 인한 물류지체를 방지하기 위해 일정 수준 이상의 보안기준 등을 통과한 성실한 업체에 대해서는 공인경제운영인(AEO : Authorized Economic Operator)으로 인증하여 물품검사 등을 생략한다.

오히려 저해될 수 있는 국민 전체의 복지를 보호하기 위한 것이지만 이와 같은 무역관리는 수입을 억제하기 위한 장벽의 수단으로 활용되어서는 안 된다는 한계를 갖는다.

4 WTO의 도하 개발아젠다(DDA)

(1) DDA의 출범

우루과이 라운드 결과 WTO가 설립되었지만 모든 부문에 걸쳐 자유화가 충분하고도 완전하게 달성된 것은 아니었으므로 이를 위한 새로운 협상의 필요성이 제기되었다. 이에 WTO 회원국들은 1998년 5월 제네바 각료회의에서 좀 더 폭넓은 분야에서 무역자유화를 위한 다자간 무역협상을 준비하기로 합의하였다. 그 다음해인 1999년 12월 시애틀에서 다자간 무역협상을 시도하였으나 개발도상국들의 심한 반대와 협상의제를 합의하지 못해 실패로 끝나고 말았다.

그 후 2001년 11월 카타르의 도하에서 개최된 제4차 WTO 각료회의에서 비로소 WTO가 추구하는 원칙과 목적을 재확인하고, 보호주의 조치를 억제하며, 각국 무역정책의 개혁 및 자유화로 새로운 무역질서를 정한다는 목표아래 도하 개발아젠다(DDA : Doha Development Agenda)로 명명된[30] 새로운 다자간 협상이 시작되었다. 이와 함께 WTO는 DDA 협상의 원활한 진행 및 감독을 위해 무역협상위원회(TNC : Trade Negotiations Committee)를 2002년 2월 일반이사회 산하에 설치하였다. 당초 계획으로는 도하에서 채택된 '각료선언문'을 토대로 3년간 농업·서비스업·수산업·반덤핑 분야의 개별 협상을 진행해 2005년 1월 1일까지 공산품, 농산품, 서비스업 등 각 분야의 시장 개방 협상을 마친다는 계획이었지만 의제에 대한 각국간의 이해가 심하게 대립해 2017년이 마무리되는 아직까지도 타결되지 못하고 있다.

(2) DDA의 주요 의제

DDA의 주요 협상의제는 1994년에 타결된 우루과이 라운드에서 논의는 되었으나 충분히 타결되지 못하고, 앞으로 있을 새로운 다자간 무역협상에서 다시

---

30) 그 동안 GATT에서 진행된 다자간 협상은 라운드(ROUND)라 불렀다. WTO에서는 협상의 주요 내용이 개발도상국의 경제발전을 중심으로 무역자유화를 추구하는 것이고, 개발도상국들은 '라운드'라는 용어에 저항감을 표출하였기 때문에 이 용어 대신 '개발 아젠다'(의제)라는 용어를 사용하게 되었다.

논의하기로 하였던 농업 및 서비스분야의 장벽완화와 그 후 새로 추가된 비농산물시장의 장벽완화, 무역원활화, 규범개정, 환경문제 등이다.

1) 농산물시장 장벽완화

농산물 교역을 처음으로 다자간 무역협상의 일부로 포함시킨 우루과이 라운드에서는 농업협정 제4조에 관세화 원칙을 규정하는 성과를 거두었다. 관세화는 수입금지와 같은 수량제한 조치를 금하고 시장을 개방하되 필요하다면 국내외 가격차만큼의 관세를 적용하도록 한 것이다. 우루과이 라운드 결과 농업부문에서 비관세장벽이 관세로 전환된 결과 DDA 농업협상에서는 관세감축이 가장 중요한 쟁점으로 부각되었다. 우루과이 라운드가 다자간 무역협상에 농산물 교역을 포함시켜 농산물의 비관세 장벽을 관세화 하는 획기적 계기가 되었다면, DDA 농산물협상은 교역의 자유화 수준을 한층 더 제고하려는 목적으로 추진되고 있다. 농업협상은 시장접근(market access), 국내보조(domestic support), 수출경쟁(export competition)의 3가지 세부 의제를 중심으로 한다.

2) 서비스시장 장벽완화

오늘날 서비스산업은 이 산업이 발달한 선진국은 물론이고 개발도상국에서도 국내 총생산의 절반 이상을 차지하고 있다. 서비스 분야는 농산물과 함께 우루과이 라운드 협상을 통해 처음으로 시장개방 협상 대상이 되었다. 서비스산업이 WTO 협상대상으로 포함되었다는 것은 달리 말하면 서비스가 국경을 넘어 이루어지는 무역의 대상이며, 이는 외국인에게도 사업활동이 허용되는 산업으로 간주되었음을 의미한다. DDA의 서비스 협상에서 마련된 주요 원칙은 모든 서비스 분야를 협상의 대상으로 하고, 후퇴 없는 점진적 개방을 원칙으로 한다는 점이다.[31]

3) 비농산물시장의 장벽완화

비농산물은 농산물을 제외한 모든 상품을 가리킨다. 비농산물분야는 총 12개 분야로 자동차, 자전거, 화학, 전기/전자, 수산물, 임산물, 보석류, 수공구, 산업용기계, 의약품과 의료기기, 스포츠용품, 섬유/의류/신발 등이다. 주로 공산품이

---

31) 양허협상에서는 개별국가끼리 관심 있는 품목을 상호 제시하여 개방 업종 등을 협상하는 방식을 채택한다.

지만 수산물과 임산물도 포함되었다. 비농산물 분야는 GATT 체제하의 다자간 라운드로 비관세장벽은 거의 철폐되었다. 관세장벽 또한 크게 완화된 것이 사실이지만 아직 잔존하는 장벽은 상당하다. 따라서 이러한 장벽을 더욱 완화시킨다는 것이 이 분야 협상의 목표다.

비농산물시장 장벽완화 협상에서 특징적인 것은 '분야별 자유화'란 개념이 적용되고 있다는 점이다. 일반적인 관세감축에는 관세가 높은 품목일수록 과감히 관세를 낮추는 '스위스 공식'을 채택하였다. 그 외에도 자동차, 전자제품 등 특정한 공산품 분야를 선정해서 관세를 철폐하자는 협상을 하는 것이다. 그러나 중국 등 일부국가에서는 분야별 자유화 협상에 반대하는 등 마찰이 해소되지 않고 있다.

4) 무역원활화

WTO가 출범한 이듬해인 1996년 12월 싱가포르에서 개최된 제1차 WTO 각료회의에서는 향후 국제무역 분야에서 해결해야 할 과제로 투자, 경쟁, 정부조달, 투명성 및 무역원활화의 4개 의제가 제시되었다. 이를 '싱가포르 이슈'라 한다. 그러나 2004년 DDA 협상의 기본골격 합의에서 이 가운데 무역원활화만 DDA의 정식의제로 채택되었다.[32]

무역원활화협상은 국제무역의 기본인프라, 즉 통상관련 정책의 규제 집행 및 행정과 관련된 모든 거래비용을 줄이는 것을 목적으로 이루어졌다. 이 의제는 DDA 의제 중 처음으로 2013년 12월에 타결되어 2014년 11월 무역원활화협정으로 채택되었고, 2017년 2월 정식으로 발효하는 성과를 거두었다. 무역원활화 협상에서는 그 동안 세계 최고 수준으로 선진화된 통관시스템을 바탕으로 우리나라도 적극적으로 참여하여 규범제정에 기여한 바 있다.

5) 규범개정

WTO의 여러 다자간협정은 모두 넓은 의미에서 규범이라 할 수 있다. 그러나 전통적으로 WTO에서는 무역구제조치, 즉 반덤핑조치와 보조금 및 상계조치,

---

[32] WTO에서 제기된 환경, 노동, 경쟁, 기술, 부패, 디자인, 전자상거래, 투자 등과 관련한 이슈를 각각 환경라운드(GR : Green Round), 노동라운드(BR : Blue Round), 경쟁라운드(CR : Competition Round), 기술라운드(TR : Technology Round), 부패라운드(CR : Corruption Round), 디자인라운드(DR : Design Round), 전자상거래 라운드(IR : Internet Round), 국제투자 라운드(IR : Investment Round) 등으로 부른다.

긴급수입제한 조치 등의 분야를 좁은 의미에서 규범이라 불러왔다. 이들 규범분야 협정문에는 협정개정이나 재협상에 관한 규정은 없었다. 그러나 개발도상국들이 이들 규범이 선진국에 유리하게 규정되었으므로 개정할 필요가 있다고 주장함에 따라 DDA 협상에 포함되었다.

6) 환경문제

GATT에서는 전통적으로 무역제한 문제를 수반할 수 있는 환경보호와 관련된 규정들을 엄격하게 해석해 왔다. 우루과이 라운드에서는 미국의 강력한 주장이 반영되어 1994년 '무역과 환경에 관한 협정'이 채택되었다. 이 협정에 환경보존과 유지, 지속가능한 발전의 개념을 규정한 이래 WTO 체제에서는 환경 문제가 적극적으로 다루어지고 있다.

환경문제에 대해서는 미국과 EU쪽에서 특히 관심이 많다. 선진국들은 환경관련 규제를 상대적으로 많이 하고 있는데, 환경규제의 상당수가 농산물(식품)과 관련되어 있다. 따라서 선진국들이 환경논의에 적극적인 것은 환경보호 강화차원도 있지만, 농산물 무역에서의 제한과 농업보조금의 정당화에도 일부 기인하는 바가 있다고 평가되고 있다. 환경문제 협상의 주요 의제는 WTO와 다자간 환경협약과의 관계, 환경관련 상품 및 서비스무역의 자유화, 친환경적 규율의 강화 등이다.

제3절 WTO협정

1 WTO협정의 구성

수많은 경제관련 국제기구 중 WTO는 명실공히 대표적인 국제무역기구다. WTO는 세계무역기구의 설립협정과 여기에 부속되는 여러 개의 다자간협정을 기초로 한다. WTO의 핵심적인 역할이 국제무역과 관련한 장벽을 제거 내지 완화하고 무역과 관련한 국제분쟁을 해결하는 것이다. WTO 설립협정 제18조 제4항에는 각 회원국은 자기 나라의 법률, 규정 및 행정절차가 부속협정에 규정된 자기 나라의 의무에 합치될 것을 보장하도록 하였다. 즉, 각 회원국의 무역관련 법령이 WTO협정과 어긋나지 못하도록 의무를 부여하고 있기 때문에 큰 의미가 있다. WTO협정은 〈표 4-3〉과 같다.

〈표 4-3〉 **WTO협정의 구성**

WTO 설립협정	
	① GATT 1994
	② 농업에 관한 협정
	③ 위생 및 검역협정
	④ 섬유 및 의류협정
	⑤ 무역에 관한 기술장벽협정
	⑥ 무역관련 투자조치협정(TRIMS)
부속서 1A	⑦ 반덤핑협정(1994년 GATT 제6조의 이행에 관한 협정)
(상품무역협정)	⑧ 관세평가협정(1994년 GATT 제7조의 이행에 관한 협정)
	⑨ 선적전검사협정
	⑩ 원산지규정에 관한 협정
	⑪ 수입허가절차에 관한 협정
	⑫ 보조금 및 상계조치에 관한 협정
	⑬ 긴급수입제한조치에 관한 협정
	⑭ 무역원활화협정(Trade Facilitation Agreement) : DDA로 추가
부속서 1B	서비스무역에 관한 일반협정(GATS)
부속서 1C	무역관련 지식재산권에 관한 협정(TRIPS)
부속서 2	분쟁해결규칙 및 절차에 대한 양해각서(DSU)
부속서 3	무역정책검토제도(TPRM)
부속서 4	복수국간 무역협정[33] : ① 정부조달협정, ② 민간항공기무역협정

자료 : WTO

〈표 4-3〉에서 WTO 설립협정과 이 설립협정에 부속되어 있는 부속서 1 내지 3은 회원국들에게 모두 다자간 협정으로서 직접적인 법적 효력을 갖는 것들이

---

[33] 복수국간 무역협정으로는 그 외에 쇠고기협정과 낙농제품협정이 있었으나 이들 협정에 가입한 국가들의 숫자가 너무 적어 1997년 폐기되었다. 여기서 규율하던 내용은 농산물협정과 위생 및 검역협정에 포함하여 규율하게 되었다.

다.34) 그러나 부속서 4의 복수국간 무역협정은 이를 승인한 회원국에만 유효하고, 승인하지 아니한 회원국에는 효력이 발생되지 않는다. 우리나라는 이들 복수국간 무역협정을 모두 승인하였기 때문에 효력을 갖는다.35)

⊇ WTO 설립협정

세계무역기구 설립협정은 세계경제헌법이라고도 할 수 있다. 전문(前文)과 총 16개 조문으로 구성된다. 이 협정에는 세계무역기구의 기능, 구조, 조직, 가입 및 탈퇴, 의결 방법 등을 규정하고 있다. 부속된 협정들은 크게 자유화 관련 협정과 제도 관련 협정으로 대별된다. 자유화 관련 협정은 GATT 1994, 서비스 무역일반협정(GATS), 농업협정 등이 있다. 이들 협정은 해당분야의 시장개방을 주요 내용으로 하며 각국의 개방약속과 양허조건을 담은 국별양허표가 첨부되어 협정의 일부를 이룬다는 특징을 보인다. 제도 관련 협정으로는 무역관련지식재산권협정(TRIPS), 무역관련투자조치협정(TRIMS), 무역정책검토협정(TPRM), 분쟁해결 및 절차에 대한 양해각서(DSU) 등이 있다. 이들 협정은 무역과 관련된 제도의 정비를 주요 내용으로 한다.

∃ GATT 1994

1994년도 관세 및 무역에 관한 일반협정(GATT 1994) 제1조는 동 협정이 다음과 같이 구성된다고 명시하고 있다.
① 1947년 10월 30일자 GATT로서 WTO 협정의 발효 이전에 발효한 법률문서에 의해 정정, 개정 또는 수정된 규정

---

34) 이들 협정가운데 무역원활화협정을 제외한 나머지는 모두 UR에서 채택되어 WTO출범과 함께 발효된 것들이다.

35) 법원은 국내 하위법령이 WTO 협정에 위배될 때는 그 효력이 없다고 본다. 대법원은 "1994년 관세 및 무역에 관한 일반협정(General Agreement on Tariffs and Trade 1994, 이하 'GATT'라 한다)은 1994.12.16. 국회의 동의를 얻어 같은 달 30일 공포되고, 1995.1.1. 시행된 조약인 세계무역기구(WTO) 설립을 위한 마라케쉬협정(Agreement Establishing the WTO)(조약 1265호)의 부속 협정(다자간 무역협정)이고, 정부조달에 관한 협정(Agreement on Government Procurement, 이하 'AGP'라 한다)은 1994.12.16. 국회의 동의를 얻어 1997.1.3. 공포 시행된 조약(조약 1363호, 복수국가간 무역협정)으로서 각각 헌법 제6조 제1항에 의해 국내법령과 동일한 효력을 가지므로 지방자치단체가 제정한 조례가 GATT나 AGP에 위반되는 경우에는 그 효력이 없다."고 판시하였다. 대법원 2005.9.9. 선고 2004추10 판결.

② WTO 협정의 발효일 이전에 1947년도 GATT 하에서 발효한 아래 법률문서

　가. 관세양허와 관련한 의정서와 증명서

　나. 가입의정서

　다. 1947년도 GATT 체약당사자단의 그 밖의 결정

　라. 1994년도 GATT 각 조의 해석에 관한 각종 양해

　마. 1994년도 GATT에 대한 마라케쉬의정서

　위의 ①은 1947년 제정된 GATT 및 그 이후 여러 차례 정정, 개정 또는 수정된 GATT의 규정이 최종적으로 GATT 1994로서 유효함을 밝힌 것이다. 여러 차례 개정되었다면 당연히 최종 개정된 것이 효력을 갖는다. ②는 우루과이 라운드를 비롯해 각종 다자간협상에서 양허된 관세양허표 또는 다자간협상에는 참여하지 않았으나 그 후 WTO에 가입하는 국가가 가입과 함께 제출한 양허표가 협정의 일부로 구성됨과 GATT조문의 해석과 관련한 각종 결정이나 양해가 법적효력을 가진다는 것을 밝힌 것이다.

　통상 관세양허(tariff concession)란 회원국이 특정품목에 대해 일정수준 이상의 관세를 부과하지 않겠다는 약속이다. 이 약속은 해당 국가의 양허표에 나타나 있으며, 그 양허표에 명시된 품목을 양허품목이라 한다.[36] 특정품목의 관세를 양허하는 경우 해당국은 관세율을 양허수준보다 완화하거나 경감하는 것은 가능하지만, 양허한 범위를 초과하여 관세장벽을 강화할 수는 없다.

　양허표가 수정되는 것은 UR, DDA와 같은 일반관세협상에 의해서나, 아니면 양허의 수정 및 철회를 통해 가능하다. 일단 양허한 세율은 최저 3년간은 거치(据置)한 다음 3년씩 자동 연장하는데, 매 3년마다 양허를 수정하거나 철회할 수 있다. 양허의 수정이나 철회를 희망하는 나라는 종래 자국 무역에 대해 부여받고 있던 수준보다 불리하지 않은 양허의 일반적 수준을 재협상에서 유지해야 한다. 또한 수정 또는 철회하고자 하는 상품에 대한 원 협상국 및 주요 공급국과 협상을 해 합의에 이른 후 이를 실시할 수 있다.

---

[36] WTO 회원국은 모두 양허표를 제출해 두고 있다. 우리나라는 모든 관세종목에 양허관세율을 두고 있다.

■4 농업에 관한 협정

농업부문에 대해서 GATT 체제에서도 여러 차례 다루어진 적은 있으나 GATT 규율하에 두지는 못하였다. 오히려 유럽공동체를 비롯해 대부분의 개별국가들은 복잡한 농업규제 및 수입장벽 체계를 발전시켜 적용하고 있었는데, 우리나라도 일부 농산물을 제외하고는 사실상 수입을 전면 금지하고 있었다. 농업부문은 대체로 전통적인 양식(樣式)이 많이 남아있는 관계로 그 국민의 정서, 문화, 역사 및 다양한 고려요소들이 각국의 입장에 반영되는 면도 있다. 그럼에도 불구하고 농업정책의 개혁이나 GATT규범의 적용을 요구하는 목소리가 높아져 우루과이 라운드에서 농업에 관한 협정(Agreement on Agriculture)으로 타결되었다. GATT 체제 하에서는 농산물에 대해 많은 국가들이 수입금지나 쿼터같은 비관세장벽 등으로 수입을 제한하였으나, 관세화(tariffication) 과정을 통해 모두 관세로 전환된 것이다.37)

농업에 관한 협정에 따라 WTO 체제에서 농산물에 대한 시장접근의 규율은 관세만을 통하여 이루어질 수 있다. 즉, 필요하다면 우루과이 라운드 이전에 비관세수단에 의해 보호되던 것과 비슷한 수준의 보호를 관세로 할 수 있게 허용한 것이다.

예를 들어 종전의 비관세수단에 의해 농산물의 국내가격이 국제가격보다 100%가 높았다면 WTO에 의한 관세수준을 대략 100% 수준으로 설정하는 것이 허용되었다. 아울러 농업협정에는 협정이 발효되기 이전에 수입되던 물량이 계속 수입되어야 하는 것을 보장한다거나, 어느 정도의 새로운 수입물량에 대해서는 지나치게 높아 수입이 불가능한 정도가 아닌 관세가 부과되어야 한다는 등의 내용도 포함되었다. 이러한 것은 관세할당제도(tariff quota)에 의해 시행된다. 이는 일정 수량까지는 낮은 관세를 적용하고, 쿼터량을 초과하는 물량은 높은 관세를 적용하는 것이다. 또한 비관세장벽이 관세로 전환된 물품에 대해 수입물품 가격급락 또는 물량급증으로 인한 자국 농민의 손실을 막기 위해 각국 정부가 특별긴급제한조치(special safeguard)를 취할 수 있도록 예외를 인정하였다.38)

---

37) 다만 일본, 우리나라, 필리핀(이상 쌀), 이스라엘(양고기, 전지분유, 치즈종류) 등 4개국의 특히 민감한 품목에 대해서는 최소시장접근을 포함한 엄격히 제한된 조건하에서 예외가 인정되었다. 그후 2015년에 이르러 우리나라는 쌀도 완전히 관세화하는 것으로 시장을 개방하였다. 2020년 현재 쌀의 관세율은 513%이다. 일본은 1999년에 쌀의 관세화를 완료한 바 있다.

38) 우리나라는 UR에서 그 동안 수입이 제한되었던 농산물 수입을 자유화하기로 하되, 118개 품목에 대해서는 국내외 가격차이만큼 관세를 부과할 수 있는 것으로 합의하였다. 이를 국내외가격차상당관세

5 위생 및 검역협정

위생 및 검역협정(Agreement on the Application of Sanitary and Phytosanitary Measures)은 인간, 동물 또는 식물의 생명이나 건강을 보호하기 위해 필요한 조치가 동일 조건하의 국가간에 자의적 또는 부당한 차별이나 국제무역에 대한 위장된 제한을 구성하는 방법으로 이용되지 않도록 하기 위한 내용을 담고 있다. 이 협정에는 ① 사람, 동물 및 식물의 생명과 건강을 보호하는데 필요한 범위 내에서 자국이 설정한 위생 및 검역조치를 적용하되 차별적용을 금지할 것, ② 상대국 검역제도를 인정할 것, ③ 국내 검역규정의 투명성 유지, ④ 검역규정의 국제기준과의 조화 등을 주요 원칙으로 규정하고 있다.

위생 및 검역에 관한 각국 법령의 조화를 위해서는 국제적인 기준, 지침 또는 권고의 개발을 위해 회원국은 관련 국제조직에 적극 참여하여야 하고, WTO의 '위생 및 검역규제위원회'는 국제간의 조화의 진전을 감시할 수 있는 절차를 개발하는 임무를 맡도록 하였다.

6 섬유 및 의류협정

섬유 및 의류협정(Agreement on Textile and Clothing)은 GATT 체제하에서 예외로 인정되었던 섬유 및 의류분야를 규율하기 위해 체결된 것이다. 섬유산업은 모든 국가의 관심 산업으로 간주되어 왔다. 농산물과 마찬가지로 섬유분야는 과거 GATT 체제에서 가장 논란이 많았던 분야 중의 하나이다. 개발도상국에게는 이러한 섬유산업이 노동집약적 성격과, 상대적으로 낮은 기술이 활용되는 특성으로 인해 공업국가로 도약하기 위한 1단계산업으로 여겨져 왔다. 반면에 선진국들의 경우 섬유제품 산업은 전통적이고 가장 안정된 경제분야의 하나로서 상당한 고용효과를 발휘하고 있었다. 이러한 중요성으로 인해 섬유제품업계는 정치적으로 상당한 힘을 가지고 섬유제품 수입과 관련된 무역정책 결정에 영향력을 행사하고 있었다.

1960년대 초부터 섬유제품의 국제무역은 GATT의 기본정신과는 다른 방향에서 이루어졌다. 1961년 GATT의 잠정적인 예외수단으로 '면제품거래에 관한 단

율(TE : tariff equivalent)이라고 부른다. 특별긴급관세란 이들 TE품목에 해당하는 농산물 수입이 크게 늘거나 국제가격이 하락할 경우 그 보완대책으로 추가로 매길 수 있는 고율의 관세다. 대상물품과 관세율은 기획재정부령인 '관세법 제68조에 따른 특별긴급관세 부과에 관한 규칙'으로 공고된다.

기협정'(S.A.T. : Short Term Arrangement Regarding International Trade in Cotton Textiles)이 체결되어 규율되다가, 1974년에는 이를 더욱 확대한 다자간섬유협정(MFA : The Multi-fiber Arrangement)이 체결되어 반영구적으로 쿼터제 등이 용인되었던 것이다. 그러나 WTO의 섬유 및 의류협정은 WTO가 출범한 뒤 10년이 되는 2004년 말까지 섬유 및 의류에 관한 모든 쿼터를 폐지하고 GATT 규범내로 통합하도록 하였다. 따라서 2005년부터는 섬유 및 의류의 규율도 WTO협정 내에서 이루어지고 있다.

7 무역에 관한 기술장벽협정

무역에 관한 기술장벽협정(Agreement on Technical to Trade)은 포장, 표시 및 상표부착 요건을 포함한 기술규정과 표준, 기술규정 및 표준의 적합여부를 판정하는 절차가 국제무역에 불필요한 장애가 되지 않도록 규율하기 위한 것이다. GATT 체제에서는 기술장벽협정[39](Agreement on Technical Barriers to Trade)에서 표준과 기술규정에 대해 규율하고 있었는데 이를 더욱 확대하여 자세한 규정을 두었다.

기술규정 및 산업표준은 중요하나 국가별로 상이한 표준이 너무 많이 존재할 경우 생산업자 및 무역업자에게 어려움을 준다. 또 표준들이 임의적으로 설정될 경우 보호주의 구실로 사용될 수도 있다. 이 협정은 어떤 제품이 국가표준에 적합한지 여부를 판단하기 위해 사용하는 절차는 공정하고 공평해야 한다고 명시하고 있다. 또한 국내에서 생산된 제품에 대해 불공정하게 편의를 주는 여타 방법을 사용하지 않도록 권장하고 있다. 아울러 법규, 표준, 시험 및 인증절차가 불필요한 무역장벽이 되지 않도록 보장하기 위해 중앙정부기구의 표준의 준비, 채택, 적용을 위한 모범관행 규범을 제시하고 있다.

8 무역관련 투자조치 협정

무역관련 투자조치(TRIMS : Trade Related Investment Measures)란 외국인 투자기업의 설립 및 설립된 기업의 영업활동과 관련하여 투자유치국 정부가 법령, 규칙, 정책 등에 의해 취하는 조치로서 무역의 흐름을 제한하거나 왜곡하는 효

---

39) 흔히 'TBT 협정'이라 불렸다.

과가 있는 규제 혹은 인센티브를 말한다. 대표적인 무역관련 투자조치로는 외국인의 국내투자와 관련해 부과하는 국산부품 사용의무, 판매시장 지정조치, 특정제품 국내제조 의무, 생산제품의 일정수량 수출조건, 생산제품의 국내 판매 의무, 생산에 소요되는 부품 또는 원료 등의 국내제조 제한 등이 있다. 무역관련 투자조치 협정은 회원국들이 GATT 제3조(내국세 및 규제에 관한 내국민대우) 및 제11조 규정(수량제한의 일반적 폐지)에 위배되는 투자관련 조치를 운영할 수 없게 규정하여 국제무역을 왜곡시키는 무역관련 투자조치를 금하였다. 이를 통해 외국인들의 투자 및 국제경영 활동을 보다 원활하게 보장하기 위함이다. 이 협정은 투자조치 중 상품교역에 한정해 적용하며, 서비스교역관련 투자조치에 대한 것은 제외된다.

⑨ 반(反)덤핑 협정

반덤핑협정(정식명칭은 Agreement on Implementation of article Ⅵ of the GATT 1994)은 수출국 기업이 자국(自國)시장 내에서 통상적으로 거래되는, 이른바 정상가격(normal price)보다 낮은 가격으로 상품을 수출하는 행위를 가리키는 덤핑(Dumping)행위를 불공정한 무역행위로 보아 이를 규율하기 위한 것이다. 이 협정은 민간의 행위인 덤핑 그 자체에 대해서는 판단하지 않는다. 다만, 각국이 덤핑에 대해 규제조치를 취할 수 있는지의 여부에 대해 초점을 두고 덤핑이 수입국산업에 '실질적인 피해'를 줄 경우 이를 막기 위해 수입국 정부가 반덤핑 조치를 취하는 것을 허용한다.

반덤핑 협정은 GATT(제6조)의 적용범위를 확대하고 그 내용을 보다 구체화하고 있다. 이 협정은 GATT 양허관세 적용 및 WTO 협정의 기본원칙인 최혜국대우 원칙을 위반하는 것을 허용한다.[40] 전형적인 반덤핑조치는 특정국으로부터의 수입물품에 추가적인 수입관세를 부과하는 것이다. 덤핑의 정도를 산정하는 방식은 여러 가지가 있지만 반덤핑협정에서는 수입물품의 정상가격 산정 방법을 구체화하여 ① 수출국내의 상품가격과 비교하는 방법, ② 제3국으로의 수출가격과 비교하는 방법, ③ 수출물품 생산원가에 기타 생산 비용 및 적정 이윤 등을 가산한 가격과 비교하는 방법 등 3가지를 규정하고 있다.

---

40) 최혜국대우 원칙이 부인될 수 있는 것은 상계관세 부과조치, 긴급수입제한 조치에서도 같다.

[무역현장]

WTO 서비스 규제 협상 타결…한국 등 67개국 선언

세계무역기구(WTO) '서비스 국내규제에 관한 복수국간 협상' 참가국 67개국은 2일(현지 시각) 스위스 제네바에서 협상 참가국 대사들이 참석한 가운데 협상 타결을 선언했다고 산업통상자원부가 전했다. 67개국에는 한국, 미국, 유럽연합(EU), 중국, 일본, 러시아, 브라질이 들어 있다.

이번 협상은 세계무역기구 서비스 교역에 관한 일반협정(GATS) 제6.4조에 따라 면허, 자격요건, 기술표준 등 서비스 무역에 얽힌 국내 절차가 무역을 가로막지 않도록 규범을 마련하자는 취지라고 산업부는 설명했다.

세계무역기구는 지난 1999년부터 관련 논의를 벌여왔으며, 지난 2017년 12월 제11차 각료회의에서 복수국간 협상의 형태로 본격 추진하기로 결정한 바 있다. 이에 따라 2018년 이후 협상이 이어졌고 올해 개최 예정이던 제12차 각료회의를 앞두고 미국 등이 협상에 참여하면서 빠르게 진전돼 타결에 이르렀다.

이번 협상은 서비스 시장을 신규로 추가 개방하는 것과는 무관하며, 이미 개방한 서비스 분야 국내 절차의 투명성, 개방성, 공정성을 높이는 내용이라고 산업부는 밝혔다. 한국은 세계무역기구 서비스 교역 협정상 155개 서비스 분야 중 78개 분야를 일부 또는 전부 개방하고 있다.

산업부는 "우리나라의 경우 이미 체결한 자유무역협정 및 관련 국내 법제에 이번 협정문상 의무를 대체로 반영하고 있어 규범 수용에 따른 부담은 적은 상황"이라며 "개도국들을 중심으로 해당 국가의 서비스 교역 시장 장벽이 완화되는 측면을 기대할 수 있어 해외 서비스 시장 진출 확대에 긍정적인 효과가 있을 것으로 예상된다"고 밝혔다.

이번 협상 타결에 따라 협상 참여국은 타결 선언 후 1년 안에 관련 국내 절차를 완료했음을 세계무역기구에 통보해야 하며, 이에 따라 2022년 12월 이후에는 협상 결과가 발효될 것으로 전망된다.

(한겨레, 2021.12.03.)

10 관세평가협정

관세평가협정(정식명칭은 Agreement on Implementation of article Ⅶ of the GATT 1994)은 관세의 과세가격 결정방법을 규율하기 위한 것이다. 종가세로 부과되는 관세는 과세가격×관세율로 산출되므로 관세의 과세가격은 관세율과 함께 관세액에 직접적인 영향을 미친다. 관세율에 대해서는 양허로서 그 장벽을 완화하기로 합의하였다 하더라도 과세가격을 임의적인 방법으로 높게 정한다면 양허는 의미가 없게 된다. 또 과세가격 결정을 위한 절차 자체가 비관세장벽으로 활용될 수도 있다.

관세평가협정은 GATT(제7조)의 적용범위를 확대하고 그 내용을 보다 구체화하고 있는 것으로 반덤핑협정의 경우와 같이 이들 협정은 동시에 유효하다. 관세평가협정에는 관세의 과세가격 결정방법을 ① 실거래가격에 의한 과세가격 결정, ② 동종동질물품의 거래가격에 의한 과세가격 결정, ③ 유사물품의 거래가격에 의한 과세가격의 결정, ④ 국내판매가격에 기초한 과세가격의 결정, ⑤ 생산원가와 이윤 및 일반경비 등을 합산한 가격에 기초한 과세가격의 결정, ⑥ 기타 합리적인 방법에 의한 과세가격의 결정 등 6가지로 규정하고 있다.

11 선적전검사협정

선적전검사(船積前檢査)란 수출되는 상품의 품질, 수량, 환율 및 금융조건을 포함한 가격 및/또는 관세분류의 검증과 관련된 모든 활동을 말한다. WTO는 선적전검사협정(Agreement on Preshipment Inspection)의 서문에 다수의 개발도상 회원국이 선적전검사를 이용하고 있음을 지적하였다. 아울러 수입품의 품질, 수량 또는 가격을 검증하여야 할 필요가 있는 개발도상국이 선적전검사를 할 필요가 있다는 점을 인정한다고 밝히고 있다. 선적전검사의 주요 목적은 자본도피나 상업적 부정행위, 탈세 등의 방지 등 국가의 재정적 권익을 보호하고 불충분한 행정적 하부구조를 보완하는 데 있다.

선적전검사협정은 정부에 의해 위임된 선적전검사기관의 활동이 WTO의 원칙 및 의무 준수의 대상이 된다는 점을 명시하였다. 아울러 선적전검사제도를 사용하는 수입국정부는 무차별성, 투명성, 영업비밀 정보의 보호, 부당한 지연의 기피, 가격확인 조사를 위한 특정한 지침의 사용, 검사기관의 이해상충 회피 등의 의무를 지도록 규정하였다. 선적전검사를 사용하는 국가들에 대한 수출국의 의무는 국내법 및 규제의 적용에 있어 무차별성, 법률 및 규제의 신속한 공고 및 수입국정부가 요청할 경우 기술지원의 제공 등을 포함한다. 그러나 수출국 회원국으로 하여금 자기나라 영토내에서 다른 회원국의 정부기관이 선적전검사활동을 수행하는 것을 허용할 의무를 지도록 한 것은 아니다.[41]

12 원산지규정에 관한 협정

원산지규정(Rules of Origin)이란 제품이 제조된 장소를 규명하기 위해 사용되는 기준을 말한다. 이는 쿼터나 특혜관세의 적용, 반덤핑조치, 상계관세 부과 등 여러 정책들이 수출국에 따라 차별되기 때문에도 필요하고, 소비자의 구매에 상당한 영향을 미치는 원산지표시를 위해서도 필요하기 때문에 무역규칙에서 필수적인 부분이다.

원산지규정에 관한 협정(Agreement on Rules of Origin)은 회원국의 원산지규정이 국제무역에 제한적 또는 왜곡적이거나 국제무역을 방해하지 말 것과, 일관적이고 일률적이며, 공정하고 합리적으로 운영할 것을 규정하고 있다. 원산지규정에는 FTA와 같이 특혜무역에서 적용되는 특혜원산지규정과 반덤핑조치나 상계관세의 부과, 원산지표시 등에 적용되는 비특혜원산지규정이 있다. WTO의 원산지규정에 관한 협정은 비특혜원산지규정이다. 따라서 FTA를 활용한 무역에서는 이 협정이 적용되지 않는다. 이 협정은 회원국들의 원산지규정이 통일될 필요가 있음을 언급하면서, 동 협정 제9조에 회원국들의 원산지규정을 조화시키는 '통일원산지규정'의 제정을 WTO가 발효된 직후 시작하여 3년 뒤인 1998년까지 완결하도록 규정하였다. 그러나 원산지규정은 각 회원국들의 이해(利害)가 매우 민감하게 맞물려 있기 때문에,[42] WTO의 기술위원회에서 회원국 대표들간 협상이 계속되고 있지만 2020년 현재까지 통일원산지규정의 제정 작업은 '진행 중'이다.

---

41) 우리나라는 선적전검사를 요구하지 않으나, 우리 상품을 수입하는 국가 가운데는 선적전검사제도를 이용하는 나라들이 있다.

42) 원산지규정에 따라 해외직접투자, 글로벌 기업의 경영활동, 물품의 수출입 방향 등이 직접적인 영향을 받기 때문이다.

13 수입허가절차에 관한 협정

수입허가제도는 자국 생산업자의 보호나 국제수지균형 등의 수단으로 사용된다. 상품에 대한 수입허가제도는 수입을 효율적으로 감독하고 통제할 수 있는 수단이 될 수 있다. 또한 쿼터가 없는 분야라 할지라도 수입허가 절차가 복잡하고 처리가 지연되는 경우에는 그 자체로서 수입에 커다란 장애가 될 여지도 많다. 결국 수입허가제도는 비관세장벽의 하나로 자유무역체제에 커다란 위험이 될 소지가 많은 것이다. 수입허가절차 협정(Agreement on Import Licensing Procedures)은 일정한 목적을 위해 수입허가 절차가 필요할 수 있음은 인정하지만 그러한 절차가 무역의 장벽이 되지 않도록 하기를 의도한다.

협정에서는 수입허가제도를 자동수입허가제도와 비자동수입허가제도로 구분한다. 특히 비자동수입허가의 경우 허가절차가 간소하고 투명하며 중립적으로 운영될 것, 예측 가능하게 시행될 것, 행정적 목적달성을 위해 절대적으로 필요한 것 이상으로 부담이 되지 않도록 운영될 것 등을 명시하고 있다.[43] 또한 이 협정은 무역업자들이 수입허가가 어떻게, 그리고 왜 발급되는지를 알 수 있도록 정부가 충분한 정보를 공표하도록 요구하고 있다. 이는 투명성의 확보를 위해서이다.

14 보조금 및 상계조치에 관한 협정

보조금은 정책당국이 특정한 정책목표 달성을 위해 산업 및 기업활동에 제공하는 각종 지원을 의미한다. 어떤 상품 전체의 국내생산물에 대한 보조금은 흔히 '생산보조금'(production subsidy) 또는 '국내보조금'(domestic subsidy)이라 불린다. 특정상품에 대한 보조금의 지급은 타 회원국의 수출입에 나쁜 영향을 주고, 정상적인 사업이익에 지장을 초래할 수 있다. 따라서 각국은 무역상대국의 보조금 지급을 규제하려는 입장을 취한다. 보조금 및 상계조치에 관한 협정(Agreement on Subsidies and countervailing Measures)에는 보조금을 금지보조금(prohibited subsidy), 상계가능보조금(actional subsidy), 상계불가능(허용)보조금(Non-actional subsidy)의 3가지로 구분한다.

금지보조금은 수출목표를 달성하거나 수입품 대신에 국내생산품 사용을 촉진

---

43) 수입허가절차에 관한 협정 제1조

시킬 목적으로 주어지는 보조금이다. 이러한 보조금은 금지된다. 이런 보조금을 지급한 행위는 WTO 분쟁해결절차에 제소될 수 있다. 만일 분쟁해결절차에서 보조금으로 판정되면 보조금 지급은 즉시 중단되어야 한다. 보조금 중단이 이루어지지 않을 경우 상대국은 보조금 지급에 상응하는 조치를 취할 수 있다. 만일 국내 생산자들이 보조금 혜택을 받은 수입품에 의해 피해를 입었다면 수입국은 상계관세를 부과할 수 있다.

상계가능보조금은 협정에서 명시적인 정의를 따로 하고 있지 않다. 그러나 보조금으로 인해 피해가 있을 경우 금지보조금과 같은 조치를 취할 수 있는 보조금을 의미하는 것으로 해석된다. 상계가능보조금은 피해를 입었음을 주장하는 국가가 상대국 보조금으로 인해 피해를 입었음을 입증해야 한다.

허용보조금은 특정성(specificity)이 없는 보조금이나 산업연구, 기초개발활동, 낙후지역개발 등에 대한 지원과 법이나 규제상 요구되는 환경조건에 기존설비를 적용시키는 목적으로 지급되는 환경보조금 등 특정성이 있는 보조금을 말한다. 보조금의 특정성은 공여기관 또는 관련 법률이 보조금지급을 일부기업으로 명확히 제한하는 경우에 인정된다.

15 긴급수입제한조치에 관한 협정

긴급수입제한조치에 관한 협정(Agreement on Safeguard)은 특정 물품의 수입이 급격히 증가하여 수입국의 국내산업이 심각한 피해를 입거나 또는 피해를 입을 우려가 있을 경우 해당 품목의 수입을 임시로 제한할 수 있게 한 협정이다. 이 협정은 GATT 체제하의 회색지대조치(grey area measures)로 불리는 수출자율규제(VER)나 시장질서유지협정(OMA)을 발전적으로 WTO체제에 흡수시킨 것이다.

통상적으로 세이프가드 조치는 4년을 초과할 수 없다. 다만 정부당국에 의해 지속적인 조치가 필요하다고 인정되고, 피해를 입은 산업이 구조조정 과정에 있다는 증거가 제시될 경우에는 그 적용기간이 8년까지 연장될 수 있다. 1년 이상 적용되는 세이프가드 조치들은 점진적으로 자유화되어야 한다. 말하자면 일몰조항(日沒條項, sunset clause)을 적용하고 있는 것이다. 회원국이 자국의 산업보호를 목적으로 수입을 제한할 경우 그 회원국은 원칙적으로 거래 상대국에게 적정한 대가를 지불해야 한다. 협정에 의하면 긴급수입제한조치의 대상이 되는 물품의 수출국은 수입국에 대해 협상을 통해 보상을 요구할 수 있고, 합의가 이루어지지 않았음에도 긴급수입제한조치가 행해질 경우 자구책으로서 보복조치를 취할 수 있다.

16 무역원활화협정

무역원활화협정(TFA : Trade Facilitation Agreement)은 2013년 12월 DDA에서 처음으로 타결되어 2015년 2월 회원국 2/3의 승인을 받아 WTO협정으로 정식 발효되었다. 무역원활화협정은 GATT 제Ⅴ조(화물통과의 자유), 제Ⅷ조(수출입과 관련된 요금과 절차), 제Ⅹ조(무역규제의 공표와 시행)의 내용을 구체화한 것이다. 이 협정에는 무역규제와 관련한 투명성의 확보를 위해 회원국들이 규제와 관련된 규정을 마련할 때는 먼저 이를 공표하고 이해관계자들의 의견을 반드시 수렴하도록 하였다. 아울러 관세의 과세가격이나 품목분류, 원산지에 대해 이해관계자들이 원할 경우 사전심사를 받을 수 있도록 하고, 그 심사결과에 이의가 있는 경우 재심사를 신청할 수 있도록 하였다.

또한 통관절차는 싱글윈도우[44]를 통해 최대한 신속하게 이루어지도록 하되 통관절차와 관련된 서류는 최소화하며, 서류에 대한 심사는 사후심사를 원칙으로 하도록 규정하였다. 한편, 통관과 관련하여 부과되는 수수료와 요금은 실비 적용을 원칙으로 하고, 벌금은 비례성의 원칙을 적용하여야 한다. 아울러 통과화물에 대해서는 수수료나 요금을 부과하지 않고, 그 절차도 최소화 하여야 한다.

17 서비스무역에 관한 일반 협정(GATS)

서비스무역에 관한 일반협정(GATS : General Agreement on Trade in Services)은 서비스 분야의 국제교역을 다루는 최초의 구속적 다자간 규범이다. 이는 1970년대 이후 서비스무역이 증가하고 세계무역에서 서비스무역이 차지하는 비중이 폭발적으로 증가한 것과 밀접한 관련이 있다.[45] GATS는 국제적으로 서비스가 공급되는 형태를 다음 네 가지로 정의한다.[46]

---

44) 무역에서 싱글윈도우(Single Window)란 하나의 창구를 통해 수출 또는 수입과 관련하여 법령에서 요구하는 여러 기관에서 받아야 하는 각종 인·허가 등의 업무를 손쉽게 처리할 수 있는 시스템을 말한다.
45) 최근 들어서도 서비스무역은 상품무역보다 더 활발하게 증가하고 있다. WTO집계에 따르면 2008~2018년 세계 서비스 수출은 연평균 3.8%씩 증가한 것으로 나타났다. 그러나 이 기간동안 우리나라의 서비스수출은 연평균 0.6% 증가하는데 그쳐 세계평균에 훨씬 못 미쳤다.
46) 서비스무역에 관한 일반협정 제1조

① 한 국가에서 다른 국가로 공급되는 서비스(예 : 국제전화) : 이를 '국경간 공급'이라 한다.

② 소비자나 기업이 다른 국가에서 이용하는 서비스(예 : 관광) : 이를 '해외소비'라 한다.

③ 외국회사가 다른 국가에 자회사나 지사를 설립하여 공급하는 서비스(예 : 외국은행 영업) : 이를 '상업적 주재'라 한다.

④ 개인이 다른 국가로 이동하여 공급하는 서비스(예 : 패션모델, 컨설턴트) : 이를 '자연인의 이동'이라 한다.

이러한 모든 종류의 서비스가 GATS의 규율대상이다. GATS에서도 최혜국대우의 원칙, 내국민대우의 원칙, 투명성의 원칙, 시장개방의 원칙 등 상품무역에 관한 협정에서 적용되는 원칙들이 적용된다. 다만 상품무역 분야 협정과는 달리 최혜국대우의 원칙이 일시적으로 적용되지 않는 유보목록을 가지고 있다. 또한 시장개방도 상품무역에서와 같이 전면적인 개방을 요구하는 것이 아니라 '점진적 개방' 원칙을 적용한다.

18 무역관련 지식재산권에 관한 협정(TRIPS)

발명가들에게는 타인이 그들의 발명이나 디자인 또는 다른 창작물들을 사용할 수 없도록 할 권리가 부여되어 있다. 이러한 권리나 그 유사한 권리를 통상 지식재산권[47]이라 한다. 지식재산권에 대한 보호는 그 동안 각국 정부와 세계지식재산권기구(WIPO : World Intellectual Property Organization)나 국제연합교육과학문화기구(UNESCO)가 관장하는 사항으로 인식되어 왔었다. 그러나 국제무역에서 지식재산권의 침해행위가 빈번하게 발생하자 이를 WTO 협정의 하나로 제정하여 규율하도록 한 것이 무역관련 지식재산권에 관한 협정(TRIPS : Agreement on Trade-related Aspects of Intellectual Property Rights)이다. 지식재산권은 통상 아이디어에 대한 법적 권리를 의미하는데, TRIPS가 보호대상으로 정하고 있는 지식재산권의 종류는 다음과 같다.

① 저작권 및 저작인접권

② 상표권(서비스상표 포함)

---

47) 지식재산권은 지적재산권이라고도 한다.

③ 지리적표시권[48]
④ 의장권
⑤ 특허권
⑥ 집적회로 배치설계권
⑦ 영업비밀을 포함한 미공개정보

보호에서 특허권, 의장권, 집적회로 배치설계권, 지리적 표시, 상표권의 보호는 등록을 전제로 한다. 등록내용은 발명, 디자인, 브랜드명, 로고 등 무엇이 보호되어야 하는가에 대한 설명을 포함한다. 이러한 설명은 공개되어야 한다. 저작권과 영업비밀은 정해진 조건에 따라 자동적으로 보호된다. 이들은 등록될 필요가 없다. TRIPS는 지식재산권의 보호기간을 의장권과 집적회로 배치설계권은 최소 10년, 특허권은 최소 20년, 저작권과 관련하여 음반제작자들이 허가받지 않은 음반의 복제금지권을 50년간 행사할 수 있게 규정하고 있다.

19 WTO 분쟁해결 규칙 및 절차에 대한 양허각서

분쟁해결 규칙 및 절차에 관한 양해각서(Understanding on Rules and Procedures Governing the Settlement of Disputes)는 WTO와 관련된 분쟁을 해결하기 위한 규정이다. 이 분쟁해결제도의 도입은 WTO가 이뤄낸 가장 중요한 공헌으로 손꼽힌다. 과거 GATT 체제에서 불가능했던 국제무역과 관련한 각국간 분쟁의 해결을 WTO는 할 수 있게 되었기 때문이다. WTO 회원국들은 다른 회원국들이 무역규범을 위반하고 있다고 판단될 경우 일방적인 무역보복조치를 취하기보다 분쟁해결을 위한 다자간체제를 활용해야 한다는데 합의하였다. 이는 합의된 절차에 따르고 판정을 존중한다는 것을 의미한다. 일반적으로 분쟁은 한 국가가 WTO 협정을 위반하거나 그 의무를 준수하지 않고 있다고 생각되는 어떤 조치를 취하거나 무역정책 조치를 채택하였을 때 발생한다.[49]

---

48) 지역이름은 상품이름을 짓는데 사용되기도 한다. 잘 알려진 대로 샴페인, 스카치, 데킬라, 로크포트 치즈 등이 그것이다. 특히 포도주 및 주류 생산업자들은 지역이름이 상품을 특정하는데 사용되는 것에 매우 민감하다. 또 상품이 다른 지역에서 만들어졌거나 그 특성을 가지고 있지 않음에도 특정한 지역이름을 사용할 경우 소비자들을 혼동시켜 불공정한 경쟁을 유발할 수 있는 문제도 있다. TRIPS는 이러한 지역이름의 오용을 방지하도록 규정하고 있다.

49) WTO가 규율하는 바는 개별기업과 개별기업간의 분쟁이 아니다. 분쟁의 제소도 개별기업이 특정국가를 대상으로 하여 할 수 있는 게 아니라 회원국 정부가 다른 회원국 정부를 대상으로 제소한다. 정부

분쟁해결절차는 GATT 체제에서도 존재했지만 이때는 분쟁해결절차상 명확한 기간설정이 없어 수많은 분쟁들이 미해결상태에서 오랫동안 계속되었다. 판정을 내리더라도 그 판정결과는 쉽게 반대에 부딪쳤으며, 특정국이 판정결과에 불복하더라도 별다른 대응수단이 없어 실효성이 낮은 문제가 있었다.[50]

WTO는 분쟁해결에 있어 보다 명확하게 정의된 단계와 체계적인 과정을 도입하였다. 어떤 분쟁사안이 1차 판정을 위해 필요한 모든 과정을 거쳤을 경우 보통 1년(상소한 경우는 15개월)을 넘지 않는다. 또한 분쟁에서 패소한 국가가 판정결과의 채택을 방해할 수 없도록 하였으며, 패소국에게는 패널보고서 또는 상소보고서의 권고사항에 따라 잘못된 조치를 신속하게 바로잡을 의무가 부여된다. 만일 해당 조치가 협정을 계속 위반할 경우 해당 국가는 보상을 제공하거나 일부 피해가 예상되는 적절한 벌칙을 감내해야 한다.

WTO의 분쟁해결은 분쟁해결기구(DSB : Dispute Settlement Body)의 책임하에 진행된다. 이 기구는 전문가들로 구성된 패널(Panel)[51]을 설치하고, 패널의 평결 내용 또는 상소의 결과를 채택하거나 거부할 수 있는 권한을 갖고 있다. 또한 패널의 판정결과 및 권고사항의 이행여부를 감시한다. 분쟁에서 패소한 국가가 패널의 결정에 따르지 않을 경우에는 피해국가가 보복조치를 하도록 승인할 수 있는 권한도 가진다. 오늘날 많은 나라들이 교역상대국을 WTO에 제소하는 일이 발생하고 있다. WTO 통계에 의하면 WTO가 출범한 1995년부터 2014년 말까지 20년 동안 각 회원국이 제소한 것이 500여건에 이르는 것으로 나타난다.[52] 주로

가 개별기업에 취한 조치에 대해 조치를 당한 기업이 속한 국가가 조치를 취한 국가를 상대로 제소하는 것이다.

50) GATT에서 판정결과는 반드시 만장일치제에 의해서만 채택되었는데, 이는 곧 1개 국가의 반대도 판정결과의 채택을 방해할 수 있다는 사실을 의미하는 것이었다.

51) 패널은 일반법정과 같다. 그러나 통상적인 법정과 다른 점은 패널리스트들이 분쟁당사국들간의 협의에 의해 선정된다는 점이다. 이것은 무역분쟁에서 활용되는 중재의 경우와 유사하다. 분쟁당사국간 합의도출에 실패했을 경우 WTO사무총장이 패널리스트를 지정할 수 있으나 이런 일은 아주 드물다. 패널은 각국이 제시한 증거를 검토하여 누가 옳고 그른지를 판단할 각각 다른 국가의 3인(경우에 따라서는 5인)의 전문가로 구성된다. 패널보고서는 분쟁해결기구에 제출되며, 만장일치에 의해서만 동 보고서를 거부할 수 있다. 패널리스트들은 각각 개인적인 자격으로 역할을 담당하며, 어느 정부로부터도 명령을 받을 수 없다.

52) 가장 많이 제소된 것은 GATT 1994 즉 양허관세의 적용과 관련된 것으로 387건이었고, 다음이 반덤핑 107건, 보조금 및 상계관세가 104건, 농산물 73건순이었다. 제소국을 보면 선진국과 개발도상국이 각각 절반 정도씩이었는데, 가장 빈번하게 제소한 국가는 EU, 미국, 중국, 인도, 브라질, 캐나다 등이었다. 회원국이 제소한 경우 판결까지 소요된 기간은 평균 14개월인 것으로 나타났다. WTO, 「WTO Dispute Settlement」 (2015) 참조.

미국과 EU, 중국 등이 분쟁당사자인데 이는 그만큼 강대국들도 제도를 적극 활용하고 있다는 것을 의미한다. 이는 WTO 체제가 그만큼 국제무역 질서유지에 신뢰할만한 역할을 하고 있다는 사실을 반증하는 것이라 할 수 있다.

20 무역정책 검토제도

무역정책 검토제도(Trade Policy Review Mechanism)는 WTO 개별 회원국의 전반적인 무역정책과 관행, 그러한 무역정책과 관행이 다자간 무역체제의 기능에 미치는 영향에 대해 정기적인 평가를 실시하기 위한 규정이다. 이러한 평가는 회원국들이 WTO 협정을 준수하는지 여부를 파악하고 회원국의 무역정책 및 관행의 투명성을 증진시키기 위함이다. 이를 위해 WTO에는 무역정책검토기구(TPRB : Trade Policy Review Body)가 설치되어 있다.

검토는 세계무역에서 차지하는 비중으로 4대 무역국가(EU는 1개국으로 간주)는 2년마다, 그 다음 16개국은 4년마다, 최빈개발도상국 회원국을 제외하고는 6년마다 이루어진다. 각 회원국은 무역정책검토기구에 정기적으로 무역정책 및 관행에 대해 보고해야 한다. 무역정책검토기구는 회원국이 제출한 보고서와 이용 가능한 정보에 기초하여 회원국의 무역정책 및 관행에 대해 검토한다. 무역정책 검토에는 2개의 문서가 준비된다. 즉, 검토를 받는 정부에 의한 정책보고서와, WTO 사무국에 의해 독립적으로 작성되는 상세보고서다. 이 두 보고서는 무역정책검토기구 회의의 회의록과 함께 즉시 공개된다. 무역정책검토는 외국인이 회원국의 무역정책 및 상황을 용이하게 이해할 수 있게 한다.

[무역현장]

WTO, 중국에 대미 보복관세 허용

세계무역기구(WTO)가 26일 미국산 제품에 대한 중국의 보복관세 부과 조치를 허용했습니다. 이번 결정은 바락 오바마 행정부 시절 미국 정부가 22개 중국산 제품에 부과했던 상계관세에 대해 중국이 WTO에 제소한 데 따른 것입니다. 앞서 오바마 행정부는 태양광 패널과 강선 등 22개 중국산 제품이 중국 정부의 보조금을 받고 있다며 상계관세를 부과했습니다. 이에 대해 WTO는 이날 중국이 매년 6억 4천 500만 달러 상당의 미국산 제품에 대해 보복관세를 부과할 수 있다고 판결했습니다. WTO는 "특정 중국산 제품에 대한 미국의 상계관세와 관련해 미국은 WTO의 판정을 준수하지 않았다"고 지적했습니다.

앞서 WTO는 지난 2014년 미국이 제시한 보조금 입증자료가 부실하고 보조금 계산에도 오류가 있다며 미국 측에 시정을 요구했지만 미국은 이를 수용하지 않았습니다. 다만, WTO는 이날 판결에서 중국이 당초 미국산 제품에 대한 보복관세 한도로 매년 24억 달러를 요구한 것보다는 적은 6억 4천500만 달러 선에서 역조치를 취할 수 있도록 판결했습니다. 이와 관련해 아담 호지 미국 무역대표부(USTR) 대변인은 성명을 통해 이번 결정은 "중재 역할을 맡은 WTO가 무역을 왜곡시키는 중국 정부의 보조금으로부터 노동자와 기업을 보호하는 WTO 회원국의 역량을 훼손하는 잘못된 해석을 반영하고 있다"고 비판했습니다. 이어 "이번 결정은 중국의 비상식적인 경제 관행을 용인하고 공정하고 시장지향적인 경쟁을 저해하는 데 악용되고 있는 WTO 규정과 분쟁 조정에 대한 개혁 필요성을 증대시킨다"고 주장했습니다.

그러나 가오펑 중국 상무부 대변인은 "WTO의 이번 판결은 다시 한번 미국이 오랫동안 WTO의 규정을 위반하고, 무역구제 조치를 남용해왔고, WTO가 명령한 국제적 의무를 충실히 이행하는 것을 거부해왔다는 점을 보여준다"며, "이같은 행동은 국제무역 환경의 공정과 정의를 심각하게 저해시켰다"고 밝혔습니다.

(VOA, 2022.01.27.)

[무역현장]

미-EU, 탄소배출 관련해 중국산 철강·알루미늄에 관세 부과 저울질

미국과 유럽연합이 탄소 배출과 세계적인 과잉 생산을 막기 위한 일환으로 중국산 철강과 알루미늄에 대한 새로운 관세를 저울질하고 있다고 6일(현지시각) 블룸버그 통신이 보도했다.

무역 분쟁에서 쓰이던 수단인 관세를 기후 어젠다 영역으로 끌고 온 것은 새로운 접근방법이다. 익명의 한 관계자에 따르면 이 아이디어는 바이든 행정부에서 고안해낸 것으로, 초기 단계이며 아직까지 공식적으로 제안된 것은 아니다. 유럽연합과 합의과정이 남았기 때문인데, 관세를 적용하는 기준을 어떻게 구체화할 것인지 등을 정해야 해 최소 내년 초에나 윤곽을 들어낼 것으로 보인다. 새로운 프레임은 지난해 미국과 유럽연합이 만든 합의안을 바탕으로 하며, 대체적으로 중국을 겨냥하고 있다. 중국은 명실상부한 전세계 최대 탄소배출국이며 철강과 알루미늄 생산자이기 때문이다.

관세 부과 계획은 베이징과 워싱턴의 골을 더 깊게 만들 것으로 보인다. 양국이 기후 변화와 싸우기 위해 협력하기로 약속한 시기에 일어난 일이라 더욱 아이러니하다. 하지만 미국과 유럽과의 관계에 한해서는 긍정적인 신호로 읽힌다. 그동안 바이든의 대표적인 기후위기 법은 유럽 국가들의 산업을 침해하고 무역분쟁을 촉발하며 관계가 다소 악화됐었다.

바이든 행정부가 어떤 법적 권한을 사용할지는 불분명하다. 한 내부 관계자는 "아직은 내부적으로 논의되고 있으며 업계 대표들과 의회와도 논의 중"이라고 말했다.

캐서린 타이 무역대표부(USTR) 대표와 팀은 10월 말 프라하에서 발디스 돔브로브스키 유럽연합 집행위원 등에게 이 아이디어를 제시했다. 한 관계자는 "당시 EU 관리들이 세계무역기구 규정의 합법성과 호환성, 블록 내부 탄소 가격 메커니즘 등 여러 문제를 제기했다"고 말했다.

미국과 EU의 기후 중시 무역 노력은 2021년 10월 도널드 트럼프 전 대통령이 국가 안보를 이유로 부과해온 철강·알루미늄 관세를 둘러싼 핵심 분쟁을 양측이 해결하면서 처음 제기됐다. 새 관세 정책에 접근하는 한 가지 방법으로는 기존재하는 무역확장법 232조항의 조사권한을 탄소 배출과 과잉생산을 단속하는 조사로 전환하는 것이다. 무역확장법은 2018년 트럼프 대통령이 유럽 철강과 알루미늄에 대해 부과한 조치다. 바이든 행정부에게 있어 이러한 최초의 협정은 미국과 유럽 모두에서 핵심 산업과 노동자를 방어하는 데 초점을 맞추고 있다. 따라서 추후 백악관이 이를 두고 노동자 중심의 무역 정책이라고 홍보할 가능성이 높다.

(헤럴드경제, 2022.12.06.)

5

국제무역환경 －지역주의와 FTA

제5장의 주요 내용

제5장에서는 국제무역환경의 주요 변수로 떠오르고 있는 자유무역협정 등 지역경제통합체에 대해 살펴본다. 이 장에서 학습할 주요내용은 다음과 같다.

1. 지역경제통합체의 의의와 현황
2. 지역경제통합체의 종류
3. 자유무역협정(FTA)의 경제적 효과
4. 원산지규정의 개념
5. FTA에서 원산지증명과 원산지검증 방법

제5장 학습 키 워드(key word)

경제통합, 자유무역협정, 관세동맹, 공동시장, 경제동맹, 베네룩스관세동맹, 유럽공동체(EC), 유럽자유무역연합(EFTA), 유럽연합(EU), 북미자유무역협정(NAFTA), 아세안, 무역전환효과, 무역창출효과, 원산지, 일반기준, 품목별기준, 미소기준, 누적기준, Roll-Up/Down기준, 불인정공정기준, 완전생산기준, 세번변경기준, 부가가치기준, 가공공정기준, 원산지증명, 원산지검증

제5장 국제무역환경-지역주의와 FTA

제1절 지역무역협정으로서의 경제통합

1 경제통합의 의의

(1) 경제통합의 개념

경제통합이란 두 나라 또는 여러 나라가 협정으로 상호간 관세 및 비관세장벽을 철폐하여 상품 및 서비스와 생산요소가 자유롭게 이동할 수 있게 보장하는 것을 의미한다. 이는 본질적으로 협정국간 이익의 공유를 목표로 지역주의적 입장에서 배타적인 이익을 추구하는 것이다. 따라서 이를 지역무역협정(RTA : Regional Trade Arrangement)이라고도 부른다.

전통적으로 경제통합은 정치적·경제적인 공통 목표하에 지리적으로 인접한 국가, 문화와 생활수준이 유사한 국가, 경제발전 정도와 동일성이 높은 국가간에 이루어지는 것이 바람직한 것으로 알려져 왔다. 그러나 오늘날 세계 도처에서 이루어지고 있는 경제통합 현상은 지리적 근접성, 문화적 동질성 또는 경제발전 단계의 유사성 등이 거의 없음에도 무역촉진과 경제적 교류확대를 위해 경제통합을 이루는 경우가 적지 않다. 지리적으로 원거리에 있는 국가간에 경제통합을 이룬다 하더라도 그것이 협정을 맺은 특정 국가간에만 배타적인 이익공유를 목표로 하는 이상 지역주의적 성격을 갖는다는 점에서는 변함이 없다.

이와 같이 경제통합이 역내우선주의, 역외차별주의에 입각하고 있으므로 일각에서는 제2차 세계대전 이전의 블럭경제권과 같은 것이 아닌가라는 견해도 있다. 그러나 이는 오해다. 1930년대의 경제블럭화는 당시 선진 자본주의국들이 경제개발 단계가 뒤진 저개발국을 식민지화함으로써 형성되었다. 식민지를 통해 블럭경제권을 구축했던 나라는 영국, 프랑스, 독일, 이탈리아, 일본 등이다. 이들은 19세기 후반부터 성장한 자본주의 경제가 독점단계로 이행됨에 따라 상품수출, 자본수출, 원료확보에서 특권을 누릴 수 있는 시장 확보를 위해, 저개발국을 식민지나 속령 또는 종속국으로 삼았던 것이다.

이들은 식민행정 시스템, 자본수출, 관세, 수입허가제, 수입할당제, 외환관리, 지불협정, 군사적 위협 등 여러 가지 직·간접적 수단을 통해 본국을 핵심으로 하는 블록경제권을 형성하고 조직적으로 식민지를 수탈하였다. 또한 본국의 독점자본에 의한 직접투자기업은 식민지에서 싼 값으로 토지나 자원을 확보하고, 기아(飢餓) 수준의 임금으로 노동자를 고용해 초과이윤을 획득하였다. 아울러 현지를 소비시장으로만 이용해 저개발국이 독자적으로 공업화하는 길을 막았다. 참여당사국간 호혜적 입장에서 이루어지는 오늘날 경제통합과는 출발과 목적부터가 근본적으로 다른 것이다.

(2) WTO 다자주의와 지역경제통합

1) WTO의 예외인정

WTO 체제는 무차별적 혜택부여인 최혜국대우와 내국민대우를 원칙으로 삼는 다자주의를 추구한다. 그럼에도 불구하고 공교롭게도 1995년 WTO체제가 출범한 이후에 오히려 배타적 특혜부여를 근간으로 하는 지역경제통합이 급증하는 현상이 전 세계적으로 나타났다. 살펴보면 이러한 현상이 촉발된 것은 WTO 체제 자체에 문제가 있기 때문이라기보다 20세기 후반 느슨한 경제통합체에서 시작해 고도의 통합단계인 유럽연합(EU)으로 발전한 유럽의 경제통합과, 이에 대응해 1994년 1월 발효된 북미지역의 지역경제통합체인 NAFTA와 밀접한 관련이 있다.

세계경제를 좌우하는 2대 거대경제권에서 가동된 이들 경제통합체는 여타 국가들로 하여금 경제통합에 참여하지 않고는 글로벌 경쟁환경에서 살아남기 어렵겠다는 위기감을 주기에 충분한 것이었다. 따라서 세계 각지에서 우후죽순처럼 지역경제통합체가 결성되기 시작한 것이다. 나아가 WTO 체제가 출범한 이후 처음 시도된 다자간협상인 도하개발아젠다(DDA)가 기대와 달리 순조로운 진척을 보이지 못한 것도 적지 않은 영향을 미쳤다.

역사상 유례없이 국제법적 효력을 갖춘 강력한 WTO 체제가 발족하였음에도, WTO의 최혜국대우 원칙이 배제되는 배타적인 성격의 지역경제통합이 가능한 것은 GATT에 있는 예외인정 규정 때문이다. GATT는 1947년 출범당시부터 제24조에 자발적인 협정을 통해 일부 국가들이 협정당사국에 보다 밀접한 경제적 통합을 이루어 무역의 자유화를 증대하는 것이 세계무역의 확대에 기여할 수 있다는 점을 인정한다고 규정하였다.

　다만, 두 가지 전제조건이 있었다. 하나는 관세동맹이나 자유무역지대 등을 결성함에 있어 대외적으로 동 협정의 당사국이 아닌 나라와의 무역에서 적용되는 관세 또는 기타의 상업적 제한이 해당 관세동맹 등이 결성되기 이전에 적용되던 관세 또는 기타의 상업적인 제한의 일반적인 수준보다 높거나 더 규제적이어서는 안된다는 것이다. 다른 하나는 대내적으로 역내국간에는 실질적으로 모든 무역을 대상으로 관세장벽이 철폐되어야 함과, 이러한 철폐는 합리적기간(통상 10년) 내에 이루어져야 한다는 것이다. 조건부이긴 하나 원칙적용의 예외를 인정한 것이다. 이 규정은 1994년 GATT에도 그대로 남아 있다. 이에 근거해 WTO 회원국일지라도 지역경제통합이 가능한 것이다.[1]

2) 차선의 이론

　다자주의 대신 지역주의에 의해 세계전체의 통상확대와 그로 인한 후생증대가 가능한 것일까? 이에 대한 한 관점을 제공해 주는 것이 차선의 이론(the theory of second best)이다.[2] 이 이론은 1950년대 중반 립시(R. G. Lipsey)와 랭커스터(K. Lancaster)에 의해 관세동맹이론에서 후생경제학이론으로 일반화되었다. 이에 따르면 시장의 실패[3]가 존재하는 경우에 최선의 해결은 각 시장실패를 동시에 치유할 때 비로소 가능하다.

　만약 경우에 따라 제도적이거나 정치적 이유로 치유가 불가능한 어떤 부문에 시장실패가 존재한다면, 이를 제외한 나머지 부문에서 효율적 해결조건을 충족

---

1) 절차적으로 지역경제통합체(RTA)를 결성한 WTO 회원국은 협정 당사국간 특혜를 적용하기 전에 WTO에 통보하고 관세양허, MFN관세율, 특혜원산지규정, 수입통계 등의 정보를 제공해야 한다. WTO사무국은 통보된 RTA에 대해 사실관계보고서를 작성해 WTO회원국에 배포하며, 각 회원국들은 통보된 RTA를 심사하여 입장서를 제출하거나 코멘트를 제출할 수 있다.

2) 대부분의 현대 국제무역이론은 일반경제학의 이론 내용을 국제무역에 적용한 것이다. 그런데 드물게도 국제무역을 분석대상으로 하여 출발한 이론이 경제학일반에 관한 것으로 발전한 예가 차선의 이론이다. k개의 효율성 조건 중에서 두 개가 충족되지 못하고 있는 상황이 세 개가 충족되고 있지 못한 상황에 비해 반드시 더 낫다고 말할 수 없다는 뜻이다. 예컨대 효율적인 자원배분을 위해서는 k개의 조건이 동시에 만족되어야 한다고 하자. 그런데 어떤 이유 때문에 이 중 하나가 충족될 수 없는 상황이 발생했다고 할 때, 나머지 (k−1)개의 조건만은 모두 만족되는 것이 차선의 결과를 가져온다고 생각하기 쉽다. 그러나 이미 하나의 효율성 조건이 위배되어 있을 때 만족되는 효율성 조건의 수가 늘어난다 해서 사회후생이 더 커지리라고 자신 있게 말할 수 없다는 것이다.

3) 시장의 실패(market failure)란 규모의 경제, 생산 및 소비의 외부효과, 생산요소의 자유로운 이동의 불가능 등으로 인해 시장기구가 자원의 최적배분에 실패하는 경우를 말한다.

하는 부문이 많을수록 경제전체의 자원배분이 더욱 효율적일 것 같지만 대부분 경우에 그렇지 못하다는 것이다. 차선의 이론은 여러 가지 경제개혁 조치를 추진할 때 비합리적인 측면들을 점차로 제거해 나가는 점진적 접근법(piecemeal approach)이 때때로 예기치 않은 문제를 일으킬 가능성이 있음을 경고해 준다. 모든 비합리성을 일거에 제거하지 않고 그 중 일부분만을 제거한다면, 그 결과로 나타나는 사회의 상황이 예전에 비해 더 못한 것이 될 수도 있다는 것이다.

이 논리를 지역경제통합에 적용해 보면 전 세계적인 자유무역이라는 최선의 해결책이 현실적으로 달성되지 못하는 상황에서, 그 중 일부만 해결되는 지역경제통합은 그 통합체가 증가한다 하더라도 세계 전체로 보아서는 그것이 바람직한 것이라 보기 어려울 수 있다는 뜻이 된다.

☑ 경제통합의 형태

경제통합은 여러 기준을 적용하여 분류할 수 있다. 일반적으로 [그림 5-1]과 같이 그 통합정도에 따라 부분적특혜협정, 자유무역지역, 관세동맹, 공동시장, 경제동맹, 완전한 경제통합으로 구분한다.

[그림 5-1] **경제통합 단계**

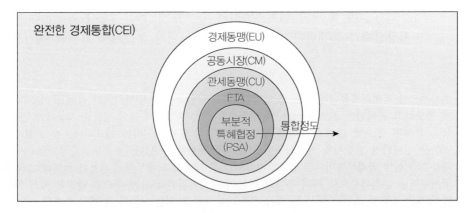

[그림 5-1]의 경제통합은 단계적으로 발전해 나가기도 하지만, 반드시 그와 같이 낮은 단계에서 고도화된 단계로 변해 가는 것만도 아니다. 또한 특정지역에 국한되어 이루어지는 것도 아니고, 경제발전단계에 따라 더 고도한 형태의 경제통합체가 결성되는 것도 아니다. 각국의 필요에 따라 다양한 형태로 경제통

합이 이루어지고 있는 것이다. 각 단계의 특징은 다음과 같다.

(1) 부분적 특혜협정(PSA : Partial Scope Agreement)

부분적특혜협정(PSA)은 2개국 이상의 국가들이 통상확대를 목적으로 상호간 수입되는 일부 상품에 대해 자국의 수입관세를 경감시킬 것을 합의하는 협정형 태를 의미한다. 비회원국에 대해서는 각국이 원래 적용하는 관세를 그대로 유지 한다. 예를 들면 아시아태평양협정(APTA)에 의해 우리나라와 중국·라오스·스 리랑카·인도·방글라데시가 일부 품목에 관세를 양허하고 있는 것이 그 예다.[4] 부분적 특혜협정은 일부 개발도상국간에 이루어지는 특징이 있다. 선진국간 부 분적 특혜협정은 체결되더라도 WTO협정에 따라 최혜국대우원칙이 적용되므로 의미가 없지만 개발도상국간의 특혜는 최혜국대우원칙이 요구되지 않기 때문에 의미가 다르다. 그러나 PSA와 같이 일부 품목에 대한 다자간 관세인하협정 또 는 특혜무역협정을 하나의 경제통합체로 보지 않는다.

(2) 자유무역협정(FTA : Free Trade Agreement)

자유무역협정(FTA)은 2개국 이상이 협정을 통해 재화의 수입관세를 철폐하는 지역경제통합체이다. 협정에 포함되는 재화에는 상품만을 대상으로 할 때도 있 지만, 일반적으로 서비스와 투자까지를 포함한다. 그런데 자유무역협정에서 수 입관세를 철폐한다 하여 일시에 모든 관세를 폐지하는 것은 아니다. 체약당사국 들의 산업경쟁력 등을 고려하여 일부 품목은 협정 발효와 동시에 철폐하고, 일 부 품목은 기간을 두고 점진적으로 철폐한다. 또 일부 품목은 관세경감 대상에 서 아예 제외하기도 하는 것이 일반적이다.

협정의 명칭도 다를 수 있다. 한 예로서 한-인도 자유무역협정에서는 인도측 의 요구를 수용해 CEPA(Comprehensive Economic Partnership Agreement)란 용어 를 사용하였다. 일반적으로는 CEPA와 FTA는 명칭만 다를 뿐 사실상 동일한 성 격을 가진 협정으로 받아들여진다.[5] FTA에서는 협정체결국이 아닌 나라에서 수

---

4) 우리나라가 개발도상국의 입장에서 다른 개발도상국들과 일부 품목에 대해 관세특혜 관련협정을 맺고 있는 것으로는 GSTP(Global System of Trade Preferences among Developing Countries), TNDC((Protocol Relating to Trade Negotiation among Development Countries), APTA(Asia Pacific Trade Agreement)가 있다.

5) 인도가 FTA란 용어대신 CEPA란 용어를 원한 이유는 무역수지의 만성적자로 국민들이 '자유무역'이란

입하는 물품에 대한 관세의 부과는 각 협정국이 독자적으로 관세를 부과한다.

(3) 관세동맹(CU : Customs Union)

관세동맹(CU)은 2개국 이상이 협정을 통해 재화의 수입관세를 철폐할 뿐 아니라 협정체결국이 아닌 역외국의 상품 수입에 대해 공동의 역외 관세율을 적용하기로 합의하는 경제통합 형태이다.[6] 1947년 벨기에와 네덜란드·룩셈부르크 3국이 체결한 베네룩스 관세동맹이나, 1995년 브라질·아르헨티나·우루과이·파라과이 4국이 체결한 남미공동시장(MERCOSUR)이 대표적인 관세동맹 형태다. 관세동맹은 FTA로 허용되는 특혜에 더하여 체결국가간 공동의 관세율을 체결국이 아닌 역외 수입물품에 적용한다는 점에서 자유무역지역보다는 진일보한 통합형태다. 관세율이 자국산업의 국제경쟁력을 감안하여 설정된다는 점에서 보면 상당한 의미가 있다.

(4) 공동시장(CM : Common Market)

공동시장(CM)은 2개국 이상이 협정을 통해 관세동맹을 맺음과 동시에 회원국간의 모든 생산요소의 자유로운 이동을 허용하는 경제통합형태이다. 체약국에 대한 관세 등의 특혜부여뿐 아니라 자본과 노동의 자유로운 상호이동이 보장되므로 역내시장의 경제에 미치는 영향이 그만큼 크게 나타나게 된다. 1957년 로마조약에 의해 1958년 발효된 유럽경제공동체(EEC : European Economic Community), 1969년에 발효된 안데스공동시장(Andean Community)[7] 등이 이에 해당한다.

용어에 거부감을 갖기 때문인 것으로 알려진다. 한-러시아간 추진중인 자유무역협정은 BEPA (Bilateral Economic Partnership)이고, 한-MERCOSUR간에는 TA(Trade Agreement)란 용어가 사용되고 있다. 일본은 대부분 EPA(Economic Partnership Agreement)란 용어를 사용하였다.

6) A국과 B국이 FTA를 체결하고 있다면 C국에서 A국이나 B국으로 수입할 때 그 물품의 관세율은 서로 다를 수 있다. 그러나 A국과 B국이 관세동맹을 맺고 있다면 C국 물품을 A국으로 수입하거나 B국으로 수입하거나 똑같은 관세율이 적용된다. 따라서 관세율이 낮은 쪽을 통해 수입하는 '우회수입'이 관세동맹에서는 불가능하게 된다.

7) 안데스공동시장의 회원국은 콜롬비아·페루·에콰도르·볼리비아·칠레이다. 협정의 기본 내용은 역내 무역 장벽을 철폐하는 것과 역외 국가에 대한 공동 관세율 적용, 회원국 사이에 경쟁이 가열되지 않도록 산업을 계획적으로 분배하는 것과 외자를 도입할 때 공통된 정책을 취하는 것 등이다.

(5) 경제동맹(EU : Economic Union)

경제동맹(EU)은 2개국 이상이 협정을 체결하여 공동시장을 결성함과 동시에 회원국들의 재정, 금융 정책을 공동으로 다루는 단계의 경제통합체이다. 재정은 조세의 징수 및 예산집행과 관련된 것이고, 금융은 화폐의 발행 및 운용과 관련된 것이다. 1987년 발효하여 공동통화로 EURO화를 채택하고 회원국들의 경제정책을 조화롭게 통일하여 수행하기로 합의한 유럽경제통화동맹(EMU : European Economic Monetary Union)이 이에 근접하고 있다. 1992년 마스트리히트 조약[8] 발효 이후 유럽경제통화동맹국들은 2002년부터 유럽연합의 단일화폐인 유로화를 사용하고 있다. 이 유로화 사용지역을 유로 존(EURO ZONE)이라 한다.[9]

(6) 완전한 경제통합(CEI : Complete Economic Integration)

완전한 경제통합 단계를 정치동맹(Political Union)단계라고도 한다. 경제통합 형태 최후의 단계이다. 이 통합체에서는 경제정책뿐 아니라 사회적·정치적 통합까지도 추구한다. 이 단계에서는 초국가적인 기구가 설립되어 하나의 단일정부를 갖는다. 아직까지 단계별 통합과정을 거쳐 이와 같이 완전한 경제통합단계에 이른 경제통합체는 없지만 EU의 경우 이러한 단계로 진행될 것으로 예상되고 있다. 통합의 궁극적 형태는 정치와 경제뿐 아니라 외교적·군사적으로도 완전한 통합을 이룬 단일 연방국가라 할 수 있다.

---

8) 이 조약은 EC(유럽공동체)가 시장통합을 넘어 정치·경제적 통합체로 결합하기 위해 네덜란드의 마스트리히트에서 1991년 12월 10일 EC 정상 간 합의되어 1993년 1월 발효되었다. 유럽중앙은행 창설과 단일통화사용의 경제통화동맹, 노동조건 통일의 사회부문, 공동 방위정책, 유럽시민규정 등을 주요내용으로 하고 있다.

9) 유로 존을 유로 에어리어(Euro-area) 또는 유로 랜드(Euro-land)라고도 한다. 유럽연합 가입국이면서 유로화를 국가통화로 도입하지 않는 나라도 적지 않다. 영국, 스웨덴, 덴마크, 체코, 헝가리, 불가리아, 폴란드, 루마니아, 라트비아, 리투아니아 등이다. 또 유럽연합 가입국이 아니면서도 유럽연합과 금융협정을 맺고 유로를 사용하는 나라들도 있다. 모나코, 산마리노, 바티칸시국 등 소규모 국가들 상당수가 그러하다. 유로존 국가들은 단일통화인 유로화 사용을 위해 경제정책의 한쪽 날개인 통화정책을 포기하고 그 권한을 유럽중앙은행(ECB)에 위임했다. 그런데 ECB의 통화정책이 경제정책의 다른 쪽 날개인 각 나라의 재정정책과 조화를 이루지 못하는 문제점이 드러나고 있다.

〈표 5-1〉 경제통합형태의 주요 내용

	역내관세철폐	역외공동관세	생산요소 이동	경제정책조정	초국가기구설립
FTA	○	×	×	×	×
CU	○	○	×	×	×
CM	○	○	○	×	×
EU	○	○	○	○	×
CEI	○	○	○	○	○

3 세계의 경제통합 추진과정과 현황

오늘날 흔히 보는 경제통합의 시작은 1947년 설립된 벨기에, 네덜란드, 룩셈부르크 간 체결된 베네룩스 관세동맹(Benelux Customs Union)에서 시작되어 1960년대 들어 전 세계로 확대되었다. 유럽에서는 1958년 유럽경제공동체(EEC)가 출범하여 1967년 유럽공동체(EC)로 발전하였다. 이와는 별개로 1960년에 유럽자유무역연합(EFTA : European Free Trade Association)이 발족하였다. 1965년엔 호주와 뉴질랜드 간에도 FTA가 체결되었다. 이러한 경제통합 움직임은 개발도상국들 간에도 파급되어 1960년에는 남미자유무역지역(LAFTA), 1961년에는 중미공동시장(CACM), 1964년에는 아랍공동시장(ACM), 1967년에는 아세안(ASEAN), 1981년에는 걸프만연안국 협력위원회(GCC) 등이 출범하였다.

그러나 1960년대에 추진된 지역경제통합은 EC, EFTA 등 유럽지역의 경우를 제외하고는 성공적이지 못한 것이었다. 미주지역에서는 1985년 미국과 이스라엘이, 1988년에 미국과 캐나다가 FTA를 체결하였는데, 1994년에 멕시코가 가담하여 미국과 캐나다 및 멕시코 간 북미자유무역협정(NAFTA)으로 확대되었다. 세계 각국의 경제통합이 본격화 된 것은 1990년대 중반부터다. 그 이전 GATT 시절 GATT사무국에 통보된 지역경제통합체는 모두 합쳐 124건에 불과하였다. 그러나 2022년 말 현재 WTO에 통보된 FTA는 582건이다. 이 가운데 상품무역을 다룬 FTA는 약 절반가량이고 나머지는 서비스 무역 등에 대한 협정이다.

경제통합은 초기에는 선진국간, 인근 국가간에 체결되었으나 그 후 개발도상국간 혹은 선진국과 개발도상국간에도 활발하게 체결되고 있다.

[그림 5-2] **시기별 지역무역협정 발효현황**

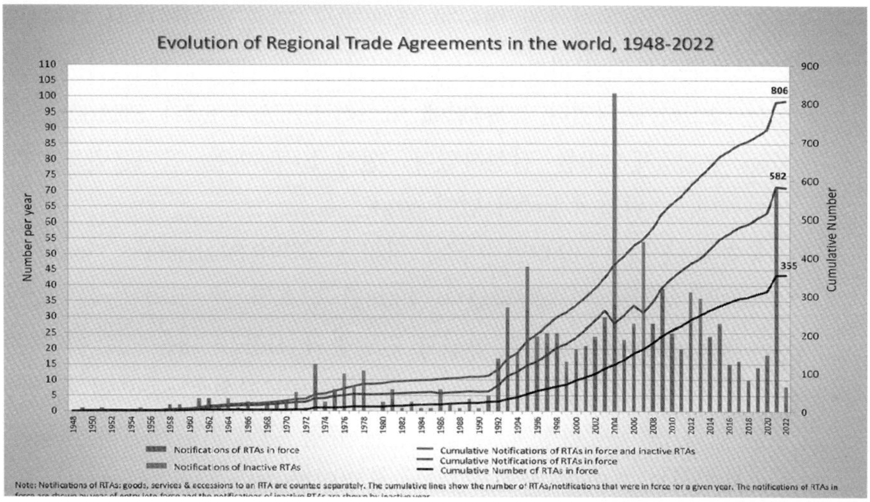

자료 : WTO(2022년 12월 기준)

(1) 유럽지역의 경제통합

20세기 전반 두 차례의 참혹한 세계대전을 경험한 유럽인들은 제2차 세계대전 후 국가간 협력의 필요성을 절감하고 있었다. 1944년 출범한 베네룩스 관세동맹은 이에 대한 새로운 비전을 보여주는 것이었다. 더욱이 이 동맹에 참여한 벨기에와 네덜란드, 룩셈부르크 간 역내 무역이 크게 증가하였고 역외국가에 대한 교섭력도 강화되었다. 이에 자극을 받은 서독, 프랑스, 이탈리아가 이 동맹에 참가하여 이들 6개국이 1951년 파리조약을 맺어 유럽석탄·철강 공동체(ECSC : European Coal and Steel Community)를 발족시켰다. ECSC는 석탄과 철강이라는 무기 생산의 주 원료인 두 가지 산업부문에 한정된 것이었지만 역내 중공업의 발전에 크게 기여하였다. 이에 ECSC 참여국들은 로마조약을 맺어 1958년 1월부터 유럽원자력공동체(EURATOM : European Atomic Energy Community)와 유럽경제공동체(EEC : European Economic Community)를 잇달아 발족하였다.

ECSC와 EURATOM, EEC는 1967년에 유럽공동체(EC : European Community)로 통합되었다.[10] 그러나 영국은 EEC에 가입하지 않고 이에 대립하는 구성체로

---

10) 1967년 7월 1일 EEC, ECSC, Euratom 3개 기관의 집행부를 통합하여 설립하였으며, EEC가 핵심이

서 스웨덴, 노르웨이, 덴마크, 오스트리아, 스위스, 포르투갈과 함께 1960년 유럽자유무역연합(EFTA)을 결성하였다. EFTA에는 1970년 3월 아이슬란드까지 가맹하였으나, 1973년 1월 영국과 덴마크가 EC에 가입하면서 탈퇴하고 1986년에는 포르투갈까지 탈퇴하여 EC에 가입함으로써 EEC에 대립하는 구성체로서의 의미는 상실하게 되었다. 1994년에 이르러 EFTA와 EC가 EEA(European Economic Area : 유럽경제지역)를 결성하였다. 현재 EFTA에는 아이슬란드, 리히텐슈타인, 노르웨이, 스위스 4개국이 남아 있다.

유럽의 통합은 1992년 마스트리히트 조약(Maastricht's Treaty on European Union)의 체결로 가속화되었다. 1993년 발효된 이 조약은 유럽중앙은행(ECB : European Central Bank)의 창설과 단일통화 사용을 내용으로 하는 경제통화동맹(EMU : European Economic Monetary Union)의 형성, 노동조건 통일에 관한 사회부문 협력, 공동방위정책, 유럽시민권 규정 등 4개의 핵심적 내용을 담고 있다. 마스트리히트 조약의 발효로 EC는 유럽연합(EU : European Union)으로 발전하는 터전을 마련하였다. EU가 출범하면서 회원국도 출범당시 12개국이었던 것이 이후 28개 국으로 증가하였다. 1999년 1월에는 유럽 중앙은행이 창설되고, 2002년 1월부터 ECB가 독점적으로 유로화를 발행함으로써 마침내 통화동맹이 달성되었다. EU는 2007년에는 리스본 조약(정식 명칭은 EU reform treaty)을 통해 정치공동체로 나가기 위한 일종의 '미니 헌법'을 완성하였다. 리스본 조약에 따라 유럽연합은 개별국가가 아닌 EU명의로 제3국과 국제조약을 체결할 수 있게 되었다. EU에는 2022년 12월 말 현재 영국이 탈퇴하여 27개 국가들이 가입하고 있다.[11)

EU는 집행위원회, 각료이사회, 유럽의회, 사법재판소 등을 두고 있으며, 대외적으로도 공동의 외교 및 안보정책을 추구한다. 유럽연합은 유럽지역의 평화와 번영을 위해 다수 국가들이 자발적으로 주권을 포기하고 통합을 이루어 가는 역

되어 활동하였다. 3개 공동체 자체는 별개로 존재하였으며 평화와 경제 번영을 위한 유럽통합이 목적이었다. EC에는 1973년 덴마크 · 아일랜드 · 영국이, 1981년 그리스, 1986년에는 포르투갈과 스페인이 가입하며 모두 12개국이 회원으로 활동하였다.

11) EU 소속국가는 오스트리아, 벨기에, 불가리아, 키프로스, 체코, 덴마크, 에스토니아, 핀란드, 프랑스, 독일, 그리스, 헝가리, 아일랜드, 이탈리아, 라트비아, 리투아니아, 룩셈부르크, 몰타, 네덜란드, 폴란드, 포르투갈, 루마니아, 슬로바키아, 슬로베니아, 스페인, 스웨덴, 영국, 크로아티아이다. 그 외 마케도니아, 아이슬란드, 몬테네그로 등이 조만간 가입할 예정이다. 영국의 EU탈퇴를 영국(Britain)과 탈퇴(Exit)의 합성어로 브렉시트(Brexit)라 한다. 영국이 탈퇴하기 전인 2016년의 28개국 전체 GDP는 14조 8천억 유로였는데, 나라별 비중은 독일이 21.1%, 영국 16.0%, 프랑스 15.0%, 이탈리아 11.3% 순이었다.

사상 최초의 사례이다. 특히 역사적으로 전쟁이 가장 빈번하게 발생했던 지역에서 통합을 이루고 있다는데 의의가 있다. 유럽은 80여개 민족, 35개 종교, 37개 언어로 구성된 매우 이질적인 지역으로 통합을 이루기가 어려운데도 불구하고 자발적 의지와 합의에 의해 유럽연합이 탄생하고 발전해 간다는 점에서 시사하는 바가 크다. 한편 EU는 알바니아(2009년 발효), 세르비아(2010년 발효), 그루지아(2014년 발효) 등 유럽국가, 이스라엘(1995년 발효), 모로코(2000년 발효), 요르단(2002년 발효), 이집트(2004년 발효), 레바논(2006년 발효), 팔레스타인자치정부(2012년 발효), 카메룬(2014년 발효) 등 중동국가, 멕시코(2000년 발효), 칠레(2005년 발효) 등 남미국가, 남아공(2000년 발효), 한국(2011년 발효), 캐나다(2016년 발효), 일본(2019년 발효), 베트남(2020년 8월 발효) 등 세계 수십개국과 FTA를 체결하고 있다.

(2) 북미지역의 경제통합

유럽 이외의 지역에서 경제통합으로 대표적인 것이 1994년 미국과 캐나다, 멕시코 3개국이 발효시킨 북미자유무역협정(NAFTA)이다. NAFTA는 유럽통합 진전과 일본 경제의 발전에 자극을 받은 미국이 대외경쟁력 강화를 위해 1988년 결성된 미국과 캐나다간 자유무역협정에 멕시코를 포함하는 것으로 확대시킨 것이다. NAFTA를 통해 미국은 자국의 비교우위요소인 풍부한 자본과 기술을 멕시코의 값싼 노동력과 결합하여 세계시장에서 경쟁력을 확보함과 동시에 정치적으로 EU 및 동아시아 경제권에 대한 협상력이 강화되는 효과를 얻고자 하였다. 반면 멕시코는 자국의 주 수출대상국인 미국에 대한 시장 확대와 미국자본의 투자유치를 통한 고용증대 효과 등을 기대하였다. 실제로 NAFTA를 통해 가장 큰 경제적 이익을 얻은 국가는 멕시코인 것으로 알려진다. 캐나다의 경우는 멕시코 시장에 대한 장벽완화라는 추가적인 효과가 있기는 하지만 NAFTA 체결의 의미는 상대적으로 약하였다. NAFTA의 체결로 북미 3개국은 세계 제1의 경제권을 형성하였다. 그러나 미국의 요구로 재협상이 진행되어 2018년 11월 3개국간 NAFTA를 대체하는 USMCA(US-Mexico-Canada Agreement)가 체결되며, 2020년 7월 USMCA가 전격 발효되었다. USMCA는 NAFTA를 기반으로 하고 있으나, 원산지 규정의 강화를 비롯하여 디지털 무역 등과 같은 새로운 규정도 포함하고 있다. 이 밖에도 회원국들은 USMCA 제32장 10조 예외 및 일반조항으로 인하여 비(非)시장경제 국가와의 양자 FTA 추진이 어려울 것으로 예상된다.

관련 조항에서 명시한 비시장경제국가는 중국으로 인식되고 있으며, 중국이 캐나다, 멕시코 등과 FTA 체결 후 무관세 혹은 저율관세로 해당국에 수출 후 미국 시장에 되파는 '우회수출' 방식을 막기 위한 전략으로 분석되고 있다.

　미국은 일찍이 1985년 이스라엘과 FTA를 체결한 바 있다. 그 외에도 요르단 (2002년 발효), 바레인(2006년 발효), 모로코(2006년 발효), 오만(2009년 발효) 등의 중동국가, 칠레(2004년 발효), 페루(2009년 발효), 콜롬비아(2012년 발효) 등의 남미국가, CAF[12](Central American Free Trade Agreement : 2006년 발효), 도미니크공화국(2007년 발효), 파나마(2012년 발효) 등의 중미국가, 싱가포르(2004년 발효), 한국(2012년 발효) 등의 아시아 국가, 호주(2005년 발효) 등과 FTA를 체결하고 있다.[13] 캐나다는 NAFTA에 참여한 이후 다른 나라와도 FTA체결을 시작하여 현재 이스라엘(1997년 발효), 칠레(1997년 발효), 코스타리카(2002년 발효), EFTA (2009년 발효), 페루(2009년 발효), 콜롬비아(2011년 발효), 요르단(2012년 발효), 파나마(2013년 발효), 온두라스(2014년 발효), 한국(2015년 발효), EU(2016년 발효) 등과 협정을 맺고 있다. 멕시코도 비교적 적극적으로 FTA를 체결하고 있다. 현재 멕시코가 발효시키고 있는 FTA는 니카라과(1998년 발효), 볼리비아(1999년 발효), 칠레(1999년 발효), EU(2000년 발효), EFTA(2001년 발효), 이스라엘(2001년 발효), 우루과이(2004년 발효), 일본(2005년 발효), 페루(2012년 발효), 파나마(2015년 발효) 등이다.

(3) 남미지역의 경제통합

　남미지역의 경제통합체로 대표적인 것으로 MERCOSUR(Southern Common Market) 라 불리는 남미공동시장과 CAN(Andean Community : 안데안공동체)이 있다. 1995년 발효된 MERCOSUR는 관세동맹으로 현재 브라질, 아르헨티나, 파라과이, 우루과이, 베네수엘라가 협정국이다. 중앙아메리카 공동시장(Central American Common Market : CACM)은 1961 발효된 것으로, 여기에는 엘살바도르, 과테말라, 온두라스, 니카라과, 코스타리카, 파나마 등 6개국이 참여하고 있다. CACM 은 1952년 마련된 중미경제통합 프로그램(Central American Economic Integration Program)에 따라 설립된 것으로, 중미경제통합 책임각료회의와 경제차관회의를

---

12) 여기에 포함되는 국가로는 엘살바도르, 니카라과, 온두라스, 과테말라, 코스타리카가 있다.
13) 미국과 EU간에는 지금까지 어떤 경제적통합체를 구성한 바 없으나 2013년 7월 자유무역협정 체결을 위해 '범대서양무역투자동반자협정(TTIP)' 협상을 개시한 바 있다.

보조하는 SICEA(중미경제통합상설사무국 : Secretariat for Central American Economic Integration)의 지원을 받는다. MERCOSUR는 2005년에 CAN과 관세특혜를 골자로 하는 경제보완협정을 체결하였는데, 이에 앞서 2004년 12월에는 MERCOSUR와 CAN이 EU를 모델로 한 남아메리카 국가들의 통합체인 남미연합(USAN : Union of South American Nations)을 추진하겠다는 공동성명서를 발표한 바 있다. MERCOSUR는 멕시코(2006년 발효), 칠레(2008년 발효), 이스라엘(2009년 발효), 인도(2009년 발효), SACU(Southern African Customs Union[14] : 남아프리카 관세동맹, 2009년 발효) 등과도 경제통합체를 결성하고 있다.

(4) 중동지역의 경제통합

중동지역의 경제통합체로 대표적인 것이 GAFTA(Greater Arad Free Trade Area : 범아랍자유무역지대)와 GCC(Gulf Cooperation Council : 걸프협력회의)다.

1998년 발효된 GAFTA는 아랍연맹 22개국 가운데 18개국이 참여하는 자유무역협정으로 GCC 6개국을 비롯하여 요르단, 튀니지, 수단, 시리아, 이라크, 팔레스타인, 레바논, 리비아, 이집트, 모로코, 예맨, 알제리 등이 협정국이다. GCC는 1980년대 초에 걸프만 주변에서 발생한 정치적 불안에 대한 공동대응책을 모색하기 위해 사우디아라비아, 쿠웨이트, 아랍에미리트, 카타르, 오만, 바레인 등 6개국이 모여서 결성되었으며, 2008년 1월 공동시장을 출범시켰다.

(5) 아시아지역의 경제통합

아시아 지역의 FTA는 아세안(ASEAN)에서 시작되었다. 아세안은 1967년 8월 설립되었다. 설립 당시 회원국은 필리핀, 말레이시아, 싱가포르, 인도네시아, 태국 등 5개국이었으나, 그 후 브루나이, 베트남, 라오스, 미얀마, 캄보디아가 가입하여 현재 회원국은 10개국이다. 아세안은 경제협력 측면에서는 상호보완적이라기보다는 경쟁 관계에 있는 회원국들 사이이기 때문에, 실질적인 성과를 높게 이루어내지는 못하는 것으로 평가받는다. 아세안은 중국(2005년 발효), 한국(2007년 발효), 일본(2008년 발효), 인도(2010년 발효), 호주 및 뉴질랜드(2010년 발효) 등과 각각 자유무역협정을 체결하고 있다.

---

14) SACU는 남아프리카공화국, 보츠와나, 레소토, 나미비아, 스와질랜드 등 5개국으로 이루어진 관세동맹이다.

또한 아세안 각국은 국가별로 다른 국가들과 별도의 FTA도 다수 체결하고 있다.15) 아세안을 제외한 극동지역에서는 21세기에 들어와 FTA를 체결하기 시작하였다. 그럼에도 불구하고 한국, 중국, 일본 모두 FTA에 적극적인 입장이어서 짧은 기간에도 불구하고 다수의 FTA를 체결한 특징을 보였다. 그러나 추진전략에서는 차이를 보여 왔다. 한, 중, 일 3국의 적극적인 경제통합체 추진은 현재 진행형이다. 2022년 6월 말 현재 한국, 중국과 일본의 FTA 체결현황은 〈표 5-2〉와 같다.

〈표 5-2〉 **한-중-일의 FTA 추진현황(2022년 6월 현재)**16)

국가	체 결	협상 중 또는 타결	검토 중
한국	칠레, 싱가포르, EFTA, 아세안, EU, 인도, 페루, 미국, 튀르키예, 콜롬비아, 캐나다, 호주, 뉴질랜드, 중국, 베트남, 중미17), RCEP18), 영국, 이스라엘, 인도네시아, 캄보디아	에콰도르, 한-중-일, 러시아, 말레이시아, 필리핀, MERCOSUR, 우즈베키스탄, 한-중미-과테말라, GCC	멕시코, PA(태평양동맹)
중국	아세안, 홍콩, 마카오, 싱가포르, 파키스탄, 태국, 칠레, 대만, 뉴질랜드, 페루, 코스타리카, 아이슬란드, 스위스, 호주, 한국, RCEP, 조지아, 캄보디아, 모리셔스, 몰디브	GCC, 노르웨이, 한-중-일, 스리랑카, 이스라엘, 팔레스타인, 몰도바, 파나마	몽골, 몰디브, 이스라엘, 콜롬비아, 인도, 피지, 네팔, 캐나다, 방글라데시, 파푸아뉴기니, 스위스
일본	싱가포르, 말레이시아, 베트남, 태국, 인도네시아, 브루나이, 필리핀, 아세안, 스위스, 멕시코, 칠레, 페루, 인도, 호주, 몽골, 미국, 영국, EU, RCEP, CPTPP	콜롬비아, GCC, 한-중-일, 튀르키예, 한국, 캐나다	

자료 : WTO 홈페이지 및 산업통상자원부 보도자료 등을 기초로 저자가 작성

---

15) 예를 들어 인도네시아는 AFTA(1993년 발효), 일본(2008년 발효)과 FTA를 체결하고 있고, 태국은 AFTA(1993년 발효), 뉴질랜드(2005년 발효), 일본(2007년 발효), 중국(2003년 발효), 칠레(2015년 발효), 페루(2011년 발효), 호주(2005년 발효) 등과 FTA를 체결하고 있다.

16) 우리나라가 체결한 FTA 중 RCEP, 영국, 이스라엘, 인도네시아와의 FTA는 2020년 1월 현재 발효를 위한 준비 작업이 진행중이다.

17) 니카라과, 온두라스, 코스타리카, 엘살바도르, 파나마 등 중미 5개국이 FTA에 참여하였다.

18) RCEP(역내포괄적경제동반자협정 : Regional Comprehensive Economic Partnership)에는 우리나라를 포함한 중국, 일본, 호주, 뉴질랜드, 인도 등 ASEAN과 자유무역협정(FTA)을 체결한 6개국과 ASEAN 10개국 등 총 16개국이 협상에 참여하였다. 2013년 5월 공식협상이 시작되어 2019년 11월 인도를 제외한 나머지 15개국간 타결되었다. RCEP의 대(對) 세계 비중은 2019년 현재 GDP 32%, 인구 48%, 교역 29%이다.

〈표 5-2〉에서 많은 관심을 받는 것이 RCEP과 CPTPP(포괄적·점진적 환태평양 경제동반자협정 : Comprehensive and Progressive Agreement for Trans-Pacific Partnership or Trans-Pacific Strategic Economic Partnership)이다. RCEP과 CPTPP는 메가(MEGA) FTA로서 진일보한 지역경제통합체의 성격을 갖는다.

CPTPP는 당초 아시아·태평양 지역 경제의 통합을 목적으로 2005년 6월 뉴질랜드, 싱가포르, 칠레, 브루나이 4개국 체제(Pacific 4)로 출범한 다자간 자유무역협정이었으나, 2008년 2월 미국이 참여한 이후 호주, 베트남, 멕시코, 캐나다, 일본 등 12개국이 후속 참여하며 RCEP, AIIB 등을 통해 영향력을 확대 중인 중국에 대응한 미·일 주도의 환태평양 경제협력체(TPP)로 출범하였다. 이후 미국이 탈퇴하며 본래의 의미가 퇴색되었으나, 일본과 호주의 주도로 총 11개국 간 TPP 발효 방안을 협의하여 최종적으로는 호주, 뉴질랜드, 베트남, 페루, 캐나다, 일본, 필리핀, 말레이시아, 대만 등 총 11개국이 참여한 다자간협상이 추진되며 2018년 12월 CPTPP로 변경된 명칭으로 발효되었다. 2019년 기준 CPTPP 가입국의 GDP 규모는 약 11조 3천 억달러, 무역규모는 약 2조 9천 억달러 수준으로 RCEP에 비해 낮은 수준이나 기존 WTO의 규범상 다루지 못한 분야에 대해 새로운 무역규범을 신설하고 의무조항의 도입을 통해 구속력도 보장하고 있다. CPTPP는 '21세기형 무역협정'을 모토(motto)로 상품 및 서비스 분야 관세 및 비관세 장벽 철폐, 'WTO-Plus' 부문에 대한 신무역규범 수립, 무역 및 투자와 관련된 규범의 조화를 주요 목적으로 삼고 있다.

RCEP는 ASEAN 10개국과 한국, 일본, 중국, 호주, 뉴질랜드 등 총 15개 국가가 참여하는 세계 최대 규모의 자유무역협정으로서 2022년 2월 1일 우리나라에서도 정식 발효되었다. RCEP는 아시아 역내 두 번째 mega-FTA로서 우리나라가 최초로 체결한 다자간 FTA이며, 전 세계 GDP, 인구 및 교역의 약 1/3을 차지하는 규모이다. 2019년 기준 우리나라의 RCEP 회원국에 대한 수출 규모는 약 2천 690억 달러로 총수출액의 절반 수준을 차지하고 있다. RCEP의 발효로 우리나라가 기존에 체결한 FTA와 비교하여 자동차, 부품, 철강 등과 같은 주력 상품뿐 아니라 온라인게임, 영화, 애니메이션, 음반 등과 같은 서비스 시장 개방이 확대되어 국내 기업 진출이 용이해질 수 있으며, 수출도 더 활발해질 것으로 예상되고 있다. 한편 RCEP는 CPTPP와 비교하여 무역자유화의 수준이 낮으며, 규범상의 구속력도 약한 무역협정이다. 하지만 현재까지 아시아 역내 국가들을 포괄적으로 모두 아우르는 mega-FTA 혹은 지역무역협정이 부재하였는데 RCEP는 궁극적으로 ASEAN 국가들의 아시아 지역 경제통합체 구성이라는 목표 달성의 계기를 마련한 것으로 평가되고 있다. 이에 따라 향후 아시아 지역내 교역 비중과 공급망 통합의 정도가 다른 지역에 비해 증가할 것으로 예상되며, 특히 통합 원산지 규정 도입을 통해 지역내 공급망 활성화 및 역내국 간 경제통합이 한층 강화될 것으로 예상된다. RCEP는 전 세계 GDP 및 교역비중 등 경제 규모의 측면에서 가장 거대한 규모의 FTA임과 동시에 중국이 주도하는 아시아 지역 경제질서 구축에 대한 우려를 야기하고 있는 것도 사실이다. 실제로 최근 중국 견제의 목적으로 미국의 CPTPP 가입 가능성에 대한 아시아 역내 국가들의 관심이 증폭되고 있으며, 이에 따른 미국의 대(對)아시아 통상정책 방향의 변화가 예상된다.

제2절 FTA의 경제적 효과

1 정태적 효과

경제통합으로서 FTA의 핵심은 협정을 체결한 특정국간에 거래되는 상품에 대한 관세의 폐지 또는 인하다. 물론 우리나라가 체결하고 있는 FTA와 같이 상품 분야뿐 아니라 투자, 서비스, 지식재산권 등 다른 분야까지 포괄적으로 널리 개방을 허용하는 경우 그 효과도 여러 영역에서 발생하겠지만 그렇다 하더라도 가장 핵심이 되는 것은 상품에 대한 관세의 폐지 또는 인하다. 이때의 관세폐지 또는 인하는 협정을 체결한 특정국에서 생산된 물품에 국한하여 이루어지므로 제3장에서 살펴본 일반적인 관세폐지 또는 인하의 효과 외에 무역에서 또 다른 효과를 발생시킨다. 이러한 관세인하의 효과는 흔히 무역전환효과와 무역창출효과 두 가지로 설명된다. 먼저 〈표 5-3〉으로 무역전환효과를 살펴보기로 한다.

〈표 5-3〉 FTA로 인한 관세인하의 효과(무역전환 효과)

FTA 체결전(A국이 관세 50% 부과)					A국과 B국의 FTA 체결후			
국 가	가 격 (US$)	관 세 (50%)	A국 가격 (US$)		국 가	가 격 (US$)	관 세 (50%)	A국 가격 (US$)
A	35	–	35	⟹	A	35	–	35
B	26	13	39		B	26	–	26
C	20	10	30		C	20	10	30

〈표 5-3〉에서 FTA가 체결되기 전에는 A, B, C 3개국이 모두 이 상품을 생산하고 있지만 C국의 생산비가 20달러로 가장 낮고, A국에서 50%를 부과하더라도 C국 상품이 A국으로 수입되는 가격은 관세를 포함해 30달러에 불과하므로 A국 소비자는 C국 상품을 수입하여 소비한다. 이제 A국과 B국 FTA를 체결하여 상호 관세를 폐지하기로 하였다면 B국 상품은 관세부담 없이 A국으로 수입될 수 있으므로, A국 소비자는 B국 상품을 26달러에 소비할 수 있다. 반면 C국은 50%의 관세를 부담해야 하므로 A국 수입가격은 30달러가 되어 B국 상품보다 가격이 4달러 높게 되어 A국으로 수출이 어렵게 된다. 결국 A국과 B국간 FTA의 체결로 C국은 A국으로 상품수출이 좌절되는 대신 B국은 수출기회를 갖게 된다. A국 소비자는 FTA체결 전에 비해 단위당 4달러가 낮은 가격으로 이 상품을 소비할 수 있게 되어 후생수준이 증가하게 된다.

이번에는 〈표 5-4〉로 무역창출효과를 보기로 한다.

〈표 5-4〉 FTA로 인한 관세인하의 효과(무역창출 효과)

FTA 체결전(A국이 관세 100% 부과)					A국과 B국의 FTA 체결후			
국 가	가 격 (US$)	관 세 (100%)	A국 가격 (US$)		국 가	가 격 (US$)	관 세 (100%)	A국 가격 (US$)
A	35	–	35	⟹	A	35	–	35
B	26	26	52		B	26	–	26
C	20	20	40		C	20	20	40

〈표 5-4〉에서 A국의 이 상품에 대한 관세율은 100%로 가정한다. B국과 C국은 A국보다 저렴한 생산비로 이 상품을 생산할 수 있으나 관세 부과로 인해 A국으로 수출이 불가능하다. 말하자면 A국 소비자는 후생수준이 불리함을 감수

하고 있으나, 생산자는 보호받고 있다고 할 수 있다. 이제 A국과 B국이 FTA를 체결하여 B국 상품에 대해 관세가 폐지되면 B국 상품은 26달러에 A국으로 수출이 가능하다. 그러나 C국 상품은 여전히 100%의 관세를 부담해야 하므로 A국으로 수출하는 것이 불가능하다. B국 상품이 A국에 수출될 경우 A국 소비자는 FTA체결 전에 비해 단위당 9달러 낮은 가격으로 이 상품을 소비할 수 있어 후생수준이 증가한다. 그러나 A국에서 이 상품을 생산하던 생산자는 이제 B국 상품에 비해 가격경쟁력이 떨어져 더 이상 생산이 어려워지는 입장에 처하게 된다. 한편, 〈표 5-3〉과 같이 무역전환효과가 발생할 경우 정부는 4달러의 재정수입이 줄어드는데, 〈표 5-4〉와 같은 무역창출효과에서는 재정수입 감소효과는 발생하지 않는다.

무역전환과 무역창출 각각 독립적으로 발생하는 것이 아니라 상호 영향을 미치면서 일어난다. 이런 효과는 생산측면을 설명한 것이나 소비측면에서도 관세인하는 소비증대라는 효과를 가져온다. [그림 5-3]으로 FTA의 효과를 보기로 한다.

[그림 5-3] **FTA의 경제적 효과**

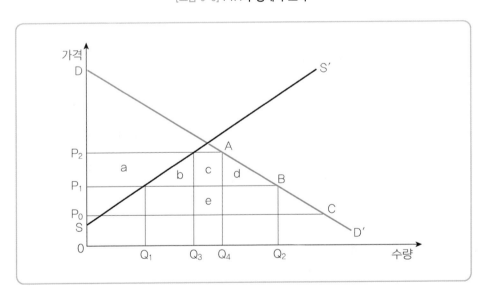

[그림 5-3]에서 DD′는 A국의 상품 X재에 대한 수요곡선을 SS′는 공급곡선을 나타낸다. B, C국의 공급곡선이 수평인 것은 이들 국가의 공급이 무한히 탄력적이라 가정했기 때문이다. 여기서 A국의 수입관세가 P_0P_2라면 A국에 있어 상품

X의 국내가격은 OP_2이며, 이 가격에 대응해서 OQ_3를 국내에서 생산하고 Q_3Q_4를 C국에서 수입하여 전체적으로 OQ_4만큼을 소비하게 된다. 이때 생산비가 C국보다 높은 B국으로부터는 수입이 될 수 없다. 그리고 A국의 후생수준은 소비자잉여부분+생산자잉여 부분+관세수입($P_0P_2 \times Q_3Q_4$)가 된다.

이제 A국이 B국이 FTA를 체결하고 C국은 제외되었다고 가정하면 P_0P_2만큼의 관세는 C국으로부터 수입되는 상품에는 여전히 부과되지만 B국으로부터 수입되는 물품에는 부과되지 않는다. 따라서 A국의 수입상품 X는 C국에서 B국으로 수입선이 전환되며, A국의 국내가격은 OP_2에서 OP_1으로 내려간다. 반면 국내생산은 OQ_3에서 OQ_1으로 감소한다. 그러나 소비량은 OQ_4에서 OQ_2로 늘어나게 되는데 이때 국내에서 생산되지 않는 양은 수입에 의존하게 되어 수입량도 Q_3Q_4에서 Q_1Q_2로 증가한다. A국은 X재를 전량 B국으로부터 수입하는데, 이 수입량 가운데 무역전환에 해당하는 것은 Q_3Q_4이다.

결국 무역이 확대되는 것은 국내생산 감소분(Q_1Q_3)과 소비증가분(Q_4Q_2)의 합계다. 결과적으로 경제통합에 따라 소비자잉여는 a+b+c+d만큼 증가하고 생산자잉여는 a만큼 감소하며, c+e 부분인 관세수입은 소멸되기 때문에 A국의 후생수준 총 변화는 b+d-e가 된다. 여기서 b와 d는 무역창출에 따른 후생수준 순증가인데 b는 고정생산비로부터 낮은 생산비로의 생산이동 효과이고 d는 소비효과에 따른 것이다. e는 수입선을 저생산비 공급원인 C국에서 고생산비 공급원인 B국으로 전환시킴에 따라 발생한 순손실이다. 결국 [그림 5-3]이 의미하는 바는 경제통합을 하기 전의 A국 관세율이 높으면 높을수록, 통합상대국인 B국과 비가맹국인 C국의 생산비의 격차가 작으면 작을수록, 그리고 A국의 수요곡선과 공급곡선의 탄력성이 크면 클수록 무역창출이익이 무역전환에 따른 불이익보다 크게 된다는 점이다.[19] 자유무역협정 체결에 따른 총체적인 효과는 무역창출효과와 무역전환효과를 모두 고려한 것으로 판단되어야 한다.

---

19) 무역전환효과와 무역창출효과를 계량적으로 분석할 수도 있다. SMART모형이라 불리는 방정식을 사용하는 것이다. 이 방정식은 자국의 재화에 대한 균형수요량을 국내생산재와 수입재간의 상대가격의 함수로서 산출한다. 이 방정식에 의하면 무역창출효과의 크기는 분석대상 국가로부터의 수입량과 가격탄력성에 의존하고, 무역전환효과는 수입재간 대체탄력성에 의해 그 크기가 결정된다. 김영귀 외, "한-터키 FTA의 산업영향 분석" (KIEP, 2012), pp. 4~10 참조.

2 동태적 효과

경제통합이론 중 대시장이론은 경제통합으로 시장이 확대됨에 따라 발생하는 동태적 효과를 장기적인 측면에서 고찰한다. 이 이론에 따르면 경제통합의 효과는 크게 두 가지로 생각할 수 있다. 하나는 규모의 경제이고, 다른 하나는 경쟁의 촉진이다. 이 두 효과가 상승작용을 하면서 가맹국들에게 경제성장과 국민소득의 향상을 가져다준다는 것이다. EU가 결성된 직접적이고 가장 큰 동기도 사실 이와 같은 동태적 효과를 기대한 데 있었다.

EU가 결성되기 전 유럽의 각국이 공통으로 인식하고 있었던 것은 자신들의 시장이 너무 협소하여 미국의 거대한 기업들과 경쟁할 수 없다는 것이었다. 즉, 미국은 관세가 부과되지 않는 단일 시장에서 대량생산을 통한 규모의 경제가 가능한데, 유럽 각국은 작은 시장으로 쪼개져 있어 그것이 불가능하다고 보았다. 따라서 미국 기업에 대응하기 위해서는 유럽의 여러 나라들이 힘을 합해 유럽시장을 하나의 단일한 시장으로 만들 필요가 있다고 보았던 것이다.

시장이 단일화 되면 역내의 생산자들은 치열한 경쟁을 하지 않을 수 없고, 이러한 경쟁에서 살아남으려면 경영상의 효율성 제고와 기술혁신 노력이 계속되어 마침내 이러한 경쟁에서 살아남는 기업들은 이윤이 늘어나 생산설비를 확장할 여유가 생긴다. 그렇게 되면 규모의 경제가 가능하고, 이는 다시 수요증대를 가져와 점점 더 시장내 각국 경제를 바람직하게 이끈다고 본 것이다.

제 3 절 원산지제도

1 경제통합에서 원산지의 중요성

경제통합을 하게 되면 물품이 수입될 때 필연적으로 특혜 부여 대상국에 온 물품과 다른 나라에서 온 물품을 구분하여 통관단계에서 차별적 조치를 해야 한다. 이때 반드시 필요한 것이 원산지에 대한 판단이다. 원산지(C/O : Country of Origin)란 해당 물품이 생산 또는 제조된 국가[20]를 의미한다. 무역에서 원산지가 특히 관심을 끌게 된 것은 원산지에 따른 과세에서의 차별과, 수입상품에 원산지표시를 의무화하면서부터다. 과세 차별은 덤핑방지관세나 상계관세와 같이 '일반적으로 적용되는 관세'를 인상하여 해당 수입물품에 대해 불리한 대우를 하는 경우도 있으나, 흔한 것은 경제통합 등으로 관세를 인하하는 것이다. 특정물품에 대해 관세를 인상하거나 혹은 인하하거나를 막론하고 이러한 차등대우의 판단 기준이 특정 국가로부터 수입된 물품 여부에 따라 불가피하게 상품에 대한 원산지의 판단이 선행되어야 한다.

상품의 생산 또는 제조에는 여러 나라가 관련되는 경우가 많다. 특히 공산품의 경우가 그러하다. 다른 나라에서 생산된 원자재를 수입하여 제품을 생산하는 경우가 많기 때문이다. 이때 같은 상품일지라도 어떤 기준을 적용하느냐에 따라 해당 물품의 원산지가 전혀 다르게 판단될 수 있다. 판단기준은 주로 원재료 공급국가나 주요 공정을 수행한 국가 또는 일정수준의 부가가치 창출 여부를 기준으로 한다. 자본투자나 기술제공국, 디자인 수행국, 상표권 소유국 등은 판단 기준으로 하지 않는다. 원산지를 어떻게 판단하도록 규율하느냐에 따라 국제투자, 생산과 판매, 물류, 무역형태 등에 상당한 변화가 일어난다. 이는 세계 각국 그리고 국제경영활동을 하는 기업들이 원산지에 대해 깊은 관심을 보이는 원인으로 작용한다. 무역상품의 생산국인 원산지를 판단하는 데 필요한 제반 법률과 규정 또는 판례와 그와 관련된 행정절차 등을 통틀어 원산지 규정이라 한다.[21]

원산지에 대해서는 WTO의 '원산지규정에 관한 협정'(Agreement on Rules of Origin)이 있고, 국제관세법이라 불리는 '세관절차의 간소화 및 조화에 관한 국제협약 개정의정서'(일명 교토협약)[22] 부속서에도 원산지에 관한 규정이 있으나, 모두 기본원칙 정도만을 규정하고 있을 뿐이다. 구체적인 기준, 특히 특혜관세 적용과 관련한 원산지 제도는 경제통합 상대국과의 협정 또는 각국의 법령에 의해 정해진다.

２ 원산지제도의 구분과 국내법상 근거

원산지제도는 [그림 5-4]처럼 특혜원산지제도와 비특혜원산지제도로 구분된다. 원산지제도를 특혜원산지제도와 비특혜원산지제도로 구별하는 이유는 양 제

---

20) 여기에서 국가는 일반적으로 정치적 실체를 지닌 것을 의미하나, 국가가 아닌 특정지역이나 경제통합체, 식민지, 속령, 보호령 등 독자적인 관세영역도 포함될 수 있다.
21) WTO 원산지규정에 관한 협정 제1조
22) 이 협약은 우리나라에서 조약 제1778호로 2006년 2월 3일 발효되었다.

도가 적용되는 범위가 서로 다르고, 목적도 다르며, 원산지규정의 내용 또한 서로 다르기 때문이다. 완전생산기준이나 부가가치기준 등 각종 용어가 비슷하게 사용되고, 원산지 결정과 관련하여 양 제도가 같은 것도 일부 있지만 다른 것이 훨씬 많은 것이다.

[그림 5-4] **원산지제도의 구분**

특혜원산지제도란 수입물품에 대한 관세부과에서 관세율의 인하 적용 또는 무관세 적용이라는 특혜부여를 목적으로 원산지를 판단하는 제도를 말한다. 이에 비해 비특혜원산지제도란 관세 특혜와 관련 없이 수출입물품의 원산지 판정이 필요한 경우에 적용되는 제도를 말한다. WTO협정이 원산지제도를 이와 같이 구분하는 이유는 협정에 의한 규율의 가능성 문제와 관련된다. WTO 설립협정에 의하면 회원국이 관세율을 인상하는 것에는 여러 가지 까다로운 제약조건이 따른다. 하지만 관세율 인하에는 아무 제약이 없다. 최혜국대우의 예외가 인정되는 것으로 관세율인하라는 특혜를 일정국가에서 수입되는, 일정조건 충족물품으로 제한하더라도 그 판단기준은 국제규범으로서 규율할 바가 아니라 본다.[23]

특혜원산지제도가 적용되는 것은 WTO 협정이 예외적으로 인정한 바에 따라 선진국이 개발도상국에 대해 일방적으로, 혹은 개발도상국 상호간에 협정에 의해 관세율을 인하 적용할 때와, 역시 WTO 협정이 인정한 바에 따라 FTA로 체약국가간 관세율을 인하해 적용할 때이다. WTO 협정이 예외적으로 인정한다는 것은 WTO협정의 기본원칙 중 하나인 최혜국대우[24]를 요구하지 않는 것이다.

비특혜목적의 원산지규정으로 대표적인 것이 WTO의 원산지규정에 관한 협정에 규정된 원산지규정이다. 국내법으로는 관세법, 대외무역법, 농수산물의 원산지표시에 관한 법률 등에 비특혜목적의 원산지규정이 있다. 반면 특혜목적의 원산지규정으로 대표적인 것은 여러 FTA에 규정된 원산지규정이다. 국내법으로는 관세법[25], FTA 관세특례법 등에 특혜목적의 원산지규정이 있다.

원산지규정과 관련된 국내법과 조약의 적용방법은 다음과 같다. 먼저, 관세의 부과 징수와 관련한 원산지 규정의 기본이 되는 법률은 관세법이므로 특혜관세의 적용 혹은 덤핑방지관세와 같은 비특혜관세의 적용시 원산지판단은 관세법의 규정에 따라야 한다. 다만, 남북간에 거래되는 물품에 대해서는 같은 법률로서 남북교류협력에 관한 법률에 별도의 원산지 규정이 있으므로 그에 따라야 한다. 또한 FTA와 관련한 원산지규정은 FTA 관세특례법을 우선 적용하고, 따로 규정이 없는 사항에 대해서는 관세법을 적용하되 FTA 관세특례법이나 관세법과 FTA가 상충되는 바가 있을 때는 조약인 FTA를 우선 적용한다.[26] 원산지표시와 관련된 사항은 대외무역법 및 관세법의 규정을 따르나 농수산물의 원산지표시는 농수산물의 원산지표시에 관한 법률에 의한다.

▌3 ▐ 원산지의 결정방법

(1) 원산지 결정방법의 개요

원산지결정은 해당 물품의 생산이 인정될 수 있는 인간 활동의 핵심 범위와, 그것이 이루어진 장소가 어디인지를 확정하는 것이다. 원산지 결정기준은 크게 보아 생산이 1개국에 국한되어 이루어질 때 적용하는 완전생산기준(WPOC : wholly produced or obtained criterion)과 2개국 이상에 걸쳐 이루어질 때 적용하는 실질적변형기준(STC : substantial transformation criterion)의 두 가지로 나눈다. 실질적변형기준은 다시 세번변경기준(CTC : the criterion of change of tariff classification)과 부가가치기준(VC : the ad valorem criterion percentage), 가공공정기준(CMPO : the criterion of manufacturing of processing operation)[27]의 세 가지로 세분된다. 특혜원산지제도나 비특혜원산지제도 모두에서 이러한 기준들이

---

25) 관세법에 규정된 원산지규정은 특혜와 비특혜 목적 모두에 적용된다. 그러나 FTA와 같이 협정에 의해 관세특혜를 부여할 때는 통상 원산지규정도 별도로 협정에 규정하기 때문에 이 경우 관세법의 원산지규정이 적용되지는 않는다.

26) 자유무역협정의 이행을 위한 관세법의 특례에 관한 법률 제3조.

27) 가공공정기준은 특수공정기준, 특정공정기준, 주요공정기준, 제조·가공공정기준, 특정가공공정기준 등 약간씩 다른 명칭으로 불리기도 한다.

활용된다. 그러나 비특혜원산지제도에서는 각 기준들이 간단한 반면 특혜원산지제도에서는 복잡하게 규정되고, 비특혜원산지제도와 달리 미소기준(微少基準, De Minimus), 누적기준, Roll-Up과 Roll-Down기준, 역외가공 인정기준, 부속품·예비부분품·공구·포장용품 등의 예외기준, 불인정공정기준, 대체가능물품의 원산지 기준, 간접재료에 대한 기준, 직접운송원칙 등 보충적 기준도 여러 가지가 동시에 활용되기 때문에 원산지규정이 훨씬 복잡하다.

FTA에 원산지규정을 정하는 방법은 FTA마다 다소 차이가 있으나 대체로 일반기준(GR : General Rule)과 품목별기준(PSR : Product Specific Rules)의 두 가지를 둔다. 일반기준으로 완전생산기준 적용의 범위와 실질적변형기준의 개념정의, 보충기준의 내용을 정해 두고, 품목별기준으로 무역대상이 되는 모든 물품의 품목별로 해당 품목의 세부 원산지기준을 정해 두는 형태다. 경우에 따라서는 일반기준만 두고 품목별기준을 두지 않는 경우도 있지만 그런 경우는 드물다. 일반기준과 품목별기준으로 원산지규정이 양분되어 있을 때 특정한 품목의 원산지기준은 일반기준의 내용과 해당 품목에 따로 규정된 바를 모두 충족시킬 경우에만 특혜가 허용되는 원산지가 인정된다. FTA에 규정되는 원산지규정 내용을 정리하면 [그림 5-5]와 같다.

[그림 5-5] **FTA의 원산지결정 기준**

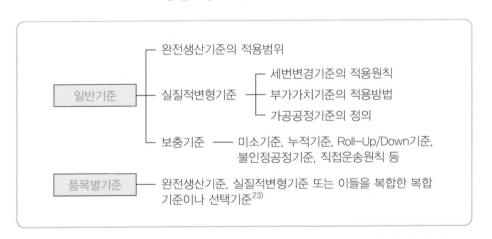

각국이 체결하는 FTA에서 적용되는 원산지 기준은 다양하나 지역별로 일정한 유형을 보인다. 주로 북미쪽에서는 NAFTA 모델을, 유럽쪽에서는 PANEURO 모델을 적용한다. 즉, 한-칠레, 한-미, 한-페루, 한-캐나다, 한-호주, 한-뉴

질랜드, 한－콜롬비아 등의 FTA에는 NAFTA 모델이, 한－EU, 한－EFTA, 한
－튀르키예 FTA에서는 PANEURO 모델이 주로 적용되었다. 한－싱가포르, 한
－중, 한－인도, 한－아세안, 한－베트남 등 아시아 국가들과 FTA를 체결할 때
는 체결 상대방에 따라 NAFTA 모델과 PANEURO 모델을 병용하였다. 원칙적
인 모델적용은 그렇다 하더라도 각국이 맺은 FTA의 원산지 규정을 보면 세부
내용은 체약상대국과의 관계에 따라 각기 서로 다른 기준이 복잡하게 규정되기
때문에[28] 같은 물품일지라도 FTA에 따라 원산지가 달라질 수 있다. 이는 동일
한 품목을 여러 FTA 체결국으로 수출할 경우 어떤 경우에는 특혜관세가 적용
되고, 또 어떤 경우에는 특혜관세가 적용되지 않을 수도 있음을 의미한다.[29]

(2) 완전생산기준의 개념

완전생산기준(WPOC)은 당해 물품 전부를 생산한 나라를 원산지로 결정하는 것
을 말한다. 당해 물품의 전부를 생산·가공·제조한 경우는 천연상태로 경제적
가치가 있는 물품을 채취, 수확하거나 동·식물을 발육시킨 경우와, 이 천연상
태의 물품을 기초로 새로운 물품을 제조·가공한 경우를 의미한다. 예를 들어
교토협약에는 다음과 같은 물품에 완전생산기준을 적용하도록 하였는데,[30] 각
FTA에서도 약간의 차이는 있지만 이와 비슷하게 규정된다.

① 당해 국가의 토양, 영해 또는 해저에서 채취된 광물성 생산품

② 당해 국가에서 수확 또는 채집된 식물성 생산품

---

28) 미국의 Bhagwatti 교수는 특혜원산지 규정이 FTA마다 달라 그릇속의 스파게티처럼 서로 복잡하게
얽혀있다고 하여 이를 "Spaghetti Bowl 효과"라 표현하면서, 이러한 복잡한 원산지규정의 충족과 관
련해 발생하는 비용으로 인해 FTA효과가 저해될 수 있음을 지적한 바 있다.

29) 예로서 한－미 FTA에서 선박과 그 구조물(HS 8901~8902)의 품목별원산지기준은 다음과 같다.
[HS 제8901호~제8902호] 다른 류에 해당하는 물품에서 제8901호 내지 제8902호에 해당하는 물품으
로 변경된 것 ; 또는 다른 호에 해당하는 물품에서 제8901호 내지 제8902호에 해당하는 물품으로
변경된 것. 다만, 아래의 역내부가가치가 발생한 것에 한한다.
1. 집적법 35% 이상 또는 ; 2. 공제법 45% 이상
이 품목별원산지기준의 의미는 해당 선박이나 그 구조물이 한－미 FTA 원산지규정의 일반기준이
충족된다는 전제하에 ① HS 2단위가 변경되었거나(세번변경기준충족), ② 집적법 35% 이상 또는 공
제법 45% 이상이란 부가가치기준을 충족시키면서 HS 4단위가 변경된 경우(혼합기준 충족) 각각 원산
지가 인정된다는 의미다.

30) Protocol of Amendment to the International convention on the simplification and harmo-
nization of customs procedures, Specific Annex K, Chapter 1. 각 FTA에 규정되는 완전생산기준
도 이와 유사하다.

③ 당해 국가에서 출생 및 사육된 산 동물

④ 당해 국가에서 산 동물로부터 얻은 생산품

⑤ 당해 국가에서 행해진 수렵 또는 어로로부터 얻은 생산품

⑥ 당해 국가의 선박이 해양어업에 의하여 획득한 생산품 및 해양에서 취득한 기타의 생산품

⑦ 상기 ⑥항이 정하는 종류의 생산품만을 가지고 당해 국가의 가공선(加工船)상에서 얻어진 생산품

⑧ 당해 국가의 영해 외 해저의 토양 또는 하층토에서 채취된 생산품. 다만, 당해 국가가 그 토양 또는 하층을 이용할 독점권이 있음을 조건으로 한다.

⑨ 제조 및 가공작업에서 생긴 부산물과 폐기물, 중고품으로서 당해 국가에서 수집되고 원자재의 회수에만 적합한 것

⑩ 당해 국가에서 상기 ① 내지 ⑧항에서 언급된 생산품에 의해서만 생산된 물품

(3) 실질적 변형기준의 개념

1) 세번변경기준

세번변경기준(CTC)은 관세부과를 목적으로 물품에 따라 정해져 있는 품목분류 번호, 즉 HS[31]가 변경될 정도의 생산이 행해진 국가를 원산지로 보는 것이다. 이 기준은 생산이 2개국 이상에 걸쳐 이루어질 때 적용된다. 이를테면 A국이 B국으로부터 천연고무 라텍스(HS 4001.10)를 수입하여 승용차용 공기 타이어(HS 4011.10)를 생산한 다음 C국으로 수출한 경우 그 타이어의 원산지를 A국으로 결정하는 것과 같다. 물품의 품목분류 번호인 세번(稅番)이 최종적으로 변경된 국가를 기준으로 원산지를 결정하는 것이다.

세번변경기준은 그 판단이 실질적변형기준의 다른 기준인 부가가치기준이나 가공공정기준에 비해 원산지 기준으로서 보다 객관적이고 적용이 비교적 용이하다는 장점이 있다. 투입된 원재료의 세번과 생산된 제품의 세번이 일치하는지 여부로서 판단을 내리므로 세번에 대한 이해만 어느 정도 갖추고 있으면 당해 제품의 생산이 세번을 변경시키는 것인지 여부도 쉽게 판단할 수 있기 때문이

---

31) HS는 Harmonized System의 약자다. 세번(稅番)이라고도 한다. HS는 세계관세기구에서 다자간 협정으로 체결되어 1988년 발효된 상품분류에 관한 국제협약으로서 정식명칭은 '통일상품명 및 부호체계에 관한 국제협약'(The international convention on the Harmonized Commodity description and coding system)이다.

다. 물론 세번 자체를 파악하고 이해하는 일이 쉬운 일이 아니라는 점은 있지만 이는 별개의 문제다. 특혜 또는 비특혜 목적을 막론하고 원산지결정에서 이 기준이 가장 많이 쓰인다.

세번은 2단위, 4단위, 6단위, 10단위로 단계별로 세분화되는 구조로 구성되기 때문에[32] 어느 정도까지의 세번이 변경된 경우를 기준으로 할 것인가에 따라 원산지가 인정되는 범위에 차이가 난다. 원산지 결정에서 세번변경이라 할 때는 통상 HS체계의 2단위 변경(CC : Change of Chapter), 4단위 변경(CTH : Change of Tariff Heading), 6단위 변경(CTSH : Change of Tariff Subheading)을 모두 포괄하는 의미로 사용한다. 관세법상 원산지규정의 세번변경기준은 6단위의 품목번호와 다른 6단위의 품목번호의 물품을 최종적으로 생산한 국가를 원산지로 본다.[33] 국제적으로는 CC와 CTH, CTSH가 모두 사용되고 있고, 우리나라가 체결한 여러 FTA에서도 이러한 기준이 모두 사용된다. 양국간 산업구조, 제품의 경쟁력, 무역거래 형태 등에 따라 대상국별로 원산지기준을 달리한 때문이다. HS 분류구조로 볼 때 세번변경기준이 2단위, 4단위, 6단위로 내려갈수록 원산지 결정의 기준은 완화되는 것이라 이해해도 무방하다. 다시 말하면 원산지 결정의 단위기준이 높을수록 교역확대보다는 산업보호를 우선 고려하는 것이다. 단위기준이 낮을수록 특혜관세 적용의 폭을 넓혀 교역을 확대하려는 의도를 보다 강하게 반영한다.

2) 부가가치기준

부가가치기준은 당해물품의 생산과정에서 규정된 비율 이상의 부가가치를 창출한 국가를 원산지로 보는 것이다. 이 기준에서 부가가치 비율을 정할 때는 NAFTA 모델에서는 '특정국가에서 발생한 부가가치가 일정비율 이상일 것'과 같이 규정하는 역내부가가치 방식(RVC : Regional Value Contents)을 사용하고, PANEURO 모델에서는 '특정국가 이외의 국가에서 생산된 원재료의 가치가 일정비율 이하일 것'으로 규정하는 비원산지재료가치방식(MC : Import Material Contents)이 사용

---

32) 예를 들어 살아있는 동물은 모두가 제01류에 분류되고, 살아 있는 동물 중 말이나 당나귀, 노새, 버새 등은 제0101호, 소는 0102호, 돼지는 제0103호, 양은 제0104호, 가금류는 제0105호, 기타의 산동물은 제0106호 등으로 세분한다. 제0101호의 말, 당나귀, 노새, 버새 등은 다시 제0101.10소호에는 번식용의 말이나 당나귀를, 제0101.20소호에는 번식용이 아닌 말이나 당나귀, 노새, 버새로 세분류해 가는 식이다. 아라비아 숫자의 조합으로 이루어지는 이 번호를 통칭 세번(稅番)이라 한다.

33) 관세법시행규칙 제74조

된다. 양쪽 모두 핵심은 해당국에서 당해 상품에 기여한 부가가치가 어느 정도 인가를 파악하는 것이다.[34] 부가가치기준에서 '가치'란 대체로 원산지 결정 대상 인 제품을 생산하는데 소요된 생산비를 의미한다. 역내부가가치 계산 방법으로 통상 쓰이는 것은 공제법과 집적법, 순원가법의 세 가지다.

공제법(BD : Build-down method)은 역내부가가치 비율을 계산할 때 판매상품 가격에서 비원산지 재료[35]의 가격을 제외한 나머지 부분을 역내 생산으로 보는 방법이다. 원산지 결정 대상물품의 가격에서 당해 제품의 생산에 사용된 비원산 지 원재료의 가격이 차지하는 비율을 공제하는 것으로 역내 부가가치율을 산출 하는 것이다. 집적법(BU : Build-up method)은 부가가치비율을 계산할 때 생산비 와 수출자의 마진을 파악하여, 이 가격이 원산지 결정대상인 상품의 가격에서 차지하는 비율을 부가가치율로 계산하는 방식이다. 순원가법(NC)은 상품의 단위 당 순원가(Net Cost)를 사용한다. 산출된 순원가에서 비원산지 재료가격을 제외 한 나머지 부분을 역내생산 부분으로 보는 것이다. 순원가법은 자동차나 자동차 부품의 원산지결정에서 많이 사용된다.

3) 가공공정기준

원산지 결정기준으로서 가공공정기준(CMPO)[36]이란 상품에 대해 특히 중요하 다고 인정되거나 당해 제품의 주요한 특성을 나타내게 하는 주요 부품을 생산한 국가 또는 주요 공정이나 실질적 변형을 이룬 국가를 원산지로 인정하는 것을 말한다. FTA에서는 이와 같은 가공공정기준이 적지 않게 적용된다. 우리나라가 체결한 FTA에 규정되어 있는 대표적 가공공정 기준 적용품목은 섬유 또는 의류 제품이다. 여기에서는 봉제, 원사 또는 원단의 생산, 재단 등의 공정수행국을 원산지로 판단하도록 하는 규정들이 있다. 그러나 각 FTA에 규정된 내용이 모

---

34) 원산지결정기준을 RVC 40%라 할 때 그 의미는 역내 부가가치가 40% 이상일 때 그 원산지를 인정한 다는 것이다. MC 50%라 할 때는 비원산지재료의 가치가 50% 이하일 때 그 원산지를 인정한다는 의 미다. FTA에서 원산지재료 또는 원산지물품이라 할 때는 해당 물품 또는 재료의 원산지가 우리나라 또는 FTA체결 상대국으로 인정되는 물품 또는 재료를 말한다. 원산지물품 또는 원산지재료가 아닌 것은 비원산지물품 또는 비원산지재료다.

35) FTA에서 원산지재료 또는 원산지 물품이라 할 때는 해당 물품 또는 재료의 원산지가 우리나라 또는 FTA 협정상대국으로 인정되는 물품 또는 재료를 말한다. 원산지 물품 또는 원산지재료가 아닌 것이 비원산지 물품 또는 비원산지 재료다. 자유무역협정의 이행을 위한 관세법의 특례에 관한 법률 시행 규칙 제2조.

36) 이를 특정공정기준 또는 특수공정기준이라고도 한다.

두 같지는 않다.

(4) 보충기준

미소(微少)기준(tolerance rule)은 세번변경기준을 적용할 때 역외산 재료의 비율(가격 또는 중량)이 미미할 경우 그 수입재료는 세번변경기준을 충족하지 못하더라도 원산지를 인정하는 것을 말한다. 최소허용기준이라고도 한다. 미소기준은 원산지인정의 폭을 확장시키는 효과를 발생시킨다.

누적기준은 국내산이 아닌 FTA 상대국산 원재료를 사용한 경우에도 그 원재료를 국산원재료(원산지 재료)로 간주하여 원산지를 판정하는 것을 말한다.[37] 누적기준도 원산지 인정의 폭을 확장시키는 효과를 발생시킨다. 특히 협정국간의 경제통합을 더욱 긴밀하게 하는 효과가 있다.

Roll-up기준은 흡수규정이라고도 한다. 역내부가가치를 계산할 때 수입재료에 부품을 추가하여 다른 중간부품을 만들고 이를 다시 투입하여 최종제품을 생산할 경우 최종제품의 역내부가가치 계산시 수입된 중간부품이 부가가치 기준에 의해 역내산으로 판정되면 그 중간부품 전체를 역내산으로 판정하는 것이다. 중간재에 대한 원산지판단을 보다 용이하게 하기 위한 규정이다.

Roll-down기준은 배제규정이라고도 한다. 역외산 재료를 수입한 다음 역내산 부품을 추가하여 중간부품을 만든 경우 해당 중간부품이 역내산으로 인정받지 못하면 그 중간부품 생산에 투입된 역내산 부품까지 모두 다 역내산으로 인정받지 못하는 것을 말한다.

불인정공정기준(Non-qualifying operation's)은 세탁이나 세척, 먼지나 녹의 제거, 동물의 도살 등 일정수준 이하의 단순공정이 이루어진 경우 비록 세번이 변경되었더라도 그 공정이 수행된 국가를 원산지로 인정하지 않는 것이다.

한편, 직접운송원칙은 특혜대상이 되는 상품이 다른 체약국으로 직접 운송되어야 원산지가 인정될 수 있다는 것이다. 다만, 수입국으로 운송하는 과정에서 다른 국가를 경유하게 될지라도 세관의 통제하에 경유할 때는 예외적으로 원산지가 인정될 수 있다.

---

37) 누적기준에는 적용 영역을 기준으로 하면 협정국간 수입된 원자재를 '원산지재료'로 인정하는 양자누적과, 다수 국가들이 FTA를 체결하였을 때 이들 국가 간 거래된 원자재를 원산지재료로 인정하는 다자누적이 있다. 적용범위를 기준으로 하면 원재료에 대해서만 누적을 인정하는 재료누적과, 재료누적뿐 아니라 역내에서 이루어진 모든 작업이나 공정 등도 '역내공정'으로 인정하는 완전누적이 있다.

(5) 품목별기준의 규정형태

어느 나라에서나 무역상품은 HS 체계에 의해 품목별로 구분된다. 품목별기준은 세번변경기준, 부가가치기준, 가공공정기준 또는 이들이 복합된 형태를 HS 품목별로 규정하고 있는 것이다. 동일한 품목이라 하더라도 FTA마다 그 기준이 다르게 규정되는 경우가 많다.

4 원산지제도의 경제적 효과

FTA에서 어떤 원산지규정을 두는가는 FTA를 체결한 역내국가뿐 아니라 역외국가의 해외직접투자 및 생산 장소의 결정, 원자재의 조달국, 무역거래 상품의 수출입 대상국가, 무역상품의 형태, 국제물류 등에 영향을 미치게 된다. 그 이유를 사례를 통해 살펴보기로 한다.

1994년 NAFTA가 발효된 후 다수의 우리나라 기업들이 멕시코에 직접투자를 통해 생산공장을 설립하였다. 세계 최대의 소비시장인 미국으로 판매할 상품을 상대적으로 인건비가 저렴한 멕시코에서 생산한 다음 NAFTA 관세특혜를 받아 미국시장으로 판매하기 위해서였다. NAFTA라는 자유무역지대 탄생으로 인해 멕시코에 해외직접투자가 증가하게 된 것이다. 직접투자를 통해 멕시코에서 생산하는 물품이 전자제품이라 할 때, 미국이 수입 전자제품에 어떤 원산지규정을 적용하게 되어 있는가에 따라 멕시코에서 생산하는 우리나라 기업의 원자재 조달형태가 달라질 수 있다.

예를 들어 NAFTA에 세번변경기준을 규정하고 있다면 우리나라 기업은 우리나라에서 전자부품의 대부분을 멕시코로 수입하여 멕시코에서 완제품을 생산하더라도 부품의 세번과 완제품의 세번이 달라질 것이므로 해당 물품을 미국으로 수출할 때 미국의 수입통관과정에서 관세상 특혜를 받을 수 있다. 만일 NAFTA에 50%의 부가가치기준을 규정하고 있다면, 우리나라 기업은 적어도 50% 이상의 부품을 멕시코산이나 미국산을 사용해야 원산지재료의 비율이 50%를 넘어 미국으로 수출할 때 특혜관세 적용을 받을 수 있다. 이 경우 해당 물품을 멕시코에서 생산하였는지가 문제가 아니다. 멕시코산이나 미국산 원자재를 50% 이상 사용하였는가 여부가 원산지결정의 기준이 되는 것이다. 결국 원산지규정으로 인해 부품의 조달형태와 조달경로가 달라지는 것이다.

또 다른 사례로 의류의 경우를 보자. 한–미 자유무역협정에서 의류와 관련된 원산지규정으로 의류 생산에 사용된 원단의 제조국가를 원산지로 인정하는 경우와, 의류의 봉제과정을 수행한 국가를 원산지로 인정하는 두 가지 특수공정기준을 적용한 경우가 있다. 원단의 제조국가를 원산지로 인정하는 경우로서 중국산 직물을 우리나라로 수입하여 재단, 봉제 등의 과정을 거쳐 의류를 생산해 미국으로 수출하였다고 하자. 이때 비록 그 의류는 우리나라에서 생산되었더라도 미국의 수입통관과정에서 중국산으로 판정될 것이다. 따라서 자유무역협정에 의한 특혜관세가 적용될 수 없다. 그러나 원단을 우리나라에서 생산하여 중국에서 봉제 등을 한 다음 국내로 반입하여 미국으로 수출한다면 이 의류의 원산지는 우리나라로 판정되어 특혜관세가 적용될 수 있을 것이다. 같은 상황에서 봉제과정을 수행한 국가를 원산지로 인정하는 경우를 보자. 만일 우리나라에서 생산된 직물을 중국으로 보내어 임가공으로 의류를 생산한 다음 우리나라로 반입해 미국으로 수출하면, 그 물품은 미국서 통관될 때 봉제국인 중국을 원산지로 판정하므로 특혜관세가 적용될 수 없다. 그러나 중국산 원단을 수입해 국내에서 봉제한 다음 미국으로 수출한다면 한국산으로 인정되어 특혜가 적용될 것이다. 결국 원산지규정 자체가 원자재의 구매처와 물품의 생산지 선택에 심대한 영향을 주게 되는 것이다.[38]

5 원산지증명서의 발급과 원산지의 검증

(1) 원산지증명서의 발급

FTA로 허용되는 특혜 성격의 협정관세 적용에 필수적인 무역서류가 원산지증명서(C/O : Certificate of Origin)다. 원산지증명서를 발급하는 방법은 원산지국가의 세관, 상공회의소와 같이 법률로 규정된 권한 있는 기관이 해당 수출물품에 대해 원산지를 확인하여 발급하는 기관증명방식과, 수출자나 생산자 등이 자율적으로 원산지를 확인하여 작성·서명하는 것으로 증명하는 자율증명방식으로 구분된다. 기관증명방식은 아시아 국가들이 선호하는 것으로, 아시아 국가간의 FTA에서는 대개 기관증명방식을 적용한다. 반면 자율증명방식은 아시아 지역 이외의 국가들에서 널리 인정되는 증명방식이다.[39] 원산지증명에서는 만일 원

---

[38] 의류와 같은 물품에서는 FTA에서 적용하는 원산지기준과 원산지표시에서와 같이 비특혜목적으로 적용하는 원산지기준이 다를 때도 있다. 같은 물품에 서로 다른 원산지가 인정될 수도 있는 것이다.

[39] 기관증명방식과 자율증명방식에는 각각의 장단점이 있다. 아시아 국가들이 기관증명방식을 선호하

재료를 수입해 사용한 것이라면 그 원재료를 수입 통관할 때 통관세관에서 발급
받은 수입신고필증을 활용하고, 국내에서 조달받아 사용한 것이라면 공급업체로
부터 원산지확인서를 입수하여 활용한다. 자율증명의 경우 원산지증명은 해당
물품의 상업송장 등의 무역서류에 생산자 또는 수출자[40]가 원산지를 기재하는
것을 포함한다. 우리나라가 체결한 FTA별 원산지증명서 발급방식과 증명의 주
체, 증명서의 유효기간 등을 정리하면 〈표 5-5〉와 같다.

〈표 5-5〉 **우리나라 FTA 협정국별 원산지증명서의 발급방법과 증명서의 유효기간**

FTA 대상국	FTA 발효일자	증명방식	증명주체	증명서의 유효기간
칠레	2004.4.1	자율	수출자	2년
싱가포르	2006.3.1	기관	특정 기관	1년
EFTA[41]	2006.9.1	자율	수출자	1년
아세안	2007.6.1	기관	특정 기관	12개월
인도	2010.1.1	기관	특정 기관	1년
EU	2011.7.1	자율	인증수출자[42]	1년
페루	2011.8.1	자율	수출자	1년
미국	2012.3.15	자율	수출자, 생산자, 수입자	4년
튀르키예	2013.5.1	자율	수출자	1년
호주[43]	2014.12.12	자율/기관	수출자, 생산자, 특정기관	2년
캐나다	2015.1.1	자율	수출자, 생산자	2년
중국	2015.12.20	기관	특정기관	1년
뉴질랜드	2015.12.20	자율	수출자, 생산자	2년
베트남	2015.12.20	기관	특정기관	1년
콜롬비아	2016.7.15	자율	수출자, 생산자	1년
중미	2019.10.1.	자율	수출자, 생산자	1년
영국	2021.1.1.	자율	인증수출자	1년
RCEP	2022.2.2.	기관, 자율 (순차적 도입)	수출자/생산자/ 수출당사국의 특정기관	1년
캄보디아	2022.12.1.	기관, 자율 (인증수출자)	특정기관, 인증수출자	1년
이스라엘	2022.12.1.	기관, 자율 (인증수출자)	특정기관, 인증수출자	1년

자료 : 2023년 1월 현재 발효된 20개 FTA를 기초로 저자가 작성

고, 유럽이나 미주 국가들이 자율증명방식을 선호하는 것은 그들의 전통의식과 밀접한 관련이 있다.
40) C/O 발급에서 수출자란 통상 해당 물품의 선적자(shipper)를 뜻한다. 이는 판매자와 다를 수 있다.
41) 한-EFTA에서 스위스의 치즈는 기관증명방식을 적용한다.
42) 한-EU FTA에서 인증수출자란 원산지증명서를 발급할 능력이 있음을 세관장으로부터 별도로 '인정'

〈표 5-5〉에서 증명주체가 특정기관이 아닌 경우는 모두 자율증명제도가 적용되고 있는 것이다.

(2) 원산지의 검증

수출자가 송부한 원산지증명서를 사용하여 수입국에서 FTA 협정관세를 적용하여 특혜를 받은 경우 수입국 세관당국은 심사를 통해 해당 물품에 대한 원산지증명서가 정당한 것인지를 확인할 수 있다. 이를 원산지검증이라 한다.[44) 만일 수입자나 수출자 등 검증대상자의 비협조나, 파산 등으로 검증이 불가능하거나, 검증결과 특혜대상이 되는 원산지로 인정될 수 없음이 확인되면 최근 5년 내에 특혜받은 관세는 징수되고 가산세 등 불이익도 따르게 된다. 수입국 세관당국의 이러한 불이익 처분은 당연히 수입자를 대상으로 하지만, 수입자는 원산지증명서를 제공한 수출자에게 그 책임을 물을 소지가 있다. 나아가 연쇄적인 파급효과로 수출자는 수출물품이나 수출물품 생산에 사용된 원재료를 공급하고 원산지확인서나 국내제조확인서[45)를 제공한 국내 원자재공급업자에게 책임을 묻는 경우도 발생할 수 있다. 원산지검증 방법에는 수입국의 세관당국이 수출국에 직접 출장하여 수출자 또는 생산자를 상대로 해당 물품의 원산지 등을 확인하거나, 직접 출장하지 않더라도 이들로 하여금 자료를 직접 제출하도록 하는 직접검증과, 수입국 세관당국이 수출국 세관당국에 의뢰하여 수출자 또는 생산자를 상대로 해당 물품의 원산지 등을 확인하여 통보받는 간접검증 그리고 간접검증을 원칙으로 하되 필요할 경우 직접검증을 병행하여 실시할 수 있는 혼합검증의 세 가지 방법이 있다. 우리나라가 체결한 FTA별 원산지검증 방법은 〈표 5-6〉과 같다.

받는 절차를 거친 자를 말한다.
43) 한-호주 FTA에서 한국 쪽은 자율증명이나 호주 쪽은 자율 및 기관증명을 선택할 수 있다.
44) 원산지검증을 '원산지조사'라 부르기도 한다.
45) 원산지확인서와 국내제조확인서는 다 같이 수출물품의 생산자와 수출자가 다를 경우에 생산자가 발급하여 수출자에게 제공하는 원산지증빙서류다. 원산지확인서는 공급하는 물품이 원산지가 역내산으로 인정될 때 발급되고, 국내제조확인서는 국내에서 제조가공은 했지만 원산지가 역내산으로 인정되지 못할 때 발급된다. 수출자는 이를 근거로 원산지증명서를 발급할 수 있다.

〈표 5-6〉 **우리나라가 체결한 FTA의 원산지검증 방법**

구 분	해당되는 FTA
간접검증 방법	한-EFTA, 한-EU, 한-튀르키예, 한-영국
직접검증 방법	한-싱가포르, 한-미국(섬유제외), 한-칠레, 한-캐나다, 한-뉴질랜드
혼합검증 방법	한-아세안, 한-인도, 한-미국(섬유), 한-페루, 한-호주, 한-중국, 한-베트남, 한-콜롬비아, 한-중미, 한-RCEP, 한-캄보디아, 한-이스라엘

자료 : 2023년 1월 현재 발효된 20개 FTA를 기초로 저자가 작성

원산지를 검증할 때 그 대상자는 물품의 수입자와 최종 수출자(또는 생산 및 수출자)뿐 아니라 수출물품 생산에 소요된 원자재를 국내에서 공급한 자도 될 수 있다. 수출자가 원산지증명서를 발급할 때 원자재 공급자가 발급한 원산지확인서와 국내제조확인서가 사용되기 때문이다. 또한 직접운송의 원칙의 확인 등과 관련하여 운송업체나 창고업체, 통관업자 등도 검증대상이 될 수 있다. 그러나 어디에서 확인이 되더라도 원산지증명에 잘못이 있는 것이 발견되면 수입국 관세당국이 특혜관세 적용의 배제와 같은 조치를 하는 것은 관세특혜를 받은 수입자에 대해서이다.

[무역현장]

'관세청, 원산지 위험관리 활동 어떻게 하고 있나?

지난해 한·터키FTA를 활용한 우리 기업의 수출물품에 대해 터키 관세당국의 원산지검증 요청이 1분기에 폭발적으로 증가하는 등 국내 수출기업의 피해가 우려됐다. 작년 상반기에 만 무려 69건에 달할 만큼 터키 관세당국의 원산지검증 요청은 크게 늘었으며, 특히 중계무역을 이용해 제3국에서 상업송장을 발행하는 국내 화학제품 수출업체에 검증이 집중됐다.

관세청은 터키당국의 검증 요청건을 분석하고 수출업체의 원산지관리 실태를 조사하는 등 오류유형별 개선방안을 도출해 컨설팅을 실시했다. 국내 대기업 OO화학과 OO케미칼 등은 컨설팅 내용을 바탕으로 원산지증명서 발급방식을 개선한 결과 지난해 상반기 대비 하반기 검증요청이 88% 이상 감소하는 등 FTA 검증에 따른 리스크를 크게 완화했다. 특히 한·터키 FTA 회신기한이 10개월 가량 소요됐으나, 양국간의 협의를 통해 3개월로 검증기간을 단축하는 등 수출업체의 잠재적인 통관애로를 사전에 방지하는 효과도 거뒀다.

관세청은 올 한해 FTA교역 체제하에서 수출기업의 사후검증 대응력을 한층 강화하는 등 원산지 신인도를 제고하는데 역점을 기울일 방침이다. 각 협정별·산업별 사후검증 요청패턴을 분석해 실효성 있는 원산지 사전확인 컨설팅사업을 운영해 기업 경영의 안정성을 지원하는 한편, 해외통관애로·수출검증 요청이 많은 국가로 수출하는 기업을 대상으로 맞춤형 정보를 제공해 원산지검증 대응능력을 강화시켜 나갈 계획이다.

FTA 원산지검증뿐만 아니라, 일반(비특혜) 수출기업에 대한 원산지검증 또한 크게 증가하고 있다. 2019년 한해동안 199건에 머물던 비특혜 원산지증명에 대한 요청건수는 지난해 상반기에만 106건에 달할만큼 증가추세를 보이고 있다.

관세청은 지난해 비특혜 원산지검증에 따른 국내 수출기업의 피해를 사전에 예방하기 위해 대한상의와 무역협회, 울산시청 등 유관기관 협업을 통해 정보제공을 확대했으며, 이 결과 다수의 수출입기업으로부터 업무도움에 대한 감사표시를 받았다. 올해도 이같은 비특혜 원산지검증에 대응한 지원활동을 강화해, 본청에 '원산지확인위원회' 심의안건을 확대하고, 원산지판정 사례에 대해 대한상공회의소와 공유하는 등 수출입기업의 원산지증명서에 대한 정확성을 제고할 방침이다. 특히, 원산지판정 업무의 효율화를 위해 FTA국과 통관지원국으로 이원화된 원산지판정 업무를 FTA국으로 일원화를 추진한다.

(한국세정신문, 2021.03.10.)

3

국제금융과 국제경영론

6

외환과 국제금융

제6장의 주요 내용

제6장에서는 외국환과 환율 그리고 국제수지에 대해 살펴본다. 이 장에서 학습할 주요 내용은 다음과 같다.

1. 외국환의 종류
2. 환율의 종류와 표시방법
3. 세계 각국의 주요 국제통화 활용상황
4. 국제통화의 기능
5. 국제수지표의 구성
6. 국제금융시장

제6장 학습 키 워드(key word)

법화, 환, 내국환, 외국환, 외환, 대외지급수단, 송금환, 추심환, 지급지시, 매도환, 매입환, 환가료, 현물환, 선물환, 스왑거래, 외환시장, 외국환은행, 환율, 기준환율, 매도율, 매입률, 재정환율, 고정환율제도, 변동환율제도, 국제통화, 특별인출권(SDR), 금본위제도, 국제통화기금(IMF), 국제수지표, 국제대차표, 경상수지, 상품수지, 자본 및 금융계정, 오차 및 누락, 국제금융, 국제금융시장

제6장 외환과 국제금융

제1절 ▶ 외 환

1 통화와 무역대금결제

(1) 통 화

오늘날 세계에는 240여개에 달하는 국가들이 있고, 모든 국가는 자국 내에서 통용되는 화폐를 가지고 있다. 우리나라는 원(won), 미국은 달러(dollar), 중국은 위안(yuan), 영국은 파운드(pound)가 각각 그 나라의 화폐라는 것을 우리는 잘 안다. 각국의 화폐는 그 나라 영토 안에서만 통용되는 법화(legal tender)로서의 특성을 가지고 있다. 따라서 외국에서는 원칙적으로 통용되지 못한다. 원화는 우리나라에서만 법적통화일 뿐 일본이나 중국에서는 당연히 법적통화가 아니다. 물론 유럽연합(EU)의 단일화폐로 경제통화동맹(EMU) 가입국에서 사용되는 유로(EURO)화를 EMU 가입국이 아닌 모나코(Monaco)나 산 마리노(San Marino) 또는 바티칸 시공국(Vatican City)과 같이 작은 나라들이 자국의 법적통화로 정해 사용하는 예외도 있다. 미국 달러화도 미국뿐 아니라 영국령 버진 아일랜드(Virgin Island)나 푸에르토리코(Puerto Rico)에서 법적 화폐로서 통용된다.

통화의 명칭은 같지만 실제 화폐는 전혀 다른 경우도 있다. 예를 들어 달러(dollar)라는 통화명칭은 미국뿐 아니라 캐나다, 호주, 뉴질랜드, 홍콩, 바하마, 가이아나, 자메이카, 나미비아, 짐바브웨 등 많은 나라에서도 사용된다. 그러나 이들 나라의 화폐는 미국의 달러와는 전혀 다른 화폐이다. 당연히 화폐의 가치도 다르다.[1] 따라서 무역거래를 함에 있어 통화를 표시할 때는 US$와 같이 어

---

[1] 통화명칭이 달러인 짐바브웨에서는 2008년에 인플레가 수십억 %에 이르자 액면가 100조 달러인 지폐를 발행한 바 있다. 그러나 0이 14개나 되는 이 달러로도 장바구니 한 개를 채우기 힘들었다고 한다. 당시 짐바브웨에선 달걀 1개 값도 무려 13억 달러가 넘었기 때문이다. 곧 이은 화폐개혁으로 이 지폐는 얼마 사용되지 않았지만 우리나라 인터넷 쇼핑몰에서 기념품으로 1장당 5천원에 판매된 적이 있다.

느 통화를 의미하는지 정확하게 표시해야 한다.

(2) 무역대금의 결제와 환율

무역거래는 재화는 수출국에서 수입국으로 이동하게 하고, 그 반대로 재화에 대한 대가인 자금은 수입국에서 수출국으로 이동하게 한다. 무역거래에 따른 무역대금의 결제는 일반적으로 동일 화폐로 이루어지는 것이 아니라 이종(異種)화폐의 교환을 통해서 이루어지기 때문에 통화의 교환이라는 문제가 발생된다. 이와 같이 한 통화를 다른 통화와 교환할 때 적용되는 교환비율이 환율이다. 대부분 국가에서 무역대금의 결제통화는 미 달러화를 주로 사용하고, 그 외에 유로화와 엔화 등도 이용된다.[2]

2 외환의 개념

(1) 내국환과 외국환

환(exchange)은 서로 멀리 떨어져 있는 사람, 기타 경제 주체사이의 채권과 채무를 현금의 이동에 의하지 않고 환어음이나 수표를 지급 위탁 등의 방법으로 금융기관을 통해 결재하는 것을 말한다. 환거래가 국내에서 발생되는 경우, 즉 환거래 상대방이 국내에 있는 경우를 내국환(內國換)이라 하고 국가 간에 발생되는 경우, 즉 환거래 상대방이 외국에 있는 경우를 외국환(外國換) 또는 외환이라 한다. 다시 말해서 외국환이란 서로 다른 국가에 거주하는 사람들 간의 경제적 거래에서 발생하는 대차(credit and debit)관계를 현금이나 금의 이동 없이 결제하는 대금결제 수단이다. 무역거래에서 대금을 결제함에 있어 화폐를 직접 사용하는 경우도 있기는 하지만 아주 소규모의 거래가 아닌 한 화폐를 대금결제에 직접 사용하지는 않는다. 대신 외화로 표시된 어음(이를 '환어음'이라 한다)이나 지급지시서(전신환, 우편환 등)를 사용하여 금융기관을 통해 결제하는 것이 일반적이다. 무역거래에서는 수출상(채권자)과 수입상(채무자) 간의 채권·채무관계가 청산되어야 하므로 항상 외국환거래가 뒤따른다.

2) 2018년의 경우 우리나라 수출물품에 대한 결제통화의 비중은 미 달러화가 84.5%, 유로화가 5.6%, 엔화가 2.7%, 원화가 2.8%, 위안화가 1.7%, 기타 통화 4.3%였다. 반면 2015년을 기준으로 전세계적으로 무역결제 통화비중을 보면 미 달러 41.9%, 유로화가 31.3%, 파운드화가 8.5%, 엔화가 2.5%, 호주달러 2.0%, 기타 통화 13.8%였다. 자료 출처 : 국제은행간통신협회(SWIFT)

외국환을 내국환과 비교하면 다음과 같은 특징을 가진다.

첫째, 채권과 채무관계가 각기 다른 나라에 거주하는 사람들 간에 발생하기 때문에 서로 다른 화폐가 개입된다는 점이다.

둘째, 외국환 거래에서는 필연적으로 환율문제가 발생한다는 점이다. 거래를 위해 서로 다른 통화의 교환이 필요하게 되고, 이때 통화의 교환비율을 얼마로 결정할 것인가 하는 중요한 문제가 대두된다.

셋째, 결정된 환율에 따라 외국환을 사고파는 중개 역할을 하는 외국환은행이 개입한다는 점이다.

넷째, 결제에 시간이 오래 걸리는 경우가 많으며, 이 경우 이자 문제가 발생한다는 점이다.

다섯째, 많은 국가들이 외국환 거래에 개입하여 이를 관리하고 있다는 점이다. 외국환은 국제수지와 국가 경제 발전에 심대한 영향을 미치고 있기 때문에 이에 대한 주의 깊은 관리가 필요한 면이 있다. 다만 경제상황과 경제발전 정도 등에 따라 각국 정부당국이 외국환거래에 관여하는 정도는 상당히 다르다. 저개발국일수록 외환거래에 대한 정부의 개입이 심하고, 선진국일수록 외환거래가 자유롭다.

(2) 외국환거래법상 외국환의 정의와 관리

외국환거래에 대한 규율을 담고 있는 우리나라의 외국환거래법 제3조는 외국환을 대외지급수단, 외화증권, 외화파생상품, 외화 채권으로 정의한다. 대외지급수단은 외국통화, 외국통화로 표시된 지급수단, 그 밖에 표시통화에 관계없이 외국에서 사용할 수 있는 지급수단이다. 외국환거래법에서는 지급수단을 정부지폐·은행권·주화·수표·우편환·신용장과 대통령령으로 정하는 환어음, 약속어음 그 밖의 지급지시 및 증표, 플라스틱카드 또는 그 밖의 물건에 전자 또는 자기적 방법으로 재산적 가치가 입력되어 불특정 다수인 간에 지급을 위하여 통화를 갈음하여 사용할 수 있는 것으로 정의한다.[3] 이러한 지급수단이 대외적으로 사용될 때 대외지급수단이 된다.

외화증권은 외국통화로 표시된 증권 또는 외국에서 지급받을 수 있는 증권이다. 외화파생상품은 외국통화로 표시된 파생상품 또는 외국에서 지급받을 수 있는 파생상품을 말한다. 외화채권은 외국통화로 표시된 채권 또는 외국에서 지급

---

3) 외국환거래법 제3조 및 동법시행령 제3조.

받을 수 있는 채권을 말한다.

내국환은 국내에서 통용되므로 여기에 별다른 제약이 따르지 않는다. 그러나 외국환은 국가 간에 이동되기 때문에 외국환의 유출국과 유입국의 경제에 영향을 미치게 된다. 외국환의 유출은 자금이 해외로 빠져나간다는 것을 의미한다. 유출국 입장에서 볼 때 과도한 자금의 유출은 산업과 경제발전에 필요한 자금의 부족을 야기시킬 수 있다. 외국환의 유입은 자금이 국내로 들어온다는 것을 의미한다. 유입국 입장에서 볼 때 자본이 들어오는 것이므로 바람직하긴 하지만 그것도 과도하게 유입될 경우 물가상승의 문제를 발생시킬 수 있다.

외국환의 유출과 유입은 환율과 국제수지에 영향을 미친다. 따라서 대부분의 국가는 환율을 안정시키고 국제수지 균형을 위해서 외국환을 관리하고 있다. 우리나라의 경우는 1961년에 외국환관리법을 제정하여 수출입거래와 관련한 지급 및 영수를 관리하여 왔다. 그러나 외환위기 이후인 1999년 4월 21일에 외국환관리법을 폐지하고 외국환거래법을 새롭게 제정하였다. 외국환거래법에서는 수출입거래와 영수를 엄격하게 관리하도록 했던 것을 대폭 변경하여 상당부분 자유화시켰다. 이때부터 외국환거래 중 특히 무역거래에 수반되는 외국환거래에 대해서는 거액 수출대금의 미회수 등을 제외하고는 사실상 아무런 제약을 하지 않고 있다. 그러나 자본거래 등에 대해서는 일정한 관리를 한다.

3 외국환의 종류

(1) 송금환과 추심환

송금(remittance)은 채무자(매수인)가 채권자(매도인)에게 채무액을 지급하기 위해서 외화나 원화로 표시된 금액을 외국환은행에 지급하고 이것을 채권자에게 송금해 줄 것을 위탁하여 처리하는 것이다. 이때 사용되는 환을 송금환이라 한다. 송금환은 채무자가 채권자에게 송금한다고 하여 순환(順換)이라고도 한다. 무역거래에서 수입상이 거래대금을 은행에 불입하고 수출국에 있는 매도인에게 지급해 줄 것을 위탁하면 은행은 매도인에게 해당 금액을 송금해 주는 것이다. 송금환의 종류에는 송금수표와 우편송금환, 전신송금환이 있다.

송금수표(D/D : demand draft)는 수입상이 자기 거래은행에게 수입대금을 지급하고 송금수표로 발행해 줄 것을 요청하면 매수인의 거래은행이 해외 본·지점 또는 환거래은행[4]을 지급은행으로, 매도인을 수취인으로 발행하는 것이다. 매수인은 송금수표를 매도인에게 송부하고, 매도인은 송금수표를 지급은행에 제시하여 수출대금을 회수한다. 송금수표는 은행이 매도인에게 직접 인도하는 것이 아니다. 매수인이 은행으로부터 받아서 매도인에게 인도하는 것이다. 그러므로 인도하는 기간 동안에 분실될 수도 있고 송금수표를 제시하는 자가 정당한 수취인인지 확인하기 어려운 경우도 있다. 따라서 수표 발행은행은 송금수표와 별도로 수표발행통지서를 수출국에 있는 지급은행으로 보내게 된다. 지급은행은 송금수표와 수표발행통지서를 상호대조한 다음 현금을 지급한다. 송금수표는 통상 은행이 발행한 은행수표(banker's check)가 이용된다. 오늘날 송금수표에 의한 대금결제는 그 과정이 번거롭고, 위험성도 높기 때문에 별로 이용되지 않는다.

우편송금환(M/T : mail transfer)은 매수인이 대금을 거래은행에 위탁하여 매도인에게 지급해 줄 것을 요청하면 거래은행이 수출국에 있는 외국환은행이 매도인에게 수입대금을 지급하도록 지급지시서(payment order)를 우편으로 보내는 것이다. 지급지시서를 받은 은행은 매도인의 신분을 확인한 후에 대금을 지급하고 동 금액을 지급지시은행의 예금계정에서 인출한다. 이때 수입국에 있는 은행이 송금환을 우편으로 수출국 소재 은행으로 보내기 때문에 우편일수만큼의 자금비용, 즉 이자문제가 발생한다.

전신송금환(T/T : telegraphic transfer)은 우편환과 달리 지급지시를 국제은행간 통신협회 전신망(SWIFT)을 통해 전신으로 한다는 점이다. 매수인이 대금을 거래은행에게 위탁하여 매도인에게 지급해 줄 것을 요청하고 거래은행은 수출국에 있는 외국환은행이 수입대금을 매도인에게 지급할 것을 전신으로 지시하면 외국환은행은 매도인에게 즉시 지급한다. 전신송금환은 수입국 소재 은행에서 수출국 소재 은행으로 전신으로 통보되기 때문에 분실이나 이자발생과 같은 문제가 발생하지 않아 무역거래에서 주로 사용된다.

추심환(collection)은 채권자인 매도인이 채무자인 매수인을 지급인으로 환어음을 발행하여 채권을 회수하는 경우다. 이를 순환에 대비시켜 역환(逆換)이라 한다. 매도인이 발행한 환어음은 거래은행을 통해 매수인에게 전달되어 수출대금을 회수하게 된다. 환어음과 무역서류가 매수인에게 제시되는 시점에 매수인이

---

4) 환거래은행은 코레스 계약을 맺은 은행을 말한다. 코레스 계약(correspondent arrangement)이란 외국환은행이 외국 은행과 거래하는 전반적인 외국환 업무와 관련된 환거래계약이다. 외국과 무역거래나 자본거래를 할 때 각 국가의 은행이 자국의 거래당사자들의 의뢰를 받고 송금 등의 업무를 하는데, 이러한 업무를 상호진행하기로 세계 각국의 은행과 계약을 맺는 것이다. 이러한 상호계약을 맺은 은행을 CORRES은행이라고도 한다. 코레스계약에서는 거래통화의 종류·대상점포·취급업무 종류·대금결제 방법 등에 대해 합의하고 거래조건·수수료·서명부·표준암호 등의 각종 문서를 교환한다.

대금을 지급하는 경우를 지급인도조건(D/P), 환어음과 무역서류를 매수인이 인수한 다음 일정기간이 경과한 후에 대금을 지급하는 경우를 인수인도조건(D/A)이라 한다.

추심환을 은행입장에서 당발추심(outward collection)과 타발추심(inward collection)으로 구분하기도 한다. 당발추심은 국내 은행이 지급지가 외국인 외화수표나 환어음을 매입하거나 매입의뢰를 받아 지급은행에 직접 또는 환거래은행을 통해 대금을 청구하는 것을 말한다. 반면 타발추심은 해외은행으로부터 외국환이 우송되어 오면 외국환의 채무자, 즉 지급인에게 연락하여 추심대금을 지급받아 해외은행에 송금하여 주는 것을 말한다.

(2) 매도환과 매입환

외국환은행이 외국환의 구매자에게 원화를 받고 외국환을 매각할 경우를 매도환(selling exchange)이라 한다. 반대로 외국환의 판매자로부터 외국환을 원화를 주고 매입할 경우를 매입환(buying exchange)이라 한다. 매수인이 대금을 매도인에게 지급하기 위해서는 무역계약에서 약정한 외화로 된 돈이 필요하다. 따라서 매수인은 외국환은행에게 원화로 표시된 수입금액을 지급하고 외화로 표시된 외국환을 매입하게 되는데, 외국환은행 입장에서 보면 매수인에게 외국환을 매도하는 것이다. 이때의 외국환을 매도환이라고 한다. 반면에 매도인이 매수인으로부터 수출대금을 회수하면 외화로 표시된 돈을 외국환은행에서 원화로 바꿔야 한다. 외국환은행의 입장에서 보면 매도인으로부터 외화로 표시된 외국환을 매입하는 것이다. 이때의 외국환을 매입환이라 한다. 결국 매도환과 매입환은 은행 입장에서 외국환거래를 표현하는 것이다. 은행이 매도인으로부터 외국환을 매입할 때는 표시된 외화를 원화로 환산하여 지급하는 외에 환가료(exchange commission)를 징수한다.[5]

(3) 현물환과 선물환, 스왑거래

외국환의 거래가 매매계약이 체결됨과 동시에 결정되는 것을 현물환(spot exchange)이라 한다. 반면 일정 기간이 지난 후에 약정된 환율로 거래를 할 것을

---

5) 외국환은행이 일람출급(一覽出給)환어음을 매입하는 경우 고객에게는 어음금액을 즉시 지급하지만, 매입한 어음을 상환받을 때까지는 상당한 시일이 소요된다. 그래서 선지급과 후결제 사이에 매입은행이 부담하는 어음금액에 대한 이자와 환리스크를 고객으로부터 보상받게 되는데 이를 환가료라 한다.

미리 결정하고 실제매매거래는 약정된 날이 되었을 때 이루어지는 것을 선물환 (forward or futures exchange)이라 한다. 현물환은 그 결제일이 계약이 체결된 날로부터 2영업일 이내인 외국환거래를 말한다. 2영업일은 거래당사자가 두 통화의 교환을 실무적으로 처리하는데 필요한 시간을 의미한다. 계약에 따라 결제일이 계약체결 당일이 될 수도 있고, 다음 날이 될 수도 있다. 은행 간 거래에 있어 지역 간의 시차 등을 고려하여 계약이 체결된 날로부터 이틀 후에 결제가 이루어지는 것이 일반적이다. 선물환은 결제일이 계약이 체결된 날로부터 2영업일 이후가 된다. 선물환율은 현물환율과 같지 않으며 선물환계약의 만기에 따라 각기 다른 선물환율이 존재한다. 어떤 통화의 선물환율이 현물환율보다 높을 경우 그 통화가 선물만기에 할증(premium) 거래된다고 말하고, 현물환율보다 낮을 때는 할인(discount) 거래된다고 한다. 같을 때는 동률(flat)이라 한다.

외국환시장에서 선물환거래가 존재하는 이유는 현물환거래로부터 발생하는 환위험을 관리하기 위해서다. 어느 시점의 환율이 1$에 1,000원인데 1년 후에는 1$에 1,200원으로 변동될 경우 같은 외환거래에서도 매수인에게는 1$당 200원의 손실이 발생한다. 반면 매도인에게는 1$당 200원의 이익이 발생한다. 이러한 환위험을 피하기 위해 1년 후에 적용될 환율을 예측하여 현재 시점에서 1$에 1,100원으로 계약을 체결해 둔다면, 1년 후에 실제환율이 어떻게 결정되고 있던지 약정된 1,100원으로 환거래할 수 있게 하는 것이 선물환제도이다.

한편 스왑(swap)거래란 현물매입과 선물매도 또는 현물매도와 선물매입과 같이 정반대 방향으로 동시에 동액을 교차 거래하는 것을 말한다. 이러한 거래는 환리스크를 피하기 위해서나 환포지션(외환보유량)의 변동을 가져오지 않고 자금조정을 하는 경우 등에 이용된다. 예를 들어 은행이 여유자금을 6개월 동안만 운용하는 경우, 100만 달러를 현물시장에서 처분함과 동시에 6개월 뒤의 선물 100만 달러를 매입하는 것이다. 이와 같이 계약할 경우 필요한 달러를 확정된 환율로 확보하는 동시에 현물시장에서 수령한 원화를 유용하게 이용할 수 있다.

제2절　외환시장과 환율

■1 외환시장

(1) 외환시장의 기능

외국환의 거래가 이루어지는 곳을 외환시장(foreign exchange market)이라 한다. 좁은 의미로는 외환의 수요와 공급이 이루어지는 장소를 말하나 넓은 의미에서는 장소적 개념뿐만 아니라 외환거래의 형성, 외환유통, 결제 등 외환거래와 관련된 일련의 메커니즘을 포괄하는 개념으로 사용된다. 외환시장에서 중요한 역할을 하는 것이 외국환은행이다.[6] 외환시장은 다음과 같은 기능을 한다.

첫째, 외환시장은 한 나라의 통화로부터 다른 나라 통화로의 구매력 이전을 가능케 한다. 가령 수출업자가 수출대금으로 벌어들인 외화를 외환시장을 통하여 국내통화로 환전하면 외화로 가지고 있던 구매력이 국내통화로 바뀌게 된다.

둘째, 외환시장은 무역 등 대외거래에서 발생하는 외환의 수요와 공급을 청산하는 역할을 한다. 예컨대 외환의 수요자인 수입업자나 외환의 공급자인 수출업자는 환율을 매개로 한 외환시장을 통하여 그들이 필요로 하는 대외거래의 결제를 수행하게 된다. 이러한 외환시장의 대외결제 기능은 무역 및 국가간의 자본거래 등 대외거래를 원활하게 해준다.

셋째, 변동환율제도에서는 환율이 외환시장의 수급사정에 따라 변동함으로써 국제수지의 조절기능을 수행하게 된다. 한 나라의 국제수지가 적자를 보이면 외환의 초과수요가 발생하므로 자국통화의 가치가 하락(환율 상승)한다. 이 경우 수출상품의 가격경쟁력이 개선되어 국제수지 불균형이 해소될 수 있다.

넷째, 외환시장은 기업이나 금융기관 등 경제주체들에게 환율변동에 따른 위험을 회피할 수 있는 수단을 제공한다. 외환시장에서 거래되는 선물환, 통화선물, 통화옵션 등의 거래를 통하여 경제주체들은 환위험을 헤지(hedge)할 수 있다.

---

[6] 외국환은행은 외국환거래법에서 외국환업무취급기관이라 불리는 기관을 말한다. 은행, 농협은행, 수산업협동조합중앙회의 신용사업부문, 산업은행, 한국정책금융공사, 한국수출입은행, 중소기업은행, 종합금융회사, 체신관서 등이 요건을 갖추어 기획재정부장관에게 등록하면 외국환업무취급기관이 된다.

(2) 외환시장의 구조와 참여자

외환시장은 [그림 6-1]과 같이 거래 당사자에 따라 은행간시장과 대고객시장으로 구분된다.

[그림 6-1] **외국환시장의 구성**

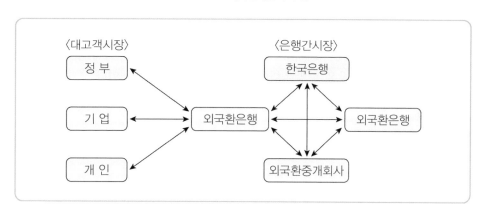

[그림 6-1]에서 대고객시장은 일종의 소매시장 성격을 갖는 시장으로 은행과 개인, 기업 등 고객간에 외환거래가 이루어지는 시장을 의미한다. 대고객시장의 참여자는 정부, 기업, 개인, 외국환은행이다. 은행간시장은 좁은 의미에서의 외환시장을 의미하는 것이다. 거래 당사자가 모두 은행이며, 외환거래에서 도매시장의 성격을 갖는다. 은행들이 대고객 거래의 결과 발생한 외환포지션의 변동을 은행간시장을 통해 조정하는 과정에서 대고객시장과 은행간시장의 연계가 이루어진다. 은행간시장의 참여자는 외국환은행, 한국은행, 외국환중개회사 등이다.

(3) 외환의 관리

외환의 사용은 국내 통화의 사용과 달리 나라에 따라 정부의 통제정도가 다르다. 일반적으로 개발도상국은 외환이 부족하기 때문에 이에 대한 통제를 엄격하게 하여 외환의 지급과 영수에 정부가 깊숙하게 개입한다. 초기 단계에서는 상품무역이나 서비스 무역에 대한 지급과 영수를 엄격하게 제한하는 형태를 취한다. 주로 무역대상을 제한적으로 허용하여 허가받은 경우에만 수입이 허용되어 외환을 지급할 수 있도록 하고, 수출로 외환을 영수한 경우에도 이의 개별적인 보유를 인정하지 않는다. 이 단계에서 적용되는 환율은 고정환율제도이다.

경제가 발전하고 무역이 확대되면 외환에 대한 통제가 완화되는데, 대개 IMF 8조국[7]으로 이행하는 경우 외환거래가 자유화되었다고 본다. 이 단계에서는 상품무역이나 서비스 무역에 대한 지급과 영수, 즉 경상거래에 대한 외환의 지급과 영수가 정부의 간섭 없이 자유롭게 이루어질 수 있으며, 적용되는 환율은 변동환율제도이다. 마지막 단계는 자본의 이전을 자유롭게 허용하는 것이다. 내국인의 직·간접적인 해외투자나 외국인의 국내 직·간접 투자와 이의 회수를 자유롭게 인정하는 것이다. 이와 같은 자유화 단계에서도 투기자금 등에 의한 급격한 환율의 변동 등 시장 불완전성의 폐해를 줄이기 위해 정부 또는 정부로부터 권한을 위임받은 중앙은행이 외환시장에 개입할 수 있다. 그러나 이러한 개입은 비상사태가 아닌 한 외환의 매입이나 매각을 통한 간접적인 개입에 그친다.

2 환 율

(1) 환율의 의의

환율(exchange rate)이란 한 나라의 통화 1단위에 대한 다른 나라의 통화 가격을 말한다. 어떤 한 나라를 기준으로 살펴보면 외환에 대한 자국화의 가격을 말한다. 외환을 상품으로 본다면 그 상품에 대한 자국화의 가격이라 할 수 있다. 환율은 외환시장에서 외환의 수요와 공급에 의해서 결정된다. 외환이 국제결제수단이기 때문에 장기적으로 국제수지가 흑자를 보이면 외환의 공급이 늘어나는 것으로, 국제수지가 적자를 보이면 외환에 대한 수요가 증가하는 것으로 환율에 영향을 미치게 된다. 따라서 환율은 자국통화로 외국의 상품과 용역을 구매할 수 있는 구매력으로 표시된다. 자국통화의 대외 구매력이란 자국통화를 가지고 외화를 매입하고, 매입한 외화로 외국상품과 용역을 구매할 수 있는 능력을 나타낸다.

---

7) IMF 8조국이란 IMF 협정 제8조의 의무를 이행하기로 수락한 IMF 가맹국을 가리킨다. IMF 8조는 모두 5개항으로 되어 있다. 1항과 5항은 선언적 조항으로 1항에 IMF 회원국은 원칙적으로 모두 8조의 규정을 준수해야 함을 규정하고 있고, 5항은 IMF 업무집행에 관한 자국의 제반 경제자료를 제출해야 함을 규정하고 있다. 2항에서는 상품과 운송, 여행, 보험 등의 서비스무역에 따른 외환지급은 정부 간섭 없이 자유롭게 이루어져야 함을 규정하고 있으며, 3항에서는 다른 나라와 특정통화를 우대하는 차별적인 통화협정을 맺거나 외환거래 종류에 따라 서로 다른 환율적용을 금지하고 있고, 4항에서는 자국통화를 보유한 다른 회원국이 경상지급을 위해 자국통화를 매입해주도록 요청하는 경우 이를 매입할 것을 규정하였다.

환율은 수출업자와 수입업자 모두에게 매우 중요하다. 우리나라에서 수출입상품의 매매가격은 원화로 표시되기보다는 주로 미국 달러화로 표시되기 때문에 외국통화 가치만큼 원화의 교환이 발생한다. 따라서 무역계약을 체결할 당시의 환율과, 수출대금을 회수하거나 수입대금을 지급할 당시의 환율 간에 변동이 있으면 무역업자는 환차익 또는 환차손에 노출된다. 즉, 환율이 상승할 경우 수출업자는 환차익을 얻게 되지만 수입업자는 환차손을 입는다. 반대로 환율이 하락할 경우 수출업자는 환차손을 입는 반면 수입업자는 환차익을 얻는다.

(2) 환율 표시방법

환율을 표시하는 방법에는 직접표시방법과 간접표시방법, 미국달러표시방법의 세 가지가 있다.

1) 직접표시방법

직접표시방법은 외국통화 한 단위에 대한 자국통화의 교환 비율로 나타내는 것이다. 방화표시환율이라고도 한다. 외국통화 1단위 또는 100단위에 대하여 자국통화의 교환 대가를 표시하는 것이다. US$1=1,100원과 같이 표시한다. 자국통화표시환율은 외화를 하나의 상품으로 보았을 때 그 상품의 한 단위에 대한 자국통화의 가치를 의미한다. 우리나라를 비롯한 대부분의 국가가 이 방식으로 환율을 표시한다. 이 경우 환율상승이란 1달러당 1,100원에서 1,200원과 같이 변경되는 것을 말한다. 이것은 자국 통화가치의 대외구매력 하락, 즉 원화의 평가절하와 동일한 의미다. 만일 1달러당 1,100원에서 1,000원으로 하락한다면 원화가치의 대외구매력의 상승 즉, 원화의 평가절상을 의미한다.

2) 간접표시방법

간접표시방법은 자국통화 한 단위에 대한 외국통화의 교환 비율로 나타내는 것으로, 외화표시환율이라고도 한다. 자국통화 1단위 또는 100단위에 대하여 외국통화의 교환 대가를 표시하는 것이다. 예를 들어 영국에서 £1=US$1.6500으로 표시하는 것과 같다. 외화표시환율은 자국통화를 상품으로 하고 그 상품의 한 단위에 대한 외화의 값어치를 말한다. 이 방식은 현재 영국, 호주 등에서 사용된다.

3) 미국 달러화 표시방법

미국 달러화 표시방법은 미화 1달러당 표시하고자 하는 나라의 통화 비율을 나타내는 방법이다. 미국달러는 국제금융 수단으로 널리 통용되고 있다. 따라서 국제금융시장에서는 관례적으로 미국 달러 기준으로 환율을 표시하고 있다. US\$ 1=¥10.2와 같이 표시한다.

(3) 환율의 변동

환율은 여러 이유로 변동된다.[8] 환율변동은 국가의 경제에 큰 영향을 준다. 환율의 상승은 자국통화의 가치가 외국통화에 비해 떨어지게 됨으로 매도인은 수출상품의 외화표시가격을 자국통화가치 하락만큼 낮출 수 있는 여지가 있게 된다. 그 결과 동종의 다른 외국상품과의 가격경쟁에서 유리해지고, 환차익을 볼 수 있다. 반면에 매수인이 외국에서 물품을 수입하기 위해서는 자국통화가치의 하락만큼 자국통화를 더 부담해야 한다. 따라서 자금 부담이 증가되며 수입상품의 국내 판매가격이 상승하여 외국상품에 대한 소비도 감소한다. 반대로 환율의 하락은 원화로 계산된 수입상품의 국내 판매가격을 환율의 하락만큼 인하시키는 역할을 한다. 이때 기업의 해외부채는 환율의 하락만큼 줄어들지만 수출금액은 환율의 하락만큼 감소하여 수출채산성이 떨어지게 된다. 일반적으로 환율의 하락은 수출을 감소시키고 수입을 증가시켜 국제수지를 악화시키는 원인이 된다.[9]

외국통화에 대한 가격 결정은 재화나 서비스의 수요와 공급과 마찬가지로 특정 통화의 수요와 공급에 의해 결정된다. 즉, 특정 통화에 대한 수요가 많으면 그 통화에 대한 가치가 올라가며, 공급이 많게 되면 그 통화의 가치는 떨어진다.

---

8) 환율의 결정 원인에 대해서는 여러 가지 이론이 있다. 가장 대표적인 것이 국제대차(수지)설과 구매력평가설, 환심리설이다. 국제대차(수지)설은 고셴(C. J. Goschen)에 의해 체계화된 이론으로, 환율은 외환의 수요와 공급의 법칙에 따라 결정되고, 이 수요와 공급은 국제대차관계에 의해 결정된다고 보는 것이다. 구매력평가설은 카셀(G. Cassel)에 의해 주장된 것으로, 환율은 양국 화폐의 구매력, 즉 양국의 물가수준을 반영하여 결정된다는 것이다. 환심리설은 아프타리옹(A. Aftalion)이 주장한 것으로, 외환시세는 외환의 수요과 공급에 의해 결정되지만 그 수요와 공급을 야기시키는 원인은 개개의 경제주체가 지니는 외국통화에 대한 심리적 평가에 의해 결정된다는 것이다.

9) 한 나라의 환율상승(하락)은 그 나라의 경상수지를 개선(악화)시키는 효과가 있다. 그러나 환율의 변화가 경상수지에 이러한 효과를 미치기까지는 시차가 존재하고, 환율이 변화한 직후에는 오히려 이와 반대되는 효과가 일정 기간에 걸쳐 발생한다. 이것을 J커브 효과(J-curve effect)라 한다. J커브 효과가 생기는 기본적인 이유는 가격변화에 대하여 수량변화가 시차를 갖고 일어나기 때문이다.

3 환율의 종류

(1) 기준환율

기준환율은 서울외국환중개주식회사[10]가 외환시장에서 전일 외국환중개회사를 통해 거래된 미국 달러화의 현물환 거래량을 가중 평균하여 산출하는 시장평균 환율(MAR : Market Average Rate)이다. 기준환율은 매매기준율이라고도 한다. 매일 아침 08시 30분에 고시되며 AP, 인포멕스 등의 통신을 통해서도 알려진다. 이 기준환율을 기초로 미국 달러화 이외의 통화의 매매기준율도 정해진다. 매매기준율을 기초로 각 외국환은행은 나름대로의 매도환율과 매입환율을 정해 고객과 거래한다.

(2) 매도환율과 매입환율

외국환은행이 개인, 기업, 정부기관 등의 고객에게 외환을 거래할 때 적용하는 환율을 대고객률이라 한다. 외환의 매매에는 은행의 수수료, 금리, 환리스크의 보험료 등을 수반하므로 거래 종류에 따라 환율이 달라진다. 은행 입장에서 고객에게 외환을 팔 때 적용하는 환율을 매도율(offered rate)이라 하고, 반면에 매입할 때 적용되는 환율을 매입률(bid rate)이라 한다. 매도냐, 매입이냐 하는 것은 오로지 은행의 입장을 기초로 삼은 것이다.

외국환시장에서는 외화를 팔 때 적용되는 매도환율과 살 때 적용되는 매입환율을 동시에 고시하고 있다. 이것을 'two way quotation'이라고 한다. 매도율과 매입률 간의 차이를 스프레드(spread)라고 하며, 이것은 외국환거래에서 발생되는 이익으로 외국환은행의 수익이 된다. 외국환은행과 고객간 거래에 적용되는 것으로는 전신환매매율, 수입어음결제율, 현찰매매율 등이 있다.[11] 외국환은행

---

10) 이 회사(http://www.smbs.biz)는 비영리법인인 금융결제원이 전액 출자하여 설립한 주식회사로 주요 통화에 대한 환율을 공식적으로 산출하여 고시하며, 외환매매의 중개를 주 업무로 한다.

11) 결제를 전신으로 행하는 경우 적용되는 환율로 1일 이내에 완료되므로 금리의 요인이 개재되지 않는 순수한 의미의 환율이다. 수입어음 결제율은 외국의 수출자가 발행한 외화표시 화환어음을 수입자가 자국통화로 결제하는 경우의 환율이다. 화환어음이 수출국통화로 발행되고 그 어음이 수출국은행으로부터 수입국으로 보내져 수입자에게 제시될 때 수입자는 대금 지급할 때까지의 기간에 대한 이자 성격의 수수료가 덧붙여진 환율을 적용하여 결제하게 된다. 이러한 환어음 결제에 사용되는 환율을 수입어음 결제율이라 한다. 현찰매매율은 외화표시의 지폐나 동전의 매매시 적용되는 환율을 가리킨다. 지폐의 경우, 매도율은 매매기준율에서 1%를 더한 율로 하고, 매입률 1%를 감한 율로 한다. 동전의 경우에는 10%를 가감한다. 지폐나 동전은 당해 국가로의 운송 또는 당해 국가에서의 운송에 많은

장은 당일의 기준환율(미국달러 이외의 통화인 경우에는 재정환율)과 외국환은행간의 매매율을 감안하여 대 고객매매율을 자율적으로 정한다. 매매율의 변동폭에는 어떠한 제한도 없다.

(3) 재정환율

1국의 통화와 각국 통화와의 환율을 산정할 때, 그 기준으로 삼는 특정국 통화와의 환율을 기준환율(basic rate)이라고 한다. 이 기준환율을 통해서 간접적으로 계산한 1국 통화와 제3국 통화 사이의 환율을 재정환율(arbitrated rate)이라 한다. 우리나라는 금융결제원이 최근 주요 국제금융시장에서 형성된 미국 달러화와 미국 달러화 이외 통화와의 크로스 환율(cross rate)을 기준환율로 재정하여 산출한다. 크로스 환율은 자국통화가 개입되지 않은 상태에서 다른 통화간의 교환율을 말한다. 달러를 기준환율의 대상으로 결정한 나라의 통화를 달러에 링크(link) 또는 페그(pag)되었다고 한다.

(4) 한국은행 매매율과 외국환은행간 매매율

한국은행 매매율은 한국은행과의 거래에서 적용되는 환율로 외국환은행간 매매율과 국제통화시세 등을 감안하여 한국은행 총재가 정한다. 그러나 한국은행의 ① 외국환평형기금과의 거래, ② 주한국제연합군과의 거래, ③ 국제금융기구에 대한 출자 및 출연에 따른 정부와의 거래, ④ 담보금의 국고귀속과 관련한 외국환은행과 거래 등에서는 매매기준율이나 재정환율을 적용할 수 있다.

한편, 외국환은행간의 외환거래에서 적용되는 환율을 외국환은행간 매매율(inter-bank rate)이라 한다. 외국환은행은 고객과의 거래에서 수동적 입장에 있으므로 이에 따라 발생하는 환위험과 외화자금의 과부족을 조정할 필요가 있을 경우, 각 외국환은행 상호간에 이를 위한 외환거래가 있게 된다. 외국환은행간 매매율은 외환에 대한 수요와 공급의 크기에 따라 끊임없이 변동하는 것으로 결정된다. 변동범위에 제한은 없다.

비용과 보험비용이 소요되므로 다른 환율에 비하여 매매율 폭이 크다.

4 환율제도

(1) 환율제도의 개요

외국환거래는 외환을 외환시장에서 사고파는 것을 의미한다. 외환의 가격인 환율은 재화의 가격결정과 동일하게 외환시장의 수요와 공급에 의해서 결정되고 변동한다. 환율의 변동은 일반재화의 가격변동보다 국가경제에 미치는 영향이 매우 크다. 따라서 경우에 따라 정부가 직접 또는 간접으로 외환시장에 개입하여 환율의 변동 폭을 조정하기도 한다. 환율이 결정되는 시스템을 환율제도 (exchange rate system)라고 한다. 환율제도는 크게 고정환율제도(fixed exchange rate system)와 변동환율제도(flexible exchange rate system)로 구분된다.

고정환율제도는 정부가 환율을 일정수준으로 고정시켜 적용하는 제도를 말한다. 이 제도에서는 환율을 유지하기 위해 중앙은행이 외환시장에 적극 개입하게 된다. 흔히 환율을 안정시키려는 목적에서 이 제도를 활용하지만, 환율의 변동을 일체 인정하지 않는 것은 아니다. 대개 고정환율을 중심으로 국제수지의 변동, 경제적 상황 등에 따라 일정한 폭의 범위 내에서는 변동을 허용한다. 중국의 경우가 대표적이다.[12] 변동환율제도는 정부가 외환시장에 개입하지 않고 외국환시장에서 외환의 수요와 공급에 따라 자유롭게 환율이 결정되도록 하는 제도이다. 변동환율제도하에서는 정부가 가급적이면 외환시장에 개입하지 않지만, 환율의 변동 폭이 지나치게 요동칠 때는 외환시장을 안정화시키기 위해서 일정 부분 외환시장에 개입하기도 한다.

(2) 우리나라 환율제도의 변화과정

1) 고정환율제도

우리나라는 1945년부터 1964년까지 고정환율제도를 채택하였다. 이 시기 외환거래에서는 외화에 대한 수요 공급과는 무관하게 통화당국이 정한 환율이 고정적으로 외환거래에서 적용되었다. 그러나 이 기간 중 지속적인 원화가치의 하

---

12) 중국은 고정환율제도와 변동환율제도의 중간형태라 할 수 있는 복수통화바스켓제도를 운영한다. 관리변동환율제라고도 한다. 중국경제에 영향력이 큰 미국 달러, 유로, 엔, 우리나라의 원화 등을 묶어서 그 가치 변동에 따라 통화당국이 위안화의 가치를 결정하여 고시하고, 고시된 환율을 기준으로 일정한 범위 내에서 변동을 허용하는 방식이다. 화폐의 직접적인 수요 공급에 의한 환율의 결정과는 거리가 있는 것이다.

락으로 몇 차례에 걸쳐 큰 폭의 평가절하가 단행되었을 뿐 아니라 환율이 외환시장의 수급상황을 제대로 반영하지 못함에 따라 많은 부작용이 발생하였다.

2) 단일변동환율제도

단일변동환율제도는 복수변동환율제도에 대립되는 말이다. 우리나라는 1964년부터 1980년까지 이 제도를 시행하였다. 이 제도에서 공정환율은 외환시장에서 매매되는 외환증서매매율을 기준으로 하여 유동적으로 조정하고 외환수급에 따른 원화환율의 가격 기능 역할을 제고하려는 취지에서 도입되었다. 실제로는 한국은행이 고시한 '한은 집중기준율'에 의해 환율이 고정되는 과정을 겪었다. 단일변동환율제도에서는 기준환율과 시장률, 외국환 대고객매매율 및 한국은행 집중률을 두었다.

3) 복수통화바스켓제도

1970년대 말까지 단일변동환율제를 운영하면서 미국 달러화에 대한 원화환율을 상당기간 고정시켜 두었다가 환율조정 요인이 누적된 뒤 일시에 큰 폭으로 인상하는 조치를 반복하였다. 그 결과 국내 경제에 충격을 주는 경우가 많아 이에 대한 개선이 요구되었다. 이에 따라 1980년에 복수통화바스켓(Basket)제도를 도입하여 1990년까지 운영하였다. Basket제도 하에서 대미 달러 환율은 주요 국제통화시세의 변동, 국제수지 추이, 국내·국외의 금리차 등에 의해 결정되었다.

4) 시장평균환율제도

복수통화바스켓제도에서는 소위 실세반영 장치라는 것이 있어서 정부가 환율수준을 의도적으로 결정할 수 있었다. 그러나 이것 때문에 외국으로부터 환율조작국이라는 비난을 받는 등 대외적인 통상마찰이 적지 않게 일어나게 되었다. 이를 완화시키고 국내 외환시장을 활성화시키기 위해 1990년 3월부터 시장평균환율제도를 도입하였다. 시장평균환율은 은행과 고객의 외환거래나 은행과 은행간 외환거래의 기준이 되는 환율이다. 이는 전날 은행들이 은행간 외환시장에서 다른 은행들과 거래한 환율을 거래량으로 가중평균하여 결정하였다. 이 제도는 제한적이기는 하지만 국내외환시장의 수요와 공급에 의해 환율이 결정되었고, 시행 초기 하루 환율변동폭은 ±0.4%에서 시작해서 이 제도가 폐지될 때까지 계속하여 확대되었다.

5) 자유변동환율제도

1997년에 접어들어 한국경제는 경상수지의 악화, 수년간 누적된 대외채무의 증가로 순식간에 무너져 국제통화기금(IMF) 등으로부터 구제금융을 받는 지경에 이르렀다. 이때 구제금융의 제공과 함께 IMF는 완전한 자유변동환율제도의 시행을 요구하였는데 그 요구가 수용되어 현재까지 운영되고 있다. 자유변동환율제 하에서는 환율의 변동에 대한 제한을 따로 두지 않기 때문에 통화의 수요와 공급에 따라 환율이 변동된다.

[무역현장]

가상화폐 시세 중장기 전망 긍정적, CNN "근본적 가치 여전히 인정받아"

가상화폐 시세가 최근 큰 하락세를 보이며 약세장을 이어가고 있지만 중장기 전망은 여전히 긍정적이라는 전문가들의 평가가 나온다. 비트코인 등 주요 가상화폐가 여전히 수 년 전과 비교하면 높은 시세에 거래되고 있는 만큼 투자자들에게 위험 회피수단으로 가치를 인정받고 있다는 것이다. 시장 조사기관 FIS의 연구원은 "앞으로 당분간 가상화폐 시세에 여러 악재가 반영되겠지만 궁극적으로 가상화폐 주류화가 이뤄지면서 긍정적 흐름이 나타날 것"이라고 바라봤다. CNN비즈니스는 올해 가상화폐 시세 변동이 오히려 가상자산을 위험 회피 수단으로 고려하는 투자자들의 심리에 더욱 힘을 실어줬다는 분석도 전했다. 미국 증시 기술주가 급락하는 시기에 오히려 주요 가상화폐 시세 변동성은 상대적으로 안정성을 나타내면서 위험 회피수단으로 주목받게 됐다는 것이다. CNN비즈니스는 가상화폐의 기반이 되는 블록체인 기술의 잠재력에 대한 긍정적 평가도 여전히 이어지고 있다며 가상자산의 여러 장점이 투자자들에게 계속 인정을 받게 될 수 있다는 전망도 내놓았다. 다만 가상화폐 투자자들은 비트코인 등 자산이 근본적으로 위험자산이라는 점을 충분히 인식하고 투자 결정에 주의를 기울여야 할 것이라는 권고도 이어졌다.

(Business Post, 2022.12.05.)

<table>
<tr><td>제**3**절</td><td>국제통화제도</td></tr>
</table>

1 국제통화제도의 의의

(1) 국제통화와 국제통화제도

국가마다 자국의 영토에서 통용되는 저마다의 법정 화폐를 가지고 있음은 앞에서 언급하였다. 그러나 국경의 개념이 점점 엷어지고 세계화가 진전되면서 한 국가의 통화가 다른 국가에서 통용되는 사례도 늘어나게 되었다. 미국의 달러화와 EU의 유로화가 대표적이다. 미국의 달러화는 거의 모든 국가에서 안전한 화폐로서의 가치를 인정받는다. 따라서 통화가치가 불안정한 일부 국가에서는 자국통화보다 오히려 미국 달러를 더 선호하기도 한다. 이처럼 지구촌의 어느 사회에서도 장소나 시간제한 없이 국제거래의 지급수단으로 통용될 수 있는 통화(화폐)를 국제통화(International currency) 또는 국제화폐라 한다.

그런데 인간의 경제활동 범위가 국경을 넘어 세계로 확대되는 과정에서 어느 나라 통화(화폐)를 국제통화로 삼을 것이냐의 문제로 마찰이 발생할 수 있다. 미국 달러가 현재와 같이 국제통화로서 위상을 확보하기 전에는 국제거래활동을 주도했던 영국의 파운드화가 200여년 동안 대부분의 경우 국제지불수단으로서 이용되어 왔지만 세계대전을 겪으며 가치하락으로 국제통화로서 역할을 하지 못하게 되었다. 그 결과 국제사회는 적절한 국제지불수단을 찾지 못해 제1차 세계대전부터 국제통화기금이 설치되기 전까지 국제거래가 크게 위축되기도 하였다. 본질적으로 국제통화는 국제법이나 조약으로 정할 사항이 아니다. 시장의 자율적인 선택결과로서 통용될 뿐인 것이다.

국제통화제도란 국제간 재화와 자본의 이동에 따른 화폐의 지불을 원활하게 수행할 수 있도록 금융결제체계를 확립하려는 국제통화 관리제도를 말한다. 즉, 국가마다 다른 외환, 금융, 결제와 관계된 내용을 파악하여 이를 적정하게 조율함으로써 필요한 국제유동성[13]을 공급하는 것이다. 또한 환율의 안정과 국제수지의 조정기능 등을 수행하여 국제간 무역의 균형적 확대와, 국제 자본의 원활

---

13) 유동성(liquidity)이란 자산이 화폐로 전환된 뒤 다른 재화나 서비스로 전환되는 것을 의미하기도 하고(자산의 유동성), 화폐가 다른 재화나 서비스로 전환되는 것을 의미하기도 한다(화폐의 유동성). 가계나 기업, 정부 등의 경제주체가 채무를 충당할 수 있는 능력을 경제주체의 유동성이라 한다.

한 이동을 지원하는 국제적인 통화제도 및 결제 메커니즘이다.

(2) 주요 국제통화

금(金)은 국제간 교환수단으로 예로부터 널리 사용되어 왔다. 금은 희소성과 내구성이 있고, 보관이 용이하며, 규격화와 표준화가 비교적 쉬웠기 때문이다. 금은 이를 생산하는 비용이 높기 때문에 어떤 국가에서도 금보유량을 자의적으로 조절하기 쉽지 않다는 특성도 있다. 특히 금은 정부에서 발행하는 법정 불환지폐와 달리 상품화폐로서 장기적으로 가격안정을 유지하도록 하는 성능이 있다. 이런 이유로 대부분의 주요 통화국가들은 일정량의 금을 자국의 통화로 표시하여 상대적인 가치를 정해서 국제지불수단으로서 사용해 왔다.

그러나 금 공급이 부족하여 늘어나는 무역결제수단으로서 수요에 충분히 부응하지 못하는 문제점이 발생하게 되었다. 또한 한정된 금을 조달하는 비용도 크게 증가하면서 금을 대신하는 국제지급수단을 모색하게 된 것이 화폐다. 화폐의 가치는 이를 발행하는 정부와 통화당국에 대한 신뢰에 의해서 유지된다. 그러나 화폐를 발행하는 정부는 발행비용이 적기 때문에 통화 증발에 따른 이득(seigniorage)을 거의 독점할 수 있으므로 분별력을 잃기 쉽다는 단점이 있다.

국제통화란 무역, 투자 등의 국제거래에서 지불수단으로서 통용되는 화폐 또는 정부와 기업의 국제유동성 화폐를 말한다. 국제적 지급수단으로 통용될 수 있는 화폐는 무엇보다도 세계경제를 구성하고 있는 각국으로부터 그 가치와 기능을 인정받아야만 한다. 가치를 인정받기 위해서는 시간이 흐르더라도 각국 통화와의 환율이 안정적이어야 한다. 이런 조건을 가지고 있는 화폐는 현재 미국 달러화(USD), EU의 유로화(EUR), 영국의 파운드화(GBP), 일본의 엔화(JPY), 중국의 위안화(CNY) 정도다. 이들을 주요 국제통화라 한다. 그 중에서 미국달러가 가장 선호된다.[14]

이 밖에도 국제통화기금(IMF)의 특별인출권(Special Drawing Rights : SDR)[15]도

---

14) 이들 주요 국제통화를 기축통화(key currency, 基軸通貨)라고도 한다. 미국 달러는 세계의 주요한 준비통화(reserve currency)의 위치를 차지하고 있다. 미국 달러화의 위상이 이렇다 보니 상대적으로 부유하지 못한 나라들은 주기적으로 외환부족으로 곤경에 처하지만 미국은 자국의 돈으로 빌릴 수 있어 어려움을 덜 겪는다. 미국은 과거 베트남전쟁을 치르는 비용을 마련할 때나, 부시대통령이 감세정책을 추진해 엄청난 재정적자가 쌓일 때 자신들이 찍어낼 수 있는 자국통화로 해외 부채를 청산할 수 있는 능력이 큰 도움이 되었다. 엄청난 공짜표를 갖고 있는 셈이다. Nicholas Shaxson, 'Treasure Island'(Bodley Head, 2011, 이유영 옮김), pp. 170~174 참조.

국제통화로 사용되고 있다. 일국의 통화가 국제통화로 이용되면 그 나라 국민은 무역거래나 해외여행을 할 때 환전의 번거로움이 없다. 또 환전에 따른 수수료를 부담하지 않아도 되므로 매우 편리하다. 그뿐 아니라 환율변동에 따른 위험부담도 크게 줄어 외국과의 상거래를 보다 안정적으로 할 수 있다. 각국 정부는 자국 통화가 국제적으로 많이 사용되길 원하지만 시장에서 국제통화에 대한 선호도를 보면 특정통화의 국제통화로서 위상은 크게 다르다. IMF는 전세계 120개국으로부터 수집한 자료를 집계한 COFER(Composition of Official Foreign Exchange Reserves)를 분기별로 발표한다. 이에 따르면 2021년 2분기 기준 전세계가 보유한 통화별 외환보유비중[16]은 〈표 6-1〉과 같았다.[17]

〈표 6-1〉 **전 세계의 통화별 외환보유비중(2021년 2분기 기준)**

미국 달러	유로	영국 파운드	일본 엔	캐나다 달러	호주 달러	중국 위안	기타
59.2%	20.6%	4.7%	5.6%	2.3%	1.8%	2.6%	3.0%

자료 : IMF COFER(www.imf.org)

15) SDR은 1968년 4월 이사회가 SDR제도 채용을 중심으로 하는 국제통화기금협정 개정안을 채택하고 할당액의 85% 이상에 해당하는 가맹국의 찬성을 얻어 1970년부터 발동시킨 일종의 국제준비통화다. 금이나 달러의 뒤를 잇는 제3의 통화로 간주되고 있다. 가맹국은 국제수지가 악화되었을 때 국제통화기금으로부터 무담보로 외화를 인출할 수 있는 권리, 즉 국제유동성을 인출할 수 있는 권리를 보유한다. 당초의 IMF는 기금방식(基金方式)에 의거, 가맹국이 갹출한 기금에 의하여 국제수지 적자국에 단기자금을 공여해왔는데, SDR은 국제유동성 부족에 대처하기 위하여 IMF에 의해 창출된 국제준비통화라는 점에서 큰 의미를 갖는다. SDR은 IMF 가맹국에게 그 출자액의 비율에 따라 무상으로 배분되어 한 나라가 국제수지 적자상태에 빠졌을 경우 등에 그것을 외국의 통화당국이나 중앙은행에 인도함으로써 필요한 외화를 입수, 그 외화를 국제결제 및 기타에 이용하는 형식의 대체통화로서, 유형(有形)의 통화는 아니다.

16) 외환보유고란 한 나라가 어떤 시점에서 보유하고 있는 대외 외환채권의 총액이다. 국가의 지급불능 사태에 대비하고 외환시장 교란시 환율 안정을 위해 중앙은행이 보유하고 있는 외화의 규모를 나타낸다. 우리나라의 외환보유는 2019년 12월 말의 경우 유가증권(국채, 정부기관채, 회사채 등)이 3,978.7억 달러(97.3%), SDR 33.5억 달러(0.8%), IMF회원국이 출자금 납입 등으로 보유하게 되는 IMF 포지션(교환성 통화인출권리) 27.9억 달러(0.7%), 금 47.9억 달러(1.2%) 등이었다. 유가증권은 달러화, 유로화, 파운드화, 엔화, 위안화 등으로 된 것이지만 어느 통화를 얼마나 보유하고 있는지는 투자전략 노출 방지를 이유로 공개하지 않고 있다.

17) 국가별 외환보유액은 2019년 말 현재 중국이 3조 956억 달러, 일본이 1조 3,173억 달러, 스위스가 8,366억 달러, 러시아 5,420억 달러, 사우디아라비아 5,001억 달러, 대만 4,741억 달러, 인도 4,513억 달러, 홍콩 4,342억 달러였다. 우리나라는 4,075억 달러 수준으로 세계 9위였다.

　　〈표 6-1〉의 통화별 외환보유비중은 시기에 따라 차이를 보이기는 하지만 최근 10년간의 상황을 보면 환율의 급격한 변동이 없는 한 큰 폭으로 변하지는 않는 특징을 보여 왔다. 한편, 중앙은행들은 적은 양이긴 하지만 외환보유액의 일부를 금으로 보유하고 있다. 2022년 기준 금보유량 상위 국가의 보유량은 〈표 6-2〉와 같다. 국제금융질서가 혼란하면 각국의 금 수요도 고조되기 마련이다.

〈표 6-2〉 **금 보유량 상위국가(2022년 기준)**

(단위 : 톤)

순 위	국가(기관)	금보유량	순 위	국가(기관)	금보유량
1	미 국	8,133.5	6	러시아	2,298.5
2	독 일	3,359.1	7	중 국	1,948.3
3	IMF	2,814.0	8	스위스	1,040.0
4	이탈리아	2,451.8	9	일 본	846.0
5	프랑스	2,436.4	35	한 국	104.4

자료 : 세계금위원회(http://www.gold.org)

2 국제통화제도의 변천

(1) 금본위제도(1870~1914년)

　　금본위제도(gold standard system)란 쉽게 말해 금을 화폐로 사용하는 제도를 말한다. 금은 시대와 장소를 초월하여 그 가치가 항상 인정되었으므로 국제통화로서도 통용될 수 있었다. 기원전 3000여 년 전 고대 이집트시대에도 교환과 가치 저장수단으로 사용되었으며, 고대 그리스와 로마제국에서도 사용되었다. 19세기 중상주의시대에는 금으로 만든 금화를 직접 사용하기도 하였으나 대부분의 중앙은행이 실제로 보관한 금의 양에 해당하는 금액만큼 종이화폐를 발행하고, 화폐를 제시받으면 금으로 교환(이를 '금태환'이라고 한다)해 주었다. 화폐가 금의 보관증과 같은 역할을 하기 때문에, 화폐발행은행은 화폐로 제시된 금태환 요구에 응해줘야 하는데 이러한 제도를 금본위제도라 한다.

　　금본위제 가운데 금환본위제도는 금을 다량 보유한 국가가 금본위제도를 채택하고 여타 국가들은 금 및 금태환이 보장된 국가의 통화를 화폐 발행 준비로 보유함으로써 자국통화단위와 금의 일정량 사이에 간접적인 등가관계를 유지할 수 있도록 하는 제도이다. 금본위제는 1816년 영국이 금을 유일한 화폐로 인정하는 금본위제를 법으로 정함으로써 시작되었다. 국제화폐로서 역할을 한 것은 1870년대이다. 그 후 1871년에 독일이 금본위제도를 채택하였으며, 1873년에는 네덜란드·노르웨이·스웨덴·덴마크가, 1876년에는 프랑스가, 1879년에는 미국이, 1897년에는 일본이 각각 금본위제를 채택함으로써 주요 무역국가들의 금본위제 시행은 1914년 제1차 세계대전이 발발하기 전까지 지속(영국은 1931년에 최종적으로 폐지)되었다.

국제금본위제도는 각국의 통화량 공급이 중앙은행의 금준비에 따라 결정된다는 전제하에 각국의 물가와 국제수지가 금의 유출입을 통해서 자동조절된다는 물가-정화 조정 메커니즘(price-specie adjustment mechanism) 개념을 바탕으로 한다. 예를 들면 자국의 국제수지가 적자를 보일 경우에는 금을 해외유출 → 자국의 통화량 감소 → 자국의 국내 물가 하락 → 자국의 수출증대, 수입감소 → 국제수지 균형회복과정을 거치게 된다. 반대로 자국의 국제수지가 흑자를 보일 경우에는 금의 해외순유입 → 자국의 통화량 증대 → 자국의 국내물가 상승 → 자국의 수출감소, 수입증대 → 국제수지 균형회복의 과정을 거친다는 것이다.

국제적으로 금본위제가 성립할 수 있었던 것은 당시 세계경제와 금융의 중심지였던 영국이 금본위제도를 채택하였고, 미국과 서아프리카에서 대규모 금광이 발견되어 화폐용 금이 충분히 공급되었으며, 금이 가치저장수단으로서 가장 적절했기 때문이다. 그러나 경제성장과 동시에 국제무역이 증가함에 따라 화폐수요가 증가되었지만 금 생산량이 충분하지 못하여 금본위제도로는 화폐수요를 충족시킬 수 없는 문제가 발생하게 되었다. 특히 1914년 제1차 세계대전이 발발한 상태에서 금이 국제통화로서의 역할을 하는데 더욱 큰 어려움이 발생하였다. 결국 더 이상 금본위제가 유지될 수 없게 되었다.

(2) 브레튼우즈 체제의 출범

제1차 세계대전의 후유증과 1929년 대공황을 극복하기 위해 세계 각국은 경쟁적으로 자국통화의 가치를 평가절하 하기 시작하였다. 국제금본위제의 붕괴로 통화권별로 형성된 파운드 블록, 달러 블록, 마르크 블록, 프랑 블록 국가들은 자유변동환율제를 채택하고 경쟁적으로 자국통화의 가치를 평가절하 시킴으로써 국제수지의 불균형을 개선하려 한 것이다. 무역적자국들의 금상실로 인한 디플레 정책과 무역흑자국들의 금태환거부 등으로 경제사정은 더욱 혼란스럽게 되었다. 그 결과 환율의 극심한 변동이 초래되면서 국제금융시장은 큰 혼란을 보여 국제거래는 사실상 중지되었다. 이러한 혼란을 수습하기 위해 제2차 세계 대전이 끝나갈 무렵인 1944년 7월, 연합국 44개국 대표들이 미국의 뉴햄프셔주 브레튼우즈에 모여 새로운 국제통화제도를 위한 국제통화기금(IMF : International Monetary Fund)을 설립하여 안정된 환율로 자유무역의 발전을 추진키로 합의한 것이 브레튼우즈 협정이다. 이러한 합의를 기초로 하여 국제통화 협력, 환율안정, 환율조정(경제성장과 낮은 실업률을 조성) 등의 국제업무를 관장하고 감시하기 위해 국제통화기금(IMF)이 국제부흥개발은행(IBRD)과 함께 설립되고(1945년 12월 27일), 1947년 3월 1일부터 관련 업무를 시작한 것을 브레튼우즈 체제라 한다.

브레튼우즈 체제의 국제통화제도는 1930년대의 경제공황과 통화의 가치가 수시로 변하는 혼란을 경험한 세계 각국이 금본위제와 고정환율제를 부활하여 세계경제의 무질서를 바로잡고자 하였다. 이를 위해 미국 달러화의 가치를 금 1온스당 35달러로 하여 기축통화로 정하고, 다른 나라는 미국달러에 자국 통화의 환율을 각각 고정시킨 기축통화정책이 시작되었다.

기축통화정책은 미국달러 화폐를 중심으로 각국의 환율을 결정하는 정책으로서, 다른 나라의 중앙은행이 취득한 달러를 미국에 제시하고 금 교환을 요구하면 미국은 이에 즉각 응하는 금융체제였다. 이러한 금융체제가 원활하게 유지되기 위해서는 달러화 가치가 안정적으로 유지되어야 한다. 그러나 미국이 베트남 전쟁을 겪으면서 재정적자와 국제수지 적자가 계속 악화되어, 미국 이외의 주요 국가가 소지하고 있던 달러화 잔고가 마침내 1967년에는 미국이 보유하고 있던 금 준비액을 넘어서면서 달러화에 대한 신뢰도가 크게 하락하는 일이 발생하였다. 이에 불안을 느낀 많은 나라들이 달러를 금으로 바꿔달라는 요청을 하게 되자, 미국의 닉슨 대통령은 1971년 8월 15일 달러화의 금태환 정지를 선언함으로써 24년(1947~1971) 동안 유지되어 오던 브레튼우즈 기축통화체제는 무너지고 말았다.

(3) 킹스턴 체제

1971년 미국의 금태환 정지가 선언된 이후 같은 해 12월 워싱턴에 있는 스미스소니언 박물관에서 주요 10개국 재무장관회의가 개최되었다. 여기에서 금태환 정지로 붕괴된 고정환율제도를 재건하기 위해 ① 고정환율제도의 틀과 함께 각국 통화간의 비율은 평가 또는 기준율 형태를 취하고, ② 금에 대한 달러의 평가를 순금 1온스당 35달러에서 38달러로 7.895% 절하하며, ③ 변동환율의 폭을 상하 1%에서 2.25%로 확대한다는 내용으로 합의한 국제통화 조정협정을 스미스소니언 협정(Smithsonian agreements)이라 한다. 그러나 환율불안이 계속되는 상태에서 1972년 6월 영국 파운드화가 평가절하의 압력을 견디다 못해 변동환율제를 이행하였다. 미국달러화도 1973년 2월 12일 다시 10%의 평가절하(금 1온스에 미화 38달러에서 42.22달러로 조정)를 하였다. 일본 역시 같은 시기 변동환율제로 이행하고 EC회원 6개국, 스웨덴 노르웨이 등도 공동변동환율제를 이행함으로써, 스미스소니언 협정의 이행은 사실상 좌절되었다.

그 후 IMF 주도로 미국, 프랑스, 독일, 영국, 일본이 1976년 1월 자메이카의 킹스턴에서 열린 IMF 제5차 잠정위원회에서 국제통화개혁에 관련된 현안문제를 일괄적으로 타결하고, 1978년 4월 정식으로 출범시킨 국제통화제도를 킹스턴 체제라 한다. 킹스턴 체제의 특징은 IMF 가맹국에게 자국의 경제여건에 적합하게 환율제도의 선택 재량권을 부여함으로써, 변동환율제를 사실상 인정한 점과 금본위제를 퇴출시키는 대안으로 SDR의 기능을 강화한 것이다.

1969년 창설된 SDR(Special Drawing Rights : 특별인출권)은 IMF의 일반인출권(이른바 자금공여)과 구별되는 것으로 일반적으로 쓰이는 통화가 아니다. 규약에 정해진 일정조건에 따라 IMF로부터 국제유동성을 인출할 수 있는 권리다. 킹스턴체제 출범 이후 각국이 환율제도를 자유롭게 결정할 수 있게 되면서 SDR은 금이나 달러가 가졌던 기축통화로서의 결점을 보완하기 위하여 마련되었다. SDR은 가맹국별로 IMF 출자할당액(quota)에 비례하여 배분된다.[18] SDR은 각 SDR 참가국은 그 배분액에 따라 SDR과 교환하여 다른 참가국으로부터 그 상당액의 당해 상대국 통화를 취득할 수 있다. 1981년 1월에 SDR의 가치를 정하는 통화바스켓이 종래 16개 통화에서 주요 5개 통화인 미국 달러화, 독일 마르크화, 영국 파운드화, 프랑스 프랑화 및 일본 엔화로 간소화된 이후 마르크화와 프랑화는 EURO화로 대체되었다.[19] 아울러 중국의 경제위상이 높아지면서 2016년 10월에는 중국의 위안화도 SDR바스켓 통화에 포함되었다.

❸ IMF의 기능과 역할

IMF는 미국 워싱턴에 본부를 두고 있으며, 당초 44개국으로 출범한 가맹국은

---

18) 2020년 1월 현재 총 2,042억SDR(미화 약 2,910억 달러)이 창출되어 IMF 회원국들에게 배분되어 있다.
19) 2020년 1월 28일 현재 1US$＝0.726617SDR이다. (www.imf.org/external 참조)

2020년 초 현재 189개국으로 증가하였다. IMF가맹국은 크게 14조국과 8조국으로 나누어진다. '8조국'이란 IMF협정 제8조가 규정하고 있는 의무규정을 준수할 것을 수락한 국가를 말한다. IMF협정 8조는 경상지불을 위한 외환제한을 철폐할 것, 차별적 통화조치를 폐지할 것, 외국인이 보유하고 있는 통화의 잔고에 대해 교환성을 부여할 것 등 3가지 의무를 규정하고 있다. 이 의무를 수락하고 이행하는 국가를 8조국이라 한다.

'14조국'이란 IMF협정 제14조의 의무를 이행할 것을 수락한 국가를 의미한다. 14조는 8조에서 규정한 내용 중, 외환제한 철폐에 대한 예외규정으로 가맹국이 자국의 경제상황에 따라 잠정적으로 외환관리를 할 수 있도록 허용한다.

우리나라는 1955년 8월 26일 IMF에 58번째 회원국(14조국)으로 가입하였고, 1988년 11월 1일부터 IMF협정 제8조의 의무를 수락함으로써 IMF 제8조국으로 이행하였다. IMF는 외환 및 금융시장의 안정을 통해, 세계무역의 안정과 확대, 가맹국들의 고용과 소득의 증대, 생산 및 자원개발에 기여하는 것을 궁극적인 목적으로 한다. 운영방식의 면에서 볼 때, IMF는 국제기구이지만 기금의 성격을 가지므로 다른 기구와는 다른 특징을 가진다. 가장 현저한 특징은 IMF의 의결방식에 있다. IMF는 기금에 낸 출자자금의 비율에 따라 의결권을 가지게 되어 있다. 현재 미국은 전체 기금의 16.52%를 부담하고 있어서 의결권도 16.52%를 행사한다. 그런데 IMF의 정책은 85% 이상이 찬성해야 채택되는 구조다. 즉, 어떤 정책에 미국을 제외한 모든 가맹국이 찬성한다하더라도 미국이 반대하면 통과할 수 없는 구조적 한계를 갖고 있다.

우리나라는 1997년 외환위기로 11월 21일 IMF에 긴급 구제금융을 신청하였다. 이에 따라 그해 12월 5일 1차로 55.6억 달러를 차입한 이후 1999년 5월 20일까지 총 10회에 걸쳐 195억 달러를 차입하였다. 당초 계획된 상환기일은 2004년 5월이었지만, 외환위기를 조기에 수습하면서 외환보유고가 크게 증가하여 2001년 8월 23일 차입금을 전액 상환한 바 있다. IMF가 국제금융시장에 개입한 것은 1982년 중남미국가들의 채무불이행 위기, 1995년 멕시코 페소화위기, 1997년 한국 및 동남아시아 외환위기 개입 등이 대표적이다. IMF가 개입하는 경우 IMF는 지원대상국의 경제안정화를 이유로 경제성장률, 물가상승률, 경상수지 등 거시지표에 대한 목표치를 달성할 것을 조건으로 하는데, '고금리'와 '재정긴축'을 요구하는 특징이 있다. IMF가 우리나라에 요구한 개혁정책 또한 고금리와 긴축, 부실한 금융기관 및 기업의 퇴출, 시장의 완전개방 등이었다.

4 국제통화의 기능

(1) 국제지불수단

화폐경제에서 모든 재화 및 용역의 교환은 화폐를 지불수단으로 사용함으로써 행해진다. 국제통화는 국제지불수단으로서 기능한다. 국제통화가 국제교환의 매개수단인 지불기능을 수행하기 위해서는 위조될 가능성이 낮아야 한다. 또한 장소와 시간에 제한을 받지 않고 세계 어디서나 사용될 수 있어야 한다.

(2) 가치척도수단

화폐경제 아래에서 모든 상품은 그 가치가 원, 달러, 유로 등과 같은 화폐단위로 표시된다. 사람들은 각 재화와 서비스의 가치를 화폐로서 나타낼 수 있으며, 이를 통해 서로 다른 종류의 재화일지라도 가치의 상호 비교가 가능하다. 또한 사용되는 통화가 달라도 환율이라는 매개수단을 통해 역시 가치의 상호비교가 가능해진다. 국제화폐는 국제간 재화의 가치를 재는 자와 같은 역할을 한다.

(3) 가치저장수단

화폐는 가치의 저장수단(store of value)으로서 기능을 수행한다. 가치를 저장하는 기능으로서 역할을 하기 위해서는 화폐가치가 시간이 지나도 안정적이어야 한다. 화폐가치는 통화량에 반비례하므로 적절한 양이 공급되어야 한다. 바꿔 말하면 화폐는 현재의 구매력을 미래로 이전하는 데 사용되는 수단인 것이다. 국제지불수단과 가치척도 단위로서의 기능은 대체로 화폐만이 수행하지만, 가치의 저장수단으로서의 기능은 주식, 채권, 부동산 등과 같은 자산들도 수행할 수 있다. 그러나 국제통화는 여러 가지 자산들 중에서 가장 유동성(liquidity)이 높기 때문에 가치저장수단으로서 특별한 의미를 가진다.

국제수지와 국제금융시장

국제수지

(1) 국제수지와 국제대차

국제수지(balance of payments)란 일정기간(통상 1년을 지칭한다) 동안에 한 나라
의 거주자와 비거주자 사이에 이루어지는 모든 경제적 거래를 체계적으로 분류
해서 총괄적으로 집계한 경제통계를 말한다. 국제수지는 모든 형태의 거래를 포
함하는 것으로 재화 및 용역의 거래, 국가간의 이전거래, 자본거래 등 일체의
거래를 포함한다. 반면 국제대차(balance of international indebtedness)란 어느 일
정 시점에 있어서 국제간의 대차, 즉 한 나라의 대외수취(대외채무)와 대외지불
(대외채권)의 종합적 잔고를 대조한 통계를 말한다. 국제수지가 유량(flow) 개념
인 반면 국제대차는 저량(stock) 개념이다.

국제수지를 일정한 작성원리에 따라 체계적으로 분류하여 만든 표를 국제수지
표라 하고, 국제대차의 상황을 나타내는 표를 국제대차표라 한다. 국제수지와 국
제대차는 병행하여 변동하는 것이 보통이지만 때로는 그렇지 않을 때도 있다.
즉, 상품이동과 같이 대차관계의 발생과 그 결과까지가 단기간일 경우는 그다지
문제가 되지 않으나 해외투자와 같은 자본이동에 있어서는 대차관계의 발생과,
결제기간이 장기일 경우에는 병행적이 아니다.

예를 들어 한 나라가 장기차관을 도입하였을 때 이를 상환할 때까지는 국제대
차상으로는 마이너스(채무)가 되나 국제수지상으로는 차관금액만큼 플러스(유입)
가 된다. 시간이 지나 차관에 대한 이자와 원금이 지불되면 이 상반관계는 점차
상쇄되어 결국 일치하게 된다. 따라서 국제대차는 결국 국제수지로 나타난다.
국제대차는 원인이며, 국제수지는 결과인 셈이다.

국제수지표는 복식부기원리에 따라 나타내기 때문에 언제나 균형을 이룬다.
그러나 국제대차표는 복식부기원리를 따르지 않기 때문에 반드시 균형을 이루
게 되는 것은 아니다. 국제수지가 국제대차보다 계상범위가 넓기 때문에 보다
많이 이용되고 있으나 근래들어 대외채권과 채무의 중요성이 부각되면서 국제
대차에 대해서도 많은 관심이 모아지고 있다.

(2) 국제수지표

　모든 경제거래는 거래대상인 상품의 흐름과 이와 반대방향으로 돈(자본)의 흐름이 있기 마련이다. 경제거래의 이와 같은 양면성에 착안하여 만들어진 것이 기업회계에서 사용하는 복식부기의 원리다. 국제수지표의 작성에서도 이 원리가 그대로 적용된다. 즉, 국제수지표에서는 차변(지급)에 자산의 증가, 부채의 감소 및 손실의 발생을 기록한다. 대변(수취)에는 자산의 감소, 부채의 증가 및 이익의 발생을 기록한다. 본래 차변(借邊)이란 계정계좌의 왼쪽을 이르는 말이고, 대변(貸邊)이란 계정계좌의 오른쪽을 이르는 말이다. 그런데 국제수지표는 기업회계와는 달리 전통적으로 차변을 우측에, 대변을 좌측에 기록하고 있다.

　국제수지표에 나타나는 거래는 그 형태가 다양하고 각국마다 거래의 중요성에 대한 인식에서도 차이가 있기 때문에 국가간 국제수지의 비교가 쉽지 않다. 이런 점을 감안해 IMF는 표준분류항목(standard components)을 제정하였다. IMF 가맹국들은 IMF 통계국에 국제수지표를 보고하고 있는데, 나라마다 보고기간(월별, 분기별, 반기별, 연간) 및 세부자료가 상이하다. IMF 방식의 국제수지표는 작성하기도 어렵고 이해하기도 어렵다. 우리나라는 한국은행이 국내발표용으로 이것보다 쉽게 작성해 공표한다. 2010년 1월부터 한국은행이 작성하여 일반에게 공개하는 국제수지표의 개략적인 사항은 〈표 6-3〉과 같다.[20]

〈표 6-3〉 **국제수지표의 구성**

경상수지	상품수지	수출과 수입거래
	서비스수지	운송, 여행, 통신, 보험, 건설, 지식재산권 사용료, 사업서비스, 정부서비스, 기타
	본원소득수지	급료 및 임금, 투자소득(직접투자 소득, 증권 투자소득, 기타 투자소득)
	이전소득수지	근로자 송금, 무상원조, 국제기구출연금
자본·금융계정	자본수지	해외이주비 등 자본이전, 토지나 지식재산권 등 비생산·비금융자산의 거래
	금융계정	직접투자, 증권투자, 파생금융상품, 기타투자, 준비자산[21]
오차 및 누락	—	오차 및 누락사항 기재

자료 : 한국은행 자료(국제수지표의 이해와 최근 동향, 2012)에서 발췌

---

20) 〈표 6-3〉에서 본원소득수지, 이전소득수지, 금융계정, 자본수지는 종전에는 소득수지, 경상이전수지, 투자수지, 기타 자본수지로 불리던 것이다.
21) 중앙은행이 보유하고 있는 외화표시 대외자산을 의미한다.

〈표 6-3〉에서 경상수지는 재화, 서비스, 소득 및 이전소득을 합한 수지로 국민경제의 대외금융자산 잔액의 증감을 가져오게 한다. 통상적인 의미에서 국제수지라 할 때는 바로 이 경상수지를 의미한다. 이에는 상품수지와 서비스수지, 이전소득수지가 포함된다. 상품수지는 수출입 모두 FOB가격으로 작성된다. 이 상품수지를 산출하기 위한 기초자료는 관세청의 수출입통관통계자료가 이용되는데, 관세청의 통계는 관세목적으로 작성되기 때문에 국제수지기준에 의한 통계를 작성하기 위해 조정 작업을 거친다. 특히 수입통관 통계자료는 CIF를 기준으로 집계되기 때문에 국제수지기준의 수입액(FOB)을 산출하기 위해서는 포괄범위 조정과 계상시점 조정을 한 후 운임 및 보험료를 차감하는 것으로 산출하는 것이다.

자본 및 금융계정은 한 나라의 대외거래 가운데 실물의 이동을 수반하지 않는 자본이동에 따른 자산·부채의 변화를 나타내는 지표다. 자국자본의 해외유출과 외국자본의 국내도입 등 자본거래에 따른 자산과 부채의 변동을 기록한다. 준비자산 항목은 통화당국이 보유하고 있는 외화자산의 변동을 계상하기 위한 것이다. 오차 및 누락은 기술적 조정항목이다.

국제수지통계는 모든 대외거래를 차변과 대변에 같은 금액으로 기록하는 복식부기원리에 의해 작성되므로 이론상으로는 '오차 및 누락'이 발생하지 않는다. 그러나 실제로 국제수지통계를 작성할 때는 통관통계, 외환수급통계 등 기초통계들간의 계상시점 및 평가방법상의 차이나 기초통계자체의 오류, 기업과 은행의 보고누락 등으로 인해 대·차 불일치가 발생하므로 이를 조정하기 위한 항목이다. 경상수지와 자본 및 금융계정 중 금융계정을 제외한 자본수지의 합계를 종합수지라 한다. 종합수지는 국제수지가 전체적으로 흑자인가, 적자인가를 나타내는 기준이 된다.

(3) 우리나라의 국제수지 변화

우리나라의 국제수지 흐름을 경제개발을 본격적으로 추진하기 시작한 1960년대부터 최근까지 10년 단위로 각각 어떤 특징을 보였는지 간략하게 살펴보기로 한다. 먼저 1960년대의 국제수지는 상품수지가 심한 적자를 보였다. 수출은 약간의 1차산품 외에는 거의 없는 반면 공산품에 대한 수입수요는 컸기 때문이다. 물론 이러한 상황은 건국 이후 1950년대도 마찬가지였다. 이러한 상품수지 적자는 대부분 미국과 그 밖의 여러 국제기구로부터의 무상증여, 즉 이전수입에 의해 채워졌다. 당시에 외국과의 자본거래는 규모면에서 미미하였으며, 상품수지 적자를 메울 재원조달의 역할도 하지 못하였다. 제1차 경제개발기간 동안에는 연 1억 달러 내외의 경상수지 적자를 기록하였으나, 제2차 경제개발이 시작되면서 상품수지 적자규모가 더욱 확대되었다.

1970년대에는 1977년의 경상수지 0.1억 달러 흑자를 제외하고는 역시 매년 경상수지적자를 기록하였다. 수출보다는 수입수요가 훨씬 컸고, 특히 2차례의 석유파동22)으로 원유 수입금액이 크게 증가한 때문이다. 이러한 경상수지적자는 장기 또는 단기 외자의 도입으로 채워질 수밖에 없었다.

1980년대 들어 경상수지 흐름에 큰 변화가 발생하였다. 〈표 6-4〉를 보면 1980년대에는 경상수지가 상품, 서비스, 이전 등의 수지를 중심으로 지속적으로 개선되었음이 나타난다. 특히 1986년 아시안게임과 1988년의 서울 올림픽 개최를 전후하여 사상 처음으로 경상수지 흑자를 달성하였다. 이 시기에는 상품수지가 급격하게 향상되어 흑자로 전환함에 따라 전체적으로 경상수지가 흑자를 보이게 되었다.

〈표 6-4〉 1980년대 우리나라의 경상수지 추이

(단위 : US 억$)

연도 구분	1980	1981	1982	1983	1984	1985	1986	1987	1988	1989
경상수지 전체	-68.5	-64.2	-55.4	-35.1	-17.6	-20.8	27.6	88.3	130.6	41.5
상품수지	-65.6	-62.0	-63.6	-43.8	-22.9	-22.5	21.3	59.8	97.2	28.0
서비스수지	12.9	20.4	31.8	28.7	29.1	23.3	23.1	37.7	31.4	12.9
본원소득수지	-19.9	-27.9	-29.2	-26.1	-29.6	-29.6	-29.4	-25.9	17.7	-8.6
이전소득수지	4.2	5.3	5.6	6.2	6.0	8.1	12.7	16.7	19.7	9.2

자료 : 한국은행 경제통계시스템(http://ecos.bok.or.kr)

22) 1973년 10월의 제4차 중동전으로 인해 석유의 정치적 무기화가 시작되었다. 이를 제1차 석유파동이라 한다. 제2차 석유파동은 1978년 12월 말 이란이 국내의 정치 및 경제적인 혼란을 이유로 인하여 석유 생산을 대폭 감축시키고 수출을 중단하면서 발생하였다. 이 결과 1973년 제1차 석유파동 이후 배럴당 10달러선을 조금 넘어섰던 원유가격은 불과 6년 사이 20달러선을 돌파하였고, 현물시장에서는 배럴당 40달러에 이르게 되었다.

1980년대 후반의 경상수지 흑자는 원화가치, 국제금리, 국제유가의 3가지가 낮은 소위 '3저 효과'에 힘입은 바가 컸다.[23] 그러나 이러한 3저 효과는 그리 오래 지속되지 못하여 1990년에 이르면 다시 상품수지와 경상수지 전체가 적자를 보이는 패턴으로 되돌아가고 만다. 이후 1994년부터는 경상수지 전체가 더욱 악화되기 시작하여 마침내 1997년에 외환위기를 초래하게 되었다. 1990년대의 경상수지 추이는 〈표 6-5〉와 같다.

〈표 6-5〉 **1990년대 우리나라의 경상수지 추이**

(단위 : US 억$)

연도 구분	1990	1991	1992	1993	1994	1995	1996	1997	1998	1999
경상수지 전체	-24.0	-76.0	-24.3	-20.3	-44.6	-97.5	-238.3	-102.9	400.6	216.1
상품수지	-32.8	-67.1	-9.6	30.3	-35.3	-65.2	-167.0	-62.2	395.5	252.5
서비스수지	4.7	-10.5	-18.8	-10.7	-6.3	-14.8	-47.6	-13.6	27.8	9.4
본원소득수지	-5.3	-5.8	-5.0	-7.0	-11.2	-20.4	-21.0	-30.5	-50.9	-54.1
이전소득수지	9.3	7.4	9.0	7.7	8.1	2.9	-2.7	3.5	28.2	8.3

자료 : 한국은행 경제통계시스템(http://ecos.bok.or.kr)

〈표 6-5〉를 보면 1990년대 들어 경상수지는 1993년을 제외하고는 1996년까지 지속적으로 늘어났음을 알 수 있다. 그러나 서비스수지는 1991년부터 적자를 보이기 시작하였다. 그 후 1996년에 상품수지와 서비스수지가 급격히 악화되었고, 이는 결국 1997년의 외환위기 원인으로 작용하였다. 외환위기를 겪은 다음 1998년부터는 상품수지에서 큰 폭의 흑자를 내면서 경상수지도 견조한 흑자를 시현하게 되는데, 이러한 추세는 2000년대에 들어와서도 계속되었다. 그러나 서비스 수지는 계속하여 적자를 면하지 못하였다. 서비스수지에서 가장 큰 적자가 나타나고 있는 분야는 여행서비스와 관련해서이다. 내국인들이 해외여행에서 사용하는 금액규모가 외국인들이 방한 여행에서 사용하는 금액보다 훨씬 컸기 때문이었다. 〈표 6-6〉은 2000년대 우리나라의 경상수지 추이다.

---

[23] 이때까지만 해도 해외에서 차입한 외화부채가 상당히 큰 수준이었기 때문에 국제금리 수준이 높거나 낮아짐에 따라 그에 따른 이자부담도 커지거나 낮아지기 마련이었다. 원화가치가 낮아진다는 것은 동일한 금액의 달러로 수출하더라도 은행에서 지급받을 수 있는 원화금액은 많아지고, 수입의 경우는 지급해야 하는 원화금액이 커진다는 것을 의미한다. 당연히 수출은 촉진되고 수입은 억제된다.

〈표 6-6〉 **2000년대 우리나라의 경상수지 추이**

(단위 : US 억$)

구분＼연도	2000	2001	2002	2003	2004	2005	2006	2007	2008	2009
경상수지 전체	104.4	27.0	46.9	118.8	297.4	126.5	35.7	117.9	31.9	335.9
상품수지	156.3	98.4	149.1	224.8	392.8	323.1	251.7	328.4	122.0	478.1
서비스수지	−9.7	−23.7	−59.4	−49.6	−51.6	−91.3	−132.1	−132.5	−65.4	−95.9
본원소득수지	−40.0	−35.1	−21.6	−24.7	−13.3	−72.7	−40.1	−34.1	−12.0	−24.4
이전소득수지	−2.1	−12.6	−21.1	−31.6	−30.4	−32.6	−43.8	−43.9	−12.7	−21.9

자료 : 한국은행 경제통계시스템(http://ecos.bok.or.kr)

〈표 6-6〉을 보면 2000년대 들어 상품수지는 견조한 흑자추세를 유지하였다. 그러나 2008년말 발생한 전 세계적 금융위기에 따라 같은 해 무역이 크게 위축되면서 상품수지의 흑자규모가 대폭 감소하였다. 그 여파로 운송서비스나 보험서비스 등의 이용이 감소하고, 특히 일시적이지만 해외여행이 크게 위축됨에 따라 서비스수지는 만성적인 적자에서 일시적으로 흑자를 보였다. 그러나 전반적으로 서비스수지는 계속하여 적자를 면하지 못하고, 그 규모도 계속하여 확대되고 있다.

2010년대 이후에도 우리나라의 국제수지는 경상수지 부문에서 상품수지는 큰 흑자를 계속해서 보여왔다. 그러나 서비스수지가 전체적으로 적자를 보이는 패턴은 개선되지 않았다. 상품수지에서는 2012년 이후 가파르게 흑자규모가 커지고 있는데, 상당 부분 원유가격의 하락 등 수입금액의 감소세와 관련이 있는 것으로 파악된다. 서비스 수지는 연도별로 차이가 있기는 하지만 전반적인 추세는 적자상황일 뿐 아니라 그 적자가 확대되는 양상이다. 그러나 서비스수지 내에서도 건설서비스 수지는 흑자를 보인 반면 여행수지와 지재권사용료수지, 기타사업서비스 수지는 적자를 보여 대조적이다. 통신서비스는 적자를 면하지 못하다가 2012년 이후 흑자로 전환되었다. 더 극적인 변화를 보인 것은 운송서비스다. 운송서비스는 2016년까지만 해도 흑자를 보였으나 2017년 2월 세계 7위이자 국내 1위 해운회사였던 한진해운이 파산하면서 이후 적자를 면하지 못하고 있다. 살펴보면 우리나라의 서비스산업은 분야별로 경쟁력 차이가 뚜렷하게 드러나고 있다. 자본·금융계정에서는 외국인의 국내투자보다 내국인의 해외투자가 훨씬 큰 규모를 보이고 있다. 2010년 이후의 우리나라의 국제수지표는 〈표 6-7〉과 같다.

〈표 6-7〉 **2010년대 이후의 우리나라 국제수지 변화**

(단위 : US 억$)

구 분 연 도	2010	2011	2012	2013	2015	2018	2021
경상수지	288.5	186.6	508.4	811.5	1,058.7	774.6	883.0
상품수지	479.2	290.9	494.1	827.8	1,202.9	1,100.8	762.1
서비스수지	−142.4	−122.8	−52.1	−65.0	−157.1	−293.6	−31.1
운송	87.3	63.7	101.8	73.5	30.2	−25.1	154.3
여행	−84.4	−74.4	−72.2	−70.2	−96.7	−165.6	−62.3
건설	96.8	116.8	163.5	155.2	104.9	97.1	41.0
보험	−3.7	−1.7	−3.0	−2.7	−19.1	1.1	−3.0
금융	−2.7	−2.3	−4.4	−7.6	−3.1	8.2	16.5
통신	−4.1	−2.2	0.1	3.3	8.7	15.5	35.2
지재권사용	−59.9	−30.2	−49.1	−55.1	−36.3	−20.6	−30.6
기타사업	−122.1	−121.8	−127.7	−104.6	−108.1	−122.1	−122.2
본원소득수지	4.9	65.6	121.2	90.6	59.0	49.0	193.3
이전소득수지	−53.2	−47.2	−54.7	−41.9	−46.1	−81.5	−41.2
자본수지	−0.6	−1.1	−0.4	−0.3	−0.6	3.2	−1.5
금융계정	231.9	243.2	515.8	801.1	1,097.3	769.3	767.8

자료 : 한국은행 경제통계시스템(http://ecos.bok.or.kr)

2 국제수지의 변화

(1) 국제수지의 변화

경상수지와 자본수지로 구성되는 국제수지의 변화양상은 크게 4가지로 분류된다. 경상수지 흑자·적자, 자본수지 흑자·적자를 어떻게 배합하느냐에 따라 A형·B형·C형·D형으로 나누는 것이다. A유형은 '경상수지 흑자, 자본수지 적자'의 구조다. 흔히 수출도 잘되고 해외 금융시장 진출이 활발한 선진국에서 많이 볼 수 있는 구조다. 이 유형이 가장 안정적인 국제수지 구조다. B유형은 경상수지 적자, 자본수지 흑자의 구조다. C유형은 이른바 쌍둥이 흑자다. D유형은 다소 불안정한 구조로 상품수지의 흑자는 유지되고 있지만, 서비스수지의 적자폭 확대로 인해 경상수지 흑자기조 유지가 위태로운 상태다.

국제수지 조정에서 경상수지 흑자를 자본거래(자본수지 적자)를 통해 균형을 이루는 것이 이상적이다. 투자목적의 해외 달러 유출이 많을수록 들어오는 외화보다 나가는 외화가 많아 자연스럽게 자본수지는 적자를 이룬다. 이는 선진국형 국제수지 구조라 할 수 있지만 자칫하면 2가지 모두 적자를 나타내는 후진국형 구조로 전락될 수도 있다. 후진국형 국제수지구조는 외국계 투자자금은 물론 국내 자금도 해외로 이탈돼 자본수지는 적자에서 벗어나지 못하고 경상수지도 마찬가지로 만성적인 적자에 시달리는 구조를 말한다.

통상 국제수지 흑자국가의 화폐가치는 국제수지 적자국가의 화폐에 대하여 가치상승 효과를 가진다. 그런데 국제수지 흑자가 계속되면 통화량이 증가하여 물가가 외국보다 많이 오르게 되고 수출상품의 원가가 상대적으로 상승하게 된다. 반면에 수입상품의 가격은 상대적으로 싸게 되어 그만큼 수출이 감소하고 수입이 증가한다. 그 결과 수출로 벌어들이는 외화의 양보다 수입을 위해 지출하는 외화의 양이 많아져 외화보유량이 감소하여 국제수지 흑자의 폭이 줄어들어 불균형 상태가 균형에 이르게 된다.

국제수지흑자에 따른 외화공급의 증가는 외화가치의 하락(환율인하)으로 이어져 수출이 감소하고 수입이 증가하는 효과가 자동으로 나타나는 것이다. 그러나 이는 상품의 품질이나 무역환경이 변하지 않는다는 전제에서 가능한 이론이다. 실제로는 국내외 정치적 문제와 같은 변수(외환투기 등)가 발생하기 때문에 상황에 따라 발생하는 문제를 극복할 적절한 정책적인 조치가 요구된다.

(2) 경제성장 단계와 국제수지의 균형

한 나라의 경제가 성장하면 국제수지의 내용도 달라지는데, 경제성장과 그 나라의 국제수지가 어떤 관계에 있는가? 이를 분석한 보그스(T. H. Boggs)는 경제가 성장함에 따라 국제수지가 질적으로 달라진다고 보고 이를 정리하여 〈표 6-8〉과 같은 4단계설을 주장하였다.

Boggs에 따르면 미성숙채무국은 국내 경제발전에 필요한 자본을 외국으로부터 도입하고, 이에 대한 이자지급 등으로 무역외수지는 적자가 된다. 시설재의 도입과 원자재의 수입으로 전체적인 수입액이 수출액보다 많아 무역수지와 경상수지도 적자를 면하지 못하는 상태다. 이 경상수지 적자를 충당하기 위해 또다시 자본을 도입해 국제수지는 균형을 이룬다. 대체로 저개발국 등 경제성장의 초기단계에 있는 나라나 경제개발 정책이 실패한 나라들이 이 단계에 해당한다.

〈표 6-8〉 **Boggs의 경제성장 단계와 국제수지의 관계**

경제성장 단계 \ 국제수지	경상수지	무역수지	무역외수지	자본수지
미성숙 채무국	적 자	적 자	적 자	흑 자
성숙 채무국	균형/적자	균형/흑자	적 자	균형/흑자
미성숙 채권국	균형/흑자	흑 자	흑 자	적 자
성숙 채권국	흑 자	적 자	흑 자	적 자

성숙채무국은 경제가 점차 성장하면서 수출증가로 무역수지가 균형 내지 흑자 상황을 보이는 나라다. 그러나 외자도입에 대해 지불해야 하는 이자 등으로 무역외수지는 여전히 적자를 면하지 못하며, 그에 따라 경상수지도 균형 내지 적자를 보인다. 경상수지가 균형일 때는 자본수지도 균형을 보이나 경상수지가 적자일 경우 그 적자를 충당하기 위해 자본을 도입하게 되므로 자본수지는 균형 또는 흑자를 보이게 된다.

미성숙채권국은 경제가 더욱 성장하고 수출이 증가하여 무역수지가 흑자가 되는 상태다. 이 단계에서는 해외투자 등의 자본유출에 따른 이자수입으로 무역외수지도 흑자가 되어 경상수지는 균형 내지 흑자가 된다. 초과된 경상수지를 해소하기 위해 해외투자와 같은 자본수출이 일어나며 그에 따라 자본수지는 적자가 되어 국제수지가 균형을 이루게 된다.

성숙채권국은 미성숙채권국이 계속해서 해외투자를 증가시켜 이자수입 등이 증가함에 따라 무역외수지는 흑자가 되지만, 이러한 무역외수지 흑자가 국민들의 소비증대를 유발하여 수입이 증가함으로써 무역수지가 적자를 보이는 상태다. 그 결과 경상수지는 흑자를, 자본수지는 적자를 보이게 된다.

3 국제금융시장

(1) 국제금융의 의의

국제금융(international finance)은 국내금융과 대조되는 개념으로서 국가와 국가 사이에서 국제통화(국제유동성)를 주고받거나 필요한 자에게 국제통화를 빌려주거나 빌리는 행위를 말한다. 즉, 국가와 국가 사이의 거래에 따르는 자금거래와 조달, 대출 또는 해외직접투자 등이 국경을 넘어 이루어지는 현상을 국제금

용이라 한다. 국제금융은 재화나 용역거래 또는 자본거래를 통해 성립된다.[24)]

국제간의 거래는 주로 경제적 동기에 의하여 자발적으로 이루어지는 것이지만, 그 결과는 궁극적으로 각 당사국의 국제수지로 나타난다. 국제금융거래에서 발생하는 국제수지 불균형의 조정을 고전경제학에서는 재화에 대한 가격효과의 조정에서 찾았다. 가격효과의 조정은 금본위제하에서는 금 이동에 의해서, 지폐본위제하에 있어서는 환시세 조정에 의해 이루어진다.

금본위제에서는 금의 이동이나 물가기구를 통해 국제수지의 불균형이 자동으로 조정되고, 환율 변동의 폭은 금 수송점의 범위 내에 있다고 본다. 그러나 지폐본위제하에서는 해당 국제화폐에 대한 수요와 공급의 탄력성과 해당정부에 대한 신뢰성 등 여러 요소가 복잡하게 유동적으로 작용하므로 간단하지 않다. 수출입·투자·송금 등 일반적인 자금 이동은 외국환에 의하여 이루어지며, 국제수지의 적자를 메우기 위해서도 외국환을 사용하거나 외국으로부터 자금을 차입해 와야 하므로 국제금융시장이 필요하다.

(2) 국제금융시장

국제금융시장(International Financial Market)이란 국제거래의 결과로 발생하는 국제결제를 비롯해, 그 결제를 원활하게 하기 위한 국제금융이 이루어지는 장소로 특히 단기자금[25)]에 대한 수요와 공급이 이루어지는 시장을 말한다. 넓은 의

24) 국제금융은 상품이나 서비스와 같은 재화의 거래뿐 아니라 환율, 이자, 각국의 조세제도 등 복잡한 요소들이 반영되어 움직인다. 특히 각국의 법인세나 소득세, 상속세, 증여세 등을 회피하기 위해 이와 같은 조세율이 낮은 곳에 자본이 집중되어 움직이기도 한다. 이런 조세율이 낮은 곳을 '조세피난처'(tax haven)라 한다. 오늘날 대표적인 조세피난처로 꼽히는 곳으로는 영국령 케이맨제도와 버진아일랜드, 홍콩, 바하마, 싱가포르 등이다. 이러한 곳에서 움직이는 국제금융자본은 사실상 각국 정부의 통제를 벗어난 상태에 이르렀다고 우려하는 시각이 많다. 케이맨제도에는 소득세나 법인세, 양도세가 없으며 각 회사로부터 매년 850달러씩의 수수료만 받고, 버진 아일랜드도 이러한 세금없이 회사등록비만 매년 350달러씩 받는다. 현재 우리나라의 경우 법인세는 회사 이익이 2억원 이하는 10%, 2억원초과 200억원 이하는 20%, 200억원 초과는 22%다. 소득세는 소득이 1,200만원 이하는 6%, 1,200만원 초과 4,600만원 이하는 15%, 4,600만원 초과 8,800만원 이하는 24%, 8,800만원 초과 1억5천만원 이하는 35%, 1억5천만원 초과는 38%다. 상속 및 증여세는 상속 또는 증여액 1억원 이하가 10%, 1억원 초과 5억원 이하가 20%, 10억원 초과 30억원 이하가 40%, 30억원 초과의 경우 50%다. 이러한 세금을 피하기 위해 조세피난처로 자금을 도피시키는데, 이는 명백히 불법이다.
25) 단기자금을 핫머니(hot money)라고도 한다. 핫머니에는 각국의 금리차나 환시세 변동에 따라 이윤을 찾아서 움직이는 것과 통화불안, 국내 경제정세가 불안정할 때의 자본도피가 있다. 그 특색은 단기로 대량의 자금이 이동하는 것과 자금의 유동성이 높은 자산으로 집중하는 점이다. 일반적으로 투기적 색채가 강해 금융시장의 교란요인으로서 경계된다. 주로 다른 나라의 고금리에 투자하는 와타나베(わ

미의 국제금융시장은 국제유동성(지불수단)이 거래되는 외환시장과, 신용(credit)
이 거래되는 협의의 국제금융시장으로 나눌 수 있다.

외환시장은 다시 계약과 인도의 시차를 기준으로 현물환(現物換) 시장과 선물환
(先物換) 시장으로 구분된다. 신용시장은 장소에 따라 역내시장과 역외시장으로
세분된다. 역내·외 시장은 모두 자금의 공급자와 차입자 중 한쪽이 외국인이거
나, 금융중개기관이 외국에 소재하는 국제금융시장의 형태에 포함된다. 그러나
역내시장은 자금의 대차(貸借)가 금융기관 소재국의 통화로 이루어지는 경우를
가리키며, 역외시장은 금융기관 소재지가 아닌 타국 통화표시로 자금의 대차가
이행되는 형태로 구별된다.

금융시장은 거래방식에 따라 직접 또는 간접금융시장으로 나눌 수도 있다.
즉, 자금의 수요자인 기업이 발행한 채권을 자금의 공급자가 매입하는 형식을
통해 직접거래가 이루어지는 경우가 직접금융시장에 해당된다. 공급자가 금융기
관에 예금 형태로 공급한 자금을 은행이 대부(貸付)하는 방식으로 최종수요자에
게 전달하는 것이 간접금융의 형태이다.

국제금융은 사실상 각국 금융시장의 금리(金利)에 차이가 있어 보다 유리한 시
장에서 자금을 차입하든지 대출하려는 것 때문에 국제금융시장이 생기게 된다.
즉, 각국의 외환을 다루는 은행은 잉여외환자금을 이런 시장에서 운용한다. 또
한 부족한 외환자금을 조달하는 장소로 이용하고 있다. 국제금융시장에서는 차
입국가에서 필요로 하는 국제통화뿐만 아니라 차입국(借入國)이 주로 사용하는
통화도 다를 수 있어 환율변동의 가능성이 언제나 존재한다. 따라서 단지 금리
차만이 문제가 될 수 없고, 국내금융과는 달리 대차 쌍방 사이에 신용이 충분하
지 못한 점도 있어 여러 보조기관이 개입할 필요성이 있다.

한편, 금융대차기간이 길고 짧으냐에 따라 단기국제금융과 장기국제금융으로
나눌 수 있다. 전자만을 좁은 뜻에서 국제금융시장이라 하고 후자를 국제자본시
장이라고 하여 구별할 때도 있다. 국제금융시장으로서 자본주의 초기에 유명했
던 곳은 암스테르담·브뤼셀 등이었다. 하지만 나폴레옹 전쟁 이후 런던과 파리
로 옮겨졌으며 제2차 세계대전 이후는 런던, 뉴욕이 중심이 되고 있다. 그 외
싱가포르, 홍콩, 제네바 등도 상당한 역할을 하고 있다.

오늘날에는 국제금융시장의 규모가 커지고, 국가간의 투자가 훨씬 자유로워졌

たなべ : 渡辺)부인(미국의 Mrs. Smith, 유럽의 Mrs. Sophia, 한국의 김여사도 이와 유사한 부류를
칭하는 호칭이다)들의 투자도 핫머니의 일종이다. 이들이 금융회사를 통해 움직이는 단기자금의 규모
는 2016년 현재 전세계에 미화 약 1조5천억 달러 정도로 알려져 있다.

으며, 금융기법도 다양해지면서 각국 금융시장이 통합되고 있다. 또 자금을 조달하는 방식도 채권이나 주식 외에 파생금융 등 다양한 방법을 통해 이루어지고 있다. 이에 따라 국제금융시장은 거주성이나 장소적 구분을 초월하여 각국의 금융시장이나 외환시장을 총괄하는 총체적인 거래 메커니즘으로 이해되고 있다. 국제금융시장으로서의 바람직한 요건은 ① 안정적인 통화제도, ② 자유로운 외환거래의 보증, ③ 시장이 있는 나라의 통화에 대한 대량적이며 계속적인 수급(需給) 유지, ④ 시장이 있는 나라에서의 장기적인 국제수지의 균형, ⑤ 어음할인 시장과 은행제도의 발달 등이다.

(3) 국제금융시장의 참가자

국제금융시장의 참가자는 크게 세 그룹으로 분류된다. 세계은행(WB), 아시아개발은행(ADB), 유럽개발은행(EBRD), 미주개발은행(IDB) 등과 같은 국제금융기구, 각국 정부 및 기업으로 구성되는 차입자 그룹, 연금기금, 상호기금, 보험회사 등의 기관투자가와 개인투자가로 이루어진 투자자그룹이 그것이다. 이들 그룹 사이에서 이들을 중개하는 국제투자은행과 국제상업은행, 딜러(Dealer)와 브로커(Broker) 등이 존재한다. 투자은행들은 증권·선물·신탁 등을 아우르는 다양한 상품들을 취급하며 단순한 유가증권의 매매나 중개뿐 아니라 기업의 인수·합병, 부실기업 인수와 정리 등의 업무도 하고 있기 때문에 이들이 국제금융시장에 미치는 영향력은 상당하다.

[무역현장]

"美, 12월엔 빅스텝" 확신 굳히는 시장.. 킹달러시대 끝날까

강달러 현상으로 1440원까지 치솟았던 원·달러 환율이 1310원대까지 급락했다. 미국의 10월 소비자물가지수(CPI)가 올해 1월 이후 최소 상승폭을 보이며 7%대를 기록한 덕분이다. 미 연방준비제도(연준·Fed)가 12월 미 연방공개시장위원회(FOMC) 정례회의에서 그간의 긴축 속도를 조절할 것이라는 기대감 또한 커지고 있다. 10일(현지시간) 미국 노동부는 10월 CPI가 지난해 같은 기간 대비 7.7% 올랐다고 밝혔다. 지난 9월에 기록한 8.2%에서 올해 2월(7.9%) 이후 처음으로 물가상승률이 7%대로 떨어진 것이다. 올해 1월 기록한 7.5% 이후 가장 낮은 수준이다. 월스트리트저널(WSJ)이 집계한 시장 예상치인 7.9% 상승치도 밑돌았다.

10월 근원 CPI 상승률도 지난 9월 40년 만에 최고치를 경신한 것과 달리 전년 동월 대비 6.3% 상승해 시장이 예상한 6.5%와 전달 상승률 6.6%를 하회했다. 미국 10년물 국채금리도 연준의 긴축 속도 완화 기대에 4% 아래로 떨어졌다. 금리 하락 폭은 23bp에 달했다. 2년물 국채금리도 27bp가량 떨어지며 4.30%대까지 하락했다. 이에 시장에서는 미 연준이 다음 회의에서 금리 인상 속도를 늦출 것이라는 전망이 힘을 얻고 있다. 실제로 연방기금금리 선물 시장에서는 미 연준이 12월에 기준금리를 50bp 인상할 가능성을 81%로 보고 있다. 하루 전 56.8%에서 CPI 보고서 발표로 이후 큰 폭으로 오른 것이다. 반면 5연속 자이언트 스텝, 75bp 금리 인상 가능성은 전날 43%대에서 이날 19%대로 크게 떨어졌다.

최근 원·달러 환율은 최근 미국 중간선거 결과를 앞두고 위험선호 심리가 이어지면서 줄곧 하락했다. 원·달러 환율은 지난 7일 장중 한때 1400원 아래로 내려간 이후 다음날 바로 1380원대로 내려가 2거래일 만에 34.3원이나 떨어졌다. 이에 더해 CPI 결과까지 시장 전망치보다 낮게 나오자 11일 환율은 전 거래일 대비 59.1원 폭락한 1318.4원을 기록했다. 시장 전문가들은 미 연준이 가장 눈여겨본 물가 지표가 하락하자 당분간 환율이 안정될 수 있다고 전망하고 있다.

강인수 숙명여대 경제학과 교수는 "환율 자체는 1400원대는 넘지 않을 거고 금리를 올려도 큰 폭으로 올리기 어려운 상황이기 때문에 1300원대에서 횡보할 것"이라며 "대외불안요인이 많긴 하지만 어쨌든 1300원 초중반에서 안정세를 보일 수 있는 상태"라고 전망했다. 미 연준이 기존의 금리 인상 기조를 유지해야 환율이 안정될 수 있다는 전망도 나왔다. 김흥종 대외경제정책 연구원장은 "CPI 결과가 시장의 기대치와 부합했지만 기존 미 연준의 스탠스가 급하게 바뀌지 않아야 인플레를 진정으로 안정시킬 수 있다"면서 "올해 말까지 기존의 긴축 기조가 유지된다는 전제 하에 인플레 정점이 지나가 1300원대로 떨어진 환율이 점차 안정화될 것"이라고 말했다.

(파이낸셜뉴스, 2022.11.12.)

7

기업의 글로벌화와 다국적기업

제7장의 주요 내용

제7장에서는 국제경영활동으로서 기업의 글로벌화에 대해 살펴본다. 이
장에서 학습할 주요 내용은 다음과 같다.
1. 기업글로벌화에 대한 국제경영이론의 종류와 그 요지
2. 시장세분화와 표적시장 선정의 개념
3. 해외시장진출의 전략적 방법의 종류와 개념
4. 다국적기업의 의의
5. 다국적기업의 특징

제7장 학습 키 워드(key word)

글로벌화, 국제자본이동론, 독점적우위이론, 과점적반응이론, 경쟁우위
이론, 대표특화지대이론, 내부화이론, 절충이론, 시장세분화, 표적시장,
전략적제휴, 라이선싱, 거래비용, 프랜차이징, 계약생산, 관리계약, 턴
키방식, 해외간접투자, 해외직접투자, 인수합병(M&A), 우호적 M&A,
적대적 M&A, 다국적기업, 틈새시장

제7장 기업의 글로벌화와 다국적기업

제1절 기업의 글로벌화

기업의 글로벌화란 기업이 국내에서만 수행하던 생산요소의 조달, 재화의 생산과 판매, 보관과 배송을 포함하는 물류, 사후관리서비스 등의 경영활동과 투자활동의 전부 또는 일부를 2개국 이상의 여러 나라에서 수행하게 되는 것을 말한다.

1 기업 글로벌화의 원인

(1) 기업의 확장욕구

기업들은 본질적으로 매출액·이익·자산 등을 기준으로 회사의 규모를 확대하고 현금흐름과 이익을 최대화하려는 욕망을 가진다. 기업의 경영층이 다음과 같은 기회를 발견하고 이런 욕망을 글로벌 경영을 통해 확보할 수 있다고 믿게 될 때 기업은 글로벌화 한다.

① 국내시장 이익에 추가하여 해외시장 이익 실현이 가능케 하여 기업의 총이익을 더욱 증대시킬 수 있는 기회가 있다.
② 국내시장보다 해외시장에서 더 높은 이익 내지 자본회수율(rate of return on equity)을 획득할 수 있는 기회가 있다.
③ 해외시장에 국내시장에서 상실한 매출액과 시장점유율을 보충할 수 있는 기회가 있다.
④ 장기적으로 글로벌 시장이 당해 기업의 잠재시장의 가장 큰 부분이고, 가장 큰 성장의 원천이 된다. 자동차, 전자제품, 반도체, 석유화학 등의 산업에서는 글로벌 스케일로 생산량을 증대시키고 세계시장에서 효과적으로 공급할 수 있어야 비로소 생존자체를 보장받을 수 있는 측면도 있다.

(2) 주요 자원의 안정적 확보 및 저렴한 노동력 활용

주요 원자재의 확보나 저렴한 노동력 활용 역시 기업들이 다국적화 하는 전통적 동기들이다. 일반적으로 원자재지향적인 기업일수록 필요로 하는 원자재의 가용성(加用性)과 가격변동에 민감한 반응을 보인다. 반면 노동집약적 상품을 생산하는 기업일수록 인건비에 민감하다. 그 이유는 이 요소들이 기업의 사활(死活)에 중대한 영향을 미치기 때문이다.

원자재지향적인 기업은 석유·화학·철강·조선 등의 중화학공업 분야의 기업뿐 아니라 제당·제분·제지 등 소비재 분야의 기업들도 있다. 국내기업들로서는 주요 원자재의 대부분을 수입에 의존하는 상황에서 이러한 원자재를 안정적으로 확보하는 것은 매우 중요한 과제다. 따라서 원자재의 개발을 포함한 장기적이고도 안정적인 원자재 확보를 위해 기업들이 다국적화 하는 것이다. 노동력 지향적인 기업은 섬유, 신발 등 경공업 분야의 중소기업들이 많다. 이들 기업도 노동력이 풍부한 저개발국으로 다국적화 한다. 그러나 4차 산업혁명이 진행되면서 개발도상국으로 진출했던 노동력지향적 기업들이 다시 본국으로 회귀하는 사례도 증가하고 있다. 기술발전으로 노동력 수요가 대폭 줄어들었기 때문이다.

(3) 새로운 활로로서 신시장의 개척

기업이 국내시장에서 치열한 경쟁에 직면하거나 시장이 포화상태에 이르렀을 때 새로운 시장을 해외에서 찾기도 한다. 경쟁을 회피하기 위한 하나의 수단으로 활용하는 것이다. 또 국내시장 규모만으로는 생산 및 유통에서 규모의 경제(economy of scale)를 실현할 수 없을 때도 기업은 다국적화를 시도한다. 다국적화에 의한 규모의 경제가 확보되면 가격경쟁력은 그만큼 높아질 수 있다.

한편, 기업이 보유한 제품과 기술의 수명주기 연장 역시 기업의 다국적화를 촉진시키는 동기가 된다. 국내시장에서 신제품의 등장 등으로 이미 쇠퇴기에 있는 제품일지라도 해외시장에서는 높은 가격에 판매될 수 있다. 휴대전화와 같이 짧은 기간 내에 신 모델이 새롭게 등장하는 경우 구 모델을 개발도상국 등에 판매하는 것이 그것이다. 쇠퇴기에 있는 제품일지라도 해당 제품을 수출하거나, 기술제공 또는 해외직접투자에 의한 생산을 통해 그 제품의 수명과 이익주기를 연장시킬 수 있다. 쇠퇴기의 제품설비를 단독투자나 합작투자로 보내어 해외기업체로 설립·운영할 때는 국내의 노후화된 생산시설을 이전하면서 그 경제 가치를 상향 조작하는 것으로 현물 투자하는 경우도 많다.

(4) 무역장벽의 극복

수입물품에 대한 관세율이 높거나, 비관세장벽을 높게 설정한 나라에 대해 수출하기는 쉽지 않다. 이와 같이 관세 및 비관세장벽이 높을 경우 해당국 내 제품의 경쟁력은 낮은 게 일반적이다. 따라서 직접투자를 통해 현지에서 생산해 판매하는 것으로 시장을 장악하려는 의도로 기업의 투자가 이루어지기도 한다. 이러한 투자유인 효과는 현지 시장의 규모가 크면 클수록, 무역장벽이 높으면 높을수록 커지기 마련이다.

한편 환경, 노동, 인권, 공정거래 등을 이유로 한 법률 규제가 강한 경우 이와 밀접한 관련이 있는 기업은 규제를 피하기 위해 규제가 덜한 국가로 기업의 일부 또는 전부를 이전하기도 한다. 대개 선진국일수록 이러한 규제가 엄격하고, 개발도상국일수록 규제가 느슨한 경우가 많다. 이 경우 기업의 진출은 선진국에서 개발도상국으로 향하게 된다. 그러나 개발도상국도 경제가 성장하면 복지에 관심을 갖게 되고, 선진국과 마찬가지로 환경 등에 대한 규제가 강화되므로 이러한 이전은 장기적이지 못한 경우가 많다.

(5) 지역경제 통합체의 활용

FTA 등 지역경제통합체가 결성된 경우 제5장에서 살펴본 바와 같이 역외 국가는 역내 국가에 비해 상대적으로 불리한 입장에 처하게 된다. 이를 극복하기 위해 지역경제통합체 내에서 생산하여 해당 국가 및 지역경제통합체 역내 국가의 시장에 진출할 목적으로 해외직접투자를 하는 경우가 많아지고 있다.

NAFTA가 출범하면서 미국과 캐나다 시장을 목표로 상대적으로 인건비가 저렴한 멕시코에 공장을 설립한 경우나, EU 통합이 가속화되면서 EU 시장을 목표로 역시 서유럽 국가에 비해 인건비가 상대적으로 낮은 동유럽 국가에 공장을 설립한 경우가 그것이다. 또한 FTA를 활용하기 위해서는 원산지가 인정될 수 있는 지역에서 원자재를 조달하는 것이 중요하므로 이를 확보하기 위해 FTA 체결상황을 고려하여 현지에 진출하는 경우도 증가하고 있다.

(6) 현지국 정부의 장려책

오늘날에는 개발도상국은 말할 것도 없고 미국이나 영국과 같은 선진국도 고용창출과 경제성장을 위해 현지에 투자하는 다국적 기업에 조세나 금융, 행정 등에 있어 혜택 부여를 강화하는 추세다. 다국적기업은 이러한 인센티브의 향유를 주요한 고려사항으로 하여 현지국으로 진출하는 경우가 증가하고 있다.

2 기업 글로벌화에 대한 국제경영이론

기업이 글로벌화 하는 이유가 다양한 만큼 그 원인에 대한 분석과 이론도 다양하다. 기업의 글로벌화는 주로 해외직접투자를 통해 이루어진다. 해외직접투자는 기술·자본·경영 등이 복합적으로 포함되는 해외사업이다. 그 동안 기업의 글로벌화에 대해 설명하려는 연구와 노력이 많이 있었다. 앞서 무역이론에서 언급한 제품수명주기이론도 그 가운데 하나가 된다. 그 외의 몇 가지 이론을 간략히 살펴보기로 한다.

(1) 국제자본이동론

각국마다 이자율은 차이가 있기 마련이다. 이러한 이자율의 차이가 국제자본이동 또는 기업글로벌화의 원인으로 보는 것이 국제자본이동론이다. 자본은 이자율이 낮은 자본 풍부국에서 이자율이 높은 자본 희소국으로, 두 나라의 이자율이 같아질 때까지 끊임없이 이동한다는 것이다. 그러나 해외직접투자가 단지 자본만 이동하는 것이 아니라 자본과 기술 그리고 경영기법까지 함께 이동하는 경우가 많다. 또한 해외직접투자에 수반되는 높은 위험 등을 고려할 때 다국적기업의 해외직접투자가 단지 이자율의 차이뿐이라고 주장하는 것은 충분한 설명이 될 수 없다는 단점이 있다. 다만, 전통적인 국제증권투자나 단기적인 자본이동에 대해서는 설득력 있는 이론이라 할 수 있다.

(2) 독점적 우위이론

독점적 우위이론은 외국기업이 해외활동에서 정상적인 사업 활동을 하기 위해서는 현지기업에 비해 외국기업이 갖는 필연적인 불이익을 상쇄할 수 있는 기업특유의 우위(firm-specific advantage)가 있어야 한다는 것이다. 이와 같이 외국기업으로서 불리한 점을 극복하고도 남을만한 우위요소가 무엇인가를 규명하고자 하는 것이 바로 독점적 우위이론이다.

외국기업이 해외에서 생산과 판매를 하려할 때 일반적으로 환리스크, 현지국

소비자의 특수한 수요, 현지국의 특유한 상업관행, 정치적 리스크, 투자국과의 거리효과(distance effect) 등에서 비롯되는 외래성비용(cost of foreignness)을 부담하면서 현지국 기업보다 불리한 위치에서 경쟁해야 한다. 따라서 외국기업이 그런 불리함을 극복하고 현지국기업과 경쟁에서 이기기 위해서는 외래성비용을 극복하고도 남을 정도의 어떤 독특한 자산이나 능력을 보유해야 한다. 이것이 '독점적 우위'이다. 독점적 우위는 제품과 생산요소의 국내외시장이 완전하여 기업간 자유경쟁이 보장되는 산업에서는 발생할 수 없고 제품차별화나 규모의 경제, 수직적 통합, 기술 우위 등에 의해 시장불완전이 발생하는 일부 과점적 산업에서 발생한다. 자동차·전자·화학·정보통신 등이 그런 산업의 대표적 예이다. 따라서 주로 이런 산업에서 현지국 산업에 진출하여 독과점력을 행사하기 위해 해외직접투자를 실시한다는 것이다.

(3) 과점적 반응이론

과점적 반응이론은 합리성에 기초한 경제적 분석보다는 기업의 행동적인 반응, 전략적인 반응으로 해외직접투자를 설명하려는 이론이다. 이 이론에 따르면 경쟁업체들은 기술우위 등을 바탕으로 공격적으로 해외에 진출하는 리더기업과 해외시장을 리더기업에게 상실하지 않기 위해, 그리고 해외시장에서도 경쟁력을 확보하거나 강화하기 위해 방어적으로 뒤따르는 추종기업들로 구분될 수 있다.

예를 들어 특정국가의 자동차산업에서 과점상태로 상호 경쟁하고 있는 3개 기업들이 모두 동시에 A국에 수출하고 있다고 하자. 이때 그 중 한 기업이 A국에 직접 투자를 하여 현지생산과 마케팅을 시작하면 나머지 기업들도 A국 시장을 상실하지 않고 계속 유지하기 위해 뒤따라 A국에 직접투자로 진출한다는 것이다. 경쟁기업이 현지 생산을 하는데 수출로는 시장에서의 경쟁이 불가능하다고 보게 되기 때문이다. 이런 직접투자로 동종 산업의 기업들이 특정 투자대상국에 집중적으로 몰리는 현상이 나타나기도 하는데 이를 밴드웨건 효과(band wagon effect)라 한다.

(4) 경쟁우위이론과 대표특화지대이론

경쟁우위이론은 기업특유의 경쟁우위와 국가특유의 비교우위 사이의 괴리 때문에 해외직접투자가 일어난다는 것이다. 기업특유의 경쟁우위가 확보되지 못하더라도 국가특유의 비교우위가 있는 곳에 기업이 소재할 경우 그 기업은 어느 정도 국제경쟁력을 확보할 수 있다. 반면 국가특유의 비교우위가 충분하지 못한 곳에 기업이 소재할지라도 기업특유의 경쟁우위가 있다면 그 기업 또한 어느 정도 국제경쟁력을 확보할 수 있다. 그러나 기업특유의 경쟁우위와 국가특유의 비교우위가 결합되는 곳에 기업이 소재할 경우 최상의 경쟁우위를 갖출 수 있다. 이러한 경쟁우위의 괴리로 인해 해외직접투자가 일어난다고 본다.

대표특화지대이론은 국제산업분업체제 속에서 선진국그룹은 첨단산업분야, 중진국그룹은 성장산업분야, 개발도상국그룹은 전통산업 분야에 지대(zone)를 잡는다는 개념이다. 따라서 해외직접투자 또한 이러한 산업분야를 따라 움직인다는 것이다.

(5) 내부화이론

내부화이론은 국제기업이 어떠한 이유에서 시장거래를 지양하고 해외사업을 기업내부로 끌어들이게 되는가를 설명하는 이론이다. 내부화란 기업외부의 시장기구를 통해 이루어지는 여러 기능을 기업조직 내에서 수행하도록 하는 것을 말한다. 외부시장이 불완전한 경우는 ① 지식재산권자가 자신의 지식재산권을 법적으로 보호받지 못하는 경우, ② 규모의 경제가 존재하는 경우, ③ 지식과 같이 어느 한 사람의 소비가 다른 사람의 소비를 줄이지 않는 경우, ④ 정부의 개입으로 인해 수입(혹은 비용)과 사회적 수익(혹은 비용)간에 차이가 발생하는 경우다.

국제시장은 국내시장보다 이러한 시장불완전성의 요소가 더 많기 때문에 그만큼 내부화의 요인이 더 강하게 작용할 수 있다. 따라서 독점적 우위를 갖고 있는 기업은 외부시장을 이용하여 특정자산을 판매하는 대신 이를 내부화함으로써 더 큰 이윤을 얻을 수 있기 때문에 해외직접투자를 하게 된다는 것이다.

(6) 절충이론

절충이론은 J. H. Dunning에 의해 제시된 이론이다. 이 이론은 개별기업의 해외직접투자가 기업특유의 우위요소(Ownership specific advantage), 입지특유의 우위요소(Location specific advantage), 내부화 우위요소(Internalization specific advantage)란 3가지(OLI) 우위가 모두 충족될 때 이루어진다는 것이다. 이 이론은 해외직접투자에 관한 기존 이론을 종합해 만든 것으로, 3가지 우위요소의 세부적 내용은 〈표 7-1〉과 같다.

〈표 7-1〉 **절충이론의 우위요소**

기업특유의 우위요소	〈기업의 다국적성과 무관한 우위요소〉 ① 경영자가 보유한 뛰어난 경영관리 노하우 및 노동자가 보유한 노동숙련도 등 인적자본의 우위 ② 뛰어난 생산관리, 조직관리, 마케팅시스템, R&D능력(특허기술, 상표 등의 보유) 및 경험 ③ 기업규모, 다양성, 독점적 지위 ④ 각종 자원 및 제품시장에 대한 배타적·차별적 접근능력 〈기업의 다국적성에 기인하는 우위요소〉 ① 목표시장 접근능력과 위험분산능력, 정보수집능력 ② 기업내 거래를 통한 네트워크 우위 ③ 제고된 대정부 협상능력
입지(국가) 특유의 우위요소	① 현지국의 저렴한 노동력 등 낮은 생산요소가격 ② 외국인 직접투자에 대한 현지국 정부의 호의적 지원 ③ 관련인프라 및 관련 기업의 능력 등 경제하부구조의 충실성 ④ 교통의 요충지 등 지리적 이점 ⑤ 언어, 문화, 국민성의 낮은 이질감 ⑥ 정치적 안정성 ⑦ 다각적인 지역경제 통합
내부화 우위요소	① 투자국 및 현지국 정부의 기업활동 개입으로 인한 높은 시장거래 비용의 존재 ② 현지국의 미흡한 지식재산권 보호장치 ③ 환리스크, 글로벌 조세부담최소화 등을 위한 해외자회사들간 이전 가격조작의 필요성 ④ 제품의 품질유지 ⑤ 거래 및 공급의 안정성유지

〈표 7-1〉에서 기업특유의 우위요소는 기업이 장기간의 투자를 통해 축적한 지식기반을 자산으로 일정기간 동안 독점적이고 배타적으로 활용할 수 있는 기술이나 마케팅 노하우 또는 경영기업이 포함된다. 입지특유의 우위는 특정 입지가 다른 입지에 비해 더 양호하게 지니고 있어 현지국 생산요소와 결합하여 이용할 때 그 이익이 커지는 이점을 말한다. 여기에는 지리적 위치와 같이 자연적으로 생긴 것도 있지만 정부의 의지와 같은 후발적으로 형성된 것도 포함된다. 내부화 우위요소는 기업이 보유하고 있는 우위요소를 외부시장을 통해 거래할 때보다 내부화하여 직접 활용함으로써 더 많은 이익을 얻을 수 있는 요소를 말한다. 절충이론은 해외직접투자이론으로 가장 많이 활용된다. 그러나 이 이론은 기업을 미시적 관점에서 파악하고 있기 때문에 실제 이 이론에 입각한 해외직접

투자에서 거시적인 경제단위인 국가경제와의 마찰가능성을 배제할 수 없다는 단점이 있다고 지적된다.

(7) 단계별 해외직접투자이론

단계별 해외직접투자이론은 오늘날 대부분의 글로벌기업들이 해외직접투자를 한번에 그치는 것이 아니라, 시간을 두고 반복적으로 하고 있는 현상을 고려해 기업의 글로벌화가 구체적으로 시장지식(market knowledge), 시장몰입(market commitment), 시장참여(market involvement)의 상호작용에 의해 점진적으로 이루어진다고 보는 이론이다.

시장지식은 거래계약이나 거래 경험을 통해 습득된다. 외국시장에 대한 경험적 지식은 기업에게 중요한 자산이다. 시장지식의 내용은 때로는 복합적이고 이전이 쉽지 않다. 일반적으로 외국시장에 대한 지식은 기업 자체에서 내부적으로 습득되지만 때로는 기업의 관련 네트워크를 통해서도 습득될 수 있다. 시장몰입은 최고경영자(CEO)를 포함한 경영진의 외국시장에 대한 정신적 태도와 자세를 말한다. 특정 외국시장에 대해 몰입수준이 높아질수록 해당 경영자는 해외직접투자나 해외마케팅에 보다 많은 자원을 지원하게 된다.

해외시장에 참여하는 형태는 간접 수출입에서부터 직접 수출입, 전략적 제휴관계, 간접투자, 해외직접투자 순으로 그 정도에 차이가 있다. 시장참여는 시장지식과 시장몰입 정도에 따라 시간이 가면서 달라지는 것이 일반적이다. 이와 같이 시장지식, 시장몰입, 시장참여는 상호작용으로서 이루어지며, 시장지식과 시장 몰입정도가 깊어질수록 시장참여를 위한 해외직접투자도 확대된다는 것이다.

제2절 기업의 글로벌화 전략

1 해외시장의 세분화와 표적시장의 선정

(1) 시장세분화의 개념

기업이 마케팅 측면에서 글로벌화 하기 전에 먼저 해야 할 일은 해외시장을 세분화하여 분석하는 것이다. 해외시장에 진출하는 기업들이 그들의 재화로서 문화와 환경이 서로 다른 세계의 모든 소비자들을 만족시킨다는 것은 불가능하다. 또 어느 정도 가능하다 하더라도 효과적이지 않다고 보는 것이 일반적이다. 동일한 재화를 판매한다 하더라도 서로 다른 특성을 가진 소비자들을 대상으로 동일한 마케팅전략을 전개하는 것이 효과적일 리가 없다. 해외시장은 여러 요소가 반영되어 국내시장보다 다양한 소비자들로 구성되지만, 특정제품이나 마케팅전략에 비슷한 반응을 보이는 집단으로 구분될 수 있다. 이렇게 비슷한 반응을 보일 수 있는 고객이나 시장을 하나의 시장으로 구분하는 과정을 시장세분화라 한다.

시장세분화는 국가단위를 기준으로 삼는 '국가별세분화'가 일반적이다. 하지만 오늘날에는 국가의 구분과는 별개로서 동질적인 욕구와 구매행동을 보이는 소비자들을 묶어서 파악하는 '시장간세분화'도 유용하다고 보는 인식이 높아지고 있다. 시장간세분화는 개별 국가시장을 동질적인 시장으로 보지 않고 여러 개의 세분시장으로 파악하는 반면, 각각의 세분시장은 전세계 시장에서는 동질적인 특정시장으로 집단화하는 개념으로 시장을 구분하는 것이다. 시장세분화는 글로벌화한 기업으로 하여금 한정된 마케팅자원을 보다 효율적으로 이용할 수 있도록 한다. 아울러 지금까지 간과되었던 새로운 시장을 개척하여 마케팅기회를 확보할 수 있게 하며, 우선적인 진출시장을 어디로 할 것인지에 대해 해답을 얻을 수 있게 한다.

(2) 시장세분화의 조건

마케팅 측면에서 시장이 세분화될 수 있기 위해선 측정가능성과 접근가능성, 차별성, 효과성이 있어야 한다. 측정가능성은 세분되는 시장별로 용이하게 측정자료를 확보할 수 있어야 한다는 것이다. 이때의 자료는 인구, 연령, 소득, 생산량 등 시장의 규모와 잠재력을 객관적으로 파악할 수 있는 것들이다. 접근가능성은 각 세분시장의 잠재고객들에게 용이하게 접근할 수 있는지 여부의 문제다. 광고 등 판매촉진 활동과 구체적인 판매활동이 잠재고객들에게 도달될 수 있느냐와 관계가 있다.

시장세분화는 궁극적으로 마케팅을 위한 것이므로 목표가 되는 잠재고객들에게 가급적 적은 비용으로 효과적으로 접근할 수 있을 때 의미가 있다. 차별성은 기업의 마케팅 활동에 대해 각 세분시장 간에는 각각 다른 반응을 보이지만, 하나의 세분시장 내에서는 동일한 반응이 나타나야 한다는 것이다. 만일 한 세분시장에서 동질적 반응이 나타나지 않는다면 시장세분화 자체가 무의미하다. 효과성은 어떤 마케팅 프로그램을 적용할 때 경제성이 확보될 수 있을 정도로 매출규모와 이익이 충분히 커야 하고, 장기적으로 안정성이 있어야 한다는 것이다. 세분화된 집단이 분리된 마케팅을 할 수 없을 정도로 규모가 작으면 경제성이 없어진다. 시장을 어느 정도 세분할 것인지 그 세분화의 정도는 효과성을 고려하여 결정되어야 하는 것이다.

(3) 시장세분화의 주요 기준

마케팅과 관련하여 시장을 세분화할 때 기준이 되는 것은 ① 지리적 위치, ② 인구통계적 특성, ③ 문화적 특성, ④ 심리적 특징, ⑤ 구매행동 패턴 등이다. 지리적 위치에는 기후와 인구밀도, 거주형태, 거주지역 등이 세부 고려요소다. 인구통계적 특성에는 연령, 성별, 가족 수, 소득, 직업, 학력, 종교, 인종, 언어 등이 세부 고려요소다. 문화적 특성은 지리적 위치와 인구통계적 특성 등이 복합적으로 작용하여 만들어지는 속성이다. 고려요소로는 개인주의와 집단주의, 불확실성 회피, 관습과 의식 등이다. 심리적 특징에는 사회계층과 라이프스타일, 개성 등이 세부 고려요소가 된다. 심리적 특징에는 주관적인 요소가 많이 가미되므로 시장세분화가 쉽지 않다. 또 세분화 되더라도 접근가능성을 확보하기가 어려운 면이 있다. 구매행동 패턴에는 제품이나 제품속성에 대해 소비자가 가진 지식과, 제품에 대해 보이는 태도가 주요 고려요소다. 마케팅전문가들은 구매행동 패턴이 가장 효율적인 세분화기준이라 본다.

(4) 표적시장의 선정

해외시장이 세분화되면 이를 분석하여 그 가운데 얼마나 많은 세분시장과, 그리고 어떤 세분시장을 우선적인 표적으로 설정할 것인가를 결정해야 한다. 전 세계 240여개 국가에 존재하는 모든 비즈니스 기회들을 활용하기에 충분한 자원을 보유한 기업은 있을 수 없다. 따라서 어떤 진입순위로, 어디에서 생산하고, 어디로 수출 및 판매활동을 전개할 것인가 하는 것과 관련해 기업자원을 가장 유리한 방향으로 배분하는 데 필요한 결정을 하여야 한다. 세분시장을 평가하고 표적시장을 결정하는 데 고려할 요소는 세분시장의 규모와 성장률, 현지운영의 적합성, 자사의 목표와 자원 등이다.

② 기업의 해외시장 진출방법

기업이 해외시장에 진출하는 전략에는 〈표 7-2〉와 같이 수출입방식, 전략적 제휴방식, 해외직접투자방식 등이 있다.

〈표 7-2〉 **기업의 해외시장 진출방식**

진출방식	종 류		
수출입	간접수출입		
	직접수출입		
전략적 제휴 (계약방식)	라이선싱(licensing)		
	프랜차이징(franchising)		
	계약생산(contract manufacturing)		
	관리계약(management contract)		
	턴키(turn-key)방식		
	공동연구		
해외직접투자 (현지기업 설립)	소유지분으로 구분	단독투자(wholly owned)	
		합작투자(joint venture)	
	설립형태로 구분	기업신설(greenfield)	
		인수합병(M&A)	

(1) 수출입전략

수출입은 가장 단순하고, 신속한 해외시장 진출수단이다. 이들 전략을 선택할 경우 소요되는 관리적·재무적 자원의 투자는 많이 요구되지 않는다. 따라서 해외시장에 처음으로 진출하는 기업들이 거의 모두 최초 진출수단으로 이를 활용한다. 수출은 크게 간접수출 전략과 직접수출 전략으로 나눌 수 있다. 처음 수출하는 기업은 흔히 간접수출 단계를 거쳐 직접수출 단계로 옮겨 간다. 기업이 글로벌화 한 다음에도 본사국의 해외시장 진출수단으로 또는 자체 소유한 해외생산 자회사들로부터 제3국 시장에 대한 진출수단으로 수출전략이 병행적으로 활용된다.

(2) 전략적 제휴

1) 전략적 제휴의 목적과 성공의 요건

전략적 제휴(strategic alliance)란 실제적이거나 잠재적인 경쟁기업들이 구체적으로 합의하는 사항에 대해 서로 협력하겠다는 자유의사를 가지고 체결하는 협력적 협약을 의미한다. 전략적 제휴는 오래전부터 있었으나 전 세계적으로 국제간 전략적제휴가 급속히 늘어난 것은 1980년대 후반부터다. 이는 글로벌경쟁의 격화와 밀접한 관련이 있다.

전략적 제휴는 실제적이거나 잠재적인 경쟁기업들이 국경을 초월해 동맹·연합·제휴함으로써 ① 특정한 해외시장 진입을 촉진시키고, ② 신제품이나 신생산공정 등을 개발하는 데 소요되는 고정비 및 그에 따르는 리스크를 완화시키며, ③ 쉽게 개발하기 어려운 기술과 기법의 개발이 용이할 수 있고, ④ 상호 보완적인 제품과 서비스 및 자산을 결합시킬 수 있다는 장점이 있다. 반면, 단기적으로는 이익이 되는 경우라 하더라도 장기적으로는 새로운 기술을 획득하고 새로운 시장으로 진입하는 수단을 경쟁기업에게 제공할 수 있다는 점, 제휴를 통해 기술 등을 제공하는 기업은 글로벌 시장에서 경쟁우위를 상실할 수 있다는 점 등이 단점이다.

기업들이 국제적으로 전략적 제휴를 맺는 목적은 다양하다. 이를 정리해 보면 〈표 7-3〉과 같다.

〈표 7-3〉 **기업간 전략적 제휴의 주요목적**

구 분	주요 목적
리스크 분산	• 취급제품 구성의 다각화를 통한 창출이익의 안정성 확보 • 고정비용의 분산과 경감 • 신기술, 신제품 개발에 따른 공동위험 부담
규모의 경제	• 생산량 증대를 통한 평균생산비 절감 • 제휴기업의 낮은 생산비 이점을 활용한 생산비 절감
기술확보	• 디자인, 신제품, 신공정 등의 공동연구와 개발을 통한 기술의 확보로 초기시장진입자의 우위 확보 • 세계시장 선점을 위한 기술표준 • 특허 및 관할지역의 교환
시장경쟁 지위강화	• 제휴를 통한 판매경쟁 완화 • 시장점유율 증대

정부규제 및 무역장벽 극복	• 합작을 통한 해당국 기업으로 영업활동 수행 • 국산 의무비율이 있을 경우 현지 원자재·부품 및 제품조달 의무의 충족
준 수직적 통합을 통한 제휴기업의 경쟁우위 활용	• 원자재에 대한 접근의 용이성 확보 • 기술습득의 용이성 • 숙련노동력 획득 • 자본획득 • 정부규제 회피 • 유통경로에 대한 접근의 용이성 • 상품인지도 제고 • 구매자들과의 연계관계 구축 • 서비스망의 확충

전략적 제휴가 성공하기 위해서는 먼저 적합한 파트너를 선택해야 한다. 적합한 파트너란 ① 자사가 가진 전략적 목표를 달성하는데 도움을 줄 수 있는 핵심역량, 핵심사업을 보유하고 있고(보완적 능력), ② 전략적 제휴를 하는 목적과 비전을 자사와 공유하며(공존공영 가능성), ③ 그 전략적 제휴를 기회주의적으로 활용할 가능성이 낮은 기업(성실한 몰입)이다. 보완적 능력은 상대기업의 약점을 보완해 줄 수 있는 능력이나 자원을 서로 가지고 있어야 한다는 것이다. 이와 같은 보완적 능력은 원가절감, 기술, 현지시장 접근능력, 신제품 개발 등 다양하다.

공존공영 가능성은 전략적 제휴를 한 후 아무리 어려운 시장이나 경영환경에 놓이더라도 파트너가 같이 일을 지속할 수 있는 가능성이 있어야 한다는 것이다. 이러한 가능성은 두 회사 간부간의 개인적인 신뢰, 과거의 공동사업 경험, 유사한 기업문화 등이 있으면 높아진다.

성실한 몰입이란 '당사자들이 전략적 제휴에 동등한 헌신을 하고, 서로 주고받는(give and take) 관계를 유지하는' 것을 말한다. 제휴의 파트너 간에 아무리 보완적 능력이 있고 공존공영 가능성이 있다 하더라도, 전략적 제휴를 위해 서로 시간과 자원을 투입하지 않으면 아무 소용이 없다. 자사의 것은 상대에게 주지 않고, 상대 기업의 기술과 노하우만 얻으려 한다면 제휴는 오래갈 수 없는 것이다. 그러므로 파트너가 적합할지라도 제휴구조가 잘 마련되어야 한다.

즉, 파트너가 제휴관계를 기회주의적으로 활용하지 못하도록 안전장치를 마련해야 할 필요가 있다. 예를 들어 기술이전의 경우 그 범위를 명확하게 하고, 그 이외의 기술이 이전되는 것이 불가능하도록 하는 장치를 마련하는 것이다. 일단 전략적 제휴관계가 성립되면 적정한 관리가 필요하다. 우선 제휴기업체는 파트너와의 사이에 존재하는 문화적 차이에 대해 올바로 인식하고, 그 차이점에 대해 민감성을 기르도록 해야 한다. 아울러 파트너와 신뢰관계가 돈독해질 수 있도록 경영자들은 개인 대 개인 관계를 통해 상호신뢰를 구축하는 것도 필요하다.

2) 라이선싱

국제 라이선싱(licensing)은 거래비용 절감 전략과 밀접한 관련이 있다. 거래비용(去來費用, transaction cost)이란 각종 거래에 수반되는 비용을 말한다. 거래 전에 필요한 협상, 정보의 수집과 처리는 물론 계약이 준수되는가를 감시하는 데에 드는 비용 등이 이에 해당된다. 또한 처음 계약이 불완전해서 재계약할 때 드는 비용도 포함된다. 시장이 발전할수록 경제활동에서 차지하는 거래비용 비율이 증가하는데, 이를 줄이는 것이 기업의 중요한 목표가 된다.

라이선싱은 어떤 형태이든지 대가를 받기 위해 licensor(라이선싱을 해 주는 업체)가 외국에 있는 licensee(라이선싱을 해 가는 외국의 업체)에게 특허권, 노하우, 상표권, 컴퓨터 소프트웨어, 저작권 등 경제적 가치가 있는 지식재산권의 사용을 허가하는 것이다. 이러한 지식재산권 사용 대가로 licensor가 받는 것이 로열티(loyalty) 또는 피이(fee)이다. 이 경우 당해 지식재산권은 판매되는 것이 아니라 계약기간동안만 빌려주고 서비스료를 받는다는 뜻이다. 로열티 등을 지불하면서도 라이선싱을 원하는 것은 licensee에게 다음과 같은 이유가 있기 때문이다.

① 특정기업체가 필요로 하는 기술을 모두 자체능력으로 개발한다는 것은 불가능하다. 기술개발 자체도 어렵지만 개발에 막대한 비용이 들기 때문이다. 또 이미 외국기업이 특허권을 보유하고 있고 다른 방법으로 취득할 수 없다면, 그런 기술은 라이선싱을 활용하여 확보할 수밖에 없다.

② 외국기업체가 보유하고 있는 유명 상표권을 활용하고 싶을 때, 가능한 것은 그 상표권을 보유한 기업을 매입하거나 라이선싱 방법 외에는 다른 방법이 없다.

반면 licensor가 라이선싱에 동의하는 것은 다음과 같은 이유가 있기 때문이다.

① licensor가 추가이익을 얻을 수 있다. 자사가 직접 수출하거나 해외직접투자를 통해 수익을 창출할 수 있을 때는 라이선싱을 허용하지 않겠지만, 그 외에 추가적인 수익이 가능하다면 라이선싱에 동의하게 된다.

② 글로벌 판매전략의 하나로 국제라이선싱을 활용할 수 있다. 예를 들어 특정 상품에 유명상표 사용을 허용할 경우 해당 시장에서 그 상표의 인지도가 높아지게 되어 같은 상표를 사용하는 여타 제품까지도 그 시장국에 진출하기

가 쉬워질 수 있다.

③ 원자재나 부분품 등의 수출을 증대시킬 목적으로 라이선싱에 동의할 수 있다.

④ 외국의 licensee가 보유하고 있는 기술·산업정보·현지시장 운영 노하우 등을 활용하는 편익을 얻기 위해 국제 라이선싱에 동의할 수 있다.

⑤ 현지에서 발생하는 지적재산권침해를 효과적으로 방지하기 위해 라이선싱에 동의할 수 있다. licensee로 하여금 침해에 대해 현지에서 대응하게 하는 것이다.

　licensor의 입장에서 볼 때 라이선싱은 다음 몇 가지 위험이 초래될 수 있다. 먼저, 장기적으로 licensee를 국제시장에서 강한 경쟁자로 성장시킬 수 있다는 점이다. 기술과 생산에서의 노하우를 습득하여 새로운 기술개발로 이어질 수 있기 때문이다. 두 번째는, 라이선싱 제품을 licensor가 이미 판매하고 있는 시장에 수출함으로써 피해를 줄 가능성이다. licensor 소재국 또는 제3의 시장 모두 그 대상이 될 수 있다. 마지막으로, 라이선싱 제품을 부실하게 생산·판매하거나 서비스를 부실하게 함으로써, licensor나 제품, 브랜드 이미지를 실추시킬 가능성이다. 따라서 licensor는 이러한 리스크가 발생하지 않도록 파트너의 선정과 계약에 유의해야 한다.

3) 프랜차이징

　프랜차이징(franchising)은 라이선싱이 변형된 형태라 할 수 있다. 이는 franchisor(독점판매권자)가 표준화된 제품·원자재·경영시스템·경영서비스 등과 상호, 브랜드 네임 등을 일괄 제공하고, 이에 대해 franchisee(가맹점, 연쇄점)는 자본·시설·현지판매 노하우 등을 제공하여 양자가 다 같이 franchisee기업의 경영에 참여하는 것이다. 오늘날 국제 프랜차이징은 국경을 초월한 수직적 시장통합을 하는 수단으로 많이 쓰인다. 대상은 청량음료, 패스트푸드(fast food), 패션의류와 같은 비내구성 소비재뿐 아니라 가전제품, 스포츠용품과 같은 내구성 소비재, 호텔·헬스센터 등과 같은 서비스 업종, 기계·시설 등과 같은 생산재도 가능하다.

　프랜차이징은 적은 자본으로 해외시장에서의 신속한 기업확산이 가능하다는 점이 가장 큰 장점으로 꼽힌다. 또한 독특한 이미지로 표준화 된 마케팅이 가능하다는 것도 장점이다. 가맹점은 일정한 수수료만 지불하고 나머지 영업수익이 모두 자신의 수익이 되므로 매출을 증대하기 위해 자발적으로 적극 노력하게 되는 동기부여도 잘 이루어진다.

반면에 단점으로는 판매권자의 이익에 한계가 있고 가맹점 운영에 대한 완벽한 통제가 어렵다는 점, 경쟁사의 성장가능성, 계약상 있을 수 있는 정부 규제 등이 지적된다. 일반적으로 프랜차이징 전략은 제품의 수출이 어렵고 해외투자를 기피하며, 생산과정에 쉽게 이전될 수 있는 경우에 적합하다. 즉, 자본투자가 많지 않고 높은 수준의 관리나 기술을 요하지 않는 서비스나 소비재 제품에 적합하다.

4) 계약생산

계약생산은 국제 하청생산이라고도 한다. 기업이 외국의 다른 기업에게 생산 및 제조기술을 제공하고 생산된 제품을 공급받아 현지 시장에 판매하거나, 제3국 시장으로 수출하거나 혹은 계약기업이 소재하는 국가로 수입하는 방식이다. 계약생산은 라이선싱과 해외직접투자를 절충한 형태로 주문자상표부착방식(OEM)의 완제품 구매나 특정 원자재 생산 등에 활용된다.

국제 계약생산의 장점은 자신이 직접 공장을 운영하지 않으면서 신속하게 시장진입을 할 수 있고, 시장환경이 불리할 때 큰 부담을 지지 않고 신속하게 철수할 수 있다는 점이다. 또한 현지국이나 제3국에 판매할 때는 라이선싱과는 달리 생산된 제품을 직접 판매하기 때문에 마케팅과 애프터서비스에 대한 통제력을 발휘할 수 있다는 점도 장점으로 꼽힌다. 단점으로는 현지에서 적합한 제조업체를 찾기가 쉽지 않다는 점이다. 또 일단 현지 제조업체를 찾아낸 경우도 일정한 수준의 품질과 생산규모에 도달하기까지 상당한 기술지원이 이루어져야 하는 경우가 많다는 점이다. 경우에 따라서는 현지기업이 잠재적인 경쟁기업으로 성장할 가능성도 있다는 것이 단점으로 지적된다.

5) 관리계약

관리계약은 소유권과 경영권의 분리를 통해 전문경영자들에게 기업경영을 위임하는 오늘날의 경향을 국제비즈니스에 적용한 것이다. 사업에 참여하는 한 파트너는 운영시설을 제공하고, 다른 파트너는 그 운영시설에 대한 경영을 담당하는 형태의 국제사업방식으로 일종의 합작투자형태를 보인다. 관리계약은 한 나라에 소속된 기업체의 운영시설은 그 나라의 소유권자가 경영관리를 담당해야 한다는 전통적 경영관리 개념을 배제한다. 즉, 유능한 국제전문경영자에게 그런 기업체의 경영관리를 위탁함으로써 소유권자가 더 많은 투자회수를 얻을 수 있다는 추론에 근거를 둔다.

관리계약의 예를 보면 미국의 Hilton Hotel이 숙박시설을 가진 외국의 호텔들과 관리계약을 맺고 그 호텔들을 경영해 주는 경우를 들 수 있다. 관리계약은 ① 경영서비스를 제공하고 경영수수료(management fee)만 받는 방법으로, ② 외국의 현지파트너와 설립한 합작투자기업체의 경영권 장악수단으로, ③ 특정 해외시장국에 진입하는 수단 등으로 활용될 수 있다.

6) 턴키방식

턴키(turn-key)방식은 기업이 외국으로부터 공장이나 산업시스템을 발주받아 이를 설계부터 건설, 초기운영까지를 마친 뒤 해외발주자에게 제공하는 일괄수주계약방식이다. 플랜트 수출이라고도 한다. 수주한 기업은 완성된 시설을 제공하는 대가로 해외발주자로부터 기계설비 및 공장설계, 공정 노하우, 현지인 훈련 등에 대한 일정한 대가를 받는다. 원자력발전소를 건설할 때 발전소를 건설하는 측에서 토목공사부터 공장건설, 환경정비까지 일괄하여 발전소를 완공한 다음 일정기간 시운전을 해 보고 현지국에 발전소를 넘겨주는 예가 그것이다.

7) 공동연구

어느 산업에서나 제품의 시장경쟁에 우위를 차지하기 위해서는 신기술이나 신제품, 새로운 디자인 개발이 중요하다. 그러나 신기술, 신제품, 새로운 디자인 개발에는 많은 비용이 소요되고, 실패의 위험도 크기 마련이다. 따라서 전략적 제휴를 통해 비용과 위험을 공동 부담하여 기술을 개발하고, 개발된 기술을 공동으로 사용하려는 시도가 있게 된다. 개발된 기술을 공동으로 사용할 경우 세계시장에서 기술표준을 선점하는데도 유리해진다.

오리온, 글로벌 진출 30년…현지화로 승부수

오리온은 지난 1993년 중국 베이징사무소 개설을 시작으로 베트남·러시아·인도 등에 진출하며 해외 시장을 지속적으로 확대해가고 있다. 오리온은 현재 중국·베트남·러시아·인도 등 해외에서 11개 공장을 가동하고 있다. 미주·동남아시아·중동 등 60여개 국가에선 제품을 판매하며 유수의 글로벌 식품 기업들과 경쟁하고 있다.

◆1995년 초코파이로 베트남 시장 공략…연매출 3000억 돌파

오리온은 1995년 대표 제품인 초코파이를 수출하며 베트남에 첫발을 내디뎠다. 2006년에 호치민 미푹공장을 설립해 베트남 진출을 본격화하고 2009년에는 하노이에 제2공장을 가동하며 베트남 내 입지를 강화했다. 현지 생산 체제를 갖춘 후 3년여에 걸쳐 베트남 전역에 170여 개 딜러를 개발했고 거래처를 방문할 때마다 진열대를 청소하는 등 한국식 '정(情)'영업 전략을 펼치며 베트남 시장을 개척했다.

◆인(仁) 초코파이 등 현지화 전략으로 공략하는 중국 시장

오리온은 1993년에 베이징사무소를 개설하고 1997년 베이징 인근 허베이성 랑팡에 현지 생산기지를 구축하며 중국 공략을 본격화했다. 이후 상하이, 셴양, 광저우에 공장을 건설하면서 대량 생산 체제를 갖췄다. 오리온은 품질경쟁력과 지역·도시별로 세분화한 현지화 전략을 통해 초코파이, 오!감자, 스윙칩 등을 국민과자 반열에 올려놓았고, 최근에는 양산빵, 젤리, 영양바 등을 선보이며 새로운 카테고리로 시장을 확대하고 있다.

(뉴시스, 2022.11.13.)

(3) 해외직접투자

1) 해외직접투자의 개념

일반적으로 국제자본이동의 형태는 간접투자방식과 직접투자방식 두 가지로 대별된다. 해외간접투자는 보통 증권투자라고 한다. 이는 일정한 기업이나 개인이 발행한 증권(주식, 사채, 약속어음 등)에 대해, 그 증권의 발행국 이외 나라의 기업이나 개인이 구입하거나 정부가 차관 등의 형태로 자본을 공여하는 것으로 매입하는 것을 말한다. 해외간접투자란 투자자가 해외투자사업의 경영에 직접

참여하지 않고 다만 소유지분에 대해 이윤만을 추구하는 것을 의미한다.

해외직접투자란 해외간접투자와는 대비되는 개념이다. 일정한 기업이나 개인이 자국 이외의 나라에 기업형태를 가진 생산시설에 투자하고, 그것에 대한 소유권과 통제력을 획득하는 것을 의미한다. 물론 이윤 추구가 목적이지만 보다 적극적인 경영활동이 병행되는 형태다. 여기서 소유권이란 보통주와 같이 법적으로 인정된 권리를 말하며, 통제력이란 기업의 구매·생산·판매·배당금 지급 등 영업행위에 관한 권한을 말한다. 말하자면 해외직접투자란 투자자가 해외투자 사업에 직접 참여하는 것을 뜻한다.[1]

2) 해외직접투자의 형태

해외직접투자의 형태는 지분을 기준으로 하면 단독투자와 합작투자로 나누어지고, 설립형태를 기준으로 하면 기업신설과 인수합병으로 나누어진다. 또 투자물의 종류를 기준으로 하면 현물투자와 자본투자로 나누어진다. 지분의 경우 해외직접투자는 출자금 전액을 부담하는 단독투자를 함으로써 100% 자기소유의 회사를 설립할 수도 있으나, 현지 파트너와 분담하여 합작으로 투자할 경우도 있다. 해외직접투자의 경우 특히 소유권과 경영통제권(ownership and managerial control)을 어떻게 확보할 것인가 하는 문제가 대두된다. 이는 상당히 민감한 문제다. 이를 누가 장악하고 행사하느냐에 따라 해외투자기업의 매출액·이익액·이익배당금·기술개발 성과 등 운영결과가 해외투자기업과 투자수입국에 미치는 영향이 달라지기 때문이다. 해외투자기업의 소유권과 경영통제권은 상호 밀접한 관련이 있기는 하지만 동일한 것은 아니다.

① 단독투자

어느 모기업이 특정 해외투자기업의 주식 지분을 100% 가지고 있다면 원칙적으로 해외투자기업의 운영을 완전 통제할 수 있고, 본사의 전략에 따라 해당 기업을 확실하게 운영할 수 있다. 그러나 실제로 완전통제는 어려운 것이 현실이다. 왜냐하면 현지국 정부는 각종 법령에 근거하여 외국인투자기업의 운영에 대해 생산·판매하는 제품과 서비스, 공장과 사업장의 입지, 이익배당금의 해외상

---

[1] 우리나라 기업이 해외에 직접투자한 법인 수는 2016년 말까지 총 60,616개이고, 투자금액은 2,967억달러 상당이다. 국가별 투자법인 수를 보면 중국 25,346개, 미국 13,016개, 베트남 4,335개, 인도네시아 1,879개, 홍콩 1,987개 등이었다. 한국수출입은행(http://www.koreaexim.go.kr) 해외투자통계자료 참조.

환, 노사관계 등 광범위하고도 직접적인 규율을 할 수 있기 때문이다.

② 합작투자

합작투자에서 기업의 지분은 다양하게 나누어질 수 있다. 지분이 50%를 초과하면 다수지분, 50%면 동등지분, 50% 미만이면 소수지분이 되는데, 만일 동등지분이거나 소수지분일 경우 해외투자기업을 효과적으로 통제할 수 없는 문제가 발생할 수 있다. 그러나 오늘날 대부분의 다국적기업들은 소유권과는 별개로 경영통제권을 효과적으로 장악하는 데 목적을 두고 해외자회사와 기술제공이나 라이선싱 등의 계약을 맺는다. 따라서 소수지분일지라도 다국적기업들이 해외자회사들에 대한 경영통제권을 완전히 상실하는 경우는 극히 드문 것으로 알려진다.

3) M&A에 의한 해외직접투자

기업이 해외직접투자를 할 경우 단독투자 혹은 합작투자를 막론하고 기업을 신설하는 경우가 대부분이다. 그러나 이미 존재하는 기업을 인수합병(M&A : Merger and Acquisition)하는 방법도 적지 않게 활용된다. M&A란 둘 이상의 기업이 통합되어 하나의 기업이 되는 기업합병과, 인수기업이 인수대상기업의 주식이나 자산을 전부 또는 일부 매입함으로써 경영권을 획득하는 기업인수가 결합된 개념이다. 합병과 인수는 차이가 있다. 합병에서는 피인수회사의 채권과 채무가 합병기업에 귀속된다. 그러나 인수에서는 피인수기업이 법적으로 독립적 주체이므로 채권과 채무가 인수기업에 귀속되지 않는다. 또 합병에는 이사회나 주주총회의 결의가 있어야 하지만 기업인수에서는 피인수회사의 이사회나 주주총회의 결의를 필요로 하지 않는다. 인수는 합병처럼 법적인 형태의 변화를 가져오기보다는 주주간의 주식이동을 통한 실질적인 경영권의 변화를 가져온다. 따라서 인수는 인수기업과 피인수기업의 모든 주주가 반드시 개입하는 것이 아니라 피인수기업의 대주주와 인수기업간의 거래라 볼 수 있다.

기업이 합병하는 방법에는 한 회사가 다른 회사를 흡수하는 흡수합병과, 두 회사가 완전히 소멸되고 제3의 새로운 회사가 신설되는 신설합병의 두 가지가 있다. 흡수합병은 한 기업이 다른 기업을 흡수하여 한 개의 회사가 되는 경우이다. 신설합병은 관련기업을 해산시키고 새로운 기업을 설립하여 해산기업의 주주 및 자산을 신설회사로 승계시키는 것이다. 일반적으로 신설합병보다는 흡수합병이 더 흔하게 활용된다. 그 이유는 해산하는 기업이 보유한 인·허가 등이 신설회사에 승계되지 않고, 합병기업 주주전원에게 신설기업 주식을 발행해야 한다는 제약이 있기 때문이다.

인수에는 자산입수방법과 주식인수 방법의 두 가지가 있다.

자산인수란 인수대상기업의 자산을 취득·인수함으로써 경영권을 확보하는 것을 말한다. 여기서 말하는 자산은 인수대상 기업의 공장이나 점포, 영업용자산 등을 포함한다. 자산의 소유권은 취득한 기업으로 귀속되기 때문에, 자산인수는 인수대상 기업의 경영권을 장악하는 효과가 발생한다.

주식인수는 인수의 가장 전형적인 방법으로 인수대상 기업의 주식인수를 통해 경영권을 획득하는 것이다. 이에는 구주(舊株)인수와 신주(新株)인수가 있다. 구주인수에는 인수대상기업의 대주주로부터 양수받는 방법도 있고, 주식시장에서 주식을 집중적으로 사서 모으는 방법, 일정한 조건으로 매수 청약을 하거나 매도청약을 권유하는 주식공개매수 방법 등 세 가지 방법이 사용된다. 인수기업과 피인수기업 간에 정상적인 협상에 의해 인수조건을 결정하고 M&A가 이루어지는 경우를 우호적 M&A라 한다. 대부분의 국제 M&A는 우호적인 형태로 이루어진다.

반면 피인수기업의 동의 없이 M&A를 강행하는 것을 적대적 M&A라 한다. 적대적 수단에 의한 인수에는 위임장대결(proxy fight)과 공개매수, 비공개매수가 있다. 위임장대결은 매입인수를 시도하는 측이 표적회사의 일부 주식만을 확보한 후 여타 주주들로부터 의결권을 위임받아 주주총회에서 투표를 통해 매수측이 지명하는 인물을 이사회의 이사로 선임하거나 매수관련 안건을 상정하고 통과시키는 방법이다. 인수대상 회사의 경영진이 M&A에 반대할 때 직접 인수대상 회사의 주주들에게 접근하여 위임장을 받는 것으로 추진한다.

공개매수는 불특정다수의 주주를 대상으로 증권시장 외에서 특정회사의 주식을 일정 수 이상을, 일정가격에, 일정기간내에 매수하겠다는 의사를 신문 등에 공고하고, 공고된 조건에 응하는 주주들로부터 주식을 매수하는 방법이다. 비공개매수는 문자 그대로 매입하고자 하는 회사의 주식 매수사실을 알리지 않고, 비밀리에 경영권을 장악할 수 있을 정도로 주식을 매집한 다음 경영권을 확보하는 것이다. 적대적 M&A는 악의적으로 시도될 때도 있지만 경영의 투명성, 주주가치 극대화라는 순기능을 수행하는 경우도 있다. 기업을 완전히 인수하지 않고도 지분의 약 5% 정도만 확보하더라도 경영권을 간섭할 수 있는 수준이 된다. 따라서 적대적 M&A는 경영권의 방어라는 측면에서도 많은 관심을 받는다.

이와 관련해 기업의 경영권 방어수단으로 '포이즌 필'(poison pill, 독약 처방)이라는 제도가 있다. 포이즌 필은 미국에서 1982년 경영권 방어수단으로 처음 개발되었다. 이는 신주인수권 등 특수한 권리가 부여된 증권을 보통주주들에게 미리 발행해 주었다가, 외부의 공개매수 시도가 있거나 특정 세력이 일정 비율 이상의 주식을 매집하는 상황이 발생하면 이사회의 결의만으로 그 주주들이 신주를 매우 싼 값으로 다량 매수할 수 있게 하는 제도다. 포이즌 필은 적대적으로 기업을 인수하려는 측에서 볼 때 독약과 같다는 뜻에서 붙여진 이름이다.

[무역현장]

트위터, 포이즌필(poison pill) 전격 도입

일론 머스크 테슬라 최고경영자(CEO·사진)가 트위터에 적대적 인수합병(M&A)을 시도하자 트위터 이사회가 '포이즌필'을 전격 도입했다. 머스크는 온라인에서 여론전을 펼치며 응수했다. 16일(현지시간) 블룸버그 등 외신에 따르면 트위터 이사회는 머스크의 M&A 시도에 대응해 만장일치 합의로 포이즌필을 발동했다. 포이즌필은 기존 주주들에게 싼 가격에 신주를 매입할 권리를 주는 것이다. 경영권 보호를 위한 수단으로 많이 활용된다. 머스크가 지분율 100% 확보하는 데 걸림돌이 된다. 트위터는 누구든 이사회 승인 없이 지분율 15% 이상을 인수하면 포이즌필을 발동한다고 밝혔다. 포이즌필은 내년 4월 14일까지 적용된다. 현재 머스크는 트위터 지분 9.1%를 보유하고 있다. 이사회 입장에선 방어 전략을 짤 시간을 번 것이다. 머스크는 트위터를 통해 이사회의 결정을 비판했다. 이사회가 주주 이익을 침해하지 않느냐는 질문에 그는 "(트위터 창업주인) 잭 도시가 회사를 떠난 뒤 트위터 이사회가 보유한 지분은 거의 없다"며 "이사회가 추구하는 이익은 주주 이익과 일치하지 않는다"고 지적했다. 그는 트위터 경영진에 주당 54.20달러(약 6만6638원), 총 430억달러(약 53조원)에 트위터 지분 전체를 매수하는 방안을 제안했다.

(한국경제, 2022.04.17.)

제**3**절　다국적기업의 그 특징

1 다국적기업의 개념

(1) 다국적기업의 정의

한 국가에서 제품의 생산과 서비스의 생산·마케팅활동을 하거나 또는 마케팅 활동만을 하는 기업을 국내기업 또는 단일국적 기업이라 할 때, 다국적기업 또는 글로벌기업은 2개 이상의 국가에서 글로벌 스케일(global scale)로 이를 수행하는 기업을 말한다. 그러나 다국적기업을 개념적으로 정확하게 정의하는 것은 쉽지 않다. 이들 기업들이 획일적이고 동질적이기보다 국적·업종·업태·주력시장·전략·규모 등에 있어 상당한 이질성과 다양성을 지니기 때문이다.[2]

따라서 다국적기업을 보는 학자들의 관점이나 입장에 따라 다양한 견해가 제시된다. 다국적기업에 대한 가장 일반적인 정의로 받아들일 수 있는 1973년 UN의 한 보고서에서 내려진 정의에서도 특정 기업체가 다국적 기업으로 분류되려면 2개국 이상에서 기업활동을 전개해야 한다는 점만을 명시하고 있다. 그러나 이 정의에서도 구체적 기준은 언급하지 않았다.[3]

다국적기업은 국내기업과는 달리 경영활동 전반에서 적용되는 법률이 서로 다르고, 활용하는 통화단위도 서로 다를 수밖에 없다. 물론 문화나 상관습도 다르기 마련이다. 그만큼 다국적기업은 국제정치·경제관계와 국제금융상황에 민감하게 된다. 이들 다국적기업은 일반적으로 대규모이고, 막대한 기술연구개발비를 지출하여 고도의 기술력을 갖고 있으며, 기술집약적이고 차별화된 제품을 판매한다. 또한 고도의 경영관리 및 마케팅 기법을 구사하는 특성을 보인다. 그러나 이런 특성은 국내기업에서 나타나는 경우도 있고, 다국적기업이라도 이런 특성을 거의 보이지 않는 경우도 있기 때문에 이런 기준만으로 다국적기업 여부를 단정하긴 어렵다.

---

[2] 이 책에서는 다국적기업이란 용어를 주로 사용하나 맥락에 따라선 글로벌기업이란 용어도 사용하기로 한다.

[3] UN Department of Economic and Social Affairs, Multinational Corporation in World Development, New York : United Nations, 1973.

(2) 다국적기업의 발전단계

일률적인 것은 아니나 대체로 한 기업체가 다국적화하는 단계는 〈표 7-4〉와 같이 개념적으로 정리된다. 물론 모든 기업이 이런 단계를 거치는 것은 아니다. 순서가 바뀌거나 생략될 수도 있다. 창립당시부터 가장 발전한 단계인 글로벌기업으로 출발하는 경우도 있는 것이다.

〈표 7-4〉 **다국적기업의 발전단계**

단 계	주요 특징
① 국내기업 단계	• 국내시장에서만 생산과 판매 • 언어, 통화, 상관습, 적용법률이 동일
② 수출입기업 단계	• 국내시장 지향적인 제품라인 • 제품 및 원자재의 직·간접적 수출
③ 기술과 경영노하우의 수출입단계	• 국내시장 지향적인 제품라인 유지 • 국제라이선싱 등으로 기술·경영 노하우를 수출입
④ 해외마케팅 자회사 운영단계	• 수출입활동에 추가하여 현지마케팅 또는 구매목적의 자회사 설립. 국제시장 지향적인 제품라인 • 자회사에 대한 투자는 주로 단독투자
⑤ 다국적기업 단계	• 해외 현지에서 생산과 판매를 개시 • 초기엔 단순조립 생산시설을 운영하다 점차 수직적으로 통합된 제조시설을 갖추어 나감
⑥ 글로벌기업 단계	• 최대한 전세계적으로 표준화시킨 비즈니스 전략들을 동원, 글로벌 관점에서 생산과 물류, 마케팅, 서비스 • 본사가 글로벌 시너지 효과가 최대화되도록 조정·통제

2 다국적기업의 특징

1970년대 초까지만 하더라도 다국적기업으로 분류될 수 있는 기업은 미국, 영국, 독일, 프랑스, 일본, 스웨덴 등 소수의 선진국 기업들로 모회사를 기준으로 할 때 약 2만개 정도였다. 그 후 세계화가 진전되면서 다국적기업의 수는 급속하게 증가하였고, 그들이 속한 국가도 선진국뿐 아니라 개발도상국까지 확대일로에 있다. 모회사들을 기준으로 규모가 큰 다국적기업들의 공통적 특징은 다음과 같다.

(1) 대규모성

많은 다국적기업들은 연간 매출액이나 자산액이 크게는 수천억 달러에 이른다. 이는 전 세계 240여개 국가 중 다수 국가의 GDP보다 그 규모가 더 큰 것이다. 2019년 7월 포춘(FORTUNE)지가 발표한 '세계 500대 기업'을 보면 1위인 미국의 월마트(Wal-mart store)[4]의 매출액이 5,144억 달러였다. 이는 2018년 말 국별 기준으로 세계 21위인 태국의 GDP 5,050억 달러보다 규모가 크다. 같은 해 우리나라의 GDP는 1조7,209억 달러였는데, 포춘지 자료에 따르면 우리나라에서 가장 큰 기업인 삼성전자의 그해 매출액은 2,119억 달러로 세계 12위였다. 우리나라 GDP의 약 12.3%인 셈이다. 포춘지와 포브스(FORBES)지 등은 해마다 세계 500대 기업의 순위를 발표하는데 그 대부분이 다국적기업들이다. 매년 유엔무역개발회의(UNCTAD)가 공개하는 '세계 100대 경제주체' 가운데도 절반 이상이 다국적기업으로 나타난다. 그러나 규모가 작은 중소기업들도 다국적기업화되는 경우가 빠르게 증가하고 있다.

(2) 글로벌 비즈니스 전반을 지배

다국적기업들의 활동은 지구상 어디에서나 찾을 수 있다. 이들 기업은 세계무역의 70% 이상을 직접적으로 통제하고, 90% 이상을 직·간접으로 통제하는 것으로 알려져 있다. 대규모 다국적기업들은 기술의 표준을 선도하고, 전 세계 기업의 경영활동 전반에 심대한 영향을 미침으로서 글로벌 비즈니스 전반을 지배한다. 이들은 거대한 자금력을 보유하고 막대한 연구개발 투자를 지속적으로 실행하면서, 그로부터 많은 막강한 기술력을 보유하고 있기 때문이다. 이러한 현상은 첨단기술산업에서 두드러지게 나타난다. 다국적기업 최고경영자(CEO)들은 세상의 진행 방향에 대해 주요국가의 대통령이나 수상들만큼이나 큰 영향력을 행사하는, 비즈니스 세계의 귀족들이다.

---

4) 월마트 스토어 주식회사(영어 : Wal-Mart Stores, Inc.)는 미국에 본사를 둔 유통 업체이다. 1962년 샘 월턴이 아칸소 주에 작은 잡화점을 시작한 것에서 월마트의 역사는 시작된다. 아칸소 주와 미주리 주 일대에서 점포를 늘리면서 1969년에 기업으로 설립하였고, 1972년 뉴욕 증권거래소에 상장되었다. 월마트는 멕시코에서는 월멕스로, 영국에서는 아스다로, 일본에서는 세이유 그룹이라는 이름으로 운영된다. 월마트 사업이 실패한 곳도 있다. 2006년에 계속 적자를 보던 독일과 우리나라 시장에서 철수하였다. 우리나라 월마트는 이마트에 매각되었다고 현재 '코스트코'로 들어와 있다. 브라질과 중국에서도 빛을 보지 못하고 있다.

(3) 특정업종에 집중적 종사

다국적기업들은 다양한 업종과 업태를 가지고 있지만 고유한 강점과 기업의 경쟁우위를 최대한 활용할 수 있는 특정한 몇몇 과점적 업종에 집중적으로 종사하는 경향이 있다. 자동차, 석유화학, 약품, 전자, 컴퓨터, 반도체, 정보통신, 식료품 등이 그것이다. 이들은 전방이나 후방으로 수직적 통합을 하거나 네트워킹을 통해 규모의 경제 또는 범위의 경제(economy of scope)가 작용하는 과점적 업종에 진출하여 기술적 선도력, 막강한 브랜드 파워, 뛰어난 마케팅 능력을 기초로 과점업체로서 기능한다.

반면 중소규모의 다국적기업들은 대규모 다국적기업이 관심을 두지 않는 글로벌 틈새시장(niche market)을 집중적으로 공략한다. 틈새시장이란 마치 틈새를 비집고 들어가는 것과 같다는 뜻에서 붙여진 이름이다. '니치'란 '빈틈' 또는 '틈새'로 해석되며 '남이 아직 모르는 좋은 낚시터'라는 은유적 의미를 가지고 있다. 이것은 특정한 성격을 가진 소규모의 소비자를 대상으로 판매목표를 설정하는 것으로 남이 아직 모르고 있는 좋은 곳, 빈틈을 찾아 그 곳을 공략하는 것이다. 이는 매스마케팅(대량생산–대량유통–대량판매)에 대립되는 마케팅 개념이다.

(4) 본사국 정부의 지원과 보호

다국적기업들은 국내보다는 해외활동에서 본사국 정부로부터 더욱 강력한 지원과 보호를 받는다. 특히 대규모 건설 프로젝트의 수주 등에서 그러하다. 어느 나라의 기업도 정부의 지원없이 세계적인 다국적 기업으로 발전하고 또 효율적으로 활동하기 어렵다. 대부분의 다국적기업들은 본사를 선진국에 두고 있다. 이들은 경제력, 군사력, 외교력 등의 국력이 압도적인 선진국의 지원과 보호를 받아 전 세계적으로 활동한다. 그러나 다국적기업들은 본질적으로 어느 국가에도 충성할 의무가 없다고 여기며, 다만 이익을 쫓아 움직이는 특징을 보인다.

(5) 막강한 영향력

대규모 다국적기업들은 그들이 활동하는 국가 내에서 뿐만 아니라 WTO, OECD, IMF 등 수많은 국제기구에서 막강한 영향력을 행사한다. 다국적기업들은 제도와 규범의 창출과 운영에 심대한 영향을 미치며, 어느 나라 정부의 규제도 현실적으로 다국적기업들을 충분히 통제할 수단을 갖기 어렵게 되었다. 다국적기업들은 뛰어난 정보수집 능력과 조세·법률전문가들을 활용하여 이전가격을 조작하거나 외환노출을 최소화하는 재무조작 등의 방법으로 절세(tax saving) 또는 탈세를 하고 환차익을 올리기도 한다. 또 담합 등을 통해 불공정한 경쟁을 하거나 덤핑 등을 통해 약탈적으로 시장을 장악하기도 한다.

[무역현장]

'외국계기업 탈세 규모 5000억원⋯5년 새 2배 늘어나'

외국계기업의 탈세 규모가 5년 새 2배 늘어 5000억원에 달하는 것으로 나타났다.

국회 기획재정위원회 소속 더불어민주당 양기대 국회의원(경기광명을)이 17일 관세청으로부터 제출받은 자료 '연도별 외국계기업 탈세 현황'에 따르면 최근 5년간(2018년~2022년 8월) 적발된 외국계기업 탈세가 5023억원에 달했다.

외국계기업 탈세는 매년 꾸준히 늘어 2018년 911억원에서 2019년 1017억원, 2020년 1104억원, 2021년 1991억원으로 2018년 대비 2배 이상 증가했다. 특히, 2021년 외국계기업 탈세는 2020년 대비 80.3%가 증가한 것으로 나타났다.

양 의원은 "국가별 세율 차이를 활용하여 세금을 회피하려는 다국적기업이 갈수록 늘어나면서 탈세규모도 급증하고 있다"며 "관세청은 관세조사 역량 향상과 더불어 관련 법·규정 정비에 힘써야 할 것"이라고 밝혔다.

(조세일보, 2022.10.17.)

8

국제경영전략

제8장의 주요 내용

제8장에서는 글로벌기업의 국제경영전략과 그에 따른 활동에 대해 살펴본다. 이 장에서 학습할 주요 내용은 다음과 같다.

1. 가치사슬의 개념과 그에 따른 국제경영전략의 내용
2. 글로벌기업의 조직구조와 인사관리 형태
3. 글로벌기업의 생산전략과 현지 구매관리 방법
4. 글로벌 마케팅믹스전략의 내용
5. 회색시장의 특징
6. 국제로지스틱스 관리기법

제8장 학습 키 워드(key word)

경영전략, 가치사슬, 기능별조직, 제품별조직, 지역별조직, 국제사업부제 조직, 매트릭스 조직, 본국중심 인사관리, 현지중심 인사관리, 세계중심 인사관리, 소싱(sourcing), 글로벌마케팅, 국제마케팅믹스전략, 제품계획, 가격계획, 유통계획, 촉진계획, 회색시장, 국제로지스틱스, 적시생산(just in time)방식, 공급사슬관리(SCM), 전사적 자원관리(ERP), 국제공급사슬관리(ISCM), 라스트 마일 물류, 풀필먼트(fulfillment), 사용자 경험(User Experience), 고객 맞춤화(customization), NFC(Near Field Communication), 비콘(beacon), 고객경험(Customer Experience)

제8장 국제경영전략

제1절 국제경영전략과 조직·인사관리

1 국제경영전략의 수립단계

경영전략이란 기업의 목표를 달성하기 위해 제한된 자원을 효율적으로 배분하는 최적의 의사결정이라 할 수 있다. 이러한 경영전략을 다국간 경영활동에 적용하고자 할 때 국제경영전략으로 수립된다. 경영전략은 [그림 8-1]과 같이 이루어진다.

[그림 8-1] **국제경영전략의 수립 및 실행단계**

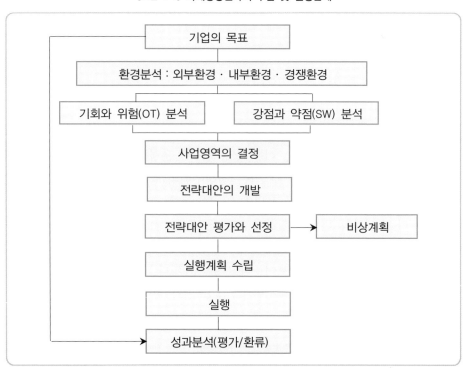

　　[그림 8-1]과 같이 경영전략 수립의 첫 번째 단계는 기업 내·외부의 환경 분석이다. 기업의 환경은 정치·경제·사회·문화·법률·기술적 환경 등 일반적 환경과, 경쟁기업·잠재적 진출기업·구매자·공급자·대체품 등의 경쟁적 환경, 기업의 자원·조직·문화 등 내부적 환경으로 구성된다. 환경분석은 환경변화에 따른 기회와 위협 그리고 이에 대처하기 위한 기업의 강점과 약점, 즉 기업의 국제경쟁력에 관한 평가에 있다. 환경분석을 통해 사업영역이 결정될 수 있다.

　　사업영역의 결정은 시장의 매력도를 고려하여 자기 기업이 보유하고 있는 장점을 최대한 활용함으로써 시장 경쟁에서 가장 유리한 위치를 차지할 수 있도록 장기적으로 이익잠재력이 큰 유망한 사업 또는 사업의 업종을 선택하는 문제다.

　　사업영역에 따라 전략대안이 개발되어야 한다. 전략대안의 개발은 지속적 경쟁우위를 확보할 수 있는 수단의 마련이다. 지속적 경쟁우위의 확보는 자사의 사업영역에서 경쟁우위를 확보하고, 이를 유지하는 것이다. 기업의 경쟁우위는 어떻게 하면 경쟁사보다 싼 값으로 판매할 수 있느냐 하는 원가상 우위와, 어떻게 하면 우수한 품질이나 특유한 품질로 경쟁할 수 있느냐 하는 제품차별화 우위 그리고 서비스의 우위로 요약될 수 있다. 전략수립의 마지막 단계인 실행계획의 수립은 경쟁력을 잘 발휘할 수 있는 구체적인 실행계획의 수립이다.

２ 국제경영전략과 가치사슬

(1) 가치사슬의 구성

　　기업이 국제화하고, 이를 성공적으로 운영하기 위해서는 기업의 제반활동을 범세계적으로 통합할 수 있는 경쟁우위의 능력이 있어야 한다. 이 경쟁우위를 파악하기 위해 마이클 포터(M. E. Porter)는 기업의 활동을 세분화시켜 분석하였다.[1] 세분화 된 기업활동을 가치사슬(value chain)이라 부른다. 가치사슬은 부가가치를 창출하는 기업 내 모든 가치활동들이 연결된 체계로, 기업이 가치를 창출하는 모든 활동을 보여준다고 할 수 있다. 가치사슬의 구성요소를 보다 알기 쉽게 도표를 통해 살펴보면 [그림 8-2]와 같다.[2]

---

1) M. E. Porter, Competitive Advantage of Nation, New York : The Free Press, 1990 참조.
2) 가치사슬은 생산자주도의 가치사슬과 소비자주도의 가치사슬로 나누어질 수 있다. 생산자주도의 가치사슬은 디자인, 핵심기술과 부품, 범용성 부품 등을 생산하는 국가가 서로 다르게 구성될 수 있으며,

[그림 8-2] **가치사슬과 이윤의 창출**

일차적 활동 (주요활동)	내부 logistics	생산활동	외부 logistics	마케팅 및 판매	사후서비스 (A/S)	이 윤
보조활동	조달구매(원재료, 서비스, 기계 등의 구입)					
	기술개발(R&D)					
	인적자원 관리(인력의 충원, 동기부여, 훈련, 개발)					
	기업 하부구조(일반관리, 회계, 법률, 재무, 기획 등)					

자료 : M. E. Poter의 자료를 일부 수정

　[그림 8-2]에서 일차적 활동은 기업의 핵심 활동으로, 상품의 물리적, 장소적 변화와 직접 관련되는 기능을 수행하는 활동이다. 이에는 내부 로지스틱스 (logistics), 생산활동, 외부 로지스틱스, 마케팅 및 판매, 사후 서비스의 다섯 활동으로 구분된다. 여기에서 내부 로지스틱스란 원료 공급원으로부터 자사 공장으로의 조달, 창고 보관, 화물의 적재와 양하 등을 뜻한다. 외부 로지스틱스는 자사 공장에서 소비자에게 판매를 위한 포장과 물류창고나 유통센터 또는 대리점으로의 운송, 창고보관 등을 뜻한다. 가치사슬에서 이윤은 각 사슬마다에서 발생하기 마련이다.

　가치사슬은 경쟁우위 분석을 위한 도구, 경쟁우위의 창출과 유지를 위한 도구로서 유용하게 활용된다. 한 기업의 전체적인 경쟁우위는 기업을 구성하고 있는 각 활동을 세분하여 살펴보아야만 각 활동간의 연계관계에서 오는 경쟁우위 요인을 명확히 알 수 있다. 아울러 다른 가치사슬(공급자, 경로, 구매자)과의 관계에서 오는 경쟁우위 요인까지 파악할 수 있다. 가치사슬에 대한 이해는 경쟁우위를 창출하기 위하여 각 활동들의 질을 정의하고, 이를 유지·향상시키기 위한 체제를 갖추는 데도 반드시 필요하다. 합리적인 경영자라면 경영전략상 이윤창출이 용이한 가치사슬부분은 확대·강화하고, 그렇지 못한 가치사슬부분은 축소·통합하고자 할 것이다.

이 경우 기술을 지배하는 다국적 기업이 생산에서 주도적인 역할을 한다. 소비자주도의 가치사슬은 사슬의 정점에 있는 소비자를 중심으로 글로벌 대형 판매업자들이 제3세계에 흩어져 있는 생산 네트워크를 지배하는 형태로 구성된다.

(2) 가치 활동의 배치·조정에 따른 국제경쟁전략

가치창출 활동과 경쟁우위와의 관계를 고려할 때, 기업이 국제적으로 어떤 경쟁전략을 채택할 때는 배치(configuration)와 조정(coordination)을 고려하게 된다. 배치란 세계의 어디에서, 또 얼마나 많은 곳에서 각각의 가치활동이 수행되는 것이 바람직한가의 문제다. 반면 조정이란 상이한 시장에서 수행되는 가치활동을 어느 정도나 유사하게 또는 연관이 되도록 서로 조정할 것인가의 문제다. 포터는 범세계적인 관점에서 다양한 가치활동의 적절한 배치와 조정을 통한 범세계적 경쟁전략에서 저원가 우위 또는 기업특유의 차별적 우위가 창출되며, 이러한 경쟁우위가 세계시장에서의 성패를 좌우한다고 지적한 바 있다.

[그림 8-3]은 포터가 가치활동의 배치와 가치 활동 조정수준의 높고 낮음이라는 두 가지 차원을 기준으로 범세계적 경쟁전략의 대안을 예시한 것으로, 가치활동의 배치와 조정이라는 관점에서 네 가지 유형으로 나누어진다.

[그림 8-3] **가치활동의 배치·조정에 따른 국제경영전략**

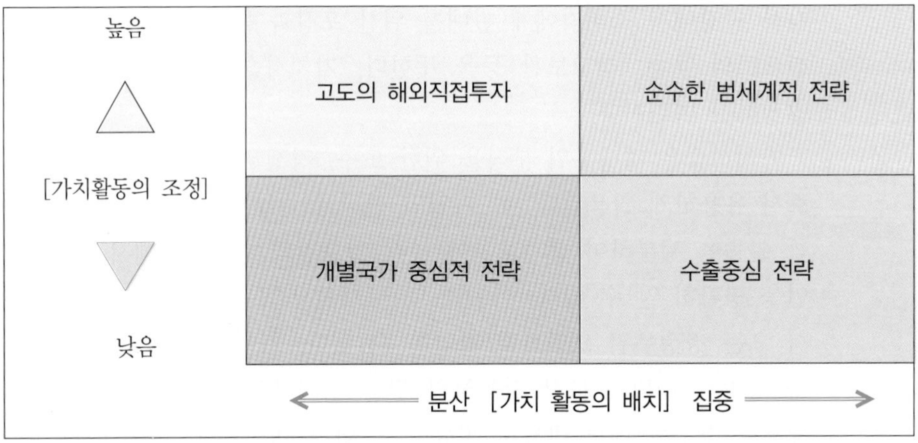

[가치활동의 조정] 높음	고도의 해외직접투자	순수한 범세계적 전략
낮음	개별국가 중심적 전략	수출중심 전략

분산 ← [가치 활동의 배치] → 집중

자료 : M. E. Porter, Competition in Global industries : A Conceptual Framework, 1986.

1) 순수한 범세계적 전략

순수한 범세계적 전략은 가치활동을 지역적으로 집중시키면서 조정도 엄격하게 수행하는 것이다. 연구개발, 생산 등 가능한 한 기업 활동의 많은 부분을 특정국에 집중시키고, 구매자 근처에서 수행해야 할 활동들은 가치활동이 분산되더라도 표준화를 통해 엄격히 조정한다. 조정수준을 높게 할 경우 상표, 마케팅,

서비스 절차 등은 거의 전 세계적으로 표준화 될 수 있다. 이는 저원가로 우위를 달성하는데 유용한 전략이다.

2) 수출중심 전략

수출중심 전략은 가치활동을 지역적으로 집중시키되 가치활동의 조정은 별로 하지 않는 전략이다. 즉, 순수한 범세계적 전략처럼 기업의 가치사슬 중 규모의 경제에 민감한 기능들은 가급적 한 지역으로 집중시켜 관리하고, 최소한으로 현지화에 필요한 마케팅만을 분산시켜 각 지역별 요구에는 수출을 통해 부응하고자 하는 전략이다.

3) 고도의 해외직접투자 전략

고도의 해외직접투자 전략은 가치활동을 지역적으로 분산시키는 한편 가치활동의 조정은 엄격하게 하는 것이다. 이 전략에서는 R&D와 생산활동, 마케팅, 서비스 등을 필요에 따라 전세계에 분산시켜 수행하게 함으로써 직접투자의 이점을 확보하고자 한다. 이 전략을 수행할 때는 자회사간의 폭넓은 조정을 필요로 할 만큼 고도의 해외직접투자가 이루어지는 것이 보통이다.

4) 개별국가 중심전략

개별국가 중심전략은 가치활동을 지역적으로 분산시키면서 가치활동의 조정도 많이 하지 않는 전략이다. 국내기업이나 개별국가 중심적인 전략을 채택하고 있는 다국적기업들에게서 찾아볼 수 있는 전략유형이다. 개별국가 중심전략을 채택할 경우 글로벌표준을 추구하기보다 경영의 현지화가 더욱 강조될 수 있다. 개별국가 중심전략은 개별지역 중심전략으로 확대될 수도 있다.

3 글로벌기업의 조직

(1) 글로벌기업의 조직형태

고정적인 것은 아니지만 국제기업의 조직형태는 기능별 조직, 제품별 조직, 지역별 조직, 국제사업부제 조직, 매트릭스 조직 등 5가지로 구분될 수 있다.

1) 기능별 조직

기능별 조직은 기업의 가장 기초적인 조직으로 최고경영자 아래에 인사, 재무, 마케팅, 연구개발, 생산, 기획 등 기능에 따라 부서를 나눈 형태이다. 기능별 조직의 장점은 생산과 판매 등의 부문별 기능이 중시될 때 장점을 발휘할 수 있다. 그러나 부서간 협조가 원활하지 않을 때는 효율성이 떨어지는 문제가 발생한다. 또한 지역별로나 국가별로 획득된 전문지식과 경험을 활용하는데 있어서도 어려움이 생긴다.

2) 제품별 조직

제품별 조직은 최고경영자 아래에 인사, 재무, 생산, 마케팅, 연구개발 등의 스탭을 둔다. 아울러 이들 스탭과는 별개로 각 제품별로 각각 하나의 독립된 부서를 두는 형태다. 각 제품별 부서에도 인사, 재무, 생산, 마케팅, 연구개발 등의 하부 부서를 두는 것이다. 제품별 조직의 장점으로 꼽히는 것은 각 부서의 책임자들이 의욕을 갖고 일을 추진해 나갈 수 있는 점이다. 즉, 책임자들이 제품의 생산주기에 따라 생산과 마케팅을 효율적으로 통제할 수 있다는 것이다. 그러나 글로벌 시각에서의 전사적 조정이 어렵고, 제품별로 명암이 크게 달라질 수 있다는 점이 단점으로 지적된다.

3) 지역별 조직

지역별 조직은 최고경영자 아래에 인사, 재무, 생산, 마케팅, 연구개발 등의 스탭을 두고, 동시에 세계시장에서 세분화된 여러 지역이 하나의 부서를 이루도록 하는 형태다. 예를 들면 북미지역본부, 유럽지역본부, 중남미지역본부, 극동지역본부, 아세안지역 본부와 같은 부서를 두는 것이다. 각 지역별 부서 밑에 여러 제품과 기능이 하부부서로 존재한다. 이러한 지역별 조직은 기업이 진출하는 지역이 다수일 때 사용된다. 지역별 조직의 장점은 집행권한과 책임의 소재가 명백하며, 생산과 마케팅 활동이 조화롭게 이루어질 수 있다는 점이다. 그러나 개별적인 제품이나 기능 혹은 기술에 대한 전문지식의 활용이 어렵다는 점과 기업의 경영활동이 특정 지역적 입장에서 이루어질 수 있다는 점이 단점으로 지적된다.

4) 국제사업부제 조직

국제사업부제 조직은 기업의 업무를 국내업무와 해외사업으로 구분하여 국제사업부가 해외사업을 전담하게 하는 형태다. 이러한 조직은 기업이 국내사업 중심에서 해외사업 비중을 점차 늘려나갈 때 등장하게 된다. 국제사업부제 조직의 장점은 해외사업과 관련된 업무를 분리함으로써 전문화를 촉진시킨다는 점이다. 그러나 전사적인 계획수립이 어려울 수 있고, 기업부서간 갈등이 초래될 수 있다는 점이 단점으로 지적된다.

5) 매트릭스 조직

매트릭스 조직은 두 가지 조직이 상호 결합된 다차원적인 구조로 구성되는 형태다. 예를 들면 최고경영자 아래 제품사업부를 제품별로 나누면서 각 제품사업부에는 다시 지역별조직을 두는 형태다. 매트릭스 조직은 일차원적 조직구조에 비해 신축성이 있게 되고, 규모의 경제 달성이 보다 용이하다는 장점이 있다. 또한 두 조직의 크로스체크로 업무상 과실을 줄일 수 있고 조직간 견제와 균형을 유지하여 기업의 효율적인 경영활동이 가능하다는 점도 장점으로 꼽힌다. 그러나 구조가 복잡하고, 기본조직들 간 권한이 불분명해지는 문제와 이로 인한 조직간 갈등 가능성이 있다는 점이 단점으로 지적된다.

(2) 조직형태의 변화

기업의 글로벌화 단계는 끊임없이 변화하므로 그 조직도 수시로 바뀔 수밖에 없다. 기업은 글로벌 · 지역적 · 국가적 환경과 자사가 보유하거나 동원 가능한 기업자원, 전략 등을 고려하여 조직을 편성한다. 글로벌화의 진전에 따라 수시로 재구축(reorganization, restructuring)함으로써 항상 최적 운영을 추구하는 것이다.

일반적으로 국제화 초기단계는 본사를 중심으로 해외에 지사를 두나, 글로벌화가 진전되면서 해외 현지국 시장에 자회사를 두고 이를 본사가 통제하는 것으로 바뀐다. 더욱 고단계의 글로벌화가 되면 몇 개의 지역별로 그 지역내에 있는 국가별 자회사를 통솔하고 운영하는 지역본부를 두고, 이 지역본부를 본사가 통제하는 형태로 발전하게 된다. 글로벌화가 이루어진 기업은 생산, 판매, R&D 자회사를 각각 두는 것이 일반적이다.

우리나라의 대표적 다국적기업 가운데 하나인 LG전자의 2017년 현재 해외자회사 현황을 보면 〈표 8-1〉과 같다.

〈표 8-1〉 **LG전자의 해외사업체 현황(2017년 현재)**

구 분	생산자회사	판매자회사	서비스/or 물류센터	연구소
유럽	폴란드 2	스웨덴 2, 영국·프랑스·스페인·독일·이탈리아·헝가리·폴란드·그리스·오스트리아·루마니아·체코·포르투갈·네덜란드 각 1 (계 : 15)	네덜란드 2	–
남미	브라질 1	콜롬비아·파나마 각 2, 아르헨티나·칠레·페루 각 1 (계 : 7)	파나마 1	–
북미	멕시코 3, 미국 1 (계 4)	미국 2, 멕시코·캐나다 각 1 (계 4)	미국 1	미국 2
중동/ 아프리카	튀르키예·사우디, 남아공 각 1 (계 : 3)	UAE 4, 나이지리아 2, 튀르키예·모로코·요르단·알제리·튀니지, 이집트 각 1 (계 : 12)	케냐·사우디·UAE, 나이지리아 각 1 (계 : 4)	–
아시아/ 태평양	중국 14, 인도·태국·베트남·인도네시아 각 1 (계 : 18)	중국·싱가포르·말레이시아·일본·대만·필리핀·호주 각 1 (계 : 7)	중국 1	–
러시아/ CIS	러시아·카자흐스탄 각 1(계 : 2)	러시아·우크라이나·라트비아 각 1 (계 : 3)	러시아 1	–
계	30	48	10	2

자료 : http://www.lge.co.kr 자료를 참조. 생산 및 판매자회사는 생산자회사로 집계.

본사와 다수의 연구소를 한국에 두고 있는 LG전자는 2017년 현재 각 지역에 총 90개의 현지법인을 두고 있는데, 지역본부는 북미, 남미, 아시아/태평양, 러시아/CIS, 유럽, 중동/아프리카의 6개이다. 〈표 8-1〉을 보면 우선 LG의 자회사는 생산과 판매, 물류 및 서비스 활동을 하는 현지법인이 모두 전 세계에 분포하고 있음을 알 수 있다. 그러나 생산자회사들은 생산요소가 상대적으로 풍부한 아시아지역이 많다. 반면 판매자회사들은 유럽과 미주, 중동, 아프리카 지역에 많이 설치되어 있다. R&D를 수행하는 자회사는 국내에 집중되어 있지만 기술이 풍부한 미국에도 자회사를 두고 있다. 이 표를 보면 LG전자의 생산과 판매, R&D가 각각 어디에서 이루어지고 있고, 그에 따라 생산과 판매, R&D에 필요한 인적·물적 요소 및 그 생산물이 어디를 향하여 움직이게 되는지를 짐작할 수 있게 한다.

4 글로벌기업의 인사관리

(1) 국제 인사관리의 특징

글로벌기업은 범세계적인 경영능력을 갖춘 경영자의 선발, 해외파견 인재의 교육과 주재원 관리, 현지 채용인력의 훈련과 관리 등에 있어 국내기업일 경우와는 다른 인사(人事) 문제를 해결해야 한다. 즉, 인사 대상자들에게 문화적 충격이 발생할 수 있다는 점, 인적자원에 대한 교육과 훈련이 내국인의 그것과 다르다는 점, 인사관리에 있어 노사문제와 관련해 현지국 정부의 관여가 따른다는 점 등의 특징을 고려하여 문제를 해결해야 하는 것이다. 인사대상자들에게 발생하는 문화적 충격문제는 해외파견인력이 현지에 부임하였을 때와, 장기간 근무 후 귀국하였을 때의 적응과정에서 많이 발생한다. 특히 가족과 떨어져 장기간 해외근무를 할 때 더욱 심각한 문제가 발생할 수 있다. 인사관리에서는 이러한 문제를 감안하지 않을 수 없다.

인적자원에 대한 교육과 훈련은 특히 현지인들을 고용한 경우에 중시된다. 이 경우 교육과 훈련의 주요 목표는 현지에서 고용한 근로자들이 기업의 조직문화를 이해하고, 기업목표에 몰입할 수 있게 하는 것이다. 노사문제에 대한 현지국 정부의 관여는 현지국의 민족주의적 성향이 강할수록, 노동자의 권리보장이 잘되어 있을수록 관여도가 커지기 마련이다. 현지국은 외국인의 취업제한이나 출입국에 대한 규제, 현지인의 고용확대와 해고제한, 근로기준 규정 등의 각종 규제를 통해 국제기업의 인사관리에 관여한다.

(2) 국제인사관리 유형

글로벌기업의 인사관리는 그들이 채택하는 전략에 따라 본국중심주의, 현지중심주의, 세계중심주의의 3가지 유형으로 구분된다.

1) 본국중심의 인사관리

본국중심주의 인사관리는 본사 및 해외자회사의 주요 책임자를 본국 출신의 관리자로 채용하는 형태다. 우리나라나 일본에서 이러한 성향이 강하게 나타난다. 기업이 본국중심의 인사관리를 채택하는 이유는 무엇보다 일사불란한 조직문화를 유지하거나, 본사와 의사소통이 원활할 수 있는 숙련된 현지관리자를 구하기 어렵기 때문인 경우가 많다. 그 외에 기업 자신이 갖고 있는 핵심역량을 해외자회사로 이전하고자 할 경우에는 불가피하게 기술이나 마케팅 노하우와 같은 핵심역량을 가진 본사 직원을 파견할 수밖에 없다.

본국중심의 인사관리는 현지 관리자가 본사의 경영전략을 잘 이해하고 그와 조화로운 경영활동을 전개할 수 있다는 점이 장점으로 꼽힌다. 그러나 현지에서 채용한 현지인들의 승진가능성을 낮추어 직원들의 사기가 떨어질 수 있다. 또 관리자가 지나치게 본국의 기업문화와 경영방식에 치우쳐 현지 환경을 무시한 전략을 펼치는 단점도 있다.

2) 현지중심의 인사관리

현지중심주의 인사관리는 현지에서 채용한 인력이 현지 자회사를 운영하게 하는 형태다. 이러한 형태의 인사관리는 관리자가 현지 환경과 문화에 적합한 경영활동을 펼칠 수 있다는 점과, 본국중심의 인사관리에서는 해외파견인력들을 유지하는데 많은 비용이 드는데 비해 그 비용이 절감될 수 있다는 점이 장점으로 꼽힌다. 그러나 현지 관리자는 글로벌 기업본사의 활동에 관심이 낮아 본사의 글로벌 경영전략에 충실하지 않을 수 있고, 본국에 있는 관리자와 갈등을 빚을 가능성이 높다는 점이 단점으로 지적된다.

3) 세계중심의 인사관리

세계중심주의 인사관리는 국적과 상관없이 가장 유능한 인물을 선택해 그를 경영자로 활용하는 형태다. 이 경우 글로벌기업으로 하여금 인력을 가장 효과적으로 활용할 수 있다는 점, 서로 다른 문화를 가진 나라에 파견되더라도 효과적으로 업무를 수행할 수 있는 국제화된 중역들을 양성할 수 있다는 점 등이 장점으로 꼽힌다. 반면 그와 같은 유능한 인력을 양성하거나 영입·유지하는데 많은 비용이 든다는 점, 국가간 인력이 이동하는데 많은 나라에서 장벽을 두고 있다는 점이 단점이다.

글로벌화 기업의 생산전략

1 글로벌 생산전략의 초점

글로벌기업의 생산전략은 전세계적 관점에서 고객들의 수요를 더욱 잘 충족시키는 데 목적을 두면서 신제품을 개발하는 데 참여하고, 새 모델을 선보이고, 결정된 모델 생산을 위해 효율적인 원자재의 조달과 제품 생산을 진행하는 일련의 전략을 말한다. 기업의 글로벌 경쟁력 강화가 그 목표가 되는 것이다. 생산전략은 연구개발 → 자재조달 → 생산 → 판매가 글로벌 네트워크로서 이루어지는 여건에서 생산·물류·판매비용 절감, 신뢰성의 우위확보, 품질의 우위 확보, 유연성 우위 확보 등의 이점을 최대화하는데 전략적 초점을 두게 된다.

글로벌 생산시스템으로 인한 가격경쟁력의 확보는 여러 사유에서 기인한다. 먼저 글로벌 생산시스템을 갖출 경우 원자재 부존도, 노동력의 풍부성 등으로 인한 국가별 생산원가의 차이라는 이점을 적극 활용할 수 있다. 또한 생산된 제품이 단거리를 이동함에 따른 배송비용의 절감, 국경이동 과정에서 발생하는 관세 및 기타 통관비용을 줄일 수가 있다는 점도 강점이 될 수 있다.

그 외에 동일한 제품을 국제상품화 하여 여러 시장국들에 판매할 수 있고, 여러 시장국들에 판매하는 관련제품들에 최대한 공통의 부품들을 사용할 수 있어 매출액과 고객기반을 증대시키면서 제품 단위당 연구개발비와 생산비용, 판매비용을 낮출 수 있다는 점도 유리하다. 이와는 별개로 글로벌 생산시스템을 운용할 경우 환율이 급속하게 변동할 때 제품의 생산을 여러 국가에 위치한 자회사 공장으로 전환시킬 수 있어 환율급변으로 인한 피해를 줄일 수도 있다. 또 지적재산권이나 제조관련 노하우 등을 모든 공장에 이전시켜 최대한 효율적으로 활용할 수도 있다. 이런 모든 요소들이 복합적으로 작용하여 가격경쟁력이 높아지는 것이다.

글로벌 생산시스템을 비즈니스 모델로 구분해 보면 제품개발부터 생산까지 자사에서 일괄해 시행하는 수직통합형 모델과, 제품개발과 시스템 구축은 자사에서 하되 생산은 외부에 위탁하는 수평분업형 모델로 구분될 수 있다. 수직통합형모델은 생산이나 품질관리를 통제하기 쉬우나, 생산설비를 모두 직접 갖추어야 하기 때문에 제조원가가 높아지는 단점이 있다. 수평분업형 모델은 제조원가를 대폭 줄여서 저가에 공급할 수 있으나, 자사가 정한 품질기준을 유지하기 어려운 측면이 있다. 21세기 들어 널리 활용되고 있는 비즈니스 모델은 수직통합형 모델이 아니라 수평분업형 모델이다.

2 글로벌 생산시스템 운영의 환경영향 요소

글로벌 기업이 해외에 현지공장을 설립하여 생산 활동을 한다는 것은 경영자원을 종합적으로 이전하여 국제경영활동을 한다는 것을 의미한다. 현지공장은 생산관리상 현지국의 사회·문화적 환경요소들로부터 상당한 영향을 받는다. 현지공장이 개발도상국에 있을 경우 이러한 국가들의 사회·문화·경제적 환경요소가 특이한 경우가 많기 때문에 여러 가지 문제점에 직면하게 된다. 따라서 다른 국가에 소재하는 공장간의 네트워킹에도 어려움이 발생할 가능성이 높아진다. 현지 공장이 생산활동을 하는데 영향을 미치는 환경요소들은 다음과 같다.

(1) 현지국 정부의 영향

많은 개발도상국들이 외국인투자를 장려하지만 전반적인 경제운영에 있어서는 국내산업 보호나 재정수입확보를 목적으로 수입에 대해 높은 관세를 부과하고, 외국인기업이나 내국기업을 막론하고 자국내 생산과 판매를 장려하는 입장을 취하는 경우가 많다. 이러한 현지국 정부의 입장 때문에 많은 글로벌 기업들이 글로벌 차원의 네트워킹을 통한 생산보다는 시장국별 접근방법으로 주요 시장국들만 선별하여 국가별로 생산시스템을 운영하는 방법을 택한다.

(2) 현지국의 협력업체 및 공급조건

글로벌 기업들의 글로벌 공장은 현지국들의 협력업체와 조달 조건에 영향을 받는다. 대부분의 개발도상국에는 중소제조업체들이 국민경제의 주된 역할을 담당하고 있다. 시장수요의 범위와 규모도 제한되고 적은 것이 보통이다. 이들이 공급하는 원자재와 부품도 품질이나 조달의 정확성 등에서 불리한 경우가 많다. 따라서 다국적기업들이 개발도상국에서 생산할 경우 일반적으로 중소규모의 공장을 운영하고, 특화정도가 낮은 기계와 공정을 활용하며, 때로는 자금이나 기술을 지원하여 현지 기업들의 공급능력을 길러주면서 원자재나 부품 등을 조달받아야 하는 시장국별 생산시스템을 디자인하여 운영할 수밖에 없는 경우가 많다.

(3) 현지국의 사회·문화적 요소

글로벌 공장은 현지국의 사회·문화적 환경요소들로부터 상당한 영향을 받는다. 인적자원의 활용부문에서 특히 그러하다. 개발도상국에서 생산활동을 벌이는 글로벌 기업들은 생산시설을 효과적으로 유지·통제하는 생산관리를 담당할 관리자와 기술자를 채용하는 문제가 쉽지 않다. 또 현지 공장의 생산시스템에 맞게 현지인 종업원들의 태도, 가치관 등을 적응시키는 데도 많은 어려움을 겪는다. 이는 기술·교육·산업전통·규율 등이 부족하고 사회·문화적 관습이 조직적이고 집단화된 현대 생산시스템에 익숙치 못한 탓이다. 따라서 대부분의 다국적 기업은 그들의 본사국이나 여타국의 공장에서 보편적으로 활용하는 생산관리기법을 환경적 이질성과 다양성이 많은 현지국에 그대로 활용할 수가 없다. 현지국 사정에 어느 정도 맞게 적응시킬 수밖에 없는 것이다. 그렇다하더라도 생산성을 높게 달성하기가 쉽지 않다.

(4) 현지국의 기술적 요소

기술적 요소란 현지국별로 생산방법이 상이하다는 점과 관련된다. 여기에는 현지공장의 규모, 공정, 제품설계, 기타 기술적인 면을 취사선택하는 것도 포함된다. 글로벌 기업들이 선진국과 개발도상국에 대해 어떤 기술전략으로 임하는 것이 적정한가에 대해서는 의견이 많으나 대체적으로 선진국에 입지하는 현지공장들은 기술집약적이어야 한다는 것이 지배적 의견이다. 그러나 개발도상국에 입지하는 공장들에 대해서는 노동집약적 기술을 활용하는 것이 적정하다는 견해, 자본집약적 기술이 오히려 더 적정하다는 견해, 현지국 환경에 맞추어 기술과 공정을 적용해야 한다는 견해 등 의견이 다양하다. 입지대상 국가별로 분석하여 최적인 것을 선택해야 한다.

(5) 시장의 수요와 규율상황

현지국 소비자들의 제품선호, 정부의 규제 등이 이질적인 상황에서 글로벌 기업들은 제품의 생산시스템과 제품디자인을 주로 소비가 이루어지는 현지국별 시장특성에 맞추지 않을 수 없다. 특히 현지국의 상이한 공업표준·안전기준·환경기준 등이 있다면 이는 법적인 규제 문제이므로 당연히 그에 맞게 제품디자인을 적응시켜야 한다.

▣ 현지생산의 성공요소

다국적기업이 현지생산을 성공적으로 수행하기 위해서는 적합성의 확보, 적정한 생산배치, 적정한 조정과 통제라는 세 가지 요소를 충족시켜야 한다.[3]

(1) 적합성의 확보

적합성이란 해외투자 결정과 기업의 경쟁전략간의 일관성 정도를 나타내는 말이다. 기업의 현지생산 전략은 다음과 같은 사항을 충분히 고려해야 한다.

　가. 효율성과 비용 : 제조비용의 감축
　나. 의존성 : 제품의 납기와 가격책정에 대한 기업 신뢰의 정도
　다. 품질 : 성과신뢰도, 서비스 질, 신속한 납기, 제품품질의 유지보수
　라. 유연성 : 타종류의 제품을 생산하고 산출량을 조절할 수 있는 생산 공정능력
　마. 혁신 : 새로운 제품과 아이디어를 개발할 수 있는 능력

(2) 적정한 생산배치

다국적기업의 생산시설 배치 전략에는 다음과 같은 네 가지 기본지침이 적용된다.

첫째, 생산시설의 세계적 집중화와 표준을 제공함으로써 저가 제품을 다른 시장에 제공하는 것이다.

둘째, 생산시설을 배치하기 위해서는 해당 국가의 내수시장 규모가 일정 수준 이상이어야 하며 수출경쟁력이 있어야 한다.

셋째, 특정지역 내에서, 즉 현지에서 고객/공급자들에게 현지 생산시설을 이용할 수 있도록 배치하여야 한다.

넷째, 경영활동을 하고 있는 기업이 모든 국가에 생산시설을 갖출 필요가 없다면 반드시 기업은 생산과 수출활동을 조합하여야 한다.

(3) 조정과 통제

조정과 통제는 함께 실행되어야 한다. 조정은 단일화된 생산시스템에 연계되는 것을 말하고, 통제는 생산과 물류 그리고 판매활동의 통합을 말한다. 이러한 활동은 구매에서 보관, 생산, 선적에 이르는 전 과정에서 행해진다. 따라서 공

---

3) 이 부분은 이장로·신만수, 국제경영(무역경영사, 2010), pp. 376~397을 인용하였다.

급자관계와 물류활동을 조정하는 일은 쉬운 일이 아니다. 특히 생산배치 활동이 정상화되어 있지 않은 경우에는 더욱 어려워지는 문제가 있다.

4 소싱(sourcing)

소싱이란 기업이 부가가치를 창출하는 단계에서 투입물을 조달하는 활동을 의미한다. 소싱의 대상이 되는 투입물은 생산요소, 원자재, 부품 및 완제품에 이르기까지 매우 다양하다. 이런 투입물은 본국으로부터 조달할 수도 있고, 현지국 또는 제3국에서 조달할 수도 있다. 기업이 글로벌 소싱을 함에 있어 주요한 전략적 고려사항은 공장입지의 문제, 제조업에 있어 수직적 통합의 정도, 수송비, 범세계적인 자원조달의 범위, 재고 장소의 결정, 정부의 규제, 범세계적인 생산과 공급의 통합문제 등이 포함된다. 소싱방법은 내부소싱과 외부소싱, 해외소싱과 현지소싱, 단일소싱과 복수소싱으로 나누어 생각할 수 있다.

(1) 내부소싱과 외부소싱

내부소싱은 원재료, 부품 및 중간재를 자사 공장에서 직접 제조하는 것이다. 외부소싱은 기업외부의 공급원으로부터 구입하는 것이다. 소싱을 내부에서 할 것인지 아니면 외부에서 할 것인지는 원가, 공급의 신뢰성, 품질의 균일성, 경험곡선[4]과 규모의 경제, 장기적 기대수준, 고용문제, 잠재적 경쟁가능성, 생산설비의 전용성, 투자규모, 현지국정부와 노동자 및 일반대중의 태도 등과 같은 여러 요인에 의해 결정된다.

(2) 해외소싱과 현지소싱

해외소싱은 원재료, 부품 및 중간재를 본사를 비롯한 해외공급원으로부터 구매하는 것이고, 현지소싱은 현지국에서 구매하는 것이다. 해외소싱은 현지국 정부와 이해상충으로 인해 갈등이 야기될 가능성이 있다. 특히 개발도상국인 현지국이 원자재와 중간재의 국산화를 강력하게 원할 때 그러하다.

---

4) 경험곡선(experience curve, 經驗曲線)이란 기업의 코스트 변화를 나타내는 곡선으로, 학습곡선이라고도 한다. 제품의 단위당 실질 코스트는 누적경험량(누적생산량 또는 판매량)이 증가함에 따라 일정 비율로 낮아지는데, 누적경험량이 2배가 되면 코스트는 20% 정도 떨어지는 것으로 알려져 있다. 따라서 누적경험량이 큰 기업은 코스트가 낮고 수익성은 높다.

(3) 단일소싱과 복수소싱

단일소싱은 하나의 공급업체로부터 구매하는 것이고, 복수소싱은 여러 공급업체로부터 구매하는 것이다. 이것은 구매자의 목표, 공급자의 목표, 양자간의 관계, 가격요건, 계약범위 및 기간, 구매자의 협상력, 구매자의 내부 및 외부소싱 구조 등에 따라 전략적으로 결정된다.

제3절 글로벌기업의 판매전략

1 글로벌 마케팅의 개념

글로벌 마케팅은 국내시장을 대상으로 펼쳐지는 국내마케팅과 대응되는 개념으로, 해외시장을 대상으로 전개되는 마케팅 활동을 의미한다. 넓은 의미에서 보면 글로벌 마케팅은 상품의 수출 외에도 외국기업에 지적재산권이나 노하우의 사용을 허가해 주는 국제기술제휴나 현지에서의 자사제품 생산판매체제를 확립하는 국제경영활동도 포함된다.

21세기 들어 세계시장은 급속도로 글로벌화가 진전되어 우리나라 시장을 포함한 세계 대부분의 시장들이 하나로 통합되는 현상을 보이고 있다. 국내시장과 해외시장 사이의 구분이 빠르게 사라지고, 거의 모든 시장에서 무한경쟁이 일상화되고 있다. 이러한 환경변화에 적응하기 위해서 기업들은 글로벌경쟁력 강화에 초점을 맞추어 경영활동 전반의 가치사슬을 조정하고, 그 일부로서 글로벌 마케팅을 전략적으로 강조하게 된다. 글로벌 마케팅은 현금흐름 및 이익의 최대화 등 기업목적 달성을 위해 다음과 같은 사업 활동을 2개국 이상에서 수행하는 것을 말한다.

① 제품/서비스의 계획수립
② 가격책정
③ 촉진활동
④ 유통활동 등

글로벌 마케팅은 그 진전도에 따라 수출마케팅과 현지마케팅, 세계시장 마케팅단계로 구분될 수 있다.

수출마케팅은 국내시장 중심에서 해외로 시장확대가 이루어지는 단계다. 그러나 기업활동의 기초는 여전히 국내시장에 있으며 기업조직, 경영자의 시야나 제품라인에는 근본적인 변화가 발생하지 않는다. 수출상품도 국내상품의 내용, 형태 및 품질을 그대로 유지하거나 바이어의 요구에 따라 약간의 가공을 시도할 뿐이다.

현지마케팅 단계는 수출을 통해 어느 정도 해외판매 경험을 축적한 기업이 한 걸음 더 글로벌화를 진행시킨 것이다. 이때는 본국의 시장과 별개로 현지시장에서 이윤을 극대화하는 방향으로 경영활동을 벌이게 된다. 이에 따라 마케팅 전략에 있어서도 현지시장 소비자 요구에 맞는 상품 및 가격과 판매촉진방법을 채택한다. 기업의 현지마케팅 활동이 빈번하게 일어나 세계 각국의 여러 지역에서 이루어지면 마케팅 활동 중의 일부 또는 전부를 표준화하는 편이 기업에 더 많은 이윤을 가져다 줄 수 있다.

예컨대 자동차회사의 경우 유럽의 수많은 국가에 현지공장을 세워 수요를 제각기 충족시키지 않는다. 그보다 한 두 개의 공장으로 여러 나라 소비자들이 공통적으로 선호하는 표준형 자동차를 생산하여 판매하는 것이 훨씬 더 유리하게 된다. 이와 같이 전 세계와 지역을 연계하여 시장을 파악하고 전체적으로 이윤을 극대화하는 방향으로 나가는 마케팅 활동이 세계시장 마케팅이다.

기업이 글로벌 마케팅을 고도화하여 추구하는 목적은 다음과 같이 다양하다.
① 매출액 확대
② 현금흐름과 이익의 확대
③ 시장점유율 확대
④ 시장의 리더십 확보
⑤ 판매비용 절감 및 리더십 확보
⑥ 마케팅인력의 정예화
⑦ 소비자 만족의 극대화
⑧ 그린제품 등을 통한 그린마케팅 실현
⑨ 신제품리더십, 품질리더십, 가격리더십, 유통리더십, 촉진리더십 등 마케팅 도구별 목적 달성

◾2 글로벌 마케팅을 위한 과제

글로벌 마케팅을 성공적으로 수행하려면 기업이 국내외에서 직면하는 통제 불가능한 환경요소와 기업스스로 통제 가능한 마케팅도구를 살펴, 통제가 가능한 마케팅도구를 적용시키는 것으로 적정한 전략을 수립·집행해야 한다. 통제 불가능한 환경요소는 대부분의 국가에서 공통되는 것도 있고, 국가마다 달라지는 것도 있다. 거대한 다국적기업의 경우에는 통제 불가능한 환경요소를 개선시키기 위해 여러 시도를 하기 마련이다. 그러한 시도가 효과를 내는 경우도 있지만 거대 다국적기업이 아니라면 선택의 여지가 없다. 통제 가능한 마케팅 도구를 적정하게 활용하여 통제 불가능한 환경요소가 주는 불이익을 극복하는 것이 필요한 것이다. 글로벌 기업의 통제 가능한 마케팅도구와 통제 불가능한 주요 환경요소는 〈표 8-2〉와 같다.

〈표 8-2〉 글로벌기업의 마케팅도구와 통제가 불가능한 주요 환경요소

통제가능 마케팅도구	통제불능 국내환경요소	통제불능 해외환경 요소
4Ps : 제품(Product) 　　　가격(Price) 　　　촉진(Promotion) 　　　유통(Place) 7Ps : (4Ps) + 　　　포장(Package) 　　　파워(Power) 　　　대중관계(Public Relation)	· 정치·법률적 역학작용 · 경제풍토 · 경쟁구조	· 정치·법률적 역학작용 · 문화적 역학작용 · 경제적 역학작용 · 경쟁적 역학작용 · 기술수준 · 지리와 경제하부구조 · 유통구조

자료 : 반병길, 국제경영(박영사, 2007), p. 443 참조.

글로벌 마케팅을 수행하는 기업은 해당 기업체가 이미 진입 또는 침투를 했고, 계획하고 있는 모든 글로벌 제품 세분시장들, 지역시장들, 국가시장들을 대상으로 각기 다른 수많은 마케팅전략들을 결정하고 집행해야 한다. 즉, 표적시장별로 전략이 달라져야 하는 것이다.

③ 글로벌마케팅믹스 전략

국제마케팅 전략의 수립과정에서 중요한 것이 국제마케팅믹스전략이다. 글로벌기업의 경영자는 목표시장의 시장잠재력 및 마케팅 기회를 포착하고 평가한 후에 국제마케팅믹스 전략을 수립하게 된다. 마케팅믹스란 기업의 목표달성을 위하여 기업이 통제 가능한 전략요소를 유기적으로 조정·통합하는 활동을 의미한다. 일반적으로 기업에 통제 가능한 전략요소는 제품계획, 가격계획, 유통경로계획, 판촉계획의 4가지로 대별된다. 기본적인 체계는 [그림 8-4]와 같다.

마케팅 믹스는 국내시장에서의 판매에서도 필요하다. 글로벌 판매에서는 앞서 살펴본 바와 같이, 현지국 또는 현지시장의 통제 불가능한 요소가 있기 때문에 이러한 것들이 더욱 더 고려되어야 한다. 또 현지 시장에서의 실제 경쟁은 물론 잠재적 경쟁에도 적응할 수 있도록 전략이 수립되어야 한다.

[그림 8-4] **마케팅믹스 전략(4P 전략)**

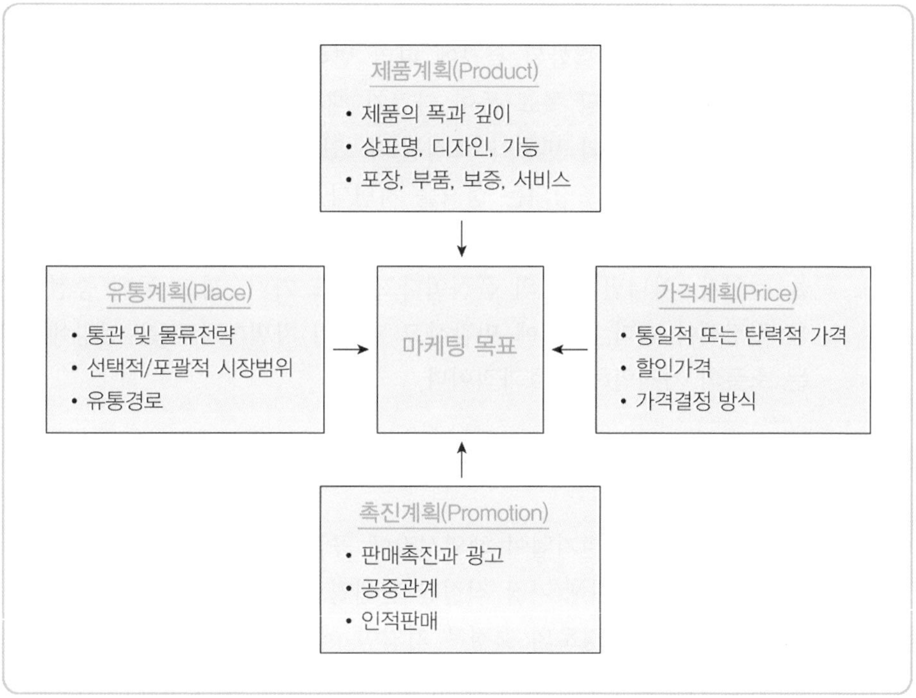

(1) 제품계획

글로벌 기업의 제품계획은 국내기업의 제품계획과 기본적으로는 동일한 원리에서 이루어지나, 내용면에서 좀 더 복잡한 양상을 띤다. 제품계획에서 중요한 과제는 제품의 폭(width)과 깊이(depth)를 정하는 일이다. 제품의 폭이란 특정기업이 시장에 내는 제품의 종류, 즉 제품계열 수를 의미한다. 제품의 깊이란 각 품목 내에서 디자인·스타일·품질면에서 상이한 정도, 즉 제품의 품목수를 말한다. 제품의 폭을 확대하면 해외시장에서 제품 및 기술에 대한 성가를 높일 수 있다. 또 제품의 깊이를 깊게 함으로써 취미와 구매욕구가 다양한 구매자를 포섭할 수 있다. 이 개념을 효과적으로 응용하기 위해서는 제품의 수명주기 유형, 각 단계별 기간, 명확한 제품개념 등을 먼저 파악해야 한다.

(2) 가격계획

제품과 서비스의 적정한 가격 결정은 기업의 성공적 운영에 중요한 요인이다. 가격결정에 영향을 미치는 기본적 요소, 즉 원가나 이윤, 수요 등이 동일하더라도 가격은 이들이 결합된 결과에 따라 변하게 마련이다. 시장의 특성, 법률 및 윤리적 제약, 기업의 목표 등이 다르기 때문이다.

가격계획은 수요와 변동이 조정될 수 있게 제품계획이나 판촉계획, 유통계획과는 달리 빈번히 조정되는 성격을 지닌다. 가격계획은 다른 마케팅믹스의 요소들과 관련하여 수립되어야 한다. 즉, 시장침투를 하기 위해 가격경쟁에 중점을 둘 것인가, 아니면 제품의 품질이나 브랜드 가치, 광고 등에 중점을 둘 것인가를 결정해야 한다. 가격에 민감하고 제품의 차별화가 적은 시장에 침투하는 데는 소폭의 가격인하도 효과적이다.

(3) 유통계획

유통계획은 글로벌기업이 해외시장에 공급해야 할 제품 및 서비스를 현지시장 및 제3국 시장에 대해 가장 적절한 판매경로를 이용할 수 있는 전략을 수립하는 것을 말한다. 유통경로의 결정은 기업이 어떻게 목표시장 또는 표적시장에 도달할 것인가를 결정하는 것이다. 유통경로의 선택 및 수행에는 통관과 물류에 대한 전략, 그리고 중간상인의 선택 및 평가문제도 함께 이루어진다.

유통경로는 시장에 따라 상당히 다르다. 유통경로 계획을 세울 때는 이를 충분히 고려해야 한다. 통상 유통경로가 길면 길수록 중간업자가 많이 개입한다. 유통경로는 국제물류와도 밀접한 관련이 있다. 유통경로를 고려해 국제물류 계획이 수립되어야 하기 때문이다. 글로벌 마케팅믹스의 다른 어떤 요소보다 유통경로의 결정에는 현지 자회사나 지점의 권한이 크게 작용한다.

(4) 촉진계획

촉진계획은 기업이 자사의 제품과 서비스에 관한 시장행위에 대해 유리한 영향을 주기 위한 전략적 시도다. 공중 통신매체를 이용하는 광고는 비교적 저렴한 비용으로 광범위하게 잠재구매자를 접할 수 있다. 그러나 제품을 구매하도록 직접 고객을 설득하는 힘은 적다. 판매촉진은 진열·전시·시범·판매경연·견본 등을 통해 이루어지는 방법으로 궁극적으로 인적판매와 광고를 보완·강화하기 위한 것이다. 공중관계(PR : Public Relation)는 기업과 제품에 대해 긍정적 인상을 줌으로써 간접적으로 제품의 판매를 촉진하는 홍보방법이다. 이는 특히 개발도상국 사람들이 글로벌 기업활동과 관련하여 부정적 태도를 취하는 경우 불특정 다수의 일반 대중을 상대로 기업 홍보활동, 즉 기업이미지를 강조하려 할 때 중요한 수단으로 등장한다. 인적판매는 사람을 직접 판매를 촉진시키는 매체로 사용하는 방법이다.

(5) 글로벌기업의 전략적 구매 또는 판매전략

규모가 큰 다국적기업들은 여러 국가에 소재하는 자회사들의 구매 또는 판매를 통합 지원하는 별도의 자회사를 운영하는 경우가 많다. 규모의 경제 원리를 원자재의 구매나 제품판매에 적용하기 위해서다. 이때 지원역할을 하는 자회사는 지역본부 형태로 설립되기도 한다. 이 경우 지역본부는 독립적인 회사의 형태를 갖추고 판매와 구매전략의 수립, 정보 및 지침의 제공, 공동구매와 공동판매, 경영자문, 심지어 보관과 운송기능까지 수행하는 등 다양한 역할을 수행하면서 판매자 또는 구매자로부터 일정한 대가를 받는 것이 보통이다.

4 글로벌 마케팅과 회색시장

(1) 회색시장의 개념

기업이 세계시장을 대상으로 표준화된 제품을 동시에 마케팅하면서 시장간 가격차이가 심하면 이른바 회색시장이 발생하게 된다. 회색시장(grey market)이란 동일물품의 해외시장간 가격차이에 편승하여 특정 기업의 제품을 저가 시장에서 구입하여, 이를 고가시장에 정상적인 유통경로 구성원들의 판매 가격보다 낮은 가격에 판매함으로써 이익을 추구하는 유통업체들로 구성된 시장을 말한다. 물론 회색시장에서 판매되는 물품이 불법적인 물품은 아니다. 그러나 회색시장은 합법적인 경로 구성원들의 매상을 떨어뜨리게 된다. 또 한편 기업의 유통 및 가격전략에도 혼란을 초래하기 때문에 국제기업들은 이에 상당한 관심을 기울인다.

(2) 회색시장이 형성되는 이유

회색시장이 형성되는 이유는 다음과 같다.

첫째, 기업들은 라이선싱이나 프랜차이징을 통해 생산한 표준화 된 제품을 여러 개의 해외시장에서 동시에 판매하고 있다. 그 결과 동일한 재료와 기술을 사용하더라도 국가와 지역마다 생산비에 차이가 나기 때문에 판매가격도 달라지는 현상이 발생한다. 이러한 가격차이가 회색시장을 발생시킨다.

둘째, 기업이 한번 설정한 가격을 환율이 변동할 때마다 매번 바꾸기는 어렵다. 때문에 회색시장 참여업체들은 이러한 가격불균형을 활용한다.

셋째, 기업이 의도적으로 가격차별 전략을 사용하는 경우도 있다. 특정 시장의 확보를 위해 저가판매를 하는 경우가 그 예이다. 이 경우 회색시장 참여 업체들은 저가 시장에서 구매하여 고가 시장에 판매하려는 시도를 하게 된다.

넷째, 예상 밖의 초과공급 상황에 놓인 유통업체들이 투자금액의 신속한 회수를 위해 정상가격보다 낮은 가격에 초과 공급분을 처분하려고 할 수 있다. 이런 경우에도 회색시장이 나타날 수 있다.

다섯째, 정부의 규제로 인해 정상적인 교역이 불가능할 경우 이를 우회하는 회색시장이 형성될 수 있다. 정부의 규제는 고율의 관세나 비관세조치로서 직접적인 제한 모두가 교역에 영향을 미치기 마련이다.

(3) 회색시장의 효과

회색시장이 형성될 경우 글로벌 기업의 현지 마케팅 전략이 차질을 빚을 가능성이 있게 된다. 차별적인 가격의 적용 등 마케팅 전략이 효과를 거두기 어려울 수 있기 때문이다. 또한 A/S 등 사후관리 서비스가 어려울 수 있어 기업의 이미지가 훼손될 가능성도 있다. 그러나 수입국 입장에서는 글로벌 기업제품의 독점적인 가격의 형성을 제어할 수 있기 때문에, 법적으로 이러한 회색시장을 옹호하는 경우가 있는데, 병행수입5)의 허용과 같은 조치가 그에 해당한다.

---

5) 병행수입(Parallel Import)이란 특정 상품의 판매대리점 권한이 없는 제3자가 해당 상품을 수입하여 판매하는 것을 말한다. 해외의 유명브랜드(brand) 상품은 대개 한국의 총판매대리점(exclusive selling agent)을 통해서 수입된다. 이러한 수입은 수입품의 가격을 안정시키고 수입품의 판매이익을 확보하기 위하여 수입 총 대리권을 가진 수입업자 이외에는 그 상품을 수입하지 못하게 하는 배타적(독점적) 특권을 확립시키는 것이 일반적이다. 그 결과 일반소비자는 비싼 대가를 지불하고 상품을 사야 하는 불이익을 보게 된다. 따라서 수입상품의 명성이나 신용이나 상표권을 침해하지 않는 것을 전제로 하여 독점적인 수입 총 대리권을 갖고 있는 수입업자 이외의 수입자가 제조국 이외의 제3국이나 홍콩, 마카오와 같은 자유무역항의 판매업자를 경유하여 상품을 수입하는 것을 정부가 허가하는 제도를 병행수입이라 한다. 병행수입에 의하여 소비자는 브랜드상품을 보다 싸게 구입할 수 있다. WTO의 TRIPS 협정 제6조는 권리 소진의 문제를 분쟁 해결대상으로 하지 않을 것을 명시함으로써 간접적으로 각국의 병행수입제도 채택 자유를 인정하고 있다.

[무역현장]

중국, 자동차용 반도체 공급난에 반도체 '회색시장' 성행

전 세계적인 자동차용 반도체 공급 부족으로 중국 광둥성 선전 등지에서 반도체 '회색시장'이 성행하고 있다고 19일(현지시간) 블룸버그통신이 보도했다. 통상 회색시장은 합법과 불법의 중간에 있는 시장으로, 생산자의 공식 유통채널을 벗어나 물건이 매매되는 통로를 말한다. 반도체 수요는 치솟는데도 공급 부족과 가격 상승이 이어지자 중국 자동차 업체들이 회색시장에서 다급하게 반도체를 사들이고 있다는 것이다. 중국 내 반도체 회색시장은 전부터 존재했으나 최근의 반도체 부족 사태로 인해 급격하게 커졌다. 회색시장에서 거래되는 반도체는 브로커들이 제조사들에 초과 주문을 넣거나 재고 반도체를 합법적으로 판매하는 업체가 이익을 늘리기 위해 생산업체와 계약을 위반하는 방법 등으로 확보된다.

브로커들은 반도체 칩 판매 수수료를 받거나 사재기해 두고 가격이 오를 때를 기다리는 방식으로 이익을 낸다. 사재기는 불법이라 중국 정부의 단속 대상이다. 회색시장에서 거래는 주로 위챗 메신저나 이메일 등 온라인으로 이뤄지고 가끔은 선전의 SEG 전자상가 등에서 오프라인으로도 거래가 이뤄진다. 현금거래만 가능하다. 브로커가 사재기한 칩을 나중에 얼마나 더 비싸게 파느냐는 운과 풍부한 현금, '관시'(關係·특수 관계) 등에 달려있다. 이들 모두가 돈벌이에 성공하는 것은 아니라 파산한 뒤 자살 등 비극적인 결말을 맞는 경우도 있다. 이 때문에 브로커들은 더 좋은 관시를 위해 가끔은 반도체 제조업체 임직원에게 뇌물을 주기도 한다.

브로커들은 이렇게 구한 반도체가 어디서 왔는지 추적할 수 없도록 포장에 있는 라벨이나 정보를 지운다. 가짜 칩은 거의 없지만, 폐차된 자동차 부품에서 중고 반도체를 재활용하는 경우는 종종 있다. 공식 유통 경로가 아닌 회색시장에서 거래된 반도체의 경우 안전성 문제도 있다. 예를 들어 자동차의 잠김방지 제동장치(ABS) 브레이크 모듈에서 가짜 반도체가 고장 나면 그 결과는 목숨까지 위협할 수 있다.

필 쿠프먼 미국 카네기멜런대 전자·컴퓨터공학과 부교수는 "반도체는 시간이 지나면 성능이 떨어지기 때문에 재활용 반도체는 예상보다 더 빨리 고장 날 수 있다"고 설명했다. 이같은 우려 때문에 파생 산업으로 '반도체 품질 검사기'도 등장했다. 이 검사기를 통해 라벨과 포장은 물론, 엑스레이로 반도체 내부까지 확인할 수 있다는 것이 관련 업체들의 주장이다.

(연합뉴스, 2022.10.19.)

글로벌기업의 물류관리전략

1 국제 로지스틱스의 의의

국제 로지스틱스(International Logistics)란 글로벌한 원자재 공급업체로부터 생산된 제품의 최종 사용자(end user)까지 일련의 물품이동을 의미한다. 그러므로 국제 로지스틱스를 관리한다는 것은 이러한 일련의 물품이동 과정과 관련되는 기업내의 조직과 기업 외부의 조직을 관리한다는 의미다.

글로벌 기업이 국제 로지스틱스를 관리하는 것은 거래비용을 최소화 하여 기업이윤을 극대화하기 위함이다. 국제 로지스틱스 비용은 제품에 따라 다르지만 통상 25~35%에 이르는 것으로 알려져 있다. 이것은 국내의 로지스틱스 비용이 제품가격에서 차지하는 비율이 8~10%인 것에 비하면 크게 높은 수준이다. 로지스틱스 관리 기능은 자재관리(기업과 원자재 공급자간의 관계), 생산관리(원자재의 투입과 함께 시작하는 기업활동), 물류관리(기업과 고객과의 관계)라고 하는 세 가지 관리를 각각 분리한 경우에 달성할 수 있는 성과보다 통합적인 로지스틱스를 수행할 때 그 성과가 더 높기 때문에 의미가 있다. 로지스틱스 관리는 기업의 글로벌 경영활동 상황에 따라 달라진다. 이는 다음 4가지 문제와 관련이 있다.

첫째, 기업의 대외활동이 수출과 수입을 중심으로 하는지, 아니면 직접투자를 통해 글로벌 생산과 판매활동을 하는지 여부다.

둘째, 생산장소의 입지가 어디인가 하는 것과, 그 생산과 관련된 활동의 어디까지를 내부화하고 있는지의 문제다.

셋째, 고객으로부터 정보를 제조업체 스스로가 수집하는가 아니면 중간업자(도매상이나 소매상)를 통해서 수집하는가의 문제다.

넷째, 로지스틱스와 관련된 문제를 해결함에 있어 해외자회사간의 네트워크가 어느 정도 구축되어 있는가의 문제다.

2 국제 로지스틱스 관리기법의 발전과정

기업에 의해 로지스틱스가 본격적으로 관리되기 시작한 것은 1980년대 일본에서부터로 알려져 있다. 그 중심은 자동차 산업에서 매도인과 매수인이 수직통합을 이루기 위해 필요한 정보의 공개와 협력에 역점을 두고 시행된 간판(看板)방식이다. 이 방식은 적시생산(Just in Time)방식으로 미국 기업에 의해 학습되었으며, 기업과 부품공급자 사이에 그때까지는 일반적으로 간주되고 있었던 경쟁관계 대신에 협동관계가 도입되는 계기가 되었다. 이 시기에 미국에서는 운송산업의 규제완화 조치가 있었는데, 이를 계기로 유럽기업이 오랫동안 이용하고 있었던 로지스틱스 기능의 아웃소싱도 미국에 정착되었다.

로지스틱스의 관리는 정보통신기술의 발달과 결합하여 CIM(Computer Integrated Manufacturing) 기법이 도입되었고, 통합범위를 더욱 확대한 CALS(Computer aided Acquisition and Logistic Support ; 생산·조달·운용지원 시스템)[6]로 변화되어 재고비용의 절감과 리드 타임(lead-time)의 단축과 같은 성과를 거두게 되었다. 이는 이후 공급사슬관리(SCM : Supply Chain Management)로 발전하였다.

3 공급사슬관리(SCM)

(1) 공급사슬관리의 개념

공급사슬관리는 '유통총공급망관리'로도 불려진다. 이는 정보통신기술을 활용하여 제조와 물류, 유통업체의 상품 흐름을 한눈에 파악하여 관리하는 것이다. 즉, 제조와 물류, 유통업체 등 유통과정상에 있는 모든 기업이 공동으로 데이터베이스(DB)를 구축하고 이를 활용함으로써 재고를 최적화하고 납기를 단축시키는 전략적 제휴형태로 운영된다. 이 때문에 성공적인 공급사슬관리의 정착을 위해서는 총유통공급망 안에 있는 모든 기업들이 전략적인 협력관계를 형성하는 것이 무엇보다 중요한 것으로 간주된다. 상호협력을 통해 강력한 경쟁우위를 확보할 수 있다는 신념을 각 기업들이 가져야 하는 것이다. 이 시스템에서는 서로 멀리 떨어져 있는 고객-소매상-도매상-제조업체-부품·자재공급업체 등일지라도 주문과 공급활동이 실시간으로 파악·전달된다. 공급사슬관리는 단순히 데이터를 처리하는 전사적 자원관리(ERP : Enterprise Resource Planning)[7]에 지능을

---

6) 초기의 CALS는 JIT와 마찬가지로 주로 조달분야에서 달성한 로지스틱스 성과였으나, 그 후 광속상거래(Commerce at Light Speed)라는 개념으로 발전하였다. 이 단계에서는 생산·조달 시스템과 EDI(Electronic Data Interchange) 등 물류와 상업시스템을 융합한 국제 로지스틱스가 형성되었다.
7) 전사적 자원관리 또는 기업자원관리를 말하는 것으로 기업내 통합정보시스템을 구축하는 것을 말한다. ERP는 인사·재무·생산 등 기업의 전 부문에 걸쳐 독립적으로 운영되던 인사정보시스템·재무정보시스템·생산관리시스템 등을 하나로 통합, 기업내의 인적·물적 자원의 활용도를 극대화하고자

부여하는 것에 비유되기도 한다. 공급사슬관리는 생산에서 최종 소비자에게 판매될 때까지 상품의 흐름에 대한 정보를 공유하여 불필요한 시간과 경비를 제거하는데 목적을 둔다. 소비자의 실제수요에 보다 잘 응할 수 있는 유통공급망을 만들기 위한 기업간 BPR(Business Process Re-engineering)[8]의 일종인 것이다. 글로벌 기업의 경우 글로벌 환경에서 이러한 시스템이 구축되는 특징을 보인다. 이를 국제공급사슬관리(ISCM : International[9] Supply Chain Management)라 한다.

(2) SCM의 효과와 장점

공급사슬관리가 정착될 경우 무엇보다 납기단축으로 재고가 줄어드는 효과가 발생한다. 공급사슬관리를 적극 활용한 기업들이 납기를 단축시키고 운영비와 재고비용을 감소시켰다는 보고사례는 흔하다.[10] 전반적으로 공급사슬관리의 장점은 다음과 같이 요약된다.

① 고객별로 차별화된 전자 카탈로그를 제공할 수 있고, 부가적으로 차별적인 서비스를 제공할 수 있다.

② 부분별로 다양한 가격옵션을 직접 제공받거나, 제공할 수 있다.

③ 구매 사이클 타임(Cycle Time)을 줄일 수 있다. 따라서 최소의 재고를 유지할 수 있다.

④ 구매주문에 들어가는 각종 업무비용을 줄일 수 있다. 따라서 주문 프로세스의 간접비를 감소시킨다.

⑤ 제품의 배송시간을 단축시킬 수 있고, 실시간으로 24시간 언제나 전 세계의 고객을 만족시킬 수 있다.

하는 경영혁신기법이다. 따라서 ERP를 구축한 기업의 경우, 한 부서에서 데이터를 입력하기만 하면 전 부서의 업무에 반영되어서 즉시 처리할 수 있게 된다.

8) BPR은 기업경영 내용이나 경영 과정 전반을 분석하여 경영 목표 달성에 가장 적합하도록 재설계하고, 그 설계에 따라 기업형태·사업 내용·조직·사업 분야 등을 재구성하는 것을 의미한다.

9) 물류보안이란 측면에서 ISCM을 표현할 때는 International 대신 Integrated란 용어를 쓴다.

10) 미국이나 유럽에서는 ISCM을 통해 전체 유통과정에서 41%의 재고감축과 5.7%의 소비자 가격인하 효과를 거둔 것으로 보고되고 있다. 박명섭, 국제물류의 이해(법문사, 2011), pp. 412~421 참조.

4 공급사슬관리(SCM) 형태의 진화 : 新유통채널의 부상

(1) 라스트 마일 물류(Last-mile logistics)

라스트 마일 물류란 물류업체가 제품을 주문자가 거주하는 목적지까지 직접 전달하기 위한 운송의 마지막 구간을 뜻하는 용어로서, 물류업체들이 경쟁사 대비 차별화를 위해 배송 속도보다 서비스 품질에 중점을 두면서 확장된 운송의 개념이다.

'라스트 마일'의 본원(本圓)은 사형수가 사형 집행장소까지 걸어 들어가는 거리를 의미하는 용어인데, 물류업에 있어서의 라스트 마일은 문전(door-to-door)까지 제품을 배송하는 고객과의 마지막 접점을 의미한다. 특히 택배 물류에 대한 소비자 니즈가 확대되며, 기업의 라스트 마일 물류에 대한 관점은 과거 획일화 및 정형화 되어 있었던 차원에서, 소비자가 원하는 배송속도와 배송시간을 충족시키는 고도화 된 형태로 진화하고 있다.

오늘날 휴대전화 등을 이용해 시간과 장소에 구애받지 않고 온라인 쇼핑을 즐길 수 있게 되면서 소비자들은 라스트 마일 물류 서비스의 제공을 요구하고 있다. 실제로 대부분의 소비자는 자신의 생활 방식(life-style)에 맞는 빠르고도 유연하며, 대응력 있는 물류 서비스를 기대한다. 우리나라에는 2017년 이후 최초로 라스트 마일 서비스를 적용한 온라인 전문 유통업체가 출현하였다.

이 같은 라스트 마일 업체들은 고객 친화형 온라인 플랫폼을 설계하여 실시간 재고정보의 추적, 즉시 예약, 당일 배송 그리고 원하는 시각에 정시배달과 같은 서비스를 제공한다. 일례로 '마켓컬리(Kurly)'라는 식제품 온라인 유통업체는 도시에서 멀리 떨어진 지역에서 생산되는 '굴', '전복' 등과 같이 접하기 어려운 신선식품을 도시에 사는 소비자가 새벽에 출근할 때 주문하고 퇴근 후 집에 도착하는 시간에 맞춰 수령하는 라스트 마일 서비스를 가능하게 하였다.

이 밖에도 고객이 원하는 시간 및 장소에서 주문한 제품을 직접 수령할 수 있는 '스마트 보관함'을 지역마다 배치하는 사업 모델도 등장하였다. 이처럼 다양한 형태의 물류 서비스를 원하는 소비자의 니즈와 정보기술 발전이 맞물린 공급사슬 네트워크의 급격한 발전에 따라 고객 서비스 대응을 위한 풀필먼트(fulfillment)[11] 센터의 수 또한 급격히 증가하고 있다.

---

11) 기존 물류의 단순한 배송 기능을 넘어, 포워딩(3PL) 등 물류업체가 고객의 위탁을 받아 제품의 인수부터 최종 배송 완료까지의 주문처리 전 과정을 대행해 주는 서비스를 의미함. 제품의 입고, 보관,

라스트 마일 물류는 공급자와 소비자 측면에서 모두 중요한 의미를 갖고 있다. 소비자 관점에서의 라스트 마일은 단순히 제품을 물리적으로 전달받는 것 이상의 의미를 가지게 된다. 제품을 구매한 후 수령받는 소비자들에게는 최종 배송 단계가 곧 사용자 경험(User Experience)[12]이 형성되는 첫 단계이기 때문이다. 그리고 이와 같은 경험은 향후 해당 업체를 통한 서비스 혹은 제품 재주문 등과 같은 충성심(loyalty) 생성에 영향을 주게 된다. 반면 공급자 관점에서의 라스트 마일은 높은 비용이 발생하는 부분이다. 라스트 마일의 특성상 고객 문전 배송 서비스는 IT기술 발전과 별개로 여전히 노동 집약적인 특성이 높아 비용 효율성의 가시적인 개선이 어려운 상황이다.

최근 라스트 마일 물류시장 선점을 위해 국내 온라인 유통업체들은 각자 서비스 차별화 전략을 펼치고 있다. 과거에는 빠른 배송 그리고 안전한 배송이 '물리적으로 운송하는 구간'에서의 핵심 역량이었다면, 현재는 고객이 원하는 시간에 배송할 수 있는 '고객 맞춤화(customization)'[13] 서비스가 핵심 역량으로 부상하고 있다. 과거 익일 배송을 강점으로 내세우던 국내 모 유통업체가 급부상하자, 후발주자로 모 스타트업 유통업체가 새벽배송 서비스를 개시하면서 기업별 고객 니즈 충족을 위한 배송 서비스의 차별화가 주요 생존전략으로 대두된 바 있다.

특히 맞벌이 가정의 증가, 혼밥을 즐기는 1인 가구의 증가, 스마트폰을 이용한 온라인 쇼핑 시스템의 발전 등이 더해지며 소비자들이 원하는 배송 서비스 차별화는 유통업체들에게 도전이 되고 있다. 일례로 우리나라 새벽배송 서비스 시장 규모는 2015년 100억원 수준이었으나, 2018년에는 4,000억 원 수준으로 약 40배 이상 성장하였으며, 향후 이와 같은 급격한 증가세는 한동안 지속될 것으로 예상된다.

---

(2) O2O(Online to Offline) 모델

O2O는 'Online to Offline'의 약자로서 오프라인 매장에서 판매되는 상품과 서비스를 온라인상의 소비자와 연결하여 구매를 유도하는 방식으로서 ICT(Information & Communications Technology) 및 NFC(Near Field Communication)[14]의 발달을 기반으로 성장하였다.

과거의 전자상거래 모델은 컴퓨터를 이용하여 인터넷에 접속하여 주문을 하는 형태의 B2C, B2B, C2C 등이 대다수였으나, 최근에는 휴대용 이동통신 기기의 보급으로 언제 어디서나 인터넷 접속이 용이해졌고, 이로 인해 자연스럽게 컴퓨터를 이용하는 전자상거래 형태에서 휴대용 이동통신 기기를 통한 전자상거래방식으로 변화한 것이다.

다수의 해외 선행연구에서는 O2O 서비스에 대해 '온라인에서 제품이나 서비스를 구매한 후 실시간으로 오프라인 매장을 통해 제품 및 서비스를 제공받는 형태'로 정의하고 있다. O2O 서비스는 오프라인 매장에서의 구매와 온라인 공간에서의 소비자 구매 경험을 통합한 형태이며, 유통의 관점에서도 O2O는 온라인 및 오프라인 채널간 경쟁이 아닌 통합이며, 이를 통해 전에 없던 새로운 가치를 생성하는 것임을 알 수 있다.

우리나라 관련 업계에서 정의하는 O2O 서비스는 'ICT 융합기술을 이용하여 온라인 및 오프라인을 상호 연결하는 서비스'로 지칭되며, 초기 발전단계에서는 단순히 제품을 중개하는 서비스로 시작하였으나, 현재는 고부가가치 서비스로 진화하고 있는 것으로 조사되었다. 물론 연구의 주제와 대상에 따라 다소간의 차이는 있으나 일반적으로 대부분의 관련 기관에서는 이와 유사한 의미로 정의 내리고 있다.

다시 말해 고객을 온라인상의 판매 서비스를 통해 오프라인 매장에서의 소비 채널로 유도한다거나, 이와는 반대로 오프라인 매장 제공 서비스에서 온라인에서 소비할 수 있는 서비스 채널로 소비자의 구매를 유도하는 형태이다. 이처럼 다양한 형태로 제품 및 서비스를 제공하는 기업과 다수의 소상공인 기업들의 O2O 서비스 활용은 향후 소비자 구매 방식의 효율성과 유연성, 그리고 편리함을 가져다줄 패러다임의 전환이라 할 수 있다.

최근까지 대다수의 기업들은 오프라인과 온라인의 영역을 상호 구분하여 영

---

14) 13.56MHz의 대역을 보유하며, 접촉 및 근접 혹은 비접촉을 포함한 매우 가까운 거리에서의 무선 통신을 할 수 있는 기술임

업과 마케팅을 수행해 왔으나, 4차 산업 혁명 시대가 도래한 현재에는 스마트폰 등 휴대용 통신기기의 활성화로 인해 사회연결망 서비스(Social Network Service)를 기반으로 한 접근성과 이동성이 용이한 다양한 채널들이 존재하고 있으며, 센서 기반의 무선통신기술인 비콘(beacon)[15] 등과 같은 첨단기술이 지속적으로 등장하면서 오프라인과 온라인 영역의 경계가 무너지는 새로운 환경에 직면하고 있다. 이처럼 O2O 서비스는 오늘날 가장 발전 가능성이 높은 비즈니스 모델로서 오프라인 매장을 보유한 소상공인들의 공격적인 진출이 증가할 것으로 보이며, 향후 약 300조 원 규모의 거대 시장으로 확대될 것으로 전망되고 있다.

O2O 서비스 비즈니스를 가장 잘 활용하고 있는 대표적인 기업은 아마존(Amazon)이다. 아마존은 바코드 인식이 가능한 스마트 디바이스를 활용하여 구매 및 결제를 신속하고 효율적으로 처리할 수 있는 자체 서비스를 제공하고 있다. 또한 최근 로컬 서비스(local service) 중 하나로 식당 음식 배달 서비스를 본격적으로 시작하였고, 향후에는 자동차 수리와 관련된 O2O 서비스도 신규 제공할 계획이라 밝혔다.

이 밖에도 중국의 알리바바(Alibaba)는 최근 식당, 공연 등의 각종 예약에서 한 단계 더 나아가 의료서비스 등과 같은 온라인·오프라인 서비스를 통합한 형태의 O2O 서비스 플랫폼을 구축하여 중국 내 O2O 서비스 시장을 선점하고 있다. 국내에서는 다음카카오(주)가 대표적인데, 카카오택시, 카카오대리, 카카오드라이브 등의 플랫폼을 카카오페이 등의 결제 서비스와 연계하는 비즈니스를 제공하고 있으며, SK플래닛의 경우 '시럽(Syrup)' 서비스를 'SPC', 'OK캐쉬백', '대한항공' 등과 유기적으로 연계하는 형태로 O2O 비즈니스를 전면 확장하고 있다.

이러한 O2O를 산업 전반의 관점에서 넓게 바라보게 될 경우 오프라인에서 온라인 또는 온라인에서 오프라인으로 연결하는 총체적인 서비스 산업이라 정의 내릴 수 있는데, 통계청의 조사에 따르면 2017년 말 기준 국내 모바일 쇼핑의 총 거래액이 약 52조 7천억 원에 달하고 있다. O2O 시장의 향방이 결정되는 모바일 쇼핑 거래액이 이처럼 급증하게 된 것은 결제의 편의성, 모바일 통신 기기 이용의 확대 등이 주요 이유라 볼 수 있는데, 이는 비콘, NFC, 빅데이터(Big

---

15) 블루투스 4.0 기반의 프로토콜(protocol)을 사용하는 무선통신장치로써 주변의 기기들에게 특정 신호를 전달하는 장치임. 유사한 장치인 기존의 NFC는 약 10cm 이내에서만 작동하는 반면 비콘은 최대 100m까지의 통신도 가능하다는 장점이 있음. 페이팔(Paypal)사는 비콘을 활용한 무선 결제시스템을 도입하였으며, 애플(Apple)사도 iOS7 운영체계부터 iBeacon을 탑재함

data) 분석 등과 같은 IT 핵심기술에 기반하고 있기 때문이다.

이와 같은 이유로 O2O 서비스는 최근 스타트업, 중소기업, 소상공인들의 신규 비즈니스 모델로 주목 받고 있다. 하지만 대부분의 중소기업 및 스타트업들이 제공하는 O2O 서비스는 기업 간 거래가 아닌 주로 일상적인 서비스 영역과 관련된 비즈니스 모델이 주를 이루고 있으며, 이 같은 모델들은 현재 포화상태로 소액의 중개 수수료 이상의 큰 수익을 창출할 수 없다는 한계가 존재한다.

국내 O2O 서비스가 직면한 한계의 극복을 위해서는 향후 정보제공형 서비스나 법률, 의학 등과 같은 전문 서비스 영역 등의 신규 비즈니스 모델기획 등이 요구되며, 이는 종국적으로 중소기업이나 스타트업 기업들이 표방해야 할 O2O 서비스 비즈니스 모델이 되어야 할 것이다.

(3) 옴니채널(Omni-Channel) 서비스

옴니채널이란 '모든 것, 모든 방식'을 의미하는 '옴니(Omni)'에 유통경로를 의미하는 '채널(Channel)'이 합쳐져 생긴 신조어로, 코로나19 사태 이후 언택트(Untact) 문화가 확산하며 자주 등장하고 있는 용어이다. 다시 말해 옴니채널은 어떠한 형태의 플랫폼이나 디바이스와 관계없이 언제나 일관된 소비자 브랜드 구매 경험을 창출하는 형태의 유통방식을 뜻한다. 옴니채널은 모바일, 인터넷, 유통매장 등과 같은 온라인·오프라인 매장을 상호 유기적으로 결합시켜 소비자가 시간과 장소에 구애받지 않고 언제나 쇼핑할 수 있도록 하는 쇼핑 서비스를 의미한다.

소비자는 옴니채널 플랫폼을 바탕으로 온라인, 오프라인, 모바일 등 다양한 채널을 통해 상품과 서비스를 검색하고 최종적으로 구매할 수 있는 서비스를 제공 받는다. 이는 오늘날 존재하는 다양한 형태의 유통채널의 특성들을 결합하여 마치 고객이 매장을 실제 이용하는 것처럼 느끼게 할 수 있는 플랫폼(platform) 환경을 말한다.

최근 기업은 옴니채널 서비스를 웹·모바일·매장·소셜 미디어 등 다수의 유통·판매 채널을 통합하는 방식으로 제공하여 고객경험(Customer Experience)[16]을 최대화하기 위해 노력하고 있다. 채널별로 수집된 고객의 구매 관련 빅데이터 정보를 수집·관리·통합하여 향후 고객의 구매 패턴을 예측함으로써 잠재

---

16) 마케팅에서부터 영업 및 고객 서비스에 이르는 구매의 모든 과정에서 기업이 고객과 소통을 통해 얻게 되는 주요 정보로서 기업이 제공하는 가치를 경쟁사와 차별화하기 위해 활용함

고객들을 위한 최상의 서비스 제공 기반을 구축하는 것이다.

과거 2010년 스마트폰의 보급이 급증한 이후 기존의 웹 기반뿐 아니라 모바일 기반의 쇼핑 환경이 신규 판매 채널로 구축됨에 따라 각 채널들을 유기적으로 연계시키는 옴니채널 서비스가 대두되었다. 현재까지 대다수의 기업들은 각 채널들이 상호 치열하게 경쟁하는 전통적인 판매방식인 멀티채널이 아닌 각 채널들이 가진 단점을 보완하고 장점을 취합하여 극대화하는 형태의 옴니채널 서비스 제공을 확대하고 있다.

[무역현장]

글로벌 최고 SCM 기업, "시스코시스템즈"

가트너가 최근 발표한 '2022 공급망 상위 25개 기업' 자료에 따르면 시스코시스템즈는 3년 연속 최우수 기업에 선정됐다. 이 순위 단골손님이던 삼성전자는 순위권 밖으로 밀려났다. 이에 따라 올해 한국기업은 순위표에서 찾을 수 없다. 시스코시스템즈는 대내외적으로 변화하는 환경에 다양한 방식으로 적응하는 데 지속적으로 초점을 맞추고 있다. 클라우드 사용을 적극적으로 확대해 나가고 있으며 공급망 운영 모델도 이에 맞춰 움직이고 있다.

2위는 에너지관리 및 자동화 전문업체인 슈나이더일렉트릭이 차지했다. 지난해 4위에서 2계단 상승했다. 최근 이 회사가 추진 중인 '스트라이브(2021-2023)' 프로그램은 오는 2025년까지 70개의 탄소제로 공장과 유통 센터 보유를 목표로 하고 있다. 또한 그 밖의 제조 및 창고 시설 전반에 대한 효율성 개선 작업을 추진 중이다.

5위는 펩시코다. 지난해 7위에서 2계단 상승했다. 이 회사는 도어투도어를 기반으로 생산성 향상을 위해 지속적인 혁신을 주도하고 있다. 지난 2020년 운영을 시작한 마이크로 주문처리 센터를 통해 전자상거래 영역을 적극적으로 확대하고 있다. 이 회사는 스마트라벨, 디지털워터마킹 및 스마트 패키징을 통한 투명성 개선에 집중하고 있다. 이를 위해 이 회사는 포장 부문 회사를 인수하는 등 투자를 지속하고 있다. 이러한 적극적인 M&A를 통해 재활용 인프라를 개선해 포장재 회수 및 재활용 효율성 최적화에 나서고 있다.

6위는 화이자다. 이 회사는 전년대비 무려 15계단이나 뛰어올랐다. 코로나19와 함께 이 회사는 글로벌 공급망을 비용 우선에서 경쟁력 우선으로 적극적으로 전환에 나섰다. 최근 코로나19 백신을 전세계에 성공적으로 확산한 공로를 인정받아 '올해의 공급망 혁신상(Supply Chain Breakthrough of the Year)'을 수상하기도 했다.

7위는 인텔이다. 이 회사는 매우 다양하고 복잡한 공급망을 성공적으로 관리해 왔으며 자재 구매 효율성 향상을 위해 공급망 최 하단부에 해당하는 광산까지 직접 가시성을 확보하기도 했다. 이러한 고도의 파트너십은 제한된 환경 관리에 중요하다고 회사 관계자는 설명했다.

8위는 네슬레다. 이 회사는 가트너의 평가에 기업의 사회적 책임과 관련한 평가항목 신설 이후 매년 ESG평가에서 10점 만점에 10점을 받은 5개 회사 중 하나다. 이와 관련해 네슬레는 원료를 공급하는 농부들의 소득 극대화를 위해 필요한 곳에 황폐한 농지를 개간해 활용할 수 있도록 복원사업을 지원하고 있다. 이 회사는 이 농지 복원사업 프로젝트를 통해 오는 2025년까지 핵심 성분의 20%, 2030년 50%를 해당 농지에서 생산된 자재로 제품을 완성하는 것을 목표로 하고 있다.

9위는 레노버가 차지했다. 전년대비 7계단 상승했다. 이 회사는 운영 우수성과 상업적 혁신으로 혁신적인 고객 경험을 지속적으로 제공하고 있다는 평가를 받았다. 또한 공급망 파트너들간에 더 높은 수준의 협업과 더 나은 의사 결정을 위한 데이터 활용 등에 집중하고 있다.

(카고뉴스, 2022.11.13.)

[무역현장]

대형마트 규제 완화되면, 물류업계도 '반사이익'

대형마트 규제 완화에 대한 가능성이 열리면서 물류업계에도 기대감이 감돌고 있다. 대형마트 업체들이 오프라인 점포·식품 경쟁력을 앞세워 새벽배송 진출에 나설 경우 배송 역량을 갖추기 위해 물류 사업자들과의 전략적 협력에 나설 가능성이 높아서다. 시장에서는 대형마트 규제 완화가 현실화 될 경우 CJ대한통운, 롯데글로벌로지스 등의 물류 사업자들이 수혜를 볼 것으로 점치고 있다. 할인점 사업자들이 영업시간 규제만 풀리면 새벽배송 사업에 본격 진출할 것으로 내다봐서다.

실제 대형마트 3사(이마트, 롯데마트, 홈플러스)는 새벽배송 사업에 있어 필수 요소로 꼽히는 물류 거점과 식품 경쟁력을 갖추고 있다. 이들이 전국에 보유 중인 오프라인 점포만 해도 390여개(이마트·홈플러스 140여개, 롯데마트 110여개)에 달하는 데다 3사 모두 신선식품 매출 비중이 70%가 넘는다. 문제는 이들이 새벽배송을 영위하기 위한 자체 운송 인프라는 갖추고 있지 않단 점이다. 우선 배송에 필요한 차량부터 없다. 운수사업법에 따르면 유상으로 화물을 운송할 시에는 영업용으로 미리 신고된 노란 번호판을 사용해야 하는 데다 식품 신선도 유지를 위한 콜드체인 시스템도 갖춰야 한다. 또한 운송 관련 업무 만을 담당하는 전문 인력과 전국에 구축된 차량 거점도 필요하다.

상황이 이렇다 보니 시장 일각에서는 대형마트의 이 같은 인프라 부족 문제를 물류 사업자들이 해결해 줄 것으로 보고 있다. 나아가 대형마트가 새벽배송 사업에 본격적으로 돌입할 경우 시장 규모가 단숨에 60~70%가량 커질 것으로 점치고 있다. 지난해 기준 4조원 규모였던 새벽배송 시장이 최대 7조원 수준으로 불어나는 셈이다.

박종렬 흥국증권 연구원은 "대형마트 영업시간 규제가 폐지된다면 할인점 사업자들이 오프라인 점포를 활용해 새벽배송 시장에 진출할 것"이라며 "이들이 단기간에 새벽배송을 위한 운송 인프라를 갖추기는 쉽지 않은 만큼 당분간은 물류 사업자들과의 전략적 제휴를 통해 사업 확장에 나설 것으로 예상한다"고 말했다. 이어 "물류업체들이 이 같은 협력으로 얻는 수혜도 적잖을 것"이라고 덧붙였다.

유통업계 한 관계자도 "그간 새벽배송 업체들이 배송 권역을 전국으로 확장하지 못했던 만큼 대형마트 사업자들이 지방 수요를 사실상 대부분 차지할 수 있다"며 "물류 사업자들의 경우에는 단숨에 불어나는 배송 수요에 대한 수혜를 톡톡히 누리지 않겠나"라고 말했다. 이에 대해 물류업계 한 관계자는 "새벽배송의 경우 물류 역량 및 인프라가 갖춰져야 원활히 사업 확장에 나설 수 있다"며 "최근 들어 이 같은 배송을 전문적으로 담당하는 업체들도 많이 생긴 만큼 대형마트가 이들과의 사업 협력에 나선다면 물류 업계 역시 규제 완화에 따른 수혜 업종 중 하나가 될 수 있을 것"이라고 설명했다.

(팍스넷뉴스, 2022.08.02.)

무신사, 日·동남아서 풀필먼트…해외 시장 개척 '승부수'

무신사가 해외시장 공략을 위해 해외 풀필먼트 사업을 본격화한다. 향후 풀필먼트 체계를 완료하면 입점 브랜드의 상품을 직매입한 뒤 입점 브랜드의 해외진출을 지원한다는 계획이다. 이를 통해 올해를 'K패션 세계화'의 원년으로 삼겠다는 목표다. 19일 업계에 따르면 무신사의 물류 자회사 무신사로지스틱스는 최근 경기도 여주시청에 국제물류주선업 인허가를 요청했다. 국제물류주선업은 수출입 사업자와 계약을 맺고 화물집하와 입고, 선적, 보관 등을 대행하는 사업으로 국내 의류 브랜드 상품의 해외 수출 등을 대행할 예정이다.

국제물류주선업 신청을 한 큰 이유는 무신사가 최근 오픈한 '글로벌 스토어' 입점 브랜드의 풀필먼트 지원을 위해서다. 글로벌 스토어는 일본·동남아 진출을 위해 무신사가 신규로 시작한 서비스로 디스이즈네버댓, 마르디 메크르디 등 K-패션 브랜드 200~300개가 입점해있다. 무신사로지스틱스는 3분기까지 인천에 해외 물류를 위한 인프라 구축을 마무리한다는 계획이다. 이후 무신사가 각 패션 브랜드 상품을 직매입해 해외에 판매하는 시스템으로 운영한다는 계획이다.

무신사 글로벌은 현재 일본을 비롯해 대만, 베트남, 싱가포르 등 9개 국가에 판매 중이다. 앞으로 미국, 캐나다 등 시장에서도 구매를 할 수 있도록 서비스를 준비 중이다. 무신사 글로벌에 입점한 한 브랜드 관계자는 "무신사의 요청에 해외시장 반응을 보기 위해 입점했다"며 "무신사가 직매입부터 최종 배송까지 담당키로 해 신사업 차원에서 준비했다"고 말했다. 무신사는 국내 패션시장에서 50% 이상 점유율을 확보한 압도적 1위 업체다. 작년 거래액은 2조 3000억원으로 올해는 3조원을 무난하게 돌파할 전망이다. 특히 빠른 성장을 위해 올해를 해외진출 원년으로 삼고 관련 투자를 늘리고 있다.

올해 초 해외사업본부를 신설하면서 해외사업 진출을 위한 준비를 본격화했다. 해외사업 총괄본부장으로 허철 맥킨지 한국사무소 부파트너를 영입했다. 무신사가 해외시장 중 가장 눈독을 들이는 곳은 일본이다. 일본 패션시장은 2020년 기준 100조원을 돌파한 국내의 2배 규모다. 규모는 크지만 이커머스 활용률은 10%대로 국내(33%)의 3분의 1 수준이다. 여기에 일본의 1020세대가 K패션에 대해 큰 관심을 보이고 있어 성장 가능성이 크다.

무신사는 일본시장에서 K팝, K드라마 등 한국 문화에 관한 호감이 큰 만큼 온라인 패션 시장 진출이 승산이 있다는 판단을 하고 있다. 무신사 관계자는 "한국에서 가장 관심이 높고 인기 있는 제품을 해외에 선보이기 위해 글로벌 스토어를 오픈했다"며 "일본과 동남아시아를 타깃으로 서비스를 운영할 예정이며 향후 진출 시장을 확대할 것"이라고 말했다.

(이데일리, 2022.07.19.)

4

무역실무론

9

무역거래와 무역관리제도

제9장의 주요 내용

제9장에서는 무역거래 과정의 전반적인 흐름을 살펴보고 대외무역법 등에 의한 무역관리 내용에 대해 살펴본다. 이 장에서 학습할 주요 내용은 다음과 같다.

1. 무역거래의 과정
2. 무역거래 형태
3. 대외무역법에 의한 무역관리 방법

제9장 학습 키 워드(key word)

무역업, 수출승인(E/L), 수입승인(I/L), 요건확인, 화물인도지시(D/O), 내국신용장, 구매확인서, 운송계약, 보험계약, 민간무역, 공무역, 자유무역, 보호무역, 관리무역, 협정무역, 남북무역, 동서무역, 수평무역, 수직무역, 유형무역, 무형무역, 수출, 수입, 직접무역, 간접무역, 중계무역, 통과무역, 중개무역, 스위치무역, 우회무역, 원산지세탁, BWT, CTS, B2B, B2C, C2C, 가공무역, OEM, ODM, 위탁가공무역, 수탁가공무역, KD방식무역, 연계무역, 제품환매무역, 상계무역, 외국인도수출, 외국인수수입, 전문무역상사제도, 수출입공고, 통합공고

제9장 무역거래와 무역관리제도

제1절 무역거래의 과정

    무역은 여러 요인에 의해 매우 다양한 과정을 거치게 되지만 상품의 이동방향을 기준으로 보면 수출과 수입으로 나누어진다. [그림 9-1]을 통해 수출의 경우 무역과정을 단계적으로 간략하게 살펴보기로 한다.

[그림 9-1] **무역거래의 과정(수출의 경우)**

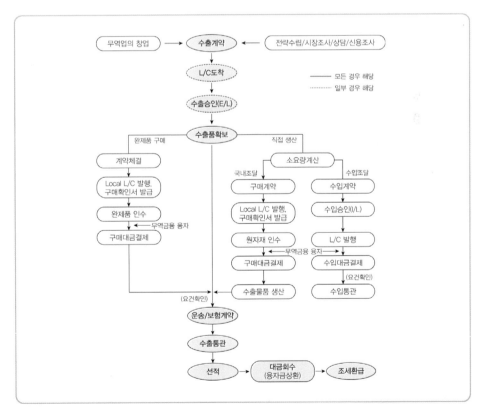

1 무역업의 창업

무역업을 포함하여 어떤 사업을 처음으로 시작할 때는 사업개시일부터 20일 이내에 사업장을 관할하는 세무서장에게 사업자 등록을 해야 한다(부가가치세법 제5조). 사업자로 등록하면 세무서장은 사업자등록증을 발급한다. 법률적인 사업 시작은 여기에서부터다. 사업자 등록에 따라 당해 사업장에서 이루어지는 모든 거래, 소득 등과 관련하여 세법이 규정한 바에 따라 부가가치세, 법인세, 소득세 등의 납세의무가 발생한다. 이러한 사업자등록과는 별개로 대외무역법에는 무역업을 영위하려는 경우 한국무역협회에 신청하여 무역업고유번호를 부여받도록 하였다(대외무역관리규정 제24조). 이와 같이 부여받은 무역업고유번호는 통관 단계에서 수출입신고를 할 때 세관장에게 신고하게 된다. 무역업을 하고자 할 때 그 외의 어떤 허가나 신고 등은 필요하지 않다.

2 무역계약의 체결

기업이 처음 수출하게 되는 동기는 다양하나 내수(內需)기업이 수출에 관심을 가지고 수출계약까지 가는 과정을 보면 다음과 같다.

먼저 기업은 자기회사 상품의 특징이나 향후 판매전략을 고려하여 판매 가능한 시장을 물색하는 해외시장 조사를 한다. 해외시장조사는 거래에 영향을 미칠 수 있는 모든 요인이 조사의 대상이 된다. 대상 시장이 선정되면 운임 등을 고려하여 수출이 가능한 가격과 거래에서 적용할 바람직한 거래조건이 무엇인지를 결정하고, 수출할 물품의 제품을 국내에 생산된 그대로 수출할지, 아니면 현지에 맞게 변형시켜 수출할지 등에 대해 결정하는 것이 필요하다.

다음으로 무역 유관기관(무역협회, 상공회의소, 대한무역진흥공사 등)의 자료나 인터넷을 이용하여 거래상대 후보를 물색한 다음 상대에게 자신의 상품을 소개한다. 상품의 소개는 전자메일을 보내거나, 인쇄된 편지를 송부하거나, 제3자를 통하여 소개를 하거나, 직접 견본을 가지고 출장하여 면담할 수 있다. 오늘날에는 대개 e-mail이나 fax를 보내는 방법이 활용된다. 적정하다고 판단되면 박람회나 전시회 등에 참여하여 마케팅활동을 전개할 수도 있다. 구매후보자로부터 관심이 나타나면 상품에 대한 보다 자세한 정보를 제공하면서 상담을 진행하며, 계약으로 연결될 가능성이 있는 상대에 대하여는 은행이나 동업자, 신용조사전문기관 등을 이용하여 신용조사를 한다. 신용조사 결과 신뢰할만하고, 거래조건에 서로 합의하게 되면 무역계약을 체결하게 된다.

■3 신용장의 내도(來到)

이 단계는 신용장에 의한 수출의 경우에만 해당한다. 따라서 D/P(Document against Payment)나 D/A(Document against Acceptance)와 같은 무신용장 추심결제방식이나 COD(Cash on Delivery) 또는 CAD(Cash against Document)와 같은 현금결제방식, 송금방식에 의한 수출 등에는 해당되지 아니한다.[1] 신용장거래에서 계약이 체결되면 매수인은 자신의 거래은행을 통하여 매도인에게 신용장을 발행한다. 신용장을 수령한 매도인은 ① 무역계약의 내용과 신용장 기재내용의 일치여부, ② 신용장 발행은행의 신용상태, ③ 신용장의 진위(眞僞)여부, ④ 지급확약의 문언 및 신용장통일규칙 준수문언의 존재유무, ⑤ 기타 이행이 곤란하거나 불가능한 문언의 존재 유무를 검토하여 이상여부를 확인한다.

■4 수출승인

대외무역은 물품의 수출입이 자유롭게 이루어지는 것을 원칙으로 규정하고 있다. 그러나 산업통상자원부장관이 수출입공고로 따로 정하여 고시한 품목의 경우에는 수출승인(E/L : Export License)을 받아야 한다. 그러나 수출입공고에는 이에 해당하는 품목이 극히 예외적인 일부 품목만 규정되어 있을 뿐이므로 수출승인을 받는 경우는 드물다.

■5 수출물품의 확보

계약된 수출물품을 확보하는 방법은 크게 두 가지이다. 하나는 다른 업체가 이미 생산한 완제품을 구매하는 방법이고, 다른 하나는 자신이 직접 생산하는 방법이다. 이를 단계별로 보기로 한다.

먼저 완제품을 구매하는 경우다. 계약된 수출물품을 국내 생산업체로부터 구매하기 위해서는 먼저 구매계약을 체결하고 계약에 따라 완제품 내국신용장이나 구매확인서를 판매자가 구매자에게 제공하여야 한다. 내국신용장과 구매확인

---

1) 대금결제방식에 대한 자세한 내용은 제12장을 참조.

서의 가장 큰 차이점은 내국신용장은 무역금융을 이용할 수 있으나, 구매확인서는 원칙적으로 무역금융이 불가능하다는데 있다. 내국신용장과 구매확인서는 물품의 공급업체가 물품을 내수용이 아닌 수출용으로 공급하였다는 사실을 입증하는 서류로서 수출실적의 인정, 관세환급과 부가가치세 영세율 적용에 필요하다.

수출품을 매도인이 직접 생산하는 경우 생산에 투입되는 원자재를 조달하는 방법은 국내에서 구매하는 경우와 해외에서 수입하는 경우의 두 가지다. 이 두 가지는 절차에 큰 차이가 있다. 그러나 어느 경우에도 필요한 원자재의 양을 파악하기 위하여 소요량의 계산이 필요하다.

소요량이란 수출물품 생산에 소요될 원자재의 실량(實量)과 손모량(損耗量)을 합한 수량을 말한다. 원자재를 국내에서 조달하는 과정은 완제품 구매와 차이가 없다. 조달된 원재료로 수출물품을 생산함에 있어 필요한 자금도 무역금융의 생산자금을 융자받아 사용할 수 있다. 융자된 무역금융액은 수출이행 후 회수하게 되는 수출대금에서 자동으로 상환된다.

원자재의 수입과정은 수출과는 반대 방향에서 다음과 같이 진행된다. 먼저 가장 적합한 원자재의 공급대상자를 물색한 다음 상담과정을 거쳐 수입계약을 체결한다. 계약이 체결되면 수출입공고에서 수입승인대상인지 여부를 확인하여 승인대상일 경우 산업통상자원부장관이 지정·고시한 승인기관에서 수입승인(I/L : Import License)을 받아야 한다. 그러나 수출의 경우와 마찬가지로 수출입공고상 수입승인 대상품목은 극히 예외적인 일부품목밖에 없으므로 수입승인을 받아야 하는 경우는 드물다.

수입승인 절차가 종료되면 수입되는 원자재를 신용장에 의해 거래하기로 한 때에는 거래은행에 신용장발행을 의뢰한다. 신용장을 발행하고 일정기간이 지나 원자재 매도인으로부터 거래은행에 선적서류가 도착하면 일람불(at sight) 조건일 경우는 수입대금을 결제하고, 기한부(usance) 조건일 경우 인수절차로서 선적서류를 인수받을 수 있다. 수입대금은 무역금융 융자로 결제할 수도 있다.

대금의 결제가 완료되면 거래은행에서 입수한 선하증권을 운송회사에 제출하고 화물인도지시서(D/O : Delivery Order)를 받아 화물을 인수한다. 화물이 인수되면 만일 통합공고에 요건확인 대상품목으로 지정되어 있는 품목일 경우에는 수출입승인과는 별도로 '요건확인'을 받은 다음 수입통관을 한다. 통관은 화물이 도착하는 공항 또는 항만의 보세구역에서 할 수도 있으나, 생산공장이 있는 내륙의 보세구역으로 화물을 이송하여 할 수도 있다. 이때는 보세운송절차를 거쳐야 한다.

수출용원재료나 수출물품을 국내에서 구매하는 방법은 내국신용장에 의하는 경우와 구매확인서에 의하는 두 가지가 있다.

내국신용장(Local L/C)은 원자재 또는 완제품의 구매계약을 체결한 매수인이 수출신용장, 수출계약서 또는 과거 수출실적을 근거로 자신의 거래은행에 발행을 의뢰함으로써 물품의 공급자를 수익자로 발행된다. 내국신용장을 받은 자는 구매자에게 물품을 공급하고 물품수령증을 교부받아 내국신용장과 물품수령증을 근거로 환어음을 발행하여 자신의 거래은행에 매입을 의뢰한다. 거래은행은 환어음을 매입하면서 거래대금을 지급한 다음 내국신용장 발행은행에 추심을 의뢰한다. 추심의뢰를 받은 발행은행은 결제를 하는데 이때의 결제자금은 무역금융으로 융자된다. 융자된 무역금융액은 내국신용장 개설을 의뢰한 매수인의 수출이 이행된 다음 회수되는 수출대금에서 상환 처리된다.

구매확인서는 무역금융의 융자한도가 부족하거나 단순송금방식 수출 등 내국신용장을 발행할 수 없는 경우에 이용된다. 내국신용장에 의하건 구매확인서에 의하건 수출용원재료의 국내공급에는 공급하는 원재료의 가격에 포함되어 있는 부가가치세와 관세 등의 조세환급과 관련한 후속조치가 필요하다.

먼저 부가가치세법상 수출에는 영세율이 적용되고 수출용원재료의 공급도 수출로 간주하기 때문에 원재료의 공급자는 물품을 공급한 다음달(또는 매 2월 단위)에 관할 세무서에서 환급을 받을 수 있다. 그러나 관세의 경우는 수출용원재료의 국내공급을 수출로 인정하여 환급을 하지 아니하고, 최종적으로 수출한 때에 환급받을 수 있도록 세관에서 기납증('기초원재료납세증명서'의 약칭이다) 또는 분증('분할증명서'의 약칭이다)을 발급하므로, 수출용원재료의 공급자는 이 증명서를 발급받아 매도인에게 인도하고 해당 환급대상금액을 매도인으로부터 지급받아야 한다.

■6 수출통관

수출물품의 생산이 완료되면 상품을 외국으로 반출하기에 앞서 산업통상자원부장관의 통합공고에 따라 확인·추천·허가 등의 요건확인 절차를 이행하여야 한다. 요건확인이 끝나면 마지막 단계로 수출통관을 한다. 수출통관이란 수출신고를 받은 세관장이 수출신고된 사항을 확인하여 그 내용이 적법하고 정당하다고 인정되는 경우 수출신고인에게 수출신고필증을 교부하는 일련의 과정을 말한다. 수출신고는 전자자료교환(EDI : Electronic Data Interchange) 방식이나 인터넷 방식에 의하여 수출물품이 소재하는 구역을 관할하는 세관장에게 하여야 한다. 수출통관 과정에서 세관장은 관세법, 대외무역법 등 각종 법령상 수출요건의 이행 여부를 서면 또는 현품확인을 통하여 최종적으로 확인한다. 수출신고를 위하여 물품을 보세구역에 반입할 필요는 없으나 수출신고가 수리된 물품은 수출신고일로부터 30일 이내에 선(기)적하여야 한다.

7 무역상품의 운송계약과 보험계약

수출통관과는 별개의 절차로서 수출물품의 운송을 위한 운송계약과 보험계약이 체결되어야 한다. 주 운송구간(선적항 → 목적항)에 대한 운송계약의 체결은 무역거래조건이 FOB, FAS, FCA, EXW의 경우에는 매수인이 하여야 한다. 그러나 CIF, CFR, CPT, CIP, DAP, DPU, DDP 등의 조건에서는 매도인이 하게 된다. 나머지 구간에 대해서는 물품이 인도되기 이전 단계는 매도인이, 인도 이후 단계는 매수인이 하여야 한다.[2]

보험계약은 전화 또는 구두로도 할 수 있다. 실무적으로는 보험회사의 적화보험청약서에 필요사항을 기재하여 보험료와 함께 보험사에 제출한다. 보험사는 계약이 성립한 증거로 보험증권 또는 이에 대신하는 계약인수증을 발행한다. 한편, 화물의 운송과 관련한 위험 외에 매수인의 신용에 위험성이 높다고 판단되거나 수입국 정부의 대금지불 중단조치와 같은 비상위험의 우려가 있다고 판단될 때 매도인은 별도로 수출보험에도 가입할 필요가 있다.

8 선 적

선적(船積)이란 본래 송하인(매도인)이 수출화물을 본선 선측에서 인도하는 것을 의미한다. 그러나 거래조건에 따라 화물의 인도시기와 장소는 달라진다. CIF나 FOB 조건일지라도 수출화물은 대개 선박회사의 지정선적업자가 정한 집하장소에서 인도된다. 그러나 특수화물 또는 대량화물은 경우에 따라 송하인이 직접 본선에 인도하기도 한다.

선박회사는 대개 화물의 수량 또는 중량, 손상유무 등을 점검하는 검수(檢數)를 한 다음 화주로부터 화물을 인수하고 화물수취증을 발급한다. 화물수취증은

---

2) 무역거래조건에 대한 자세한 내용은 제10장을 참조.

컨테이너 화물일 경우에는 D/R(Dock Receipt), 재래선 화물일 경우에는 M/R (Mate's Receipt)이 된다. 원칙적으로는 이러한 D/R 또는 M/R과 상환하여 선하증권(B/L)이 발행되어야 하지만, 대개는 D/R과 M/R은 선박회사 내부에서만 왕래되고 송하인에게는 화물을 인수한 즉시 선하증권이 발급된다.

9 수출대금의 회수

수출대금은 회수시기에 따라 CWO(Cash with Order) 또는 선대(先貸)신용장(red clause L/C)과 같이 대금을 미리 받는 경우, 현금결제와 같이 상품인도와 동시에 받는 경우, 일람출급(at sight) 신용장과 같이 선적과 거의 동시에 대금을 받는 경우, 연지급(延拂)이나 무신용장 추심결제방식(D/A) 또는 Usance 신용장과 같이 화물선적 후 일정 기간이 경과한 뒤에 대금을 받는 경우, 송금방식(M/T나 T/T)과 같이 필요에 따라 대금지급, 시기를 조정하는 경우 등 다양하다.

10 조세의 환급

물품의 수출이 종료되면 수출대금의 회수와는 별개 절차로 물품의 수출자가 수출물품 생산에 사용, 소비된 원재료에 대하여 납부한 관세 등을 환급받을 수 있다. 현재 조세의 환급은 크게 부가가치세 및 지방소비세와 관세 등으로 이원화되어 있어 서로 다른 절차를 통해 환급받아야 한다. 수출에 따른 부가가치세 및 지방소비세의 환급은 수출용원재료를 국내에서 공급했을 때와 같이 관할세무서장에게 조기환급제도를 적용하여 환급받을 수 있다. 반면 관세 등의 환급은 선적이 완료된 다음 관할세관장으로부터 받을 수 있다. 여기서 관세 등이란 수출물품 생산을 위해 원재료를 수입할 때 납부한 관세·개별소비세·주세·교통에너지환경세·교육세·농어촌특별세를 의미한다.

제2절 무역거래의 형태

무역거래는 거래당사자간 합의에 따라 다양한 형태로 이루어진다. 무역의 당사자나 상품의 이동형태, 대금의 결제형태 등 일정한 기준에 따라 무역거래의 형태를 분류해 보면 다음과 같다.

1 민간무역, 공무역

무역 주체가 누구인가에 따라 무역을 분류하면 민간무역과 공무역으로 구분될 수 있다. 민간무역은 무역거래자가 민간 기업인 경우를 말하고, 공무역은 공공기관3)인 경우를 말한다. 민간무역은 영리추구를 목적으로 하는 반면 공무역은 통상 비영리적 목적으로 거래를 한다. 무역거래의 주체가 국가기관으로 국가의 무역계획과 무역협정에 입각해서 이루어지는 무역을 국영무역(state trade)이라 한다. 국영무역은 특정한 정부기관이 수행하게 되므로 이를 정부무역(government trade)이라 할 수 있다. 한편 정부가 출자한 대행기관을 통해 하는 무역을 정부베이스무역(government basis trade)이라 한다.

2 자유무역, 관리무역, 협정무역

국가가 무역에 대하여 어떠한 관리(통제)를 하느냐에 따라 분류를 하면 자유무역, 보호무역, 관리무역, 협정무역 등으로 분류된다.

자유무역이란 국가가 민간의 수출입 행위에 대하여 일체 간섭하지 않고 자유방임(自由放任)하는 것을 말한다. 그러나 이것은 이론적인 것일 뿐, 현실세계에서 이와 같이 완전한 자유무역을 허용하는 국가는 존재하지 않는다.

---

3) 공공기관이란 개인의 이익이 아니라 공공의 이익을 목적으로 하는 기관을 말한다. 즉, 국가 또는 지방자치단체의 공무를 수행하는 이른바 관공서는 물론 공기업과 준정부기관까지 포함하는 개념이다. 그러나 좁은 의미로서 공공기관이라 하면, 정부의 투자·출자 또는 정부의 재정지원 등으로 설립·운영되는 기관으로서 '공공기관의 운영에 관한 법률'[제4조 1항 각호]의 요건에 해당하여 기획재정부장관이 지정한 기관을 말한다. 공공기관의 운영에 관한 법률(제4조 1항)에 규정된 내용을 보면 ① 다른 법률에 따라 직접 설립되고 정부가 출연한 기관, ② 정부지원액이 총수입액의 2분의 1을 초과하는 기관, ③ 정부가 100분의 50 이상의 지분을 가지고 있거나 100분의 30 이상의 지분을 가지고 임원 임명권한 행사 등을 통하여 당해 기관의 정책결정에 사실상 지배력을 확보하고 있는 기관 등이 공공기관이다.

보호무역은 산업의 보호, 국제수지 균형, 군사·외교상의 이유 등으로 국가가 관세 또는 비관세 수단을 동원하여 보호적인 무역정책을 행하는 경우를 말한다. 일반적으로는 산업보호를 위한 무역정책을 뜻한다.

관리무역이란 국가가 무역의 일부 또는 전부에 대해 그 금액, 품목, 거래대상, 결제 시기나 방법 등에 일정한 규제를 가하는 경우를 말한다. 오늘날 무역은 국가안보와 사회의 안녕질서 유지, 국민의 생명과 건강, 환경보호 등을 이유로 어느 나라에서나 일정한 규제를 가하기 때문에, 관리무역이 일반화 되어 있다.

협정무역이란 무역증진이나 무역의 균형을 위하여 일정국간 협정을 체결하고 그 범위 내에서 무역을 행하는 것을 말한다. 무역을 위한 국제협정에는 ① 수출입물품의 수량이나 종류를 약정하는 무역협정, ② 무역결제 방식을 약정하는 지급협정, ③ 상호 관세상의 혜택부여를 목적으로 하는 호혜통상협정, ④ 주요 상품의 수요와 공급관계를 안정시키기 위한 국제상품협정 등이 있다. 오늘날 증가하고 있는 자유무역협정(FTA)에 의한 무역도 협정무역에 해당한다.

3 남북무역, 수평무역, 수직무역

무역의 거래상대가 누구인가에 따라 남북무역, 동서무역, 수평무역, 수직무역 등으로 분류될 수 있다.

남북무역은 개발도상국과 선진국과의 무역을 지칭하는 것이다. 지구의 북반구에서 개발도상국이 지리적으로 보아 주로 적도(赤道) 부근인 남쪽에 위치하고 선진국은 그 북쪽에 위치하고 있음에서 유래한 것이다.

동서무역은 자본주의 시장경제국가와 공산주의 계획경제 국가간의 무역을 의미하였던 것이다. 유럽을 중심으로 할 때 동쪽에 공산권 국가들이 위치하고 서쪽에 자본주의 국가들이 위치하고 있었음에서 유래한 것이다. 오늘날에는 사용되지 않는다.

수평무역은 경제발전 단계가 유사한 국가, 혹은 생산단계가 유사한 상품간의 무역을 말한다. 예컨대 선진국 상호간의 무역이나 개발도상국 상호간의 무역 또는 공산품 상호간이나 1차 상품 상호간의 무역이 그것이다.

수직무역은 공산품과 1차 상품간의 무역이나 경제발전 단계상 산업구조가 다른 국가, 즉 선진국과 개발도상국간의 무역을 말한다. 수직무역은 보완적(補完的) 무역이라고도 한다.

◢ 4 유형무역, 무형무역

거래되는 재화를 육안으로 식별할 수 있느냐의 여부에 따라 무역을 분류하면 유형무역과 무형무역으로 분류된다. 유형무역은 거래되는 물품이 있는 경우를 말하는 것이고, 무형무역은 거래대상이 형체를 가지지 않는 서비스이거나 전자적 무체물의 형태로 배송(配送)되는 경우를 말하는 것이다.

유형무역은 수출국과 수입국에서 세관의 통관절차를 반드시 거치게 되고 무역통계에도 집계되지만, 무형무역은 통관과는 무관하다. 다만, 국제수지표에 수지로서 반영되어 나타난다. 무형무역에는 생산요소(자본, 노동)의 수출입이나 기술의 수출입, 관광과 같은 서비스의 거래, 전자적형태의 무체물에 대한 On Line 거래가 포함된다. 유형무역이 무역통계에 집계되는 시점은 세관에서 수출입신고가 수리된 때이다. 무형무역이 국제수지에 집계되는 시점은 외국환은행에서 외화가 지급되거나 영수되는 때이다.

◢ 5 수출무역, 수입무역

거래되는 재화가 이동하는 방향에 따라 수출무역과 수입무역으로 분류된다. 수출(輸出, export)은 재화나 용역을 외국으로 내보내는 것을, 수입(輸入, import)은 그 반대로 재화나 용역을 외국에서 국내로 들여오는 것을 말한다. 수출입의 흐름에는 항상 반대방향으로 외화(外貨)나 화폐용 금(金)이 반대급부로서 흐르게 된다.

◢ 6 직접무역, 간접무역

물품의 매매가 무역거래 당사자 사이에 직접적으로 이루어지는가, 제3자를 통하여 간접적으로 이루어지는가에 따라 구분하면 직접무역과 간접무역으로 분류된다. 직접무역은 양국의 거래 당사자가 직접 매매계약을 체결함으로써 이루어지는 것이고, 대부분의 무역거래가 이에 해당한다. 간접무역은 거래에 제3자 또는 제3국이 개입되는 것을 말한다. 여기에는 중계무역(intermediary trade), 통과무역, 중개무역(merchandising trade), 스위치무역(switch trade), 우회무역(round-about trade) 등이 모두 포함된다.

(1) 중계무역

중계무역은 수출할 것을 목적으로 물품을 외국에서 국내로 반입하여 추가 가공없이 원형대로 다시 제3국에 수출하는 형태를 말한다. 수출상, 중계무역상, 수입상 모두가 주요 당사자가 되지만 핵심은 중계무역상인 거래다. 무역거래에 제3자가 개입한다는 면에서 보면 중개무역과 중계무역은 동일하지만 중개무역에서의 제3자는 중개료의 취득을 위한 거래의 알선에 그치고, 물품은 수출상으로부터 수입상에게로 직접 운송되지만 중계무역의 경우는 중계무역상 자신이 수출상으로 거래상의 차익을 남기면서 수입상에게 수출하는 것이 보통이다. 물품 또한 중계무역국을 경유한다는 점에서 차이가 있다. 중계무역 과정을 그림으로 보면 [그림 9-2]와 같다.

[그림 9-2] **중계무역의 흐름**

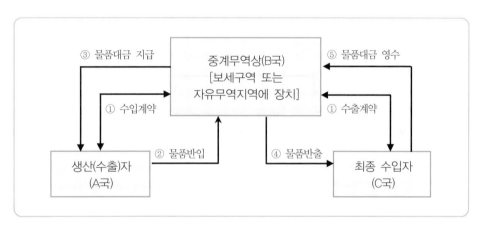

(2) 통과무역

통과무역은 수출되는 물품이 수출국에서 수입국으로 직접 운송되지 않고 제3국을 경유하여 수입국으로 운송되는 형태의 무역을 말한다. 물품의 이동경로를 가지고 보면 중계무역과 유사하지만 경유국에 있는 제3자의 직접적 개입이 없다는 점에서 다르다. 통과무역의 주요 당사자는 수출상과 수입상으로 양자 사이의 직접거래지만 제3국을 경유하여 운송되는 것을 제3국의 입장에서 본 무역형태이다.

(3) 중개무역

중개무역은 매도인과 매수인의 중간에서 제3자인 상인이 수출입을 중개함으로써 거래가 이루어지는 무역을 말한다. 이때 제3자는 수출국이나 수입국에 소재할 수도 있고 제3국에 소재할 수도 있다. 중개무역에서 대금결제는 중개무역상을 거치는 경우와, 수입상이 수출상에게 직접 하는 두 가지 경우가 있지만 대개 중개무역상을 거치지 않는다. 중개무역에서 중개상은 수수료의 취득을 수입원으로 하는데, 매도인과 매수인 중 누구로부터 수수료를 취득할 것인지는 상황에 따라 달라진다. 대개는 수출상으로부터 수취한다. 중개무역의 과정을 그림으로 보면 [그림 9-3]과 같다.

[그림 9-3] **중개무역의 흐름**

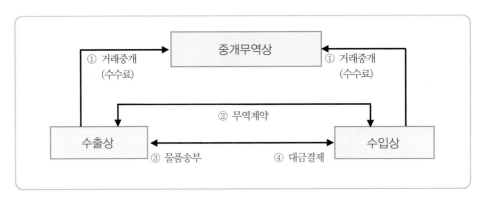

(4) 스위치무역

스위치무역은 수출입계약은 매도인과 매수인간 직접 체결되고 물품도 직접 운송되지만, 대금의 결제만은 제3국의 업자를 개입시키는 형태의 거래다. 구매국의 외환사정이 좋지 않거나, 국제수지가 심히 불균형한 경우에 이용될 수 있다.

(5) 우회무역

우회무역은 거래상품이 매매당사자가 소재하는 국가간에 직접 운송되는 것이 아니라 의도적으로 제3국을 경유하여 운송되는 형태의 무역이다. 우회무역으로 대표적인 것이 자유무역협정(FTA) 협정국이 아닌 국가에서 제조된 물품을 FTA 협정국으로 우회하여 수입함으로써, 관세상의 특혜를 받고자 하는 것과, 원산지를 제조국이 아닌 경유국으로 표시(이를 '원산지세탁'이라 한다)하고자 하는 것이 있다. 그러나 이런 형태의 우회무역은 모두 불법이므로 제재의 대상이 된다. 그 외 외환의 통제나 수입의 규제 또는 관세장벽의 회피를 위하여 제3국을 경유하기도 한다.

7 위(수)탁판매무역, 임대차무역

(1) 위(수)탁판매무역

위탁판매무역은 물품을 무상(無償)으로 수출하고 그 물품이 판매된 범위 안에서 대금을 받는 방식이다. 이를 위탁받아 판매하는 자의 입장에서 보면 수탁판매무역이 된다. 무역거래가 해외 판매대리점을 통해 위탁판매로서 이루어지는 경우 통상 판매대리점은 수출자의 대리인으로서 수출자의 명의와 계산으로, 그 지역의 고객으로부터 주문을 받아 수출자를 위해 계약을 체결하고 수수료를 수취한다.[4] 판매대리점은 국내 수입자에게 물품매도확약서(offer)를 발행하고 부수적으로 수입업무를 대행한다. 그래서 판매대리점을 흔히 오퍼상이라 부르기도 한다.

일반적으로 판매대리점은 국내 수입자가 요구하는 물품에 대해 판매대리점 계약을 맺은 외국 수출자로부터 판매조건을 받아 국내 수입자에게 제시함으로써 무역계약을 체결한다. 외국 수출자에게는 판매된 범위내에서 물품대금을 사후에 송금하고 판매되지 않은 물품은 수출자에게 반송하는 재수출을 하는데, 이러한 업무수행의 대가로 일정한 판매수수료를 받는다. 경우에 따라서는 위탁판매대리점이 수출국에 소재하면서 이러한 역할을 하기도 한다.[5] 판매대리점이나 구매대리점은 본사의 현지법인인 경우가 많지만 순수하게 계약에 의해 대리점 활동을 하는 경우도 적지 않다.

---

4) 반대로 수입자를 대리하여 수출국에서 구매대리 업무를 하고 수수료를 수취하는 구매대리점도 있다.
5) 무역거래 상품의 인도 형태는 산업과 상품의 특성에 따라 상당히 다를 수 있고, 그에 따른 특수용어가 사용되는 경우도 적지 않다. 예를 들어 2013년 9월에 이루어진 국산 T-50 고등훈련기 14대의 인도네시아 정부에 대한 판매에서 해당 훈련기를 제조사 소속 조종사가 직접 인도네시아까지 비행해 가서 인도하였다. 해당 훈련기는 당초 컨테이너로 수출할 예정이었다. 날개 등 동체를 분해해 컨테이너로 인도네시아까지 이동한 뒤 현지에서 다시 조립하는 방식을 사용하기로 한 것이다. 그러나 인도네시아 현지 여건이 좋지 않아 완제품을 몰고 가서 인도하는 직접비행 방식으로 변경됐는데 이를 Ferry Flight 방식이라 하였다.

(2) 보세창고 인도방식(BWT)과 해외거점 거래방식(CTS)

위탁판매의 한 방법으로 보세창고 인도방식(BWT : Bonded Warehouse Trans-action)과 해외거점 인도방식(CTS : Central Terminal Station)이 있다. BWT는 외국의 수출자가 자기 책임하에 수입국의 보세창고에 물품을 반입하여 보관해 두고 지사 또는 제3의 대리인을 통해 구매자를 물색하여 판매하는 거래형태다. 거래된 물품은 구매자의 명의로 직접 통관된다. 반면 CTS는 수출자들(또는 어떤 기관이나 단체)이 주도하여 수입국에 보세창고를 설치하고 여러 수출자들의 상품을 현지법인 명의로 반입하여 보세창고에서 직접 판매하는 형태다. 이 경우 통관은 수입국 내에 있는 현지법인 명의로 이루어지며, 내국물품 상태로 구매자에게 공급된다. 이들 거래에서 판매되지 아니한 물품은 수출자에게 반송된다.

(3) 임대차무역, 사용대차무역

물품에 대한 대가는 지불하지 않고 그 사용료만을 지급하기로 하는 무역거래를 임대차(賃貸借)무역이라 하고, 상대방이 무상으로 사용(使用)·수익(收益)하도록 목적물을 인도하되 상대방은 이를 사용·수익한 후 그 물건(物件)을 반환하는 무역거래를 사용대차(使用貸借) 무역거래라 한다. 위(수)탁판매무역과 임대차무역은 수출입단계에서는 소유권이 이전되지 않고, 판매되지 않거나 임대기간이 종료되면 해당 물품은 수출자에게 재수출된다. 다만, 임대차무역을 할 때는 임대차기간의 만료전이나 만료후에 그 당시의 물품가치를 감안한 대가를 지불하는 것을 조건으로 소유권이 임차인에게 이전될 수 있다.

🔳8 B2B무역, B2C무역

전자상거래 무역에서 거래상대가 누구냐에 따른 구분이다. 전자상거래 무역에는 기업과 기업 또는 기업과 기업, 기업과 소비자 개인 또는 소비자 개인과 개인간에도 거래가 이루어진다. B2B(Business to Business)무역이란 기업과 기업간의 무역거래를 의미하고, B2C(Business to Consumer)무역이란 기업과 소비자 개인과의 무역거래를 의미하며, C2C(Consumer to Consumer)무역이란 소비자인 개인과 개인간의 직접 무역거래를 의미한다. 위 거래에서 한쪽 당사자가 기업대신 정부(Government)가 될 수도 있다. 기업과 기업간 거래되는 물품은 원자재 또는 시설재가 중심이 된다. 물론 완제품도 거래대상이 되지만 비중이 낮다. 반면 기업과 소비자 개인과의 거래는 거의 전부가 소비재가 될 수밖에 없다. 소비자 개인간의 거래는 중고품의 거래가 일반적이다.

9 가공무역

가공무역(processing trade)이란 원자재의 전부 또는 일부를 외국에서 수입하여 이를 가공하여 수출하는 거래를 말한다. 가공·조립형태 등에 따라 일반가공무역, 위탁가공무역, 수탁가공무역, 보세가공무역, 주문자상표부착방식(OEM : Original Equipment Manufacturing)무역, 제조업자개발생산방식(ODM : Original Design Manufacturing)무역, 현지조립(Knock-Down)방식무역, 플랜트(plant)방식무역 등으로 분류된다.

(1) 일반가공무역

일반가공무역은 원자재 또는 완제품의 거래 상대방과 위·수탁관계가 없이 이루어지는 가공무역이다. 일반가공무역을 다시 세분류하면 원자재를 수입하여 가공한 상품을 원자재 수입국으로 다시 수출하는 능동적 가공무역과, 원자재 수입국 이외의 제3국으로 수출하는 통과적 가공무역, 원자재 수출후 해당국으로부터 가공된 상품을 다시 수입하는 수동적 가공무역의 세 가지로 나누어진다. 일반가공무역의 경우 무역거래는 매도인과 매수인이 자기 책임하에 거래하는 것이다.

(2) 위탁가공무역과 수탁가공무역

계약에 의해 원자재의 일부 또는 전부를 거래 상대방에게 공급한 다음 위탁자나 그가 지정하는 제3자에게 생산된 물품을 공급하는 형태의 무역이다. 원자재를 공급하는 입장에서 보면 위탁가공무역, 원자재를 공급받는 입장에서 보면 수탁가공무역이 된다.

위탁가공무역은 임가공무역이라고도 한다. 위탁가공무역에서 원자재의 공급은 위탁자가 소재하는 국가뿐 아니라 제3국에서 전부 또는 부분적으로 구매하여 공급할 수도 있고, 임가공을 하는 현지국에서 전부 또는 부분적으로 구매해 공급할 수도 있다. 임가공이 완료된 물품은 위탁자 소재국으로 수입되는 것이 일반적이나, 현지국에 판매될 수도 있고 제3국으로 수출될 수도 있다. 어떤 형태로 진행되거나를 막론하고 위탁가공무역과 수탁가공무역의 경우 상품생산과 판매에 대한 책임과 그로부터 얻는 이윤은 전적으로 위탁자에게 속한다. 가공을 수행하는 수탁자는 단지 임가공비를 대가로 용역을 행할 뿐이다.

(3) 보세가공무역

보세가공무역은 보세공장이나 종합보세구역, 자유무역지역과 같이 정부가 정한 구역에서 외국물품 상태인 원자재를 가공후 반출하는 형태의 무역을 말한다. 외국물품 상태인 원자재와 내국물품인 원자재를 혼용해 생산하기도 한다. 관세법에 따라 반입과 반출절차는 거치지만 수입통관 절차는 필요하지 않다.

(4) OEM방식 무역과 ODM방식 무역

OEM방식(주문자 상표부착 생산)의 무역은 수입상으로부터 주문을 받아 생산된 상품에 수입상이 요구한 상표를 부착하여 인도하는 무역거래를 말한다. 이 거래에서 수입상은 주요 원자재를 별도로 공급하지 않는 것이 보통이다. ODM방식(제조업자 개발 생산)의 무역은 설계·개발능력을 갖춘 제조업체가 유통망을 확보하고 있는 수입상에게 알맞은 제품을 개발·생산하여 수입상의 상표를 부착해 공급하는 방식이다. 이 방식은 OEM 방식보다 진일보한 것으로 제조업체가 신제품의 개발능력이 있고 수입상이 대형 유통업체일 경우에 활용된다. 물론 국내에서도 생산자와 백화점 같은 대형유통업체간 이러한 거래가 상당하다.

(5) 현지조립(KD)방식 무역

현지조립방식 무역은 완제품 생산에 필요한 부품 또는 반제품을 공급하는 수출상과 최종제품을 조립할 수 있는 설비와 능력을 갖춘 수입상 사이에 이루어지는 무역으로 물품은 Knock-Down상태로 거래되고 수입국 현지에서 조립된 다음 판매된다.

(6) 플랜트무역

플랜트무역은 공장(plant) 외에 선박, 철도, 교량 등 넓은 의미의 산업설비 수출입을 말한다. 플랜트 무역 중에서 특히 수입상이 원하는 대로 플랜트의 설계에서부터 토목공사, 기계제작, 설비의 조달, 시설공사, 시험운전에 이르기까지 모든 것을 수출상이 일괄적으로 이행하는 무역거래를 턴키(Turn-Key)방식 무역이라 한다. 플랜트무역에서는 기계, 설비 등의 거래인 유형무역과 기술과 인력 등의 거래인 무형무역이 혼합되어 일어나게 된다. 거래의 규모도 크기 때문에 그만큼 수출국 경제에 미치는 파급효과도 크다.

🔟 연계무역

수출과 수입을 연계하는 무역형태를 연계무역(counter trade)이라 한다. 일반적으로 국제수지의 균형 등을 위해 수출입물품의 대금을 그에 상응하는 수입 또는 수출로 상계하는 무역거래형태이다. 연계무역에는 물물교환무역(barter trade), 대응구매무역(counter purchase trade), 구상무역(compensation trade), 제품환매무역(product buy-back trade), 상계무역(off-set trade), 보상거래, 삼각무역(triangular trade) 등이 포함된다.

(1) 물물교환무역

물물교환무역은 외화의 지급과 영수라는 절차가 없이 상호간 거래하고자 하는 상품을 교환하는 형태의 무역거래이다. 외화사정이 좋지 않은 개발도상국과 거래할 때 활용된다. 교환 대상이 되는 물품의 가액은 합의하고 그 금액 기준으로 상품의 교환이 이루어진다.

(2) 대응구매무역

대응구매무역은 동서무역에서 활용된 것으로 의정서(protocol)의 체결을 통해 별도의 두 수출입계약을 동시에 연계시키는 형태의 무역이다. 수출입의 균형을 유지할 수 있다.

(3) 구상무역

구상무역은 수출입물품 대금의 전부 또는 일부를 그에 상응하는 수입 또는 수출로 상계하는 무역형태를 말한다. 물물교환무역과는 달리 환거래가 발생하고 대응의무도 제3국에 전가할 수 있는 특징이 있다.

(4) 제품환매무역

제품판매무역은 기술, 설비 또는 플랜트를 판매한 수출상이 수출대금을 이미 판매한 기술, 설비 또는 플랜트에서 직접 파생되는 제품이나 또는 이를 이용하여 생산된 제품으로 회수하는 거래방식이다. 석유시추 설비를 수출하고, 그 대가를 채굴된 원유로 받아오는 형태의 거래가 이에 해당한다. 제품환매는 합작투자와 함께 산업협력(industrial cooperation) 형태로 이루어질 수도 있다.

(5) 상계무역

상계무역은 '상쇄무역' 또는 '절충교역거래'라고도 한다. 고도 기술상품의 거래에서 이용된다. 수출상품의 일부를 구성하는 부품을 수입국 현지에서 조달하도록 하거나, 제품 생산의 기술을 수입국으로 이전하도록 조건을 붙여 거래하는 형태이다. 이 방식은 고가의 항공기나 무기, 기타 첨단 기술제품의 거래에서 많이 사용된다. 우리나라가 KTX를 개발하기 위해 프랑스로부터 고속철도 기술을 도입할 때 활용된 바 있다.

(6) 보상거래

보상거래는 거래대금의 일부를 상품으로 받고 나머지는 외환으로 결제하는 거래를 말한다. 보상거래는 물물교환과 제품환매가 복합된 형태다.

(7) 삼각무역

삼각무역은 두 나라 사이에 수출입 불균형이 이루어져 편무역(片貿易)이 되었을 경우, 제3국을 개입시켜 3국간의 협정에 의해 균형을 이루고자 하는 무역을 말한다. 대금결제에 제3국의 업자를 개입시켜 간접적으로 결제하는 경우를 특히 스위치무역(switch trade)이라 한다. 스위치 무역은 결제방식을 직접적인 방법에서 간접적인 방법으로 전환(switch)시킨다는 의미에서 사용된다. 스위치 무역에서 무역계약은 수출입 양국 당사자간에 직접 체결되고 물품도 수출국에서 수입국으로 직접 운송되는데 대금결제에만 제3국 업자가 개입하게 된다. 이 경우 그 제3국 업자를 스위처(switcher)라 부르고, 스위처에게는 커미션이 지불된다.

9. 무역거래와 무역관리제도 **349**

11 특정거래형태의 무역

대외무역법에서는 무역거래의 형태를 일반거래형태와 특정거래형태로 구분한다. 특정거래의 경우는 그 중 일부에 대해 산업통상자원부장관의 별도 '인정'을 받도록 하는 인정제도를 운영하였으나 2014년 9월부터 이러한 인정제도를 폐지하였다. 그러나 특정거래형태는 여전히 ① 위탁판매수출, ② 수탁판매수입, ③ 위탁가공무역, ④ 수탁가공무역, ⑤ 임대수출, ⑥ 임차수입, ⑦ 연계무역, ⑧ 중계무역, ⑨ 외국인도수출, ⑩ 외국인수수입, ⑪ 무환수출입 등 11가지를 규정하고 있다.

여기에서 외국인도수출이란 수출대금은 국내에서 영수하지만 물품은 외국에서 제3국으로 직접 인도되는 수출을 말하는 것이다. 이것은 산업설비수출이나 해외 건설 등 해외 사업현장에서 필요한 물품을 외국에서 수입하여 사용한 후 국내에 반입하지 않고 다시 수출하거나, 항해중이거나 원양 어로작업중인 선박을 현지에서 수출하고자 할 때 이용된다. 반면 외국인수수입은 수입대금은 국내에서 지급되지만 수입물품은 외국에서 외국으로 직접 인수하는 수입을 말한다.[6] 무환수출입이란 외국환 거래가 수반되지 아니하는 물품 등의 수출과 수입을 말한다. 기증을 위해 수출입되거나 다른 나라로 이사를 할 때의 이사물품 등이 여기에 해당한다.

12 서비스무역과 지식재산권의 거래

소득수준이 높아짐에 따라 소비하는 서비스의 종류도 다양해지고 사용량도 많아지기 때문에 향후 세계 어느 지역에서나 서비스 무역이 빠르게 증가할 것으로 예상된다. 용역의 국제거래를 의미하는 서비스무역은 공급자와 소비자가 어떤 방법으로 서비스를 제공하고 또 소비하느냐에 따라 ① 국제적 이동서비스, ② 소비자 이동서비스, ③ 공급자의 상업적 주재서비스로 나누어진다. 국제적 이동서비스는 서비스 생산자와 소비자가 이동하지 않고서도 서비스를 제공하거나 소비할 수 있는 경우다. 금융, 통신, 보험 등의 서비스가 이에 해당한다.

소비자 이동서비스는 주로 한 국가의 영역내에서 당해국을 방문한 다른 국가 소비자에게 서비스를 공급하는 경우다. 교육, 의료, 관광, 오락 등의 서비스가

---

[6] 예를 들어 베트남에서 건설공사를 하면서 여기에 사용할 건설장비를 독일에서 베트남으로 수입하면서 대금은 서울에서 지급한다면 이는 외국인수수입이다. 건설공사가 끝난 후 사용한 건설장비를 인근 국가인 캄보디아에 판매하고 그 대금을 서울에서 영수한다면 이는 외국인도수출에 해당한다.

이에 해당한다. 공급자의 상업적 주재서비스는 주로 한 국가의 서비스 공급자가 소비자가 있는 다른 국가의 영역내로 이동하여 서비스를 제공하는 경우다. 서비스가 공급되는 현지국에 현지사무소나 지사 등을 설립하고 서비스 제공을 위한 인력과 물적(物的) 기반도 일부 이동하여 서비스를 제공한다. 첨단기술 서비스의 제공, 컨설팅, 법무나 회계서비스 등을 공급하는 경우다.

상품무역에 대해 WTO의 여러 다자간상품무역협정이 규범으로 적용되는 것과 마찬가지로 서비스무역에 대해서는 WTO의 서비스무역일반협정(GATS : General Agreement on Trade in Services)이 규범으로서 적용된다. 서비스무역일반협정에서는 정부의 권한을 행사하는 과정에서 공급되는 서비스는 상업적 이유로 공급되는 것이 아니고, 경쟁하에서 제공되는 것도 아니므로 규율 대상에 포함하지 않는다.

지식재산권 자체도 국제적으로 빈번하게 거래되고 있다. 거래방법은 제7장에서 본 바와 같이 전략적 제휴로서 라이선싱(licensing)이나 프랜차이징(franchising) 또는 합작투자 등의 방법을 사용한다. 지식재산권 거래는 WTO의 무역관련지식재산권에 관한 협정(Agreement on trade-related aspects of intellectual property rights)이 규범으로 적용된다. 이 협정은 다음과 같은 지식재산권을 협정적용의 대상으로 삼고 있다.[7]

① 저작권 및 저작인접권
② 상표권
③ 지리적표시권[8]
④ 의장권[9]
⑤ 특허권
⑥ 집적회로배치설계권

---

7) WTO, Agreement on Trade-related Aspects of Intellectual Property Rights, article 1.2
8) **지리적 표시권**이란 상품의 특정 품질, 명성 또는 그 밖의 특성이 본질적으로 지리적 근원에서 비롯되는 경우 WTO 회원국의 영토 또는 회원국의 지역 또는 지방을 원산지로 하는 상품임을 명시하는 표시권을 말한다. 유럽국가들이 특히 이러한 지리적표시권에 관심이 높다. 특히 포도주나 치즈와 같은 물품의 경우 이러한 지리적표시권에 민감하다.
9) **의장권**(意匠權, design right)은 물건의 형상, 색채, 도안 등을 외관상으로 아름답게 변경하거나 개량한 자가 특허청에 출원하여 등록함으로써 부여받는 배타적인 전용권이다. 전용기간은 의장권 설정의 등록일로부터 8년이다. 예를 들어 탁상전화기를 반구형이나 네모꼴로 한 것과 같이 물품의 외관에 대한 형상이나 모양 또는 색채에 관한 디자인을 새롭게 개발하면 일단 의장권을 확보할 수 있는 기능성을 부여받을 수 있다.

⑦ 미공개정보[10]

　지식재산권협정에 따라 WTO 회원국은 이러한 권리를 보호할 의무를 진다. 따라서 회원국 정부는 이러한 권리를 침해하는 물품을 제조하거나, 판매하거나 혹은 수출입하는 것을 차단하여야 한다. 지식재산권보호에서도 내국민대우원칙 및 최혜국 대우원칙이 적용된다.

제3절　무역관련 법규

　우리나라의 법령 중 무역과 직접 또는 간접적으로 관련되는 법령은 시기에 따라 차이가 있으나 일반적으로 약 70개 내외에 이른다. 그러나 핵심이 되는 법률은 대외무역법과 외국환거래법, 관세법이다. 따라서 이 3가지 법률을 무역3법이라고도 한다.

1 대외무역법

　대외무역법은 무역에 대한 관리와 지원을 목적으로 한다. 이 법률은 산업통상자원부가 관장하며, 법령의 체계는 대외무역법/대외무역법시행령/대외무역관리규정으로 구성된다. 대외무역법은 수출입거래의 질서유지, 수출입의 제한, 통상의 진흥 등과 관련한 여러 내용을 규정하고 있다. 대외무역법의 법체계상 지위는 민법이나 상법과 같은 법률에 대해서는 특별법의 입장에 있다. 그러나 무역거래에 관해서는 가장 기본적인 일반법의 입장에 있다. 통상 대외무역법 및 다른 법률에 의한 수출입의 제한은 특정한 품목을 정하여 수출입을 금지하거나 특정한 요건을 구비할 것으로 요구하는 것으로 이루어진다. 대외무역법에 의해 직접 제한하는 내용은 수출입공고와 전략물자수출입고시로서 공고하나 현재 수출

---

10) 보호대상이 되는 미공개 정보는 전체로서 또는 그 구성요소의 정밀한 배열 및 조합의 형태로서 당해 정보의 종류를 통상적으로 다루고 있는 업계의 사람들에게 일반적으로 알려져 있지 않거나 쉽게 접근될 수 없다는 의미에서 상업적 가치를 갖는 것을 의미한다.

입공고에 의해 제한되는 품목은 극히 일부가 있을 뿐이다. 그러나 전략물자수출
입고시에 의해 수출입이 제한되는 품목은 상당히 많다.

　　대외무역법 이외의 다른 법률에 의한 제한은 주로 국가안보나 사회안전, 국민
의 생명과 건강보호, 환경보호 등 다양한 정책목적으로 제한이 가해지는 것이
다. 이들 법률에서 수출 또는 수입물품에 대해 제한하고 있는 내용을 망라하여
산업통상자원부장관이 고시하고 있는 것이 통합공고다. 산업통상자원부장관이
통합공고를 하는 이유는 수많은 법률의 제한 내용을 무역업자들이 이해하기 쉽
도록 하기 위함이다. 통합공고에서 다루고 있는 대외무역법 이외의 법률은 〈표
9-1〉과 같다.

〈표 9-1〉 **통합공고에 포함된 수출입제한 관련 법률**

1. 약사법	33. 건강기능식품에 관한 법률
2. 마약류관리에 관한 법률	34. 농수산물품질관리법
3. 화장품법	35. 방위사업법
4. 식품위생법	36. 〈삭제〉〈2013.7.3.〉
5. 〈삭제〉〈2019.3.20.〉	37. 수산업법
6. 화학물질관리법	38. 고압가스안전관리법
6의2. 화학물질의 등록 및 평가 등에 관한 법률	39. 영화 및 비디오물의 진흥에 관한 법률
7. 양곡관리법	40. 게임산업진흥에 관한 법률
8. 비료관리법	41. 음악산업진흥에 관한 법률
9. 농약관리법	42. 하수도법
10. 가축전염병예방법	43. 주세법
11. 식물방역법	44. 지방세법
12. 종자산업법	45. 총포·도검·화약류 등의 안전관리에 관한 법률
13. 축산법	46. 〈삭제〉〈2019.3.20.〉
14. 전기용품 및 생활용품안전관리법	47. 의료기기법
15. 〈삭제〉〈2019.6.27.〉	48. 인체조직안전 및 관리 등에 관한 법률
16. 계량에 관한 법률	49. 〈삭제〉〈2017.6.26.〉
17. 석유 및 석유대체연료사업법	50. 수산생물질병 관리법
18. 원자력안전법	51. 사료관리법
19. 전파법	52. 생물다양성 보전 및 이용에 관한 법률
20. 삭제〈2016.12.30.〉	53. 폐기물 관리법
21. 야생생물 보호 및 관리에 관한 법률	54. 전기·전자제품 및 자동차의 자원순환에 관한 법률
22. 폐기물의 국가간 이동 및 그 처리에 관한 법률	55. 액화석유의 안전관리 및 사업법
23. 대기환경보전법	56. 목재의 지속가능한 이용에 관한 법률
24. 소음·진동관리법	57. 농업생명자원의 보존관리 및 이용에 관한 법률
25. 자동차관리법	58. 기타 특정물품의 수출입절차 또는 요령을 정한 법률 및 국제협약
26. 산업안전보건법	59. 수입식품안전관리특별법

27. 오존층보호를 위한 특정물질의 제조규정 등에 관한 법률	60. 어린이제품안전특별법
28. 건설기계관리법	61. 위생용품관리법
29. 먹는물관리법	62. 에너지이용합리화법
30. 자원의 절약과 재활용촉진에 관한 법률	63. 잔류성유기오염물질관리법
31. 화학무기·생물무기의 금지와 특정화학물질·생물작용제 등의 제조·수출입 규제 등에 관한 법률	64. 생활화학제품 및 살생물제의 안전관리에 관한 법률
32. 축산물위생관리법	65. 친환경농어업육성 및 유기식품 등의 관리·지원에 관한 법률
	66. 생활주변방사선 안전관리법

수출입 물품에 대해 제한을 많이 하는 법률로 대표적인 것이 관세법이나, 관세법은 통합공고상 수출입제한 관련 법률로 열거되어 있지 않다. 대금의 지급 및 영수와 관련하여 제한내용이 규정되어 있는 외국환거래법도 마찬가지로 제외되어 있다.

2 외국환거래법

외국환거래법은 외국환과 그 거래 기타 대외거래를 합리적으로 조정 또는 관리함으로써 대외거래의 원활화를 기하고 국제수지의 균형과 통화가치의 안정을 도모하며 국민경제 발전에 이바지함을 목적으로 한다. 이 법률은 기획재정부가 관장한다. 법령의 체계는 외국환거래법/외국환거래법시행령/외국환거래규정으로 구성된다. 1997년 외환위기 이후 외환거래에 대한 제한을 대폭적으로 완화함에 따라 특히 무역거래와 관련하여서는 규모가 큰 수출대금의 미회수 등을 제외하고는 현재 거의 규제를 하지 않는다.

3 관세법

관세법은 관세의 부과와 징수 및 수출입물품의 통관을 규율하는 법률이다. 이 법률도 기획재정부가 관장한다. 법령의 체계는 관세법/관세법시행령/관세법시행규칙으로 구성되어 있으나 기획재정부장관 및 동 법령에 의한 수출입통관과 관세의 부과란 행정을 집행하는 관세청장의 고시와 훈령이 약 300여개 이상 있어 이들이 일체로서 하나의 법체계를 구성하고 있어 상당히 복잡하다. 관세법령이 이와 같이 복잡한 이유는 수출입물품에 대한 관세 및 내국세의 부과뿐 아니라 통상정책의 집행, 국민의 생명이나 건강보호, 환경보호, 국가안보, 소비자 보호 등 수많은 목적으로 국경을 출입하는 물품에 대해 규율할 필요가 있기 때문이다. 관세법에 대한 특례를 규정하고 있는 별도의 법률로는 자유무역협정의 이행을 위한 관세법의 특례에 관한 법률(FTA 관세특례법), 수출용원재료에 대한 관세 등 환급에 관한 특례법(환급특례법), 남북교류협력에 관한 법률 등이 있다. 따라서 이들 법률도 관세부과 및 통관과 관련하여 관세법과 함께 적용된다.

4 기타 무역관련 법률

무역3법 외에 무역거래와 직접 또는 간접적으로 관련되는 법률로는 다음과 같은 법률들이 있다.

(1) 불공정무역행위 조사 및 산업피해구제에 관한 법률

불공정한 무역행위와 수입의 증가 등으로 인한 국내산업의 피해를 조사·구제하는 절차를 정해두고 있다. 법률 제정의 목적은 공정한 무역질서를 확립하고 국내산업을 보호하려는 데 있다.

(2) 전자무역촉진에 관한 법률

전자무역 촉진을 위한 각종 시책을 마련하기 위한 내용을 담고 있다. 법률 제정의 목적은 전자무역의 기반을 조성하고 그 활용을 촉진하여 무역절차의 간소화와 무역정보의 신속한 유통을 실현하고 무역업무의 처리 시간 및 비용을 줄임으로써 산업의 국제경쟁력을 높이려는 데 있다.

(3) 전자문서 및 전자거래 기본법

전자문서와 전자거래의 절차 및 법적효력, 전자문서 이용 및 전자거래의 촉진과 그 기반 조성을 위한 시책 등에 관한 내용을 담고 있다. 법률 제정의 목적은 전자문서 및 전자거래의 법률관계를 명확히 하고 전자문서 및 전자거래의 안전성과 신뢰성을 확보하며 그 이용을 촉진할 수 있는 기반을 조성하려는 데 있다.

(4) 무역거래기반 조성에 관한 법률

전자무역체제, 무역정보, 무역전문인력 등 무역거래활동을 지원·촉진하는 시설·여건·정보·인력 등을 의미하는 무역거래 기반의 조성과 관련된 각종 규정들을 담고 있다. 법률 제정의 목적은 무역거래의 기반을 효율적·체계적으로 조성하여 균형 있는 무역거래로 확대하려는 데 있다.

(5) 자유무역지역의 지정 및 운영에 관한 법률

자유무역지역의 지정과 관련된 여러 규정들을 담고 있다. 법률 제정의 목적은 자유로운 제조·물류·유통 및 무역활동 등이 보장되는 자유무역지역을 지정·운영함으로써 외국인투자의 유치, 무역의 진흥, 국제물류의 원활화 및 지역개발 등을 촉진하려는 데 있다.

(6) 무역보험법

무역보험제도의 운용과 관련한 각종 규정들을 담고 있다. 법률 제정의 목적은 무역이나 그 밖의 대외거래와 관련하여 발생하는 위험을 담보하기 위한 무역보험제도를 효율적으로 운영함으로써 무역과 해외투자를 촉진하여 국가경쟁력을 강화하려는 데 있다.

(7) 중재법

상사중재와 관련한 각종 규정들이 담겨 있다. 법률 제정의 목적은 중재(仲裁)에 의하여 사법(私法)상의 분쟁을 적정·공평·신속하게 해결하려는 데 있다.

제4절 대외무역법에 의한 무역의 관리

대외무역법은 무역을 물품과 용역(서비스), 전자적 형태의 무체물을 수출 또는 수입하는 것이라 정의하고(대외무역법 제2조), 이를 관리하는 내용을 담고 있다. 대외무역법에 의한 무역의 관리는 크게 진흥을 위한 관리와 규제를 위한 관리, 무역으로 인한 피해의 구제를 위한 조치의 3가지 방향에서 이루어진다.

1 무역진흥을 위한 관리

산업통상자원부장관은 무역의 진흥을 위해 필요하다고 인정되면 다음과 같은 조치를 하거나 관계 행정기관의 장에게 필요한 조치를 하여 줄 것을 요청할 수 있다.[11]

① 수출산업의 국제경쟁력을 높이기 위한 여건의 조성과 설비 투자의 촉진
② 외화가득률(外貨稼得率)을 높이기 위한 품질향상과 국내에서 생산되는 외화획득용 원료·기재의 사용 촉진
③ 통상협력 증진을 위한 수출·수입에 대한 조정
④ 지역별 무역균형을 달성하기 위한 수출·수입의 연계
⑤ 민간의 통상활동 및 산업협력의 지원
⑥ 무역 관련 시설에 대한 조세 등의 감면
⑦ 과학적인 무역업무 처리기반을 효율적으로 구축·운영하기 위한 여건의 조성
⑧ 무역업계 등 유관기관의 과학적인 무역업무 처리기반 이용 촉진
⑨ 국내기업의 해외 진출 지원
⑩ 해외에 진출한 국내기업의 고충사항 조사와 그 해결을 위한 지원
⑪ 그 밖에 수출·수입을 지속적으로 증대하기 위하여 필요하다고 인정하는 조치

또한 산업통상자원부장관은 무역의 진흥을 위하여 필요하다고 인정될 경우 다음 각 호의 어느 하나에 해당하는 자에게 필요한 지원을 할 수 있다.

① 무역의 진흥을 위한 자문, 지도, 대외 홍보, 전시, 연수, 상담 알선 등을 업 (業)으로 하는 자
② 무역전시장이나 무역연수원 등의 무역 관련 시설을 설치·운영하는 자
③ 과학적인 무역업무 처리기반을 구축·운영하는 자

여기에서 ②와 관련하여 대외무역관리규정에 따라 지원대상으로 지정된[12] 무역관련 시설은 한국종합전시장(KOEX)과 국제무역연수원(한국무역협회 무역아카데미)이다. ①과 관련해 대표적인 기관은 한국무역투자진흥공사(KOTRA)이나 이 기관은 한국무역투자진흥공사법에 따라 설립되었고, ③과 관련해 대표적인 기관은

---

11) 대외무역법 제4조 및 동법시행령 제5조.
12) 대외무역관리규정 제6조 제5항.

한국무역정보통신(KTNET)이지만 역시 전자무역촉진에 관한 법률(제6조)에 따라 해당 사업자로 지정되어 있다.

위에서 열거된 사항은 아니지만 외화획득용원료에 대한 예외적 수입허가제도나, 플랜트 수출에 대한 지원도 수출진흥책으로서 시행되고 있다. 그 외에 수출입실적을 인정하는 제도를 운영하면서[13] 일정한 규모 이상의 수출실적을 올린 업체에 대해 해마다 정부가 포상하는 것이나 전문무역상사제도[14]를 두어 관리하는 것도 역시 수출진흥을 위한 노력의 하나로 볼 수 있다. 전문무역상사는 전년도 수출실적 또는 최근 3년간의 평균 수출실적이 미화 100만달러 이상인 자로서 전체 수출실적 대비 다른 중소기업이나 중견기업 생산제품의 전년도 수출비중 또는 최근 3년간 평균 수출비중이 100분의 20 이상인 자 등이 지정받을 수 있다.

❷ 수출입물품의 규제를 통한 관리

수출입물품에 대한 관리는 특정한 물품의 수출 또는 수입을 금지하거나, 일정한 요건이 충족될 경우 수출입은 허용하되 허가나 승인·검사·인증·확인 등의 절차를 거치도록 하는 방법이 활용된다. 특정한 물품의 수출 또는 수입에 대한 관리는 산업통상자원부장관의 다음 3가지 고시 또는 공고에 의한다.
① 수출입공고 : 대외무역법에 의해 수출입이 제한되는 물품
② 통합공고 : 대외무역법 이외의 법률에 의해 수출입이 제한되는 물품
③ 전략물자수출입고시 : 대외무역법에 의해 별도의 허가를 받아야 하는 물품

수출입공고로 제한되는 물품에 대해서는 동 고시의 수출입요령에서 정한 기관(단체)으로부터 수입승인(I/L : Import License) 또는 수출승인(E/L : Export License)을 받아야 한다. 통합공고로 제한되는 물품에 대해서는 동 공고의 수출요령 또는 수입요령에서 정한 기관(단체)으로부터 요건확인을 받아야 한다. 전략물자수출입고시에 규정된 물품에 대해서는 국방부 등 관련기관의 허가를 받아야 수출입이 가능하다. 이러한 고시나 공고가 아니라 대외무역법령에 규정된 원산지표

---

13) 대외무역관리규정 제25조 내지 제30조.
14) 전문무역상사제도는 2014년 7월 대외무역법 개정으로 공식 도입되어 9월 15일 산업통상부장관이 162개사를 지정하였다. 그러나 과거 종합무역상사들(대우인터내셔널, 삼성물산, 현대종합상사, 효성, SK네트웍스, LG상사, GS글로벌)도 전문무역상사에 해당한다.

시규정으로 수출입물품을 규율하기도 한다. 원산지표시는 대외무역법령에 규정[15]된 물품을 수출입할 때 원칙적으로 정해진 방법에 따라 해당 물품에 원산지를 표시하도록 한 것이다. 만일 원산지표시 대상임에도 원산지를 표시하지 않거나(미표시), 허위로 표시하거나, 소비자가 오인할 수 있게 표시하거나, 부적정하게 표시한 경우에는 원산지표시 위반으로 처벌과 함께 해당 물품에 시정조치를 해야 수출입이 가능하다.

---

15) 대외무역관리규정 [별표 8]

[무역현장]

"韓 혼쭐내겠다"던 아베 수출규제, 오히려 역효과…반성문 쓴 日

  아베 신조 전 총리가 주도한 반도체 핵심 소재 한국 수출 규제는 사실상 실패했으며, 일본 통상정책의 흑역사로 남았다는 현지 언론들의 비판이 잇따라 나오고 있다. 한국은 타격을 거의 입지 않은 반면 일본 기업들의 손해가 컸다는 분석을 내놨다. 최근 일본 아사히신문은 지난 2018~2019년 한국 대법원의 강제 징용 피해자 배상 판결 이후 당시 아베 정부가 한국에 대한 보복 조치로 강행한 수출 규제 조치가 어떤 역효과를 초래했는지 짚어볼 필요가 있다고 보도했다. 일본은 지난 2019년 7월부터 △감광액(포토레지스트) △고순도 불화수소 △플루오린 폴리이미드 등 반도체·디스플레이 핵심품목 3종의 한국 수출을 제한하고 있다. 일본 기업이 이들 품목을 한국에 수출하려면 정부에 별도 허가를 받아야 하다. 일본 경제산업성은 한국을 수출심사우대국(화이트리스트)에서 제외했고 이 조치는 지금까지 이어지고 있다. 표면적으로는 한국의 수출관리에 부적절한 사안이 있다는 점을 내세웠지만, 사실상 강제 징용 소송에 대응하지 않는 한국 정부에 대한 보복이다. 당시 한국은 비상에 걸렸다. 최대 수출 산업인 반도체의 생산 차질이 불가피한데 뾰족한 해결책이 없는 것이 문제였다. 반도체 핵심 소재를 국산화하지 못하고, 일본에만 의존해 온 구조에 대한 자책도 쏟아냈다. 하지만 일본의 한국 수출 규제가 시작된지 3년이 지난 현재 양국의 상황을 짚어보니 아베 전 정부의 예상과는 완전히 다른 결과가 나타났다. 한국 산업통상자원부에 따르면 한국 제조업에 꼭 필요한 소재 등 100개 품목의 일본 의존도는 2019년 30.9%에서 2021년 24.9%로 낮아졌다. 특히 일본이 수출을 규제한 3개 품목 가운데 불화수소 수입액은 2019년 3630만달러(450억원)에서 1250만달러(155억원)로 66% 줄었다. 포토레지스트의 대일 의존도는 절반 수준으로 낮아졌고, 플루오린 플리이미드는 일본 수입을 완전히 끊을 수 있게 됐다. 한국이 정부 주도하에 아베의 공격을 막아냈으며 '탈일본'에 성공했다고 아사히신문은 진단했다. 문재인 전 대통령이 퇴임 기자회견에서 "일본의 부당한 수출 규제로 위기를 맞았지만 전 국민의 단합된 힘으로 극복해 낸 것을 결코 잊을 수 없다"며 "우리는 소부장(소재·부품·장비) 자립의 기회로 삼았고, 제조업 경쟁력 강화로 이어졌다"고 언급한 것도 같은 맥락이다. 아베 전 정부의 수출 규제로 오히려 일본이 피해를 봤다는 분석도 덧붙였다. 그동안 선진기술 유출 경계 등으로 현지 생산을 꺼렸던 일본 반도체 부품 기업들이 한국에 진출해 현지 생산을 시작한 것을 대표적인 사례로 꼽았다. 일본 정부의 수출 규제가 일본 기업들의 한국 진출을 부추기는 반 경제안보 부메랑으로 돌아왔다는 것이다. 한국과 일본 기업들이 제3국을 경유해 부품 거래를 시작한 것은 양국의 상호 경제 의존도가 얼마나 높은 지를 보여주는 방증이라는 해석도 내놨다.

(머니투데이, 2022.06.01.)

[무역현장]

정부, 중소·중견기업 수출 돕는 '전문무역상사' 105곳 지정

산업통상자원부는 한국무역협회와 12일 서울 코엑스에서 '2022년 전문무역상사 지정식'을 개최하고, 신규 '전문무역상사' 105곳에 지정서를 수여했다고 밝혔다.

전문무역상사는 대외무역법에 따라 산업부 장관이 중소·중견기업의 수출 확대를 위해 지정한 수출 대행 기업이다. 수출 경험과 해외 네트워크가 부족한 중소·중견기업의 해외 바이어 발굴을 돕고 수출을 대행하는 역할을 한다. 정부로부터 무역보험공사 단기수출보험 할인, 대한무역투자진흥공사(코트라) 해외 바이어 신용조사 무료 제공, 해외 지사화 사업 가점 부여 등 혜택을 받는다.

전문무역상사로 지정받으려면 전년도 수출 실적 또는 직전 3개 연도의 연평균 수출 실적이 100만 달러 이상, 전체 수출액 중 수출 대행 비중이 20% 이상이어야 한다. 지정 1년 후 전년도 대행수출 실적 등을 평가해 요건을 충족하면 1년 더 전문무역상사로서 활동할 수 있다. 요건은 전년도 수출실적 50만 달러 이상, 중소·중견 수출 대행 비중 20% 이상 등이다. 이날 신규 지정된 업체들까지 포함해 전문무역상사 수는 총 330개사다.

한편 산업부는 이날 행사에서는 수출 대행 실적 등이 우수한 전문무역상사 2곳에 산업부 장관 표창을 수여했다. 표창을 받은 경동글로벌리소시스는 각종 철강제품 등을 전문으로 710만 달러 규모의 수출을 대행했다. 코리아지티는 재생 폴리에스테르 섬유를 주력으로 지난해 3800만 달러 규모의 수출을 대행했다.

문동민 산업부 무역투자실장은 "중소기업의 수출 확대를 위해서는 전문무역상사의 역할이 매우 중요하다"며 "앞으로도 품목별·지역별 특성에 맞는 맞춤형 수출 대행으로 우리 기업의 해외 시장 개척의 동반자 역할을 해 달라"고 당부했다.

(뉴시스, 2022.07.12.)

[무역현장]

미국 무역당국 "중국산 STS 강판, 베트남 통해 우회 수출"

미국 무역청(USITA)이 중국산 스테인리스 강판과 스테인리스강 스트립(stainless steel strip/이하 SSSS)이 우회 수입되고 있다고 잠정(예비) 결론을 내렸다. 이에 미국 무역 당국은 우회국으로 지목된 베트남 등에 대한 조사를 강화하고 이해관계 업체들에 현금 예치금을 요구할 방침이다. 지난 15일, 미 무역청은 중국산 특정 스테인리스 강판과 SSSS이 베트남에서 추가 가공된 이후 미국 시장에 베트남산으로 수출된 사실을 발견했다고 밝혔다. 이에 대해 미 무역청과 상무부(USDOC)는 중국산 스테인리스 제품에 대한 반덤핑 및 상계관세 제재를 우회하기 위한 행위로 판단했다. 미 상무부는 관세국(CBP)에 관련 내용을 통보하고 2020년 5월 15일부터 베트남을 통해 우회 수출된 중국산 스테인리스 강판과 SSSS에 대한 기존 청산 결과를 무효화하고 새로운 부과 방식을 적용할 계획이라고 밝혔다. 아울러 상무부는 베트남과 중국의 이해 관계자들이 미국 무역 당국의 이번 예비결정에 대해 응답해야 한다고 밝혔다. 한편 상무부는 이번 예비 결론 도출을 위해 Outokumpu Stainless USA LLC와 POSCO VST Co., Ltd.(POSCO VST), POSCO Vietnam Processing Center, Silverwood Hong Kong Ltd의 기존 제출 기록을 참조했다고 밝혔다.

(철강금속신문, 2022.09.20.)

10

무역계약

제10장의 주요 내용

제10장에서는 무역계약과 계약에 포함되는 각종 거래조건에 대해 살펴본다. 이 장에서 학습할 주요 내용은 다음과 같다.

1. 무역계약의 체결과정
2. 무역계약에 포함되는 주요조건의 종류와 내용
3. INCOTERMS(2010) 11개 거래조건의 종류와 내용
4. CISG의 성격 및 적용방법
5. CISG에 의한 계약위반의 판단과 구제방법

제10장 학습 키 워드(key word)

해외시장조사, 신용조사, 은행조회, 동업자조회, 청약(offer), 반대청약(counter offer), 승낙(acceptance), 매매계약, 약인(約因), 품질조건, 수량조건, 과부족용인조항, 가격조건, 화물의 단위화, 선적조건, 보험조건, 대금결제조건, 불가항력조항, Incoterms, EXW, FCA, FAS, FOB, CFR, CIF, CIP, CPT, DAT, DAP, DDP, CISG, 이행지체, 이행거절, 이해불능, 불완전이행, 특정이행

제10장 무역계약

제1절 해외시장조사와 신용조사

1 해외시장조사의 의의

해외시장조사는 수출 또는 수입을 하기 위한 첫 단계다. 무역거래를 하기 위하여 특정한 상품의 수출 또는 수입가능성을 조사하는 일체의 활동을 말한다.

시장조사의 본래 의미는 상품 및 마케팅에 관한 자료를 계통적으로 수집·기록·분석하여 과학적으로 해명하는 일련의 과정을 말한다. 시장조사의 내용에는 상품조사·판매조사·소비자조사·광고조사·잠재수요자 조사·판로조사 등 각 분야가 포함된다. 무역에서 수출업자는 해외시장조사를 통해 잠재적인 구매력을 지닌 시장을 물색하고, 그 시장이 원하는 상품이 무엇인지를 살펴본 후 이러한 기본 정보를 토대로 자기가 생산하는 물품을 언제, 어느 지역에, 가장 많이, 가장 비싸게 수출할 것인지를 모색하게 된다. 반면 수입업자는 구매하고자 하는 물품의 공급처를 사전에 탐색하여 언제, 어느 지역에서, 가장 유리한 조건으로 수입할 것인지를 모색하게 된다.

무역거래의 대상이 되는 해외시장은 국내시장과는 적용되는 법률, 상관습, 언어, 문화 등이 다르기 때문에, 무역거래에 있어 위험을 최소화고 이익을 극대화하기 위해서는 사전에 정확한 시장조사가 필수적이다. 새로운 시장을 개척하고 거래처를 발굴하기 위해서는 시장조사가 끊임없이 이루어져야 한다. 경영활동과 시장조사는 뗄 수 없는 관계에 있는 것이다. 해외시장조사는 먼저 대상 시장의 일반적인 여건조사를 한 다음, 거래하고자 하는 상품 특유의 정보를 조사하는 것으로 진행된다. 일반적인 여건조사는 해당 시장의 정치, 경제, 사회, 문화 및 기술적 환경뿐 아니라 해당국의 유통구조, 경쟁상대, 소비자 기호 및 행동양식 등을 조사하고 분석하는 것이다.

2 해외시장조사의 내용

(1) 일반 환경조사

일반 환경조사는 지리적 조건과 정치·경제적 여건, 사회적 환경, 거래선에 대한 조사다. 수출의 경우를 예로서 주요 조사내용을 보면 〈표 10-1〉과 같다.

〈표 10-1〉 **일반 환경조사의 주요 내용**

지리적 조건	• 우리나라와의 거리 • 면적과 기후 • 도시의 분포상황과 무역 교통로와의 인접관계
정치·경제적 여건	• 정치적 안정성과 변화가능성(정치적 위험의 발생가능성 포함) • 국민총생산(GDP) 및 1인당 소득(구매력), 소득의 변화추이 • 경기동향 • 고용사정과 임금 • 물가 • 통화체계 • 통화의 안전성(환율의 안정성) • 외환사정(국제수지 동향) • 수출입규제 상황(관세율의 수준과 비관세적 수입규제 정도) • 외국기업의 투자상황 • 품목별/지역별 수출입규모 등 제반 무역통계
사회적 환경	• 인구 규모 및 인구증감률 • 인구의 도시화정도 • 인종구성 • 사용언어 • 종교적 상황 • 교육수준 • 문화, 풍습, 상관습과 상도의(商道義) • 항만과 공항 등의 교통사정 • 통신인프라의 구축정도
소비자에 관한 사항	• 소비자의 소득별 분포 • 소비자의 상품에 대한 만족도 • 생산자에 대한 이미지

수입을 위한 시장조사의 경우는 수출에 비해 그 조사항목이 보다 줄어들 수가 있다. 이때는 공급자에 관한 사항이 충분히 조사되어야 한다.

(2) 거래대상 품목에 대한 조사

거래대상 품목에 대한 조사는 수출 또는 수입하고자 하는 물품과 관련된 조사이다. 주요 조사내용은 〈표 10-2〉와 같다.

〈표 10-2〉 **거래대상 품목에 대한 조사의 주요 내용**

상 품	• 가격 및 품질경쟁력 분석 : 상품의 품종, 품질, 디자인, 상표, 포장, 가격 등에 대해 현지 생산품이나 기타 경쟁제품, 대체품과 비교 • 미래의 수요량, 계절적 수요량 • 조사대상국의 공급현황 : 주요 공급선, 공급선의 상호, 현지 국산품 공급량 • 제품수명주기
유통구조와 서비스	• 거래대상 품목과 관련된 현지국의 할인매장, 백화점, 특약점, 체인 스토어 등 유통구조 현황 • 전자제품이나 자동차 등 내구성 제품의 경우 사후서비스의 필요성과 가능성

３ 해외시장조사방법

(1) 인터넷에 의한 조사

인터넷이 일반화되기 이전 해외시장조사는 무역유관기관이 발간한 간행물을 이용하거나 시장을 직접 방문하는 발품을 팔아 시장정보를 입수하는 것이 일반적이었다. 그러나 21세기 들어 대부분의 정보는 인터넷을 통해 신속하고도 정확하게 확보할 수 있게 되어 무역에서도 이를 통해 시장조사를 진행하는 것이 일반화 되었다. 인터넷에 의한 정보수집은 일차적으로 무역과 관련된 정부기관이나 정부투자기관 또는 관련 단체의 사이트를 방문하는 방법이 활용된다. 또한 검색도구를 이용해 조사하는 방법과 업체의 홈페이지를 방문해 조사하는 방법이 활용된다.

무역과 관련된 정부기관으로는 무역통계와 관련된 자료는 관세청이나 통계청, 한국무역정보통신(KTNET), 한국무역협회(KITA) 등의 홈페이지를 방문하면 손쉽고 다양한 자료 입수가 가능하다. 이들 홈페이지에는 외국의 통계자료들도 입수할 수 있는데, 필요한 경우 해당 국가 무역관련 기관에 방문하면 역시 무역과 관련된 통계자료들을 쉽게 입수할 수 있다. 거래시장에 관한 정보는 대한무역투자진흥공사(KOTRA)나 한국무역보험공사, 한국무역협회, 중소기업청 등에서 다양한 자료를 입수할 수 있다. 한국무역협회가 운영하는 사이트와 KOTRA가 운영하는 실크로드 21 KOBO 사이트는 거래 알선, 무역속보, 상품 및 업체 정보, 거래정보 등을 광범위하게 제공하고 있다. 그 외에도 이와 유사한 무역전문사이트들이 국내외를 막론하고 상당수가 운영되고 있다.

(2) 해외시장 전문조사 기관에 의한 조사

수출상품별로 보다 상세한 정보를 얻고자 할 경우 다소 경비가 소요되더라도 외부 전문조사기관에 위탁조사를 할 수 있다. 국내에서 제공되는 전문조사기관의 서비스로는 KOTRA의 시장조사대행 서비스와 한국무역보험공사의 해외기업 신용조사 서비스가 대표적이다.

KOTRA의 해외시장조사 서비스는 2020년 1월 기준 125개가 넘는 세계 각지의 KOTRA 무역관을 활용해 바이어 찾기(수출 희망 품목의 관심 바이어 발굴), 맞춤형 시장조사(수요동향, 수입동향/수입관세율, 경쟁동향, 수출동향, 소매가격동향/유통구조, 품질인증제도, 생산동향, 기타 등 조사), 원부자재공급선 조사(수입 희망 품목의 잠재 공급선 발굴) 등으로 나누어서 유료로 제공된다. 한국무역보험공사의 기업신용조사 서비스는 무역보험공사의 지사 및 전 세계 신용조사기관과 연계하여 해외소재 기업의 기본정보, 재무정보 등의 신용조사를 실시한 후 의뢰인에게 신용조사 보고서를 제공하는 것이다. 이러한 서비스도 유료로 제공된다.

(3) 자체 현장조사

통계자료 등 간접적으로 입수할 수 있는 자료를 제외하고 가장 신빙성이 높은 시장조사 방법은 대상 지역을 직접 방문하여 조사하는 것이다. 조사는 수출업체 단독으로 할 수도 있고, 해당 산업의 수출입조합이나 경제단체의 해외시장 조사단이나 사절단에 참가하여 조사할 수도 있다.

현지를 방문하면 먼저 우리나라 공관, KOTRA의 현지 무역관 또는 현지의 무역협회나 상공회의소를 방문하여 일반적인 시장현황을 청취하고 최대한의 협조를 구한다. 구체적인 자료는 관련 업체, 백화점, 도매상 등 현장을 방문하여 수집한다. 현지조사로 가장 많이 활용되는 것이 박람회나 전시회 등에 참여하는 것이다. 박람회나 전시회는 국제적으로 개최되어 여러 나라 상품이 출품되는 경우가 많고, 또 산업별로 개최되는 경우가 보통이기 때문에, 같은 장소에서 여러 국가의 수많은 동일 용도 제품을 비교 평가할 수 있는 좋은 기회가 된다.

🔳 신용조사

(1) 신용조사의 의의

거래대상 시장내에서 거래처가 잠정적으로 선정되면 거래관계를 맺기에 앞서 상대방에 대한 신용조사를 하여야 한다. 무역에서 당사자가 무역계약 조건대로 계약을 이행하지 아니하는 경우가 적지 않고, 이로 인한 피해는 국내거래의 경우와는 비교할 수 없을 정도로 큰 경우가 보통이다. 따라서 거래처에 대한 신용상태를 확인하는 것은 향후 거래 가능성을 진단하고, 위험요소를 사전에 회피한다는 점에서 그 중요성이 강조된다.

무역사기 사건도 자주 발생한다. 이러한 사기로 인한 피해는 거래를 빙자한 속임수에 당하는 경우도 있지만 거래를 어느 정도 하다가 당하는 수도 있다. 후자의 경우 대개 거래에 앞서 신용조사를 철저히 해 두지 아니한 데서 기인하는 것이다. 신용위험(credit risk, 信用危險)은 무역거래에서 생기는 무역위험의 하나로, 비상사태 등 계약당사자에게 책임지울 수 없는 사유로 인하여 발생하는 비상위험(emergency risk)에 상대되는 개념이다. 무역거래에서는 매수인의 파산이나 지급불능, 화물 인수불능, 전쟁 등으로 인해 발생하는 경우가 많다.

이러한 신용위험은 신용장이나 무역보험제도 등을 통해 어느 정도 예방이나 구제가 가능하다. 또한 대리점을 통한 판매의 경우 대리점과의 지급보증계약을 체결해 둠으로써 신용위험을 대리점에 전가시킬 수도 있다. 그러나 이와 같은 방법으로 근본적인 문제가 모두 해결되는 것이 아니므로 위험이 발생하면 어느 정도의 손실은 불가피하게 된다. 결국 가장 바람직한 것은 가능하다면 적정한 신용조사를 통해 재정상태, 영업능력, 성실성 등 모든 면에서 신뢰할 수 있는 상대방과만 거래하는 것이다. 신용조사는 거래관계가 형성되기 전에 한번만으로 끝나는 것이 아니라 지속적인 거래관계에서도 상황변화 여부를 수시로 살펴볼 필요가 있다.

(2) 신용조사의 내용

신용조사의 목적은 신뢰도(reliability)의 측정이다. 이를 위하여 일반적으로 다음과 같은 3C를 중점적인 조사 대상으로 한다.

1) Character(특성)

대상업체의 개성(personality), 성실성(integrity), 평판(reputation), 영업상태(attitude toward business) 및 의무이행의 열의(willingness to meet obligation) 등 계약 이행에 대한 태도와 관련되는 것이다. 상대방에 대한 신뢰성은 Character에 크게 좌우되므로 신용조사에서 가장 중시되고 있다. 특히 평판은 해당 기업의 행태와 관련해 시간을 두고 쌓여 형성되는 것이므로 신중하게 고려할 필요가 있는 것으로 간주된다. 경영면에서 기업의 신용상태를 볼 때는 경영진의 인격, 식견, 수완, 성실성 등과 종업원의 구성형태, 급여체계 등이 중시된다.

2) Capital(자본)

당해 업체의 재정상태이다. 재정상태는 수권자본(authorized capital)과 납입자본(paid-up capital), 자기자본과 타인자본의 비율 등을 파악하는 것으로 대금의 지급능력과 직결되는 것이다.

3) Capacity(능력)

당해 업체의 연간매출액(turn-over), 업체의 형태(주식회사·합자회사·합명회사·개인회사·기업의 공개여부 등), 연혁(historical background)과 경력(career), 주요 고객 등 영업능력에 관한 내용이다.

(3) 신용조사의 방법

신용조사는 당사자들간에 직접하는 것이 아니라 제3자를 통하여 이루어진다. 따라서 대개 거래를 제의하거나 이에 대하여 회신을 할 때, 각 당사자들은 자신의 신용을 알아볼 수 있는 신용조회처를 알려 준다. 이렇게 제시된 신용조회처를 통하여 조회를 하기도 하지만, 이와 별개로 거래은행이나 동업자, 비영리 신용조사기관 또는 상업흥신소 등을 이용하기도 한다.

1) 은행조회 또는 동업자조회

은행조회(bank reference)는 자사의 거래은행이나 상대방의 거래은행에 신용조회(credit inquiry)를 하는 것이다. 동업자조회(trade reference)는 상대방과 거래경험이 있는 국내업자나 현지 단골거래처에 신용조회를 하는 것이다. 무역업자로부터 조사 의뢰를 받은 거래은행은 해당 지역의 해외지점을 통해 상당히 정확한 신용조사를 할 수 있다. 은행조회에서 은행이 보내주는 조사회보서에는 은행의 의견도 기재되므로 무역업자들이 높이 평가하는 경향이 있다. 특히 해당기업의 재무상태와 관련한 정보에서 도움이 된다. 동업자조회의 경우 경쟁관계에 있는 업체라면 거래 상대방에 대한 신용을 문의하기 어렵겠지만 경쟁관계가 아니라면 도움을 요청할 수 있다.

2) 비영리 신용조사기관을 통한 조회

국내에서 비영리로 해외신용조사 서비스를 하는 대표적인 기관으로 한국무역보험공사가 있다. 한국무역보험공사는 신용위험에 대응하는 신용보증업무와 여러 종류의 수출보험[1]업무를 취급하고 있다. '국외기업 신용조사서비스'로 보험공사의 해외지사 및 전 세계 신용조사기관과 연계하여 해외소재 기업의 기본정보, 재무정보 등의 신용조사를 실시한 후 의뢰인에게 신용조사 보고서를 제공하는 서비스를 제공하고 있는데, 약간의 수수료를 받는다.

3) 민간 신용조사업체(Credit Agency)를 통한 조사

상업흥신소(commercial agency)는 신용조사를 전업(專業)으로 하고 있는 기업을 말한다. 전업으로 조사를 하는 만큼 조사의 내용과 질도 우수한 것으로 평가를 받는다. 국제적으로 이름이 알려져 있는 신용조사업체들은 세계 주요도시에 지점 또는 조사원을 상주시키거나 파견하여 현지조사를 실시한다. 신용조사업체는 흔히 신규거래처의 신용조사에 많이 이용된다. 국제적으로 유명한 신용조사업체로는 미국계의 Dun & Bradstreet(http://www.dnb.com)가 있다. 세계적인 신용평가기관인 Moody's Investors Service는 이 회사의 자회사이다. 국내에서 운영되는 신용조사업체로는 한국신용평가(http://www.kisrating.com)와 미래신용정보(http://www.miraecredit.co.kr) 등이 있다.

---

1) 수출보험이란 해상보험이나 화재보험 같은 민간보험으로 구제받을 수 없는 대외거래상의 위험으로부터 수출업체를 보호하기 위해 정부가 경영하는 보험을 말한다. 이러한 보험의 요인에는 정책적으로 이루어지는 기업의 국유화, 전쟁이나 내란 등의 정치적 위험과 수입제한이나 금지 등의 경제적 위험을 포함하는 비상위험, 경영자가 판매예상이나 경영상 예측이 어긋나 투자비용을 회수하지 못하는 기업위험, 수출계약 상대방의 파산이나 계약불이행 등의 신용위험, 환율의 급격한 변동에 따른 환위험 등이 있다.

제2절 무역계약의 체결

1 거래의 제의(Business Proposal)

거래대상 후보자가 선정되면 특정 품목에 대한 구체적인 거래조건을 제시하면서 거래를 제의한다. 거래제의는 일반인들을 대상으로 광고형태로 하는 경우도 있고, 동일 내용의 문서를 여러 상대방에게 보내는 Form Letter 또는 Circular Letter에 의하는 경우도 있으나 통상 개별 상대방을 대상으로 서신을 작성하여 보낸다.

거래제의 서신(business proposal)을 거래권유장이라 한다. 거래권유장의 내용은 거래하고자 하는 상품 및 기타 사정에 따라 달라질 것이나 대체로 다음과 같은 내용이 포함되어야 한다.

① 상대방을 알게 된 경위와 거래관계의 희망
② 자기회사의 소개(취급품목, 영업상태, 연혁, 신용상태 등)
③ 거래하고자 하는 내용
④ 무역거래의 기본조건
⑤ 자기회사의 신용조회처
⑥ e-mail 주소, FAX번호, 전화번호 등 연락처

거래권유장은 상대방에게 자사를 홍보하는 첫 문서이고, 거래의 성패를 좌우하는 중요한 자료이므로 신중하고 정중하게 작성되어야 한다.

2 청약(offer)과 승낙(acceptance)

(1) 청약(offer)과 반대청약(counter offer)

청약(offer)[2]이란 청약자(offerer)가 피청약자(offeree)와 자신이 제시하는 조건으로 계약을 체결하고 싶다는 의사표시를 말한다. 이를 '물품매도확약' 또는 '오더'(order)라고도 한다. 오퍼는 여러 가지로 분류될 수 있다. 청약을 하는 당사자

---

2) 무역실무에서 대개 '오퍼'라 부른다.

를 기준으로 하면 매도인이 물품판매조건을 제시하는 Selling Offer와 매수인이 물품구매조건을 제시하는 Buying Offer로, 청약을 하는 장소를 기준으로 하면 해외에 있는 물품공급자를 대신해서 국내에서 발행하는 국내청약과 거래상대국의 물품공급자가 국외에서 발행한 국외청약으로 구분된다. 또 청약의 확정력을 기준으로 확정청약과 불확정청약 등으로 구분하기도 한다.

어느 한쪽의 청약에 대하여 이를 받은 상대방이 가격, 수량, 선적일 등 조건을 수정하여 제시하는 청약을 반대청약(counter offer)이라 한다. 반대청약은 매도인과 매수인이 모두 제시할 수 있고, 실무상 매도인과 매수인간에는 몇 차례의 반대청약 과정을 거친 후 계약이 성립되는 것이 보통이다.

(2) 승낙(acceptance)

상대방의 청약 또는 반대청약을 받아들여 그 내용대로 계약을 성립시키는 의사표시가 승낙(acceptance)이다. 승낙은 원칙적으로 상대방의 의사에 대한 무조건적인 동의를 의미한다. 따라서 청약 내용에 대해 일정한 단서를 붙이거나 추가 또는 변경을 가하면 승낙이 아니라 반대청약이 된다. 반대청약은 양 당사자에 의해 여러번 이루어질 수 있다.

승낙은 유효기간 이내에 하여야 한다. 승낙방법이 지정되어 있는 경우에는 명시된 방법에 따르지 않으면 청약자의 별도 승인이 없는 한 계약으로서 효력이 발생되지 않는다. 그런데 청약자와 피청약자는 공간적으로 상당히 떨어져 있는 것이 무역거래에서는 일반적이다. 따라서 승낙의 의사표시가 피청약자로부터 발송되어 청약자에게 도착하기까지의 어느 시점에서 계약이 성립하는가 하는 것이 문제가 될 수 있다. 여기에 관해서는 피청약자가 승낙의 의사표시를 발송한 시점에 계약이 성립된다고 보는 발신주의와, 피청약자의 승낙의사표시가 청약자에게 도달한 시점에 계약이 성립된다고 보는 도달주의의 두 가지 입법형태가 있다.[3] 이와 같은 승낙의 효력발생 시기에 대한 입법상의 규정은 나라에 따라 다를 수 있으므로 주의할 필요가 있다. 따라서 청약시 'Offer subject to acceptance reaching here by(date)'와 같이 승낙의 통지가 언제까지 도달할 것을 조건으로 명시해 두게 된다.

---

[3] 각국의 입법사례를 보면 승낙의 의사표시에 대해 대화자간에는 모두 도달주의를 채택한다. 격지자간에는 우리나라(민법 제531조), 영미법, 일본법은 발신주의를 원칙으로 하지만 독일법과 CISG는 도달주의를 채택하였다.

3 무역계약의 성립

(1) 무역계약의 개념

상품의 매매계약(contract of sale)은 당사자의 일방(매도인 : seller)이 그 대가인 금전과 교환으로 상품의 소유권을 상대방(매수인 : buyer)에게 이전하거나, 이전할 것을 합의하는 것을 말한다. 즉, 양 당사자의 합의로 이루어지는 합의계약이자, 당사자 모두 일정한 의무를 부담하는 쌍무(雙務)계약이다. 물론 위탁판매수출입이나 임대차수출입, 위(수)탁 임가공무역처럼 매매가 이루어지지 않는 거래도 있지만 일반적으로 무역계약은 이러한 매매계약이 국제간에 이루어지는 것이다.

무역계약은 원거리에 있는 당사자들간에 체결되기 때문에 교섭과 이행에 많은 시간과 비용이 소요된다. 또한 법과 제도가 다른 국가들이 관련되므로 당사자의 권리의무의 이행과 실현에 불확실성과 위험이 따른다. 또한 무역계약에는 각국의 법이 복합적으로 관련되기 때문에 법의 적용에도 불확실성이 발생한다.

(2) 무역계약의 성립과 계약서의 작성

무역계약에는 기본적으로 계약자유의 원리가 적용된다. 계약당사자가 속한 국가의 언어, 관습, 법과 제도의 차이에서 오는 계약의 복잡성과 다양성 때문에 통일된 국제계약법을 따로 정하기는 어려운 일이다. 그러므로 특별한 경우를 제외하고는 당사자의 합의를 가장 우선으로 하는 계약자유의 원칙이 인정되는 것이 일반적이다. 따라서 무역계약은 국내상거래에서 하는 계약보다 당사자간의 합의 자체가 훨씬 더 중요한 의미를 가지는 측면이 있다.

무역계약은 구두, 텔렉스, e-mail, EDI, 종이문서 등 그 방법, 수단과는 상관없이 어느 한쪽의 청약에 대해 상대방의 승낙이 있으면 성립되고 구속력도 있다. 무역계약이 반드시 서면에 의해서만 유효하게 성립하는 것은 아닌 것이다. 그러나 일반적으로 계약내용에 대한 잘못된 이해를 피하고, 분쟁이 발생하였을 때 증거를 확보하기 위해서는 계약내용을 명확하게 기록한 후 당사자가 서명·날인한 문서를 작성하는 것이 바람직하다. 무역계약서를 문서화하는 방법은 다음 3가지가 있다.

1) Offer Sheet, Purchase Order Sheet의 사용

매도인이 발행한 Offer Sheet에 그대로 매수인이 승낙 서명을 하거나, 매수인이 발행한 Purchase Order Sheet에 매도인이 서명하는 방법이다. 이 경우 반드시 서류를 정·부 2통으로 작성하여 각기 1통씩 보관한다.

2) Sales Note, Purchase Note의 사용

계약을 분명하게 하기 위해 Sales Note나 Purchase Note를 작성하여 교부함으로써 개별계약을 완성시키는 방법이다. 보통 매도인이 정·부 2통을 작성하여 서명한 후 매수인에게 송부하며, 매수인은 이를 확인한 다음 미비점이나 틀린 점이 없을 때 계약서 2통에 각각 서명하고 그 중에 정본(original)은 자신이 보유하고 부본(duplicate)은 매도인에게 발송하여 교부함으로써 정식 계약을 성립시킨다.

3) Sales Contract, Purchase Contract의 사용

복잡한 거래조건을 Sales Note나 Purchase Note만으로 충분히 포괄할 수 없을 때 계약서를 작성하는 방법이다.

(3) 무역거래계약의 효력발생 요건

무역거래계약이 법적 효력을 갖는 유효한 계약이 되기 위해서는, 다음과 같은 몇 가지 요건을 갖추고 있어야 한다.

첫째, 자유로운 의사에 의한 상호합의가 있어야 한다. 계약자유의 원칙에 따라 매매당사자가 자유의사에 의한 합의로 성립된 계약은 유효하지만 일방의 강압에 의한 계약은 무효가 된다.

둘째, 매매당사자의 행위능력이 있어야 한다. 만일 계약 당시 일방의 당사자가 파산자나 금치산자라면 그 계약은 무효화될 수 있는 계약이 된다.

셋째, 거래의 목적물이나 방법이 합법적이어야 한다. 국제적으로 거래될 수 없는 물품을 밀수로 거래하는 계약은 무효한 계약이 된다. 또 제3자를 속일 목적으로 양 당사자간 음모에 의한 계약도 무효이다.

넷째, 계약내용이 확정적이어야 한다. 거래물품, 가격, 수량, 선적시기 등 계약의 중요 요소를 형성하는 내용은 계약시에 확정되어 있어야 한다.

다섯째, 약인(約因, consideration)이 있어야 한다. 무역계약에서 약인이란 매도인의 물품인도에 대한 매수인의 대금지급과 같이 계약상의 약속에 대한 대가로 제공되는 금전, 재산권의 양도, 특정한 행위 또는 행위의 금지 등을 말한다. 약인은 반대급부가 없는 일방적인 증여와 구별하기 위한 것으로, 유상(有償)거래를 본질로 하는 무역계약의 법적 성격의 하나이다. 곧, 약속한 자가 지급하는 일체의 금전적 서비스를 의미하므로 정당한 상거래에서 주고받는 금전은 모두 약인으로 간주된다.

4 무역계약에 포함되는 거래조건

무역계약을 체결할 때 가장 바람직한 것은 거래에서 당사자의 이해와 관계될 수 있는 모든 경우를 다 계약에 포함시키는 것이지만 이는 현실적으로 불가능하다. 일반적으로 무역계약에 명시되는 주요 조건으로는 다음과 같은 것이 있다.

① 품질조건(Quality terms)
② 수량조건(Quantity terms)
③ 가격조건(Price terms)
④ 포장과 화물의 단위화 조건(Packing & Unitisation terms)
⑤ 선적조건(Shipment terms)
⑥ 보험조건(Insurance terms)
⑦ 대금결제조건(Payment terms)
⑧ 불가항력 및 분쟁해결 조항

(1) 품질조건

물품의 팔림새를 뜻하는 '상품의 시장성'에 영향을 미치는 요소는 다양하다. 그 중에서도 상품의 품질은 매우 큰 영향을 미친다. 원격지간 거래로 현품을 매수인이 직접 확인하기가 어렵고 상품이 장거리를 이동하는 과정에서 품질이 저하될 가능성이 높은 무역에서 품질은 주요 관심사가 될 수밖에 없다. 그만큼 매도인과 매수인간에 분쟁도 잦다. 따라서 거래하는 상품의 어떤 요소에 대해서, 어느 정도의 품질을 계약조건으로 하고, 이러한 조건의 이행여부를 상호 어떻게 입증하고 확인할 것인가 하는 문제는 중요한 의미를 갖는다. 상품의 어느 요소에 대해서 어느 정도의 품질을 계약조건으로 정하느냐는 매수인(buyer)이 어떤 품질을 필요로 하는지와 매도인(seller)이 해당 물품을 매도 가능한 것인지 여부에 따라 결정된다.

무역계약에 있어 품질조건은 ① 어떻게 품질을 확정할 것인가 하는 품질결정의 방식, ② 이러한 품질을 결정하는 품질결정의 시기, ③ 약정된 품질의 상품임을 확인하고 증명하는 품질증명 방법의 세 가지로 구성된다. 품질 결정방식으로는 견본매매, 명세서매매, 표준품매매, 상표매매, 점검매매 등이 활용된다. 품질결정 시기는 통상 선적품질조건과 양륙품질조건 중 하나가 선택된다. 품질증명방법으로는 검사기관에서 발급받는 감정보고서(survey report) 등이 활용된다.

(2) 수량조건

무역계약에서 수량이란 중량, 용적, 개수, 포장 등을 말한다. 수량은 품질 다음으로 거래에서 분쟁이 일어나기 쉬운 것이다. 수량조건(Quantity terms)에서 다루어야 할 계약요소는 ① 수량의 단위, ② 수량의 결정시기, ③ 수량의 확정방법, ④ 수량의 과부족에 대한 용인조건 등이다. 이 가운데 수량의 과부족에 관한 조건은 주로 곡물이나 광물과 같이 비포장 산물(bulk)화물로 거래되는 물품에서 필수적인 조건이다. 이러한 물품은 운송과정에서 어느 정도의 과부족(surplus or deficiency) 발생이 불가피하기 때문이다. 따라서 분쟁을 방지하기 위해서는 계약상에 과부족용인조항(More or Less⟨M/L⟩ Clause)이나 소량손해 면책조항을 약정해 두게 된다.

과부족용인조항이란 약정된 수량에서 다소의 과부족이 발행하더라도 이를 계약위반으로 간주하여 클레임을 제기하지 않기로 하는 조항을 말한다. 신용장통일규칙에는 신용장에 특정 물품의 수량에 대하여 과부족을 허용하지 않는다고 명시하고 있지 않는 한 어음발행금액이 신용장금액을 초과하지 않는 경우에 한하여 5%의 과부족이 허용되는 것으로 규정하고 있다.4) 그러나 신용장통일규칙의 규정은 이 규칙을 적용하는 신용장거래에서만 적용된다. 따라서 무(無)신용장 방식의 거래에서는 계약서상에 과부족용인조항을 명시해 둘 필요가 있다.

소량손해 면책조항은 계약서에 프랜차이즈 조항(franchise clause)이나 공제조항(deduction clause)을 두어 일정량의 감량은 매도인 책임이 아님을 명시하는 것이다.

---

4) 신용장통일규칙(UCP) 600 제30조. 이러한 과부족의 허용한도는 신용장에 개개 품목단위로 수량조건이 명시되어 있을 때는 적용되지 아니한다. 즉, 포장단위(packing unit) 또는 개별품목단위(pcs, dozens, gross)로 수량이 표시되어 있는 경우에는 과부족이 허용되지 않는다.

(3) 가격조건

가격조건은 계약의 협상과정에서 매도인과 매수인 모두 가장 중요하게 고려하는 조건이다. 가격조건의 핵심은 거래단가와 거래조건, 거래통화의 선택이다. 단가는 물품의 원가와 매도인의 이윤, 계약물품의 인도장소, 당사자간의 물품에 대한 위험부담 범위, 물품의 인도에 따른 비용부담, 시장의 상황 등이 반영되어 결정된다. 거래조건은 통상 FOB, CIF와 같은 정형무역거래조건인 Incoterms의 특정한 거래규칙을 적용하기로 합의하는 것으로 해결한다. 거래통화는 결제통화를 어떤 통화로 할 것인가의 문제로 환율 변동에 따른 위험과 통화의 입수가능성 등을 고려해 결정한다. 우리나라 무역거래에서 일반적으로 적용하는 결제통화는 미국 달러화이고 일부의 경우에만 유로화와 엔화, 위안화, 원화 등이 활용된다.

(4) 포장과 화물의 단위화 조건

무역거래에서 포장(packing)은 거래되는 물품을 안전하게 보호하고, 적절한 정보를 제공하며, 상품의 가치를 유지할 수 있도록 하는데 주목적이 있다. 화물의 단위화는 운송의 효율화를 위한 것이다. 포장조건과 관련하여 규정될 사항은 포장의 종류와 화인(貨印 : cargo marks) 등이고, 화물의 단위화와 관련하여 규정될 사항은 단위화의 방법, 단위화에 사용될 용구 등에 관해서이다.

화인은 포장에 특정의 기호, 번호, 목적지, 원산지 등의 표시를 하는 것을 말한다. 이러한 표시는 해당 화물에 대한 정보를 제공함으로써 운송인이나 기타 관계자에 대한 업무처리의 정확성과 효율성을 높이기 위한 것이다. 화인의 주요 표시는 선하증권이나 포장명세서(Packing List) 또는 송품장(Invoice) 등에도 기재된다. 화인에는 모든 포장물에 동일하게 표시되는 것도 있고(식별기호, 목적지, 원산지, 주의표시 등), 포장물마다 다르게 표시되는 것도 있다(포장물의 일련번호 등). 화물의 단위화(單位化)는 무역거래 대상물품의 물류를 합리적이고 효율적으로 수행하기 위하여 필요하다.

물류과정에서 가장 중요한 것은 화물의 일관운송관리와 재고(在庫)관리이다. 물류에서 화물의 형태가 다양하거나 취급하는 단위량, 규격 등이 달라지면 처리방식이 복잡해지고 기계·장비에 의한 처리도 어려워지기 때문이다. 따라서 화물을 일정한 표준규격의 중량 또는 용적으로 일체화시킬 필요가 생긴다. 이를 화물의 단위화(Unitization)라 한다. 화물의 단위화는 화물의 운송과정에서 운송회사에 의해 요구되기도 한다. 화물의 단위화에는 일반적으로 해상운송이나 복합운송에서는 펠릿(pallet)이나 컨테이너(container)가, 항공화물에서는 ULD(Unit Load Device)가 사용된다.

(5) 선적조건

선적조건(Shipment terms)과 인도조건(Delivery terms)의 개념은 혼용되기도 한다. 그러나 엄밀하게 살펴보면 무역거래에서 선적(shipment)과 인도(delivery)의 시기와 장소는 일치하는 경우도 있고, 일치하지 않는 경우도 있다. Incoterms에는 거래규칙별로 거래 물품의 인도시기와 장소, 방법이 명시되어 있다. 따라서 정형무역거래조건을 적용할 경우 자동으로 인도조건도 결정된다. 그러나 선적에 관하여는 필요한 사항을 무역계약시 별도조건으로 약정하여야 한다.

선적조건에 포함될 내용은 적재항(장소)과 목적항(장소), 선적시기, 분할선적, 환적(換積), 선적사실의 증명방법 등에 대해서이다. 선적시기는 매수인이 해당 물품을 사용해야 하는 시기와 밀접한 관련이 있다. 일반적으로 매수인의 입장에서는 불가피한 사정이 없는 한 분할선적과 환적을 원하지 않는다. 무역에서 선적이란 용어는 선박에 적재하는 것만을 뜻하지 않고 항공기에 대한 적재, 우편의 발송, 복합운송을 위한 수탁 등 운송방법에 따라 다른 의미로 넓게 사용된다.

(6) 보험조건

무역상품이 운송되는 과정에는 많은 위험 발생의 가능성이 있으므로 이러한 위험의 현실화에 따른 손해를 줄이기 위하여 적하보험(Cargo Insurance)에 가입한다. 이를 '부보(附保)한다'고 표현한다. 적하보험의 종류는 해상운송은 해상적하보험(Marine Cargo Insurance), 육상운송은 운송보험(Transport Insurance), 항공운송은 항공운송보험(Air Transport Insurance), 복합운송은 일관운송보험(Through Insurance)으로 나누어진다.

보험조건에 포함되어야 할 내용은 ① 매도인과 매수인 중 누가 보험료를 지불하고 보험계약을 할 것인가 하는 보험계약자, ② 보험사고 발생시 누가 보험금을 지급받을 것인가 하는 피보험자, ③ 언제, 어디에서부터 언제, 어디까지 운송과정에서 발생하는 위험에 대하여 부보(附保)할 것인가 하는 보험기간, ④ 보험대상이 될 위험의 종류와 손해보상의 범위에 관한 담보조건 등이다. 그런데 무역거래에서 Incoterms를 적용할 경우 부보 의무가 발생하는 것은 CIF와 CIP

조건을 적용할 경우뿐이다. 이때 매도인은 매수인을 위해 ICC(C) 또는 이에 상
응하는 최소담보조건으로 부보하여야 한다. 그러나 그 외의 거래조건을 적용한
경우에는 매도인 혹은 매수인이 자신이 필요하다면 자신을 위해 보험에 가입해
야 한다.

(7) 대금결제조건

대금결제조건(Payment terms)이란 매수인이 물품의 대가를 언제 지불할 것인
가 하는 대금의 결제시기와, 어떻게 지불할 것인가 하는 결제방법 등에 대해 약
정하는 것을 말한다. 대금의 결제시기는 선지급(payment in advance), 동시지급
(concurrent payment), 후지급(deferred payment), 누진 또는 할부지급(progressive
·installment payment)의 네 가지로 나누어진다. 한편, 대금 결제방식에는 현금
결제방식, 송금방식, 무신용장추심방식, 신용장방식, 연계무역방식, 청산계정방
식 등이 있다. 그 외에도 거래형태와 금융기법의 발전에 따라 전자결제방식, 국
제팩토링방식, 포페이팅방식 등 다양한 변형도 이용된다. 우리나라의 수출입에
적용된 대금결제방식을 보면 1990년대 이후 신용장방식은 꾸준히 감소하는 대
신 송금방식은 지속적으로 증가하는 추세를 보여 왔다.

(8) 불가항력 및 분쟁해결 조항

무역거래에서는 아무리 명확하고 자세한 계약을 해 두었다 하더라도 분쟁이
생길 소지가 많기 마련이다. 따라서 거래당사자의 일방이 의무를 위반하거나 기
타 분쟁이 발생하였을 경우를 대비하여 권리구제를 위한 조항도 약정해 둘 필요
가 있다. 여기에 포함될 수 있는 내용은 불가항력조항(force majeure clause)과 분
쟁해결조항 등이다.

불가항력은 당사자의 통제가 미치지 못하는 특정한 상황이 제기되었을 때, 거
래당사자가 자신의 의무를 다하지 않더라도 면책될 수 있는 사항을 열거하여 명
시하는 것이다. 전쟁, 내란, 폭동, 파업, 직장폐쇄, 천재지변 등이 주요 불가항
력 구성요소이다. 분쟁해결조항은 당사자 일방이 계약상의 의무를 다하지 아니
한 경우 상대방이 피해를 보상받을 수 있도록 하기 위해 필요하다. 이 조항에
포함되어야 할 사항은 클레임의 제기 기한, 제기방법, 준거법, 분쟁해결절차의
명시이다. 무역에서 분쟁해결은 통상 상사중재제도에 의한다.

5 무역계약의 종료

정상적일 경우 무역계약의 당사자가 계약된 물품의 인도와 대금의 결제라는 의무를 이행함으로써 무역계약은 사실상 종료하게 된다. 그러나 계약위반을 이유로 한 클레임(claim)이 제기되면 이를 해결할 때까지 관련 조항의 계약은 연장될 수밖에 없다. 따라서 계약의 체결과 이행도 중요하지만 계약의 종료과정도 계속적인 거래관계의 유지, 신용문제, 위반에 따른 피해당사자의 구제측면에서 중요하다. 무역계약이 종료된다는 것은 다음과 같은 사유로 인해 계약의 효력이 소멸됨을 의미한다.

① 계약의 이행에 의한 소멸(discharge by performance)
② 당사자간 합의에 의한 소멸(discharge by agreement)
③ 계약위반에 의한 소멸(discharge by breach)
④ 계약의 목적달성 불능에 의한 소멸(discharge by frustration)

무역계약의 소멸사유 가운데 ③항과 ④항의 사유로는 계약이 해제되더라도 법적인 문제가 계속 남아 계약조항의 클레임이나 중재조항, 재판관할권조항은 다른 계약조항과 같이 소멸되지는 않는다. 분쟁이 해결될 때까지 이들 조항은 계속 유효하고 계약도 연장될 수밖에 없는 것이다. ③항의 계약위반이란 일종의 채무불이행이다. 채무의 내용대로 이행을 하지 않은 상태가 존재할 뿐 아니라 그 상태가 어느 채무자의 귀책사유가 되는 고의와 과실에 의해 발생한 경우를 말한다. 계약위반이 있을 경우 그로 인해 피해를 본 당사자는 계약을 소멸시킬 수가 있다. 또 계약위반에 따라 발생한 손해를 보상받기 위한 손해배상 청구를 할 수 있다. 이를 클레임제기라 한다.

제3절 Incoterms

1 정형무역거래조건의 의의

무역거래는 매도인과 매수인의 합의에 따라 이루어지는 물품매매계약에서 시작되기 때문에 거래당사자들의 의무사항이 여러 가지로 구성될 수 있다. 그러나 이러한 의무사항을 계약할 때마다 일일이 합의한다는 것은 매우 번거롭고 부정확할 우려가 있다. 따라서 무역상인들은 오래 전부터 특히 거래상품의 인도 및 가격과 관련하여 무역거래 조건을 CIF나 FOB와 같이 부호화하여 관습적으로 사용함으로써 이러한 불편을 해결하려 하였다.

이러한 부호에는 물품이 매도인으로부터 매수인에게 이르는 과정에서 발생하는 비용과 위험부담의 당사자가 누구인지 관습적으로 정해져 있었다. 그렇지만 무역에서는 거래당사자가 속한 국가에 따라 법체계와 상관습이 다름에 따라 이와 같은 부호에 대한 해석상의 오해와 분쟁, 소송이 적지 않게 야기되었다.

이에 따라 민간 국제기구를 중심으로 무역거래조건을 통일된 국제무역규칙으로서 규범화하려는 노력이 시도되었다. 그 대표적인 것이 국제 민간단체인 국제상업회의소(ICC : International Chamber of Commerce)에 의해 정형화 된 Incoterms(International Rules for the Interpretation of Trade Terms : 무역거래조건의 해석에 관한 국제규칙)이다. Incoterms는 1936년 제정된 후 변화하는 무역여건 및 관습의 변화를 수용하면서 여섯 차례에 걸쳐 개정되어 오늘에 이르고 있다.

Incoterms 외에도 정형무역거래조건에는 국제법협회(ILA : International Law Association)가 중심이 되어 제정한 CIF계약에 관한 와르소-옥스포드 규칙(Warsaw-Oxford Rules for CIF Contract)과, 전(全)미국무역협회(National Foreign Trade Council) 등이 제정한 개정미국외국무역정의(Revised of American Foreign Trade Definitions)가 있으나 거의 사용되지 않는다. 무역에서 어떤 국제규칙의 정형무역거래조건을 적용할 것인가 하는 것은 전적으로 계약당사자의 자유로운 의사에 달려 있다.

Incoterms가 오늘날 국제무역에 널리 적용되는 국제규칙이기는 하지만 적용에 있어 강제성을 가진 법이나 국제협약이 아니라 어디까지나 민간단체인 국제상업회의소가 마련한 무역거래조건의 국제적인 해석기준에 불과하다. 그러므로 당해 무역거래조건의 해석기준에 대한 약정이 없을 경우에도 그 거래조건이 당연히 Incoterms에 따라 해석된다고 간주되는 것은 아니다. 따라서 명시적인 적용규정이 없을 경우 무역분쟁이 발생할 수 있다. 이에 대비하여 무역거래계약서에 'The Seller and the Buyer shall be governed by the provision of Incoterms® 2020'과 같이 표시하여 동 계약의 해석기준으로 Incoterms를 채택한다는 명시적인 규정을 두는 것이 보통이다.

한편, Incoterms의 적용을 명시하고 있다 하더라도 매매계약상 거래당사자가 거래조건과 관련하여 Incoterms의 규정과 다른 별도의 조항을 두는 경우, 이러한 별도 조항은 Incoterms상의 여러 해석 규정보다 우선적으로 적용된다. 예를 들어 선적조건을 규정하면서 거래상품의 인도시기나 인도장소를 Incoterms에 규정된 것과 달리 정하는 경우와 같은 것이 이에 해당한다. 민간규범인 Incoterms 규정보다 당사자간의 계약내용이 법률적인 측면에서 우선적인 효력이 있다고 보기 때문이다.

2 Incoterms의 변천과정

오늘날 대부분의 국제무역거래에서 사용되는 Incoterms[5]는 1936년 국제상업회의소에 의해 제정된 후 1953년, 1967년, 1976년, 1980년, 1990년, 2000년, 2010년 그리고 2020년에 각각 개정되었다. Incoterms의 개정은 발전하는 무역거래형태의 변화를 반영하는 것으로, 자본주의 시장경제와 사회주의 계획경제로 시장이 구분되었던 동–서유럽간 교역의 확대, 항공화물의 확대와 컨테이너를 활용한 복합운송의 증대 등 무역환경 변화에 따라 거래조건이 신설되거나 통합 또는 폐지되는 것으로 변화되었다. 1980년 이후부터는 10년 주기로 개정하고 있다. 2019년에 개정되어 2020년 1월 1일부터 시행된 Incoterms® 2020 개정거래조건의 내용은 〈표 10-3〉과 같다.

〈표 10-3〉 **Incoterms거래규칙의 개정**

Incoterms 2000		Incoterms® 2010		Incoterms® 2020
E그룹 (출하지 인도)	EXW	① 모든 운송에서 적용할 수 있는 조건	EXW, FCA, CPT, CIP, DAT, DAP, DDP	EXW, FCA, CPT, CIP, DPU, DAP, DDP
F그룹 (주운송비 미지급인도)	FCA, FAS, FOB			

---

5) 종래 Incoterms에는 "ICC Official Rules for the Interpretation of Trade Terms"(정형무역거래조건의 해석에 관한 ICC규칙)이란 부제를 달고 있었으나 2010년에 개정된 Incoterms에서는 그 부제를 "ICC Rules for the Use of Domestic and International Trade Terms"(국내 및 국제거래조건의 사용에 관한 ICC규칙)으로 바꾸었다. 한편 종래에는 3자 약어로 표시한 거래조건(Terms) 해석이 주안이었으므로 각각을 '조건'이라 호칭하였으나 Incoterms® 2010에서 '거래조건을 사용하기 위한 규칙'이라는 취지에서 각기 '규칙'이라 부르도록 하였다. 그러나 실무에서는 관행적으로 '조건'이란 용어를 사용하기도 한다. 이 책에서도 혼용하고 있다.

C그룹 (주운송비 지급인도)	CFR, CIF, CPT, CIP	② 해상운송에서 적용할 수 있는 조건	FAS, FOB, CFR, CIF	FAS, FOB, CFR, CIF
D그룹 (도착지인도)	DAF, DES, DEQ, DDU, DDP			

〈표 10-3〉에서 ①에 속하는 규칙은 운송수단에 관계가 없다. 복합운송을 포함하여 모든 운송방식에서 적용될 수 있다. 이들 규칙은 해상 또는 내수로운송이 전혀 포함되지 않은 경우에도 사용될 수 있고, 또 운송의 일부구간에 선박이 이용되는 경우에도 사용될 수 있다. 그러나 해상 또는 내수로만으로 운송이 가능한 경우라면 ②에 해당하는 규칙을 적용하면 되지 굳이 ①에 해당하는 규칙을 사용할 이유는 없을 것이다. ②에 속하는 것은 거래 물품의 선적 및 인도 지점과 목적지가 모두 항구인 규칙들이다. 따라서 해상 또는 내수로 운송에서 적합하다. 운송과 관련하여 Incoterms® 2010까지는 제3자 운송을 가정하고 매도인 또는 매수인의 운송계약을 규정하였으나, Incoterms® 2020에서는 자신의 운송수단을 마련하는 것도 허용하였다.

Incoterms® 2010의 DAT와 DAP규칙은 Incoterms 2000의 DAF, DES, DEQ, DDU 조건을 대체하여 신설된 것이나 Incoterms® 2020에서는 DAT의 명칭이 DPU로 변경되었다. DPU와 DAP, DDP는 매도인의 책임하게 수입국까지 거래물품을 이동시킨 다음 인도하는 규칙이지만 그 나머지 8개는 수출국 안에서 인도하는 규칙이다.

한편, Incoterms® 2020에서는 CIF와 CIP 조건 사용시 매도인의 적하보험 부보의무를 수정하였다. Incoterms® 2010에서는 CIF나 CIP 조건 모두에서 매도인은 협회적하약관의 C약관에서 제공하는 최소담보조건으로 보험에 가입해야 했으나, Incoterms® 2020에서는 CIF조건에서는 최소담보조건 적용을 원칙으로 하되, CIP조건에서는 협회적하약관의 A약관에 따른 부보를 원칙으로 하도록 한 것이다.

■3 Incoterms® 2020 거래규칙의 내용

Incoterms® 2020도 순서에 약간의 변동은 있으나 종전과 마찬가지로 11개의 모든 거래조건에 대해 매매당사자의 상대방에 대한 의무를 각각 10개 항목으로 대칭되게 규정하였다. 정리하면 〈표 10-4〉와 같다.

〈표 10-4〉의 의무조항 가운데 11가지 거래조건에서 각각 달리 규정되는 것이 A3/B3의 운송 및 보험계약과 A4/B4의 거래되는 물품의 인도와 관련되는 규정, A5/B5, A6/B6의 거래되는 물품과 관련하여 발생하는 위험과 비용을 누가 부담할 것인가에 대한 것이다. Incoterms는 기본적으로 매도인의 인도의무에 초점을 두고 있다. 이러한 인도의무가 완료됨에 따라 물품의 멸실 또는 손상의 위험부담 의무도 매도인으로부터 매수인에게 이전된다.

Incoterms에서 인도(delivery)란 용어는 두 가지 의미로 사용된다. 하나는 매도인의 인도의무 완료와 관련하여 사용하는 것이고, 다른 하나는 물품의 인도를 수령 또는 승낙(take of accept)하는 매수인의 의무와 관련하여 사용하는 것이다. 이때 매수인의 의무와 관련하여 사용되는 인도의 수령 또는 승낙의 의미는 매수인이 당해 물품이 매매계약과 일치하는 것을 인정한다는 의미가 아니라 단지 매수인이 그 물품을 수령할 의무를 이행한다는 것을 승낙한다는 의미다.

〈표 10-4〉 Incoterms® 2020 매매당사자의 의무에 관한 항목구성

A. 매도인의 의무	B. 매수인의 의무
A1. 일반적 의무[6] (General obligations)	B1. 일반적 의무 (General obligations)
A2. 인도(Delivery)	B2. 인도의 수령(Taking Delivery)
A3. 위험의 이전(Transfer of risks)	B3. 위험의 이전(Transfer of risks)
A4. 운송(Carriage)	B4. 운송(Carriage)
A5. 보험(Insurance)	B5. 보험(Insurance)
A6. 인도/운송서류 (Delivery/Transport documents)	B6. 인도의 증거(Proof of delivery)
A7. 수출/수입통관 (Export/Import clearance)	B7. 수출/수입통관 (Export/Import clearance)
A8. 점검/포장/하인 표시 (Checking/Packaging/Marking)	B8. 점검/포장/하인 표시 (Checking/Packaging/Marking)
A9. 비용의 배분(Allocation of costs)	B9. 비용의 배분(Allocation of costs)
A10. 통지(Notices)	B10. 통지(Notices)

---

6) 매도인의 일반적 의무는 다음과 같다. 「매도인은 매매계약에 일치하는 물품 및 상업송장과 그 밖에 계약에서 요구될 수 있는 일치성에 관한 증거를 제공하여야 한다. 매도인이 제공하여야 하는 서류는 합의에 따라, 합의가 없는 경우에는 관행에 따라 종이서류 또는 전자적 방식으로 제공될 수 있다.」 한편,

4 Incoterms® 2020 거래규칙의 표시

Incoterms® 2020의 명칭과 무역서류상 표시방법은 〈표 10-5〉와 같다.

〈표 10-5〉에서 무역서류상 표시방법을 보면 거래물품의 인도장소까지만 매도인이 비용을 부담할 때는 인도장소를, 거래물품의 인도장소 이후까지 운송계약을 체결하고 운임을 지불하는 경우에는 운임지불 구간의 마지막 장소를 기재하고 있음을 알 수 있다. EXW와 FCA의 본질적인 차이점은 EXW는 물품소재지에서 운송수단에 적재하지 않은 상태에서 인도하는 반면 FCA는 적재한 화물을 약정 장소까지 운송한 다음 운송수단에서 내리지 않은 상태로 인도한다는 점이다.

〈표 10-5〉 Incoterms® 2020의 명칭과 표시방법

약자	영문명칭	국문명칭	무역서류 표시방법
EXW	Ex Works	공장인도규칙	EXW 매도인공장
FCA	Free Carrier	운송인인도규칙	FCA 수출국내 합의장소
FAS	Free Alongside Ship	선측인도규칙	FAS 선적항
FOB	Free On Board	본선인도규칙	FOB 선적항
CFR	Cost and Freight	운임포함인도규칙	CFR 목적항
CIF	Cost, Insurance and Freight	운임·보험료포함 인도규칙	CIF 목적항
CPT	Carriage Paid to	운송비지급인도규칙	CPT 수입국내 합의장소
CIP	Carriage and Insurance Paid to	운송비·보험료지급 인도규칙	CIP 수입국내 합의장소
DAP	Delivered At Place	도착지인도규칙	DAP 수입국내 합의장소
DPU	Delivered At Place Unloaded	도착지양하인도규칙	DPU 수입국내 합의장소
DDP	Delivered Duty Paid	관세지급인도규칙	DDP 수입국내 합의장소

DAP와 DPU의 본질적인 차이점은 DAP는 목적지에 도착된 운송수단에서 화물을 내리지 않은 상태로 인도하는 반면 DPU는 화물을 내려서 인도한다는 점이다. DDP도 물품을 내리지 않은 상태에서 인도한다. 각 거래규칙별로 물품의

매수인의 일반적 의무는 다음과 같다. 「매수인은 매매계약에 규정된 바에 따라 물품의 대금을 지급하여야 한다. 매수인이 제공하여야 하는 서류는 합의에 따라, 합의가 없는 경우에는 관행에 따라 종이서류 또는 전자적 방식으로 제공될 수 있다.」

인도 및 위험의 이전장소와 매도인이 부담하여야 하는 비용을 정리하면 〈표 10-6〉과 같다.

〈표 10-6〉에서 비용을 매도인이 부담한다는 것은 거래금액으로 매수인이 지급하는 금액에서 해당 비용을 매도인이 지출해야 한다는 것을 의미한다. 반면 매수인이 부담한다는 것은 거래대금으로 매수인이 매도인에게 지급하는 금액과는 별개로 추가 비용을 지출해야 한다는 것을 의미한다.

〈표 10-6〉을 살펴보면 Incoterms® 2020에서 상품의 인도시기와 위험이전시기는 원칙적으로 동일하다. 비용부담의 분기점도 이 시기와 일치하나 다만 CFR, CIF, CPT, CIP 등 C규칙의 경우는 합의된 목적지까지 매도인이 운송계약을 체결하고 운임을 지불하도록 되어 있다. 그러나 C규칙의 경우라 하더라도 위험부담은 수출국내에서의 인도시기에 매도인으로부터 매수인에게 이전되므로, 인도 이후 운송과정에서 추가적인 비용이 발생하면 그 비용은 매수인이 부담하여야 한다. 예를 들어 CIF규칙으로 거래한 물품이 선적항을 떠나 목적항으로 운송되는 도중 발생한 사고로 인해 추가적인 운송관련비용이 발생하였다면 이는 매도인이 부담하는 것이 아니라 매수인이 부담하게 되는 것이다. 그러므로 물품의 인도 및 위험의 이전시기는 매도인과 매수인 모두에게 중요한 의미가 있는 것이다.

〈표 10-6〉 Incoterms® 2020의 인도장소와 매매당사자가 부담하는 주요비용

	물품의 인도 및 위험의 이전장소	물품이전 과정에서 매매당사자가 부담하는 주요 비용									
		포장비 검사비	수출국 내륙 운송비	수출 통관비	수출항 적재비	해상 운송비	보험료	수입항 양하비	수입 통관비	수입국 내륙 운송비	선적전 검사비 (PSI)
EXW	매도인 영업장 구내 또는 지정장소	○	×	×	×	×	×	×	×	×	×
FCA	수출국내 약정장소	○	△	○	×	×	×	×	×	×	×
FAS	지정선적항 본선선측	○	○	○	×	×	×	×	×	×	×
FOB	지정선적항 본선	○	○	○	○	×	×	×	×	×	×
CFR	〃	○	○	○	○	○	×	○	×	×	×
CIF	〃	○	○	○	○	○	○	○	×	×	×
CPT	수출국내 약정장소	○	○	○	○	○	×	○	×	○	×
CIP	〃	○	○	○	○	○	○	○	×	○	×

DAP	수입국내 약정장소	○	○	○	○	○	○	△	×	△	×
DPU	〃		○	○	○	○	○	○	△	×	△	×
DDP	〃		○	○	○	○	○	○	○	○	○	×

주) ○ : 매도인의 부담, × : 매수인의 부담, △ : 약정내용에 따라 매도인 또는 매수인이 부담

〈표 10-6〉에서 약정 내용에 따라 매도인 또는 매수인이 부담한다는 것은 해당 물품이 수입항에 도착한 본선에서 인도될 수 있기 때문이다. 만일 이와 같이 인도되는 것이라면 수입항 양하비와 수입국내 내륙운송비는 매수인의 부담이 되겠지만 수입국 내륙의 일정 장소에서 인도되는 것이라면 이들 비용은 매도인의 부담이 되는 것이다.

〈표 10-7〉은 거래 물품이 매도인의 수중을 떠나 매수인의 수중에 도착할 때까지 발생하는 비용 가운데 매수인이 거래대금과 별개로 추가 부담하는 비용을 정리한 것이다.

〈표 10-7〉 Incoterms® 2020의 거래규칙별 매수인의 거래비용 부담

구 분	거래물품 이동 과정에서 매수인이 별도로 부담해야 하는 비용
EXW	수출국 내의 약정된 인도장소에 적치할 때까지 소요된 비용을 제외한 모든 비용. 수출통관과 관련된 인허가수수료, 통관수수료 등을 포함.
FCA	수출국 내의 약정된 장소에서 양하 준비된 상태로 인도할 때까지 소요된 비용을 제외한 모든 비용.
FAS	수출국 내의 지정선적항 본선선측에서 인도할 때까지 소요된 비용을 제외한 모든 비용.
FOB	지정선적항에서 본선에 적재한 다음 갑판에서 인도할 때까지 소요된 비용을 제외한 모든 비용.
CFR	FOB와 동일. 단, 수입항까지의 운임은 매도인 부담.
CIF	FOB와 동일. 단, 수입항까지의 운임과 보험료는 매도인 부담.
CPT	수출국 내의 약정된 장소에서 인도할 때까지 소요된 비용을 제외한 모든 비용. 단, 수입국내 의 약정된 장소까지 운임은 매도인 부담.
CIP	CPT와 동일. 단, 수입국 내의 약정된 장소까지 운임과 보험료는 매도인 부담.
DAP	수입국 내의 약정된 장소에서 양하할 준비가 된 상태로 인도할 때까지 소요된 비용을 제외한 모든 비용.
DPU	수입국 내의 약정된 장소에서 양하한 다음 인도할 때까지 소요된 비용을 제외한 모든 비용.
DDP	DAP와 동일. 단, 수입통관과 관련된 인허가수수료, 통관수수료, 세금은 매도인이 부담.

무역거래에서 거래규칙의 결정은 운송계약 역량과 밀접한 관련이 있다. 거래 상대방 국가의 운송과정에 대해 적절한 조치가 불가능할 경우 그러한 조치가 필수적인 거래규칙을 활용할 수 없기 때문이다. 무역에서 가장 일반적으로 이용되는 것은 해상운송구간만의 계약이 요구되는 FOB와 CFR, CIF 규칙이다. 이 경우 당연히 매도인은 수출국내 구간에 대한 운송책임을, 매수인은 수입국내 구간에 대한 운송책임을 지게 된다. 당연히 운송비용도 그들의 부담이다. 거래규칙에서도 이에 대해 별도의 언급이 없다.

이 세 가지 규칙을 비교하면 〈표 10-8〉과 같다. 〈표 10-8〉에서 현실적인도란 매도인이 매수인 또는 매수인이 지정하는 운송인에게 현실적으로 물품을 넘겨주는 것으로 계약이 이행된다는 것을 의미한다. 이때 운송인은 매수인의 이행보조자 지위를 가진다. 따라서 운송인에게 귀책사유가 있을 때 그 책임은 매수인이 지게 된다. 반면 상징적인도란 운송되는 물품을 찾을 수 있는 선하증권과 같은 서류를 넘겨주는 것이 곧 현품의 인도와 같은 것으로 간주한다는 것이다. 즉, 현물이 아닌 서류인도로 계약이 이행되었다고 보는 것이다.

〈표 10-8〉 **FOB, CFR, CIF규칙의 비교**

구 분			FOB	CFR	CIF
표시방법			FOB 수출항명	CFR 수입항명	CIF 수입항명
			FOB NEW YORK	CFR BUSAN	CIF BUSAN
부담 범위	해상 운송 구간 비용	운 임	매수인 부담	매도인 부담	
		보험료	매수인 부담(단, 임의사항)		매도인 부담
		추가발생 비용	물품을 인도한 이후 발생한 비용[7] : 매수인이 부담		
	상품인도 및 위험이전		선적항에서 화물이 본선 갑판에 적재가 완료된 때에 인도된 것으로 간주. 인도된 시점에 매도인에서 매수인으로 위험부담 이전		
사고시 보험금 수령			매수인		
B/L상 운임표시			Freight Collect (운임후불)	Freight Prepaid (운임선불)	
인도의 성격			현실적인도	상징적인도	
서류	운송서류		수출지에서 선박회사가 발행		
	보험증권		수입지의 보험자가 발행		수출지의 보험자가 발행

제4절 무역계약의 이행과 CISG

1 국제물품매매에 관한 법규의 통일 필요성과 CISG

국제간 물품의 매매는 2개 국가 이상이 관련되는 경우가 대부분이므로 그 거래에 관해 당사자 사이에 분쟁이 발생할 경우 어느 국가의 법을 적용할 것인가에 대해 문제가 발생할 수 있다. 특히 협상을 진행하면서 구체적인 계약이 성립되었는지가 불분명할 때와, 계약이 되었더라도 그 계약내용이 불분명할 경우 문제가 많다. 이 경우 조약과 같이 국제적으로 통용되는 규범이 없다면 그 거래에 관한 소송이 제기되는 국가의 국제사법[8]이 정하는 나라의 법이 준거법으로 적용될 것이다. 그러나 각국의 국제사법이 동일하지는 않기 때문에 소송이 어느 국가에서 제기되느냐에 따라 준거법이 달라질 수 있다.

물론 이에 대비하여 계약당사자가 특정국가의 법을 준거법으로 지정해 두어 예상하지 못한 특정국가의 법이 적용되는 위험을 피할 수 있다. 하지만 이 또한 완전하지는 못하다. 왜냐하면 국가에 따라서는 이러한 합의의 효력을 부정하고 국제사법에 정한 원칙에 따라 준거법을 결정할 수도 있기 때문이다. 이러한 준거법의 예측불가능성으로 인해 법에 익숙하지 않은 국제물품매매계약의 당사자들은 법적으로 불안한 입장에 놓이게 된다. 이 문제점을 해결하기 위해 국제물품 매매를 규율하는 통일된 국제법을 제정할 필요성이 제기되었다.

이에 UN에서는 1966년 12월 UN산하에 UN국제상거래법위원회(UNCITRAL)를 설립하여 작업에 착수하였고, 그 결과 1980년 4월 비엔나에서 국제물품매매계약에 관한 UN협약(CISG : United Nations Convention on Contracts for the International Sale of Goods)을 채택하였다.[9] 이 협약은 1988년 1월 1일 국제조약으로서 발효하였으며, 2020년 초 현재 90여개국이 조약에 가입하고 있다.

---

7) 물품이 인도되기 전이라도 FOB의 경우 매수인이 선박을 지정하는 통지를 하지 않거나, 매수인이 지정한 선박이 정시에 도착하지 않거나, 물품을 수령할 수 없거나, 통지된 시기보다 일찍이 선적을 마감한 경우 매수인이 해당 물품의 멸실 또는 손상의 모든 위험을 부담하여야 한다.

8) 국제사법(國際私法 : private international law)이란 외국적 요소가 있는 법률관계에 관하여 국제재판관할권에 대한 원칙과 준거법을 정한 법률을 말한다.

9) 이 협약은 국제통일매매법이라 불리기도 하고, 그 채택장소인 비엔나를 붙여 '비엔나협약'이란 이름으로도 많이 불린다. 그러나 같은 이름의 약칭을 가진 협약(예컨대 1969년 비엔나 조약법협약, 1961년 비엔나 외교관계 협약 등)이 여러 개 있으므로 주의를 요한다. 이하에서는 CISG라 칭한다.

우리나라에서는 2005년 3월 1일부터 협약이 발효되었다. 따라서 이 협약은 현재 민법과 상법의 특별법적 지위에서 효력을 가진다. CISG는 전문과 4개 편 (Part), 101개 조문 및 후문으로 구성되어 있다. CISG의 법적 성격은 국내거래에서는 적용되지 않는, 국제물품매매계약에 적용되는 직접법이고 실체법이란 점이다. 국제물품매매에 적용될 실체법을 지정해 주는 국제사법과는 그 성격이 다르다. 오늘날 CISG는 무역계약에 따라 중재판정 등에서 직접 적용되거나, 직접 계약된 바가 없더라도 이 규정을 적용하여 판단하는 사례가 늘고 있어 무역의 중요한 규범으로서 기능하고 있다.

2 CISG의 적용요건

CISG는 국제물품매매계약에 적용되는 통일사법으로, 이는 국제조약에 의한 사법(私法)의 통일을 의미한다. CISG는 모든 국제거래에 자동적으로 적용되는 것이 아니라 일정한 요건이 충족된 거래에만 적용된다. CISG에 규정된 요건을 정리하면 〈표 10-9〉와 같다.

〈표 10-9〉 **CISG의 적용요건**

구 분	적용요건	요건의 내용
직접적용 요건	국제매매일 것(CISG 제1조)	당사자의 영업소가 서로 다른 나라에 있어야 함.
	당사자의 영업소가 CISG 체약국에 있을 것(CISG 제100조)	계약시점에 당사자의 영업소가 있는 국가가 CISG 체약국이어야 함.
	CISG 적용배제 합의가 없어야 함(CISG 제6조, 제12조)	당사자는 CISG 또는 CISG의 일부 규정의 적용을 배제할 수 있으므로, 이러한 합의가 없어야 함.
	당사자가 상이한 국가에 영업장소가 있는 사실을 인식하고 있어야 함(CISG 제1조)	당사자가 상이한 국가에 그 영업소를 가지고 있다는 사실을 계약체결 시 인지하지 못한 경우 CISG 적용은 배제될 수 있음(예기치 못한 CISG의 적용 배제 목적).
	당사자의 국적 및 계약의 성격은 불문함(CISG 제1조)	당사자의 국적 및 매매계약의 성격이 상사적인 것인지, 민사적인 것인지를 불문하고 적용될 수 있음.
간접적용 요건	국제사법을 통한 간접적용 (CISG 제95조)	계약시 특정국의 매매관련 법률을 준거법으로 정하고, 그 특정국이 CISG 체약국이라면 CISG가 적용될 수 있음.
	적용유보선언이 없어야 함 (CISG 제95조)	CISG 체약국은 비체약국과의 거래에서 CISG 적용을 배제할 수 있는 선택권을 가짐. 따라서 이러한 선언이 있을 경우[10] 해당 거래에는 CISG가 적용될 수 없음.

〈표 10-9〉를 보면 CISG는 계약당사자들이 CISG 체약국에 영업소를 가지고 있는 국제거래에서 적용됨이 원칙이다. 그러나 거래 당사자들의 국가가 모두 CISG 비체약국이라 하더라도 당사자들이 CISG를 적용하기로 합의하였다면 역시 CISG가 적용될 수 있음을 알 수 있다. 또한 비록 계약당사자들이 CISG 체약국에 영업소를 가지고 있다 하더라도 당사자가 CISG의 적용을 배제하기로 합의하였다면 CISG의 적용이 배제될 수도 있는 것이다.

CISG와 Incoterms는 상호 보완적인 관계에 있다. Incoterms가 매매계약에 사용되는 용어, 계약조건에 관한 통일적인 규칙으로 국제물품매매의 일부 구체적인 문제(가격조건, 비용부담, 위험의 이전, 운송, 보험, 통관의무 등)을 규율하는 반면 CISG는 일반적인 계약의 성립, 하자(瑕疵) 있는 물품의 인도, 매수인의 검사의무, 매수인의 하자통지의무, 채무불이행시의 효과, 피해당사자의 구제권리 등을 규율한다. 한편, CISG는 〈표 10-10〉과 같은 거래 또는 특정 사항에서는 적용되지 않는다.

〈표 10-10〉 **CISG 적용이 배제되는 사항**

구 분	적용 배제사항
특정계약의 적용배제 (CISG 제2조)	① 소비자 계약 : 개인용품, 가족용품 등 소비자 매매에는 CISG를 적용하지 아니함. ② 경매, 강제집행 등 법률적 권한에 의한 매매 : 법률적 권한에 의한 매매는 공법이 규율하므로 CISG를 적용하지 아니함.
특정물품의 적용배제 (CISG 제2조)	① 주식, 지분, 투자증권, 유통증권, 통화의 매매 : 이들은 각국의 공법이 규율하고 있으므로 CISG를 적용하지 아니함. ② 선박, 비행기의 매매 : 이는 각국마다 법적처리가 상이하고 국내 선박법, 항공법 등으로 규율하기 때문에 CISG를 적용하지 아니함. ③ 전력의 매매 : 전력은 각국의 법률로 따로 규제하므로 CISG를 적용하지 아니함. 그러나 석유, 천연가스 등의 거래는 CISG 적용대상임.
서비스계약의 적용배제 (CISG 제3조)	물품을 공급하는 당사자의 의무중에서 대부분이 노동 또는 기타 서비스의 공급으로 구성되어 있는 계약에는 CISG를 적용하지 아니함.
계약의 효력의 한계 (CISG 제4조)	별도의 명시적 규정이 있는 경우를 제외하고 CISG는 계약 또는 그 어떠한 조항이나 관행의 효력과 관련하여서는 적용하지 아니함.
제조물 책임의 적용배제 (CISG 제5조)	CISG는 물품에 의해 야기된 어떠한 자의 사망, 신체적 상해에 대한 매도인의 책임에 대하여는 적용하지 아니함.

10) 미국과 중국이 비체약국과의 거래에서 CISG 적용을 배제한다는 유보선언을 하였다.

３ 청약과 계약의 효력발생

CISG에는 물품의 매매계약체결과 관련해 다음과 같이 청약과 승낙, 계약의 효력발생 시기를 명시하고 있다(CISG 제15조 내지 제23조).

① 청약은 피청약자에게 도달한 때에 효력이 발생한다. 청약은 이것이 취소불능 이라 하더라도 그 철회의 의사표시가 청약이 도달하기 전에, 또는 그와 동시에 피청약자에게 도달하는 경우에는 철회될 수 있다.

② 청약, 승낙 그 밖의 의사표시는 상대방에게 구두로 통고된 때 또는 그 밖의 방법으로 상대방 본인, 상대방의 영업소나 우편주소에 전달된 때, 상대방이 영업소나 우편주소를 가지지 아니한 경우에는 그의 일상적인 거소(居所)에 전 달된 때에 상대방에게 '도달'된다.

③ 청약은 계약체결이 되기 전까지는 철회될 수 있다. 다만, 피청약자가 이 승 낙 통지를 발송하기 전에 철회의 의사표시가 상대방에게 도달되어야 한다. 그러나 승낙기간의 지정 그 밖의 방법으로 청약이 철회될 수 없음이 청약에 표시되어 있는 경우나, 피청약자가 청약이 철회될 수 없음을 신뢰하는 것이 합리적이고 피청약자가 그 청약을 신뢰하여 행동한 경우에는 청약은 철회될 수 없다.

④ 청약은 비록 그것이 취소불능이라하더라도 거절의 의사표시가 청약자에게 도달한 때에는 그 효력을 상실한다.

⑤ 청약에 대한 동의를 표시하는 피청약자의 진술 그 밖의 행위는 승낙이 된다. 침묵 또는 부작위는 그 자체만으로 승낙이 되지 아니한다. 청약에 대한 승낙 은 동의의 의사표시가 청약자에게 도달하는 시점에 효력이 발생한다.

⑥ 승낙을 의도하고 있으나 추가, 제한 그 밖의 변경을 포함하는 청약에 대한 응답은 청약에 대한 거절이면서 또한 새로운 청약이 된다.

⑦ 연착된 승낙은 그럼에도 불구하고 청약자가 피청약자에게 지체 없이 승낙으 로서 효력을 가진다는 취지를 구두로 통고하거나 그러한 취지의 통지를 발 송하는 경우에는 승낙으로서 효력이 있다. 승낙은 그 효력이 발생하기 전 또 는 그와 동시에 회수의 의사표시가 청약자에게 도달하는 경우에는 회수될 수 있다.

⑧ 계약은 청약에 대한 승낙이 CISG에 따라 효력을 발생하는 순간에 성립된다.

⑨ 일단 성립된 계약은 당사자의 합의로 변경 또는 종료될 수 있다. 그러나 서

면에 의한 계약에서 합의에 의한 계약의 변경 또는 종료는 서면에 의하여야
한다는 규정이 있는 경우에는 반드시 서면에 의하여야 하며, 다른 방법으로
계약을 변경하거나 또는 계약을 종료시킬 수 없다.

4 계약에 따른 매도인의 의무

CISG는 계약의 이행과 관련하여 매도인에게 ① 물품 인도의무, ② 인도 물품
의 계약적합 의무, ③ 물품관련 서류의 교부의무, ④ 물품의 소유권 이전의무
등 네 가지 의무가 있음을 규정하고 있다(CISG 제30조, 제35조).

(1) 물품 인도의무

매매계약이 성립하면 매도인은 매수인에게 계약물품을 인도할 의무를 부담하
여야 한다. 물품의 인도란 당사자간 약정에 따라 물건의 점유를 이전하는 것을
말한다. 물품의 인도는 당사자간 합의된 바에 따라, 예를 들어 Incoterms상의
특정조건을 사용하고 해당조건에 장소를 기재한 경우는 그 특정한 장소에서 인
도하면 될 것이나, 합의된 장소가 없는 경우 매도인의 의무는 다음과 같이 구성
된다(CISG 제31조).
① 매매계약이 물품의 운송을 포함하는 경우 : 매수인에게 전달하기 위하여 물
   품을 최초의 운송인에게 인도하는 것
② 전항의 규정에 해당하지 않는 경우로서 계약이 특정물 또는 특정한 재고품으
   로부터 인출되어야 하거나 또는 제조되거나 생산되어야 하는 불특정물에 관
   련되어 있으며, 또한 당사자 쌍방이 계약체결 시에 물품이 특정한 장소에 존
   재하거나 또는 그 장소에서 제조되거나 생산된다는 것을 알고 있었던 경우
   – 그 장소에서 물품을 매수인의 임의처분 하에 두는 것
③ 기타의 경우 – 매도인이 계약체결 시에 영업소를 가지고 있던 장소에서 물
   품을 매수인의 임의처분 하에 두는 것

(2) 계약 및 법적적합 의무

물품을 인도함에 있어 매도인은 계약에서 정한 수량, 품질 및 종류에 적합하
고, 계약에서 정한 방법으로 용기에 담겨지거나 포장된 물품을 인도하여야 한

다. 당사자가 달리 합의한 경우를 제외하고, 물품은 다음의 경우에 계약에 적합하지 아니한 것으로 한다(CISG 제35조).

① 동종 물품의 통상 사용목적에 맞지 아니하는 경우

② 계약체결시 매도인에게 명시적 또는 묵시적으로 알려진 특별한 목적에 맞지 아니한 경우. 다만, 그 상황에서 매수인이 매도인의 기술과 판단을 신뢰하지 아니하였거나 또는 신뢰하는 것이 불합리하였다고 인정되는 경우에는 그러하지 아니하다.

③ 매도인이 견본 또는 모형으로 매수인에게 제시한 물품의 품질을 가지고 있지 아니한 경우

④ 그러한 물품에 대하여 통상의 방법으로, 통상의 방법이 없는 경우에는 그 물품을 보존하고 보호하는 데 적절한 방법으로 용기에 담겨지거나 포장되어 있지 아니한 경우

　CISG는 같은 조항에서 인도되는 물품의 품질과 관련된 구체적인 판단기준으로, 인도된 물품이 물품명세와 동일한 물품으로서 통상적으로 사용되는 목적에 적합하여야 하고, 계약체결 당시에 매도인에게 명시적 또는 묵시적으로 알려져 있는 특정목적에 적합하여야 하며(다만, 상황으로 보아 매수인이 매도인의 기술 및 판단에 의존하고 있지 아니하거나, 또는 의존하는 것이 불합리한 경우는 제외), 매도인이 매수인에게 견본 또는 모형으로 제시한 물품의 품질을 구비해야 한다고 규정하였다. 이러한 판단기준을 규정해 두는 것은 무역계약시 품질조건을 명확하게 해 두지 않은 경우로서 품질과 관련해 분쟁이 발생한 경우에 의미가 있다. 해결의 기준이 될 수 있기 때문이다.

　한편, CISG는 인도되는 물품의 법적적합성에 관해서도 규정하고 있다. 그 내용은 먼저 제3자의 공업소유권 또는 기타의 지적소유권에 구속되지 않는 물품을 인도할 것과, 공업소유권 또는 기타의 지적소유권 이외의 제3자의 권리 또는 청구권에도 구속되지 아니하는 물품을 매수인에게 인도할 것을 규정하였다. 아울러 매수인이 제3자의 권리 등에 대한 침해사실을 알면서도 합리적인 기간 내에 매도인에게 통지하지 않았을 경우에는 매수인이 원용할 수 있는 권리가 상실됨을 명시하였다(CISG 제43조). 그러나 매도인의 법적적합성 의무는 매수인이 제공한 기술도면, 의장도안, 명세서 및 기타 지시에 매도인이 따름으로 인한 권리 또는 청구가 발생한 경우에는 적용되지 않는다.

(3) 서류 제공의무

매도인이 물품과 관련된 서류를 교부하여야 할 의무가 있는 경우에는 매도인은 계약에서 요구되는 시기와 장소와 방법에 따라 서류를 교부하여야 한다. 매도인이 약정된 시기 이전에 서류를 교부한 경우에는 매도인은 당해 약정시기까지 서류상의 모든 하자를 보완할 수 있다. 다만 이 권리의 행사가 매수인에게 불합리한 불편이나 불합리한 비용을 발생하게 하여서는 아니 된다(CISG 제34조). CISG는 매도인에게 서류의 제공의무를 명시하고 있으나 그 구체적인 내용은 따로 규정하지 않고 전적으로 계약에 의하도록 하였다.

(4) 소유권의 이전의무

CISG는 매도인의 기본적인 의무로 소유권의 이전의무를 규정하고 있으나 구체적인 의무의 내용은 준거법에 따르도록 하였다. 이는 세계 각국의 소유권에 대한 법적 규정이 다른 경우가 많고, 이전방법 또한 매우 다양하기 때문에 이를 통일적으로 규정하기 어려웠기 때문이다.

5 계약에 따른 매수인의 의무

CISG는 계약의 이행과 관련하여 매수인에게 ① 물품 대금의 지급의무, ② 인도물품의 수령의무 두 가지를 규정하고 있다(CISG 제53조).

(1) 대금지급의무

대금지급의무는 매도인의 물품인도 및 소유권 이전의무에 대응하는 매수인의 가장 중요한 의무이다. 계약이 유효하게 성립될 경우 당연히 내용의 확정성을 갖출 것이므로 대금 또한 명시적 또는 묵시적으로 결정되어 있는 경우가 대부분이다. 그러나 그 대금을 명시적 또는 묵시적으로 정하지 않거나 또는 이를 결정하기 위한 조항을 두지 않은 경우, 당사자는 반대의 어떤 의사표시가 없는 한 계약체결 시에 관련 거래와 유사한 사정 하에서 매각되는 동종의 물품에 대하여 일반적으로 청구되는 대금을 묵시적으로 참조한 것으로 본다(CISG 제55조).

대금이 물품의 중량에 따라 결정되는 경우로 이에 의혹이 있을 때는 그 대금은 순중량에 의해 결정되어야 한다(CISG 제56조). 매수인이 특정한 시기에 대금을 지급하여야 할 의무가 없는 경우에는 매수인은 매도인이 계약 및 CISG에 따라 물품 또는 그 처분을 지배하는 서류 중에 어느 것을 매수인의 임의처분 하에 인도한 때에 대금을 지급하여야 한다. 매도인은 그 지급을 물품 또는 서류의 교부를 위한 조건으로 정할 수 있다(CISG 제58조).

(2) 인도물품의 수령의무

매수인은 약정된 물품의 인도장소에서 물품을 수령하여야 한다(CISG 제60조). 반대의 합의가 없다면 매수인은 인도된 물품을 양하하고 그 비용을 부담하여야 한다. 또한 매도인이 교부하는 서류도 수령해야 할 의무가 있다. 매수인에게 매도인이 인도하는 물품의 수령의무를 규정한 것은 Incoterms와 같은 맥락이다. 그러나 매수인에게 수령의무가 있다 하여 모든 경우에 수령을 해야 하는 것은 아니다. 매도인의 이행이 본질적 계약위반에 해당한다면 수령을 거절할 수 있다. 만일 매도인의 계약위반이 본질적 위반에 미치지 않는 경우에는 수령을 거절할 수는 없으며, 우선 수령 이후 대금감액이나 하자보완청구권 등을 행사해야 한다.

🖸 계약위반에 따른 구제

계약위반이란 매도인 또는 매수인이 매매계약과 일치되는 이행을 하지 않는 것을 말한다. 즉, 계약내용의 불이행이다. CISG에서 당사자 일방의 계약위반은 그 계약에서 상대방이 기대할 수 있는 바를 실질적으로 박탈할 정도의 손실을 상대방에게 주는 경우에 본질적인 것으로 한다. 다만 위반당사자가 그러한 결과를 예견하지 못하였고, 동일한 부류의 합리적인 사람도 동일한 상황에서 그러한 결과를 예견하지 못하였을 경우에는 그러하지 아니하다. CISG는 계약위반의 유형으로 이행지체, 이행거절, 이행불능, 불완전이행의 네 가지를 규정하였다.

이행지체란 채무자가 이행이 가능함에도 불구하고 이행기가 도래하여도 채무를 이행하지 않고 지연하는 것을 말한다. 이는 전부이행지체와 일부이행지체로 구별된다. 이행거절은 자신의 채무를 이행할 의사가 없음을 표명하는 것이다. 이행거절의 의사는 이행시기가 도래했는지를 불문하고 언제든지 표명할 수 있다. 이행거절의 의사가 상대방에게 통지된 때에 계약위반이 성립하고, 그 위반의 중요성에 따라 계약이 해제되거나 손해배상이 청구될 수 있다.

이행불능은 채무자의 행위에 의해서 계약의 이행을 불가능하게 만드는 것으로 이것을 묵시적 이행거절이라고도 한다. 계약당사자의 책임에 기하지 않는 사유에 의해 발생한 이행불능은 계약위반으로 보지 아니한다. 불완전이행은 일단 이행은 이루어졌으나, 그 이행이 완전한 것이라 말할 수 없는 경우에 인정된다. 불완전이행의 요건은 급부(給付)된 목적물에 하자가 있는 경우, 이행방법이 불완전한 경우, 급부하기 전에 필요한 주의를 태만한 경우가 모두 포함된다.

CISG에 규정된 구제권리로는 특정이행청구권, 추가기간지정권, 계약해제권, 손해배상청구권, 물품명세확정권, 대체품인도청구권, 하자보완청구권, 대금감액권, 조기이행 및 초과이행 거절권 등이 있다. 매도인과 매수인의 구제방법을 비교하면 〈표 10-11〉과 같다(CISG 제45조).

〈표 10-11〉 CISG에 규정된 매수인과 매도인의 구제방법

구제권리	매수인	매도인
계약상의 의무이행청구권(특정이행청구권)	○	○
추가기간설정권	○	○
계약해제권	○	○
손해배상청구권	○	○
물품명세확정권	×	○
대체품인도청구권	○	×
하자보완청구권	○	×
대금감액권	○	×
조기이행 거절권 및 초과이행 거절권	○	×

비고 : ○(인정), ×(불인정)

〈표 10-11〉에서 특정이행이란 계약의 목적으로 되어 있는 채무를 약속한대로 이행할 것을 법원이 명령하는 구제방법을 말한다. 매매계약에 기초한 분쟁에 있어 손해배상만으로는 실질적인 구제가 되지 않는 경우에 법원이 본래의 급부와 같은 급부의 이행을 명할 수 있는 제도이다. 조기이행 거절권이란 매도인이 약정기일보다 먼저 이행할 때 매수인이 이를 수령 또는 거절할 수 있는 권리이다. 초과이행 거절권이란 매도인이 약정된 수량보다 더 많이 인도하는 경우 매수인이 이를 수령하거나 혹은 거절할 수 있는 권리를 말한다. 초과부분을 수령할 때

는 계약비율에 따라 그 대금을 지급하여야 한다.

〈표 10-11〉에서 손해배상청구권을 행사할 때 손해액을 산정하는 것과 관련해 CISG는 "당사자 일방의 계약위반으로 인한 손해액은, 이익의 상실을 포함하여 그 위반의 결과로서 상대방이 입은 손실과 동등한 금액으로 한다. 그러한 손해액은 위반당사자가 알았거나 또는 알았어야 했던 사실 및 사정에 비추어 보아 그 위반당사자가 계약체결시에 계약위반의 가능한 결과로서 예견하였거나 또는 예견하였어야 했던 손실을 초과할 수 없다"고 규정하고 있다(CISG 제74조). 만일 계약이 해제되고 계약해제 후 합리적인 방법으로 합리적인 기간내에 매수인이 대체품을 구매하였거나 또는 매도인이 물품을 재매각한 경우에는 손해배상을 청구하는 당사자는 계약대금과 대체거래대금과의 차액과 이에 더하여 회복이 가능한 기타의 모든 손해액을 회복할 수 있다(CISG 제75조).

[무역현장]

클레임 받아 반입된 수출품 연간 '2조원'

한국에서 생산해 해외에 수출했다가 바이어로부터 '클레임(Claim)'을 받아 반입하는 물품의 수입량이 연간 20억 달러에 달하는 것으로 나타났다. 한화로 2조 원이 넘는 엄청난 금액이자, 각각 한국 수출의 수출액과 수입액의 0.4%에 달하는 작지 않은 규모다. 수출기업들은 생산운송에 보다 신경을 써야 하고, 바이어 관리도 철저히 진행해야 할 것으로 보인다.

'서울와이어'가 한국무역협회 수출입 통계를 형태별 수입을 통해 분석한 결과 '우리나라에서 수출되었던 물품을 클레임 등의 사유로 반입하는 경우'에 따른 수입액은 2019년 22억 3700만 달러로, 통계를 집계해 공개한 지난 1988년 이후 최대액을 기록했다. 한화로 환산하면 약 2조3000억 원이다. '무역 클레임'은 선적 전후에 오해나 사고·과실, 때에 따라서는 악의에 의해 불만이나 분쟁이 일어나는 것을 말한다.

클레임에 의한 수입액은 한국의 무역 규모가 커지면서 비례해서 증가했다. 2004년까지 억 달러대에 머물다가 2005년 12억1100만 달러로 집계되어 10억 달러를 처음 넘어섰고, 2011년에는 20억 달러(21억5100만 달러)를 돌파했다. 이후 10억 달러 후반에서 20억 달러대로 전체적으로 증가세를 이어가고 있다. 올해는 신종 코로나바이러스 감염증(코로나19) 확산에 따른 무역 교역량의 감소로 클레임에 의한 수입액도 1~8월 기간 전년 동기대비 36.6% 감소한 9억7700만 달러에 그치고 있다. 하지만 교역량이 줄었음에도 연말까지 10억 달러를 넘을 것이라는 전망을 놓고 보면 결코 작은 규모가 아니다.

이러한 클레임은 무역업자들이 가장 무서워 하는 것으로, 최근 유행하는 비대면(Untact)을 특징으로 하는 무역 거래에서 자주 발생하는 사태다. 무역은 일반적으로 먼 거리를 사이에 두고 멀리 떨어져 있는 당사자 사이에 이루어지고 있어 계약의 성립에서부터 인도가 끝날 때까지에는 시일이나 장소의 간격이 있으므로, 물품 그 자체에 품질이나 가격 상의 변화가 일어나고 거래 자체에는 계약 이행상의 불능, 지연, 과오 등을 초래할 위험이 있다. 따라서 무역의 실천상 거래의 성립이나 수행에 관해, 당사자 사이에 각종의 상사분쟁이 일어나기 쉽다.

클레임에 휘말리면 사태를 해결하는데 긴 시간이 걸리고, 서류 작성, 법정 출두 등으로 인해 많은 비용이 든다. 대기업 또는 중견기업들은 클레임을 전문으로 처리하는 전담팀이 마련되어 있어 대응할 수 있지만, 인재가 없고 소액 거래를 주로 하는 중소기업들은 한 번 말려들면 회사의 존폐가 흔들릴 수 있어 클레임을 제기한 바이어측의 부당한 요구를 들어주고 상황을 마무리하는 경우가 대부분이다. 따라서, 한국무역협회를 비롯한 업종별 단체들은 정기적으로 무역 클레임 피해를 예방할 방법 등을 교육하거나 소개하고 있어, 초보 수출업체들은 이러한 프로그램을 이용하면 도움을 얻을 수 있다.

(서울와이어, 2020.10.12.)

11

국제운송과 보험

제11장의 주요 내용

제11장에서는 무역상품의 국제운송과 이러한 운송과정에서 발생하는 위험을 회피하기 위한 보험제도에 대해 살펴본다. 이 장에서 학습할 주요 내용은 다음과 같다.

1. 정기선과 부정기선의 특징
2. 정기선에서 적용되는 운임의 종류
3. 컨테이너 화물 운송에서 사용되는 용어
4. 해상운송과 관련된 국제규칙
5. 선하증권의 종류와 법적 성격
6. 해상위험의 종류
7. 해상손해의 내용
8. 해상보험의 담보조건

제11장 학습 키 워드(key word)

정기선, 부정기선, 개품운송, 선복, 전용선, 운임률표, 할증료, 용선운송, 나용선, 용선계약서, 헤이그 규칙, 헤이그-비스비 규칙, 함부르크 규칙, 로테르담 규칙, 항공운송, 복합운송, 컨테이너, FEU, TEU, CY, CFS, FCL, LCL, 랜드브리지, 선하증권, 항공화물운송장, 철도화물탁송장, 도로화물탁송장, 복합운송증권, 해난, 해상보험, 전손, 분손, 공동해손, 보험자, 피보험자, 보험료, 스케줄, 항공화물화주보험

제11장 국제운송과 보험

제1절 무역상품의 운송형태

1 해상운송

(1) 해상운송의 의의

무역에서 화물운송은 먼 거리를 이동하는 것이 대부분이다. 따라서 운송에 주어지는 시간, 사용 가능한 운송수단, 운송에 수반되는 비용, 운송 후 상품의 상태 등을 고려해 운송방법을 결정하게 된다. 무역대상이 되는 화물을 운송할 수 있는 수단은 도로운송, 철도운송, 항공운송, 해상운송, 전선이나 파이프라인에 의한 운송 등 다섯 가지이다.

이 중 해상운송(=해운)은 무역화물 운송의 거의 대부분을 이루는 것으로, 상업적 목적에서 선박 또는 기타의 운송수단을 사용하여 여객이나 화물을 운송하는 것을 말한다. 상업을 목적으로 하지 않는 군함, 전시선, 유람선 등은 일반적으로 해운(海運) 개념에서 제외된다. 하천·호수 등 내수면(內水面)에서 이루어지는 선박운송은 수운(水運)이라 하여 역시 해운과 구별된다. 또, 해상에서의 운송일지라도 다른 업무에 부수되어 이루어지는 경우는 해운으로 보지 않는다. 예를 들어 어선이 원양어로에서 획득한 어획물을 싣고 돌아오는 것은 해운이 아니라 어업에 속하는 것이다. 구조선(salvage boat)이 침몰선박을 인양하여 조선소로 예인하는 것은 해난(海難)구조업의 일부이다.

무역화물 운송수단으로서 해상운송은 대개 항공운송과 비교하여 그 장단점이 논의된다. 해상운송의 장점으로는 ① 부피 또는 중량이 대규모인 화물의 운송에 적합하다는 점, ② 운송비가 상대적으로 저렴하다는 점, ③ 화물의 성격에 맞는 다양한 형태의 선박 건조가 가능하다는 점 등이 지적된다. 반면, ① 운송에 시간이 많이 걸린다는 점, ② 일기(日氣) 등에 민감하다는 점, ③ 안전성과 보안성이 떨어진다는 점 등은 단점으로 지적된다.

(2) 해상운송의 형태

　무역 화물의 운송방식을 기준으로 해상운송을 구분하면 일정한 운항계획(이를 schedule이라 한다)에 따라 운항하는 정기선(Liner)과, 정해진 스케줄이 없는 부정기선에 의한 경우로 나누어진다.

　정기선에 의한 운송은 해상의 특정항로에서 스케줄에 따라 예정된 항구사이를 규칙적으로 반복 운항한다. 운항화물에는 사전에 공시된 운임률표(freight tariff) 상의 운임을 적용하는 것이다. 정기선에는 개별 포장된 상품을 운송하는 일반잡화선(General Cargo Ship. 또는 '재래선'이라고도 한다)과 컨테이너 전용선(Container Ship)이 있으며, 일반잡화와 컨테이너를 혼재(混載)하는 선박도 있다. 정기선에 의한 운송을 개품운송(個品運送)이라고도 한다. 선박회사가 다수의 화주와 개별적으로 화물운송계약을 체결하는 형태로 운송된다.

　우리나라에 개설된 직항의 정기운송 노선으로는 한-일, 한-중, 한-아세안, 한-중동, 한-유럽, 한-미(서부 및 동부), 한-호주 항로가 있다. 한-중 노선을 제외하고는 대부분 부산(또는 광양)을 입항지로 삼는다. 이들 항로는 경유지나 목적지에서 다른 항로와 연결되므로 결국 전 세계 대부분 국가로 정기선에 의한 해상운송이 가능해진다. 무역상품을 운송하는 정기선을 운영하는 국내 주요 선박회사들로는 현대상선, 대한해운, 흥아해운 등이 있다. 물론 세계적인 선박회사인 머스크씨랜드(Maersk sealand) 같은 외국의 선박회사도 취항하고 있다.

　부정기선(tramper)에 의한 운송은 정기선에 의한 운송과 달리 일정한 항로나 규칙적인 운항을 하지 않고 화주와의 계약에 따라(자기 소유의 선박인 경우에는 계획에 따라) 항로와 항해 일정이 결정되는 선박을 말한다. 부정기선은 대개 화주가 선박회사로부터 화물을 적재할 수 있는 선박의 지정장소인 선복(船腹, Ship's space)의 일부 또는 전부를 빌리는 용선 형태로 운항된다. 그러나 특정산업의 생산 활동을 하는 기업이 직접 선박을 소유하고 자신들의 화물을 운송하는 경우도 있다. 정유, 철강, 시멘트, 자동차 산업 등에서 이와 같은 사례를 찾아볼 수 있다.

　부정기선의 선박 가운데는 특수화물만을 운송하도록 설계된 선박이 많다. 이를 전용선이라 한다. 이에는 유조선(oil tanker), 자동차 수송전용선(car carrier), 광석전용선(ore carrier), 석탄전용선(coal carrier), 곡물전용선(grain carrier), 목재전용선(lumber or log carrier), 냉동전용선(refrigerated carrier), 가스전용선(gas carrier) 등이 있다. 정기선에 의한 개품운송과 부정기선인 용선운송의 특징을 비교하면 〈표 11-1〉과 같다.

〈표 11-1〉 **개품운송과 용선운송의 특징 비교**

구 분	개품운송(정기선)	용선운송(부정기선)
운송형태	선주는 다수 화주와 계약으로 위탁받는 화물을 운송	선주는 특정 상대방과의 계약에 의해 해당물품 운송
운송방법	공표된 일정에 따라 특정 기항지를 순차적으로 기항하고 주기적으로 운행	항로와 운항 일정은 계약에 따라 자유로이 선택
운송화물	잡화 등의 공산품중심	대량 산물인 1차산품 중심
운송계약 서류	선하증권(B/L)	용선계약서(C/P)
운임의 결정	공표된 운임률표(tariff rate) 적용	수요 공급에 따라 결정(open rate)
하역비 부담	Berth Term(Liner Terms)	FI, FO, FIO
준거법	헤이그규칙 등 국제조약	계약자유의 원칙
선박의 호칭	정기선(Liner)	부정기선(Tramper)

(3) 해상운송의 운임

1) 정기선에 의한 개품운송의 운임

해상운임은 해상운송 형태에 따라 다르게 결정된다. 개품운송이 이루어지는 정기선은 고정된 운임률표(freight tariff)가 적용된다. 반면, 부정기선은 운송계약 당시의 수요와 공급에 의하여 화주와 선주간 협의로 결정된다. 정기선의 해상운임은 기본운임(Basic Rates)에 할증료(Surcharges), 추가요금(Additional Charges) 등으로 구성된다. 기본운임은 품목별로 상이한 요율을 정해두고 이를 적용한다. 운임의 종류는 화물가치, 운송구간, 물량, 다른 경쟁사와의 관계, 지급내용 등에 따라 여러 가지로 분류될 수 있다.

화물의 물량에 따라 달리 적용되는 운임의 종류는 다음과 같다.

- **우대운송계약운임**(Service Contract Rates) : 선사가 계약기간 중 일정량의 화물 선적을 약속한 화주에게 운임표상의 일반운임보다 저렴한 수준으로 적용하는 운임을 말한다.
- **기간/물동량운임**(Time/Volume Rates) : 일정기간 화주가 제공한 물량의 다소에 따라 차등제로 적용하는 운임을 말한다.
- **이중운임**(Dual Rates) : 운임동맹[1]이 저운임의 비동맹선사와 경쟁하기 위해 운

임동맹과 계약을 체결한 화주에게는 비계약 화주에게 적용하는 일반운임보다 낮은 운임을 적용하는 것을 말한다.

- **특별견적운임**(Special Quotation Rates) : 화주와의 유대관계를 고려하여 대형화주에게 일반운임보다 낮은 운임을 적용하는 것을 말한다.
- **최저운임**(Minimum Charges)과 **소포운임**(Partial Freight) : 둘 다 특수운임에 속한다. 최저운임은 고가품에 속하지 않는 일반화물의 경우 운임 산정에 기초가 되는 중량 또는 용적의 운임톤(Revenue Ton)에 미치지 않는 화물에 대하여 선하증권(B/L)이 발행되는 경우 화물종류에 불구하고 선하증권 1건을 단위로 설정되는 특정 운임이다. 소포운임은 최저운임도 부과할 수 없는 소포에 대하여 적용하는 운임이다.

운임을 지급시기에 따라 분류하면 선불운임(Prepaid Freight, Freight in advance)과 착불운임(Collect Freight, Freight to collect)으로 구분된다. 선불운임은 운송계약 체결과 동시 또는 선적 완료와 동시에 운임을 지불하는 것을 말한다. 통상 선적이 완료된 후 선하증권을 발행할 때 그 날의 환율을 적용하여 지불한다. 매도인이 운송비를 부담하는 CIF나 CIP조건의 거래에서 주로 적용된다. 착불운임은 운송이 완료되었을 때 지불되는 운임이다. 통상 양륙지에서 선사의 화물인도지시서(D/O)가 발급될 때 그 날의 환율을 적용하여 지불된다. 매수인이 운송비를 부담하는 FOB조건 등의 거래에서 주로 적용된다.

개품운송에서는 화물별로 부과되는 기본운임 외에 화물의 특성이나 운송과정에서 계약당시와 상황이 달라진 경우 기본운임에 추가하여 운송관련 비용이 부과될 수 있다. 이를 할증료 또는 추가요금이라고도 하는데 다음과 같은 것들이 있다.

- **유류할증료**(Bunker Adjustment Factor : BAF) : 선박의 주 연료인 벙커유의 가격이 대폭 상승하였을 때 선사의 추가적인 비용을 보전하기 위해 부과된다.
- **통화할증료**(Currency Adjustment Factor : CAF) : 운임률표가 적용되는 통화가 환율변동으로 약세가 될 경우 선사의 손실을 보전하기 위해 부과된다.
- **체항료**(Congestion Surcharge) : 항만의 처리능력 부족으로 인해 항구에서 선박

이 장기간 대기할 경우 부과하는 할증료이다.

- 전쟁위험할증료(War Risk Surcharge) : 전쟁중인 국가 또는 지역으로 운송되는 화물에 대하여 추가되는 할증료이다.
- 외항추가운임(Outport Arbitrary) : 선박이 정상적으로 기항하는 항구(Base Port) 이외의 지역에서 적재 또는 양하되는 화물에 부과하는 요금을 말한다.
- 환적료(Transhipment Charges) : 선박이 최종 목적항에 직접 기항하지 않기 때문에 화물의 환적으로 인해 추가로 발생하는 비용을 보전하기 위해 부과하는 요금을 말한다.
- 선택항료(Optional Charges) : 화주가 선적당시 최종 목적항을 둘 이상 정한 다음 최초의 항구에 도착하기 전에 화주가 양화항을 지정하는 경우 부과하는 요금을 말한다.
- 항구변경료(Diversion Charges) : 화주가 선적시에 지정했던 항구를 본선 선적 완료후 변경할 경우 부과하는 요금을 말한다.
- 초과중량/용적료(Heavy/Bulky Cargo Charges) : 화물의 단위당 중량 또는 용적 과다로 특수장비를 이용할 경우 부과하는 요금을 말한다. 대개 단위당 화물의 중량이 3,000kg 또는 3 CBM을 초과하는 화물이 그 대상이 된다.
- 장척화물료(Long Length Charges) : 화물의 단위당 길이가 너무 길거나 커서 특수장비를 이용할 경우 부과하는 요금을 말한다.
- 위험물 할증료(Dangerous Cargo Premium) : 화물에 내재한 위험성으로 선적시 특별한 주의를 요하는 화물에 부과하는 요금을 말한다.
- 특별운항료(Special Operating Service Charges) : 항만내 쟁의(strike) 발생으로 선박이 예정된 항구에 기항하지 못하고 인접항에서 화물을 양하할 경우 추가로 소요되는 육상운송료 등을 보전하기 위하여 부과하는 요금을 말한다.
- 터미널화물처리비(THC : Terminal Handling Charges)[2] : 수출시는 컨테이너 화물이 CY(또는 CFS)에 입고된 순간부터 선측까지, 수입시는 본선의 선측에서 CY의 게이트를 통과하기까지 화물의 이동에 따르는 비용으로 부과하는 요금을 말한다. 종전에는 해상운임에 포함하여 징수하였으나 1990년대부터 대부분의 항로에서 운임과 분리하여 징수하고 있다.

---

[2] 터미널 화물처리비는 나라에 따라 THC 외에도 컨테이너 화물처리비(Container Handling Charges : CHC) 또는 도착지인도료(Destination Delivery Charges : DDC) 등으로 불리고, 그 개념과 원가구성에 있어 다소 차이가 있다.

2) 부정기선의 운임

부정기선은 자기 소유의 선박에 의하는 경우와 용선(傭船)에 의하는 경우 두 가지가 있다. 자기 소유의 선박은 자동차 회사나 전력회사, 철강회사와 같이 원자재 혹은 제품의 대량 수송이 빈번한 경우 가능하다. 자동차의 경우는 주로 완제품이 운송되나 전력회사와 철강회사는 연탄이나 철광석 등을 주로 운송한다. 용선운송은 대량운송이 필요하나 자주 그와 같은 화물 운송이 필요하지 않는 경우 선박회사와의 계약에 따라 화물을 운송하는 것이다. 드물게는 정기선의 경우에도 선박의 일부를 용선(일부용선)하여 일반화물과 함께 적재하기도 한다. 용선운송계약은 용선의 방법에 따라 전부용선계약(whole charter)과 일부용선계약(partial charter)으로 나누어지고, 전부용선은 다시 항해용선계약(voyage charter, trip charter)과 기간용선계약(time charter), 나용선계약(bare boat charter)으로 나누어진다.[3]

항해용선계약은 어느 항만(1개 또는 수개)에서 다른 어느 항만(1개 또는 수개)까지 화물의 운송을 의뢰하는 화주(용선자)와 선박회사간에 체결되는 계약이다. 항해용선계약은 그 내용이 한번 또는 여러 번의 '항해'를 기초로 한다. 기간용선계약은 선박을 1년 또는 3년과 같이 일정기간 동안 빌려 쓰는 계약이다. 선박회사는 선박운행에 필요한 일체의 용구(用具)와 선원까지 승선시킨 선박을 제공하고 선박의 감가상각비, 보험료, 금리 등의 간접비와 선원의 임금, 선박에 대한 각종 세금, 수리비, 식료품비 등의 직접비를 부담한다. 용선자는 용선료(charterage)를 선박회사에 지불하고 직접운항에 따른 연료비, 입항비 등을 부담한다. 한편, 용선자가 선박 외에 선원의 수배는 물론 선박운행에 필요한 선용품 등에 대한 일체의 책임을 지는 용선계약을 나용선(裸傭船)계약이라 한다.

용선운송은 개품운송의 경우와 달리 용선계약서(C/P : Charter Party)가 작성된다. 물론 용선계약서에 의거하여 선하증권이 별도로 발행될 수도 있다. 용선계약에서 운임은 수요와 공급원칙에 따라 결정된다. 정기용선의 경우는 용선료를 계약기간에 따라 지급한다. 그러나 항해용선의 경우에는 적재량을 기준으로 운임이 산정된다. 용선계약에서는 하역료[4]를 선주와 화주 가운데 누가 부담할 것

---

3) 용선은 화주가 주도하여 선박의 전부를 빌려 운송하는 경우도 있지만, 선사가 주도하여 여러 화주의 화물을 수집해 운송하는 경우도 있다.

4) 하역료란 하역을 하는데 필요한 모든 비용들의 합을 말한다. 크레인 사용료, 인부 고용비, 화물 검사비 등을 모두 포함한다. 하역인부(stevedore)는 하역에 종사하는 노동자들인데 선내인부, 하양(荷揚)인부, 육상인부, 부선(艀船) 인부로 분류된다.

인가도 규정한다. 이에는 다음 네 가지 방법이 있다.

• Berth Terms : 선적 및 양하에 따른 비용을 모두 선주가 부담하는 조건
• FIO(Free In & Out) : 선적 및 양하에 따른 비용을 모두 화주가 부담하는 조건
• FO(Free Out) : 선적비용은 선주가 부담하되 양륙비용은 화주부담 조건
• FI(Free In) : 선적비용은 화주가 부담하되 양륙비용은 선주부담 조건

(4) 해상운송과 관련한 국제규칙

1) 헤이그 규칙(Hague Rules)

전통적으로 무역거래는 해상운송에 의존하였으며, 해상운송에는 선하증권이 필수적이다. 선하증권의 주된 목적은 화주와 운송인간 운송계약을 확정하고, 운송인이 송하인으로부터 화물을 수령하였음을 입증하며, 나아가 운송중인 화물을 간편하고 신속하게 처분할 수 있도록 하는 데 있다. 그러나 현실적으로 선하증권은 운송인이 그 내용을 먼저 결정하고 화주가 이에 동의하는 '부합계약' 형태로 발송되기 때문에 송하인에게 불리하게 되는 경우가 많아 논란이 일었다.

선하증권상의 면책약관을 둘러싼 논쟁은 19세기 후반부터 시작되어 20세기에 들어서도 오랫동안 계속되었다. 그 과정에서 1924년 국제해사위원회(CMI : Committee Maritime International)의 주도로 '선하증권에 관한 법규의 통일을 위한 국제협약(International Convention for the Unification of Certain Rules of Law Relating to Bills of Lading)이 제정되었다. 이를 일반적으로 헤이그 규칙이라 한다. 헤이그규칙은 해상운송인의 화물에 관한 손해배상 책임의 기본원칙을 과실책임원칙에 두었다. 즉, 운송인은 자기의 관리하에 들어온 화물의 안전을 위하여 기울여야 할 주의를 게을리 함으로써 생긴 화물에 대한 멸실과 손상에 대하여만 배상책임을 진다. 헤이그 규칙에 규정된 배상책임의 한도는 1 package 또는 unit 당 100파운드인데, 배상을 요구할 수 있는 제소기간은 1년으로 한정하였다.

2) 헤이그–비스비 규칙(Hague–Visby Rules)

헤이그 규칙이 발효된 후[5] 세월이 지나면서 각국에서 이 규칙에 대한 해석상 차이가 생기고, 운송수단의 변화와 수송기술의 혁신 등으로 규칙 중 일부조항의

---

5) 우리나라는 1962년 상법에 헤이그규칙 등을 반영하였고, 1991년에는 헤이그–비스비 규칙을 수용하여 현재 이를 적용하고 있다. 상법 제5편(해상, 제740조~제888조)에는 선박 및 해상운송과 관련된 자세한 규정들이 있다.

수정이 불가피하게 되었다. 이에 따라 국제해사위원회(CMI)는 1968년 '선하증권에 관한 법규의 통일을 위한 국제협약의 개정의정서'(Protocol to Amend the International Convention for the Unification of Certain Rules of Law Relating to Bills of Lading)를 채택하였다. 이를 헤이그-비스비규칙이라 한다. 이 규칙은 그자체가 독립된 신조약이 아니라 헤이그 규칙의 개정을 위한 조약이다. 따라서 헤이그 규칙을 근거로 변경된 부분만을 규정하고 있다.

헤이그-비스비 규칙은 화물의 적재항이 체약국인 경우 적용된다. 헤이그-비스비 규칙에서도 헤이그 규칙과 마찬가지로 운송인의 책임은 '과실책임주의'에 입각하고 있다. 책임한도는 국제통화기금(IMF)의 특별인출권(SDR : Special Drawing Right)을 사용하여 표시하였는데 1 package 또는 unit당 667 SDR이나 kg당 2 SDR 중 높은 금액으로 규정하였다. 이 규칙에는 컨테이너 화물에 대한 약관도 신설하였다. 즉, 컨테이너에 내장된 화물의 포장 또는 단위의 개수가 선하증권에 기재되어 있으면 이들 개개의 포장 또는 단위를 책임제한액 산정의 기준으로 하나, 그것의 기재가 없으면 컨테이너를 하나의 포장으로 보도록 하였다.

3) 함부르크 규칙(Hamburg Rules)

1978년 독일 함부르크에서는 개발도상국이 주축이 된 UN 해상운송회의가 개최되어 '1978년 해상화물운송에 관한 UN협약'(United Nations Convention on the Carriage of Goods by Sea, 1978)을 채택하였다. 이 협약을 약칭하여 함부르크 규칙이라 하는데, 1992년 11월 1일부터 발효되었다. 이 조약은 ① 해상운송계약에서 정한 선적항이 체약국에 있을 때, ② 해상운송계약에서 정한 양륙항이 체약국에 있을 때, ③ 해상운송계약에서 정한 선택적 양륙항의 하나가 실제의 양륙항이고 또 그 항이 체약국에 있을 때, ④ 선하증권 또는 기타의 해상운송계약을 증명하는 증권이 체약국에서 발행된 때, ⑤ 선하증권 또는 기타의 해상운송계약을 증명하는 증권이 이 조약의 규정 또는 이 조약의 규정을 실시하고 있는 국가의 법을 당해 해상운송계약에 적용한다는 뜻을 규정하고 있을 때 적용된다.

함부르크 규칙은 신조약 제정의 형식을 취하고 있으나 실질적으로는 헤이그 규칙 및 헤이그-비스비 규칙을 보완한 것으로 볼 수 있다. 함부르크 규칙은 책임의 균형을 송하인으로부터 운송인에게 이동시켜 운송인의 책임이 대폭 강화되었다. 그러나 이와 같은 화주 이익의 적극적인 반영은 선주국 및 선사들이 소극적이게 되는 원인으로 작용하게 되었다.

4) 로테르담 규칙(Rotterdam Rules)

함부르크 규칙은 화주측이 이익을 보다 많이 보장하도록 한 것이었으나 국제적으로 널리 사용되지 못하는 문제점이 발생하였다. 이에 따라 화주측의 이익뿐 아니라 운송인 측의 이익도 반영한 새로운 규범이 2008년 로테르담에서 유엔상거래법위원회(UNCITRAL)에 의해 마련되었다.[6] 그 결과 제정된 새로운 조약이 '국제해상물건운송계약에 관한 UN조약'(United Nations Convention on Contracts for the International Carriage of Goods Wholly or Partly by Sea)이다. 이를 로테르담 규칙이라 한다.

로테르담 규칙은 수령지와 인도지가 서로 다른 국가에 있고, 해상운송의 적재항과 양하항이 서로 다른 국가에 있는 운송계약에 적용된다. 또한 적재항(수령지) 또는 양하항(인도지)이 속한 국가 중 하나의 국가라도 체약국인 경우에는 이 규칙이 적용된다. 로테르담 규칙에서도 운송인의 화물에 대한 책임은 과실책임주의에 입각하고 있으나, 전체적으로 보아 운송인의 부담을 상당부분 완화한 특징이 있다. 이 규칙에서는 운송인의 의무위반에 대한 책임을 포장당 875 SDR 또는 화물 총중량 kg당 3 SDR로 제한하도록 하였다. 포장에 대해서는 원칙적으로 함부르크 규칙의 컨테이너 조항에 기초하고 있지만 그 범위를 팔레트까지 확대하였다. 로테르담 규칙에서는 송하인의 의무와 책임도 명시하고 있다. 운송인에게는 운송을 위한 인도의무와 정보, 지시, 서류 제공에 대한 의무가 있고, 계약에 일치하는 정보제공 의무도 부여하였다.

2 항공운송과 복합운송

(1) 항공운송

1) 항공운송의 의의

항공운송(air transportation)이란 항공기로 승객과 화물을 탑재하고 국내외 공로(air route)로 다른 공항까지 운송하는 시스템을 말한다. 항공화물은 전반적인 세계 교역량의 증가와 소비구조 고도화에 따른 고급상품의 거래, 기술의 발달에

---

6) 로테르담 규칙은 공식적으로 총 20개의 서명국(signatory nation)이 비준 문서를 기탁한 후, 1년이 경과되면 시행된다. 2017년 8월 현재 미국, 프랑스, 덴마크, 네덜란드, 스위스, 스페인, 폴란드, 가봉, 기니, 세네갈, 그리스, 노르웨이, 가나, 나이지리아, 토고, 콩고의 16개국이 서명한 상태다.

따른 화물의 경량·소규모화, 인터넷거래 등에 따른 소규모 거래의 증가 등 여러 요인으로 인해 그 역할이 크게 증대되고 있다. 항공운송은 해상 및 육상운송과 비교했을 때 다음과 같은 세 가지 특징이 있다.

① 신속·정시성

항공운송의 가장 큰 특징은 신속성과 정시성(on-time operation)이다. 항공운송은 다른 운송수단에 의하는 경우보다 운송기간이 크게 짧고, 정시 발착을 엄격하게 준수하는 정시성을 최우선으로 하고 있다.

② 안전성

해상운송과 육상운송에 있어서도 운송상의 안전성은 많이 향상되었으나 항공운송은 특히 안전성 확보를 중시한다. 물론 초기에는 안전성이 낮았지만 항공기술의 발달에 따라 오늘날에는 안전성이 매우 높게 나타나고 있다. 이는 항공기자체의 안전성 향상과 운항, 정비 및 점검기술의 발전과 통신수단의 발달 등에 기인한다.

③ 경제성

항공운임은 단순한 운임으로는 해상이나 육상운송에 비해 높다. 그러나 포장비, 보험료, 창고료 등의 직접비와 재고품에 대한 투자자본, 관리비 등 간접비, 배달시간, 신뢰성 등 보이지 않는 비용을 감안한 종합비용(total cost)면에서는 상품에 따라 충분한 경제성을 갖춘 것들도 있다고 평가된다.

2) 항공운송 대상품목

일반적으로 항공운송은 다음과 같은 경우에 선택된다.
① 긴급수요 품목 : 납품기일이 임박한 화물,[7] 계절 유행상품, 투기 상품 등
② 장기간 운송을 할 때 가치가 상실되는 품목 : 생화(生花), 생선, 동물, 신문, 잡지, 필름, 긴급서류 등
③ 부가가치가 높은 품목 : 전자기기, 정밀과학기기, 컴퓨터기기, 통신기기 등
④ 여객과 함께 이동되는 품목 : 휴대품, 상품의 견본, 애완동물 등
⑤ 고가품목이나 화폐 등 : 귀금속, 미술품, 골동품, 화폐, 증권 등
⑥ 다른 운송수단의 대체 : 항만 또는 해운, 육상운송에 있어서의 파업 등

---

7) 정상적으로 해상운송을 할 경우 납기를 놓쳐 운송계약위반이 될 경우를 말한다.

⑦ **물류관리나 마케팅의 전략적 대상품목** : 경쟁상품보다 신속한 서비스체제 확립의 필요성이 있는 품목, 재고 투자절감을 위한 물류시스템의 합리화 등

(2) 복합운송

1) 복합운송의 개념

복합운송이란 출발지에서부터 최종 목적지까지 운송될 때 해상과 육상(철도 또는 도로), 내수, 항공운송 중 두 가지 이상의 방식에 의하여 이루어지는 물품 운송을 말한다. 즉, 복합운송은 운송방법에 있어 상이(相異)한 운송형태의 결합을 의미하므로 사실 운송을 위한 용기가 무엇인가 하는 것과는 직접 관련되지 않는다. 그러나 출발지에서 최종 목적지까지 운송에 동일 용기를 사용하면 그 효율성이 높아질 수 있으므로, 컨테이너와 펠릿(pallet) 등이 많이 사용되고 있기 때문에 실무적으로 복합운송은 컨테이너 운송을 의미하는 것으로 사용되기도 한다.

복합운송은 단일한 운송인에 의해 이른바 문전(門前)에서 문전(門前)까지(Door to Door) 서비스가 제공됨을 목적으로 한다. 복합운송의 형태에는 해상운송과 육상운송이 결합된 해륙(海陸)복합운송과 해상운송과 항공운송이 결합된 해공(海空)복합운송이 있다. 복합운송계약에 의해 동종 또는 이종(異種)의 운송수단을 조합하여 운송하는 일관된 운송시스템을 조직, 화주에 대해 운송계약의 당사자로 행동하는 자를 복합운송인이라 한다. 복합운송인은 단일운송계약으로 전구간의 운송을 책임지며, 전 운송구간에 대해 한 장의 복합운송증권을 발행한다.

2) 복합운송과 컨테이너

컨테이너가 국제화물운송에 사용된 역사를 거슬러 올라가 보면 1920년대에 이미 유럽에서 사용되고 있음이 확인된다. 그러나 컨테이너가 전 세계적으로 널리 쓰이기 시작한 것은 1960년대 이후의 일이다. 우리나라의 경우는 1970년대부터 사용이 본격화되기 시작하여 오늘날 유류 등 일부 화물을 제외한 대부분의 국제화물운송이 컨테이너에 의존하고 있다. 컨테이너가 이와 같이 널리 사용되게 된 것은 화물운송에 있어서의 경제성과 안전성, 신속성이 재래적인 운송방법에 비해 매우 뛰어나 화주(貨主), 선박운송업자, 도로(철도)운송업자, 항공운송업자 등 여러 부문의 이용자에게 유익하였기 때문이다.

컨테이너는 일정한 규격으로 만들어져 있다. 해상운송에서 사용되고 있는 컨테이너는 폭과 높이는 모두 8ft(약 2.5m)이다. 근래 들어 높이는 9.6ft(약 2.9m)

까지 높인 컨테이너들도 사용되며, 길이는 20ft(약 6m), 40ft, 45ft 등으로 나누어진다.[8] 이는 국제표준화기구(International Standardization Organization : ISO)의 권고에 의한 것이다. 이와 같은 다양한 규격의 컨테이너 중에서 길이가 20ft인 컨테이너를 TEU(Twenty foot Equivalent Unit), 40ft인 컨테이너를 FEU(Forty foot Equivalent Unit)라 한다. 물동량을 산출하는 표준적 단위는 TEU다. 컨테이너의 재질은 철강(steel), 알루미늄(aluminium), FRP(Fiberglass reinforced plastics) 등으로 이루어지며, 형태도 상자형뿐 아니라 원통형, 개방형 등 다양하다.

3) 컨테이너 화물 운송에서 사용되는 주요 용어

① CY(Container Yard)

CY는 컨테이너를 적치해 둔 장소를 말한다. 대개 야적장 상태다. 적치된 컨테이너는 빈 컨테이너도 있고, 화물이 적입된 컨테이너도 있을 수 있다.

② CFS(Container Freight Station)

CFS는 수출되는 화물을 컨테이너에 적입하거나, 수입되는 화물을 컨테이너에서 적출하는 장소다. 이러한 적입 또는 적출 작업은 대개 화물운송주선인(흔히 '포워더'라 한다)에 의해 이루어진다. CFS는 대개 CY의 한 부분에 창고형태로 설치된다.

③ FCL(Full Container Load)

FCL이란 컨테이너에 적재된 화물의 화주가 1인일 때를 이르는 용어다. 화물이 컨테이너에 가득 들어 있는지 여부는 무관하다. 그러나 경우에 따라서는 화물이 가득 들어 있는 컨테이너를 의미하는 것으로 사용되기도 한다.

④ LCL(Less than Container Load)

LCL이란 같은 컨테이너에 여러 화주의 화물이 혼적된 경우를 이르는 용어다. 많은 경우 수십명 화주의 화물이 한 컨테이너에 적재되기도 한다.

4) 주요 복합운송의 경로

오늘날 세계 무역시장은 한·중·일의 극동과 북미, 유럽으로 크게 삼분(三分)된다. 따라서 무역화물도 이 세 개의 시장을 중심으로 동·서로 대량 운송된다. 이때 화물의 운송은 전구간을 해상으로 운송하거나, 항공으로 운송하는 경우도

---

8) 1 feet는 30.48cm이다. 컨테이너 크기를 막론하고 1개당 최대 적재량은 30톤이다. 이는 도로, 교량 등의 안전 때문이다.

있지만 해상과 육상운송이 결합되는 복합운송도 널리 이용되고 있다. 대부분의 화물이 운송되는 해상 또는 이와 연계되는 복합운송으로서 우리나라에서 유럽 및 북미 지역과의 주요 운송경로는 〈표 11-2〉와 같다.

〈표 11-2〉 **한국-유럽간 운송경로의 선택과 운송거리**

구 분	주요 운송경로	운송거리	비 고
아시아 횡단	인천(평택)−중국 연운−카자흐스탄−러시아−유럽	약 10,700km	복합운송
시베리아 횡단 (*북극항로)	부산−보스토치니−SLB−유럽 (부산 또는 포항−베링해−북극−유럽)	약 13,000km (약 12,700km)	복합운송 (해상운송)
북미대륙 횡단	부산−미국(캐나다)서부−동부−유럽	약 19,000km	복합운송
수에즈운하 통과	부산−싱가포르−수에즈운하−유럽	약 20,700km	해상운송
파나마운하 통과	부산−파나마운하−유럽	약 24,000km	해상운송
케이프타운 경유	부산−싱가포르−케이프타운−유럽	약 27,000km	해상운송

복합운송에서는 랜드브리지(Landbridge)란 용어를 종종 사용한다. 이는 〈표 11-2〉에서와 같이 해상과 육상운송이 연결되는 복합운송에서 중간구간인 육상 운송 구간을 의미한다. 시베리아 횡단의 경우를 SLB(Siberia Land Bridge), 미국 횡단의 경우를 ALB(America Land Bridge), 캐나다 횡단의 경우를 CLB(Canada Land Bridge)라 부른다. 북극항로는 현재 실험수준이다.

제2절 ▶ 운송서류

1 운송서류의 의의

운송서류(transport documents)는 무역거래에 따라 운송되는 화물과 관련되는 여러 가지 사실을 증명하는 서류이다. 운송서류에 관하여 신용장통일규칙에는 운송방식에 따라 해상운송서류, 항공운송서류, 복합운송서류, 기타 운송방식에 따른 운송서류로 구분하고 그 각각의 경우에 대해 수리의 요건을 자세하게 규정하고 있다. 현실적으로 운송과 관련되는 서류는 그 종류가 상당히 다양하다. 무역거래에서 매수인은 운송인으로부터 상품을 수령할 때 당해 운송서류를 필요로 한다. 또한 운송서류는 수입통관시 세관제출용으로도 필요하다.

전통적으로 선적(shipment)이란 해상운송에서 본선적재(loading on board)를 의미하였으나, 오늘날 항공운송이나 복합운송에서는 운송수단에 화물을 적재하기 전에 운송인에게 인도하기 때문에 선적이라는 개념은 다양화되었다. 신용장통일규칙에서는 선적을 본선적재뿐 아니라 발송(dispatch), 운송을 위한 인수(accepted for carriage), 우편수령일(date of post receipt), 접수일(date of pick up) 또는 이와 유사한 표현과 복합운송서류를 요구하는 경우는 수탁(taking in charge)이란 표현을 포함하는 것으로 해석한다. 그러므로 운송서류는 무역화물의 운송수단과 그 방법에 관계없이 선적, 발송 또는 수령 등을 표시한 서류라 할 수 있을 것이다.

2 선하증권(Bill of Lading)

(1) 선하증권의 종류

선하증권9)은 선박회사가 화주로부터 화물을 수령 또는 선적하였음을 확인하고 그 화물을 도착지까지 운송하여 일정한 조건하에 그 증권의 정당한 소지인에게 화물을 인도할 것을 약속하는 유가증권이다. 선하증권은 호칭도 다양하고 분류기준에 따라 종류도 여러 가지로 나누어진다. 몇 가지만 보기로 한다.

1) 선적선하증권과 수취선하증권

선하증권상 기재된 적재 문언에 따라 구분한 것이다.

선적선하증권(Shipped B/L)은 'shipped on board vessel' 또는 'loaded on board vessel'과 같이 화물이 특정 선박에 적재되었음이 기재된 것으로 'on board B/L'이라고도 한다. 비록 시간적으로 적재 전에 발행되어도 선적후 적재 완료되었다는 문언과 일자를 기재하고 서명하면 선적선하증권이 된다.

수취선하증권(Recived B/L)은 'received … for shipment'와 같이 선적을 위하

---

9) 선하증권(船荷證券, Bill of Lading)의 명칭은 maritime B/L, ocean B/L, through B/L, multi-modal(combined, intermodal) transport B/L, port to port B/L, RIATA combined transport B/L 등 다양하다. UCP 600에서는 그 명칭에 관계없이 실제 성질에 따라 유효한 운송서류여부를 확정하도록 하고 있다(제20조). 선화증권(船貨證券)이라고 부르기도 한다.

여 물품을 수령하였다는 취지가 기재되어 있는 선하증권이다. 이것은 일종의 부두수령증(dock receipt)으로 우리나라 상법에서도 이의 발급이 인정된다. 신용장 통일규칙에서는 선적선하증권을 요구하고 있는 경우에 별도의 명시가 없는 한 수취선하증권은 증권상에 물품의 본선적재일 표시(on board notation)가 있으면 그 본선적재 표시일자를 선적일로 간주하고 수리한다고 규정하여 수취선하증권의 일반화를 인정하고 있다.

2) 기명식선하증권과 지시식선하증권

화물 수령인의 표시방법에 따른 구분이다.

기명식선하증권(straight B/L)은 증권의 수하인(consignee)란에 특정인이 기입된 것을 말한다. 이 경우 선적된 화물이 목적지에 도착했어도 선하증권상에 기명된 특정인만이 그 화물을 인수할 수 있기 때문에 운송중 화물의 전매나 유통이 제한된다.[10]

지시식선하증권(order B/L)은 수하인란에 특정인을 기입하지 않고 'to order', 'to order of shipper' 'order of ○○○', 또는 'order of ○○ bank' 등으로 기입된다. 신용장에 의한 거래에서 지시식으로 발행된 선하증권은 백지배서(blank endorsement)로 은행에 인도되며, 이 증권의 정당한 소지자가 화물에 대한 청구권을 갖게 된다.

3) House B/L과 Groupage B/L

컨테이너 화물운송에서 한 컨테이너 안에 여러 화주의 화물이 혼재될 때(LCL 화물) 사용된다. 이때 선박회사가 전체 화물에 대하여 운송주선인(freight forwarder) 앞으로 발행하는 운송서류가 Groupage B/L(또는 Master B/L)이고, 이를 근거로 운송주선인이 개별화주 앞으로 발행하는 일종의 선적증명서가 House B/L('Forwarder B/L' 또는 'Forwarding agent B/L')이다.[11]

4) 해상화물운송장(SWB : sea waybill)

해상화물운송장은 선박회사가 화물을 수취했음을 나타내는 화물수취증이며,

---

10) 그러나 우리나라 상법은 기명식선하증권도 발행인이 선하증권의 양도를 특별히 금지하지 않는 한 배서에 의하여 양도할 수 있도록 규정하고 있다(상법 제820조, 제130조).
11) Groupage B/L을 선사가 직접 발행한다고 하여 Line B/L이라고도 한다.

수하인의 성명과 주소가 명기되어 있고, 유통금지문언이 부기되어 있다. 주로 본·지사간의 거래나 이사화물 등에 사용된다.

5) 그 밖의 선하증권

① Surrender B/L : 이 선하증권은 선하증권이 늦게 수하인에게 도착하여 화물을 선사로부터 찾을 수 없는 경우, B/L 원본 없이도 수하인이 물품을 수령할 수 있도록 하기 위한 것이다. 송하인의 요청으로 선박회사가 B/L 사본에 "Surrender" 또는 "Surrendered"란 문구를 스탬프로 찍어서 발급한다. Express B/L이라고도 한다.

② Stale B/L : 신용장에 의한 거래에서는 선적일 이후 일정기한 내에 선적서류를 은행에 제시해야 한다. 이러한 서류제시기한을 경과해 은행에 제시된 선하증권을 Stale B/L이라 한다. 은행은 이러한 서류의 인수를 거부하게 된다.

③ Third Party B/L : 선하증권상에 표시되어 있는 송하인이 신용장상의 수익자가 아닌 제3자로 되어 있는 선하증권을 말한다. 양도가능한 신용장을 사용할 때 제2수익자 명의로 발행된 경우가 여기에 해당한다.

④ Switch B/L : 화물을 실제 수출한 지역에서 선박회사가 발행한 B/L을 근거로 제3의 장소에서 제3자를 송하인으로 다시 발행한 선하증권이다. 중계무역에서 흔히 사용한다. 이 경우 shipper, consignee, notify 등이 변경된다.

⑤ Through B/L : 2개 이상의 구간을 서로 다른 선박으로 운송을 하는 경우 최초 운송인이 전 구간에 대해 발행하는 선하증권이다. 최초 운송인이 전 구간에 대해 책임을 지고 발행하는 것이나 최초 운송인은 두 번째 이후 운송에 대해서는 대리인의 성격을 지닌다.

(2) 선하증권의 법적 성격

선하증권은 해상운송계약에 따른 운송화물의 수령 또는 선적(船積)을 인증하고, 그 물품의 인도청구권을 문서화한 증권이다. 선하증권은 다음과 같은 법적 성질을 가진다.

1) 요인(要因)증권의 성격

선하증권은 운송인 또는 그 대리인이 매도인의 화물을 선적하거나, 선적을 위하여 수취(收取)하였다는 요인이 있어야 발행될 수 있다.

2) 요식(要式)증권의 성격

선하증권은 유통을 전제(前提)로 하기 때문에 제3자가 운송계약의 핵심내용을 알 수 있도록 주요 기재사항을 상법(商法) 등에서 명시하고 있다. 그러나 선하증권의 요식성은 수표나 어음처럼 엄격하지는 않아 약간의 기재가 생략되어도 선하증권의 본질을 해치지 않는 한 유효하다. 선하증권에는 법정기재사항과 임의기재사항이 있는데, 요식성을 요하는 것은 법정기재사항이다.

3) 문언(文言)증권의 성격

선박회사와 선의의 선하증권 소지인간 운송에 관한 권리와 책임관계는 선하증권에 기재된 문언에 따라 결정된다. 그러므로 선하증권 선의의 소지자는 증권에 기재된 문언에 따라서만 운송인에 대하여 권리를 주장할 수 있다.

4) 유통(流通)증권의 성격

선하증권은 운송화물을 대표하는 대표증권(代表證券)으로 배서(背書) 또는 양도에 의해 소유권은 이전된다. 선하증권의 소지(所持)는 화물 자체의 소지와 같다. 따라서 운송화물에 대한 처분은 반드시 선하증권에 의해서만 할 수 있으므로, 선하증권은 유통증권이고 처분증권의 성질을 갖는다.

5) 채권(債權)증권의 성격

선하증권의 소지인은 선박회사에 자신이 소지한 선하증권과 상환으로 해당 화물의 인도를 청구할 수 있다. 따라서 선하증권은 선박회사에 대한 채권증권으로서의 성격을 갖는다.

6) 면책(免責)증권의 성격

선하증권의 정당한 소지인이 이를 제시하여 화물의 인도를 청구하면 선박회사는 증권과 상환으로 증권에 표시된 화물을 인도하여야 한다. 이때 선박회사는 그 청구자가 진실한 권리자인가를 점검(check)할 의무나 권리는 없다. 그에 대해서는 책임을 지지 않는 것이다.

7) 지시증권의 성격

선하증권은 증권상에 지정된 자를 증권의 정당한 권리행사 주체로 한다. 배서

(背書, endorsement)[12]에 의해 지정된 자가 변경될 수 있다.

ㅌ 기타 운송서류

(1) 항공운송서류

해상운송의 B/L에 해당하는 항공운송의 기본적인 서류가 항공화물운송장(AWB : Air Waybill) 또는 항공화물탁송장(Air Consignment Note)이다. 항공운송의 경우 무역거래조건이 FCA일지라도 매도인이 운송계약을 체결하는 것이 일반적이다. 이때 운송계약의 내용은 항공화물운송장의 이면약관에 나타난다. 국제항공운송에 관한 바르샤바조약(Warsaw Convention, 정식명칭은 국제항공운송 규칙의 통일에 관한 조약 : The Convention for the Unification of Certain Rules Relating to International Carriage of Air, 1929) 및 이의 개정인 1955년의 헤이그 의정서(Hague protocol)와 1975년의 몬트리올 의정서(Montereal protocol)에는 항공화물운송장의 법률적 성격, 운송인의 책임범위, 배상책임의 한도, 송하인·수하인·운송인의 권리 및 의무가 규정되어 있고, 국내법으로는 상법에 관련 규정이 있다.[13] 이러한 조약과 법률이 항공운송계약의 준거법이 된다.

항공사들이 사용하는 AWB에는 국제항공운송협회(IATA : International Air Transport Association)가 제정한 IATA 표준약관이 그대로 적용되거나 약간 수정된 채로 이면에 인쇄되어 있다.[14] AWB는 B/L과 유사한 성격도 있지만 다른 점도 많다. 즉, AWB는 B/L과 같이 송하인과 운송인 사이에 운송계약이 체결되었다는 증거서류이긴 하나, non-negotiable이라 표시되는 비유통서류로 발행되어

---

12) 배서(背書)란 지시증권의 특유한 양도방법으로 증권상의 권리자가 그 증권에 소요사항을 기재하고 서명하여 이를 상대방에게 교부하는 행위를 말한다. 배서에는 피배서인을 기재한 기명식배서 외에 그 기재가 없는 백지식배서(白地式背書)와 특정인에 갈음하여 추상적으로 '소지인'이라고 기재하는 소지인출급식배서(所持人出給式背書)도 있다. 기재와 서명을 보통 증권 뒷면에 하기 때문에 배서라는 이름이 붙었으나 법률상으로는 반드시 뒷면에 해야 한다는 규정은 없다. 다만 배서인의 서명만을 하는 경우는 뒷면에 해야 한다.

13) 헤이그 의정서에는 당사국간에 있어 1929년의 Warsaw Convention과 헤이그 의정서를 합하여 단일조약으로 간주하고, 이를 합하여 Warsaw Convention으로 부르도록 규정하고 있다(의정서 제19조). 우리나라에서는 1967년에 조약의 효력이 발생되었다. 국내법으로는 상법 제6편(제892조 내지 제935조)에 항공운송에 관한 규정이 있으며, 여기에 항공화물운송장에 관한 규정도 포함되어 있다.

14) IATA는 각국 국제항공회사에 의해 1945년 설립되었는데 우리나라 항공사들을 포함하여 세계 각국의 항공사가 거의 모두 가맹하고 있다. IATA는 Warsaw Convention 범위 내에서 항공운송에 관한 조건, 즉 운임·운송규칙 등의 협정, 항공화물운송장의 양식, 발행방법 등을 규정하고 있다.

유가증권의 성격을 갖지 않는다. 또한 선하증권이 통상 선적식인데 비해 AWB 는 화물이 창고에 반입되면 발행되는 수취식이다.

한편, AWB는 운송인의 요청에 의해 송하인이 3부를 작성하여 운송인에게 교부하여야 한다(상법 제923조). 항공화물운송장 중 제1원본에는 '운송인용'이라고 적고 송하인이 기명날인 또는 서명하여야 하고, 제2원본에는 '수하인용'이라고 적고 송하인과 운송인이 기명날인 또는 서명하여야 하며, 제3원본에는 '송하인용'이라고 적고 운송인이 기명날인 또는 서명하여야 한다. 운송인은 송하인으로부터 운송물을 수령한 후 송하인에게 항공화물운송장 제3원본을 교부하여야 한다.

항공운송은 송하인이 직접 항공회사와 거래하지 않고 항공운송대리업체인 항공화물대리점(cargo agent)이나 혼재업자(consolidator or freight forwarder)에 의해 적재, 운송 및 AWB의 발급이 이루어진다. 혼재업자를 이용할 경우 집화(集貨)한 화물을 항공사에 위탁할 때 항공사로부터 혼재업자가 교부받는 것을 Master Air Waybill이라 하고, 혼재업자가 개별 송하인에게 교부하는 것을 Air Bill(House Air Waybill 또는 House Waybill)이라 부르기도 한다.

(2) 육상운송서류

육상운송은 철도운송과 자동차운송, 내수로(內水路)운송 등으로 나눌 수 있다. 각각의 경우 운송서류의 명칭이 다르다.

1) 철도화물탁송장(Rail Consignment Note)

대륙 내에서 장거리 대량운송에는 아직도 철도 운송이 상당한 경쟁력을 지닌다. 철도운송은 유럽 여러 나라 사이에 자주 이용된다. 철도운송을 할 때 적용되는 준거법은 CIM협약(Convention Internationale Concernant le Transport de Marchandise par Chemin de Fer)이다. 이 협약에는 운송계약의 체결, 계약이행, 운송인의 책임, 당사자간의 법률관계와 재판관할 법원 등에 대하여 규정하고 있다. 화물의 철도운송과 관련하여 발행되는 철도화물탁송장('철도화물수탁증'이라고도 한다)은 일종의 화물위탁서이다. 즉, 송하인의 운송을 위탁받은 운송인이 그것을 수탁하였다는 취지를 표시하고 있는 서류다. 이에 반해 철도화물상환증(Railway B/L)은 형식상의 요건이 선하증권과 유사하고 선하증권이 갖는 채권적 효력, 처분증권성, 물권적 효력을 갖는다.

2) 도로화물탁송장(Road Consignment Note)

도로화물탁송장('도로화물수탁증'이라고도 한다)은 자동차를 이용한 화물운송에서 운송인이 화물을 수탁하였다는 취지를 표시하여 발행하는 것이다. 국제 도로운송에서 적용되는 준거법은 CMR협약(Convention Relative au Contract de Transport International de Merchandise par Route)이다. 국제도로운송이란 일정국가의 어느 지점으로부터 다른 국가의 어느 지점까지 육로로 운송되는 경우를 말한다. 거래의 양 당사자 중 어느 한 당사자가 이 협약의 당사자인 경우에는 조약을 적용하도록 규정하고 있다. 도로화물탁송장의 성격은 철도화물탁송장의 그것과 유사하다.

3) 내수로운송서류(Inland Waterway Document)

화물이 내수로를 통하여 운송될 때 발급되는 운송서류이다. 철도화물탁송장 또는 도로화물탁송장과 유사한 성격을 갖는다.

(3) 복합운송서류

복합운송의 법적 정의는 '물품이 어느 한 국가의 지점에서 수탁되어 다른 국가의 인도 지점까지 적어도 두 가지 이상의 운송방식에 의하여 이루어지는 물품운송'이다.[15] 복합운송에 관하여는 민간차원에서 1973년 국제상업회의소(ICC)가 제정한 복합운송증권에 관한 통일규칙(Uniform Rules for a Combined Transport Document, 1975 Revision)이 있고, UN에서 1980년 제정한 UN 국제물품복합운송조약(UN Convention on International Multimodel Transport of Goods)이 있다.[16]

복합운송증권을 발행하는 자를 복합운송인(이를 CTO, MTO 또는 ITO로도 부른다)[17]이라 한다. 복합운송인이 운송증권이 발행된 물품을 운송하는 운송수단을

---

15) 복합운송증권에 관한 통일규칙 제2조 a. 복합운송에 복수의 운송인이 참여한다는 점에서는 통운송과 유사하나 통운송은 한 가지 운송방식에 다수의 운송인이 참여하지만, 복합운송은 적어도 두 가지 이상의 운송방식이 이용된다는 점에서 차이가 있다. 또한 통운송에서의 통선하증권(through B/L)은 운송인의 책임이 운송구간별로 분할되고, 2차운송인에 대한 1차운송인의 지위는 화주의 단순한 운송대리인에 불과하나 복합운송증권은 운송인이 전구간 단일책임을 지고 1차운송인이 원청운송인, 2차운송인이 하청운송인이 된다. 복합운송인은 하청운송인의 책임까지도 포함하여 화주에 대해 책임을 진다.
16) UN 국제물품복합운송조약은 참여국간 이해의 대립으로 아직까지 발효되지 않고 있다. ICC의 복합운송증권에 관한 통일규칙을 적용하고자 할 때는 그 취지가 증권에 명시되어야 한다. TCM 조약안은 아직도 유럽컨테이너 B/L의 준거법이 되고 있다.
17) CTO(Combined Transport Operator)는 ICC의 복합운송증권에 관한 통일규칙에서, MTO (Multimodal Transport Operator)는 UN 국제물품복합운송조약에서, ITO(Intermodal Transport Operator)

모두 보유하고 있어야 하는 것은 아니다. 운송물품의 화주에게는 전 구간 운송을 계약하지만 운송구간별로 별도의 운송인과 계약을 통해 운송시킬 수가 있기 때문이다. 복합운송인은 선박, 항공기 등의 운송수단을 갖고 있는 VOMTO (Vessel Operating Multimodal Transport Operator)와 운송수단을 갖고 있지 않은 NVOMTO(Non-Vessel Operating Multimodal Transport Operator) 두 종류가 있다. 복합운송증권에는 유통성(negotiable)이 있는 것도 있고 비유통성(non negotiable)인 것도 있다. 또한 선하증권의 명칭을 지니고 있는 것(Combined transport B/L 또는 Multimodal transport B/L)도 있다. 신용장통일규칙에서는 신용장에 별도의 명시가 없는 한 복합운송증권의 명칭에 구애되지 않고 서류를 수리하도록 규정하고 있다.

제3절   운송물품에 대한 보험

1 해상운송의 위험과 손해

(1) 해상운송의 위험

해상운송에는 육상운송과 달리 운송되는 화물과 운송수단인 선박이 수많은 위험에 직면한다. 따라서 화물과 선박에 경제적 이해관계를 가진 매도인이나 매수인, 선주 등 당사자는 이러한 위험으로부터 그의 이익을 보호받기 위하여 보험제도를 이용할 필요성이 생긴다. 이때의 보험이 해상보험이며, 해상보험에 의해 손해가 보상될 수 있는 사고의 위험이 해상위험(maritime peril)이다.

위험은 손해를 초래할 사고 발생의 가능성이다. 위험을 의미하는 perils는 포괄적이고 추상적인 개념이다. 런던보험자협회의 신보험증권에서는 위험을 risk 라는 용어로 표현하고 있다. 해상위험에는 〈표 11-3〉과 같이 일반적으로 항해에 기인하거나 또는 부수하여 발생하는 위험, 즉 해상고유의 위험(perils of the sea)과, 기타 해상운송과 관련하여 발생하는 위험이 있다.

는 미국에서 각각 사용하는 용어이다.

〈표 11-3〉 **해상위험의 종류**

해상고유의 위험	파선 또는 난파(shipwreck), 침몰(sinking), 좌초(stranding), 교사(膠沙, grounding), 충돌(collision), 바람과 파도(風波)의 이례적인 작용
해상운송의 위험	화재, 선장 또는 선원의 악행, 투하(投荷, jettison), 해적(pirates)·절도(thieves)·강도, 강류(arrests)와 억지(restraints)·억류(detainments), 전쟁

〈표 11-3〉에서 해상고유의 위험이란 바다에서 발생하는 우연한 사고 또는 재난을 의미하는 것으로 해난(海難)이라고도 한다. 해난은 해상에서 발생하여야 하고, 우연히 발생한 것이어야 하며, 바다의 작용을 원인으로 하거나 바다에서만 발생하는 특유의 사건이어야 한다.

해상고유의 위험 중 파선 또는 난파란 바람과 파도의 격렬한 작용 또는 좌초, 충돌 등에 의하여 선체가 부서지거나 크게 파손된 상태를 말한다. 침몰이란 선박이 부력(浮力 : 물에 뜨는 힘)을 상실하고 상갑판(上甲板)이 수면아래, 즉 수중(水中) 또는 해저(海底)에 놓인 상태를 의미한다. 좌초란 선박이 암초와 같은 물아래 장애물에 올라 앉아 움직일 수 없게 된 상태를 의미한다. 교사란 뻘·모래 등 단단하지 않은 물아래 장애물에 올라 앉아 움직일 수 없게 된 상태를 의미한다. 좌초는 항해중 우연한 원인에 의해 유형 물체에 얹혀야 하고, 일정시간 또는 영구적으로 움직일 수 없는 상태에 놓여야 한다. 충돌은 선박과 선박과의 충돌뿐 아니라 선박과 물 이외의 다른 물질, 즉 얼음, 잔교, 방파제, 항공기 등과의 충돌을 모두 포함한다. 바람과 파도의 이례적 작용이란 본선의 침수로 인한 화물의 해수침손(seawater damage), 갑판적화물의 유실(washing over board), 기타 악천후로 인한 화물의 손상 등이 일어나는 것을 말한다.

해상운송의 위험에서 선장 또는 선원의 악행은 선장 또는 선원이 의식적으로 범하는 범죄적 행위로서 선박 또는 화물에 손해를 입히는 것을 말한다. 예를 들면 밀수목적에 의한 선박의 사용, 선박의 유기(遺棄), 방화, 고의적 침몰이나 좌초, 선장에게 강요하여 항로를 이탈케 하는 행위 등이 그것이다. 투하(jettison)란 해난을 맞아 선박을 가볍게 하기 위하여 선장이 화물이나 선박 장구(裝具)의 일부를 바다에 버리는 희생적 행동을 말한다. 즉, 선박이 폭풍우 등을 만났을 때 침몰이나 좌초를 면하기 위하여 선장이 고의로 화물, 선용품 등의 일부를 바다에 버리는 것을 의미한다. 투하는 공동해손의 대표적 형태이다. 강류(arrests)·억지(restraints)·억류는 선박 또는 적하의 압류를 말하는데, 나포 또는 포획과 같이 몰수의 목적을 가지는 것은 아니다. 이것은 범죄수사를 하거나, 검역 등을 위해 선박을 압류하는 경우가 해당된다.

(2) 해상손해

해상위험이 현실화 하여, 즉 사고가 발생하여 피보험이익의 전부 또는 일부가 소멸함으로써 발생하는 피보험자(Insured)의 경제상 부담 또는 재산상의 불이익이 해상손해다. 손해(Loss or Demage)란 위험의 결과로 피보험목적물의 일부 또는 전부가 손상을 입거나 소멸되는 것을 말한다. 해상손해는 손해발생의 원인과 손해의 정도, 그 손해를 누가 부담하느냐에 따라서 [그림 11-1]과 같이 여러 종류로 분류된다.

[그림 11-1] **해상손해의 종류**

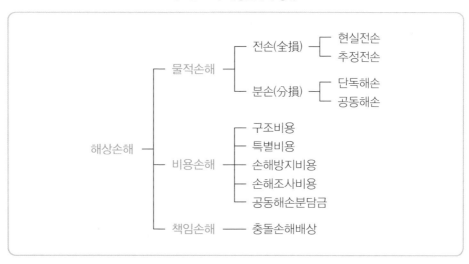

1) 물적손해

선박, 화물 등에 해상위험이 발생하여 멸실 또는 손상 등 실체적인 손해(physical loss), 직접적인 손해가 발생한 것을 말한다. 물적손해는 손해발생의 정도에 따라 피보험이익의 전부가 멸실된 전손(全損, total loss)과 부보(付保 : 보험에 가입하는 일)된 피보험이익의 일부에만 손해가 발생한 분손(分損, partial loss)의 두 가지로 나누어진다.[18]

가. **전손** : 전손은 다시 피보험목적물 혹은 피보험이익이 현실적으로 완전히 소멸한 것인가 아니면 경제적으로 보아 사실상 완전히 소멸한 것으로 간주하는가에 따라 현실전손과 추정전손의 두 가지로 구분된다. 추정전손은 현실적으로 피보험이익이 완전히 소멸하지는 않았으나 복원비용이 더 큰 경우와 같이 피보험목적물을 현실적으로 회복하기 어려운 상태일 때 인정된다.

나. **분손** : 분손은 손해에 대한 부담을 누가 지는가에 따라 단독해손(particular average)과 공동해손(general average)으로 구분된다.

단독해손은 피보험위험으로 인하여 보험목적의 일부가 멸실 또는 손상된 손해가운데 공동해손을 제외한 분손의 손해를 말한다. 단독해손은 손해를 입는 피보험자가 단독으로 그 손해를 부담하여야 하는 것이다. 예컨대 폭풍으로 인한 선박의 손상, 화물의 침수, 화재로 인한 화물의 소실 등이 이에 해당한다. 단독해손은 그 발생이 우연적이어야 하며, 손해가 발생된 보험목적에 관련된 이해관계자는 피보험자와 그의 보험자에 한정된다.

이와는 달리 공동해손(general average)이란 투하(投荷)로 인해 발생한 손해를 말한다. 이들 손해 및 비용은 투하로 인해 이익을 본 이해관계자에게 분담된다. 왜냐하면 이러한 손해와 비용의 지출로 인해 잔여 화물과 선박이 구조되었으므로 그와 같은 손해를 구출된 재산의 소유주들이 공동으로 부담하는 것이 합리적이기 때문이다. 공동해손에서 선박이나 화물에 발생한 손해를 공동해손희생(general average sacrifice)이라 한다.

2) 비용손해

비용손해는 위험발생의 결과 부수적으로 비용이 지출되는 경우의 손해를 말한다. 비용손해는 사고로 인한 피보험이익 자체에 발생하는 직접손해가 아닌 간접손해로서 성격상 사전에 보험계약서에 그 금액을 명시할 수 없다. 비용손해에는 구조비용, 특별비용, 손해방지비용, 손해조사비용 및 공동해손분담금이 있다.

가. **구조비용** : 구조비용은 제3자가 선박이나 화물을 해난구조계약을 체결하지 않고 임의로 해난구조 행위를 하고, 그 결과 재난이 구조되었을 때 해상법에 의하여 지급되는 보수로, 임의구조료라고도 한다. 이 구조비용이 보

험회사가 담보한[19] 위험에 의한 손해를 방지하기 위하여 지출되었을 때에는 보험자에게 보상책임이 있다. 구조비용에는 피보험자, 그 대리인 또는 보수를 받고 이들에 의하여 고용된 자가 피보험위험을 피하기 위하여 행한 구조의 성질을 띤 노무비용은 포함되지 않는다. 해난구조가 성립되기 위해서는 선박 또는 화물이 해난을 당하고 있어야 하며, 인명만을 구조한 때는 해난구조가 성립하지 않는다.

나. **특별비용** : 특별비용은 피보험목적물의 안전 또는 보존을 위하여 피보험자 또는 피보험자의 대리인에 의해 지출된 비용으로 공동해손비용과 구조비용 이외의 것을 말한다. 특별비용은 손해방지비용과 거의 비슷한 성격을 띠고 있으나 손해방지비용보다는 넓은 개념이다. 보험금지급에서 손해방지비용은 보험금액을 초과해도 보상되지만 특별비용은 보험금액을 한도로 보상된다. 특별비용을 손해방지비용과 특히 구별하는 것은 손해방지비용에 포함될 수 없는 특별비용이 있기 때문이다. 특별비용에는 항해중 사고로 인하여 중간항에서 발생하는 양륙비, 창고보관료, 재포장비, 재선적비, 건조비용, 감정료(survey fee), 화물판매비용 등이 있다.

다. **손해방지비용** : 손해방지비용은 보험계약자 또는 피보험자는 손해를 방지하거나 손해의 경감조치를 취할 의무가 있는데 이러한 의무를 이행하기 위하여 소요된 비용을 말한다.

라. **손해조사비용** : 손해조사비용은 손해가 발생하였을 경우 보험자가 부담할 보험손해를 조사하고 그 정도를 확정하는데 소요되는 비용이다. 즉, 검정보고서(survey report)를 취득하기 위한 비용으로 당해 손해가 보험자에 의해 보상되어질 성질의 손해인 경우에 한하여 보험자가 보상한다. 손해조사비용에는 여비, 통신비, 검정료, 공매비, 사진비용, 입회비 등이 있다.

마. **공동해손분담금** : 공동해손분담금은 공동해손의 발생으로 인하여 직접 자신의 선박이나 화물에 손해가 발생하지는 않았으나 다른 화물 등의 손실로 인해 부담하게 되는 비용이다. 공동해손의 행위에 따른 비용을 공동해손비용(general average charges)이라 하고, 이러한 공동해손으로 이익을 얻은 당사자들이 그 손해를 분담할 경우 이를 공동해손분담금(general average contribution)이라 한다.

---

19) 담보(cover)란 보험자가 피보험자에게 피보험목적물의 손해에 대하여 보상하기로 한 약속을 말한다. 이 약속이 실현되는 것을 보상(pay)이라 한다.

3) 책임손해

책임손해는 타인에 대해 손해배상책임을 지는 경우의 손해를 말한다. 선박충돌손해배상금 등 책임의 부담에 따른 손해가 이에 해당한다. 책임손해시 적용되는 충돌약관(running down clause)은 피보험선박이 그의 과실 또는 쌍방과실에 의해 충돌함으로써 입게 되는 피해를 보험자가 자기의 비용으로 피보험자에게 보상하도록 하고 있다. 선박의 충돌은 일방의 과실(one to blame)에 의한 충돌, 쌍방의 과실(both to blame)에 의한 충돌, 쌍방 모두의 무과실(neither to blame)에 의한 충돌 등 세 가지로 분류된다.

2 해상보험

(1) 해상보험의 의의

해상보험(marine insurance)이란 '항해 사업에 관한 사고에 직면하는 재산권을 가진 다수의 경제주체가 각자의 위험정도에 따라 합리적인 기금을 부담하여 공동준비재산을 형성한 후 해상위험(항해사고)의 발생으로 손해를 입은 자에게 보상함으로써 그 경제상의 불안을 제거하거나 경감하는 제도'다. 즉, 해상보험은 항해와 관련하여 일어나는 사고에 의하여 생기는 손해의 보상을 목적으로 보험자는 손해를 보상하여 줄 것을 약속하고, 보험계약자는 그 대가로서 보험료를 지급할 것을 약속하는 손해보험의 일종인 것이다.

해상보험은 원래 화물이 선박 등 운송수단에 적재되는 시점부터 수입항에서 하역될 때까지만을 보호하였으나, 오늘날에는 필요시 해상운송과 연결되는 육상운송까지도 포함하여 전 구간에 대해 해상보험계약을 확장 체결할 수 있게 한다. 해상보험은 손해가 주로 공해에서 발생하고, 서로 다른 국가의 매매당사자가 관련된다는 국제성 때문에 해상보험제도가 탄생하고 발전해 온 영국의 해상보험법(MIA : Marine Insurance Act)이 주로 적용된다.[20] 다만, 공동해손(General Average)에 대해서는 1877년 제정되고 2004년 현행규칙으로 개정된 요크-앤트워프 규칙(YAR : York-Antewerp Rules)이 적용된다.

---

[20] 국내법으로 상법 제4편 제4절(제693조 내지 제718조)에 해상보험에 관한 규정이 있다. 그러나 우리나라를 비롯한 대부분 국가에서 사용하는 해상보험증권에는 영국의 법과 관습을 따른다는 규정을 두고 있어 보험자의 책임 및 보험금 결제와 관련된 규정은 MIA가 적용된다.

(2) 해상보험의 당사자

해상보험에는 보험자(Insurer, Underwriter)와 보험계약자(Applicant), 피보험자 (Insured)의 기본당사자가 있고, 그 외에 보험대리점(Insurance Agent)과 보험중개인(Insurance Broker)이 있다.

보험자는 보험계약자로부터 보험료를 받고 그 대가로 보험기간중에 생긴 담보 위험에 의한 손해에 대하여 보험금을 지급할 것을 약속한 자이다. 실무상으로는 보험회사 또는 로이즈(Lloyd's)의 개인보험업자(underwriter)를 말한다. 보험자는 우리나라에서는 전부 법인체인 보험회사이지만 보험의 본고장이랄 수 있는 영국에서는 회사형태의 보험자뿐 아니라 개인보험업자도 있다.

보험계약자는 보험계약을 신청하는 자로서 보험료를 지급할 의무를 지는 자를 말한다. 피보험자는 이러한 보험계약에 의해 보호되는 자이며 손해가 발생한 경우 보험금을 지급받을 수 있는 자이다. 보험료(Insurance Premium)는 보험계약을 체결할 때 보험자가 위험을 담보하는 대가로 보험계약자가 보험자에게 지급하는 금전이다. 보험료율은 보험금액에 대한 백분비로 표시한다.

보험가액(Insurable value)은 보험목적물의 실제 가치로 보험사고가 발생할 경우 피보험자가 입을 수 있는 최대한도의 손해액을 말한다. 보험금액(Insured Amount)은 보험계약 금액이다. 피보험자가 실제 보험에 가입하였고 손해발생시 보험자가 보상해 주는 최고금액이다. 이에 비해 보험금(Claim Amount)은 실제 보상되는 금액이다. 무역거래에서 거래조건에 따라 보험계약자와 피보험자는 달라진다. 예를 들면 FOB나 DDP와 같은 거래조건에서는 보험계약자가 자기 자신을 위해 보험계약을 체결하지만, CIF나 CIP와 같은 거래조건에서는 매수인을 위하여 매도인이 보험계약자가 되므로 보험계약자와 피보험자는 달라진다.

(3) 해상보험의 종류

해상보험은 크게 선박자체에 대한 선박보험과, 그러한 선박에 적재된 적하에 대한 적하보험으로 구분된다. 해상보험을 분류하면 〈표 11-4〉와 같다.

〈표 11-4〉 **해상보험의 분류**

기준	종류	주요 내용
피보험 이익	선박보험	선박의 소유자가 선박에 대한 피보험이익을 부보
	적하보험	화물소유자가 운송화물에 대한 피보험이익을 부보
	운임보험	선사가 운송을 통해 얻을 운임에 대한 피보험이익을 부보
	희망이익보험	화물소유자가 화물의 안전도착으로 얻게 될 예상이익을 피보험이익으로 부보
보험 기간	항해보험	항해단위를 표준. 주로 적하보험
	기간보험	일정한 기간을 표준. 주로 선박보험
	혼합보험	기간과 항해의 양자를 표준

(4) 보험증권과 보험약관

보험의 역사는 약 300년 이상 되었으나 오늘날의 해상보험은 1906년 영국해상보험법(MIA 1906)에 Lloyd's S. G. Policy가 수록됨으로써 이 양식에 의한 보험증권과 약관이 영국을 비롯한 여러 나라에서 널리 쓰이게 되었다. 그 후 시대 변화가 반영되면서 증권의 문언(文言)에 대한 수정과 추가가 지속적으로 행해졌다. 대개 증권의 전면에 난외약관(Marginal Clause)을 삽입하거나 증권 이면에 특별약관을 기재 또는 별도 첨부하는 형태다. 그 결과 Lloyd's S. G. Policy의 체계는 크게 보면 스케줄(schedule), 본문약관(Body Clause), 이탤릭서체약관, 난외약관, 특별약관 등으로 복잡하게 구성되는 결과가 되었다.

보험증권에서 스케줄이란 보험계약내용인 선박명, 출항예정일, 보험목적물, 보험조건, 담보조건, 기타 중요사항을 기재하는 것을 말한다. 특별약관에는 분손부담보(FPA : Free from Particular Average)약관, 분손담보(WA : With Average)약관, 전위험담보(AR : All Risk)약관의 세 가지 위험부담 조건이 규정되어 있다. 이러한 약관은 런던보험자협회(ILU : Institute of London Underwriters)가 제정한 것이다. 통상 협회적하약관(ICC약관 : Institute Cargo Clause)이라 하고, 1983년 이후의 신(新)협회적하약관과 구별하기 위해 구(舊)협회적하약관이라 한다.

그런데 Lloyd's S. G. Policy는 그 체계가 복잡하기 그지없고 증권문언 또한 해상보험과 관련한 영국의 여러 판례에서 비롯되어 그 내용과 표현이 상당히 난해(難解)하다. 이에 따라 UNCTAD에서 해상보험증권의 국제적인 통일 작업을 추진하게 되었다. 이러한 국제적 움직임에 대응해 런던보험자협회는 1983년 4월부터 UNCTAD의 연구보고서를 수용한 새로운 해상보험증권(이를 New Lloyd's Marine Policy form이라 한다)과 협회적하약관을 제정하여 시행하였다.

New Lloyd's Policy는 약인(約因)약관과 재판관할권만을 본문에 나타내고 있어 간소화되었고, 그 외의 각종 약관과 난외약관의 유효한 조항은 신협회적하약관에 포함시켜 단순화하였다는 특징이 있다. 또 보험조건의 명칭도 ICC (A), ICC (B), ICC (C)로 각각 변경하였다. 그러나 보험자의 보상범위나 기타 담보에 대한 원칙 등 근본적 조항들에서는 큰 변동이 없다. 실무적으로 보험계약에 있어 S. G. form과 구협회적하약관을 적용할 것인가, 아니면 New Lloyd's Policy와 신협회적하약관을 적용할 것인가 하는 점은 보험자와 보험계약자간의 약정에 의해 결정되는 임의사항이고, 전 세계에서 병용되고 있다.

〈표 11-5〉 **신·구 협회적하약관과 담보조건**

구 분	구 협회적하약관	신 협회적하약관
증권양식	Lloyd's S. G. Policy	New Lloyd's Policy
담보조건	ICC AR(전위험담보)	ICC (A)
	ICC WA(분손담보)	ICC (B)
	ICC FPA(분손부담보)	ICC (C)

(5) 약관의 구성

Lloyd's S. G. Policy에 규정된 구협회적하약관의 보험조건별 담보위험은 〈표 11-6〉과 같다.

〈표 11-6〉 **구협회적하약관에 의한 보험조건별 담보위험**

AR	WA	FPA	[물적손해]
			① 전손(현실전손, 추정전손)
			② 공동해손
			③ 특정사고에 의한 단독해손
			  ⓐ 본선·부선의 좌초, 침몰, 대화재의 단독해손
			  ⓑ 선적·환적·하역중의 포장 1개당 전손
			  ⓒ 화재 또는 폭발에 의한 화물의 멸실·손상
			  ⓓ 본선·부선과 다른 물체와의 충돌/접촉에 의한 화물의 멸실·손상
			  ⓔ 피난항에서의 하역에 따른 화물의 멸실·손상
			[비용손해]
			① 구조비용 ② 특별비용 ③ 손해방지비용 ④ 손해조사비용
			⑤ 공동해손분담금

		FPA의 담보위험에 더하여 풍랑으로 인한 해수침손 등 열거주의로서 추가적 담보위험을 규정
	FPA, WA의 담보위험에 더하여 각종 부가위험이 추가
면책 위험	① 피보험자의 고의적 해태(default)·비행(非行, misconduct)에 의한 손해 ② 화물 고유의 하자·성질에 의한 손해 ③ 위험의 요건을 구비하지 아니한 통상의 손해, 자연소모 ④ 항해의 지연으로 인한 손해, 비용 ⑤ 포장불완전에 의한 손해 ⑥ 전쟁, 폭동, 동맹파업(SRCC : Strike, Riot, Civil Commotion) 등의 위험

담보위험에서 FPA와 WA는 열거주의를 채택하고 있지만 AR은 포괄주의를 채택하고 있다. 런던보험자협회가 제정하여 1983년 4월부터 사용하기 시작한 New Lloyd's Policy는 본문약관과 난외(중요)약관, 신협회적하약관으로 구성된다. 적하약관은 담보위험(Risk covered)을 기준으로 (A), (B), (C)조건으로 나누고 각 조건별로 19개의 약관조항을 두고 있다. 이 19개의 조항은 이해하기 쉽도록 관련조항을 묶어 위험담보, 면책위험, 보험기간, 보험금청구, 보험의 이익, 손해의 경감, 지연의 회피, 법률 및 관습, 주의사항 등의 9개의 표제를 달고 있다. New Lloyd's Policy에 규정된 약관의 보험조건별 담보위험은 〈표 11-7〉과 같다. 여기서도 A조건은 포괄주의를, B와 C조건은 열거주의를 채택하였다.

〈표 11-7〉 신협회적하약관의 보험조건별 담보위험

A	B	C	[물적손해] – 다음과 상당 인과관계(reasonably attributable to)가 있는 보험목적의 멸실이나 손상 ① 화재 또는 폭발 ② 본선 또는 부선의 좌초, 교사, 침몰 또는 전복 ③ 육상운송용구의 전복 또는 탈선 ④ 본선, 부선 또는 운송용구와 물 이외의 타물과의 충돌/접촉 ⑤ 피난항에서의 화물의 하역 – 다음 사유로 인한(caused by) 보험목적의 멸실이나 손상 ① 공동해손희생 손해 ② 투하 또는 갑판유실 [비용손해] ① 구조비용 ② 특별비용 ③ 손해방지비용 ④ 손해조사비용 ⑤ 공동해손분담금
			(C)의 담보위험에 더하여 다음 위험이 추가 ① 지진, 화산의 분화, 낙뢰 ② 본선, 부선, 선창, 운송용구, 컨테이너, 지게자동차, 보관장소에 대한 바닷물·호숫물·강물의 침수 ③ 본선, 부선으로의 선적 또는 하역작업중 바다에 떨어지거나 갑판에 추락한 포장당 1개의 전손
			(B), (C)의 담보위험에 더하여 각종 부가위험이 추가
면책위험			① 일반면책 ② 불내항 및 부적합위험 면책 ③ 전쟁위험면책 ④ 동맹파업위험 면책

3 항공적하보험

(1) 항공적하보험의 의의

항공화물은 항공기에 의해 운송되는 승객의 수화물과 우편물을 제외한 항공운송장(AWB : Air Waybill)에 의해 수송되는 화물을 말한다. 이러한 항공화물에 대한 보험은 항공화물보험과 항공화물화주보험의 두 가지 방법으로 보험자에게 인수된다.[21] 항공화물 중 부피와 중량이 많이 나가는 거대화물은 해상적하보험

---

21) 항공화물보험과는 별개로 항공사가 부보하는 것이 항공보험이다. 항공보험은 항공기 운용과 관련된 위험을 담보하는 보험으로 항공기가 이륙을 개시하여 착륙을 완료할 때까지의 위험은 물론 이착륙에

과 동일한 방식으로 보험자가 인수한다. 국제간 운송되는 해상화물과 항공화물은 운송수단이 다르기 때문에 운임적용 원칙도 다른 점이 있으나, 운송의 본질은 동일하므로 국제항공화물 대부분은 해상보험원칙이 적용되어 보험계약이 체결되는 것이다.

반면 항공화물 중 부피와 중량이 적은 소형화물은 송하인이 간단한 절차에 의해 보험계약이 가능하도록 준비된 항공화물화주보험이 이용된다. 즉, 항공회사와 보험회사가 미리 포괄보험계약을 체결해 두고, 송하인이 화물을 항공사에 인도할 때 항공화물운송장에 필요한 사항을 기재하고 보험료를 지급하기만 하면 자동으로 보험에 부보가 되도록 하는 것이다. 항공화물화주보험을 이용할 경우 수출입업자에게는 화물의 부보절차가 간편하여 시간과 노력이 절약되는 이점이 있으나 보험조건 및 보험요율이 항공사와 보험자간 체결된 획일적인 보험계약에 따라야 하므로 화물의 특성을 고려한 부보가 어렵다는 단점도 있다.

(2) 항공화물보험

항공운송 중 화물에 손해가 발생하면 대부분 항공운송인이 책임을 지지만 항공운송인의 과실이 없거나 불가항력에 의한 손해일 경우 항공운송인은 면책된다. 또한 항공운송인의 책임액은 일정한도가 있다. 따라서 화주는 별도의 보험가입 필요성이 있게 된다. 보통 항공운송의 경우 사고가 발생하면 화물은 기체와 함께 전손되므로 항공화물의 보험은 전위험담보조건인 ICC(Air) 약관으로 부보한다. 이 경우에도 해상적하보험과 마찬가지로 전쟁위험과 동맹파업위험은 면책되기 때문에, 이들 위험을 담보받기 위해서는 특약을 하여야 한다. 보통 보험기간은 최종 양하지에서 항공기로부터 보험의 목적인 화물을 양하한 후 30일이 경과했을 때까지이고, 화물고유의 결함이나 성질에 기인하는 멸실, 손상 비용은 담보하지 않는다.

따른 활주중의 위험, 항공기가 지상에 머무르고 있는 동안의 위험들을 모두 포괄하는 보험이다. 즉, 항공보험은 추락, 불시착, 전복, 화재, 풍수해, 행방불명 등으로 항공기 자체에 피해를 입었을 때의 재산상 손해, 그 사고로 타인에게 피해를 끼쳐 입은 법률상 배상책임손해, 항공기 탑승자의 신체상해 손해를 보상하는 종합보험이다.

(3) 항공화물화주보험

항공화물화주보험은 특정 항공사의 항공기로 운송되는 화물이 운송중에 발생한 사고로 손해를 입었을 경우 그 손해를 보험회사가 관련 항공사에 보상하거나, 또는 화물의 화주가 직접 보상을 원하는 경우 화주측에 직접 보상하기로 하는 보험계약을 보험회사와 특정항공사 사이에 체결한 보험을 말한다. 따라서 항공화물화주보험은 화주가 보험계약자가 되는 것이 아니라 해당 화물을 운송하는 항공회사가 보험계약자가 된다.

항공사와 보험회사가 보험계약을 체결한 이후 화물의 화주가 해당 항공사에 동 보험의 계약체결을 원하는 경우 해당 항공사가 관련 보험회사를 대리하여 보험계약을 체결하고, 보험료를 징수한다. 항공화물화주보험의 계약은 항공화물운송장에 보험금액을 기입한 후 항공사에 접수함으로써 성립되며 보험료는 항공운임의 정산시 함께 납입한다. 운임이 도착지 공항에서 지불되는 착지불일 경우 보험료도 착지불 조건이 가능하다. 이 경우 운송 도중의 보험계약 취소는 인정되지 않는다. 화주가 별도의 보험증서 또는 보험가입확인서를 필요로 할 경우 항공사영업소, 대리점 또는 보험회사를 통해 동 증서를 발급받을 수 있다.

[무역현장]

물류대란에 놀란 글로벌 톱3 해운사 '육해공' 결합바람

세계 1~3위 유럽 해운사들이 항공·철도·화물을 결합한 서비스를 속속 내놓고 있다. 컨테이너선으로 옮긴 화물을 철도에 실어 주요 도시로 운송하거나, 일정이 촉박한 고객에 항공화물 서비스를 제공한다. 지난해 해상운임 급증으로 막대한 이익을 남긴 해운사들이 종합물류 기업으로 도약에 나선 것이다. 세계 해상 물동량의 약 47%를 차지하는 세 업체의 경쟁력이 더욱 공고해질 수 있다는 전망이 나온다.

5일 해운업계에 따르면 세계 1위 해운사인 덴마크의 머스크는 지난 3일 과일·채소 등 온도에 민감한 화물을 선박과 철도로 옮기는 운송 옵션을 선보였다. 최근 유럽에서 화물운송 지연이 잦아 신선식품을 취급하는 고객사 불만이 컸기 때문이다. 선박에서 곧장 철도로 옮겨실으면 주요 도시까지 막힘없이 도착할 수 있다. 해운과 철도를 결합한 물류 솔루션인 셈이다. 디에고 페르도네스 몬테로 머스크 전무는 "해양·철도 통합 솔루션은 더 많은 목적지를 고객에게 제안할 수 있게 됐다"고 설명했다. 머스크는 최근 홍콩 물류기업 LF로지스틱스 인수도 마쳤다. LF로지스틱스는 아시아 지역 223개 물류센터에서 B2B(기업간 거래)·B2C(기업과 소비자 직접거래) 솔루션을 제공해왔다. 지난 4월에는 '머스크 에어카고'를 설립하며 항공물류 시장에 진출했다.

세계 2위 해운사 스위스 MSC는 내년 초부터 'MSC 에어카고' 서비스를 제공한다. 일부 컨테이너 고객사의 항공화물 수요에 대응하겠다는 것이다. MSC는 보잉 777-200F 항공기 4대로 항공물류 서비스를 제공할 계획이다. 소렌 토프트 MSC CEO(최고경영자)는 "컨테이너 운송이라는 우리의 핵심 비즈니스를 보완하는 차원에서 항공화물 솔루션 개발에 착수했다"며 "시장이 원하는 다양한 운송 방법을 계속 모색할 것"이라고 설명했다.

프랑스 해운사 CMA CGM도 최근 자동차 물류전문업체 제프코(GEFCO)와 배송전문기업 콜리스프라이브(Colis prive)를 인수했다. 지난해에는 해운업에서 항공물류로 영역을 넓혀 'CMA CGM 에어카고' 솔루션을 출시했다. CMA CGM은 세계 3위 해운사로 시장점유율 12.5%를 차지하고 있다.

김인현 고려대 로스쿨 교수는 "유럽 해운사들이 최근 서비스 영역을 넓히면서 컨테이너선과 항공, 철도 물류 솔루션을 고객사에 한 번에 제안하고 있다"며 "납기일자를 반드시 지켜야 하는 화주들로선 여러 대안이 있는 해운사를 더욱 신뢰할 수밖에 없고 이는 곧 업체 경쟁력이 될 것"이라고 설명했다.

(아시아투데이, 2022.10.06.)

12

무역대금의 결제

제12장의 주요 내용

제12장에서는 무역대금의 결제에 대해 살펴본다. 이 장에서 학습할 주요 내용은 다음과 같다.
1. 무역대금 결제방식의 종류
2. 무역대금결제에 요구되는 서류의 종류
3. 신용장의 특성과 신용장의 종류
4. 무역대금 결제방식별 거래절차
5. 신용장통일규칙(UCP)과 추심에 관한 통일규칙(URC)의 의의

제12장 학습 키 워드(key word)

동시지급, 선지급, 후지급, 누진 또는 할부지급, 환어음, 배서, 선적서류, 신용장, 수익자, 매입, 신용장의 독립성, 신용장의 추상성, 상업신용장, 서류인도 결제방식(CAD), 상품인도 결제방식(COD), 우편환(M/T), 전신환(T/T), 추심결제방식, 지급인도방식(D/P), 인수인도방식(D/A), 청산계정 결제방식, 포페이팅, 펙토링

제12장 무역대금의 결제

제1절 무역대금 결제의 개요

1 무역대금결제의 의의

국내 또는 국제거래를 막론하고 상거래에 있어 가장 중요한 것은 말할 것도 없이 거래되는 물품과 그에 대한 대가, 즉 대금의 결제다. 무역대금 결제에 있어 주요 고려 요소는 대금을 지급하는 시기, 장소, 방법 등이다. 이와 같은 요소를 무역거래 당사자는 각자 자기가 처한 거래환경과 입장을 종합적으로 반영하여 무역계약시 대금 결제조건으로서 약정하게 된다. 거래 당사자는 대금을 지급하고 회수하는 과정에서 위험과 비용의 최소화를 원한다. 한편 금융기관들은 서비스의 다양화와 세분화를 통한 금융시장의 확대 등을 위해 법규와 제도가 허용하는 한도 내에서 다양한 대금결제 방식을 개발하여 적용하고 있다.

2 무역대금의 결제시기와 결제통화

(1) 무역대금의 결제시기

무역거래에서 매수인의 대금지급의무는 매도인이 물품 또는 물품을 대표하는 서류가 제공되는 것과 동시에 이루어지는 것이 원칙이다. 따라서 매수인은 약정된 물품을 매도인 자신이 매수인에게 직접 인도하거나, 매수인이 지정한 운송인에게 인도할 때 지급하여야 한다. 그러나 실제로 대금의 지급은 이와 같은 동시지급(concurrent payment)뿐 아니라 선지급(payment in advance), 후지급(deferred payment), 누진 또는 할부지급(progressive·installment payment) 등 여러 방법이 활용되고 있다.

1) 동시지급(concurrent payment)

동시지급은 대금결제의 원칙에 맞게 매도인이 약정한 물품이나 관련 운송서류를 인도할 때 매수인이 대금을 지급하는 것이다. 이에는 상품인도결제(COD : Cash on Delivery), 서류인도결제(CAD : Cash against Document), 일람불의 신용장(at sight L/C) 방식, D/P(Document against Payment)[1] 등이 해당된다. 약정한 물품이나 운송서류는 거래상대방에게 직접 인도할 수도 있고, 그 대리인에게 인도할 수도 있다.

2) 선지급(先支給, payment in advance)

선지급은 매도인이 물품을 선적 또는 인도하기 이전에 미리 매수인이 대금을 지급하는 방식이다. 매도인으로서는 선지급방식에 의할 때 대금회수가 가장 빠르고 확실하다. 선지급(先拂)은 통상 계약물품을 확보하기 위하여 주문이나 계약을 함과 동시에 대금을 지급하는 것으로, 주문도 방식(CWO : Cash with Order)이 대표적인 예이다. 이 방식에 의할 경우 매도인은 대금회수에 따른 위험을 감수하지 않아도 되는 반면, 매수인으로서는 계약된 물품을 약정된 시기에 입수하지 못할 수도 있다는 위험이 따른다. 선지급은 대개 송금방식에 의하지만 선대(先貸 또는 轉貸)신용장(red clause L/C)에 의해서도 가능하다. 송금방식(M/T나 T/T)을 이용하면서 사전송금(Advanced Remittance)하거나, 대금의 일부를 사전에 송금하는 방식도 선지급에 해당한다.

3) 후지급(後支給, deferred payment)

후지급은 선지급과는 반대의 경우이다. 이는 계약물품 또는 관련서류가 매수인 또는 그 대리인에게 인도되고, 일정한 기간이 경과된 뒤에 대금을 지급하는 것이다. 후지급에 의할 경우 매수인은 자금부담 없이 계약물품을 약정된 시기에 입수하는 것이 보다 확실해질 수 있으나 매도인으로서는 수출대금의 회수에 부담이 발생한다. 후지급방식에는 인수인도조건의 무신용장 추심방식(D/A)이나 기한부 신용장방식(usance L/C)의 외상판매(sales on credit), 위탁판매(sales on consignment), 청산계정(O/A : open account)에 의한 결제, 현금후불(Cash to be Paid Later) 등이 있다. 청산계정 방식은 주로 본사와 지사간에 활용된다. 3개월

---

[1] D/P 방식가운데는 물품 도착시기와 선적서류 도착시기가 다를 때 은행에 서류가 도착한 후 일정기간이 경과된 후 서류를 인도하고 대금을 수취하는 D/P Usance 방식도 있다.

이나 6개월 혹은 1년 등의 기간을 정해 그 기간에 발생한 서로간의 수출입 채권과 채무를 상계한 후 차액만을 결제하는 상호계산방식을 의미한다. 한편 청산계정방식은 송금방식(M/T, T/T) 중 사후송금방식을 의미하기도 한다. 계약서에는 결제조건을 O/A 30days 또는 O/A 60days 등으로 기재하고, 선적후 30일 또는 60일 후에 결제하는 방식이다. 이 경우 선적일을 기준으로 채권이 발생하고, 결제일도 선적일을 기준으로 하므로 선적통지부 결제방식이라고도 한다. 수출상은 수입상에게 물품을 선적하고, 선적서류는 수입상에게 직접 송부한다.

4) 누진지급 또는 할부지급(progressive · installment payment)

누진(累進)지급 또는 할부(割賦)지급은 무역거래의 각 단계, 즉 계약단계에서부터 물품이 매수인 또는 그 대리인에게 최종적으로 인도될 때까지 일정 단계별로 대금을 분할하여 지급하는 방식이다. 이 방식은 플랜트의 건설/수출과 같이 장기간에 걸쳐 계약이 이행되는 대규모 거래에서 주로 이용된다. 전체적인 결제기간이 1년 미만인 경우를 단기연지급(연불), 1년 이상인 경우를 중·장기연지급(연불)이라고 한다.

(2) 무역대금의 결제통화

무역에서 결제통화는 환율의 변동가능성, 이용 가능한 외환상황 등 여러 조건을 고려하여 거래당사자가 무역계약시 합의한 통화에 의한다. 우리나라 무역업자들이 주로 이용하는 결제통화는 미국 달러화다. 그 외 유로화와 엔화, 영국 파운드화, 중국 위안화 등이 일부 사용된다.

3 대금결제의 방식

무역거래 대금의 결제방식을 보면 [그림 12-1]과 같이 현금방식, 송금방식, 무신용장 추심방식, 신용장 및 유사신용장 방식, 연계무역방식, 청산계정방식 등으로 나누어진다. 이러한 결제방식에는 대금결제의 불확실성, 상품인도와 대금결제시기의 괴리 등의 문제점이 따르는 경우도 있기 때문에 포페이팅(forfaiting), 팩토링(factoring) 등 다양한 금융기법도 개발되어 함께 활용된다.

[그림 12-1] **무역대금의 결제방식**

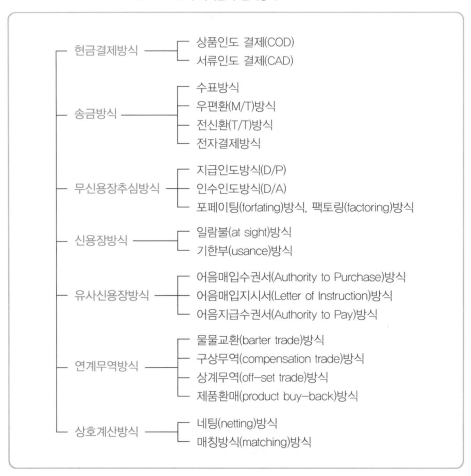

실제 무역에서 우리나라 무역업체가 수출입에서 적용한 대금결제형태의 추이를 통계를 통해 살펴보면 〈표 12-1〉과 같다.

〈표 12-1〉을 보면 수출입을 막론하고 우리나라 무역업체들의 대금 결제형태가 일정한 패턴으로 변화하고 있다.

먼저 수출보다는 수입의 경우 신용장을 이용하는 비율이 상대적으로 높다는 것이다. 최근 20여년간 어느 시기든 마찬가지였다. 이것은 수출업체들이 대금결제에 있어 외국의 수출업자들보다 더 유연하게 대응하고 있다는 것을 의미한다. 그러나 신용장이용률은 지속적으로 하락하여 2005년 무렵부터 송금방식보다 이용률이 낮게 되었다.

〈표 12-1〉 **우리나라 무역업체의 대금결제형태의 변화 추이**

(표시단위 : %)

구 분	1997		2005		2010		2019	
	수 출	수 입	수 출	수 입	수 출	수 입	수 출	수 입
COD, CAD	10.6	0.7	16.6	12.2	13.3	11.5	9.8	7.5
D/P, D/A	24.9	7.7	11.3	5.2	7.3	3.5	9.0	2.4
신용장(L/C)	43.2	76.1	20.0	35.1	15.6	23.6	9.2	15.5
M/T, T/T	18.7	9.7	37.6	40.1	46.9	54.7	58.9	65.0
기 타	2.6	5.8	14.5	7.4	16.9	6.7	13.1	9.6

자료 : 한국무역협회. 기타는 분할지급, 계좌이체(상호계산), 임가공료 지급, 기타 유무상 거래

　둘째는 D/P와 D/A의 추심방식 이용률은 신용장과 마찬가지로 지속적으로 감소하는 반면, M/T와 T/T의 송금방식은 수출입을 막론하고 지속적으로 이용비율이 증가하였다는 것이다. 그 결과 2005년 이후는 송금방식이 대금결제형태의 중심이 되고 있다. 송금은 사전송금과 사후송금, 분할송금을 망라한다. 이러한 추세는 2020년 현재까지 이어지고 있다. 이와 같은 변화가 일어나는 이유는 여러 가지지만 지급과 관련한 비용의 절감과 위험회피가 주요원인으로 작용한다.

　〈표 12-1〉에서 기타 대금결제 방식은 계좌이체(상호계산)이거나 분할지급, 임가공에 따른 임가공료 지급, 기타 유상방식 등이다. 수출에서 기타 지급방식이 증가하다가 다시 감소한 것은 대부분 임가공료 지급방식의 수출변화와 밀접한 관련이 있다.

4 대금결제에 요구되는 서류

　신용장 방식과 추심방식에 의한 대금결제에서는 환어음이 사용된다. 환어음에 의한 대금의 결제에서는 매도인이 환어음을 발행하고 여기에 거래물품의 선적 사실을 증명하는 운송서류와 송품장과 포장명세서, 원산지증명서 등 기타 무역 거래계약에 따라 추가되어야 할 서류를 첨부하여 매입신청 또는 추심의뢰를 함으로써 대금결제가 이루어진다.[2]

---

2) 무역거래에서 매도인이 대금청구를 위하여 발행한 환어음에 매매의 목적물에 관한 운송증권(화물상환증・선하증권)을 첨부할 때 이를 화환어음이라 한다.

(1) 환어음(Bill of Exchange)

무역에서 사용되는 환어음은 채권자인 매도인이 어음발행인(Drawer)이 된다. 환어음은 매도인이 채무자인 지급인에게 일정한 금액을 수취인 또는 그 지시인이나 소지인에게 일정한 기일 내에 지정한 장소에서 무조건적으로 지급할 것을 위탁한 요식의 유가증권이며 유통증권이다. 신용장에 의한 거래와 무신용장 추심방식에서 환어음이 발행된다. 환어음과 국내거래의 대금결제에서 사용되는 약속어음 수표를 비교하면 〈표 12-2〉와 같다.

〈표 12-2〉 **환어음과 약속어음, 수표의 비교**

구 분	환어음	약속어음	수표
사용	지급위탁증권으로서 신용수단으로 사용	지급약속증권으로서 지급수단으로 사용	지급위탁증권으로서 지급수단으로 사용
당사자	① 발행인, ② 지급인, ③ 수취인	① 발행인, ② 수취인	① 발행인, ② 지급인, ③ 수취인
발행자	채권자가 발행	채무자가 발행	채무자가 발행
담보서류	있음	없음	없음

〈표 12-2〉를 보면 환어음의 발행인은 매도인인 채권자이고, 수취인은 환어음에 기재된 금액을 지급받을 자이다. 수취인은 환어음발행인이 될 수도 있고(자신이 직접 받는 경우), 제3자가 될 수도 있다(제3자가 대신 받는 경우). 신용장 거래에서는 통상 환어음을 매입(Negotiation)한 은행이 환어음 발행인을 대신해 수취인이 된다. 지급인은 환어음 만기일에 그 소지인이 지급을 요청하며 환어음을 제시하게 될 상대방이다. 즉, 환어음의 지급을 위탁받은 채무자로 신용장거래에서는 신용장 발행은행 또는 발행은행이 지정한 은행이 된다. 신용장거래에서는 신용장 발행은행이 대금지급을 확약하고 있기 때문이다. 물론 신용장발행은행은 별도로 매수인에게 대금상환을 요구하게 된다. 추심거래(D/P, D/A)에서는 매수인이다. 약속어음의 경우 발행인 자신이 지급의무를 부담하므로 지급인이 따로 있지 않다. 환어음에는 지급인이 해당 금액을 지급해야 할 만기가 다음과 같은 네 가지 형태로 표시된다(어음법 제33조).
① 일람출급(At Sight)[3]
② 일람 후 정기출급(At 00 days after Sight)

③ 발행일자 후 정기출급(At 00 days after Date of Draft)
④ 확정일출급(On Fixed Date)

환어음의 효력은 원칙적으로 행위가 일어난 지역의 법에 따른다. 한국에서 발행되면 한국의 어음법이 적용되고, 배서가 일본에서 일어났다면 배서와 관련해서는 일본 어음법이 적용되며, 지급이 중국에서 이루어졌다면 지급과 관련해서는 중국 어음법이 적용되는 것이다. 환어음의 양식은 [그림 12-2]와 같다.

[그림 12-2] **환어음(Bill of Exchange)의 양식**

```
NO._____          BILL OF EXCHANGE   Date : _____ Seoul, Korea
FOR _____
    AT _____ SIGHT OF THIS FIRST BILL OF EXCHANGE
    (SECOND OF THE SAME TENOR AND DATE BEING UNPAID)
    PAY TO_____OR ORDER THE SUM OF_____VALUE
    RECEIVED AND CHARGE THE  SAME TO ACCOUNT OF_____
    DRAWN UNDER___

LETTER OF CREDIT NO._____  DATED _____
TO _____

                                        ABC Trading Co., Ltd.
```

우리나라 어음법에는 환어음에 필수적으로 기재할 사항을 다음과 같이 명시하고 있다(어음법 제1조).
① 증권의 본문 중에 그 증권을 작성할 때 사용하는 국어로 환어음임을 표시하는 글자
② 조건없이 일정한 금액을 지급할 것을 위탁하는 뜻
③ 지급인의 명칭
④ 만기(滿期)
⑤ 지급지
⑥ 지급받을 자 또는 지급받을 자를 지시할 자의 명칭

---

3) 일람출급이란 어음이 제시되자마자 이것을 인수하거나 지급하여야 하는 어음을 말한다. 어음이 지급인에게 제시되는 날이 곧 만기가 된다. 여기에서 출급이란 대금지급이란 의미로 사용되었다.

⑦ 발행일과 발행지
⑧ 발행인의 기명날인(記名捺印) 또는 서명

환어음은 추심방식 대금결제에서는 채무자인 매수인을 지급인으로 발행되지만 신용장 거래에서는 발행은행이나 지급은행 등을 지급인으로 하여 발행된다. 신용장통일규칙은 신용장거래에서 발행의뢰인을 지급인으로 하는 환어음을 발행하지 못하도록 규정하고 있기 때문이다(UCP 600 제6조). 환어음의 지급받을 권리는 배서(endorsement)에 의해 타인에게 양도될 수 있다. 배서에는 피배서인을 기재한 기명식배서 외에 그 기재가 없는 백지식배서와 특정인에 갈음하여 추상적으로 '소지인'이라고 기재하는 소지인출급식배서(所持人出給式背書)도 있다.[4]

(2) 선적서류

선적서류(shipping document)란 용어는 운송서류(transport document)라는 용어와 혼용된다. 분류자에 따라서는 선적·발송 또는 수령 등을 표시하는 서류를 운송서류로(좁은 의미), 여기에 대금결제와 관련하여 상업송장과 보험서류, 기타 임의적 서류를 더한 것을 선적서류라 부르기도 하고(넓은 의미), 이와는 달리 선적·발송 또는 수령 등을 표시하는 서류를 선적서류로, 여기에 상업송장, 보험서류, 기타 임의적 서류를 더한 것을 운송서류로 부르기도 한다. 무역실무에서는 통상적으로 넓은 의미로 선적서류라는 용어를 사용한다. 이 경우 선적서류를 구성하는 서류의 종류는 거래의 내용과 당사자간 합의 내용에 따라 달라질 수 있다. 무역에서 사용되는 선적서류의 종류는 [그림 12-3]과 같다.

선적서류는 궁극적으로 매수인이 수입국에서 물품을 인수할 때와 그 이후의 수입통관 등에서도 사용하게 된다. 매도인이 이를 확보하여 보내주지 않을 경우 매수인이 사후에 입수하기는 어렵기 때문에, 무역계약을 체결할 때 매도인이 어떤 서류를 제공하여야 하는지를 정확하게 명시해 둘 필요가 있다.

---

4) 배서는 보통 증권 뒷면에 하지만 법률상으로 반드시 뒷면에 해야 한다는 규정은 없다. 다만 배서인의 서명만을 하는 경우는 뒷면에 해야 한다.

[그림 12–3] **무역에서 사용되는 선적서류의 종류**

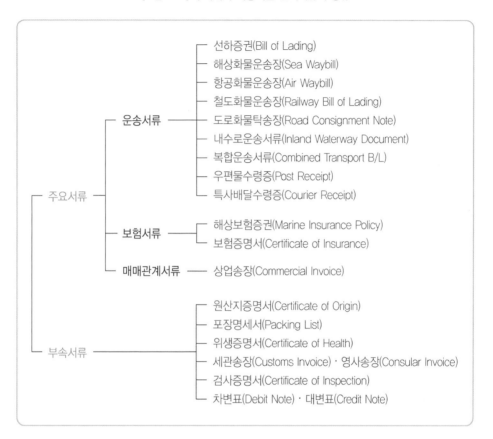

주요서류
┬ 운송서류 ┬ 선하증권(Bill of Lading)
│   ├ 해상화물운송장(Sea Waybill)
│   ├ 항공화물운송장(Air Waybill)
│   ├ 철도화물운송장(Railway Bill of Lading)
│   ├ 도로화물탁송장(Road Consignment Note)
│   ├ 내수로운송서류(Inland Waterway Document)
│   ├ 복합운송서류(Combined Transport B/L)
│   ├ 우편물수령증(Post Receipt)
│   └ 특사배달수령증(Courier Receipt)
├ 보험서류 ┬ 해상보험증권(Marine Insurance Policy)
│   └ 보험증명서(Certificate of Insurance)
└ 매매관계서류 ─ 상업송장(Commercial Invoice)

부속서류
┬ 원산지증명서(Certificate of Origin)
├ 포장명세서(Packing List)
├ 위생증명서(Certificate of Health)
├ 세관송장(Customs Invoice) · 영사송장(Consular Invoice)
├ 검사증명서(Certificate of Inspection)
└ 차변표(Debit Note) · 대변표(Credit Note)

제2절　신용장에 의한 대금결제

1 신용장의 개요

(1) 신용장의 개념

　　무역에서 매도인은 수출입매매계약에서 합의한 상품을 매수인에게 인도하고 매수인은 상품대금을 매도인에게 지급하여야 한다. 통상 무역거래의 매도인과 매수인은 서로 다른 나라에 거주하고 있기 때문에 매도인은 상품을 수출할 때 그 대금을 매수인으로부터 확실하게 받을 수 있을까라는 의구심을 가질 수 있다.

신용장(letter of credit)의 중요한 목적은 매도인이 매수인에게 제공한 상품이나 서비스에 대한 지불수단을 제공하는 데 있다. 또한, 매도인에게 수출계약상 품과 서비스에 대한 대금지급을 확신시켜 줌으로써 서로 다른 국가에 거주하는 계약 당사자들 간의 거래를 활성화시키는 데 있다. 신용장은 특정은행이 일정 조건하에 무역거래 대금의 지급을 확약함으로써 매수인의 상업신용이 은행신용으로 바뀌게 한다. 따라서 매도인에게 수출대금회수를 확실하게 함으로써 국제 거래를 활성화시키는 금융수단이다.

정리하자면 신용장이란 ① 무역거래의 대금지불과 상품수입의 원활을 기하기 위하여, ② 무역계약에서 합의한 바에 의해 매수인의 요청과 지시에 따라, ③ 매수인의 거래은행이, ④ 매도인 또는 그의 지시인으로 하여금 일정기간 및 일 정조건 아래 선적서류를 담보로 하여 발행은행 또는 발행은행이 지정하는 제3의 은행(지급은행)을 지급인으로 하는 화환어음을 발행하도록 하여, ⑤ 이 어음이 제시될 때 지급, 인수 또는 매입할 것을 어음발행인(매도인) 또는 어음수취인(어음 매입은행)에 대해서 확실하게 약속한 증서이다. 따라서 신용장 방식에서 발행은행은 제시된 선적서류가 신용장에 명시된 조건과 일치하면 무조건적으로 수출대금을 지급할 의무를 진다.

신용장거래에서 적용되는 국제규범은 국제상업회의소(ICC)가 제정한 신용장통일규칙(UCP : Uniform Customs and Practice for Commercial Documentary credits) 또는 전자신용장통일규칙(eUCP)이다. eUCP는 전자신용장(electronic L/C)으로 거래할 때 적용되는 규칙이다.

(2) 신용장에 의한 무역거래의 당사자

신용장거래에서 당사자는 기본당사자와 기타 당사자로 구분된다. 기본당사자는 신용장거래에서 직접적인 권리와 의무가 귀속되는 자이고, 기타 당사자는 간접적으로 신용장거래에 참여하는 자이다. 기본당사자에는 발행은행, 확인은행, 수익자가 있고, 기타 당사자에는 발행의뢰인, 통지은행, 매입은행, 지급은행, 인수은행, 상환은행 등이 있다.

1) 기본당사자

① 발행은행(Opening Bank, Issuing Bank)

매수인의 요청에 따라 매도인을 수익자로 하는 취소불능신용장을 발행하여 매도인에게 수출대금 지급을 확약하는 당사자다. 신용장을 발행한다고 하여 Opening Bank 또는 Issuing Bank로 불려진다. 발행은행은 매도인이 제시한 서류가 신용장의 모든 조건을 충족시키면 수출상품의 매매계약과 관계없이 매도인에게 수출대금을 지급해야 한다. 발행은행의 대금 지급의무는 매매계약이 아니라 신용장에 의해 발생하기 때문이다. 전자신용장의 경우 발행은행이 곧 통지은행이 된다.

② 확인은행(Confirming Bank)

매도인은 발행은행의 수출대금지급 확약을 믿고 상품을 매수인에게 수출한다. 그런데 대금지급을 확약한 발행은행의 신용을 믿지 못하는 경우 매도인은 매수인에게 제3의 은행이 해당 신용장의 대금지급을 추가 확인해 주도록 요청할 수 있다. 확인은행은 발행은행과 같이 매도인에게 수출대금의 지급을 확약하며, 발행은행이 매도인에게 수출대금을 지급하지 못하면 확인은행이 매도인에게 발행은행을 대신해서 수출대금을 지급할 의무를 진다. 그러나 오늘날 확인은행까지 등장하는 신용장을 보기는 어렵다.

③ 수익자(Beneficiary)

수출입 매매계약의 매도인으로서 발행된 신용장의 조건에 따라 수출을 이행하여 이익을 얻는 당사자다. 신용장거래에서 최대로 혜택을 보기 때문에 수익자라 한다. 수익자는 상품을 매도하는 자라는 측면에서 Seller로, 상품을 수출하는 자라는 측면에서 Exporter로, 환어음의 발행자라는 측면에서 Drawer로, 신용장의 수취인이라는 측면에서 Addressee로, 신용장을 이용하는 자라는 측면에서 User 등으로 표시되기도 한다. 수익자는 신용장에 명시된 조건에 따라 발행은행 또는 지정된 제3의 은행을 지급인으로 하는 환어음을 발행한다. 그리고 환어음에 신용장에 명시된 선적서류를 첨부하여 은행에 제시하며 지급, 인수 또는 매입을 의뢰한다. 대금결제를 요청하는 것이다. 이를 무역실무에서는 '네고(Nego)한다'라고 한다.

2) 기타 당사자

① 발행의뢰인(Applicant)

매매당사자 간의 약정, 즉 무역거래 계약에 따라 수입지에서 자신의 거래은행에 신용장 발행을 의뢰하는 자를 말한다. 발행의뢰인도 그 역할에 따라 여러 가지로 다르게 불려진다. 상품을 수입하는 당사자로서 Importer 또는 Buyer로, 수입대금을 지급해야 하는 채무자로서 Accountee로, 화물을 인수한다는 의미에서 Consignee로, 신용장을 발행한다는 의미에서 Opener 등으로 표시되는 것이다. 서류에 표기된 이러한 표현들은 모두 매수인을 의미하는 것으로 해석한다. 매수인은 무역계약에 따라 신용장발행을 의뢰하기는 하지만 신용장에 대해 직접적인 책임을 지는 것은 아니기 때문에 기본당사자에게서 제외된다.

② 통지은행(Advising Bank, Notifying Bank, Transmitting Bank)

발행은행이 보내온 신용장을 수익자인 매도인에게 통지해주는 은행을 말한다. 통지은행은 통상 발행은행의 본·지점이나 발행은행과의 환거래 취결(就結) 관계에 있는 은행이다. 경우에 따라서는 발행은행의 지시와 요청에 따라 통지은행이 직접 신용장을 발행하여 매도인에게 통지하기도 한다. 신용장을 전달하는 은행이라 하여 Notifying 또는 Transmitting Bank라고 한다. 통지은행은 신용장을 통지할 때 신용장의 진위(眞僞)를 확인할 의무가 있지만 통지신용장에 대해서 아무런 책임을 지지 않는 것이 원칙이다.

③ 매입은행(Negotiating Bank)

매입(negotiation)이란 신용장 내용과 일치하는 서류제시에 따라 수익자에게 대금을 지급함으로써 환어음과 이에 첨부된 선적서류를 매수하는 것을 말한다. 매입방식으로 사용가능하다는 문언이 명시된 신용장의 경우 이를 매입하는 은행을 매입은행이라 한다. 통상 매입의뢰를 받은 은행은 제시된 서류의 내용이 신용장의 모든 조건을 충족시키는지 면밀히 검토하여 이상이 없으면 발행은행에 의한 최종지급일까지의 이자 및 수수료(환가료)를 공제하고 미리 수출대금을 매도인에게 지급한다. 따라서 할인은행이라고도 한다.

④ 지급은행(Paying Bank)

지급(Payment)이란 대금을 지불해 주는 행위를 말한다. 신용장에 지급방식으로 사용가능하다는 문언이 명시된 신용장의 경우 해당 신용장에 정해 놓은 지급은행에서만 대금이 지급된다. 신용장 발행은행은 지급신용장을 발행할 때 배서인이나 선의의 소지인에 대한 확약은 없이 수익자인 어음 발행인에게 발행은행이나 지정은행에 선적서류를 제시하면 신용장대금을 받을 수 있다고 확약하고 있다. 지급은행은 보통 신용장 발행은행의 예치환거래은행으로 대금을 지급할 때마다 예금계정에서 당해 계정을 차감하므로 지급과 동시에 상환을 받는다.

⑤ **인수은행**(Accepting Bank)

인수(acceptance)란 환어음의 소지자가 지급받기 위해 환어음과 서류를 제시하면 이를 접수한 은행이 제시된 서류가 신용장조건과 일치하는지 여부를 심사함과 동시에 어음금액 및 지급일을 확인하고 이상이 없으면 동 어음의 전면에 인수한다는 문언과 인수일자, 지급지, 지급만기일 등을 기재한 후 서명·날인하여 환어음 제시자에게 되돌려 주는 행위를 말한다. 신용장에 인수방식으로 사용가능하다는 문언이 명시된 신용장의 경우 인수은행이 환어음을 인수하고, 만기일에 대금을 지급한다.

⑥ **상환은행**(Reimbursing Bank)

발행은행의 지시에 따라 매입은행에 대금을 상환해 주는 은행을 상환은행이라 한다. 신용장 발행은행을 대신하여 결제하여 준다는 점에서 결제은행이라고도 한다. 상환은행의 지급이행에 대해 신용장 발행은행은 대금상환 의무를 진다.

(3) 신용장의 독립성과 추상성

신용장 자체는 어떤 특정한 매매계약에 의해 생성되었다 할지라도 일단 신용장이 존재하게 되면 그 전의 모든 계약에 의해서는 하등의 구애를 받지 않고 독자적인 법률성을 갖는다. 즉, 신용장의 당사자인 은행과 매도인 및 매수인은 신용장 거래에서 야기된 어떤 문제에 매매계약 등 무역거래와 관련된 다른 계약의 내용을 들어 영향을 미치게 할 수 없다. 수출대금 지급에 관한 결정은 거래계약을 근거로 하는 것이 아니라 전적으로 신용장에 명시된 내용을 근거로 판단해야 한다는 것이다. 물론 매수인은 매도인과 체결한 거래계약 내용에 따라 신용장 개설신청을 하겠지만 거래계약이 신용장의 효력에 직접 영향을 주지는 않는다는 것이다. 신용장의 이러한 특성을 '신용장의 독립성'이라 한다.

한편, 신용장거래는 실제의 상품이 아닌 서류상으로 거래가 이루어진다. 서류

거래의 원칙이 적용되는 것이다. 신용장거래에서는 대금결제에 사용되는 서류에 상품에 대해 품질, 수량 등과 관련해 어떤 문언이 표시되어 있든, 실제 상품도 그 문언과 동일하다고 간주한다. 이는 특히 거래상품의 품질이나 수량과 관련해 중요한 의미가 있다. 신용장의 이러한 특성을 '신용장의 추상성'이라 한다. 제시되는 서류는 신용장 내용과 엄밀하게 일치해야 한다. 물론 제시된 서류가 신용장 조건과 일치하더라도 그것이 위조 또는 변조된 것이 명백할 경우 은행은 이를 수리할 의무가 없다. 만일 신용장의 추상성이 인정되지 않는다면, 신용장을 발행하거나 환어음을 매입하는 은행은 거래 대상인 물품을 직접 확인하여 서류의 내용과 현품이 일치하는지를 판단해야 하므로 신용장에 의한 거래자체가 불가능하게 될 것이다.

신용장 거래에서는 상품이 서류보다 목적지에 먼저 도착해도 그 상품을 검사한 다음 이상이 없을 때 대금을 결제하는 것은 용납되지 않고 반드시 서류상의 인수와 결제가 끝난 후에야 상품을 인수할 수 있다. 즉, 모든 당사자는 서류만 가지고 수출대금을 결제할 것인지를 결정하여야 한다. 신용장의 독립성과 추상성은 신용장통일규칙에 명시되어 있다(UCP 600 제4조 및 제5조). 신용장의 독립성과 추상성은 은행의 신용에 기초하여 무역거래를 원활하게 하는 신용장제도를 뒷받침하기 위한 것이지만 신용장을 이용한다 하여 무역거래가 반드시 성실하게 이행됨이 보장되지는 않음을 의미하기도 한다.

2 신용장의 구성과 신용장의 종류

무역거래에 일반적으로 사용되는 신용장은 다음과 같은 내용으로 구성된다.
① 신용장 자체에 관한 사항
② 환어음에 관한 사항
③ 계약물품에 관한 사항
④ 선적에 관한 사항
⑤ 요구서류에 관한 사항
⑥ 기타 사항

신용장의 종류는 상당히 다양하다. 신용장에 여러 기능이 있기 때문이기도 하지만 분류자가 정하는 기준에 따라 동일한 신용장도 여러 가지로 분류될 수 있어서다.

1) 상업신용장과 클린신용장

첨부서류의 존재 여부에 따라 신용장은 상업신용장(commercial credit)과, 클린신용장(clean credit)으로 구분된다. 상업신용장은 수출입의 대금결제에 사용되는 신용장이다. 이는 다시 화환신용장과 무담보신용장으로 구분된다. 화환신용장(documentary credit)은 신용장에 의거하여 발행된 환어음에 그 담보로 선적서류가 첨부되어야 대금결제가 가능한 신용장이다. 무담보신용장(documentary clean credit)은 신용장에 의해 발행된 어음에 선적서류의 첨부를 필요로 하지 않는 신용장이다. 즉, 수출업자가 선적서류를 수입업자에게 직접 보내고 은행에는 환어음만 제시해도 대금을 회수할 수 있는 신용장이다.

클린신용장은 수출입거래 이외의 국제거래에 사용되는 것으로, 애초부터 담보물건으로 선적서류가 발급되지 않는 것이 특징이다. 여기에는 여행자신용장과 일반 클린신용장이 있다. 여행자신용장은 오늘날 거의 사용되지 않는다. 클린신용장은 운임·보험료·매매수수료 등 서비스에 대한 결제나 입찰보증 등에 사용된다. 차입금변제 등을 보증하는 보증신용장(stand-by credit)도 이에 해당한다.

2) 지급·인수·매입신용장

발행은행이 신용장에 지급이행 또는 확약한 방식에 따른 구분이다.

지급신용장은 신용장에 지정되어 있는 은행에서만 지급하는 신용장을 말하고, 인수신용장은 신용장에 환어음 인수에 대한 규정이 있는 것으로 은행이 환어음을 인수하고 만기에 지급을 하는 신용장이다. 인수신용장에서는 반드시 기한부환어음이 발행되고 매입은 허용되지 않는다. 매입신용장은 신용장에 매입방식으로 사용가능하다는 취지의 문언이 있는 신용장이다. 이 신용장에서는 어음의 발행인뿐 아니라 어음의 배서인과 선의의 어음 소지인에게도 지급을 확약한다. 반면 지급신용장에는 환어음의 매입여부에 대해서는 아무 명시가 없다. 지급신용장의 경우 신용장조건에 일치되는 환어음과 서류를 개설은행이나 지급은행에 제시해야 한다.

3) 취소불능신용장과 취소가능신용장

신용장이 발행된 후 발행은행에 의해 수익자에게 사전통지 없이 변경 또는 취소될 수 있는지 여부에 따른 구분이다. 취소불능신용장(Irrevocable Credit)은 신용장이 발행되어 수익자에게 통지된 뒤에는 발행은행, 확인은행(확인은행이 있는 경우), 수익자 모두의 합의 없이는 신용장을 취소하거나 조건을 임의로 변경할 수 없는 신용장이다. 반면 취소가능신용장(Revocable Credit)은 발행은행이 언제든지, 수익자에게 사전통지 없이 신용장의 내용을 변경하거나 취소할 수 있다. 신용장통일규칙은 "신용장은 취소불능이라는 표시가 없더라도 취소가 불가능하다"고 명시하여 취소가능신용장을 신용장으로 인정하지 않는다(UCP 600 제3조).

4) 확인신용장과 미확인신용장

신용장에 의한 보증을 발행은행 이외의 다른 은행이 추가적으로 확약하였는지 여부에 따른 구분이다. 확인(confirmation)이란 신용장 발행은행의 수권(授權)과 요청에 따라 제3의 은행이 행하는 추가적 확약(definite undertaking)이다. 이 확약은 신용장 조건과 일치하는 서류가 확인은행 또는 다른 지정은행에 제시되는 경우 발행은행의 확약에 부가(附加)하여 일람출급이나 연지급(延支給) 또는 환어음의 인수 및 만기일 지급을 확실히 이행하겠다는 약속이다.

확인신용장(Confirmed Credit)은 이러한 확인이 추가되어 있는 신용장을 말하고, 미확인신용장(Unconfirmed Credit)은 이와 같은 확인이 없는 신용장을 말한다. 확인은행은 수익자 소재지에 있는 신용장 발행은행의 환거래은행이나 제3국의 명망있는 은행이 되는 것이 보통이다. 그러나 통상적인 무역거래에서 신용장의 사용 비중도 낮아지고 있는 추세이기 때문에 신용장에 확인을 추가하는 경우는 매우 드물다.

5) 양도가능신용장과 양도불능신용장

신용장의 수익자가 신용장을 제3자에게 양도할 수 있는지 여부에 따른 구분이다. 신용장에는 수익자가 지정되어 있어 특별히 수권(授權)되어 있지 않는 한 신용장자체를 양도할 수 없는 것이 원칙이다. 양도가능신용장(Transferable Credit)이란 'transferable'이란 문언이 있어서 제1수익자가 신용장 금액의 일부 또는 전부를 한 사람 또는 여러 사람의 제2수익자에게 양도해 주도록 요청할 수 있는 신용장을 말한다(UCP 600 제38조). 반면 양도불능신용장(Non-transferable Credit)은 이러한 문언이 없는 신용장을 말한다.

양도된 신용장의 조건은 원신용장의 조건과 동일하여야 하지만 신용장의 금액, 단가, 유효기일, 서류의 제출기한, 선적기간 등은 감액되거나 축소될 수 있다. 양도와 관련한 수수료, 요금, 비용 또는 경비 등 양도은행의 비용은 별도로 합의되지 않는 한 제1수익자가 지급해야 한다. 양도가능신용장은 내국신용장과는 다르다. 양도가능신용장은 원신용장의 이익이 그대로 양수인에게 옮겨지며, 양도된 금액은 원신용장에서 줄어든다. 그러나 내국신용장은 원신용장을 근거로 해서 발행된다 하더라도 원신용장과는 완전히 별개다. 따라서 양도신용장과 달리 원신용장과 내국신용장이라는 두 개의 신용장이 병존하는 것이다.

6) 일람출급신용장 · 기한부신용장 · 선대신용장

대금의 지급시기에 따른 구분이다. 일람출급신용장(Sight Credit)은 신용장조건과 일치하는 서류를 신용장에서 지정하고 있는 은행에 제시하면 일람후 즉시 대금을 지급하겠다고 약정하고 있는 신용장을 말한다. 반면, 기한부신용장(Deferred Credit 또는 Usance Credit)은 특정기일(예컨대 선적후 90일 또는 지정은행의 서류 수령후 30일 등과 같이 신용장에 정해진 특정기일)에 신용장에 지정된 은행에서 지급할 것을 약정하고 있는 신용장이다. 기한부신용장의 경우 환어음이 발행되어 지급인에게 제시된 후 만기일이 경과한 후에 대금을 지급받을 수 있다.

선대(또는 前貸)신용장(Advanced Payment Credit 또는 Red Clause Credit)은 매수인의 입장에서 본 것이다. 같은 신용장을 매도인의 입장에서는 선수금(先收金)신용장이라 한다. 선대신용장은 먼저 지급받은 대금으로 수출상품을 제조·가공 또는 구매하여 포장한다는 의미에서 Packing Credit라고도 한다. Red Clause란 선불허용 약관이 붉은색으로 표시되어 있는데서 유래한 것이다.

선대신용장은 매도인이 계약상품을 생산·가공하거나 구매하는데 필요한 자금을 매수인이 미리 제공해 주고자 할 때 사용된다. 신용장 발행은행은 매수인의 의뢰에 따라 매입은행이 일정한 조건하에 신용장금액의 일부를 수익자 앞으로 미리 지급해 줄 것을 허용하고, 그러한 선대금에 대한 상환을 발행은행이 보증하는 것이다. 선대신용장하에서 은행은 영수증과 물품 송부후 선적서류를 은행에 제출하겠다는 각서를 받고 수익자에게 대금을 지급한다. 수익자는 물품 송부후 선대금을 공제한 금액에 대해 환어음을 발행하여 당해 은행에 매입을 의뢰하는 형태로 선대금을 상환하게 된다. 선대신용장은 본·지사간 거래나 매매당사자간 신용도가 높은 경우에 한해 자금의 효율적 운영을 위해 사용된다.

7) 회전신용장과 연장신용장

신용장의 사용을 1회에, 고정적인 것으로 정하지 않고 사용방법상 탄력성을 부여한 것이 있다. 회전신용장과 연장신용장이 그러하다. 이는 신용장 사용상의 유연성을 부여하기 위한 것이다.

회전신용장(Revolving Credit)이란 같은 거래처와 동일물품을 일정기간에 걸쳐 반복적으로 거래할 경우 사용된다. 이와 같은 거래관계에서 매번 거래할 때마다 신용장을 발행하려면 발행의뢰인에게 많은 시간과 비용이 필요하게 된다. 또 거래 예상액 전액을 한꺼번에 발행하려면 일시에 과중한 자금부담도 생긴다. 이때 사용될 수 있는 것이 회전신용장이다. 이것은 일정 기간 동안 일정범위 내에서 신용장 금액이 자동으로 갱신되도록 허용하는 것으로, 자동갱신 신용장이라고도 한다. 회전신용장이 자동으로 갱신되는 방법으로는 신용장금액이 갱신될 때는 갱신되기 전의 미사용 잔액을 다음 갱신금액에 합산하여 사용할 수 있는 누적적 방법(cumulative method)과 미사용 잔액이 있을지라도 다음 갱신금액에 합산되지 않는 비누적적방법(non cumulative method) 중 한 가지가 사용된다.

한편 연장신용장(Extend Credit)은 계약물품의 선적전에 수익자가 신용장 발행은행 앞으로 무화환어음(clean draft)을 발행하는 경우 일정기간 이내에 상품에 관한 일체의 선적서류를 매입은행에 제출할 것을 조건으로 이를 매입할 수 있도록 허용하는 신용장이다. 연장신용장은 선적전에 대금이 지급되는 점에서는 선대신용장과 유사하다. 또 선적서류 제출과 동시에 신용장금액이 갱신되어 연장된다는 점에서는 회전신용장과 기능이 유사하다.

8) 구상무역 관련 신용장

구상무역과 관련하여 사용되는 신용장에는 동시발행신용장(Back to Back Credit), 기탁신용장(Escrow Credit), 토마스신용장(Tomas Credit) 등이 있다.

동시발행신용장은 어느 한 국가에서 수입신용장을 발행하는 경우 그 신용장이 수출국에서도 동액의 수입신용장을 발행하는 경우에만 유효하도록 제한하는 신용장이다. 이 신용장은 수입과 수출을 연계시킴으로서 궁극적으로 교역국간에 무역수지를 균형시키고자 사용된다.

기탁신용장 역시 수출입의 균형을 위해 사용되는 것이다. 이는 신용장에 의하여 발행되는 환어음의 매입대금을 매도인에게 직접 지급하지 않고 매도인 명의의 기탁계정(escrow account)에 기탁해 두었다가 그 매도인이 원 신용장발행국으로부터 수입하는 상품의 대금결제에만 사용하도록 조건을 둔 신용장이다. 기탁신용장은 동시발행신용장과 달리 똑같은 금액의 신용장이 동시에 서로 발행되어야 하는 것은 아니므로 물품의 선택과 수입시기가 보다 자유롭다.

토마스신용장은 매도인과 매수인 양측이 상호 동액의 신용장을 발행하기는 하나, 일방이 먼저 신용장을 발행하는 경우 상대방은 일정한 기간후에 동액의 신용장을 발행하겠다는 보증서(Letter of Guarantee)를 발행하여야 먼저 발행된 신용장이 유효하게 되는 신용장을 말한다. 이것은 동시발행신용장과 유사하지만 그 발효조건이 신용장의 발행이 아니라 보증서의 발행이라는 점에서 차이가 있다.[5]

9) 내국신용장과 Baby Credit

외국의 매수인으로부터 신용장을 받은 매도인이 수출상품을 국내에서 구매하거나 생산을 위해 원재료를 국내에서 매입할 경우 동 수출품 또는 원재료의 공급자에 대한 대금지급을 보증하기 위해 원(原)신용장(이를 Original Credit, Prime Credit, Master Credit, First Credit 등으로 부른다) 또는 무신용장 거래에서는 수출계약을 기초로 자기의 거래은행에 의뢰하여 발행하는 신용장이 내국신용장(Local Letter of Credit)이다. 한편, Baby Credit이란 수출물품 생산에 필요한 원재료를 외국에서 수입하여 조달하는 경우 매도인이 원신용장을 견질로 원자재의 해외공급자를 위하여 자기의 거래은행에 의뢰하여 발행하는 신용장을 말한다.

10) 전자신용장

전자신용장(electronic letter of credit)은 전자무역거래의 대금지불과 상품수입을 원활하게 하기 위해 사용된다. 매수인의 요청에 따라 매수인의 거래은행이 매도인 또는 그의 지시인으로 하여금 일정기간 및 조건 아래 전자선적서류를 담보로 하여 발행은행 또는 발행은행이 지정하는 제3의 은행을 지시인으로 하는 전자환어음을 발행하도록 하여 이 전자환어음이 제시될 때에는 지급, 인수 또는 매입할 것을 약정하는 증서이다.

전자신용장은 종이신용장에서 발행은행의 수출대금 지급 확약과 같은 신용장의 특성을 갖고 있다. 다만, 신용장이 전자방식으로 발행되고, 신용장에서 요구한 모든 서류도 전자방식으로 발행되어 처리되는 차이가 있을 뿐이다. 전자신용장 결제방식은 기존의 신용장의 그것과 별 차이는 없지만 신용장에서 요구한 모든 서류가 전자시스템을 통하여 전송된다는 특징이 있다.

---

5) 선(先)수출하고 후(後)수입하는 경우를 Tomas Credit, 선수입하고 후수출하는 경우를 Reverse Tomas Credit라고 구분하기도 한다. Tomas란 명칭은 중국과의 거래에서 이 방식을 처음 사용한 일본무역회사의 전신약호에서 유래한 것으로 알려져 있다.

11) 보증신용장

무역결제 대금용이 아니라 채무보증이나 해외건설의 보증 등에 이용되는 특수신용장이다. 국내 거래은행이 발행은행, 국내 건설업체가 발행의뢰인, 외국정부가 수익자로 발행되며, 해외건설의 입찰보증용으로 이용된다.

③ 신용장통일규칙과 eUCP

(1) 신용장통일규칙의 제정과 개정

신용장이 상업거래의 수단으로 이용되기 시작한 것은 오래전부터지만 은행이 신용장의 발행인으로 개입하기 시작한 것은 19세기 후반 영국계 은행에서부터로 알려진다. 20세기 들어 국제무역거래에서 미국의 지위가 비약적으로 상승하면서 미국계 은행에 의한 신용장 발행이 늘어났는데, 이들 은행은 각각 자기 은행이 편리한대로 여러 형태의 신용장을 발행하였다. 이와 같이 각 은행간에 사용되는 신용장의 양식이나 내용이 다양해지면서 자연히 거래에 관여하는 은행으로서는 시간과 노력의 낭비가 뒤따랐다. 뿐만 아니라 미국은 영국과 같이 신용장제도에 대한 경험과 지식이 풍부하지 못했기 때문에, 신용장의 취급과 해석을 둘러싸고 많은 혼란과 분쟁이 발생하였다.

이와 같은 분쟁을 미연에 방지하기 위해 신용장의 해석에 통일을 기하여야 한다는 요청이 미국의 무역업자 및 은행가들로부터 강하게 일어나게 되었다. 이에 국제상업회의소(ICC)가 중심이 되어 1933년 비엔나에서 개최된 ICC 제7차 회의에서 '상업화환신용장에 관한 통일규칙 및 관례'(Uniform Customs and Practice for Commercial Documentary Credit. 약칭하여 UCP라 한다.)가 채택되었다.

이 규칙은 Incoterms와 마찬가지로 민간단체인 ICC가 제정한 규칙에 불과하므로 법적 구속력은 없다. 다만 ICC가 각국 은행에 채택을 권고하는 입장에 있을 뿐인데, 각국 은행이 이를 수용하고 있기 때문에 신용장거래에서 일반적으로 적용된다. 민간규범이므로 신용장 당사자는 반드시 신용장상에 UCP를 적용한다는 문언을 명기해야 UCP가 해석기준으로 효력을 갖는다. 신용장통일규칙은 그 후 여러 차례의 개정이 있었으며, 현행 규칙은 제6차 개정판[6]으로 2007년 7월 1일부터 시행되었다. 신용장에 관한 업무는 '국제은행간 금융정보통신망'(SWIFT)[7]에

---

6) 개정판에 따라 제5차 개정판을 UCP 500, 제6차 개정판을 UCP 600이라 부른다.

의해 처리된다.

(2) 신용장통일규칙의 구성과 내용

현재 적용되는 신용장통일규칙(UCP 600)은 총 39개 조항으로 구성된 비교적 간단한 내용이다. 주요 내용은 신용장의 효력과 독립성 및 추상성 원칙의 선언, 엄격일치의 원칙[8], 신용장에 사용되는 각종 용어의 정의, 신용장발행은행과 확인은행 및 통지은행의 역할과 책임, 은행의 서류검토 범위, 신용장의 양도와 환어음의 매입 절차 등이다. 또한 신용장 사용에 필요한 서류인 송품장, 선하증권(B/L), 복합운송증권, 해상화물운송장, 용선화물운송장, 항공화물운송장, 도로·철도·내수로 화물운송장, 보험증명서 등에 대해서도 자세히 규정하고 있다(UCP 600 제18조 내지 제28조). 이러한 신용장통일규칙의 내용은 송금이나 추심방식 등 신용장에 의해 대금결제를 하지 않는 다른 무역거래에서도 참조되는 경우가 적지 않다는 점에서 의의가 크다고 하겠다.

(3) eUCP와 국제표준은행관행

정보통신망의 발달로 운송서류 등의 전자화가 촉진되면서 종이서류를 기반으로 한 신용장통일규칙의 적용상 문제점이 여러 가지 발생하였다. 이러한 문제점 해소를 위해 제정된 것이 eUCP(supplement to the uniform customs and practice for documentary credits for electronic presentation, Version 1.0 ; 약칭하여 eUCP라한다)이다. eUCP는 단독 또는 종이서류와 혼합되어 행해지는 전자기록의 제시를 수용하기 위해 제정되었으며, 2002년 4월 1일부터 시행되었다. eUCP는 성격상 신용장통일규칙을 대체하는 것이 아니고 단지 전자적 제시를 위한 보완적 규칙이다. 적용방법을 보면 eUCP는 신용장상에 eUCP에 따른다는 준거문언이 있는 경우에 적용된다. 그런데 이러한 eUCP에 준거하는 신용장의 경우 eUCP와 직접 관련된 사항을 제외하고는 그 신용장에 별도로 UCP에 대한 언급이 없더라

---

7) SWIFT(Society for Worldwide Inter-bank Financial Telecommunication)는 벨기에 법률에 의하여 설립된 비영리법인에 의해 제공되는 전산망으로 세계 각지의 가맹 은행들 간 외국환, 국제금융업무와 관련된 각종 지시, 통지에 사용된다.

8) 은행이 신용장의 조건에 엄격히 일치하지 않은 서류를 거절할 수 있는 권리를 가지고 있다는 법률적 원칙을 엄격일치의 원칙(doctrine of strict compliance)이라 한다. 또한 서류가 신용장의 조건에 엄격히 일치하는지 확인해야 할 책임도 존재한다고 보아야 한다.

도 UCP가 적용된다. 만일 eUCP와 UCP가 충돌하는 경우에는 eUCP가 우선 적용된다.

한편, 국제표준은행관행(International Standard Banking Practice. 약칭하여 ISBP라 한다.)은 신용장 거래에서 은행의 서류심사 기준에 대한 국제관행을 규정한 것이다. ISBP는 신용장통일규칙을 개정하는 것이 아니라 신용장통일규칙을 실무에서 어떻게 적용해야 하느냐를 설명하고 있다. ISBP는 국제상업회의소가 2002년 10월 제정하였다. 제정 배경은 서류를 심사하는 기준이 되는 국제표준관행이 무엇인가에 대한 의문을 불식하기 위해서였다. 따라서 은행은 서류를 심사할 때 ISBP에 의거하여 신용장과 서류의 일치여부를 살펴보게 된다. ISBP는 제정된 후 신용장통일규칙이 개정됨에 따라 2007년 그 일부 내용을 개정하여 현재 세계 각국에서 사용하고 있다.

4 신용장에 의한 무역거래 과정

무역거래 계약에 따라 신용장이 발행(issuing)되어 그 역할을 다하기까지의 경로는 대개 매수인의 신용장 발행 의뢰, 신용장의 발행(확인은행이 있는 때는 확인절차 이행 후 발행), 수익자에 대한 통지, 매입은행의 선적서류 매입과 발행은행에 대한 송부, 매수인의 대금결제, 발행은행의 매입은행에 대한 대금상환으로 이어진다. 그러나 이러한 거래시스템은 신용장의 거래조건에 따라 상당히 달라진다. 일반적인 경우를 예로 보면 [그림 12-4]와 같다.

[그림 12-4] **신용장에 의한 무역거래(매입신용장 사용시)**

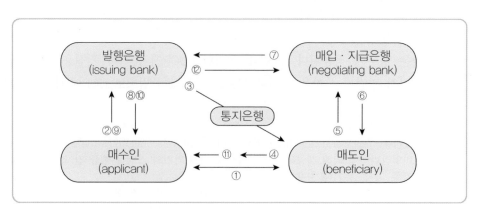

① 매도인과 매수인이 계약을 체결하면서 대금결제를 신용장에 의하는 것으로 합의한다.

② 매수인은 자신의 거래은행과 외국환거래약정을 체결한 다음 신용장의 발행을 의뢰한다.

③ 신용장 발행은행은 신용장을 발행하여 이를 통지은행을 통하여 통지한다. 신용장의 발행방법은 우편에 의하는 경우와 약식전문(Short Cable) 발송 후 우편에 의하여 발행하는 경우, 정식전문(Full Cable)에 의하여 발행하는 경우의 세 가지가 있다. 정식전문에 의할 경우 전신문 그 자체로서 신용장의 기능을 다할 수 있고, 신속하게 신용장이 전달될 수 있기 때문에 오늘날 가장 많이 이용되고 있다. 신용장은 발행은행이 수익자에게 직접 통지할 수도 있으나 직접 수익자에게 통지할 경우 신용장의 진위(眞僞)여부가 문제가 되어 선적서류 매입을 거절당하는 등의 불이익이 있을 수 있기 때문에 일반적으로 수출지의 통지은행을 통하여 수익자에게 통지된다.

④ 매도인은 상품을 구매하거나 생산하여 선(기)적한다.

⑤ 매도인은 운송회사로부터 선하증권(또는 항공화물운송장 등)을 발급받고, 기타 선적서류를 구비한 다음 환어음을 발행하여 거래은행에 매입을 신청한다.

⑥ 거래은행은 선적서류와 신용장을 대조, 확인한 다음 이상이 없을 때 대금을 지급한다.

⑦ 매입은행은 환어음과 선적서류를 신용장발행은행으로 송부한다.

⑧ 발행은행은 매입은행이 송부한 선적서류와 신용장을 검토한 다음 이상이 없을 경우 매수인에게 선적서류 도착 사실을 통지한다.

⑨ 대금을 결제하고 운송서류를 인도받을 수 있다. 대금 결제 이전에 운송서류를 넘겨받을 수도 있는데, 이를 대도(貸渡, Trust Receipt T/R)라 한다. 대도는 기한부조건에서 매수인이 대금결제 전에 선적서류를 인도받거나, 일람불조건에서 매수인의 요청에 의해 은행이 당해 물품을 먼저 처분한 다음 그 판매대금으로 수입대금을 결제하도록 허용하는 제도이다. 은행이 대도를 허용하는 경우 지급보증과 함께 당해 물품의 매도, 인도, 대금의 영수 방법 등에 관해 미리 은행의 승인을 받도록 요구하는 경우가 많다.

⑩ 신용장발행은행은 선적서류를 인도한다. 만일 화물이 먼저 수입지에 도착하였으나 선적서류가 도착하지 않은 경우, 매수인은 은행으로부터 수입화물선취보증서(L/G : Letter of Guarantee)를 발급받아 운송회사로부터 화물을 인수할 수 있다. L/G는 수입화물이 도착했으나 선하증권(BL) 등 수입관계 서류의 우송이

늦어질 경우 수입업자가 선하증권 없이 화물을 미리 찾아갈 수 있도록 하는 신용장개설 은행의 보증서류다. 국제해운업계에서는 LG에 의한 화물인도를 보증도라고 하여 상관습상 일반적으로 인정하고 있다. 이때 은행은 L/G발급액에 상당하는 수입보증금을 요구한다. L/G의 발행은 신용장개설은행이 매수인을 위하여 운송회사에 보증을 하는 여신행위의 일종이라 할 수 있다.

⑪ 매수인은 선하증권(또는 항공화물운송장 등)을 운송회사에 제출하고 상품을 인수한다.

⑫ 신용장발행은행은 매입은행에 대금을 상환한다.

제3절   무신용장방식의 대금결제

1 현금결제 방식

(1) 서류인도 결제방식(CAD : Cash against Documents)

서류인도 결제방식(CAD)은 매도인이 수출상품을 선적한 후 선적서류를 수출지역에 있는 매수인의 대리인에게 인도하면서 수출대금을 결제받는 방식이다. 매수인의 대리인은 매수인과의 대리인계약을 통해 수출지역에서 매수인을 위해 매수인이 원하는 상품을 매도인으로부터 구매해 주며, 이러한 구매행위는 전적으로 매수인의 이익을 위해서 이행된다.

매도인의 입장에서 보면 이 결제방식은 매도인이 수출상품을 생산하여 지정된 선박에 선적한 후 선적서류를 매수인의 대리인에게 제시한 후 수출대금을 결제받기 때문에, 매수인의 대리인이 매수인의 지시를 받아 선적서류의 인수를 거부하면 수출대금을 회수하지 못하는 무역위험에 노출된다. 이때 매도인은 선적된 상품을 수입지역에서 회수하여 판매해야 하며, 상품가격이 매매계약에 명시된 가격보다 하락한 경우, 그 차액과 제반 비용을 부담해야 하는 무역위험에 직면한다. 반면 수출지역에 있는 매수인 대리인과 매도인이 공모해 상품이 선적되지도 않았는데 수입대금이 결제될 수 있는 무역위험이 매수인에게 발생할 수도 있다. 서류인도 결제방식에 의한 거래절차를 정리하면 [그림 12-5]와 같다.

[그림 12-5] **서류인도 결제방식에 의한 거래**

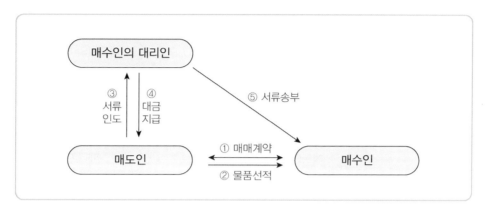

(2) 상품인도 결제방식(COD : Cash on Delivery)

상품인도 결제방식(COD)은 매도인이 수출상품을 선적한 후 선적서류를 수입지역에 있는 매도인의 대리인에게 송부하여 수출상품이 매수인이 지정한 장소에 도착하면 매수인이 상품을 검사하고 상품을 인수하면 수출대금이 결제되는 방식이다. 매수인의 입장에서 보면 국내거래와 동일하다. 매수인은 대금결제 전에 물품확인이 가능하므로 무역위험으로부터 자유롭다.

반면 매도인은 수출지역에서 수출항까지 수출상품의 운송과 수출통관을 해야하고, 수출항에서 수입항까지 해상운송이나 항공운송을 이용하여 상품을 운송해야 한다. 또한 매도인은 수입통관뿐만 아니라 수입항에서부터 매수인이 지정한 장소까지 상품을 운송해야 한다. 따라서 매도인의 무역위험이 발생할 가능성이 높은 결제방식이다. 대신 그만큼 거래가격은 높아질 수 있다. 상품인도 결제방식에 의한 거래절차를 정리하면 [그림 12-6]과 같다.

[그림 12-6] **상품인도 결제방식에 의한 거래**

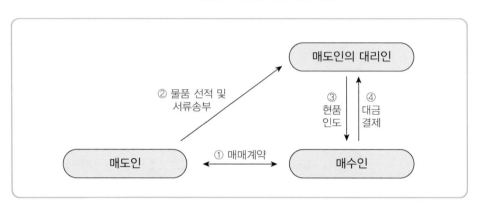

2 송금방식

송금방식이란 매수인이 직접 또는 간접적으로 대금의 전액을 매도인에게 송금하여 결제하는 것을 말한다. 송금방식은 송금하는 방법에 따라 수표방식, 우편환방식, 전신환방식, 전자화폐방식 등으로 구분된다. 송금시기에 따라서는 계약물품의 선적(발송) 전에 송금하는 선송금(先送金)방식과 선적(발송) 후에 송금하는 후송금(後送金)방식으로도 구분된다.

수표는 은행수표(banker's check, demand draft)와 개인수표(personal check, firm check), 우체국의 지급지시서(Postal Money Order)로 대별된다. 은행수표는 매수인이 거래대금에 상당하는 현금을 거래은행에 불입하고 요구불의 은행수표를 발급받아 이를 매도인에게 교부(송부)하는 방식이다. 개인수표는 지급거절이나 부도 등의 위험성이 있으므로 매도인이 이를 꺼리게 되고, 그 결과 무역대금의 결제수단으로 거의 활용되지 않는다. 우체국의 지급지시서는 은행 대신 우체국이 지급지시서를 발행한 것을 매도인에게 송부하는 방식이다.

우편환(M/T : Mail Transfer)은 송금은행이 매수인에게 은행수표를 발급하는 대신 상품 수출지에 소재하는 지급은행에 대해 일정한 금액을 지급해 줄 것을 위탁하는 지급지시서를 송부하는 것이다. 따라서 매수인이 매도인에게 직접 은행수표를 우송하는 절차가 생략된다. 전신환(T/T : Telegraphic Transfer)은 송금은행이 지급지시를 전신수단을 이용하여 지급은행 앞으로 전송하는 경우를 말한다. 송금방식에서 무역서류는 은행을 경유하지 않고 매도인이 우편이나 특송업체를 통해 매수인에게 직접 송부한다. 선송금의 경우를 예로 송금방식에 의한 거래와 대금결제과정을 보면 [그림 12-7]과 같다.

[그림 12-7] **우편환(M/T) 및 전신환(T/T)결제방식에 의한 거래(선송금의 경우)**

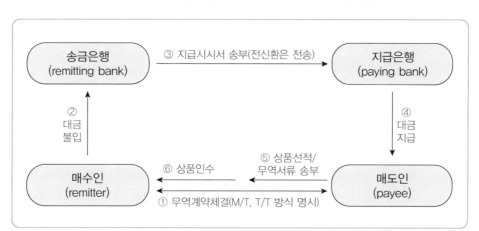

송금방식에서 어떤 송금수단을 사용하느냐에 따라 각각 장단점이 있다. 예를 들면 수표나 우편환 방식은 송금비용은 저렴하나 우송에 따른 분실, 도난의 위험과 우송기간 중 환위험이 발생할 수 있다. 전신환은 송금비용이 상대적으로 비싸지만 이와 같은 분실, 도난 또는 환위험은 발생하지 않는다. 최근의 대금결제 방식을 보면 송금방식을 이용하되 지급시기를 선송금과 후송금을 병행함으로써 매도인과 매수인의 이해를 조화시키려는 경향이 강하다. 선송금의 경우 매도인에게 일방적으로 유리하고, 후송금의 경우 매수인에게 일방적으로 유리하므로 두 번에 걸쳐 나누어 지급하는 것으로 위험을 줄이려는 것이다.

3 추심결제방식

(1) 추심결제방식의 개념과 당사자

추심결제방식이란 신용장 없이 단순히 매매당사자간의 계약에 의해 매도인이 상품을 선적한 후 관련서류를 첨부한 화환어음을 추심은행을 통해 매수인에게 제시하면 매수인이 그 어음에 대한 대금을 지급 또는 인수하여 결제하는 방식이다. 추심결제 방식에서 당사자는 매도인인 추심의뢰인(Principle), 매도인이 거래하는 은행인 추심의뢰은행(Paying Bank), 매수인이 거래하는 은행인 추심은행

(Collecting Bank)이다. 만일 추심은행이 매수인의 거래은행이 아닐 경우 제시은행(Presenting Bank)이 별도로 당사자가 된다(URC 제3조). 추심에 관한 통일규칙(URC : Uniform Rules for Collections)에서는 매수인인 지급인(Drawee)을 당사자에서 제외하였다.

(2) 지급인도방식(D/P : Documents against Payment)

지급인도방식(D/P)은 매도인이 수출상품을 계약에 명시된 선적일자에 선적한 후 매수인을 지급인으로 하는 일람불환어음을 발행하는 방식이다. 이 환어음을 운송서류와 함께 매수인의 거래은행으로 하여금 수출대금의 추심을 의뢰하면, 추심은행이 매수인에게 어음을 제시하여 어음금액의 일람지급을 받고 운송서류를 인도한다. 지급인도방식에서는 매수인이 추심은행에 수입대금을 반드시 지급해야 추심은행은 매수인에게 운송서류를 인도한다. 만약 매수인이 환어음에 대한 지급을 거절하면 관계서류는 매도인에게 반송된다.

(3) 인수인도방식(D/A : Documents against Acceptance)

인수인도방식(D/A)도 매도인이 수출상품을 생산하여 계약에 명시된 선적일자에 선적을 완료한 후 매수인을 지급인으로 하는 기한부 환어음을 발행한다. 이 환어음을 추심은행을 통해서 매수인에게 제시하면 매수인은 환어음에 대한 인수(acceptance)만으로 운송서류를 찾아갈 수 있다. 즉, 매수인은 어음에 대한 지급의 약속으로 'accepted'라고 쓰고 서명, 날인함으로써 운송서류를 인도받을 수 있다. 수입대금은 어음만기일에 수입대금을 추심은행에게 지급하게 된다. 따라서 인수인도방식은 외상거래에 해당되며 매수인은 인도받은 운송서류로 상품을 운송회사로부터 찾아 판매한 후 그 대금으로 어음만기일에 결제하면 된다. 매도인은 만기일 후 수출대금을 추심은행을 통해서 지급받는다. D/P 또는 D/A에 의한 거래와 대금결제과정을 정리하면 [그림 12-8]과 같다.

[그림 12-8] **D/P, D/A에 의한 거래**

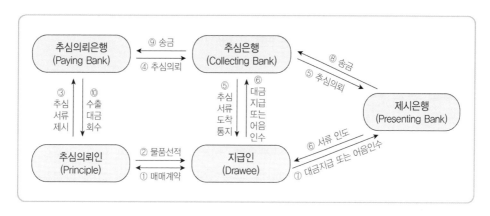

이러한 추심결제와 신용장방식을 비교하면 〈표 12-3〉과 같다.

〈표 12-3〉 **신용장방식과 추심결제방식의 비교**

구 분	신용장방식	추심방식
매수인과 은행의 관계	신용장 발행은행의 매수인에 대한 신용공여	매수인에 대해 은행의 신용공여 없음
은행의 의무	발행은행은 신용장에 따라 매도인에 대한 1차적 지급채무를 짐	추심은행은 추심의뢰은행에 대해 선량한 관리자의 의무를 짐
환어음에 대한 지급인	신용장 발행은행	매수인
수수료	높은 수수료	낮은 수수료
은행에 대한 담보제공	신용장발행시 담보제공	추심전 매입시 담보제공
대금결제기간	일람불(At Sight) 또는 기한부(Usance)	일람불(D/P) 또는 기한부(D/A)
결제수단의 안정성	안전	불안
국제규칙	신용장통일규칙(UCP)	추심에 관한 통일규칙(URC)

(4) 추심에 관한 통일규칙(URC)

상업어음류의 추심에 관한 통일규칙(URC : Uniform Rules for Collection)은 화환어음의 추심에 관한 국제규칙으로 1956년 국제상업회의소(ICC)에 의해 제정되었다. 이후 1967년과 1978년, 1995년에 각각 개정되어 오늘에 이르고 있다. 이규칙이 적용되려면 추심지시서에 명시적으로 준거문언(예 : The Collection is subject to URC 522)이 표시되어 있어야 한다. 그렇다 하더라도 은행은 추심지시에 따라야 할 의무가 주어지는 것은 아니며 은행이 자기 책임하에 임의로 추심지시에 따를 것인가를 결정할 수 있다(URC 제1조).

4 청산결제방식

　　청산계정결제방식(Open Account)은 일정기간을 약정하여 그 기간마다 발생된 수출입대금을 결제하는 방식이다. 이는 수출입거래가 많은 수출입상 또는 본지사간 거래에서 매번 거래마다 수출입대금을 결제하면 그에 따르는 비용과 시간이 반복되어 발생하기 때문에 이를 피하기 위한 수단으로 활용된다. 이 결제방식에서 운송서류는 은행을 통해서 매수인에게 전달되지 않고 매도인이 직접 매수인에게 송부한다. 수출입거래 당사자의 신용에 근거해서 이루어지는 외상거래에 해당되기 때문에 수출입상이 서로 믿지 못하는 경우에는 이용되기가 어렵다.

5 포페이팅과 펙토링 결제방식

(1) 포페이팅과 펙토링의 개념

　　포페이팅(forfating) 결제방식은 매도인이 수출대금에 대한 채권을 포페이팅계약을 통하여 포페이터(forfaiter)에게 양도하고 포페이터는 그에 상응한 대금을 매도인에게 지급하는 결제방식이다. 포페이팅은 스위스, 독일에서 생성 발전하여 온 어음할인 방식의 중기수출금융을 말한다. 이는 현금을 대가로 채권을 포기 또는 양도한다는 불어(a'forfait)에서 유래된 용어이다. 이 결제방식은 수출거래에 따른 환어음이나 약속어음을 소구권[9] 없이 할인하여 신용판매를 현찰판매로 환원시키는 금융기법이다. 포페이터는 소구권을 행사할 수 없다는 특징이 있다. 따라서 연지급어음을 소지한 당사자는 어음만기일에 어음지급인이 어음결제를 거부한 경우 그 이전에 어음을 소지한 자에게 소구권을 행사할 수 없다. 매

---

[9] 소구권(溯求權)이란 어음이나 수표의 지급이 거절됐을 경우 배서인 또는 발행인 등에게 변상을 청구할 수 있는 권리를 말한다. 예컨대, 신용장거래에서 선적을 이행한 수출자(어음발행인)가 어음을 발행하여 매입은행에 선적서류와 함께 제시하여 매도한 경우, 매입은행은 이를 다시 어음 지급인에게 송부하여 대금지급을 요구하게 된다. 그러나 발행은행이 선적서류상의 하자를 이유로 어음을 부도·반환하는 예가 있는데, 이때 매입은행은 다시 어음발행인(수출자)에게 대금반환을 요청하게 되며 이는 매입은행의 권리이다.

도인은 포페이팅계약을 통해 포페이터로부터 수출대금을 영수한 경우 매수인의 대금지급거절 또는 연기와 같은 무역위험으로부터 벗어날 수 있다.

포페이팅에는 매도인, 매수인, 포페이터, 보증은행이 개입한다. 포페이터는 매도인과 포페이팅계약을 통해 매도인이 발행한 연불어음을 할인 매입하는 금융기관이다. 보증은행은 매수인을 위해 환어음의 지급을 보증하거나 지급보증서를 발급하는 은행이다. 지급보증은행이 환어음을 보증할 때 어음상에 Aval을 추가하는 방식을 쓴다. Aval은 우리말로 '어음보증'이라 한다. 이는 어음에 보증의 기명날인을 함으로써 어떤 특정한 채무자와 동일한 내용의 어음 책임을 지는 부속적 어음행위를 말한다. 이것은 보증은행이 환어음 자체를 보증한다는 뜻을 기입해 채무를 성실히 이행할 것을 보증하는 취소불능의 무조건 보증이다.

팩토링(factoring) 결제방식은 판매자와 구매자를 중개하는 중개업에서 국제무역으로 발전하여 활용되고 있는 무역결제방식이다. 팩토링의 어원은 위탁매매인을 의미하는 factor에서 유래하였다. 오늘날의 팩토링은 14세기 후반 영국 모직물업계의 위탁매매인제도에서 발전한 것이다. 국제팩토링의 당사자는 매도인, 매수인, 수출 팩터(factor), 수입 팩터로 구분할 수 있다. 매도인은 수출상품을 매수인에게 판매하는 자로서 팩터와 팩토링 거래계약을 체결하고 거래계약에 따라 수출대금채권을 팩터에게 양도한다.[10] 팩토링계약은 수출매매계약과 하등의 관계가 없는 독립된 계약이며 준거법은 팩터가 팩토링 사업을 하는 국가의 법으로 한다. 매수인은 매도인과의 수입매매계약을 체결하고 매매계약조건에 따라 상품을 인수하고 수입대금을 지급하는 당사자로서 국제팩토링 거래에서 궁극적으로 채무를 부담하는 당사자이다.

수출팩터는 수출국의 팩토링회사를 말한다. 매도인과 팩토링 계약을 체결하며, 팩토링 계약조건에 따라 수출채권을 관리하고 매도인에게 수출대금의 지급을 보증한다. 그 밖에 수출팩터는 수출상품의 생산, 확보에 필요한 생산자금과 수출업무에 관련된 경영서비스를 매도인에게 제공한다. 수입팩터는 수입국의 팩토링 회사를 의미하며 매수인에 대한 신용조사 및 신용승인을 하고 수출채권을 양수받아 수출대금을 회수하여 송금하는 업무 등을 주로 한다.

---

10) 국제팩토링의 유형은 제휴팩토링과 직접수출팩토링, 직접수입팩토링으로 구분된다. 제휴팩토링은 수출 팩터가 수입팩터와 제휴하여 매도인에게 서비스를 제공하는 것이고, 직접수출팩토링은 매도인이 수출팩터를 이용하는 경우를, 직접수입팩토링은 매도인이 수입팩터를 직접 이용하는 경우이다. 2017년 8월 현재 국내에서 국제팩토링서비스는 중소기업은행과 한국수출입은행, 일부 외국계은행이 제공하고 있다.

(2) 포페이팅과 펙토링의 비교

무역대금의 결제에서 활용되는 포페이팅과 펙토링을 비교하면 〈표 12-4〉와 같다.

〈표 12-4〉 **포페이팅과 펙토링의 비교**

구 분	포페이팅(Forfeiting)	펙토링(Factoring)
정의	환어음을 상환청구불능조건으로 매입·할인하는 무역금융상품	외상거래에서 발생된 채권을 상환청구불능조건으로 매입·할인하는 무역금융상품
위험부담	Forfeiter	Factor
대상채권	유통증권(예 : 환어음, 약속어음)	비유통증권(예 : 외상매출채권)
선지급율	100%	90~100%
비용	Libor+0.4~3%[11]	− 할인료 : Libor+0.5~1% − 수수료 : 수출채권의 0.4~0.8%
운영기관	Forfeiter 및 은행	Factor 및 은행
비밀성	Forfeiter가 관련당사자들의 정보를 비밀로 하는 것이 관례	Factor가 수출채권 매입을 매수인에게 통지하는 경우가 일반적
서비스 내용	채권의 매입과 할인	신용보증, 수출채권관리, 추심, 무역금융제공, 회계업무, 경영관리, 컨설팅 서비스 등

---

11) Libor란 국제금융시장의 중심지인 영국 런던에서 우량은행끼리 단기자금을 거래할 때 적용하는 금리를 말한다. 런던은행간 금리(London inter-bank offered rates)의 머리글자를 따서 리보(LIBOR)라고 부른다. 국제금융시장의 기준금리로 활용되고 있으며 금융기관이 외화자금을 들여올 때 기준으로 삼는 금리이다. 외화차입기관의 신용도에 따라 금리가 달라지는데 신용도가 낮을수록 더 높은 금리가 붙는다. 이때 가산금리(spread)가 붙었다고 표현한다. 예를 들어 리보가 연 2.5%인데 실제 지급해야 할 금리가 연 3.5%라면 그 차이인 1%가 가산금리로 금융기관의 수수료 수입이 된다.

[무역현장]

무역사기 1년간 135건 발생…코로나19 핑계 대금 미지급 등 기승

신종 코로나바이러스 감염증(코로나19) 상황을 핑계로 수출기업을 노리는 해외 무역사기가 기승을 부리는 것으로 나타났다. 5일 코트라의 '2020/2021 무역사기 발생현황 및 대응방안' 보고서에 따르면, 2020년 9월부터 작년 8월까지 전 세계 코트라 해외무역관에 접수된 우리 기업 대상 무역사기는 총 135건으로 집계됐다. 이는 코로나19 사태가 정점이던 2019년 9월~2020년 8월까지의 무역사기 피해 건수 166건보다는 소폭 줄어든 규모다. 그러나 코로나19 발생 이전인 2018년 9월~2019년 8월의 82건과 비교하면 여전히 1.5배 이상 많다.

코트라는 "코로나19 장기화로 수출기업들이 비대면 거래에 적응하면서 무역사기 사례가 전년 대비 감소했다"면서 "다만 코로나19로 인한 경영 악화나 선적 지연 등을 핑계로 한 대금 미지급, 선적 불량 등의 무역사기가 주를 이뤘다"고 설명했다.

무역사기의 유형을 보면 ▲ 제품 수령 후 바이어가 의도적으로 결제를 거부하거나 연락을 회피하는 '결제사기' ▲ 계약 추진에 필요한 입찰서류 구입비, 변호사 선임 비용 등의 명목으로 금품을 편취하는 '금품사기' ▲ 바이어로 위장해 비자 초청장을 요청하고 한국에 입국한 후 잠적하는 '불법체류' 등이 있다. 또 ▲ 구매대금 입금영수증, 수표 등을 위조해 입금을 완료했다고 속여 제품을 편취하는 '서류위조' ▲ 계약을 체결한 수출기업과 연락이 두절돼 상품을 받지 못하거나 수출기업이 의도적으로 선적을 거부하는 '선적불량' ▲ 무역 당사자 간 이메일을 탈취해 결제 대금을 가로채는 '이메일사기' 등의 유형도 있다.

대표적인 사례를 보면 K사는 물품 납품 계약을 체결한 러시아 바이어 E사로부터 제품 문제 해결을 위해 파견 서비스를 해달라는 요청을 받았다. K사는 코로나19로 해외출장이 어려워지자 원격지원과 현지 파트너사 방문 등을 제안했으나 E사는 직접 방문만을 고집했다. 결국 파견 서비스가 이뤄지지 않자 E사는 제품 불만족을 이유로 비용을 제대로 지급하지 않았고, 이 바람에 K사는 2만5천달러의 손해를 봤다. 전자상거래 유통업을 하는 A사는 필리핀 바이어 B사와 계약을 체결하고 대량의 물품 수출 준비를 시작했다. 하지만 B사가 보내온 사업자등록증과 담당자 명함 등은 모두 위조됐다는 사실이 뒤늦게 밝혀졌다. 이 일로 B사는 4만8천570달러의 피해를 봤다.

코트라는 "사기 발생 후에는 자금회수 등 문제 해결이 어려우므로 예방이 필수"라며 "유형별·지역별 무역사기 유형과 특징을 미리 숙지해야 한다"고 강조했다. 이어 "거래 전 코트라를 통한 해외수입업체 연락처 확인, 한국무역보험공사를 통한 국외기업 신용도 조사 등을 해야 하며 신흥국과의 거래나 대형거래, 첫 거래인 경우에는 무역보험과 신용장 거래 등을 통해 안전장치를 확보하는 편이 좋다"고 조언했다.

(연합뉴스, 2022.01.05.)

포스코인터내셔널, 블록체인 '전자선하증권' 도입, 디지털 무역거래에 앞장서

무역업계의 선두 주자 포스코인터내셔널이 '전자선하증권(e-B/L)을 도입해 국제 무역 디지털화에 앞장서고 있다. 포스코인터내셔널은 지난달 3일, e-B/L 발급을 통해 미국으로 자동차부품을 수출했다. 이후 27일 미국 디트로이트 수입자가 무사히 선적물품을 인수함으로써 e-B/L을 이용한 첫 무역거래가 완성됐다.

Bill of Lading(B/L, 선하증권)은 수출입 거래 시 가장 중요한 선적서류로 꼽힌다. 수출자는 계약된 제품을 이상 없이 선적해야만 해상운송인이 발행하는 B/L을 받을 수 있고, 수입자는 물품대금을 지불한 뒤 수출자로부터 B/L을 전달받아야만 물품을 찾을 수 있다. 그동안 종이로 발행된 B/L이 국제우편과 같은 고전적인 방식으로 수입자에게 전달되다 보니 전달하는 과정에서 원본이 분실되거나 지연되어 수입자가 운송인으로부터 물품을 제때 인수할 수 없는 상황이 종종 발생하기도 했다.

포스코인터내셔널이 이번에 도입한 방식은 종이가 필요 없는 디지털방식이다. e-B/L은 글로벌 운송사 머스크가 개발한 물류 플랫폼 '트레이드렌즈'를 통해 발급됐다. 이후 포스코인터내셔널이 한국무역정보통신사(KTNET)와 협업한 '무역/물류 플랫폼'에서 우리은행과의 e-Nego*와 DB손해보험의 적하보험 발행이 진행됐다. (*Nego : 수출자가 제품 선적 후 은행을 통해 수출 대금을 먼저 받는 과정)

포스코인터내셔널 무역/물류 플랫폼은 포스코인터내셔널, KTNET, 우리은행, 국민은행, 하나은행, 신한은행 및 적하보험사 DB손해보험이 컨소시엄을 구성하여 과학기술정보통신부 산하 정보통신산업진흥원(NIPA)의 사업지원을 받아 개발된 파일럿 플랫폼이다. 향후 이러한 디지털무역 방식이 자리를 잡는다면, B/L관련 리스크는 줄고 다양한 무역거래 관련자들의 업무 효율성이 대폭 올라가는 한편 선박위치 실시간 확인, 물류비용 감소 등의 효과도 얻을 수 있을 것으로 기대된다.

포스코인터내셔널은 이번 거래를 계기로 블록체인 기반의 e-Contract, e-B/L유통, e-Nego 등의 업무를 진행할 수 있는 상용화 플랫폼 구축 사업에 더욱 박차를 가할 것으로 알려졌다. 포스코인터내셔널 관계자는 "이번 e-B/L을 이용한 자동차부품 수출은 포스코플로우, 머스크, 한국무역정보통신사(KTNET)와의 긴밀한 협업 속에 이뤄낸 성과다"라며 "앞으로 무역 생태계에 플랫폼 사업을 확장시켜 디지털무역거래 선진화에 앞장서 나가겠다"고 포부를 밝혔다.

(POSCO 보도자료, 2022.12.01.)

13

수출입통관

제13장의 주요 내용

제13장에서는 수출입통관에 대해 살펴본다. 이 장에서 학습할 주요 내용은 다음과 같다.

1. 보세제도의 개념
2. HS에 의한 상품의 분류제도
3. 수입통관절차의 개략적 내용
4. 수출 및 반송통관절차의 개략적 내용
5. 관세환급제도의 개요

제13장 학습 키 워드(key word)

통관, 개항, 보세구역, 지정장치장, 세관검사장, 보세창고, 보세공장, 보세전시장, 보세건설장, 보세판매장, 종합보세구역, 자유무역지역, 보세운송, 외국물품, 내국물품, 보세화물, HS, 관세평가, 관세, 개별소비세, 주세, 교통에너지환경세, 농어촌특별세, 교육세, 부가가치세, EDI, 수입신고, 관세사, C/S, 수출신고, 조세환급, 반송

제13장 수출입통관

제1절 수출입통관과 보세제도

1 수출입통관의 의의

국제무역으로 거래된 물품은 국가간을 이동하게 된다. 이 과정에서 [그림 13-1]과 같이 반드시 두 번에 걸쳐 통관절차를 거친다. 물품을 수출하는 국가에서의 수출통관과, 그 물품을 수입하는 국가에서의 수입통관이다. 무역에서 통관을 누가 이행할 것이냐 하는 것은 무역거래조건에서 정해진 바에 따라 결정된다. 예를 들어 Incoterms® 2010에서는 EXW 규칙을 제외한 모든 경우 수출통관 의무는 매도인에게, DDP 규칙을 제외한 모든 경우 수입통관의무는 매수인에게 부여하고 있다. 그러나 통관을 규정한 관세법은 물품을 수출입하는 당사자, 즉 수출입의 원인행위를 한 당사자가 통관의무를 지도록 규정하고 있다.

[그림 13-1] **무역거래 상품의 이동과 수출·수입통관**

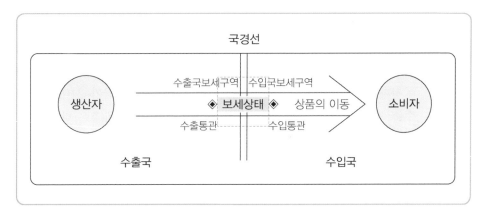

통관(Customs Clearance)이란 관세법에서 정한 수출(반송 포함) 또는 수입의 절차를 이행하는 것을 말한다. 좁은 의미로는 수출 또는 수입의 신고에서 신고 수리까지의 일련의 과정을 말한다. 그러나 넓은 의미에서 통관이라 할 때는 관세법 외에 수출입과 관련되는 모든 법령의 요건을 충족하고 물품을 국외로 반출하거나 국내로 반입하는 일련의 절차를 의미한다.

무역은 민사(民事)상의 거래행위로 이루어진다. 무역계약을 비롯하여 신용장 발행약정, 무역운송 계약, 보험 계약 등 각종 계약은 거래 당사자간 의사의 합치(合致)에 의해 그 효력이 발생한다. 신용장통일규칙이나 Incoterms 등 무역에 적용되는 각종 규칙들이 있지만 거래 당사자가 합의한다면 그 합의 사항, 즉 계약이 이러한 규칙보다 우선하여 효력을 갖는다. 그러나 통관과정에서는 수출국 또는 수입국의 법률 또는 국제협정 등이 강제로 적용된다.

우리나라의 경우 통관과정에서 적용되는 법률은 현재 약 70여개 내외가 있지만, 어느 경우나 매도인 또는 매수인과 통관을 담당하는 정부기관이 합의에 의해 이러한 법률을 적용하는 것이 아니다. 국제협정의 적용 또한 마찬가지다. 법 또는 협정 등이 가진 강제력에 의해 당연히 적용되는 것이다. 따라서 무역을 함에 있어 다른 모든 과정을 잘 처리하였다 하더라도, 수출입의 통관이 원활하게 이루어지지 못한다면 상거래로서 무역은 의미가 없게 된다.

2 통관절차 이행 의무화의 목적

어느 나라나 물품을 수출 또는 수입하고자 할 때는 예외적으로 인정된 경우가 아닌 한 반드시 세관장에게 신고하도록 규정하여 통관을 의무화시킨다. 만일 이와 같은 신고를 하지 아니하고 물품을 수출하거나 수입하였을 때는 이른바 밀수범(密輸犯)으로 무거운 처벌의 대상이 된다. 이는 다음과 같은 이유 때문이다.

첫째, 재정수입의 확보를 위해서이다. 기원전 고대국가 시대부터 이미 각국은 수출 또는 수입행위를 조세징수의 원천으로 보고 관세(혹은 다른 명목의 조세까지 포함)를 징수하였다. 오늘날 대부분의 국가가 수출이 국민경제의 발전과 후생증대에 기여한다는 사실을 인정하고 수출에 대하여는 관세를 징수하지 않고 있다. 또 수입의 경우에도 관세율의 수준을 크게 낮추어 적용하고 있다. 그러나 아직까지 통관과정에서 징수되는 조세가 각국 재정에 기여하는 바는 무시할 수 없는 수준이다. 이러한 상황은 개발도상국일수록 심하다고 할 수 있다. 우리나라의 경우도 수입통관과정에서 징수되는 조세(관세와 내국소비세)의 규모는 해마다 총재정수입의 약 20~25% 내외를 차지하고 있다.

둘째, 국내산업 보호를 위해서이다. 자유로운 무역이 국민경제의 발전과 후생 증대에 기여한다고는 하지만 정상 이하의 낮은 가격, 즉 덤핑물품이 제약 없이 수입되거나, 지식재산권을 침해하는 물품 등 불공정무역물품이 수입되는 경우 국내 산업에 타격을 줄 수 있다. 이러한 불공정무역 물품에 대해서 통관과정에서 다각도로 규제함으로써 국내 산업이 보호될 수 있다.

셋째, 소비자 보호를 위해서이다. 부적정(不適正)하거나 허위로 표시된 원산지 등 상품거래에 직접적 영향을 미칠 수 있는 사항에 대하여 통관과정에서 적정 여부를 확인함으로써 거래질서를 확립하여 소비자를 보호할 수 있다.

넷째, 국민의 건강과 동·식물의 생명보호, 환경보호 등을 위해서이다. 인간 이나 동·식물에 유해한 물질이나 병균, 해충 등이 반입되거나 폐기물 기타 환 경을 파괴하는 물품이 반입되는 경우 그 피해는 심각할 수가 있기 때문에 이를 통관과정에서 방지하고자 하는 것이다. 또 멸종위기에 있는 야생 동식물에 대해 서는 이를 보호하기 위해 이를 거래할 수 없도록 국제협정(CITES)으로 제한하고 있는데, 이러한 사항도 수출입 통관과정에서 확인되어야 한다.

다섯째, 국가의 안전보장, 선량한 풍속의 보호, 사회 안녕질서의 유지 등을 위해서이다. 무기 또는 폭발물의 밀반입이나 마약 등의 밀반입을 엄격히 통제하 는 것도 이러한 이유 때문이다.

여섯째, 통상정책 집행의 효율성을 위해서이다. 외국과의 교역을 진흥하기 위 한 통상정책의 필요성에 따라 수출·수입물품을 제한하거나 촉진하여야 하는 경우가 있다. 이러한 정책의 집행은 실물(實物)의 확인이 가능한 통관과정에서 최종적으로 행할 수 있는 것이다.

3 보세제도

(1) 개항과 무역상품의 출입

수출상품이든 수입상품이든 무역상품은 개항을 통해 출입한다. 무역상품을 적 재한 선박 또는 항공기가 출입할 수 있는 항구 또는 공항은 관세법에 의해 대통 령이 정한 개항(開港)으로만 출입할 수 있다. 개항이 아닌 지역에 출입할 때는 관할세관장의 허가를 별도로 받아야 한다. 현재 관세법에 의해 개항으로 지정된 항구 및 공항은 〈표 13-1〉과 같다.

〈표 13-1〉 관세법에 의한 개항

구 분	개 항 명
항 구 (25)	인천항, 부산항, 마산항, 여수항, 목포항, 군산항, 제주항, 동해·묵호항, 울산항, 통영항, 삼천포항, 장승포항, 포항항, 장항항, 옥포항, 광양항, 평택·당진항, 대산항, 삼척항, 진해항, 완도항, 속초항, 고현항, 경인항, 보령항
공 항 (8)	인천공항, 김포공항, 김해공항, 제주공항, 청주공항, 대구공항, 무안공항, 양양공항

개항은 관세법이 아닌 개항질서법에 의해서도 지정된다. 개항질서법은 개항의 항계(港界) 안에서 선박교통의 안전 및 질서 유지에 필요한 사항을 규정함을 목적으로 하는 법률이다. 그러한 목적달성을 위해 개항을 지정하는 것이다. 개항질서법상 지정된 개항과 관세법상 개항이 반드시 일치하는 것은 아니다. 이를테면 보령항이나 서귀포항은 개항질서법상 개항이지만 관세법상으로는 개항이 아니다. 개항지역의 부두나 항공기계류장 등 외국무역선(기)이 머무는 곳은 담장이나 철조망 등으로 외부와 격리된다. 이 지역에 출입하는 인원과 물품, 차량 등은 세관의 통제를 받는다. 또 세관은 폐쇄회로텔레비전(CCTV)과 같은 장비를 이용해 24시간 해당 구역의 동태를 관찰하면서 필요시 조사·검증 등으로 밀수를 차단한다.

(2) 보세구역

개항에 입항한 외국무역선이나 외국무역기에서 내려진 화물은 보세구역에 반입된 다음 수입통관 절차를 거치게 된다. 수출화물은 통상 수출통관 절차를 종료한 다음 개항의 보세구역으로 운송되어, 여기에서 출항 예정인 선박이나 항공기에 적재된다. 보세구역은 여러 가지 정책목적으로 설치되므로, 그 종류도 [그림 13-2]와 같이 다양하다.

[그림 13-2]에서 지정보세구역이란 세관장이 주로 국가나 공공기관의 토지·시설 등의 일정구역을 지정하는 것으로 설치한다. 특허보세구역은 민간기업의 신청에 의해 세관장이 특허한 곳이다. 주로 기업의 토지·시설 등의 일정한 구역이 된다. 선박회사나 항공회사의 물류창고, CY, CFS 등은 대부분 특허보세구역인 보세창고이다. 종합보세구역은 공항 또는 항만의 일정한 지역을 관계행정기관이나 지방자치단체의 요청에 의하거나 관세청장이 직권으로 지정한다. 특허

보세구역은 하나의 기업 단위로 설치되는 것이 일반적이나 종합보세구역은 공항 또는 항만의 일정 지역을 지정하므로 해당 지역에 여러 기업이 입주할 수 있다.

[그림 13-2] **보세구역의 종류**

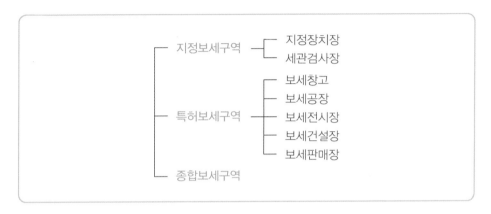

1) 지정장치장

지정장치장은 통관하고자 하는 물품을 일시적으로 장치할 수 있는 장소다. 장치 가능한 기간은 원칙적으로 6개월이다. 다만, 부산, 인천, 인천공항, 김해공항에 소재한 지정장치장은 원칙적으로 2개월이다. 창고형태로 된 경우도 있지만 야적(野積)이 가능한 장소 형태로 되는 경우도 있다. 대개 부두, 공항 또는 세관청사 내에 특정 장소를 지정한다.

2) 세관검사장

세관검사장은 수입 또는 수출통관하고자 하는 물품의 검사를 할 수 있는 장소다. 인천국제공항이나 제주국제공항의 입국장이나 부산항이나 인천항에 설치된 세관검사장이 대표적이다. 수출입 물품 중 세관검사가 필요한 물품이 모두 세관검사장에 반입되어야 하는 것은 아니며 대개 여행객의 휴대품이나 이사물품, 기타 탁송물품의 검사에 세관검사장이 이용된다.

3) 보세창고

보세창고는 수출 또는 수입통관 물품을 장치할 수 있는 장소로, 보세구역의 대부분을 차지한다. 그러나 수출의 경우 통관을 위해 보세구역에 물품을 장치하는 경우는 드물다. 신고의 요건으로 보세구역장치를 원칙으로 하는 수입의 경우와는 달리 수출자의 공장이나 일반 창고에 물품을 장치한 상태에서도 수출신고를 할 수 있도록 허용하고 있기 때문이다. 보세창고에는 영리(營利)를 목적으로 불특정 다수인의 수출입물품을 보관해 주는 영업용창고와, 운송회사 또는 제조업체가 자신의 필요에 의해 운영하는 자가용창고의 두 가지가 있다.

4) 보세공장

보세공장은 외국물품이나 외국 또는 내국물품인 원재료로 제조·가공 작업을 하는 장소다. 보세공장에는 수출하려는 물품만을 제조·가공하는 수출용보세공장과 수입하려는 물품을 제조·가공하는 내수용보세공장 그리고 이 둘을 겸하는 수출·내수겸용보세공장이 있다. 보세공장에서는 외국물품 상태의 원료로 또는 외국물품 상태의 원료와 국산원료를 혼합해 생산이 가능하므로 기업의 자금부담 완화 등에 큰 도움이 된다. 보세공장에서 생산된 물품을 국내에 반입하고자 할 때는 정식 수입통관절차를 거쳐야 한다.

5) 보세전시장

박람회·전시회 등을 위하여 외국물품을 장치하거나 사용할 수 있는 장소다. 보세전시장제도는 일시적으로 국내에 반입되어 전시 등을 한 다음 다시 외국으로 반출되는 물품에 유용하게 적용할 수 있다. 보세전시장은 대개 해당 박람회·전시회 등의 기간 동안 특허되고, 외국물품의 장치기간도 보세전시기간 동안만이다.

6) 보세건설장

보세건설장은 외국물품 상태로 산업시설의 건설공사를 할 수 있는 장소다. 건설된 시설은 가동하기 전에 수입통관절차를 마쳐야 한다. 보세건설장제도는 대규모 산업설비 등의 건설에서 자금부담 완화에 큰 도움이 될 수 있다. 보세건설장은 당해 건설공사기간을 고려하여 일정기간 동안 특허된다.

7) 보세판매장

보세판매장은 외국물품을 보세상태에서 판매할 수 있는 장소로, 흔히 '면세점'이라 한다. 공항출국장의 면세점이 대표적이고, 출국장이 아닌 지역에도 시내면세점이 일부 설치되어 있다. 보세판매장을 이용할 수 있는 자는 외교관 면세권자나 내국인 및 외국인인 출국예정자에 국한된다. 출국예정자가 시내면세점에서 구입한 물품은 공항의 출국장에서 인도되며(외국인이 국산품을 구매한 경우는 현장에서 인도), 반드시 국외로 반출해야 한다. 일단 반출한 물품은 외국물품으로서, 이를 휴대하여 반입할 때는 휴대품 면세기준에 따라 면세여부가 결정된다.

8) 종합보세구역

종합보세구역은 보세창고, 보세공장, 보세전시장, 보세건설장, 보세판매장의 기능을 종합적으로 수행할 수 있는 장소다. 종합보세구역을 이용하기 위해서는 먼저 종합보세구역에 입주해야 한다. 물품의 장치기간에는 제한이 없다.

9) 자유무역지역

보세구역은 아니지만 외국물품이 보세상태에서 반입될 수 있다는 점에서 보세구역과 성격이 유사한 곳이 자유무역지역이다. 자유무역지역은 중앙행정기관의 장이나 지방자치단체장의 요청을 받아 '자유무역지역의 지정 등에 관한 법률'에 의해 산업통상자원부장관이 지정한다. 이 지역에 입주할 수 있는 자는 제조업체, 물류업체, 무역업체 등이다. 입주업체는 외국물품을 보세상태로 사용하여 물품을 제조·가공할 수 있다. 또한 이들 입주업체에 대하여는 법인세, 재산세 등의 조세감면혜택도 부여된다.

자유무역지역은 외국인투자촉진을 의도하고 있고, 외국인투자업체에 대해 각종 세제상, 행정상 지원을 한다는 측면에서는 경제자유구역과 비슷한 면이 있다. 그러나 자유무역지역에는 보세화물이 반입될 수 있는 데 비해 경제자유구역에는 감면세처분 등을 받고, 수입통관이 완료된 내국물품만이 반입될 수 있다.

자유무역지역은 외국인들이 투자한 물품이 반입된다는 점에서 외국인투자지역과도 유사한 면이 있다. 외국인투자지역은 일정 규모 이상 투자하는 외국인 투자가가 희망하는 지역에 대해 특별시·광역시 단체장 또는 도지사가 외국인투자위원회의 심의를 거쳐 외국인 투자 지역으로 지정한다. 이 지역에 입주한 기업에게도 일부 법인세 등의 세제 혜택, 임대료 지원 등의 지원이 제공된다. 외국인투자지역은 감면세처분 등을 받고 수입통관이 완료된 내국물품만이 반입될 수 있다는 점에서는 보세구역이나 자유무역지역과는 다르지만 경제자유구역과 유사한 면이 있다. 그러나 지원의 종류와 내용에서 경제자유구역과 차이가 있다.

(3) 보세운송제도

보세운송이란 외국물품을 보세상태로 국내에서 운송하는 것을 말한다. 개항에 도착한 수입물품을 당해 항구 또는 공항내의 보세구역에서 수입통관한다면 보세운송은 불필요할 것이다. 그러나 그 물품을 서울이나 천안, 구미 등 내륙지에 있는 보세구역으로 이송하여 통관하고자 한다면 도착항으로 부터 내륙 목적지의 보세구역까지는 '보세운송'에 의해 운송하여야 한다. 외국물품을 보세운송으로 갈 수 있는 목적지는 개항, 보세구역, 자유무역지역, 보세구역외장치장[1], 세관관서 등으로 지정되어 있다. 그러므로 회사 내에 보세창고가 있다면 개항에 도착한 화물을 이 창고로 바로 보세운송할 수 있다.

4 관세법에 의한 외국물품의 관리

(1) 외국물품과 내국물품

수출입물품에 대한 통관을 규정하고 있는 관세법에는 외국물품과 내국물품을 엄밀하게 구분한다. 외국물품은 수입통관 절차가 완료되기 전에는 원칙적으로 사용·소비할 수 없다. 만일 이를 위반하였을 때는 처벌의 대상이 된다. 무역대금의 결제여부나 무역거래조건이 어떠한가는 고려의 대상이 아니다. 관세법에서 규정하고 있는 외국물품은 다음과 같다. 외국물품이 아닌 물품으로 국내에 있는 물품은 내국물품이다.[2]

① 외국으로부터 우리나라에 도착된 물품으로 수입신고가 수리되기 전의 것
② 외국의 선박 등에 의하여 공해(公海)에서 채취되거나 포획된 수산물 등으로 수입신고가 수리되기 전의 것
③ 수출신고가 수리된 물품

외국으로부터 우리나라에 도착된 물품으로 수입신고가 수리되기 전의 것은 대개 물품을 싣고 입항한 선박 또는 항공기 내에 있거나, 아니면 보세구역(또는

---

[1] 보세구역외장치장은 거대물품 등 특수한 외국물품이나 수출물품을 일시적으로 장치하기 위해 세관장의 허가를 받은 장소다. 허가기간은 해당 물품의 통관이 완료될 때까지다.
[2] 관세법의 이 규정에 의하면 외국에서 생산된 물품도 수입신고가 수리되면 '내국물품'이 되고, 국산 물품도 수출신고가 수리되면 '외국물품'이 된다. 외국물품과 내국물품의 구분은 통관과 과세 등을 위해서다.

자유무역지역이나 보세구역외장치장)에 있다. 일반적으로 수입신고는 물품을 싣고 입항한 선박 또는 항공기로부터 물품이 하역(荷役)되어 보세구역에 반입되고, 매수인이 은행으로부터 선적서류를 교부받아 선하증권(또는 항공화물운송장 등)을 운송회사에 제출하여 물품을 인수한 다음에 이루어진다. 한편, 수출신고가 수리된 물품은 국내에서 생산된 물품이고 아직 국내에 있다고 하더라도 관세법상 외국물품으로 취급된다.

(2) 보세화물의 관리

보세상태에 있는 외국물품을 보세화물이라 한다. 보세화물은 수입통관절차가 완료되거나, 수출의 경우 선(기)적이 완료될 때까지 세관의 엄격한 관리와 감시를 받는다. 관리에 있어 주요 내용은 다음과 같다. 이와 같은 관리와 관련하여 부여된 각종 의무를 위반하면 처벌의 대상이 된다.

① 외국물품을 싣고 있는 선박 또는 항공기는 원칙적으로 개항(開港)으로만 출입하여야 한다. 입항시에는 세관장에게 입항신고를 하여야 하고 출항시에는 세관장으로부터 출항허가를 받아야 한다. 이러한 신고와 허가절차는 통상 선박(항공)회사나 그 대리점이 한다.

② 외국무역선(기)에 물품을 싣거나 내릴 때는 먼저 세관장에게 신고하여야 한다.

③ 세관장 허가 없이 외국물품을 싣고 있는 선박과 다른 선박간에 물품을 옮겨 실을 수 없다.

④ 외국물품은 원칙적으로 보세구역이 아닌 장소에 장치할 수 없다.

⑤ 외국물품을 국내에서 운송하고자 할 때는 먼저 '보세운송'으로서 세관장에게 신고하거나 승인을 받아야 한다.

⑥ 외국물품을 장치할 수 있는 보세구역을 운영하고자 하는 경우에는 세관장의 특허를 받아야 한다.

⑦ 보세구역에 물품을 반입하거나 반출하고자 할 때는 세관장에게 신고하여야 한다.

⑧ 보세구역에 장치중인 외국물품에 대해 보수, 해체, 절단 등의 작업을 하거나, 부패·손상 등의 사유로 폐기하고자 할 때는 세관장의 승인을 받아야 한다.

⑨ 보세구역에 장치중인 외국물품의 전부 또는 일부를 견본품으로 반출하고자 할 때는 세관장의 허가를 받아야 한다.

⑩ 보세구역에 장치할 수 있는 기간은 제한된다. 보세구역에 따라 그 기간이 다

르나 부산항과 인천항, 인천국제공항과 김해공항에 소재하는 보세창고나 지정장치장에 반입된 화물은 반입일로부터 30일 이내에 통관하여야 한다. 만일 그 기간이 경과될 경우 가산세가 부과된다. 또 이들 장소에 반입한 뒤 2개월 이내(연장 승인을 받은 경우 4개월 이내)에 통관하지 않을 경우 체화(滯貨)로 간주되어 세관장이 공매 등의 절차를 거쳐 강제 매각할 수 있다. 이러한 규제는 해당 지역의 물류가 지체될 경우 수출입에 큰 문제가 발생하기 때문에 물류신속화를 기하기 위한 것이다.

제2절   수입통관 절차

1 수입신고의 준비

(1) 상품의 세번(稅番)분류

어느 나라에서 무역상품을 수출 또는 수입통관할 때 가장 먼저 필요한 것이 상품에 대한 세번의 분류다. 이러한 분류를 통해 각국은 관세를 품목에 따라 차별적으로 부과할 수 있고, 수출입의 제한여부를 정하며, 상품의 원산지를 결정하고, 또 무역통계를 집계한다. 무역거래에 있어 통일된 상품분류의 필요성이 제기된 것은 이미 19세기 중반부터다. 상품분류방법이 각각 다를 경우 상품의 국제적 비교나 통계 집계가 어렵고, 상품 분류 자체가 하나의 비관세 장벽으로 무역에 장애 요인이 된다는 것을 인식하였기 때문이다.

오늘날 대부분 국가는 세계관세기구(WCO)가 제정해 국제협약으로 운영하고 있는 HS(Harmonized System)에 의해 상품을 분류한다. 모든 상품은 동물·식물·광물의 3가지 소재(素材)를 기초 출발물질로 하여 만들어지며, 소재로부터 가공정도가 높아질수록 상품의 부가가치도 높아지고 상품의 종류도 많아진다. HS는 이 원리를 이용하여 가공도가 높아지는 순서대로 물품을 분류한다. HS는 류(類, Chapter), 호(號, Heading), 소호(小號, Sub-heading)로 구성되고, 이들 각각에는 아라비아 숫자로 분류번호가 부여되어 있다. 류(類)는 1류에서 99류까지가 있으나 실제 사용되고 있는 것은 96개다. 남은 3개는 신상품 출현에 대비하여 유보되어 있다.

HS는 [그림 13-3]과 같이 류(類)는 2단위, 호(號)는 4단위, 소호(小號)는 6단위, HSK 10단위가 결합된 형태로서 표시된다. 이때 소호 다음에 추가되는 단위는 각국이 자체 필요에 따라 2~6개 숫자를 더해 임의로 분류하는 것이다. 우리나라는 4단위를 추가하여 분류한다. 이를 HSK라 한다. 따라서 국제협약으로서 유효하고, 협약가입국이 동일하게 분류하여 숫자화 하는 것은 소호(小號)인 6단위까지이다.

[그림 13-3] **HS의 표시(가공치즈의 경우)**

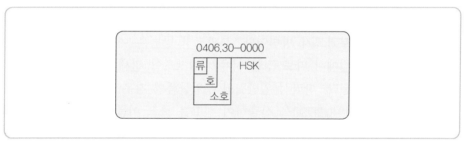

상품의 품목분류는 통상 먼저 류를 구분하여 확정한 다음 류 내에서 호를 구분하고, 다시 호 내에서 소호를 구분하며, 소호 내에서 다시 HSK 10단위로 세분해 가는 방법으로 한다. 예를 들어 01류에는 특히 정한 예외를 빼고는 살아있는 동물이 모두 분류된다. 01류를 세분한 0101호에는 그 가운데 살아있는 말과 당나귀, 노새와 버새가 분류된다. 0101호를 더욱 세분한 소호에는 0101.20호에말이, 0101.30호에 당나귀가, 0101.90호에 기타로 노새와 버새가 분류되는 식이다. 무역상품으로 거래되는 모든 물품은 HS로서 분류되어 〈표 13-2〉와 같이 류, 호, 소호 또는 HS10단위 중 어느 하나로 표시될 수 있다.

〈표 13-2〉 **무역상품의 HS분류**

구 분	단위	명 칭	분류의 기준
중분류	2	류(chapter)	상품의 군별 구분
소분류	4	호(heading)	동일류 내 품목의 종류별, 가공도별
세분류	6	소호(sub-heading)	동일호 내 품목의 용도, 기능 등
세세분류	10	HSK	통계, 관세부과, 무역관리 등의 필요에 따라 세분화

이러한 HS 분류결과에 따라 수입상품에 적용되는 관세율이 달라질 수 있다. 수입물품에 대한 감면세액과 수출후 환급받는 금액 또한 달라질 수 있다. 뿐만 아니라 수출입물품에 대해 적용되는 각종 제한 등의 비관세적인 조치, FTA 협정관세 적용대상 물품의 원산지 인정여부까지 달라질 수 있다.

(2) 과세가격의 결정

물품을 수입할 때 납부하여야 할 관세액을 결정하는 방법에는 두 가지가 있다. 하나는 관세의 납세의무자(즉, 수입물품의 화주)가 스스로 관세액을 계산하여 이를 세관장에게 신고하고, 그 세액을 납부하는 신고납부 방법이다. 다른 하나는 세관장이 납부세액을 결정하여 고지(告知)하면 납세의무자가 고지된 금액을 납부하는 부과고지 방법이다. 부과고지 방법은 여행자의 휴대품이나 우편물품, 기타 관세법에서 따로 정한 사유가 발생하여 관세를 징수하는 경우에만 예외적으로 적용된다. 따라서 일반적인 수입물품의 경우 화주는 수입물품에 부과될 관세 등 제세액(諸稅額)을 산출하여 신고를 하고 이를 자진하여 납부하여야 한다.

수입물품에 부과되는 관세 등 제세액을 산출하기 위해서는 먼저 수입물품에 대한 과세가격이 확정되어야 한다. 관세의 과세가격을 결정하는 것을 일반적으로 '관세평가'라 한다. 수입물품에 대한 과세가격은 WTO의 '1994년도 GATT 제7조의 이행에 관한 협정'(약칭하여 '관세평가협정')의 원칙에 따라 결정된다.

과세가격 결정은 ① 당해 물품의 거래가격으로 결정하는 경우(제1방법), ② 동종·동질물품의 거래가격을 기준으로 결정하는 경우(제2방법), ③ 유사물품의 거래가격을 기준으로 결정하는 경우(제3방법), ④ 국내판매가격을 기준으로 결정하는 경우(제4방법), ⑤ 산정가격을 기준으로 결정하는 경우(제5방법), ⑥ 기타 합리적인 방법에 의해 결정하는 경우(제6방법) 등 여섯 가지 방법을 순차적으로 적용하는 것으로 한다.

단, 납세의무자가 원할 경우 제5방법이 제4방법보다 우선 적용될 수 있다. 제1방법이 적용되려면 ① 우리나라에 수출 판매되었을 것, ② 가산요소가 있을 때 객관적이고 수량화가 가능한 자료가 있을 것, ③ 해당 가격이 어떤 다른 요인의 영향을 받아 왜곡된 것이 아닐 것, ④ 세관장의 합리적 의심이 있을 때 실거래 가격을 확인할 수 있을 것이란 4가지 조건이 충족되어야 한다.

제1방법에 의한 관세평가에서 거래가격이란 구매자가 판매자에게 또는 판매자를 위해 실질적으로 지급하였거나, 지급할 가격을 의미한다. 따라서 구매자가 판매자에게 환어음 대금의 결제 등으로 거래은행을 통하여 지급하였거나 지급할 금액 외에 거래 대가의 일부를 매도인인 판매자를 위해 제3자에게 지급하는 경우에는 그 금액도 거래가격에 합산한다. 매수인의 지급은 수입통관, 즉 관세를 과세하는 시점에 그 지급이 완료되었는지와는 무관하다. 외상거래 등으로 아직 대금이 지급되지 않았더라도 앞으로 지급될 금액을 기초로 과세하는 것이다. 일반적으로 관세평가 절차는 송품장에 나타나는 금액, 즉 구매자인 매수인이 판매자인 매도인에게 지급한 가격에 다음 금액을 가산하는 것으로 진행된다.

① 구매자가 별도로 부담하는 수수료 및 중개료(단, 구매수수료는 제외)
② 구매자가 수입물품의 생산이나 거래를 위하여 무료 또는 정상보다 인하된 가격으로 판매자 또는 제3자에게 물품이나 용역을 제공한 때에는 그 가격 또는 인하차액
③ 수입물품과 관련하여 구매자가 별도 지급하여야 하는 특허권 등 지적재산권의 사용대가
④ 구매자가 별도 부담하는 수입항까지의 운임 또는 보험료

그러나 다음과 같은 금액이 송품장 가격에 포함되어 있고, 그 사실과 해당금액이 송품장에 구분되어 표시되어 있으면, 이 금액을 공제하는 것으로 과세가격을 결정할 수 있다.

① 물품이 수입된 후에 국내에서 그 물품을 건설, 설치, 정비하고 기술지원을 하는데 필요한 비용
② 수입항 도착후에 그 물품을 운송하는데 필요한 운임, 보험료 등
③ 우리나라에서 부과된 수입물품에 대한 세금과 공과금
④ 연불조건 수입시의 연불이자

(3) 납부할 세금의 계산

물품이 수입될 때 부과·징수되는 조세의 종류는 관세, 개별소비세, 주세, 교통·에너지·환경세, 농어촌특별세, 교육세, 부가가치세, 지방소비세의 8가지다. 이들 조세는 모든 물품에 부과·징수되는 것은 아니며, 세율에도 차이가 있을 수 있다. 부과·징수되는 각 조세는 다음과 같이 산출된다.

1) 관세

관세는 가격을 기초로 부과되는 종가세(從價稅)와 수입물품의 수량 또는 중량 등에 따라 정액(定額)으로 부과되는 종량세(從量稅)의 두 가지가 있다. 종량세는 현재 영화용 필름과 일부 농수산물에 적용된다. 종량세는 수입하는 물품의 수량 또는 중량에 단위당으로 정해진 금액을 곱하는 것으로 산출하고, 종가세는 과세 가격에 관세율을 곱하는 것으로 산출한다.

2) 개별소비세

수입물품에 개별소비세가 부과되는 물품은 개별소비세법시행령에 열거되어 있다. 개별소비세도 종가세와 종량세의 두 가지가 적용되는데, 유류와 액화가스가 종량세 적용대상이다. 종가세의 경우 개별소비세의 과세가격은 관세의 과세가격에 관세를 가산한 금액으로 한다. 다만, 보석류나 고급가구, 사진기, 고급융단 등 개별소비세법시행령에서 별도로 정하고 있는 물품에 대해서는 기준가격을 초과하는 가격이 과세가격이 된다.
- 개별소비세 = (관세의 과세가격+관세) × 개별소비세율(5~20%)

3) 주세

주세는 주류에만 부과된다. 주류중 주정(酒精)에는 종량세가 적용되고, 기타 주류는 관세의 과세가격에 관세를 가산한 금액을 과세가격으로 한다.
- 주세 = (관세의 과세가격+관세) × 주세율(5~72%)

4) 교통 · 에너지 · 환경세

교통 · 에너지 · 환경세는 휘발유 및 이와 유사한 대체유류와 경유에 대해 부과된다. 종량세로서 ℓ당 일정액으로 정해져 있다.

5) 농어촌특별세

농어촌특별세는 기업지원을 목적으로 관세가 감면되는 물품과 개별소비세가 부과되는 물품에 대하여 다음과 같이 산출하여 부과된다.
- 관세감면 관련 농어촌특별세 = 관세의 감면액 × 농어촌특별세율(20%)
- 개별소비세 관련 농어촌특별세 = 개별소비세액 × 농어촌특별세율(10%)

6) 교육세

교육세는 개별소비세, 교통・에너지・환경세, 주세가 부과되는 물품에 대해 추가해 부과한다.

- 개별소비세 관련 교육세 = 개별소비세액 × 교육세율(30% 단, 등유는 15%)
- 교통・에너지・환경세 관련 교육세 = 교통세액 × 교육세율(15%)
- 주세 관련 교육세 = 주세액 × 교육세율(10~30%)

7) 부가가치세

부가가치세는 재산가치가 있는 재화가 수입될 때 부과된다. 부가가치세의 과세가격은 관세의 과세가격에 수입물품에 부과되는 모든 조세를 합산한 금액이다.

- 부가가치세 = (관세의 과세가격 + 관세 + 개별소비세 + 주세 + 교통세 + 농어촌특별세 + 교육세) × 부가가치세율(10%)

8) 지방소비세

지방소비세는 부가가치세가 부과되는 물품에 부가가치세에 추가하여 부과한다. 세율은 부가가치세 납부세액의 100분의 11이다.[3]

2 수입신고에 필요한 서류의 준비

수입신고를 할 때 준비되어야 하는 서류의 종류는 〈표 13-3〉과 같다. 이들 서류는 인터넷 또는 EDI(Electronic Data Interchange)를 이용한 전자자료로서 제출하여야 한다. 그러나 수입신고서를 제외한 서류는 신고인이 보관하고 세관에 제출하지 않는 것이 원칙이다. 그러나 만일 수입신고된 물품을 세관당국이 검사하거나 심사하게 될 경우나 종이서류의 제출이 요구된다.

---

3) 해외여행자가 면세범위(20갑)를 초과하여 담배를 반입할 때는 해당 담배에 관세, 부과가치세 등과 함께 담배소비세와 지방교육세도 부과된다.

〈표 13-3〉 **수입신고시 준비되어야 하는 주요서류**

연번	서류명	주요 용도
①	수입신고서	수입 및 납세신고
②	관세감면·분할납부·용도세율적용신청서(해당물품에 한함)	감면요건 확인
③	가격신고서. 단, 수출용원재료 등은 제외	과세가격 확인
④	수입승인서, 수입요건확인서	수입요건 확인
⑤	지방세법시행령 제183조의 규정에 의한 납세담보확인서 (담배에 한함)	담보제공 여부확인
⑥	할당·양허관세의 세율추천 증명서류	할당 및 양허관세 요건 확인
⑦	송품장(INVOICE)	거래내용 및 과세가격 확인
⑧	선하증권(B/L) 또는 항공화물운송장(AWB) 부본 등의 운송서류	반입물품, 물품의 수량, 운송경로 확인, 운임 확인
⑨	포장명세서(Packing List)	수입물품 검사
⑩	원산지증명서(해당 물품에 한함)	특혜관세 적용[4]

〈표 13-3〉의 서류는 세 가지 경로를 통해 입수되어야 한다.

첫째는 수입신고인 또는 납세의무자가 신고에 앞서 직접 작성하는 경우다. ① 부터 ③까지의 서류가 이에 해당한다.

둘째는 관련되는 국내 각종 기관이나 단체에서 발급받는 경우다. ④부터 ⑥까지의 서류가 이에 해당한다. 이들 서류를 발급받기 위해서는 수입하고자 하는 물품이 수출입공고나 통합공고 등 각종 법령에서 별도로 규정한 요건이 충족되어야 한다.

셋째는 외국의 매도인이 작성하거나 발급받아 무역서류로서 보내준 것을 인수한 경우다. ⑦부터 ⑩까지의 서류가 이에 해당한다. 여기에 해당하는 서류를 입수하기 위해서는 무역계약을 체결할 때 이에 관한 약정이 필요하다. 만일 무역계약에 해당서류를 명시하지 않는다면 외국의 매도인이 이를 무역서류로서 송부할 이유가 없기 때문이다.

---

4) 여기서 말하는 특혜관세란 FTA에 의한 협정관세, 최빈개발도상국특혜관세(GSP), 그리고 APTA와 같은 개발도상국간 특혜협정에 따른 관세를 말한다.

🔳 수입신고

수입신고는 물품을 수입하겠다는 즉, 외국물품을 국내로 반입하겠다는 의사표시다. 수입신고는 수입하고자 하는 물품의 품명·규격·수량·가격·납부세액 등을 기재한 수입신고서를 전자자료로서 EDI 또는 인터넷을 통해 세관장에게 제출하는 것으로 한다. 수입신고를 함에 따라 당해 물품에 적용하여야 할 법령이나 과세물건 등이 확정되는 법적 효과가 발생한다. 주요 내용은 다음과 같다.

1) 수입신고 시기

수입신고는 당해 물품을 적재한 선박 또는 항공기가 입항된 후에 한하여 이를 할 수 있다. 일반적으로는 당해 물품이 보세구역에 장치된 다음 수입신고를 한다. 예외적으로 신속통관을 위해 물품이 우리나라에 도착하기 전에 입항전신고를 할 수도 있다.

2) 수입신고인

수입신고는 물품을 수입하는 화주(貨主)가 직접하거나, 관세사(관세법인, 통관취급법인 포함)에게 일정한 수수료를 지급하고 위탁하여 할 수 있다. 관세사는 변호사, 공인회계사와 같은 전문자격인[5]으로서 통관업을 영위한다.

3) 수입신고세관

수입신고는 원칙적으로 해당 물품이 장치된 보세구역을 관할하는 세관장[6]에

---

[5] 관세사자격시험은 1차 시험과 2차 시험으로 구분된다. 1차 시험은 객관식으로 출제되며 시험과목은 ① 관세법개론(자유무역협정의 이행을 위한 관세법의 특례에 관한 법률을 포함), ② 내국소비세법 (부가가치세법, 개별소비세법, 주세법에 한함), ③ 회계학(회계원리와 회계이론), ④ 무역영어의 4과목이다. 2차 시험은 주관식으로 출제되며 시험과목은 ① 관세법(관세평가는 제외하며, 수출용 원재료에 대한 관세 등 환급에 관한 특례법을 포함), ② 관세율표 및 상품학, ③ 관세평가, ④ 무역실무(대외무역법 및 외국환거래법 포함)의 4과목이다. 매년 4월경에 1차 시험이, 6월 경에 2차 시험이 실시된다. 1차 시험 합격자에 한해 2회에 걸쳐 2차 시험 응시자격이 부여된다. 2020년 1월 현재 전국에는 1,987명의 관세사가 개업하고 있고, 이 중 58.9%가 관세법인 소속이다. 관세사 직무를 보조하는 사무원은 약 8,000여명이다.

[6] 전국에는 2020년 초 현재 34개의 세관과 15개 세관비즈니스센터가 있고 여기에는 약 5,000여명의 세관공무원이 근무하고 있다. 이들 세관을 지휘 감독하는 기관이 관세청이다. 관세청은 기획재정부 소속 중앙행정기관이다. 세관의 관할구역은 지방자치단체의 시·군·구와 일치될 때도 있지만 대개는 차이가 난다. 세관공무원이 되려면 공무원공개채용시험에 합격하여야 한다. 공무원공개채용시험은 5급(행

게 하여야 한다.

4) 수입신고 단위

수입신고는 운송단위로 발급되는 선하증권(B/L) 또는 항공운송장(AWB)당 1건으로 하는 것이 원칙이다. 그러나 세관장의 승인을 받으면 B/L을 분할하거나 여러 건의 B/L에 관련되는 물품을 1건으로 수입신고할 수 있다.

5) 수입신고 내용

일반적으로 수입신고라 할 때는 물품을 수입하겠다는 의사표시인 '수입신고' 외에 관세 납부와 관련한 '납세신고'를 포함하여 지칭하는 것이다. 수입신고와 납세신고는 하나의 수입신고서에 의해 이루어짐을 원칙으로 하고 있기 때문이다. 수입신고서의 내용은 크게 보아 거래당사자에 관한 내용, 수입물품에 관한 내용, 납부하여야 할 조세에 관한 내용, 기타 통계목적상 필요한 내용 등이다. 수입신고를 할 때는 '가격신고'도 함께 하여야 한다. 가격신고는 과세가격의 정당성 여부를 파악하기 위한 것으로 관세청장이 정한 가격신고서 서식에 따라 당해 수입물품의 거래와 관련된 제반 내용을 신고하는 것이다. 결국 수입신고서와 가격신고서를 함께 제출해야 한다.

6) 신고의 방법

수입신고는 원칙적으로 인터넷 또는 EDI 방식에 의한 전자자료 제출방식으로 한다. 따라서 화주가 직접 신고하고자 할 경우로서 EDI에 의하고자 할 때는 EDI 통관사업자인 KTNET와 약정을 체결한 다음에 수입신고가 가능하다. 관세사들은 대부분 KTNET와 약정을 체결하고 통관업을 영위한다. 종이서류는 세관검사 등 따로 필요한 경우에만 세관에 제출한다.

■4 물품검사와 심사

수입신고인이 수입신고를 하면 세관의 처리 담당자는 단말기를 통하여 해당 수입신고 건에 대한 C/S(Cargo Selectivity) 조회 등을 참고해 물품의 검사여부를 판단한다. C/S란 '검사대상 선별제도'로 관세청이 미리 수집하여 입력해 둔 정보

정고시), 7급, 9급으로 나누어서 실시된다.

에 따라 당해 물품의 검사여부를 가리는 것이다. 물품검사란 수입신고한 사항이 현품과 일치하는지, 또는 수입과 관련한 각종 법령의 규정에 적합한지 여부를 세관공무원이 확인하는 것을 말한다.

물품검사는 현품 확인이 필요한 일부 수입신고 건에 국한하여 실시된다. 검사를 할 때는 담당하는 세관공무원이 물품이 장치된 곳에 가서 포장을 풀고 검사를 하게 된다. 심사는 과세가격이 적정하게 신고되었는지 여부, 세번분류와 세율적용의 정확여부, 감면 또는 분할납부요건의 적합 여부 등을 세관공무원이 확인하는 것이다. 심사는 신속한 통관처리를 위해 원칙적으로 수입통관이 종료된 후 '사후심사'로서 행함이 원칙이다.

5 관세등의 납부와 신고의 수리

확정된 관세와 내국세액은 국고수납은행 또는 체신관서에 납부하여야 한다. 납부기한은 신고납부의 경우에는 수입신고 수리일로부터 15일, 부과고지의 경우에는 납부고지를 받은 날로부터 15일이다. 수입물품에 대해 납부하는 세금은 수입신고건별로 납부함이 원칙이나 납세의 편의를 위해 매 월단위로 1달 동안 수입신고한 모든 건에 대해 일괄납부하는 월별납부제도를 이용할 수도 있다. 확정된 세금을 납부기한 내에 납부하지 아니할 경우에는 납부지연가산세가 추가된다.

세관장이 수입신고서를 수리한 때에는 수입신고필증을 교부한다. 수입신고필증은 당해 물품을 정당하게 수입하였다는 증빙서류가 될 뿐 아니라 수입물품 원가계산의 기초 증빙자료로 활용된다. 관세사가 수입통관을 위탁받아 신고한 때에는 관세사가 신고수리 여부를 전산으로 조회한 다음 수입신고필증을 발급할 수 있다. 수입신고필증이 교부됨으로써 일련의 수입통관절차는 종료가 된다. 통관절차가 종료되면 법률상으로 해당 수입물품은 '내국물품'으로 간주된다. 매수인은 해당 수입신고필증을 물품이 보관되어 있는 보세구역의 운영인에게 제시하고 물품을 반출하여 사용·소비할 수 있다.

수출 및 반송통관 절차

수출통관절차도 수입통관의 경우와 마찬가지로 물품의 장치 → 수출신고 → 물품의 검사(또는 검사생략) → 심사 → 신고수리라는 일련의 흐름으로 이루어진다. 그러나 수출통관절차는 과세의 문제가 없기 때문에 수입통관절차에 비해 간편하게 이루어진다.

1 수출신고의 준비

(1) 물품의 장치

수입통관의 경우는 원칙적으로 보세구역에 외국물품이 장치된 상태에서 수입신고를 하게 되지만 수출의 경우에는 이와 같은 제한을 두지 않는다. 따라서 수출물품이 제조된 공장에 화물을 적치한 상태에서나, 보세구역인 CY 혹은 CFS에 화물을 반입한 상태에서도 수출신고가 가능하다. 그러나 신고는 반드시 수출물품의 생산이 완료된 다음에 하여야 한다. 컨테이너 화물의 경우에는 컨테이너에 적입하기 이전에 수출신고를 하는 것이 좋다. 만일 적입한 후에 신고하였다가 세관장이 검사대상으로 지정할 경우 다시 끄집어 내야 하는 문제가 발생할수도 있기 때문이다.

(2) 상품의 세번(稅番)분류

수출물품의 경우에도 수출신고에 앞서 HS에 의한 수출품의 품목분류가 필요하다. 수출물품의 품목분류는 수입의 경우와는 달리 과세의 문제는 없으나, 수출제한 여부의 확정, 수출후 환급(정액환급의 경우)에 있어 환급금액의 확정과 관련된다. 품목분류 방법은 수입의 경우나 다를 바 없다.

(3) 수출신고에 필요한 서류의 준비

수출신고를 할 때 세관에 제출하여야 하는 서류는 다음과 같다. 이러한 서류는 수출신고인(또는 매도인)이 직접 작성하거나, 관련 기관에서 미리 발급받아야 한다. 수출통관에서는 수입통관의 경우와는 달리 송품장이나 물품의 운송과 관련된 선하증권 사본 등은 요구되지 않는다.

① 수출신고서

② 통합공고에 의한 요건확인서. 단, 통합공고[7]에 의해 요건확인을 받아야 하는 품목 중 관세청장이 관세법 제145조의 규정에 의해 세관장확인 대상품목으로 고시한 품목의 경우에 한한다.

③ 수출승인서 또는 전략물자수출허가서. 단, 해당물품에 한한다.[8]

④ 위약(違約)수출 및 재수출조건 이행사실 입증서류. 단, 위약수출 및 재수출 물품의 경우에 한한다.

☑ 수출신고

수출신고는 내국물품을 외국으로 반출하겠다는 의사의 표시이다. 수출신고의 주요 내용은 다음과 같다.

1) 수출신고 시기

수출신고는 당해 물품을 적재할 선박 또는 항공기의 선(기)적 스케줄 등을 감안하여 선(기)적하기 전까지 어느 때라도 할 수 있다. 수출신고는 24시간 어느 때라도 가능하다. 다만, 세관의 근무시간(09 : 00~18 : 00)이 아닌 야간이나 휴일에 수출통관을 하고자 할 때는 세관의 근무시간 중에 미리 '임시개청'을 신청하여야 한다. 임시개청의 신청은 전화, 구두, FAX 등 어느 것이라도 편리한 것을 이용할 수 있다.

2) 수출신고인

수출신고는 물품을 수출하는 화주 또는 완제품공급자가 직접 하거나, 관세사(관세법인, 통관취급법인 포함)에게 일정한 수수료를 지급하고 위탁하여 할 수 있다. 완제품공급자란 당해 수출물품을 제조·가공하여 화주에게 판매한 자를 말한다. 수입의 경우와는 달리 완제품공급자도 수출신고인이 될 수 있도록 하고 있는 것은 관세 등의 환급에 있어 수출자 대신 완제품공급자도 직접 환급을 받

---

7) 통합공고는 대외무역법에 의해 산업통상자원부장관이 고시한다.

8) 수출승인서는 대외무역법에 의한 "수출입공고"상 수출승인을 받아야 하는 경우에 필요하고, 전략물자수출허가서는 대외무역법에 의한 "전략물자수출입고시"에서 허가를 받도록 한 경우에 필요하다.

을 수 있도록 하기 위한 것이다.

3) 수출신고 세관

수출신고는 수입신고에서와 마찬가지로 수출신고를 하고자 하는 물품이 장치되어 있는 소재지를 관할하는 세관장에게 하여야 한다.

4) 수출신고 단위

수출신고는 원칙적으로 당해 물품을 외국으로 반출하고자 하는 선박 또는 항공기의 적재단위(S/R 또는 S/O, B/L, AWB)별로 하여야 한다.

5) 수출신고 내용

수출신고서의 내용은 크게 보아 수출자 및 환급신청인에 관한 내용, 수출물품에 관한 내용, 기타 통계목적상 필요한 내용 등이다.

6) 신고 방법

수출신고도 수입과 마찬가지로 인터넷 또는 EDI 방식에 의한 전자신고를 원칙으로 한다. 그러나 수출신고가 수리되기 전에 수출 요건구비의 증명이 필요한 물품, 계약내용과 상이한 물품의 재수출 또는 재수출조건부로 수입통관된 물품의 수출, 수출자가 재수입시 관세 등의 감면, 환급 또는 사후관리 등을 위하여 서류제출로 신고하거나 세관검사를 요청하는 물품과 수출검사 대상으로 지정된 경우 등에는 종이서류를 별도로 제출하여야 한다.

3 물품검사와 신고의 수리

수출신고의 경우에도 C/S조회 등을 통해 검사대상으로 분류되면 세관공무원이 당해 물품이 장치되어 있는 곳으로 출장하여 물품검사를 행한다. 검사비율은 수입의 경우보다 더욱 낮다. 수출신고된 물품에 대해 세관은 자동수리, 즉시수리, 검사후 수리의 3가지 방법으로 처리하는데, 종이서류 제출 대상이 아닌 것은 모두 자동수리 절차가 적용된다. 종이서류 제출대상 중 검사대상이 아닌 것은 세관직원의 간단한 서류심사로 신고가 수리되는 즉시수리 절차가 적용된다. 검사후 수리는 물품을 검사한 다음 이상이 없을 때 수리하는 것이다. 세관장이 수출신고를 수리할 경우 수출신고필증을 교부한다.

◢4 수출물품의 선(기)적 관리

수출신고가 수리된 물품은 수출신고가 수리된 날부터 30일 내에 외국무역선 (기)에 적재하여야 한다. 수출신고를 수리한 세관장은 이 선(기)적 기간이 경과할 때까지 적재되지 아니한 물품에 대하여는 수출신고인에게 '수출신고수리 취소예 정통보'를 한다. 수출신고수리 취소예정통보를 받은 신고인은 통보일로부터 14 일 이내에 세관장에게 그 원인을 규명하여야 한다. 세관장은 원인 규명결과 물 품이 외국무역선(기)에 적재되지 아니하였거나 원인을 규명할 수 없는 물품에 대하여는 수출신고의 수리를 취소한다. 이 경우 과태료가 부과될 수 있다.

◢5 수출에 따른 조세의 환급

(1) 조세환급의 개요

물품이 수입될 때 징수된 관세, 개별소비세, 주세, 교육세, 교통·에너지·환 경세, 농어촌특별세 및 부가가치세 및 지방소비세의 8가지 조세는 모두 해당 물 품을 원상태 그대로, 혹은 물품을 제조하여 수출한 경우 환급받을 수 있다. 환 급은 부가가치세와 지방소비세를 제외한 6가지 조세(이를 '관세등'이라 한다)는 환 급특례법에 의해 세관장이 환급하고, 부가가치세와 지방소비세는 세무서장이 환 급한다. 부가가치세 및 지방소비세의 경우는 국내에서 추가가공 및 거래가 이루 어지면서 납부된 부가가치세도 환급해야 하기 때문에, 환급기관과 환급방법이 다른 것이다. 물품이 수입될 때 가산세나 행정벌 또는 행정형벌 성격의 벌금, 과태료, 과징금 등이 관세법이나 대외무역법 등에 의해 부과될 수 있다. 이러한 것들은 수입자가 이행해야 할 의무를 게을리 하거나, 법령의 위반 등에 대한 제 재로서 부과되는 것이므로 해당 물품을 수출하더라도 환급대상이 되지 않는다. 물품 수출에 따른 환급청구권은 제3자에게 양도될 수 없다. 따라서 수출물품을 생산한 자나, 직접 수출을 한 자만이 환급을 받을 수 있다.

(2) 관세등의 환급방법

환급특례법은 수출에 따른 관세 등의 환급액을 산출하는 방법으로 정액환급 과 개별환급의 두 가지 방법을 정해 두었다. 정액(定額)환급이란 정부(관세청)가 전년도 환급실적 등 각종 자료를 활용하여 특정 수출물품별로 환급액을 미리 정하여 고시한 다음, 해당 물품이 수출되었을 때 신청에 따라 정해진 금액을 환급하는 것을 말한다. 이에 비해 개별환급이란 수출물품 생산에 소요된 원재료의 양을 계산한 다음 이러한 원재료가 수입될 때 납부한 관세를 계산하여 결정된 금액을 환급하는 것을 말한다. 국내에서 여러 차례 추가 가공이 이루어진 다음 수출되더라도 최초에 수입한 원재료에 대해 납부한 관세 등을 확인하여 환급한다.

관세환급은 개별환급 방법을 중심으로 하고, 정액환급은 예외적인 경우에만 적용된다. 정액환급은 상품을 수출하였다는 사실만 확인되면 충분하다. 환급의 원인이 되는 원재료의 수입 등과 관련하여 따로 확인되는 사항은 없다. 개별환급 방법에 의할 경우 물품을 수출하였다는 사실뿐 아니라 당해 수출물품을 생산하는 데 수입된 원재료가 사용되었다는 사실, 그 수입원재료에 관세가 부과·징수되었다는 사실과 그 수입원재료는 수입된 후 일정기간 이내에 수출되었다는 사실 등이 서류로서 입증되어야 한다. 따라서 수입된 원재료일지라도 수출물품 생산에 사용되지 아니한 원재료나, 무세·감면규정의 적용 등으로 수입할 때 관세 등을 납부하지 않았거나, 원재료가 수입된 뒤 2년이 경과한 뒤 수출된 경우는 환급대상에서 제외된다. 단 국내에서 추가 가공이 이루어진 경우에는 1년의 범위 내에서 그 추가 가공에 소요된 기간은 2년이란 수출이행기간에 포함하지 않는다. 관세 등의 환급신청은 수출신고가 수리된 날부터 2년 이내에 하여야 한다. 이를 '환급신청기한'이라 한다.

6 반송통관

(1) 반송통관의 대상

우리나라에 도착한 외국물품이 수입통관절차를 거치지 않고 다시 외국으로 반출되는 것 관세법에서는 반송(返送)이라 한다. 반송의 개념에는 그 물품을 보냈던 화주에게 도로 돌려보내는 환송(還送)의 경우로 한정해 해석하지 않는다. 제3국의 제3자에게 송부하기 위해 반출하는 것도 반송에 포함되는 것이다. 우리나라에 도착한 외국물품이 수입통관절차를 거치지 않고 다시 외국으로 반출되는 사유는 다양하다.

1) 보세공장 또는 자유무역지역에 반입했다가 외국으로 반출되는 물품

보세공장이나 자유무역지역에 반입해 제품을 제조·가공한 다음 외국으로 반출되는 물품은 관세법상 반송에 해당한다. 그러나 이 경우 통관절차는 일반적인 수출통관과 동일하게 이루어진다. 보세공장이나 자유무역지역에 반입하였으나 제조·가공없이 반입된 상태 그대로 다시 반출되는 반송의 경우도 있는데, 이때 는 일반적인 수출통관 절차가 아니라 반송절차에 따라 처리된다.

2) 보세판매장에서 판매된 물품

보세판매장에서는 보세상태의 물품이 판매되므로 개인이 보세판매장에서 구 매한 물품을 휴대하여 외국으로 반출하는 경우 반송에 해당한다. 그러나 이 경 우 별도의 통관절차가 요구되는 것은 아니다.

3) 단순반송물품

외국으로부터 보세구역(또는 보세구역외장치장)에 반입되었으나 다음과 같은 사 유가 있을 때는 반송통관 절차에 따라 외국으로 반출될 수 있다.
- 주문이 취소되었거나 잘못 반입된 물품
- 수입신고전에 무역계약과 상이한 물품임이 확인된 경우
- 수입신고전에 수입요건이 구비되지 않았음이 확인된 경우
- 선사(항공사)가 반출하는 선(기)용품 또는 선(기)내 판매용품

4) 통관보류물품

외국으로부터 보세구역(또는 보세구역외장치장)에 반입된 물품으로서 수입신고 를 하였으나 수입신고수리요건의 불비 등을 이유로 통관이 보류된 경우 반송통 관 절차에 따라 외국으로 반출될 수 있다.

5) 위탁가공물품

원자재의 전부 또는 일부를 수출해 외국에서 임가공후 보세구역(또는 보세구역 외장치장)에 반입된 물품도 반송통관 절차에 따라 외국으로 반출될 수 있다.

6) 중계무역물품

수출할 것을 목적으로 보세구역(또는 보세구역외장치장)에 반입된 물품은 보수 작업을 거치거나 반입된 상태 그대로 반송통관 절차에 따라 외국으로 반출될 수 있다. 우리나라를 단순 통과하는 물품이나 환적화물은 반송통관 절차를 필요로

하지 않는다.

7) 보세창고 반입물품

외국으로부터 보세창고에 반입된 물품을 국내 수입화주의 결정지연 등을 이유로 수입하지 아니한 상태에서 다시 반송통관 절차에 따라 외국으로 반출할 수 있다.

8) 장기비축 수출용원재료 및 수출물품 사후 보수용물품

정부비축용 물품, 정부와의 계약이행을 위해 비축하는 방위산업용 물품, 장기간비축이 필요한 수출용원재료와 수출물품의 보수용물품으로 세관장이 인정하는 물품, 국제물류의 촉진을 위해 관세청장이 정한 물품 등 보세창고에 장기비축하는 물품, 환급특례법의 규정에 의해 보세창고에 반입된 해외조립용 수출용원재료와 이미 수출한 물품의 사후보수·수리를 위한 물품, 보세구역에 반입되어 해체·절단 등의 작업이 이루어진 물품들도 필요한 경우 반송통관 절차에 따라 외국으로 반출될 수 있다.

9) 보세전시장 반출물품

우리나라에서 개최되는 박람회, 전시회 등에 출품하기 위해 보세전시장에 반입하였다가 전시가 종료된 것은 반송통관 절차에 따라 외국으로 반출될 수 있다. 전시는 외국물품 상태로 할 수 있다.

10) 보세판매장 반출물품

보세판매장에 반입되어 판매중인 외국물품이 변경, 고장, 기타 유행의 변화 등을 이유로 판매하지 못해 판매장운영인이 외국으로 반출하는 경우도 반송통관 절차가 적용된다.

(2) 반송통관 및 선적절차

반송통관절차는 수출통관절차와 유사하게 진행된다. 다만, 반송통관 대상물품은 반드시 보세구역에 장치되어야 하며, 전자자료로서 신고해야 할 뿐 아니라 종이문서를 별도로 제출하여야 한다. 신고된 물품은 대개 검사대상으로 지정되어 세관공무원으로부터 검사를 받는다. 이는 허위로 반송신고를 하는 사례가 적지 않기 때문이다. 또한 내륙지 보세구역에 장치되어 반송신고가 수리된 물품의 경우에는 반드시 보세운송절차를 통해 선적지 보세구역으로 운송되어야 한다. 일반적인 수출신고를 하고 그 신고가 수리된 물품에 대해서는 보세운송절차를 필요로 하지 않는 것과 비교되는 것인데, 이 역시 반송물품의 불법적인 국내유출을 방지하기 위한 것이다.

[무역현장]

인천공항·인천항 짝퉁 반입 '꼼짝마'…인천세관, 100일간 집중단속

인천세관이 '짝퉁(위조상품)과의 전쟁'에 나섰다. 인천세관은 14일부터 내년 2월 21일까지 100일간 인천공항과 인천항에서 위조명품 등 밀수입에 대해 집중단속을 벌인다고 밝혔다. 인천세관은 최근 중국에서 밀반입되는 이른바 '짝퉁'이 컨테이너 단위로 대형화되는 등 늘어나고 있다며 조사국과 항만통관감시국 등 인력 100여명을 동원해 통관단계부터 전방위단속을 실시할 예정이다. 지난달에는 일반기계로 수입신고 후 위조명품 가방과 식료품 등 생활용품 65t과 캠핑용품으로 수입신고 뒤 위조명품과 전기제품 16t을 몰래 반입한 밀수업자들이 인천세관에 적발됐다. 인천세관은 밀수업자들은 코로나19로 중국이 봉쇄되자 이로 인해 입은 손해를 만회하기 위해 짝퉁 명품과 담배, 농산물 등을 대량으로 불법반입, 유통하고 있는 것으로 보고 있다. 인천세관은 밀수입 가담자들은 특정범죄 가중처벌 등에 관한 법률상 '밀수 단체 또는 집단구성' 혐의를 적용하는 등 처벌을 강화할 계획이다. 특가법상 밀수단체 또는 집단구성은 무기 또는 10년 이상의 징역에 처하도록 규정하고 있다. 인천세관 관계자는 "단속의 효율성을 높이기 위해 대형 밀수입 사건이 발생하면 곧바로 압수수색 등 강제수사에 들어갈 방침"이라며 "밀수입 행위를 발견하면 국번 없이 '125'으로 신고해달라"고 당부했다.

(저작권자 동의 없이 해외에서 불법 제작돼 밀수입된 인형 | 인천세관 제공)

(경향신문, 2022.11.14.)

[무역현장]

1천200억원대 짝퉁상품 밀수…회원제로 판매한 조직 적발

정품시가 1천200억원 상당의 해외유명 상표를 부착한 위조상품 6만여점을 몰래 들여와 국내유통한 일당이 세관에 붙잡혔다. 서울세관은 해외 유명 상표를 부착한 위조 가방, 의류, 신발 등 총 6만1천여점을 불법 반입해 국내에 유통한 일당 4명을 상표법 위반 혐의로 적발했다고 14일 밝혔다. 서울세관은 코로나19로 인해 비대면 위조상품 거래가 증가하고 있다는 정보를 입수하고 잠복 등을 통해 유통단계부터 역추적해 위조상품 보관 창고가 있다는 사실을 확인한 후, 보관 중이던 위조가방, 지갑 등 1만5천여점을 전량 압수하고 관련 조직 전원을 검거했다. 이들 조직은 위조상품을 유통하기 위해 판매총책, 창고 관리, 국내 배송, 밀반입 등 각자 역할을 분담해 위조상품을 밀반입·보관·판매·배송한 것으로 드러났다. 이들은 수십명의 명의를 도용해 중국에서 특송화물이나 국제우편 등을 통해 자가사용 물품인 것처럼 반입하거나 상표와 물품을 따로 반입해 국내에서 상표 및 라벨을 부착한 후 비밀창고에 보관했다. 또한 수사당국의 추적을 피하기 위해 개인구매자에게 직접 판매는 하지 않고 위조상품 소매판매업자(이하 '위탁판매자')만 가입할 수 있는 위조상품 도매 사이트를 개설해 회원제로 운영하면서 위탁판매자를 통해서만 위조상품을 판매했다. 또한 배송도 익명이나 허위정보를 기재해 위조상품을 발송했다. 뿐만 아니라 조직원들과 위탁판매자 간에도 대포폰과 대포통장을 이용해 신원을 철저히 숨기는 치밀함을 보였다. 서울세관은 적발된 위조상품은 모두 폐기하고, 위조상품의 밀수 유통을 차단하기 위해 SNS 및 온라인 마켓에 대한 상시 모니터링을 강화하고 강도 높은 기획 단속을 실시할 예정이다.

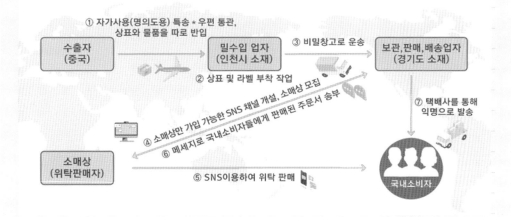

(한국세정신문, 2022.04.14.)

14

전자무역과 무역클레임

제14장의 주요 내용

제14장에서는 전자무역과 무역클레임 및 클레임의 해결방법에 대해 살펴본다. 이 장에서 학습할 주요 내용은 다음과 같다.

1. 전통적인 무역과 전자무역의 차이점
2. uTradeHub의 개념
3. 무역클레임의 발생원인
4. 대체적 분쟁해결제도(ADR)
5. 상사중재의 특징

제14장 학습 키 워드(key word)

전자무역, UNI-PASS, KTNET, uTradeHub, SWIFT, Bolero, Trade Card, 전자서명, 무역클레임, 마켓 클레임, 계획적 클레임, 대체적 분쟁해결제도(ADR), 알선, 조정, 중재, 뉴욕협약, 간이심리, 소송, 중재인, 중재판정

제14장 전자무역과 무역클레임

제1절 전자무역

1 전자무역의 의의

정보통신기술의 발전에 따라 국내거래와 무역에서 전자문서의 활용과 전자자료의 교환이 일상화 되었다. 우리나라에서 전자문서에 의해 이루어지는 모든 거래에 대하여 적용되는 기본법은 1999년 7월 1일부터 시행된 '전자문서 및 전자거래기본법'이다.[1] 모든 전자문서 및 전자거래에는 다른 법률에 특별한 규정이 있는 경우를 제외하고는 이 법률이 적용된다. 이 법에는 전자문서를 '정보처리시스템[2]에 의하여 전자적 형태로 작성, 송신·수신 또는 저장된 정보'로 정의하였다. 또한 전자거래를 '재화나 용역을 거래할 때, 그 전부 또는 일부가 전자문서에 의하여 처리되는 거래'로 정의하였다.

한편, 전자무역과 관련해서는 '전자무역촉진에 관한 법률'이 제정되어 있으며, 모든 전자무역은 역시 다른 법률에 특별한 규정이 없는 한 이 법률이 적용된다. 이 법에 의하면 전자무역이란 '물품, 용역, 전자적형태의 무체물로 이루어지는 무역의 일부 또는 전부가 전자무역문서로 처리되는 거래'로 정의하고 있다. 여기서 말하는 전자무역문서란 전자문서 및 전자거래기본법에 규정된 전자문서를 의미한다. 결국 전자무역이란 무역의 일부 또는 전부를 인터넷이나 EDI 등의 정보처리시스템을 이용하여 처리하는 것을 의미한다.

그렇다면 오늘날 무역거래는 거의 모두가 전자무역에 해당된다고 할 수 있을 것이다. 전자무역은 그 용어가 사용되기 훨씬 이전부터 인터넷무역, 사이버무

---

1) 이 법률은 당초 '전자거래기본법'으로 제정되었으나 2012년 6월 법개정시 법률명을 '전자문서 및 전자거래기본법'으로 변경하였다.
2) 정보처리시스템은 전자문서의 작성·변환, 송신·수신 또는 저장을 위하여 이용되는 정보처리능력을 가진 전자적 장치 또는 체계를 말하는 것으로 인터넷, EDI 등이 여기에 해당한다.

역, 무역자동화 등 여러 용어가 사용되었으나 전자거래기본법이 제정된 이후부터 '전자무역'이란 용어가 주로 사용되고 있다.

❷ 전자무역의 이행

무역은 시장조사, 마케팅, 운송, 통관, 결제 등 여러 성격의 업무가 일련의 과정으로 이행된다. 전자무역은 이들 과정의 수행방법을 크게 변모시켰다. 전반적인 과정 자체와 진행순서에서는 별다른 차이가 없지만 방법이나 수단에서 차이가 나게 된 것이다. 그리고 이러한 변화는 지금도 발전하는 정보통신기술에 따라 끊임없이 일어나고 있다. 새로운 수익의 창출이 가능하기 때문이다.

우선 거래처에 대한 시장조사와 거래처의 발굴, 마케팅 활동 방법이 크게 달라졌고, 계약체결을 위한 무역상담도 전통적인 방식과는 다른 양상을 보인다. 무역에서 가장 극적인 변화를 보인 부분이 바로 이 과정이다. 그 외에 운송이나 결제, 통관에서도 절차상 많은 변화가 발생하였다. 여기서는 주로 종이서류가 전자문서로 대체되는 형태로 발전하였다. 그렇다고 전통적인 방식이 완전히 사라지거나 대체되는 것은 아니다. 다만 그 수단과 방법이 더 다양화되고 확대되었다고 보는 것이 적정할 것이다. 전통적인 방식의 무역과 전자무역을 개략적으로 비교하여 정리하면 〈표 14-1〉과 같다.

〈표 14-1〉에서 시장조사와 마케팅, 상담·계약 등에서는 주로 인터넷이 이용된다. 운송과 대금결제, 통관 등에서는 전자문서를 주고받는 방식이 인터넷을 이용하는 경우도 있고 EDI(electronic data interchange)[3] 시스템을 이용하는 경우도 있다. 물론 순수한 on-line을 통해 디지털로 거래되는 재화는 별개의 문제다. EDI는 구조화된 형태의 데이터인 표준전자문서를 컴퓨터와 컴퓨터 간에 교환하여 재입력 과정 없이 즉시 업무에 활용할 수 있도록 하는 정보전달방식이다.

---

[3] EDI는 기업간에 데이터를 효율적으로 교환하기 위해 지정한 데이터와 문서의 표준화 시스템이다. 컴퓨터 통신망을 이용해 거래당사자가 직접 전송·수신하는 정보전산시스템으로 이메일·팩스와 더불어 전자상거래의 한 형태이다.

〈표 14-1〉 **전통방식의 무역과 전자무역의 비교**

무역과정	전통무역	전자무역
시장조사	관련시장·기업·기관 직접방문	인터넷검색, 관련 사이트 방문
거래채널	- 기업 → 무역업자 → 기업 - 기업 ↔ 기업	- 기업 → 무역업자 → 기업 - 기업 ↔ 기업, 기업 ↔ 소비자
시간제약	영업시간 제약	시간제약 없음(24시간 가능)
대상지역	지역이 제한적(인력·정보의 한계)	전 세계적으로 확대가 용이
마케팅	- 주로 일방적 마케팅 - 언론매체 광고/카탈로그/전시박람회 활용	- 쌍방향 상호작용 마케팅 - 웹, 멀티미디어 등 정보기술 활용
고객관리	- 오프라인 활용 정보수집, 재입력 및 관리 - 고객욕구 파악/대응이 어려움	- 온라인으로 정보 수집, 지속적 보완 용이, 정보시스템 관리 - 고객욕구 파악과 대응이 신속
상담/계약	전화/우편/FAX/출장면담	웹, e-mail, 전자문서 계약
운송	실물의 이동, 종이문서 사용	실물의 이동, 디지털재화 이동, 전자문서 사용
대금결제	송금방식, 추심방식, 신용장방식 등 종이문서 사용	기존 결제방식+온라인 결제, 전자문서 사용
통관	직접방문 처리, 종이문서 사용	온라인 처리, 전자문서 사용

운송, 대금결제, 통관 등의 무역 관련 과정에 관여하는 주체, 즉 무역업체와 물류업체, 보험업체, 금융기관, 정부기관, 각종 기관과 단체 등은 대개 각자 독자적인 정보처리시스템을 가지고 전자문서를 주로 활용하여 업무를 수행한다. 이 과정에서 필요한 부분은 외부와 전자자료를 교환한다. 예를 들면 국토교통부는 NLIC란 국가물류통합정보처리시스템을, 관세청은 UNI-PASS란 전자통관시스템을 운영하며 관련되는 업무 대부분을 이 시스템에 의존해 처리한다.

무역업체들은 국제물류 또는 통관과 관련한 각종 인허가 등을 위해 이들 시스템에 접속하여 업무를 처리한다. 이때 사용자간의 원활한 접속을 위해 제3자 네트워크 제공업자로 대표적인 VAN사업자가 1991년 설립된 한국무역정보통신(KTNET)이다. KTNET은 정부의 종합무역자동화 기본계획 수립에 따라 100% 한국무역협회의 출자로 설립되었다. 이어 1992년에 정부로부터 무역자동화 지정사업자(현, 전자무역기반사업자)로 지정받은 KTNET은 전자무역인프라 구축을 통해 복잡한 수출입업무 전 과정을 자동화 서비스로 구현함으로써, 무역 프로세스의 개선과 비용 절감에 상당한 기여를 한 것으로 평가받는다.

■3 국내의 전자무역 서비스 시스템

(1) uTradeHub 통합시스템

우리나라의 전자무역은 1980년대 후반의 '무역자동화사업' 추진에서 시작되었다. 법적으로는 1991년 12월에 '무역자동화 촉진에 관한 법률'이 제정되었고, 그 시점에 KTNET이 관리하는 '무역자동화시스템'도 개통되었다. 그러나 본격적인 서비스는 1994년에 이르러 상역 및 외환부분에 대한 부분적 EDI 서비스의 개시와 수출통관업무가 EDI에 의해 가능해지면서 시작되었다. 그 후 1996년까지 내국신용장 발행 및 통지서비스, 보세화물관리서비스, 적하보험서비스, 수입통관서비스 등 무역의 여러 단계와 과정으로 확대되었다. 1990년대 말 인터넷 보급이 일반화되면서 2000년경부터는 인터넷기반의 서비스가 병행되기 시작하였다.

EDI 환경의 전자무역은 보안성 측면에서 강점이 있지만 구축 및 유지비용이 많이 들고, 무역업체가 이를 이용할 때도 사용료 부담이 발생하는 문제점이 따른다. 또한 EDI의 폐쇄성으로 인해 다양한 기능을 전개하는데도 한계가 있게 된다. 따라서 경제적으로 보다 저렴할 뿐 아니라 개방적 네트워크를 지향하는 새로운 전자무역 인프라를 구축할 필요성이 있다는 주장이 설득력을 얻게 되었다.

이에 따라 2004년 국가전자무역위원회가 전자무역 혁신계획을 승인하였고, 그에 기초하여 uTradeHub 사업이 추진되어 2008년 개통되었다. uTradeHub는 세계 수준의 보안·인증시스템과 통한 데이터베이스(DB)인 공인전자문서보관소를 중심으로 마케팅에서부터 외환, 결제, 수출입의 요건확인, 물류, 통관, 글로벌 연계 등 무역업무 전반을 전자환경에서 종이서류 없이 신속하고 편리하게 처리한다는 개념으로 마련되었다.

(2) uTradeHub를 중심으로 한 전자무역

KTNET에 구축된 uTradeHub는 상품과 서비스의 수출입에 관련된 전통적 무역과정에서 발생하는 방대한 정보를 전자적 방식으로 교환함으로써 무역절차를 획기적으로 전환함과 동시에 마케팅 활동과 무역업무의 대행역할을 수행한다는 목표를 가지고 있다. 즉, 궁극적으로 다수의 관련 기업 및 공공기관의 개별 프로세스가 전자무역이라는 일관된 과정으로 융합되도록 하고, 나아가 전자무역 인프라의 보편화로 발생하는 새로운 무역환경에서 창출 가능한 다양하고 새로운 방식의 사업모델을 개발하고 수행한다는 것이다. 전자무역시스템의 개념 구성도는 [그림 14-1]과 같다.

[그림 14-1]을 보면 모든 무역업체와 유관기관이 KTNET라는 사업자의 시스템, 즉 uTradeHub를 중심으로 연계 내지 융합되어 단일창구(Single Window)로 전자무역 과정이 진행되는 것임을 알 수 있다. 즉, uTradeHub 통합시스템에서는 물류, 마케팅, 외환과 결제, 상역, 통관 등의 영역별 업무가 상호 연계되어 처리 가능하도록 환경을 제공하고 있다.

[그림 14-1] **무역업무 단일창구인 uTradeHub의 구성**

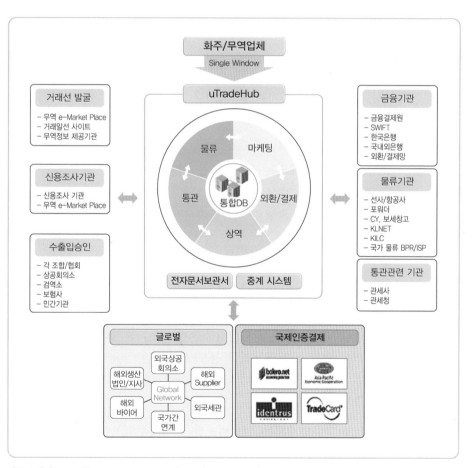

자료소재지 https://www.utradehub.or.kr/porgw/introduce.do?_top=introduce&_left=introduce_0100&sso=ok

1) 무역포탈

uTradeHub에 구축되어 있는 무역포탈은 무역업체용 전자처리시스템으로 여기에서 처리할 수 있는 주요 업무는 수출업무, 수입업무, 국내구매 및 공급업무, 전자신용장, e-Nego, e-B/L, 요건확인 등이다. 이 포탈에서 건별 수출과 수입 건수 기준으로 업무 진행상황 추적, 요청 업무 처리결과, 관련 문서 등을 실시간으로 포탈의 사용자 업무 프로세스상에서 확인할 수 있다. 또한 선적 요청, 선하 증권, 원산지 증명서, 적하 보험, 환어음 등을 유관기관 방문 없이 서류 제출 및 서류 접수가 가능하다.

2) 물류포탈

uTradeHub에 연계되는 물류포탈은 수출입화물의 신속한 처리를 위한 선사, 항공사, 포워더용 전자처리시스템이다.

3) 은행포탈

uTradeHub에 연계되는 은행포탈은 신용장개설업무, 신용장통지업무, e-Nego 등의 업무를 수행할 수 있도록 하고 있다. 전자신용장의 유통 및 전자매입시스템의 활성화를 위한 은행용 전자처리시스템이다.

4) 통관포탈

uTradeHub에 연계되는 통관포탈은 화주로부터 위탁받아 수출입통관업무를 수행하는 관세사를 위한 전자처리시스템이다. 관세사들이 이 포탈을 이용해 세관의 UNI-PASS에 접속해 수출입통관 및 환급 등의 업무를 할 수 있고, 물류업체나 무역업체 등과의 업무연락 등도 가능하다.

5) 글로벌포탈

uTradeHub에 연계되는 글로벌포탈은 전자무역서비스를 국내에 국한하지 않고 해외 파트너사와의 B2B정도를 작성, 교환할 수 있도록 서비스를 제공하는 것이다. 해외 파트너와 본-지사간 FAX나 e-mail, 전화 등으로 교환한 업무내용을 수작업으로 전자자료화해 사용하던 것을 전자문서로 주고 받아 내부시스템에 바로 활용할 수 있는 환경을 제공하는 것이다.

4 국제 전자무역 서비스 시스템

세계 각국의 전자무역 활용도는 각 국의 기술수준, 제도적 기반 등에 따라 상당한 차이를 보인다. 국제무역에서 적용될 수 있게 고안된 서비스 시스템으로 대표적인 것이 스위프트 망(SWIFT Net), 볼레로 프로젝트(Bolero Project), 트레이드 카드시스템(Trade Card System) 등이 있다.

(1) SWIFT Net

SWIFT(Society for World wide Inter-bank Financial Telecommunication 세계은행간금융데이터통신협회)는 1973년 벨기에 법에 의해 설립된 비영리조직이다. 전세계적인 은행들의 지분으로 조직되었으며 190여개국 7,000여개 금융기관간 결제 메시지 서비스를 제공하는 은행간 글로벌네트워크 연합체다. SWIFT Net는 결제, 재무, 담보 및 무역에서 시장기반뿐 아니라 은행의 중개인 및 경영자에게 메시지 서비스를 제공하는데 특히 무역거래에서 신용장 등에 활용된다. 그러나 신용장거래에서도 발행의뢰인이나 수익자 또는 운송인이나 보험자 또는 제3자 간에는 연결시스템이 구축되어 있지 않다.

(2) Bolero Project

Bolero(Bill of Lading Electronic Organization) Project는 선하증권 등 종이서류의 관행을 전자상거래를 통하여 온라인시킨 시스템이다. 1990년 9월에 제정된 전자선하증권에 관한 CMI규칙과 1991~1992년의 빔코프로젝트(BIMCO Project) 등 전자선하증권의 프로젝트를 근거로 하는 전자무역시스템으로, 선하증권전자 등록기구(bill of lading electronic registry organization)의 머릿글자를 따서 간략히 부르는 명칭이 Bolero다.

1994년 6월 홍콩과 네덜란드·스웨덴·영국·미국의 무역업자와 운송업자, 은행, 통신회사 등이 컨소시엄 형태로 선하증권 등의 선적서류의 전자화를 실현시키기 위하여 예비실험을 하였고, 물류상호보험조합인 티티클럽(TT Club)과 SWIFT가 1998년 4월 운용회사로 볼레로인터내셔널(Bolero International Ltd.)을 설립하여 본격적으로 업무를 수행하기 시작하였다. 회원간 무역거래에서 종이서류로 인하여 발생되던 오류와 불일치를 없애고 시간과 비용을 절감함을 목표로 한다. 그러나 당초 기대와 달리 국제무역에서 이 시스템 이용은 아직까지 제한적이다.

(3) Trade Card

미국의 세계무역센터협회(WTCA)가 1994년에 이 시스템을 개발하여 1997년 별도의 회사가 설립되어 서비스가 시작되었다. Trade Card는 2000년부터 글로벌 전자상거래에서 웹기반 서비스 제공을 통해 기업간 거래에서 서류의 일치성을 자동으로 점검하고 대금지급을 인터넷상에서 이행할 수 있게 하였다. 선적서류를 전송함은 물론 무역금융 및 보험·대금결제·물류 등 무역에서 발생되는 모든 업무를 전용 네트워크를 통해 처리함을 목표로 한다.

〈표 14-2〉 **Bolero Project와 Trade Card의 비교**

구 분	Bolero	Trade Card
추진주체	SWIFT, TT Club(국제선박협회)	세계무역센터협회(WTCA)
상업화목표	전자선하증권의 구현 및 무역서류의 전자화	신용장방식에서 벗어난 무역거래의 전자화
메시지 표준	UN/EDIFACT, XML	UN/EDIFACT
메시지 보안	RSA방식의 디지털 서명	RSA방식의 디지털 서명
법적기반	Rule Book	Trade Card 자체 시스템
대금결제 시스템	Surf	지급보증제도
서류점검 방법	종이로 출력하여 점검. 전산개발은 선택사항	Trade Card SA의 컴퓨터에 의해 자동수행
비용절감	선하증권지연과 관련된 비용 절감	신용장 관련 비용의 절감
무역거래에서의 역할	전자서명의 인증, 무역서류의 관리, 통신방법의 제공	전자적 계약의 확인, 계약이행 여부의 확인, 대금지급의 결정
주요 서비스 대상	선하증권 관련자	중소 무역업자

자료 : 안병수, "국제전자상거래시대를 대비한 Bolero Project와 Trade Card system", 무역상무연구 제13권 (2000)을 참고하여 저자가 작성.

이 시스템에 의할 경우 수출대금의 지급을 운용회사가 보증하므로 기존의 무역에서 사용되던 신용장이 필요하지 않으며, 전자상거래를 이용하므로 무역업무의 처리시간을 단축하고 부대비용을 절감할 수가 있다. 또한 상호간의 신뢰도를 검증하기 어려워 결제대금 회수와 상품인수에 위험성이 있었던 기존 전자상거래의 단점도 없애며, 기업의 생산성 및 현금유동성 등도 높일 수 있다는 장점을 지닌다. Trade Card도 Bolero 시스템과 마찬가지로 당초 기대와는 달리 국제무역에서 이 시스템의 이용은 아직까지 제한적이다.

5 전자무역관련 법규와 주요 내용

(1) 전자무역촉진에 관한 법률

이 법률은 당초 1992년 7월에 무역업무자동화촉진에관한법률(법률 제4479호, 1991.12.31. 제정)로 시행된 것이었으나 2006년 6월(법률 제7751호)로 전면 개정되면서 명칭을 변경하였다. 이 법은 전자무역의 기반을 조성하고 그 활용을 촉진하여 무역절차의 간소화와 무역정보의 신속한 유통을 실현하고 무역업무의 처리 시간 및 비용을 줄임으로써 산업의 국제경쟁력을 높이고 국민경제의 발전에 이바지함을 목적으로 한다. 이 법률에서 말하는 전자무역이란 대외무역법에서 규정한 무역의 일부 또는 전부가 전자무역문서로 처리되는 거래를 말하는 것으로 정의한다(제2조).

이 법에는 산업통상자원부장관이 전자무역을 촉진하기 위하여 ① 전자무역촉진시책의 기본 방향에 관한 사항, ② 전자무역기반시설의 구축과 운영에 관한 사항, ③ 전자무역의 환경조성에 관한 사항, ④ 전자무역과 관련된 국제협력에 관한 사항, ⑤ 전자무역과 관련된 통계자료의 수집·분석 및 활용방안에 관한 사항, ⑥ 전자무역에 관한 거래자 간의 분쟁해결을 위한 중재 등에 관한 사항, ⑦ 전자무역 촉진을 위한 재원 확보 및 배분에 관한 사항 등을 수립하여 시행하도록 규정하고 있다. 전자무역기반사업자는 이 법(제6조)에 의해 지정된다. 무역업자와 무역관계기관은 전자문서의 방식으로 다음 각 호의 어느 하나에 해당하는 업무를 하는 경우에는 반드시 전자무역기반시설을 통하여야 한다(제12조).

① 외국환업무 취급기관의 신용장 통지업무
② 외국환업무 취급기관의 수입화물선취보증서 발급업무
③ 외국환업무 취급기관의 내국신용장 개설업무
④ 대외무역법에 따른 통합 공고상의 수출입요건확인기관의 요건확인서 발급업무. 다만, 관세법 제226조에 따라 세관장이 확인하는 경우는 제외한다.
⑤ 대외무역법에 따른 구매확인서 발급업무

⑥ 대외무역법에 따른 원산지증명서 발급업무. 다만, 세관장이 발급한 원산
   지증명서는 제외한다.

⑦ 상법(제695조 제2호)에 따른 해상적하보험증권 발급업무

⑧ 해운법에 따른 외항화물운송사업자와 같은 법 제26조에 따른 국내지사
   설치신고를 한 자의 수하인(受荷人)에 대한 화물인도지시서 발급업무

(2) 전자문서 및 전자거래기본법

이 법률은 당초 1999년 7월에 전자거래기본법(법률 제5834호, 1999.2.8, 제정)으
로 시행된 것이었으나 2012년 9월(법률 제11461호)로 개정되면서 명칭을 변경하
였다. 이 법은 전자문서 및 전자거래의 법률관계를 명확히 하고 전자문서 및 전
자거래의 안전성과 신뢰성을 확보하며, 그 이용을 촉진할 수 있는 기반을 조성
함으로써 국민경제의 발전에 이바지함을 목적으로 한다.

이 법에는 "문서가 다른 법률에 특별한 규정이 있는 경우를 제외하고는 전자
적 형태로 되어 있다는 이유로 문서로서의 효력이 부인되지 아니한다."고 규정
하고, 나아가 동법 "별표에서 정하고 있는 법률에 따른 기록·보고·보관·비치
또는 작성 등의 행위가 전자문서로 행하여진 경우 해당 법률에 따른 행위가 이
루어진 것으로 본다"고 명시하여(제4조) 전자문서의 법적효력을 인정하고 있다.

(3) 전자상거래 등에서의 소비자보호에 관한 법률

2002년 7월 시행(법률 제8538호)된 이 법은 전자상거래 및 통신판매 등에 의한
재화 또는 용역의 공정한 거래에 관한 사항을 규정함으로써 소비자의 권익을 보
호하고 시장의 신뢰도를 높여 국민경제의 건전한 발전에 이바지함을 목적으로
한다. 이 법에는 사이버 몰의 운영, 통신판매업자에 대한 관리, 전자상거래의
법적효력, 소비자피해의 보상 등을 포함한 소비자권익의 보호, 전자상거래관련
법률 위반행위에 대한 처벌 등에 대해 규정하고 있다.

(4) 전자서명법

1999년 7월 시행(법률 제5792호)된 이 법은 전자문서의 안전성과 신뢰성을 확
보하고 그 이용을 활성화하기 위한 것이다. 이 법에서 '전자문서'란 정보처리시
스템에 의하여 전자적 형태로 작성되어 송신 또는 수신되거나 저장된 정보를 말

하고, '전자서명'이란 서명자를 확인하고 서명자가 당해 전자문서에 서명을 하였음을 나타내는데 이용하기 위해 전자문서에 첨부되거나 논리적으로 결합된 전자적 형태의 정보를 말하는데, '공인전자서명'은 다음 각호의 요건을 갖추고 공인인증서에 기초한 전자서명을 말하는 것으로 규정하였다(제2조).

① 전자서명생성정보가 가입자에게 유일하게 속할 것

② 서명 당시 가입자가 전자서명생성정보를 지배·관리하고 있을 것

③ 전자서명이 있은 후에 당해 전자서명에 대한 변경여부를 확인할 수 있을 것

④ 전자서명이 있은 후에 당해 전자문서의 변경여부를 확인할 수 있을 것

전자서명의 효력에 대해 이 법은 '다른 법령에서 문서 또는 서면에 서명, 서명날인 또는 기명날인을 요하는 경우 전자문서에 공인전자서명이 있는 때에는 이를 충족한 것으로 보고, 공인전자서명이 있는 경우에는 당해 전자서명이 서명자의 서명, 서명날인 또는 기명날인이고, 당해 전자문서가 전자서명된 후 그 내용이 변경되지 아니하였다고 추정한다'고 명시하였다. 그러나 공인전자서명 외의 전자서명은 당사자간의 약정에 따른 서명, 서명날인 또는 기명날인으로서의 효력을 가진다고 규정하여 공인전자서명과 전자서명을 구분하였다(제3조).

6 4차 산업혁명과 전자무역의 미래

(1) 4차 산업혁명과 무역업

전 세계에서 급속도로 발전하는 기술은 4차 산업혁명[4]으로 이어지고 있다. 발전하는 기술이 기업과 개인의 일상에 널리 적용됨에 따라 기존에 행해지던 일

---

4) 4차 산업혁명이란 정보통신기술, 인공지능, 로봇기술, 나노기술, 생명과학이 융·복합되어 주도하는 차세대 산업혁명을 말한다. 1784년 영국에서 시작된 증기기관과 기계화로 대표되는 1차 산업혁명, 1870년 전기를 이용한 대량생산이 본격화된 2차 산업혁명, 1969년 인터넷이 이끈 컴퓨터 정보화 및 자동화 생산시스템이 주도한 3차 산업혁명에 이어 로봇이나 인공지능(AI)을 통해 실재와 가상이 통합돼 사물을 자동적, 지능적으로 제어할 수 있는 가상 물리 시스템의 구축이 기대되는 산업상의 변화를 일컫는다. 2016년 초 세계경제포럼(WEF, World Economic Forum)은 향후 세계가 직면할 화두로 '4차 산업혁명'을 던졌다. 그 이후 4차 산업혁명이 유행어처럼 회자되었고 많은 논의가 이루어지기 시작했다. 더욱이 2016년 3월 알파고(AlphaGo)와 이세돌의 바둑 대결은 4차 산업혁명의 한 단면을 보여 주는 사건으로 다가왔다. 인공지능과 로봇, 사물인터넷, 빅 데이터 등을 통한 새로운 융합과 혁신이 빠르게 진행되고 있음을 보여 주는 사건이었다. 4차 산업혁명은 특정국가에서가 아니라 전 세계적으로 동시에 발생하는 특징을 보인다.

의 처리 과정이나 관행도 크게 바뀌어 가고 있다. 무역에서도 예외가 아니다. 이미 불이 붙은 4차 산업혁명이 진전됨에 따라 이러한 변화의 폭과 깊이도 더욱 커질 전망이다. 그 결과 수많은 직업이 사라지고, 새로운 직업도 등장하게 될 것이다. 이러한 상황에서 우선 궁금해지는 것은 '4차 산업혁명이 진전되더라도 무역업이 직업으로서 남아 있을 것인가'라는 점이다.

살펴보면 인간은 살면서 필요한 모든 것을 자급자족하며 살 수 없는 존재다. 수많은 재화를 다양하게 소비하는 존재가 인간이기 때문에, 이러한 재화를 생산하는 자와 소비하는 자는 대개 다를 수밖에 없다. 생산자와 소비자가 다르다는 것은 재화의 유통이 불가피하다는 의미이기도 하다. 이러한 기본적 원리는 기술의 발달과 무관하게 인간사회에서 영원히 적용될 것이다. 다만 유통의 수단과 방법은 기술발전에 따라 많이 달라질 것임이 분명하다. 무역은 재화의 유통이 국가간에 이루어지는 것이므로, 무역 또한 형태나 과정은 달라지겠지만 4차 산업혁명 이후에도 여전히 이루어질 것이다. 즉, 미래 사회에서도 유통업의 하나인 무역업은 여전히 많은 사람들이 종사하는 직업일 것임이 확실하다.

(2) 전자무역의 미래

1980년대부터 진행되어 온 무역에서의 전자화는 현재까지 시장조사나 상담분야에서 인터넷의 적극적 활용과, 무역서류의 부분적인 전자화에 그치고 있다. 그러나 4차 산업혁명에 따라 본질적인 변화를 보일 것으로 예상된다. 우선 예상되는 큰 변화는 기업과 소비자간 직거래가 크게 증가할 것이라는 점이다. 지금까지 우리나라는 기업과 기업간의 무역거래가 중심이었다. 거래 대상은 주로 원자재와 자본재였다. 그러나 앞으로는 유통업체를 중심으로 기업과 소비자간 거래가 국경을 넘어 활발하게 일어날 것으로 예상된다.

기업과 소비자간 거래는 당연히 전자상거래를 통한 소규모의 소비재 중심의 거래가 될 것이다. 이 과정에서 잠재적인 소비자들을 찾아내어 구매의욕을 자극하고, 구매를 용이하게 하는 기술적 발전과 구매된 물품의 운송기법 발전이 현저하게 이루어질 것이다.

기업과 기업간의 무역에서도 주고받는 정보와 자료가 모두 전자화되는 것은 물론이거니와 거래처의 발굴과 거래 상품의 운송과정, 대금결제 방법에서 큰 변화가 예상된다. 거래처의 발굴에서는 기업과 소비자간 거래에서와 마찬가지로 무엇보다 빅데이터 분석 등을 통해 잠재적인 고객을 찾아내고, 그들로 하여금 구매계약에 이르게 하는 기술이 크게 향상될 수 있을 것이다. 잠재적 고객으로 하여금 구매계약에 이르게 하는 데는 축적된 방대한 정보와 자료를 활용함으로써 고객으로 하여금 보다 쉽게 구매결정을 내릴 수 있게 도와 줄 수 있어야 한다.

거래처의 발굴은 유통업의 성공과 직결되는 사안이고, 발전되는 기술의 채택이 여러 영역에서 필요하므로 이와 관련된 수많은 일자리가 생겨날 것이다. 계약된 물품의 운송에서도 포장이나 운송방법, 그 외에 물류관리에서 많은 변화가 예상된다. 이러한 변화는 운송되는 물품의 안전성 확보와 신속성 보장 그리고 물류비용의 절감이 주된 목표가 될 것이다. 이 과정에서 기존의 창고업, 운수업, 하역업 등 물류업체들은 큰 변화를 겪게 될 것이다. 대금결제에서는 현재의 신용장이나 추심 또는 송금방식 대신 가상화폐에 의한 직접 결제와 같은 새로운 결제시스템 적용이 확산될 것으로 예상된다. 이를 통해 무역대금의 결제를 안전하게 하고, 결제와 관련된 비용을 줄이며, 환율 변동에 따른 위험을 최소화시킬 수 있을 것이다. 그러나 은행과 같은 금융기관의 이용 필요성은 현저하게 줄어들 전망이다.

[무역현장]

세계 무역구제기관, 포스트 코로나 시대 운영 방안 논의

산업통상자원부 무역위원회는 13일 그랜드 인터컨티넨탈 서울 파르나스에서 '포스트 코로나 시대 무역구제제도 운영'를 주제로 2022 무역구제 서울국제포럼을 개최했다고 밝혔다. 무역위원회가 2001년부터 개최해 온 이번 포럼은 세계 주요 무역구제기관 대표들이 한 자리에 모이는 무역구제분야 유일한 국제포럼으로 그간 반덤핑, 세이프가드 조사 등 제도 운영 경험을 공유하고 투명하고 공정한 제도 운영방향에 대한 논의를 통해 공정무역 발전에 기여해왔다. 이번 포럼은 코로나19 이후 3년만에 개최하는 대면행사로 WTO를 비롯한 호주, 캐나다, 인도 등 10여개 무역구제기관 대표·국제기구 관계자, 전문가, 기업인 등 100여명이 참석했다.

장승화 무역위 위원장은 개회사에서 "포스트코로나 시대의 세계통상환경이 공급안정성 중시에 따른 각국의 경제개입 심화와 환경보호 강화·디지털기술 발전으로 인한 새로운 통상규범 형성 등 크게 변화하고 있다"고 말했다. 이어 "이러한 변화에 대한 각국의 과도한 무역구제 조치는 세계교역 위축으로 나타날 가능성이 있는 만큼 무역구제기관의 역할이 중요하다"면서 "이번 포럼이 무역구제기관 간 협력과 지혜를 모으는 장(場)이 되고 자유무역과 공정무역의 가치를 되새기는 소중한 기회가 되기를 바란다"고 덧붙였다.

장영진 산업통상자원부 차관은 축사를 통해 "그간 무역구제 서울국제포럼이 무역구제제도의 현안을 논의하고 비전을 제시하는 국제포럼으로 확고히 자리매김 했다"면서 "세계경제는 전대미문의 코로나 위기로 인한 경제적 어려움을 겪고 있으나 국제규범체계가 이 위기를 효과적으로 해결할 수 있을 지 여부가 현재 시험대에 올라 있다"고 진단했다. 그러면서 "이 위기 역시 우리가 함께 연대해 자유라는 보편적 가치를 공유하고 지키고 확장시켜 나갈 때 해결할 수 있으며 오늘 포럼이 공정무역에 기반한 자유무역의 가치를 공유하고 한층 더 발전시켜 나가 줄 것"을 당부했다.

올해 포럼은 '포스트코로나 시대 무역구제제도 운영'을 주제로 포스트코로나 시대의 세계통상무역환경 변화 등에 대한 각국의 대응 사례를 공유하고 앞으로 무역구제제도 기관이 나아가야 할 방향과 과제 등에 대한 논의와 해법 등을 모색했다. 이날 우리 기업과 해외 무역구제기관 대표들 간에는 무역협회 주관으로 '네트워킹 오찬'이 개최됐으며 POSCO, 금호P&B 화학, 현대 스틸 등 기업 관계자와 전문가 70여명이 참석해 해외 무역구제기관과 소통의 시간을 가졌다.

(전기신문, 2022.10.13.)

제**2**절   무역클레임

1 무역클레임의 발생

(1) 무역클레임의 의의

무역은 일반적으로 언어·관습·법률·제도가 다른 나라 사이에 이루어지고, 계약의 성립에서 물품 인도가 끝날 때까지 장시간이 소요된다. 또한 먼 거리에 걸쳐 상품이 이동되기 때문에 국내거래와는 다른 여러 가지 분쟁이 발생되기 쉽다. 게다가 경기침체와 외환시세의 급격한 변동도 계약불이행과 같은 무역클레임 증가의 큰 원인으로 작용한다.

무역클레임이란 ① 무역계약 당사자의 한편이 다른 당사자의 계약불이행 등으로 입은 손해의 배상을 청구하거나 계약이행을 촉구하는 항의(complaint), 경고(warning), 분쟁(dispute) 등을 의미하거나, ② 그러한 청구를 할 수 있는 권리 또는 자격, ③ 그러한 청구의 목적물 등을 포함하는 여러 가지 의미로 사용된다.

일반적으로는 클레임이라 할 때는 수출입거래에서 발생한 물품이나 기회비용 등의 손해를 구체적으로 배상할 것을 청구하는 분쟁을 말한다. 무역과 관련하여 발생하는 클레임에는 두 종류가 있다. 즉, 화물 운송과정에서 발생하는 화물의 손해에 대한 클레임과, 매매계약 위반으로 인한 손해에 대한 클레임이 그것이다. 흔히 클레임이라면 후자를 의미한다. 무역클레임은 무역계약 당사자인 매도인과 매수인 어느 쪽이나 제기할 수 있다. 성격상 매도인인 매도인은 대금결제와 관련하여 주로 클레임을 제기하고, 매수인인 매수인은 상품에 관한 하자(瑕疵), 계약 지연, 계약 불이행 등을 이유로 클레임을 제기하는 경우가 많다.

(2) 클레임의 발생원인

클레임이 발생하는 원인은 다양하다. 거래 당사자의 불성실이나 사고가 주요 원인이 되지만 넓게 보자면 계약조건이 명확하지 아니하거나 사용언어, 상관습, 법률의 상이(相異), 적용 도량형(度量衡)의 상이 등에서 오는 오해, 상대국 법규와 상관습에 대한 무지(無知) 등이 각기 클레임 발생의 원인으로 작용할 수 있다. 클레임이 발생하는 원인별로 그 내용을 정리해 보면 다음과 같다.

1) 대금의 결제관련 클레임

결제에 관한 클레임은 대체로 신용장과 관련하여 발생한다. 신용장과 선적서류의 불일치, 신용장의 유효기간과 화물의 선적시기 불일치 등을 이유로 매수인이 제기하는 경우도 있고, 신용장의 임의 변경, 신용장의 발행지연 등을 이유로 매도인이 제기하는 경우도 있다. 무신용장 방식에서는 약정된 시기의 대금미지급이 클레임의 주요 원인이 된다. 이 경우 클레임은 매도인이 제기한다.

2) 가격관련 클레임

가격에 관한 클레임은 가격조건에 관한 용어나 국제관습의 이해부족에서 발생하는 경우도 있으나 환율의 급등락에 따른 손실의 전가문제와 관련한 클레임도 자주 발생한다. 그 외에 부당한 비용의 청구, 계약 이행전이나 이행중에 발생하는 관세율·운임·보험료의 인상에 따른 손실전가 문제로 클레임이 발생할 수도 있다. 가격관련 클레임은 매도인측이 제기할 수도 있고, 매수인측이 제기할 수도 있다.

3) 품질관련 클레임

품질에 관한 클레임은 품질불량, 견본(sample)과 현품의 불일치, 선적서류의 기재사항과 도착화물의 내용 불일치, 불순물의 침투로 인한 품질저하, 변색·변질·변형으로 인한 품질저하, 품명·상표의 표시와 현품의 불일치 등이 원인이 된다. 함유성분이나 등급(grade)의 미달, 각종 손상 등도 클레임 발생의 원인이 된다. 품질관련 클레임은 매수인측이 제기하기 마련이다.

4) 수량관련 클레임

수량에 관한 클레임은 계약된 상품의 수량과 도착화물의 수량이 일치하지 아니하는 경우에 발생한다. 또 과부족 인용조건(M/L clause)을 오해하여 선적하거나 이러한 조건을 무역계약시 명기해 두지 아니하는 것도 클레임의 원인으로 작용할 수 있다. 수량관련 클레임도 매수인측이 제기하기 마련이다.

5) 포장관련 클레임

포장에 관한 클레임에는 불량포장, 부정포장(false packing), 불완전 포장 등이 그 원인이 된다. 포장의 하인(荷印)이나 지정된 기호의 오기(誤記), 탈루(脫漏)도

운송착오 등을 일으켜 클레임의 원인이 되기도 한다. 포장관련 클레임도 매수인 측이 제기하기 마련이다.

6) 선적 및 운송관련 클레임

선적 및 운송과 관련한 클레임에는 조기(早期) 선적이나 지연(遲延) 선적으로 인한 선적기간의 위반, 선적 불이행, 계약과 다른 환적, 분할 선적조건에 있어 할당 선적의 위반, 화물의 미도착, 분실(missing), 유실(drifting away), 도난 (pilferage) 등이 원인으로 작용한다. 이 가운데 화물의 미도착, 분실, 유실, 도난 등은 적용하는 Incoterms 규칙에 따라 해당 구간의 운송책임을 지는 매도인 또는 매수인이 운송인에게 클레임을 제기하거나, 보험자가 운송인에게 클레임을 제기하는 원인으로 작용한다.

7) 기타 사유에 의한 클레임

클레임은 주로 거래상대방의 과오를 이유로 제기되지만 그 외에도 여러 가지 이유에서 클레임이 제기될 수 있다. 예를 들어 계약 당사자의 일방이 계약을 임의로 파기하거나 이행이 불가능해짐으로써 클레임이 제기되는 경우를 보자. 무역계약후 환경이 변하여 계약당시에 비해 계약상품의 가격이 현저하게 하락하거나 폭등하는 경우, 환율이 급등락하는 경우, 기타 운임 등 부대비용이 큰 폭으로 인상되는 경우, 기왕의 계약보다 더 좋은 조건의 오퍼(offer)가 있을 경우 등 다양한 원인으로 계약 당사자의 일방은 계약의 파기를 원할 수 있다.

한편, 계약당사자들은 계약대로 이행하기를 원하지만 상품의 생산, 선적, 결제과정에서 주어진 여건이 적절치 못하여 계약을 제대로 이행하지 못하는 경우도 있다. 이와 같은 경우도 불충분한 계약이행이나 계약의 불이행으로 피해를 입은 일방이 클레임을 제기할 수 있다. 특히 계약의 파기까지는 가지 않더라도 평소같으면 클레임의 대상이 되지 않을 경미한 손해를 트집삼아 의도적으로 거래가격의 할인을 요구하는 경우도 있다. 이를 마켓 클레임(market claim)이라 한다. 마켓 클레임은 시장의 환경이 급격하게 변화하거나 불투명해졌을 경우에 많이 발생한다. 또, 드물기는 하지만 매매당사자가 순전히 악의(惡意)를 가지고 계획적으로 계약이행을 불가능하게 하고 손해 배상을 요구하는 계획적 클레임도 있다.

☑ 무역클레임의 제기와 수령

(1) 클레임의 제기

1) 물품의 검사와 하자통지

물품을 인수한 매수인은 이를 수령함에 있어 최우선적으로 그 물품이 계약목적에 합치하는지를 확인하여야 한다. 만일 일치하지 않는 것을 발견하면 지체없이 매도인에게 통지하여야 한다. 이러한 검사와 통지는 매수인의 필수적인 권리이자 의무다. 이를 게을리 할 경우 법률적 청구권이 상실된다.

2) 당사자의 선택

클레임 제기사유가 발견되면 먼저 클레임을 청구할 당사자를 적절하게 가려내야 한다. 당사자 선정이 잘못될 경우 클레임 제기의 효력이 없어진다. 따라서 클레임 사유발생의 원인 및 책임소재가 누구에게 있는지 명확하게 분석하여 당사자를 결정해야 한다. 매도인의 경우 매수인, 신용장발행은행, 선사 중에서 우선 고려해야 하고, 매수인의 경우 매도인, 제조업자, 선사가 고려되어야 한다.

3) 클레임의 제기기간

클레임의 제기는 사유가 확인된 후 일정기간 내에 하여야 한다. 그 제기기간을 사전에 약정한 경우에는 약정된 기간내에 해야 한다. 만일 제기기간을 미리 정해 두지 못한 경우에는 '합리적인 기간'내에 제기하여야 한다. 우리나라 상법 (제69조)에는 매수인이 목적물을 수령한 때는 지체 없이 이를 검사하고, 하자 또는 수량부족을 발견한 경우 즉시 매도인에게 그 통지를 발송하지 않으면 이로 인한 계약해제, 대금감액 또는 손해배상을 청구하지 못한다고 규정하고 있다. 다만, 매매의 목적물에 즉시 발견할 수 없는 하자가 있는 경우 매수인이 6월 이내에 이를 발견한 때도 같은 통지를 하도록 하였다. 물품매매에 관한 유엔협약 (CISG)에서도 즉시검사와 하자 발견시 즉시통보를 의무화하였다(CISG 제38조 및 제39조).

4) 클레임 제기시 제출서류

클레임을 제기하고자 할 때는 ① 클레임 사실진술서, ② 청구액에 대한 손해명세서, ③ 검사보고서(Survey Report), ④ 기타 거래사실을 입증할 수 있는 계약서, 선하증권, 신용장 등의 서류를 제출하여야 한다.

(2) 클레임의 수령

1) 클레임의 내용파악

클레임을 받은 경우 다음과 같은 사항을 검토하여 그 클레임의 수락 여부를 결정하여야 한다.

- 클레임의 제기기간 이내에 제기된 것인가?
- 하자를 입증하는 증빙서류가 있는가?
- 물품 검사는 공인검사기관에서 합리적인 기간 내에 되었는가?
- 하자가 계약상 또는 거래관례상 허용되는 정도를 초과하였는가?
- 손해청구액은 합리적으로 산출되었는가?
- 당해 계약에서의 특성이 충분히 감안되었는가?

2) 클레임의 수락 또는 거절

상대방의 클레임이 정당하다고 인정되면 손해배상을 하거나 대체이행 등 상대방이 요구하는 사항을 들어주어야 한다. 그러나 상대방의 주장이나 청구가 부당하거나 과다한 경우 그에 대한 반증자료를 첨부하여 항변하고, 청구를 거절하는 의사표시를 하여야 한다. 일방의 클레임 제기에 대해 다른 쪽이 이를 부인하더라도 클레임 제기자는 분쟁해결을 신청할 수 있다. 제기된 클레임은 당사자간 타협으로 해결될 수도 있고, 제3자에게 신청하여 해결할 수도 있다.

(3) 무역클레임에서의 청구내용

무역클레임에서 클레임 제기측이 상대방에게 제기하는 것은 계약위반 사항의 적시와 함께 이러한 위반에 따른 손해를 치유할 다음과 같이 다양한 내용이다.

1) 손해배상의 요구

손해배상의 요구는 피해를 입은 일방이 다른 상대방에 대해 그 손해를 보상해 줄 것을 청구하는 것이다. 손해배상의 요구는 거래와 직접 관련해서 발생한 손해뿐 아니라 기회비용에 대하여도 행해질 수 있다. 즉, 당해 물품이 정상적으로 거래되었더라면 얻을 수 있었던 이익 또는 보지 않았을 피해로 인해 상실된 기회에 대한 보상도 요구할 수 있는 것이다.

2) 가격의 인하 또는 인상요구

도착한 상품에 하자가 발견되었을 때나 기타 매도인의 귀책(歸責)으로 매수인이 손해를 입은 경우 매수인은 매도인에게 이를 통지하고 계약된 가격보다 낮은 가격으로 물품을 인수하겠다고 제의할 수 있다. 가격의 인하에 따른 대금의 감액은 지급하여야 할 대금에서 감액하거나 이미 선적되었으나 대금이 지급되지 아니한 다음 거래분의 대금에서 감액 또는 다음 계약의 거래단가를 인하하거나 총 대금에서 감액하는 등 여러 방법이 가능하다. 한편 매수인의 귀책으로 인해 매도인이 손해를 입었을 경우에는 이러한 손해에 대한 대가를 가격 인상으로 요구할 수 있는데 가격 인상에 따른 대금의 증액은 대금의 감액과 유사한 방법이 활용된다.

3) 상품의 인수거절

도착한 상품에서 하자를 발견하였을 때 매수인은 상품의 일부 또는 전부의 인수를 거절할 수 있다. 매수인이 상품의 인수를 거절하게 되면 매도인은 협상을 통해 할인가격으로 당해 상품을 매수인에게 인수시키든가, 현지에서 제3자에게 판매하거나 혹은 수출국이나 제3국으로 반송하는 등의 조치를 취할 수밖에 없다. 상품의 인수거절에는 대금의 지급거절, 대금의 반환청구, 감액된 대금의 지급, 차후의 거래와 연계한 가격인하, 대체품의 송부 요구 등의 조치가 수반될 수 있다.

4) 계약의 이행요구

매매당사자간 어느 일방이 물품의 미선적이나 대금의 미결제 등 계약을 이행하지 않을 때 상대방은 계약의 이행을 요구하는 클레임을 제기하게 된다. 물론 이 경우 계약의 이행 요구가 아니라 계약 불이행으로 인한 손해 배상을 청구하거나, 두 가지를 병행할 수도 있다.

5) 잔여계약의 해지

분할선적이 허용되거나 장기적 물품 공급계약에 있어 이미 도착한 상품의 하자 등을 이유로 클레임을 제기하는 동시에 잔여 물품의 공급에 대한 계약을 해지하는 경우이다. 이러한 잔여계약의 해지가 정당한지 여부에 대하여는 논란의 소지가 있다. 만일 계약서에 'Each installment shall be deemed as a separa-tion transaction'과 같은 약정이 포함되면 매수인은 먼저 한 선적분의 하자 등을 이유로 잔여 물품의 공급에 대한 계약을 해지할 수 없다고 본다.

❸ 클레임의 해결

(1) 당사자간의 해결

클레임이 발생하면 당사자간 직접 교섭하여 타협함으로써 화해적으로 해결하는 것이 가장 바람직하다. 왜냐하면 클레임이 발생하게 된 원인과 내용을 서로가 잘 알고 있고, 적정선에서 타협함으로써 상대방과의 장래 거래관계를 해치지 않을 수 있기 때문이다. 이런 탓으로 무역거래에서 발생하는 많은 클레임 건들이 이와 같은 당사자간의 해결로서 마무리된다.

당사자간의 해결방법으로는 청구권의 포기(waiver of claim)와 화해(amicable settlement)가 있다. 전자는 피해를 본 당사자가 이의는 제기하되 재발방지를 촉구하는 것으로 그치고 손해의 보상을 별도로 요구하지 아니하는 것이다. 후자는 당사자 쌍방이 계약위반을 인정하고 이의 해결을 위한 직접 청구액의 범위와 구상방법을 합의하는 것이다. 당사자간 해결은 서로의 이해가 상반되기 때문에 장기간의 거래로 상대방에 대한 신뢰감이 쌓여있거나 어느 일방이 양보하지 않는 한 해결되기가 어렵다.

(2) 제3자의 개입에 의한 해결

당사자간의 타협에 의한 화해가 성공하지 못했을 경우에는 상공회의소, 대사관, 영사관, 상사중재원과 같은 제3자를 통하여 클레임을 해결하게 된다. 제3자의 개입에 의한 해결에는 대체적 분쟁해결제도(ADR : Alternative Dispute Resolution)를 이용하는 경우와, 소송절차에 의한 두 가지 방법이 있다.

1) 대체적 분쟁해결제도(ADR)

① 알선(斡旋, intercession)

알선이란 제3자인 기관, 단체, 정부기관 등이 일방 또는 쌍방의 요청에 의하여 사건에 개입하여 공정한 입장에서 원만한 타협이 이루어지도록 협조하는 것을 말한다. 알선이 성공적으로 클레임 해결에 이르기 위해서는 알선기관의 역량이 중요한 변수로 작용한다. 알선은 강제성이 없기 때문에 쌍방이 수락하지 아니하면 효력을 발휘할 수 없으므로, 쌍방의 협력적 자세 또는 이를 끌어내기 위한 알선기관의 역량이 중요하게 되는 것이다.

② 조정(調整, conciliation)

조정은 당사자 쌍방이 공정한 제3자를 조정인으로 선임하고 그가 제시하는 구체적 조정안에 합의함으로써 클레임을 해결하는 방법이다. 조정이 성립하려면 양 당사자가 합의해야 하므로 당사자들의 주장을 합의에 반영할 여지가 그만큼 커진다. 조정에서 당사자는 조정안을 수락하여야 할 의무는 없지만 일단 수락하면 강제력을 가지게 된다는 점에서 알선과 차이가 있다. 조정은 중재보다 간편한 절차로 해결에 이르면서도 효과는 중재 판정과 동일한 효력을 가질 수 있는 장점이 있으나, 알선과 마찬가지로 양 당사자의 합의가 있어야만 하는 약점이 있다. 우리나라 중재 규칙상으로는 중재 신청후 양 당사자가 요청할 경우 상호 협의하에 조정인을 선정, 조정을 시도할 수 있고, 조정에 실패하면 자동적으로 중재규칙에 의해 중재인을 선정하여 중재절차가 진행된다.

③ 중재(仲裁, arbitration)

중재는 공정한 제3자를 중재인으로 선임하고 분쟁의 해결을 전적으로 중재인에게 맡겨 그 중재판정에 복종함으로써 클레임을 해결하는 방법이다. 조정의 경우 조정안의 수락 여부는 당사자의 자유의사에 따르지만 중재의 경우 당사자는 중재 판정을 거부할 수 없다. 중재법에서도 중재판정의 효력은 법원의 확정 판결과 동일한 효력이 있다고 명시하고 있다. 또한 외국중재판정의 승인과 집행에 관한 UN협약(일명 뉴욕협약)에서도 외국의 중재판정기관에 의한 판정의 집행을 보장해 주고 있는데, 여기서 중재판정(arbitral awards)이라 함은 각개의 사건을 위하여 선정된 중재인에 의하여 내려진 판정뿐 아니라 당사자들이 부탁한 상설의 중재기관이 내린 판정도 포함된다.[5]

④ 조정 – 중재(Med-arb)

조정-중재는 제3자가 조정인의 역할을 하다가 조정이 성립하지 않을 경우 중재인으로서 역할을 담당하여 중재판정을 내리는 것으로, 조정과 중재의 절충적

---

5) UN Convention on the Recognition and Enforcement of Foreign Arbitral Awards 제1조. 우리나라는 1973년 5월 협약에 가입하였다.

인 분쟁해결 방법이다. 이 분쟁해결 방법은 조정과 중재의 장점을 모두 활용할 수 있다는 데 있다. 반면 조정이 실패하여 중재판정을 내리는 경우 조정과정에서 알게 된 당사자들의 상황을 고려하여 타협적인 중재를 할 가능성이 있다는 단점도 제기된다.

⑤ 간이심리(Mini-Trial)

간이심리(小裁判)는 법률상 재판은 아니고 소송과정에서 재판의 효율적 진행을 위해 일종의 화해절차의 성격을 갖는 분쟁해결제도로 활용된다. 간이심리는 기업간 분쟁해결에 주로 이용된다. 기업들이 소송결과를 자신에게 유리한 쪽으로만 해석하거나, 불신이 심해 분쟁해결이 잘 되지 않을 때 기업대표자들이 직접 협상을 하되 제3자가 공정한 입장에서 전문지식을 제공해 협상을 도와주는 방법이다. 이때 제3자는 통상 해당 분야의 전문가들이 위촉된다.

간이심리를 이용하기로 당사자들이 합의하면 자신의 주장이 담긴 자료를 교환하며, 변호사와 관련학문의 교수, 전직판사 또는 해당분야의 권위자를 중립적인 조언자로 선임한다. 심문기일에 양당사자의 법률대리인과 함께 기업의 대표자나 경영자가 참석하여 진술과 함께 사건을 점검하고 양쪽의 입장을 검토한 후 합의점을 찾는다. 간이심리절차에서 조언자가 제공하는 권고안은 구속력을 갖는 것이 아니다. 해당 소송이나 차후 분쟁해결에도 어떤 영향을 미치는 것도 아니다. 간이심리는 기업간의 협상을 정형화한 것이라 하겠다.

2) 소송(訴訟, litigation)

소송에 의한 해결은 국가기관인 법원에 소송을 제기하여 그 판결에 의해 분쟁을 강제적으로 해결하는 방법이다. 그러나 무역거래는 상대방이 법역(法域)이 다른 외국에 있기 때문에 별도의 사법공조조약이 체결되어 있지 않다면 법 집행상에 문제가 발생한다. 또한 소송에는 변호사를 선임하여 재판에 임하여야 하므로 많은 시간과 비용이 소요되는 문제점이 따른다.

제**3**절 ▶ **상사중재제도(商社仲裁制度)**

1 중재의 의의

중재는 분쟁 당사자의 합의에 의해 선정된 중재인의 판정에 의하여 분쟁을 해결하는 절차를 말한다. 중재는 역사적으로 오랜 전통을 갖고 있는 법원의 소송절차에서 나타나는 여러 문제의 해결 대안으로 등장하였다. 법원의 소송은 처리에 시간이 오래 걸리고 소송비용도 많이 든다. 또한 엄격한 법적 절차와 요식(要式)행위로 일반인들이 쉽게 접근하기 어려운 면이 있다. 특히 산업사회가 발전하면서 분쟁해결에 해당 분야의 전문적인 지식이 필요하고 신속한 해결의 필요성이 높아지면서 대체적 분쟁절차(ADR)가 성행하게 되었다. 대체적 분쟁해결 방식에는 개념상 진행순서별로 단계가 있다. 협상(negotiation)에서 알선, 조정, 구속력 없는 중재에서 구속력 있는 중재 등이다.

중재(arbitration)는 분쟁당사자가 선택한 중립적인 제3자가 분쟁 해결을 의뢰받고, 심문(hearing) 이후에 내리는 판정(award)에 당사자들이 복종하기로 미리 합의한 분쟁해결절차를 말한다. 이때 분쟁당사자들이 선정한 제3자를 중재인(Arbitrator)이라고 한다. 중재인은 당사자 어느 편에도 이해를 가지지 않은 중립적인 인사로 쌍방의 동의하에 선정되며, 이러한 중재인이 분쟁 내용을 소상히 듣고 검토하여 분쟁을 마무리하는 결정을 내리게 되는 것이다. 말하자면 중재는 법원의 재판을 대신하여 재판의 엄격한 절차와 그로 인한 사건해결의 지연, 복잡한 소송수행과정 등을 피하고 스스로 선택한 사람의 심판에 복종하도록 하는 제도인 것이다.

클레임의 해결에 있어 중재는 다음과 같은 장점을 갖는다. 이러한 장점은 주로 법원에 의한 재판과 대비해서 설명되는 것이다.

① 중재는 분쟁을 신속하게 해결한다. 법원 재판은 3심제이지만 중재는 단심제(單審制)로 운영된다. 또한 중재판정은 당사자간의 중재계약에서 약정된 기간 내에 하거나, 그렇지 않은 경우에도 중재가 개시된 날부터 3월 이내에 내려진다.[6)]

② 중재는 재판에 비하여 비용이 적게 든다.

---

6) 중재법 제11조 제4항

③ 중재는 판정인을 자신이 직접 선택하거나 또는 배척할 수 있다. 따라서 당해 분쟁과 관련되는 업무에 전문적인 지식과 경험을 갖춘 공정한 인사를 선택하여 그 판단을 받을 수 있다.

④ 중재절차 가운데 심문내용과 판정문은 공개하지 아니하므로 사업상의 기밀(機密)이나 회사의 명성이 분쟁해결과정에서 손상되지 않고 보호된다(상사중재규칙 제8조).

⑤ 중재판정은 외국에서의 집행이 보장된다. 법원의 판결은 주권의 문제 등으로 타국에서의 직접적인 집행이 불가능하지만, 중재는 사적(私的)계약에 의한 분쟁해결방식이고 외국중재판정의 승인 및 강제집행에 관한 UN협약에 따라 타 협약국 내에서도 집행이 보장되고 있다.

2 중재계약과 준거법(準據法)

무역거래에 있어 분쟁의 양 당사자는 국적을 달리하는 경우가 대부분이다. 따라서 무역계약시 클레임의 제기와 이의 해결에 관한 내용을 미리 약정해 두는 것이 보편적이다. 중재에 의해 클레임을 해결하려면 양 당사자간의 계약상에 '중재계약'이 있어야 한다. 물론 분쟁이 발생한 후에도 이의 해결을 위한 방편으로서 '중재합의'가 가능하다. 그러나 분쟁이 발생한 이후에는 중재에 의한 해결에 합의하였다 하더라도 중재기관의 선정과 중재절차에 적용할 절차규칙, 즉 준거법에 대한 합의가 용이하지 않을 수 있으므로 가급적 무역계약시 이에 대하여 명시적 규정을 두는 것이 바람직하다. 무역계약시 포함시킬 중재조건과 관련하여 대한상사중재원이 권장하고 있는 표준적 문안은 다음과 같다.

「All disputes, controversies, or differences which may arise between the parties, out of or in relation to or in connection with this contract, or for the breach therof, shall be finally settled by arbitration in Seoul, Korea in accordance with the Commercial Arbitration Rules of the Korean Commercial Arbitration Board and under the Laws of Korea. The award rendered by the arbitrator(s) shall be final and binding upon both parties concerned.」

중재가 유효하게 성립하려면 반드시 당사자간의 명시적 합의, 즉 그들의 분쟁을 중재로 해결한다는데 동의한다는 의사표시가 있어야 한다. 중재계약은 계약체결시기가 분쟁이 발생하기 전이냐, 후이냐에 따라 중재조항(arbitral clause)과 중재합의(arbitral submission)로 구분될 수 있다. 이러한 계약은 후일(後日)에 증거가 될 수 있도록 어떤 형태이든 간에 서면으로 되어 있어야 한다. 즉, 중재계약은 당사자가 중재를 합의한 서면에 기명날인한 것이거나, 거래계약서에 중재조항이 기재되어 있거나, 교환된 서신 또는 전신에 중재조항이 기재된 것일 때 중재계약으로서 효력이 생기는 것이다(중재법 제2조). 중재계약을 하고 있을 때는 어느 당사자가 소송을 제기할 수 없다. 만일 소송을 제기하더라도 상대방이 중재계약이 존재함을 주장하면 법원은 그 소의 청구를 각하한다.

중재계약에 포함되어야 할 주요사항은 중재기관과 적용할 준거법, 사용언어, 중재비용의 부담내용 등이다. 국제관례에 따르면 중재기관은 피신청인주의가 적용된다. 즉, 클레임 제기를 받은 쪽의 소속국가 중재기관이 중재를 담당하는 것이다. 예를 들어 우리나라의 무역업자가 미국 무역업자를 상대로 중재신청을 할 때 별도의 합의가 없으면 미국 중재기관이 중재를 담당하게 되는 것이다. 피신청인주의 외에 신청인주의 또는 제3국주의 등도 있는데, 거래 당사자가 구체적으로 합의하면 그대로 유효하다.

국제적인 거래와 관련한 분쟁에서 중립적 제3국의 중재기관으로 가장 이름이 높은 것이 국제상공회의소(ICC) 부설 국제중재법원(ICA : International Court of Arbitration)이다. ICA는 1923년 설립되어 국제 상사분쟁을 전담한다. 취급분야는 무역, 투자, 해운 등을 포함하여 제한이 없을 정도로 범위가 넓다. ICA는 이상적인 중재법원이기는 하나 중재비용이 상당히 비싸다는 것이 흠으로 지적되고 있다.

어느 나라에나 상사중재기관이 있기 마련이다. 우리나라에도 중재업무를 맡고 있는 기관으로 대한상사중재원이 있다. 중재에 적용할 준거법으로는 각국에 중재와 관련한 법규가 있지만 UN산하의 국제무역법위원회(UNICETRAL : United Nations Commission on International Trade Law)가 1976년 제정한 UNICETRAL 중재규칙도 널리 사용되고 있다. UNICETRAL 중재규칙에는 중재심문, 중재절차, 판정, 당사자의 수정권 등이 명시되어 있다. 우리나라의 대한상사중재원의 경우[7] 중재법과 상사중재규칙 등이 있지만 당사자들이 UNICETRAL 중재규칙을 적용하기로 약정하는 경우에 대비하여 UNICETRAL 중재규칙에 따른 중재가 가능하도록 별도의 규칙을 두고 있다.

한편 국제중재에서 중재판정의 실효성 확보와 관련하여 중요한 의의를 갖는

---

[7] 대한상사중재원에서는 국제분쟁 외에 국내의 상사분쟁도 다룬다.

것이 '뉴욕협약'으로 불리는 외국중재판정의 승인 및 강제집행에 관한 UN협약 (UN Convention on Recognition and Enforcement of Foreign Arbitral Awards : 1958)이다. 이 협약에는 현재 세계 120 여개 이상의 국가가 가입하고 있다. 뉴욕 협약에 의해 협약국가 간에는 일방 당사국가의 중재기관이나 제3국 중재기관에서 내려진 중재판정은 상대방 당사자의 국가에서 직접 내려진 중재판정과 동일한 효력이 인정되고 동시에 강제집행도 보장되고 있다.

３ 중재의 절차

중재절차는 중재사건이 접수되어 판정이 내려질 때까지 제반절차를 말한다. 이러한 절차는 당사자가 계약으로 구체적 방법을 정할 수 있다. 만약, 당사자들이 절차에 관하여 합의를 하지 아니하였거나 또는 그 의사가 분명하지 아니한 때에는 중재기관의 규칙에 따라 처리된다.

대한상사중재원의 경우를 예로 중재 절차를 보면 [그림 14-4]와 같다. [그림 14-4]에서 중재판정부를 구성하는 중재인은 중재법에서 규정하는 바에 따라 대한상사중재원이 위촉한 전문가들이다. 중재절차는 단심제로 진행되기 때문에 중재판정을 내리는 중재인에게는 법원의 법관처럼 법률적 판단을 할 수 있는 능력뿐만 아니라 실체적 거래관계를 파악할 수 있는 전문적 식견 역시 필요하다. 중재인을 위한 별도의 자격시험은 없으며 경력, 학력, 전문성 등을 심의위원회에서 심사하여 위촉한다. 임기는 3년이다.[8]

중재판정부를 구성하는 중재인은 분쟁당사자의 약정에 의해 선정하거나, 아니면 대한상사중재원이 추천하는 중재인 후보자 중에서 지명하는 것으로 결정된다. 중재원을 통하여 중재인을 신청하는 경우는 중재원측이 추천하는 중재인 후보자(5인 또는 10인)의 인적사항이 중재신청의 접수 및 통지를 할 때 함께 발송된다. 양 당사자는 이러한 후보자 중 자신이 원하는 희망순위대로 번호를 기재하여 중재원으로 제출하면 중재원은 쌍방으로부터 제출받은 중재인 희망순위를 취합, 집계하여 당사자의 희망 순위가 가장 높은 사람을 중재인으로 선정한다.

---

8) 2017년 8월 현재 대한상사중재원이 위촉한 중재인은 국내중재인 893명, 국제중개인 324명 등 총 1,073명 정도다.

[그림 14-4] **상사중재의 절차**

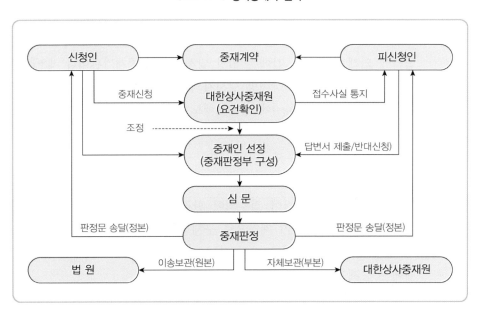

중재판정이란 중재계약의 당사자가 부탁한 분쟁의 해결을 위하여 중재인이 내리는 결정이다. 중재판정은 당사자간에 별도의 합의가 없는 한 중재가 개시된 날부터 3개월 이내에, 중재심문이 종결된 날부터 30일 이내에 한다. 만일 중재판정부를 구성하는 중재인간에 의견일치를 보지 못하는 경우에는 다수결에 의한다. 중재판정은 당사자가 합의한 중재계약의 범위 내에서 계약의 실질적인 이행뿐 아니라 공정하고 정당한 배상이나 기타의 구제를 명하는 판정을 내리게 되며, 이에는 책임있는 일방이나 또는 쌍방 당사자의 중재비용부담 비율도 포함된다.

4 중재현황

상사분쟁과 관련해 대한상사중재원이 주로 수행하는 것이 알선 및 중재다. 그 현황을 보기로 한다. 대한상사중재원의 상사분쟁은 국내분쟁과 국제분쟁으로 나누어진다. 국내분쟁은 제기자와 피제기자가 모두 우리나라 사람 또는 우리나라 법인인 경우의 클레임이다. 국제분쟁은 분쟁당사자의 일방이 외국사람 또는 법인인 경우의 클레임이다. 이는 대내분쟁과 대외분쟁으로 구분된다. 대내분쟁은 외국인이 수출입과 관련하여 우리나라 사람을 상대로 제기하는 클레임이다. 대외분쟁은 수출입과 관련하여 우리나라 사람이 외국사람을 상대로 제기하는 클레임이다. 알선은 경험과 지식을 갖춘 중재원 직원이 개입하여 공정한 입장에서 분쟁당사자들이 원만한 합의에 이르도록 도와주는 것을 말한다. 일방 당사자의 신청만으로도 진행이 가능하고, 모든 경비는 무료다. 알선과 중재의 대상은 물품거래뿐 아니라 대리점거래, 운송거래, 투자거래, 지식재산권, 건설용역, 부동산 거래 등이 포함된다. 최근 대한상사중재원에 제기된 클레임 현황은 〈표 14-3〉과 같다.

〈표 14-3〉 **대한상사중재원의 클레임 접수현황**

(금액단위 : 억원)

구 분		2015년		2021년	
		건 수	금 액	건 수	금 액
중재	국내	339	5,813	450	7,949
	국제	74	2,505	50	511
	계	413	8,318	500	8,460
알선	국내	847	165	484	79
	국제	92	303	28	74
	계	939	468	512	153
총계	국내	1,186	5,978	7,161	8,917
	국제	166	2,808	499	646
	계	1,352	8,786	7,660	9,563

자료 : 대한상사중재원

〈표 14-3〉의 알선과 중재 가운데 국제무역과 관련한 알선과 중재의 원인별 내용을 살펴보면 〈표 14-4〉와 같다. 〈표 14-4〉를 보면 알선과 중재 모두 무역거래조건과 관련해 다양하게 분쟁이 발생하고 있으나 대금결제와 관련한 분쟁이 가장 많다. 대금결제에서 분쟁이 많이 발생하는 것은 구매자가 물품을 입수하고도 대금을 제대로 지불하지 않기 때문인데, 사후송금형태의 거래에서 이러한 문제가 자주 발생한다.

〈표 14-4〉 알선 및 중재결정건의 원인별 현황(2021년 기준)

(단위 : 건)

구 분	중 재				알 선	
	국 내	국 제	계	비중(%)	계	비중
대금결제	158	20	178	35.6	97	18.9
계약조건 해석	146	4	150	30.0	105	20.5
인도지연 및 불이행	92	15	107	21.4	69	13.5
품질불량	30	4	34	6.8	168	32.8
기 타	24	7	31	6.2	73	14.3
합 계	450	50	500	100.0	512	100.0

자료 : 대한상사중재원

5 중재판정의 효력

중재판정은 분쟁의 해결과정에서 중재인이 내리는 최종적인 결정이므로 중재계약 당사자들은 이 판정에 구속받게 된다. 즉, 중재판정은 당사자에게 법원의 확정판결과 동일한 효력을 가지므로 재심이나 민사소송에서처럼 법원에 항소나 상고와 같은 불복을 할 수 없다. 사실상 소송에서 대법원판결을 받은 것이나 마찬가지 효력이 있는 것이다.

그러나 중재절차상 명백한 하자가 있을 때 당사자는 그 취소의 이유를 안 날로부터 30일 이내 또는 집행판결이 확정된 날부터 5년 이내에 중재판정의 취소를 구하는 소(疎)를 제기할 수 있다. 한편, 중재인도 결정된 중재판정을 철회하거나 변경할 수 없다. 다만, 판정문에서 숫자계산의 착오나 서기 또는 타자원의 과실 기타 유사한 사유로 인하여 발생한 명백한 오자 또는 오류를 발견하였을 때에는 이를 정정할 수 있다.

재판정문이 당사자에게 전달되면 당사자들은 이에 구속되고 중재판정에 승복하여 중재판정내용을 스스로 이행하여야 한다. 만일 판정으로 당사자의 일방에게 명령된 금액을 지불하지 않거나 명시된 이행절차에 따르지 않을 때에는 승소한 당사자는 법원에 강제집행을 위한 집행판결을 청구하여 그 결과에 따라야 한다. 왜냐하면 중재판정문 그 자체로서는 집행력이 없으므로 강제집행을 위해서는 관할법원에 별도로 '강제집행 판결의 소'를 제기하여 집행판결을 얻어야 강제집행을 할 수 있기 때문이다.

집행판결의 제소기간은 중재계약에 규정이 있으면 그 기간 내에 하고, 관련법규에 규정이 있으면 그 규정에 따라야 한다. 한편, 국제무역과 관련한 상사중재 판정은 뉴욕협약체약국 사이에서 계약당사자 소속국가에서 내려진 판정과 동일한 효력을 가진다.

대한상사중재원장 "중재산업 분야 확대…'기업 헬퍼' 되겠다"

지난해 12월 제11대 대한상사중재원(KCAB) 수장으로 취임한 맹수석 원장(62)은 서울경제와 인터뷰에서 "기존에 중재제도가 널리 활용돼온 건설과 무역, 일반상거래, 정보통신, 엔터테인먼트 등 업종뿐만 아니라 이용이 저조한 분야에 대한 홍보를 강화해 중재산업 저변을 확대하겠다"고 강조했다. 맹 원장은 대한상사중재원 수장에 오른 뒤 첫 목표로 코로나19 장기화로 어려움에 처한 기업들의 '헬퍼'를 꼽았다. 힘든 재정적 상황에 분쟁이라는 2중고에 빠진 기업에 맞춤형 법률 서비스를 제공함으로써 재기의 발판을 마련해준다는 포부다. 현재 대한상사중재원은 중소기업중앙회와 업무협약을 통해 코로나 19로 피해를 입은 중소기업이 중재신청을 할 때 무료 법률·대리인 지원 등의 혜택을 제공한다. 이는 기업들 사이에 입소문이 돌면서 중재사건 증가로 이어졌다. 지난해에만 접수된 국내 중재사건이 450건으로 2020년(336건)보다 100건가량 늘어날 정도다. 맹 원장은 "지난해 집단사건을 포함해 약 120건의 코로나19 관련 국내외 사건이 접수됐다"며 "올해도 코로나19로 인해 물밑에서 발생했던 다양한 형태의 갈등이 실제 중재사건으로 이어질 가능성이 높다고 보고, 대응방안을 마련 중이다"고 말했다.

중재뿐 아니라 알선과 조정도 중재원이 관심을 쏟는 분야다. 알선은 상거래분쟁에서 중재원 직원이 개입해 해결을 주선하는 제도다. 조정은 조정인이 조정안을 제시해 합의를 돕는 분쟁해결 절차를 말한다. 알선의 경우 연간 약 500~600여건이 접수되며, 분쟁해결 성공률은 50~60% 수준에 이른다. 맹 원장은 "중재가 진행되는 중에도 알선과 조정을 통해 문제를 해결할 수 있다"며 "각 대체적 분쟁 해결제도 간에 시너지 효과도 기대할 수 있는 것"이라고 말했다. 이어 "중재는 분쟁당사자들이 선택하는 경우에만 이용될 수 있기에 적극적으로 다가가고, 알리는 홍보가 필요하다"며 "대기업, 공공기관들을 직접 방문해 현장설명회를 실시하거나 정부부처, 주요 경제단체·협회 등과 공동 설명회를 개최하는 등 중재를 알리는 노력을 하고 있다"고 말했다.

맹 원장은 경제의 세계화로 급증하는 국제분쟁이 중재원에겐 기회가 될 수 있다고 본다. 한국 중재시장이 싱가포르, 홍콩과 어깨를 나란히 하는 '아시아의 중재 허브'로 발돋움할 계기가 될 수 있다는 얘기다. 실제로 대한상사중재원을 찾는 국가는 꾸준히 다양화되는 추세다. 기존에는 한국과 무역 거래가 많았던 미국, 중국, 일본 등 국가에 사건이 집중됐다. 하지만 최근에는 국내 기업의 투자 및 교역이 늘고 있는 베트남, 인도네시아, 태국 등 제3국으로 범위를 넓히고 있다.

(서울경제, 2022.02.09.)

찾아보기

정재완(鄭在完)

▌학력 및 경력
• 서강대학교 대학원 무역학과 졸업, 경영학박사(무역 및 국제경영 전공)
• 관세사시험 일반응시 합격(관세사)
• 제주세관 세무과장, 울산세관 감시관
• 재정경제원(현, 기획재정부) 세제실 관세국 근무(행정사무관 및 서기관)
• 관세청장 비서관, 관세청 심사정책과장, 용당세관 세관장
• 인천본부세관 통관국장
• 국립세무대학교수(관세학과장)
• 한국관세포럼 회장, 한국관세학회 회장, FTA전문가포럼 회장
• 국무총리 소속 조세심판원 조세심판관
• 한남대학교 경상대학 무역학과 조교수/부교수/정교수
• 7급·9급 공무원시험, 관세사·원산지관리사·물류관리사·국제무역사 자격시험 출제/선정
(현) • 대문관세법인 고문

▌저서
• 관세법(공저, 도서출판 청람)
• HS품목분류와 상품학(공저, 삼영사)
• 대외무역법의 이해와 적용(공저, 삼영사)
• 관세법의 이해와 적용(공저, 삼영사)
• 특급보세사(공저, 책연)
• FTA 이해와 활용(공저, 도서출판 청람)
• 무역회계 세무실무(공저, 삼일인포마인)
• 무역실무(공저, 도서출판 청람)
• 관세감면실무(공저, 한국관세무역개발원)
• 관세행정발전론 상·하(한국학술정보)
• 관세쟁송의 이론과 실무(공저, 한국관세무역개발원) 외 다수

▌주요 연구분야
• 국제통상법규, 관세, 통관, FTA, 국제물류, 무역실무

이 경 한(李勁翰)

▌학력 및 경력
- 인하대학교 물류전문대학원 졸업, 물류학박사
- 한국해양수산개발원 항만연구본부 전문연구원
- 현대부산신항만(주) 지원팀 사원
- 현대상선(주) 부산신항터미널팀 사원
- (현) · 한남대학교 경상대학 무역물류학과 교수
    - 경상북도 물류단지 실수요검증위원회 위원
    - Member, International Association of Maritime Economists (IAME)
    - Member, Journal of International Logistics and Trade (JILT)

▌저서
- 우리나라 국제여객항 운영체계 개선방안 연구(KMI, 주저자)
- 부산항 해운네트워크 중심성(connectivity) 지표 산정에 관한 연구(KMI, 단독저자)

▌학술활동 : 연구재단, 정부용역, 논문, 학회 등
- 국가별 ESG 이행 성과의 우리나라 교역량 영향 분석 : 관세 및 비관세 장벽 완화 효과와의 비교를 중심으로(2023)
- 부산항 2050 탄소중립 종합계획 수립(2023)
- 평택 · 당진항 항만배후단지 운영체계 개선방안 연구(2022)
- 항만시설사용료 개편방안 연구(2022)
- 국가별 ESG 이행성과지표 투입기준 산정에 관한 연구(2022)
- MDS-군집분석을 활용한 세계 컨테이너항만의 효율성 및 생산성 분석 연구(2021)
- 부산항 해운 네트워크 중심성 변화에 관한 연구 : 태평양 · 유럽항로를 중심으로(2021)
- 인천항 국제여객부두 관리체계 개선에 관한 연구(2021)
- "Port Centrality in Global Maritime Networks: Towards a New Phase of East-West Trunk Lines rolling out Intra-Asian Service", 『Annual Conference of the International Association of Maritime Economists (IAME) 2020 (Hong Kong, 2020.06)』, First and corresponding author
- "Port operation and competition by its operation type: Case study of ports in Korea" 『Joint Annual Conference of Canadian Transportation Research Forum/US Transportation Research Forum(Toronto, Canada, 2016.05)』, Corresponding author 외 다수

▌주요 연구분야
- 해운, 항만, 물류, SCM, 무역이론, FTA, 국제통상법규

저자와의
협의하에
인지생략

21세기
무역학개론 [제4판]

2014년 1월 25일 1판 1쇄 발행
2018년 1월 22일 2판 1쇄 발행
2020년 2월 22일 3판 1쇄 발행
2023년 2월 15일 4판 1쇄 인쇄
2023년 2월 20일 4판 1쇄 발행
2024년 2월 22일 4판 2쇄 발행

저 자 정 재 완 · 이 경 한
발행인 고   성   익

05027
발행처 서울특별시 광진구 아차산로 335 삼영빌딩
도서출판 三英社
등 록 1972년 4월 27일 제2013-21호
전 화 737-1052 · 734-8979 FAX 739-2386

© 2024. 정재완·이경한   정가 32,000원
ISBN 978-89-445-0565-2-93320